안중근 의거 100주년
기념연구논문집 1

안중근과 그 시대

안중근의사기념사업회 편

景仁文化社

식민지를 체험한 나라 가운데 우리의 경우처럼 독립운동을 꾸준히 전개하며 많은 독립운동가를 배출한 나라는 없다. 안중근은 이러한 우리나라 독립운동사에 있어서 가장 상징적 인물로 평가되고 있다. 일제 식민지 아래에서 독립운동에 종사하던 이들은 좌우를 가리지 않고 안중근을 자신의 사표로 삼았고, 식민지 백성들도 그를 기억하면서 독립에의 희망을 이어갈 수 있었다.

안중근의 의거 당시 사람들은 만주일일신문 등 언론에 나오는 그의 재판관계 신문기록들을 통해서 안중근의 투쟁에 감탄했다. 그가 순국한 후에도 그에 대한 추모의 마음과 더불어 그 의거에 대한 연구가 진행되어 갔다. 지난날 안중근 연구는 그의 생애와 의거를 밝히려던 전기의 저술로부터 시작되었다. 일찍이 상해임시정부의 대통령을 지냈던 백암 박은식은 안중근의 일대기를 정리해서 그의 면모를 밝혀주었다. 그리고 그의 영웅적 의거를 밝혀주는 여러 형식의 글들이 중국과 한국에서 다수 출현했다.

해방 이후 한국 학계에서는 독립운동에 대한 본격적 연구가 가능하게 되었다. 이 과정에서 안중근의 독립운동에 관해서도 간헐적 그리고 부분적으로 연구되어 왔다. 그러나 독립운동사에 대한 연구의 축적에 비례하여 안중근에 대한 본격적 연구의 필요성이 증대되어 갔다. 그러나 안중근에 관한 본격적 연구를 위해서는 우선 그에 관한 사료의 수집과 더불어 종합적인 사료집의 간행이 요청되었다.

사실 해방이후 우리 학계에서는 독립운동가의 업적을 밝히는 데에 결코 게을리 하지 않았다. 그리하여 거의 모든 독립운동가들에 관해서는 각종의 기념사업이 전개되었고, 기념사업의 핵심으로 그들의 행적에 관한 사료집이나 그들이 남긴 자료를 모아서 전집을 발간하는 일이 성행되었다. 그러나 한국독립운동의 상징적 인물인 안중근의 경우에는 이와 같은 작업이 너무나 뒤늦게 시작되었다.

물론 그동안 우리 학계와 사회에서는 안중근에 대한 객관적 연구와 평가를 요청받아 왔다. 그렇지만 우리 사회는 안중근에 대한 자료의 정리와 체계적 연구에 관심이 약했고, 우리 학계는 사회의 요구에 제대로 응답하지 못했다. 안중근의사기념사업회는 이러한 상황을 반성하면서 안중근에 관한 진지한 연구와 그 정신의 보급을 위해 뒤늦게 출범하게 되었다. 안중근의사기념사업회는 우리 사회와 학계의 염원에 따라 안중근에 대한 본격적인 연구를 진행하기로 자임했다. 그리하여 이 기념사업회의 출범은 안중근 연구에 있어서 새로운 획기점이 되었다.

안중근의사기념사업회는 2004년부터 그 산하 조직으로 안중근연구소를 설치하여 그의 삶과 사상에 대한 본격적 연구활동에 착수하게 되었다. 그해는 마침 안중근 의사 하르빈 의거 95주년에 해당되던 해였다. 이에 안중근기념사업회에서는 안중근의거100주년을 뜻깊게 기념하고자 하여 안중근에 관한 심도깊은 연구와 본격적인 사료집의 편찬을 위해 ‘안중근연구 5개년계획’을 세워 연구와 자료집의 편찬을 2009년까지 마칠 것을 목표로 하여 박차를 가하게 되었다.

그 결과 신운용 박사 등의 노력으로 많은 새로운 자료를 발굴하고 정리해서 자료집의 발간을 위한 준비를 구체적으로 진행했다. 이와 더불어 중근의 의거일인 10월 26일과 그의 순국일인 3월 26일을 전후하여 해마다 2회에 걸쳐 안중근에 관한 연구 심포지엄을 개최하여 그에 대한 연구의 심도를 깊게 하였다. 여기에 두 권의 책자로 나뉘어 수록된 글들은 그동안 진행되었던 8회에 걸친 연구발표에서 검토되었던 논문들이다. 우리는 이 책자의 발간을 통해서 지난 4년 동안 우리의 노력으로 이루어졌던 안중근에 관한 연구성과들을 모을 수 있게 되었다. 그리하여 그 연구논문을 책자로 엮어서 학계의 비판을 겸허히 기다리기로 했다.

그동안 안중근 의사에 관한 연구를 기꺼이 허락해준 필자 여러분과, 질의 토론을 통해서 학회의 발전에 이바지 해주신 모든 분들에게 깊은 감사드린다. 그리고 발표회에 참석하시어 안중근에 관한 연구를 독려해주신 안중근의사기념사업회 여러분들께 고마움을 표한다. 무엇보다도 안중근의사기념사업회의 운영과 안중근에 관한 연구 그리고 그 전집의 편찬을 위해 노력해주신 함세웅 신부 이하 윤원일 님을 비롯한 여러분들께도 머리를 깊이 숙여 감사를 표한다.

2009년 3월
안중근 순국 99주년을 앞두고 안암의 서재에서
안중근의사기념사업회 부설 안중근연구소 소장
조 광

-안중근의사 의거 100주년기념
　논문출판을 맞이하며

　100년 전 만 30세의 안중근은 세계를 흔들어 놓았습니다. 일본 명치유신의 주역이며 국제무대에서 화려하게 활약하고 있던 노회한 伊藤博文을 誅殺했기 때문입니다. 이 소식을 들은 러시아의 인도주의 작가 톨스토이는 세상을 떠나기 직전에 안중근과 한국인을 기억하면서 이를 기록으로 남겼습니다. 수탈당한 조그만 나라의 청년이 승승장구하던 침략국 일본의 老政客을 제거했으니 이는 참으로 세계적 사건이었습니다.

　안중근의사는 개인과 공동체의 생존을 위한 정당방위의 논리를 전개시키면서 불의한 침략자 이등박문을 제거하고 일본을 꾸짖은 것은 당연하다고 역설하였습니다. 또한 안중근의사는 한국과 일본은 전쟁중이기 때문에 자신이 국제법상 포로임도 강조했습니다.

　이와 같이 안중근은 정의에 기초한 분명한 인간관, 국가관, 공동체관과 세계관을 지닌 지성인, 교육가 그리고 국제전문가입니다. 안의사의 삶은 세계사적 관점에서 재조명해야 할 이유가 바로 여기에 있습니다. 그러나 우리는 1945년 해방 이후 오늘에 이르기까지 안중근의사의 삶과 보편적 가치를 제대로 기억하지 않은 채 의례적 행사만을 치루며 살아왔습니다.

　100년 전 이등박문의 총칼 앞에 순응하고 돈에 회유 당하고 권력으로 조종받았던 이들을 매국노라고 역사는 분명히 기록하고 또 가르치고 있습니다. 그런데 뉴라이트라고 하는 단체가 정치, 경제, 사회의 각 분야에서 그런 매국노와 같은 주장을 하며 역사를 왜곡하고 있는 참으로 슬픈 현실 속에 우리는 살고 있습니다.

친일과 반공을 넘어 역사를 바로 세우고 민주와 자유를 통해 달성되는 통일이 이 모든 부조리를 걷어 내기를 간절히 기도하며 안중근의사의 의거와 순국 100주년을 준비하여 왔습니다.

지난 5년 동안 안의사와 관련된 각종 기록과 신문자료와 외국의 여러 문헌들을 수집하고 이를 확인하고 해석하기 위하여 지속적으로 학술대회도 열어왔습니다.

낡고 오래된 신문기사와 궤 속에 갇혀있었던 안중근의사를 시간과 공간을 넘어 우리와 함께 할 수 있기를 소망하는 많은 분들의 뜻을 모아 안의사께서 우리와 같이 숨쉬고 살아 가실 수 있도록 준비를 하였습니다.

역사적 사실로 확인되는 안중근의사의 삶은 민족에 대한 무조건적인 사랑과 나라의 독립을 위한 헌신적인 투쟁이었음을 거듭 확인하면서 부끄럽고 죄스러움을 금할 수 없었습니다.

여러 종류의 증언과 문헌을 통해 다음의 역사 안에 기록하여야 할 안의사의 정신을 정리하고 다듬기 위하여 많은 분들이 고민하고 이를 글로 쓰고 발표를 하여왔습니다.

여기에 실린 여러 글들은 이러한 노력을 통해 안중근의사를 새롭게 인식하고 그 정신을 다음 세대에 이어 갈 수 있도록 지금의 우리들이 무엇을 하여야 하는가를 깊게 생각할 계기를 만들어 줄 것이라고 생각합니다.

안중근의사께서는 생각이나 지혜 혹은 몇 마디 감동적인 말씀으로 다른 사람들이 의병에 나서거나 나라를 지키도록 하시지 않으셨습니다. 스스로 재산을 내어 학교를 운영하셨고, 권력이나 금력을 앞세워 사람들을 괴롭히는 불의한 이들에게는 스스로 달려가 항의하고 혹은 무력으로 시위를 하기도 하셨습니다. 이러한 의기와 행동하는 지성이 마침내 대한국의병 참모중장으로 불의한 침략자 이등박문을 주살하고 당당하게 재판을 요구하고 순국하게하신 것입니다.

우리가 성현들과 위인들을 기억하는 이유는 그 분들의 정신과 행동을 본받아 일상 안에서 실천하고 나라가 어려움에 처하였을 때 헌신하기위해서입니다.

이러한 역사적 사실을 통한 교육과 함께 우리 모두가 불의 앞에서 분노하여 항의하고 개선을 요구하는 것이 정당하다는 것을 늘 함께 확인하고 실천하여야 합니다.

안중근의사의 의거와 순국 100주년이 우리 사회가 참으로 진실과 거짓을 가려내고 공동체의 선과 의를 위하여 많은 사람들 특히 지성인들이 스스로 나서 외치고 주장하고 앞장서는 계기가 되기를 서로 격려하고 다짐하는 기간이 되기를 기도합니다.

지금까지 자료집 편찬과 학술대회를 위하여 노고를 아끼지 않고 계시는 조광교수님과 안중근연구소의 신운용박사 등 많은 분들에게 이 자리를 빌어 감사를 드립니다.

특히 어려운 시기임에도 불구하고 이 책을 흔쾌하게 출판을 맡아주신 경인문화사의 임직원 모든 분에게 진심으로 고마운 인사를 드립니다.

이 논문집이 안의사의 정신과 행동하는 지성이 우리 사회안에 깊게 뿌리내리는 바탕이 되기를 바라면서 남북의 일치와 화해 실현을 위해 함께 노력할 것을 다짐합니다.

2009년 3월 25일
안중근의사기념사업회 이사장
함세웅

►목 차◄

┃안중근의 독립운동┃

┃안중근의 집안내력┃

┃안중근의 사상┃

┃안중근과 동양평화┃

안중근의 독립운동

안중근의 민권·민족의식과 계몽운동

신 운 용*

1. 들어가는 말

안중근은 사당의 '신주'에 비유하여 독립운동가 주에서 최고봉으로 평가한 김구에서 보듯이 한국민족운동사의 중축적인 역할을 하였다. 뿐만 아니라 중국 신문 『民吁日報』는 안중근 의거를 "人道철학에 관한 학설을 일변시킬 위대한 사건"이라고 평가하였고,[1] 심지어 안중근을 '의사'라고 상찬한 일본 언론도 있었다.[2]

안중근의 민권·민족의식의 형성은 천주교와 깊은 관련이 있음은 대

---

* 안중근의사기념사업회 책임연구원
1) 백암 박은식·이동원 역, 『불멸의 민족혼 安重根』, 한국일보사, 1994, 135쪽.
2) 「譯「週間勞動之快論」」 『신한민보』 1909년 11월 10일자.

체로 인정되는 바이다. 안중근은 민권을 '천명의 본성으로 천주가 태중에서부터 불어 넣은 것'이라고 정의하였다. 아울러 그는 독립국가의 실현은 민권의 구현에 달려 있다고 보았다. 민권의 실현은 구체적으로 난신적자의 제거에 두었던 것이다. 그리하여 그는 '김중환의 웅진군민 돈 5천냥 갈취사건'과 '이경주사건'의 해결을 통하여 민권을 실천하고자 하였다.

안중근의 민족의식은 일찍이 그의 대학건립 주장에 대해 뮈텔주교가 거절하였을 때 표출되었다. 말하자면 그는 영어와 일본어를 배우는 자는 영국과 일본의 앞잡이가 될 것이라는 논리로 그 때까지 배우고 있던 프랑스어를 그만두었을 뿐만 아니라 한국이 세계에 위력을 떨치면 한국어가 통용될 것이라는 주체적 언어관을 드러내기도 하였다. 이러한 의식은 안중근의 천주교를 바탕으로 한 인식이 사적 영역에서 공적 영역으로 전환됨을 의미하는 것이다. 말하자면 안중근의 민족의식은 '청국의사 舒元勛·安泰勳 是非事件', '하야시(林權助)와 부일배 처단시도', '해외이주계획', '교육활동', '의병투쟁', 이또 히로부미(伊藤博文) 처단을 가능케한 원동력으로 작용하였던 것이다. 말하자면 안중근은 중국 상해에서 만나 구국의 방책을 논하는 가운데 "지금은 민족세계인데 어째서 한국만이 남의 밥이 되겠는가"라고 하여 민족을 중심으로 당시대를 보았던 것이다. 더 나아가 그는 해외망명 결심을 빌렘신부에게 고하였는데, 이를 만류한 빌렘신부를 향하여 '종교보다 국가(민족)가 앞선다'고 선언하기에 이르렀던 것이다. 이처럼 안중근의 민족운동의 추동력은 천주교를 바탕으로 한 민족의식이었음이 분명하다.

그런데 그동안 학계에서 안중근의 민권·민족의식에 대한 연구가 전혀 이루어지지 않은 것은 아니다.[3] 그러나 안중근의 민권·민족의식의 향성과 전개과정을 구체적으로 살펴본 연구성과는 드물다고 할 수 있다.

---

3) 한상권, 「안중근의 국권회복운동과 정치사상」 『한국독립운동사연구』 21, 2003.

아울러 '하야시와 부일배 처단계획의 의의', '해외이주계획을 세우게 된 배경', '계몽운동기의 교우관계', '교육활동의 의의', '국채보상운동의 참여' 등 구체적으로 밝혀야 할 부분이 남아 있는 것도 사실이다.4)

이러한 의미에서 필자는 본고에서 구체적으로 안중근의 민족의식이 각 단계별로 어떠한 양태로 나타나고 있는지를 살펴보면서 그 의미를 추적해 보고자 한다. 더불어 그동안 착목하지 못했던 삼흥학교가 국채보상운동에 참여한 사실과 그 의미와 계몽운동의 의의를 짚어 보도록 하겠다. 그리고 안중근의 민족운동이 이러한 연구가 안중근의 연구에 일조하기를 바라마지 않는다.

2. 민권·민족의식의 형성

인생의 전환점이 된 안중근의 천주교 입교는 안태훈의 영향이 컸다. 그러나 그의 천주교 수용을 안태훈의 영향으로만 설명될 수 없다. 그의 열정적인 천주교 전교활동과 교리의 이해수준으로 볼 때5) 종교적 감흥에 의해 자발적이고 주체적으로 천주교를 수용했음을 알 수 있다.6) 그렇기 때문에 천주교를 개인의 구복차원에서 접근하지 않고, 천주교의 교리에서 세상을 바꾸고자 하는 방법을 찾았던 것이다. 말하자면 "천주교를 믿어 지난날의 과오를 깨닫고 참회하여 현세를 도덕의 시대로 만들고 내세에 천당에 올라가자"7)라고 한 그의 말에서 알 수 있듯이, 그는 천주교

---

4) 안중근의 계몽운동에 대한 대표적 연구성과는 다음과 같다. 조광, 「安重根의 愛國啓蒙運動과 獨立戰爭」『교회사연구』9, 1994 ; 윤선자, 「안중근의 계몽운동」『한국근대사와 종교』, 국학자료원, 2002.
5) 안중근, 「안응칠역사」, 윤병석 역편, 『안중근의사전기전집』, 1999, 137~141쪽.
6) 최석우, 「안중근의 신앙과 애국심」『안중근(도마)의사 추모자료집』, 천주교정의구현전국사제단, 1990, 134쪽.

를 새로운 시대를 열 열쇠로 보았던 것이다. 이처럼 현세에서 종교적 가르침을 구현하여 그 시대를 도덕의 시대로 만들고자 하는 안중근의 목표는 내세를 중심으로 종교 활동을 하던 당시 천주교인들의 경향과는 다른 양상을 보이고 있다는 면에서 주목되는 대목이다. 이러한 종교의식은 향후 그의 민권·민족의식의 성장으로 이어졌고 이는 다시 민족운동에 참여하게 된 원동력이 되었던 것이다.

안중근은 당대의 문제를 두 가지 측면에서 보았던 것 같다. 하나는 지방 관리들의 가렴주구에 대해 '민권'을 그 해결책으로 설정한 것이다. 그는 천주교 교인의 문제를 처리하는 과정에서 관료들의 부패상을 목격하면서 민권의식에 눈을 뜬 것으로 여겨진다. 다른 하나는 빌렘신부 등 외국인 신부들의 제국주의적 속성을 깨달았다는 것이다. 이는 당시 천주교 상부층을 상대화하는 과정에서 나타난 주체성의 발로로 보인다. 동시에 이는 안태훈이 세력을 확대하기 위한 방법으로 천주교를 받아들였다면, 그는 안태훈의 한계를 극복하면서 천주교를 민족적 차원에서 믿게 되는 중요한 연결고리가 된다는 면에서 의미가 있는 대목이다.

우선, 안중근의 민권의식부터 살펴보겠다. 그는 천주교 내부병폐와 사회적 병리현상을 '민권'이라는 시각에서 바라보았다. 그리하여 사제단의 폭압에 대해 평신도의 권리를 주장하였고 탐관오리에 대해 민권을 내세웠다. 그는 민권을 "天命의 本性으로 천주가 태중에서부터 불어넣은 것"[8]이라고 하여 '천부인권론'에 근거하여 민권사상을 주장하였다. 이처럼 그의 민권론에는 만민평등을 주장하는 천주교 교리가 깔려 있었던 것이다.[9]

안중근은 민권이 구현되어야만 문명독립국을 이룰 수 있다고 보았

---

7) 안중근, 「안응칠역사」, 141쪽.
8) 안중근, 「안응칠역사」, 138쪽.
9) 차기진, 「안중근의 천주교 신앙과 그 영향」 『교회사연구』 16, 23쪽.

다.10) 이는 "문명독립국가의 구현은 민권의 실현에 있다"11)는 그의 믿음에서 나온 것이다. 때문에 안중근은 '민권실현'의 핵심을 亂臣賊子의 제거와 문명독립국의 쟁취에 두었던 것이다.12) 이러한 의미에서 그는 '난신적자'를 응징하기 위해 여러 재판에 관여하게 된다. 그 대표적인 예로 "金仲煥의 옹진군민 돈 5천냥 갈취사건"과 "李景周사건"을 들 수 있다. 이 사건들은 천주교 교도와 관련이 있었다. 교인의 일에 항상 앞장서던 그는 총대표로 뽑혀 상경하여 이 두 사건의 해결을 위해 진력하였다.

전자의 경위를 살펴보면 다음과 같다. 즉, 천주교 교인인 옹진군민이 5천냥을 참판을 지낸 김중환에게 갈취 당한 사건이 발생하였다. 안중근은 교인 대표로 김중환에게 환불을 요구하며 "대관이 시골백성의 재산 몇 천냥을 강탈하고 돌려주지 않는다면 무슨 법률로 다스릴 수 있는가"13)라고 반문하였다. 마침 옆에 있던 한성부재판소 검찰관 丁明燮이 김중환을 두둔하였다. 안중근은 물러서지 않고 "공들은 국가를 보필하는 신하로서 임금의 거룩한 뜻을 받들지 못하고 백성을 학대하니 어찌 국가의 앞날이 통탄스럽지 아니하겠소"14)라고 그들을 질책하였다. 결국 김중환은 옹진군 군민의 5천냥을 반환하겠다고 약속하여 이 일은 일단락되었다.15)

그러나 이 무렵 그는 동학군에 대한 비판적 평가를 견지하였고, 빌렘 신부의 천주교 신자에 대한 폭압적 자세를 비판하면서도 천주교의 확장 과정에서 벌어진 청계동 주민에 대한 폭거를 문제 삼지 않았던 것 같다. 이를테면 안중근 가문은 향촌을 장악하는 과정에서 향민으로부터 結錢

---

10) 안중근, 「안응칠역사」, 148쪽.
11) 한상권, 「안중근의 국권회복운동과 정치사상」『한국독립운동사연구』21, 66~69쪽.
12) 안중근, 「안응칠역사」, 148쪽.
13) 안중근, 「안응칠역사」, 145쪽.
14) 안중근, 「안응칠역사」, 146쪽.
15) 위와 같음.

을 무단으로 징수하였고 柳萬鉉 등에게 폭행을 가하기도 하였다.[16] 안중
근은 이러한 가문의 행위를 비판적으로 보지 않았던 것 같다. 이는 적어
도 이 무렵 그의 민권의식이 일정한 의미를 갖고 있음에도 전민족적 범
위로 확대되지 못했음을 의미하는 것이다. 따라서 그의 민권의식은 계급
적 한계성, '향반'적 의식, 문명개화론적 인식, 개인적 성격 등이 복합적
으로 작용한 것으로 일정한 한계성이 있음도 지적되어야 한다.

후자의 경우를 살펴보면 다음과 같다. 즉, 해주부 地方隊兵營 尉官 韓
元敎는 1899년 10월경 이경주를 구타하고 재산마저 갈취하여 한성에서
이경주 부인과 동거를 하였다. 이에 안중근과 이경주는 한원교를 잡아
법정에 넘기기 위해 천주교 신자들과 함께 한원교의 집으로 찾아갔으나
이미 도망가고 없었다. 그런데 오히려 한원교가 자신의 모친을 이들이
구타했다며 한성부에 고소하는 사태가 발생하였다. 이일로 이들은 김중
환의 옹진군민 돈 5천냥 갈취사건으로 면식이 있던 정명섭에게 문초를
당하기도 하였다. 결국 안중근은 무사하였으나, 이경주는 징역 3년형을
선고받았고 1년 후인 1900년에 출옥하였다. 이에 한원교는 1902년 10월
26일 양주에서 송만진·박응현에게 사주하여 이경주를 살해했다. 얼마
후 송·박 두 사람은 종신형을 선고받았으나 한원교는 도주하여 법의 심
판을 면하였다.[17]

그런데 1903년 9월 안중근을 비롯한 천주교인들은 한원교의 약탈재
산을 屬公, 즉, 국고에 귀속시키라고 법부에 청원하였다. 그 결과 법부는
이경주의 해주 전답 52石 13斗落을 영구히 속공하고 敎中에서 소비한
돈은 돌려주라는 조치를 취하였다.[18]

---

16) 오영섭, 「安泰勳(1862~1905)의 생애와 활동」『한국 근현대사를 수놓은 인물들』
   (Ⅰ), 경인문화사, 2007, 248~249쪽.
17) 『司法稟報』갑 제82권(규장각 소장 문서번호: 규 17278) ; 「필무시리」『독립신
   문』1899년 1월 3일자.
18) 국사편찬위원회, 『각사등록』제26권(황해도편5), 1987, 329~330쪽.

하여튼 이러한 사건을 통하여 안중근은 민권의식을 확대해 나갔던 것으로 보인다. 이는 천주교와 밀접한 관계를 갖고 있는 것이기도 하지만 당시 사상계의 동향과 연관성이 있는 것이다. 말하자면 인간이 태어날 때부터 천부의 자유권과 평등권이 주어지며 이권을 보장하기 위한 방법으로 국가가 조직되어 국가는 인민과 통치자의 계약에 의하여 성립된다는 국가계약설이 문명개화 세력을 대변하던『독립신문』·『황성신문』을 중심으로 퍼져나갔다.[19] 안중근도 『황성신문』 등을 읽었다는 기록으로 보아 그의 민권의식 형성에 한말의 신문들이 일정한 영향을 끼친 것으로 보인다. 따라서 안중근의 민권의식은 천주교와 시대상황 속에서 형성된 것으로 보는 것이 타당하다.[20]

한편, 안중근의 민족의식은 외국신부들의 제국주의적 태도를 경험하면서 형성되었다.[21] 이는 안중근이『안응칠역사』에서 교인들을 억압적 태도로 대한 빌렘신부와 크게 다툰 일화를 소개한 데서도 알 수 있다.[22] 즉, 그는 "거룩한 교회 안에서 이 같은 도리가 있을 수 있겠는가 우리들이 당연히 경성에 가서 민주교에게 청원하고 만일 민주교가 안 들어 주면 당연히 로마부 교황에게 가서 품해서라도 기어이 이러한 폐습은 막도록 하는 것이 어떻소"[23]라고 교인들과 상의하였다. 이를 알게 된 빌렘신부는 대노하여 그에게 폭행을 가하기도 하였다.

그러나 무엇보다도 안중근의 민족의식에 큰 영향을 끼친 계기는 바로 대학 건립문제였다. 즉, 그는 청계동에 본당이 완공되고 빌렘신부가 부임한 1898년 4월 이후 이경주사건이 일어난 1899년 10월경 사이에 빌렘

---

19) 김숙자, 「대한제국기 민권의식의 변화과정」『한국민족운동사연구』20, 1998, 261쪽.
20) 국사편찬위원회, 「피고인 신문조서」(1909.10.30),『한국독립운동사』자료6, 1976, 5~6쪽.
21) 한상권, 앞의 논문, 48~51쪽.
22) 안중근, 「안응칠역사」, 152쪽.
23) 위와 같음.

신부와 함께 뮈텔주교를 만나 대학 설립을 건의한 것으로 보인다.[24) 여기에서 안중근이 대학설립을 건의한 것은 1899년 10월 이전의 일로 대체로 1899년경으로 추정된다. 그의 증언으로 보아 안중근이 염두에 둔 대학은 천주교 교리를 중심으로 한 '천주교대학'이었음을 알 수 있다.[25) 이에 뮈텔은 "한국인이 학문이 있게 되면 교 믿는 일에 좋지 않을 것이니, 다시는 그런 의론을 꺼내지 말라"[26)며 그의 제안을 묵살하였다. 이에 대해 "분개함을 이기지 못하고"라고 술회한 데서도 알 수 있듯이, 그는 이 일로 상당히 충격을 받았다. 그리하여 일본말을 배우는 자는 일본의 앞잡이가 되고 영어를 배우는 자는 영국의 종이 된다는 논법으로 프랑스어를 배우는 자는 프랑스의 종놈을 면치 못할 것이라고 하면서 프랑스어를 그만두겠다고 선언하였다. 더욱이 그는 한국이 세계에 위력을 떨치는 날에는 한국어가 통용될 것이라는 주체적 언어관을 보이기까지 하였다. 이 사건으로 인하여 비로소 그는 종교적 제국주의에 눈을 뜨게 되었던 것이다. 특히 이는 후일에 간도로 가면서 "국가(민족)앞에서는 종교도 없다"[27)는 선언을 하게 되는 배경과 관련하여 주목해야 할 대목이다.

---

24) 안중근이 뮈텔주교에게 대학설립을 건의한 시기로는 1900년설(최석우), 1902년설(원재연·윤선자·장석홍), 1907년설(조광)이 있다. 안중근이 공판과정에서 대학설립 시기를 '10년전쯤'이라고 한 것(국사편찬위원회, 「피고인 안응칠 제8회 신문조서」(1909.12.20), 『한국독립운동사』 자료6, 233쪽)을 보면 적어도 1907년설은 그 가능성이 없는 것으로 보아야 한다. 그런데 안중근이 「안응칠역사」를 대체로 연대기 순으로 서술하였다는 것을 인정한다면, 그 시점은 빌렘신부가 청계동에 본당이 완공되고 부임한 1898년 4월 이후 1899년 10월 이경주사건 이전의 일일 것이다. 따라서 1900년설보다는 앞선 시기로 보는 것이 타당하다고 생각된다. 또한 1897년 12월 1일 안중근은 뮈텔주교의 길안내를 해준 인연으로 뮈텔주교에게 대학건립을 건의할 수 있었던 것으로 보인다.

25) 국사편찬위원회, 「피고인 안응칠 제8회 신문조서」(1909.12.20), 『한국독립운동사』 자료6, 233쪽.

26) 안중근, 「안응칠역사」, 141쪽.

27) 국사편찬위원회, 「보고서」(1910.3.15), 『한국독립운동사』 자료7, 1977, 543쪽.

또한 안중근의 민족의식과 관련하여 주목되는 대목은 "청국 의사 舒元勛·安泰勳 是非事件"이다.[28] 즉, 그는 "如淸醫之所爲면 我韓民生이 豈有支保之道乎잇가"[29]라고 서원훈과의 대립과정에서 느낀 바를 소장에 기입하기도 하였다. 이는 안중근이 중국을 비롯한 외세의 압제에 처한 조선의 현실을 개탄하는 민족의식의 발로이다.

이와 같이 안중근은 천주교에 입교하여 동양에 국한되어 있던 세계관에서 벗어나 동서를 아울러 볼 수 있는 눈을 갖게 되는 기회를 얻었던 것이다.[30] 뿐만 아니라 천주교 내부의 모순, 민족내부의 모순관계를 체득하게 되었다. 그리하여 '민권의식'을 통하여 민족모순을 해결하려고 하였고 선교사들의 제국주의적 태도를 통해 민족의식을 성장시켰던 것이다. 이러한 사회의식의 성장은 향후 계몽운동·의병전쟁·의열투쟁(이토 처단)으로 이어지는 그의 행로에 밑거름이 되었다.

---

28) 안중근이 말하는 이 사건의 내막은 이러하다. 즉, 안중근은 안태훈이 1904년 4월 20일 서원훈에게 치료를 받다가 '구타'를 당하였다는 소식을 친구 이창순으로부터 전해 듣고 이창순과 함께 서원훈을 찾아갔다. 먼저 서원훈이 이들을 위협하자, 안중근이 총으로 그를 제압하였다. 이후 안중근은 이 일을 법에 호소하였으나(서울대규장각, 『外部訴狀』, 2002, 551~552쪽) "외국인을 재판할 수 없다"는 법관의 말을 듣고 귀가해야만 했다. 그로부터 5·6일후 서원훈이 자객을 보내어 이들에게 위해를 가하려고 하였으나 무사하였다(국사편찬위원회, 『각사등록』제25권(황해도편 4), 1987, 427쪽). 이렇게 되자, 서원훈은 이들을 진남포 청국영사에게 고소하였다. 그리하여 청국순사 2명과 한국순검 2명이 이들을 체포하러 오기도 하였다. 그러나 이들은 7월경 서울 등지로 도피하여 무사할 수 있었다. 이후 안중근이 李夏榮 등에게 전후사실을 진정하는 등 규명운동을 한 결과, 사건은 다시 진남포재판소에 환부되어 서원훈과 함께 재판을 받았다(국사편찬위원회, 「헌기 제2634호」(1909.12.30),『한국독립운동사』자료7, 243쪽). 그 결과 안중근은 무죄판결을 받았다. 후에 안중근과 서원훈의 화해가 이루어져 이사건의 결말을 보게 되었다.
29) 서울대규장각, 『外部訴狀』, 552쪽.
30) 이는 안중근이 천주교 입문하기 이전에 유학을 수학하여 동양적 세계관을 갖게 되었고, 동시에 천주교에 입교함으로써 서양적 세계관을 습득하게 되었다는 의미이다.

3. 계몽운동의 전개

1) 러일전쟁 발발과 해외 이주계획

일본과 러시아가 한국에 대한 지배권을 강화시키기 위해 각축을 벌이는 과정에서 1896년 2월 11일 발생한 아관파천은 표면적으로 일본세력의 약화를 의미하는 것이었다. 그러나 오히려 러·일간의 대립과 경쟁은 더욱 격화되어 러일전쟁으로 이어졌다. 즉, 1903년 4월 러시아는 용암포 사건으로 한국에 대한 군사적 압박을 강화하였다. 일본은 이에 대항하여 1903년 10월 이후 이지용 등의 부일관료를 매수하고 1904년 1월초에 일본군을 서울에 주둔시켜 러일전쟁 준비를 끝마쳤다. 결국 1904년 2월 8일 일본의 여순 선제공격으로 러일전쟁이 발발하였다. 이후 일제는 1904년 2월 23일 「한일의정서」를 강제로 체결하여 한국을 식민화하기 위한 기반을 구축했다. 또한 국내에서는 일진회 등의 부일배들이 러일전쟁에서 일본을 지지하면서 러시아 세력을 물리쳐야 한다며 나서고 있었다. 더욱이 최익현 등의 인사도 이와 같은 주장에 동조하는 경향마저 보였다.[31] 이러한 국내외의 상황에서 안중근은 러일전쟁에서 일본의 승리를 바라기도 하였다. 이를 근거로 그가 러일전쟁 이전에 일본의 침략성을 인식하지 못하였다고 평가하기도 한다.[32]

그러나 안중근은 러일전쟁 이전 일본의 침략의도를 간파하고 있었던 것으로 보인다. 말하자면 안중근은 『안응칠역사』에서 러일전쟁이 일어날 무렵 빌렘신부가 "러일전쟁에서 일본과 러시아 중 어느 한 쪽이 승리

31) 민족문화추진위원회, 『(국역)勉菴集』 Ⅱ, 勉菴先生紀念事業會, 1970, 229~230쪽.
32) 박창희, 「안중근의 동양관과 아시아의 어제와 오늘」『안중근의사 연구의 어제와 오늘』, 안중근의사기념관, 1993, 37쪽 ; 장석홍, 「安重根의 대일본 인식과 하얼빈의거」『교회사연구』16, 2001, 41쪽.

하더라도 한국을 관할하려고 할 것"[33]이라고 하였다. 이에 대해 안중근은 "신문과 잡지, 각국 역사를 상고하고 있어 과거·현재·미래의 일을 예측하고 있다"[34]며 러일전쟁의 결과에 대한 빌렘신부의 견해에 동의하였다. 이는 이미 안중근이 일본의 침략성을 인식하고 있었음을 의미하는 것이다.

안중근은 이러한 민족의식 위에서 더욱 노골화된 일본의 침략에 대해 행동으로 대항하고자 하였다. 즉, 1904년 6월 일제는 황무지개척권을 한국정부에 요구하는 등 침략성을 드러냈다. 이에 대항하여 沈相震 등은 1904년 7월 13일 보안회를 창립하였다. 이 무렵 안중근은 청국의사 서원훈·안태훈 시비사건으로 서울에 피신하여 그 해결을 위해 분주한 나날을 보내고 있었다. 그러던 중 그는 보안회의 취지에 찬동하여 입회하고자 보안회를 방문하였다. 방문목적은 한국침략의 선도자라고 할 수 있는 '하야시 곤스케(林權助) 대리공사와 부일파의 처단'을 보안회에 제안하기 위해서였다.[35] 말하자면 안중근은 하야시뿐만 아니라, 을사오적 등

---

33) 안중근, 「안응칠역사」, 152쪽.

34) 위와 같음.

35) 이는 다음의 사료에서 엿볼 수 있다. "흐로난 청인 일명이 즈긔의 부친과 흠씌 다토다가 쥬목으로 챠며 발노 차고 갓는디 즁근이 산영흐고 집에 도라와셔 그 말을 듯고 분긔를 춤지 못흐야 그 청인을 쫓츠가 안악군 등디에 맛나 총을 노와 죽이고 인흐여 피신 츠로 상경흐니 이 째는 한일간에 즁대흔 문데가 층싱텹츌할 째이라 보안회가 창셜되엿거늘 안즁근이 그 회에 입참코져 흐야 그 회 회쟝을 차져 보니 시국스를 담론흐더니 그 회쟝이 목덕을 무르믹 안즁근이 디답흐기를 내가 림권조를 버히려고 쟝뎡 이십명을 쥰비흐엿으니 회즁에셔 삼십명만 틱츌흐여 도합 오십명으로 결스디를 조직흐면 림권조 죽이기는 여반쟝이라 흔디 회쟝이하가 모다 묵묵부답흐믹 안즁근이 박쟝대쇼흐며 말하기를 버러지 그흔 인싱이 여러 천명의 두령 노릇을 엇지흐리오 흐고 즉시 썰치고 니러나셔." (「안즁근리력」『大韓每日申報』 1909년 12월 3일자)

"明治三十八年(一九〇五) 新條約 締結時 京城으로 나가 儒生 等이 創設한 保安會(協約 反對를 目的으로 組織한 것)에 가서 그 會의 首領을 찾아가 該會의 注意 方針을 따지고 그 不振함을 罵倒하고 또한 말하기를 나에게 지금 決死의

부일세력과 재한 일본 관리를 척살하고 더 나아가 일본으로 건너가 이토 등 일제의 주축세력을 제거하려는 원대한 포부를 품고 있었던 것이다. 물론 보안회는 그의 제안을 받아들이지 않았다. 이에 그는 보안회 가입을 단념하고 그들의 무력함을 책망하였다. 이러한 보안회의 반응은 안중근이 국내에서 거사를 도모하기에 한계가 있음을 자각하게 된 계기가 되었음이 분명하다. 또한 이는 그가 해외 이주계획을 추진하게 된 하나의 배경이 되었던 것으로 보인다.

안중근이 하야시와 부일세력 처단을 보안회에 제의한 사실에서 몇 가지 생각해보아야 할 점이 있다. 첫째는 하야시와 부일세력 처단계획의 성격이다. 둘째 그의 對日인식이다. 셋째는 그가 의열투쟁을 고려한 시점이 언제부터인가 하는 점과 그 의미를 규명하는 것이다.

우선 첫째 문제에 대해 살펴보겠다. 안중근의 하야시와 부일세력 처단은 무엇보다도 천주교인들의 문제 해결에 진력하던 사적 영역에서 민족 문제의 구체적인 해결방법을 강구하는 공적 영역으로의 전환을 의미하는 것이다. 학계에서는 대체적으로 의열투쟁의 효시를 1907년 나철 등의 을사오적 처단시도로부터 잡고 있는 것 같다. 이보다 약 3년 전인 1904년의 하야시와 부일세력 처단 구상을 보건대 그의 민족운동사상의 위치를 의열투쟁사의 효시로 볼 수 있다. 그의 의거도 바로 이러한 의열투쟁 구상의 연결선상에서 이루어진 것이라고 할 수 있다.

둘째 문제에 대해 살펴보면, 안중근의 일본인식은 러일전쟁을 전후하여 변한 것이 아니라고 볼 수 있다. 이러한 사실을 뒷받침하는 것이 바로 보안회에 하야시와 부일세력 처단을 제의한 것이다. 러일전쟁이 한창 전

部下 五十名이 있다. 만약 保安會에서 決 死隊 二十名을 모아 我와 일을 같이 하게 된다면 京城에 있는 日韓 官吏를 屠殺하고 나아가 日本으로 건너가 日本 當務者를 暗殺하여 그 壓迫을 免케 하는 것은 손바닥을 뒤집는 것보다 쉽다고 말했으므로 同會 首領이 이를 叱責하고 放逐한 일이 있다고 한다."(국사편찬위원회, 「헌기 제2634호」(1909.12.30) 『한국독립운동사』 자료7, 243쪽)

개되고 있던 1904년 7월경에 안중근은 한국침략의 선도자라고 할 수 있는 하야시의 처단을 주장하며 일제의 한국침략에 맞서 행동으로 적대의식을 표출하였다. 이것이야말로 그가 러일전쟁 중에 일제의 대한침략을 인식하고 있었음을 증명하는 것으로 그의 대일관의 성격을 여실히 보여주는 것이다. 이러한 맥락에서 그가 러일전쟁에서 일본의 승리를 바란 것은 일본의 침략성을 인식하지 못하였다기보다도 역시 전략적 판단에 따른 것으로 보인다. 그러므로 그는 선택의 문제로 일본을 지지하였지만, 일제의 한국침략이 노골적으로 드러남에 따라 '일제가 逆天했다'는36) 논리를 내세워 일본과 대립각을 세웠던 것이다.

세 번째 문제에 대해 살펴보면, 안중근이 이토차단이라는 의열투쟁을 국권회복의 방법론으로 고려한 시점은 하야시처단 계획을 실행하려고 한 1904년 7월로 보는 것이 타당하다. 말하자면 하야시처단 계획은 이토처단의 '前史的' 의미를 갖고 있는 것으로 평가할 수 있다. 또한 그의 이토 단죄는 하야시처단 계획의 연장선에서 이루어진 것으로 볼 수 있다.

한편, 1903년 해서교안에 따른 조선정부의 항의로 인해 빌렘신부는 청계동을 떠날 수밖에 없었다. 이러한 상황변화는 안중근 가문에 큰 타격을 주었다. 왜냐하면 안중근 가문은 서양선교사에 의지하여 즉, '洋大人藉勢'에 의해 향촌사회의 지배권을 유지해왔기 때문이다. 이와 같은 상황에서 빌렘신부의 소환은 지역민의 양대인자세 경향에 영향을 끼쳐 천주교 교세가 1/3로 줄어들었다.37)

이러한 위기에서 벗어나기 위한 하나의 방법으로 안태훈·안중근 부자는 해외 이주계획을 추진한 것으로 판단된다. 이와 더불어 러일전쟁이라는 국제정세도 안중근 일가의 해외 이주계획을 촉진시킨 요소로 작용하였다. 즉, 안중근은 러일전쟁이 발발하고 나서 얼마 후 안태훈과 선후

---

36) 안중근, 「안응칠역사」, 158쪽.
37) 윤선자, 「안중근의 계몽운동」『한국근대사와 종교』, 국학자료원, 2002, 217쪽.

방책을 논의하였다. 이때 그는 "이토가 한국의 독립과 동양의 평화를 위해 러시아와 개전한다는 천황의 러일전쟁 선전조칙을 어기고 조약을 강제하고 한국의 유지당을 없앤 뒤 한국을 식민화하려 하고 있다"[38]고 현실을 진단하였다. 그러므로 이제 국내에서 의거를 일으켜도 소용이 없기 때문에 조속히 계획을 세우지 않으면 화를 면하기 어렵다는 것이 그의 생각이었다. 이와 같은 시대인식은 중국의 산동·상해지방 등지로 이주계획을 세우는데 하나의 요인이 되었던 것이다. 결국 안중근 일가의 해외 이주계획은 해서교안으로 인한 가문의 영향력 약화, 하야시와 부일세력 처단계획의 실패에 따른 국내 국권회복운동세력에 대한 실망, 러일전쟁이라는 국제정세로 인한 위기의식이 복합적으로 작용한 결과로 보인다.

안중근이 산동을 걸쳐 상해에 도착한 것은 1905년 6월 중순경으로 추정된다.[39] 상해에 도착한 그는 현지의 상황을 알아보고 앞으로의 대책을 강구하기 위해 당대의 유명한 망명객인 민영익의 집을 몇 번이나 방문하였다.[40] 그러나 민영익은 그를 만나주지 않고 문전박대하였다. 이에 그는 "공은 한국에서 여러 대로 국록을 먹은 신하로서 이같이 어려운 때를

---

38) 안중근, 「안응칠역사」, 152〜153쪽.

39) 르각신부는 휴양차 1905년 6월 26일에 홍콩에 도착했는데 도중에 상해에 8일간 머물렀다고 한다(『뮈텔문서』, 「르각신부의 1905.7.26 서한」). 이 무렵 안중근이 상해에서 르각신부를 만난 것으로 여겨진다. 그리고 뮈텔의 일기에 따르면 르각신부가 1906년 1월 19일 홍콩에서 돌아온 것으로 되어 있다(한국교회사연구소, 『뮈텔주교일기』 4, 1998, 21쪽).

40) 일제의 기록에 다음과 같은 내용이 있다. "其後 明治三十八年(一九〇五) 新條約 締結에 즈음하여는 이를 憤慨하고 長男 安應七을 上海로 보내어 上海에 있는 閔泳翊을 일으켜 倡義하여 協約의 破棄를 꾀하였으나 이루지 못하였다."(국사편찬위원회, 「헌기 제2634호」(1909.12.30) 『한국독립운동사』 자료7, 242〜243쪽). 물론 이 기록은 안중근이 상해로 간 시점의 오류를 보이고 있다. 그러나 여기에서 안중근의 상해 방문은 민영익을 만나는 것을 전제로 이루어졌을 가능성이 큰 것으로 안태훈과 민영익의 관계 속에서 이루어진 것임을 알 수 있다. 말하자면 안태훈은 향후 국권회복운동의 방략을 민영익과 연계하여 도모하려고 하였던 것으로 판단된다.

만나, 전혀 사람 사랑하는 마음이 없이 베개를 높이고 편안히 누워 조국의 흥망을 잊어버리고 있으니 세상에 어찌 이 같은 도리가 있을 것인가. 오늘날 나라가 위급해진 것은 그 죄가 전혀 공들과 같은 대관들한테 있는 것이오 민족의 허물에 달린 것이 아니기 때문에 얼굴이 부끄러워서 만나지 않는 것인가"[41]라고 민영익을 책망하기도 하였다.

그 후 그는 상인 徐相根을[42] 찾아가 구국의 방책을 구하려고 하였다. 그러나 서상근은 한국의 장래는 자기와 상관없다며 민영익과 같은 반응을 보였다. 이에 그는 "만일 국민이 국민된 의무를 행하지 아니 하고서 어찌 민권과 자유를 얻을 수 있을 것이오"[43]라고 하면서 "지금은 민족세계인데 어째서 홀로 한국 민족만이 남의 밥이 되어 앉아서 멸망하기를 기다리는 것이 옳겠소"[44]라고 서상근을 타일렀다.

그런데 여기에서 주목할 것은 안중근이 '민족'이라는 용어를 사용하고 있다는 것이다. 물론 이는 민족에 대한 논의가 활발하게 진행되고 있던 상황을 반영하고 있는 것이지만[45] 그가 민족의 의미를 이해하고 있다는 증거이다. 또한 이는 그의 해외 이주계획이 단순히 해서교안 이후 향촌사회에서의 세력약화를 만회하기 위한 수단에서 나온 것만은 아니었다는 것을 뜻한다. 말하자면 안중근은 해외 이주계획을 거시적 안목에서 민족의 장래문제와 결부하여 고려했던 것으로 볼 수 있다.

---

41) 안중근, 「안응칠역사」, 153쪽.
42) 司果·監理를 지낸 서상근은 인천의 부자로서 李容翊과 쌀장사를 하였으나 충돌하여 상해로 도주한 사람이라고 한다(국사편찬위원회, 「境警視의 신문에 대한 안응칠의 공술(제5회)」(1909.12.2)『한국독립운동사』자료7, 415쪽).
43) 안중근, 「안응칠역사」, 154쪽.
44) 위와 같음.
45) 한반도 주민집단을 의미하는 개념으로 '민족'이라는 용어는 1904년 러일전쟁 중에 황성신문 등의 언론에서 쓰기 시작하여 보편화된 것으로 볼 수 있다(백동현, 「러·일전쟁 전후 '民族' 용어의 등장과 민족의식」『한국사학보』제10호, 2001, 165쪽). 『황성신문』등을 읽고 있던 안중근도 '민족'에 대한 개념을 알고 있었을 것이다. 이러한 점이 서상돈과의 대화 속에서 드러난 것으로 보인다.

또한 여기에서 안중근의 해외 이주계획의 성격을 살펴볼 필요가 있다. 그의 해외 이주계획은 의병전쟁을 고려하는 위에서 추진되었다는 사실이 주목된다. 의병전쟁에 대한 그의 열망은 해외이주를 모색하기 위해 상해에 머물던 무렵 르각신부(Le Gac, Charles Joseph Ange, 郭元良 1876~1914)⁴⁶)를 만났을 때 제반 상황이 갖추어지면 '거사를 일으키겠다'⁴⁷)는 그의 언급에서 엿볼 수 있다. 이러한 생각은 보안회와 협력하여 하야시와 부일세력을 척결하려는 그의 계획이 실패로 돌아간 이후 모색된 국권회복운동의 일환으로 볼 수 있다. 또한 이는 1907년 8월 해외망명의 '前史的' 의미가 있다는 면에서 평가될 만하다.

이와 같이 안중근의 민족의식은 어느 한 시기에 형성된 것이 아니라, 한국근대사의 전개과정에서 자연스럽게 이루어진 것으로 보인다. 또한 그의 민족의식은 천주교와 결합되어 의거로 이어졌다고 볼 수 있다. 물론 이는 당시의 민족에 대한 담론이 사회적으로 확산되는 가운데, 『泰西新史』 등의 영향을 받으며 이론화되었을 가능성도 배제할 수 없다.⁴⁸)

한편, 안중근의 해외 이주계획은 "가족들을 외국으로 옮겨다가 살게 해 놓은 다음에 외국에 있는 동포들과 연락하여 여러 나라로 돌아다니며 억울한 정상을 설명해서 동정을 얻은 뒤에 기회가 오기를 기다려서 한번 의거를 일으키면 어찌 목적을 이루지 못하겠소"⁴⁹)라고 한 그의 말에서 보듯이, 의병전쟁을 국권회복운동의 하나의 방략으로 상정하였음을 알 수 있다.⁵⁰) 말하자면 그는 외교적 방법을 동원하여 한국에 유리한 환경

---

46) 한국가톨릭대사전편찬위원회, 『한국가톨릭대사전』 4, 한국교회사연구소, 2004, 2266~2267쪽 참조.
47) 안중근, 「안응칠역사」, 154쪽.
48) 박성수, 「民族受難期의 基督教 信仰: 安義士와 金九의 입교동기가 주는 교훈」 『광장』 109, 세계평화교수협의회, 1982, 52쪽.
49) 안중근, 「안응칠역사」, 154쪽. 윤선자 등은 안중근이 의병전쟁을 고려한 시기를 1905년 11월 을사늑약 무렵으로 보고 있다(윤선자, 앞의 논문, 201쪽).
50) 김창수, 「安重根義擧의 역사적 意義」『한국민족운동사연구』 30, 2002, 15쪽.

을 조성한 후, 국제적 지지 하에 의병을 일으켜 국권을 회복한다는 복안
을 갖고서 해외 이주계획을 추진하였던 것이다.

안중근은 민영익과 서상근에게 향후방책에 대해 조언을 구하여 해외
이주계획을 구체화하려고 하였으나 여의치 못하였다. 그러던 1905년 6
월 중순 어느 날 상해의 한 성당에서 예배를 드린 후 밖으로 나왔다. 이
때 마침 자신과 절친한 르각신부를 만나게 되었다.[51]

그가 상해에 온 이유를 들려주자, 르각신부는 두 가지 이유를 들어
안중근 일가의 해외 이주계획을 반대하였다.[52] 첫째, 프랑스와 독일의
예를 들어가며 한국인 모두가 해외로 이주한다면 국가는 텅 빌 것이고
이는 일제가 바라는 바이다. 둘째, 열강이 한국을 위해 일본과 대결하지
않을 것이나 만약 일본과 대결할 결정적인 시기가 오면 그때 한국의 독
립을 위해서 해외에 있는 것은 오히려 효과가 없다. 이어 르각신부는 한
국독립의 구체적인 방법으로 ① 교육의 발달, ② 사회의 확장, ③ 민심
의 단합, ④ 실력의 양성을 제시하며 이것만 이루어지면 한국은 반드시
독립할 수 있을 것이라고 힘주어 말하였다.

르각신부의 정교분리 원칙에 입각한 계몽주의적 입장은 천주교 교단
의 기본적인 정책이었다. 천주교 교단은 의병활동을 부정적으로 보았던
빌렘신부의 경우에서 보듯이 폭력을 수반하는 민족운동에 반대하고 있
었다. 물론 이러한 프랑스 선교단의 태도가 소위 '정교분리'라는 천주교
지도층의 선교방침에 기인한 것은 두말할 필요도 없다.[53]

민영익 등의 비협조적 태도에서 해외국권회복운동의 전개가 무리라
고 판단한 안중근은 르각신부의 방안을 받아들여 해외 이주계획을 포기
하였다. 이후 그의 행적은 르각신부의 조언을 충실히 이행한 것으로 보

---

51) 안중근, 「안응칠역사」, 154쪽.
52) 안중근, 「안응칠역사」, 155쪽.
53) 윤선자, 「민족운동과 교회」『한국근대사와 종교』, 국학자료원, 2002, 232~238쪽.

인다. 즉, ①과 ④를 실현하기 위해 안중근은 삼흥학교를 건립하고 돈의학교를 운영하였다. 또한 ②와 ③을 실천하기 위해 안중근은 서우학회(서북학회의 전신)에 가입하고 국채보상운동에 투신하였으며 석탄회사 삼합의를 설립하였던 것이다.

그런데 안중근이 교육의 중요성을 강조한 르각신부의 조언을 전적으로 수렴한 것은 1899년경 대학설립을 뮈텔주교에게 건의한 예에서도 보듯이, 평소 교육의 중요성을 인식하고 있었기 때문이다. 말하자면 그는 해외 이주계획의 목적 즉, 외교적인 방법에 입각해서 국제적 환경을 조성한 후 의병을 일으켜 국권을 회복하려는 계획이 현단계에서 무리라고 판단하였던 것이다. 이러한 맥락에서 그는 교육을 통해 현실을 개조하고 민족의 부흥을 꾀하는 길이 국가의 독립을 이룰 첩경이라는 평소의 지론을 르각신부를 통해 재확인한 것으로 여겨진다.

안중근은 1905년 12월 진남포 億兩機로 돌아왔다.[54] 이때 부친 안태훈은 이미 운명을 달리하였다. 안태훈 사망 후 안중근은 그의 가솔을 이끌고 1906년 3월 진남포 억양기에서 龍井洞으로 다시 이주한 것으로 보인다.[55] 안중근에게 가장 영향을 끼친 부친의 죽음은 "그때 나는 술을 끊기로 맹세했고 대한 독립하는 날까지로 기한을 정했다"[56]는 그의 말에서도 알 수 있듯이, 일생을 독립투쟁에 바치겠다는 자신의 의지를 더욱 확고히 한 계기가 되었던 것이다.

2) 삼흥학교 설립과 돈의학교 운영

1905년 11월 을사늑약은 한국 근대사의 운명을 결정지은 사건이었다. 안중근은 상해에서 1905년 12월경 귀국했기 때문에 을사늑약 당시 국내

---

54) 국사편찬위원회, 「경비 제□□□호」(1909.11.2) 『한국독립운동사』 자료7, 156쪽.
55) 위와 같음.
56) 안중근, 「안응칠역사」, 156쪽.

에 없었다. 을사늑약 체결 소식은 중국신문 등에 보도되었을 것이고 안중근도 이를 충격적으로 받아들인 것으로 보인다. 그의 증언에서 알 수 있듯이 을사늑약은 그의 운명을 결정짓는 사건이었다.[57] 이로 말미암아 이토는 죽여야만 하는 '국적'이라는 확신을 갖게 되었던 것이다.

뿐만 아니라 을사늑약은 안중근이 본격적으로 국사에 진력한 계기가 되었다. 그는 이토가 황제를 협박하여 강제로 을사늑약을 체결하였다고 확신했으며,[58] 을사늑약의 본질이 일제가 한국인을 먹이로 삼고자 하는 데 있다고 보았다.[59] 또한 이토가 한국에 와서 을사늑약을 무력으로 체결하고 한국인을 기만하고 있다고 여겼다. 때문에 이토를 제거하는 것만이 비경에 빠진 한국을 구하는 길이며, 이것만이 한국을 보존할 수 있는 방법이라고 생각하였다.[60]

안중근은 을사늑약을 계기로 대일인식을 보다 구체화시키고, 이를 바탕으로 앞날의 방향을 설정하였다. 말하자면 을사늑약은 그의 일본 인식을 확장시켰다는데 그 의미가 있는 것이다. 이는 을사늑약 이후 그가 국채보상운동에 적극적으로 참여하기도 하고, 서우학회에 가입한 사실에서도 입증된다.

당시 안중근은 교육을 통하여 국가의 동량을 길러낸다면 한국에 아직 희망이 있다고 생각한 것 같다. 그렇기 때문에 기울어가고 있는 가산을 모두 털어 구국운동의 일환으로 교육사업에 진력하였다. 이는 삼흥학교와 돈의학교의 운영으로 구체화되었다.[61]

안중근은 1906년 봄경 삼흥학교를 진남포 용정동의 자택에 설립하고

57) 滿洲日日新聞社, 『安重根事件公判速記錄』, 1910, 6쪽.
58) 국사편찬위원회, 「피고인 제6회 신문조서」(1909.11.24) 『한국독립운동사』 자료 6, 176쪽.
59) 국사편찬위원회, 「피고인 제6회 신문조서」(1909.11.24) 『한국독립운동사』 자료 6, 177쪽.
60) 滿洲日日新聞社, 『安重根事件公判速記錄』, 6쪽.
61) 안중근, 「안응칠역사」, 156쪽.

稅關 幣辦으로 있던 吳日煥 등을 교사로 용빙하였다.[62] 삼흥학교의 설립
경위와 정황에 대해 『대한매일신보』는 다음과 같이 전하고 있다.

> 三和港 寓居 安重根 三兄弟가 私立三興學校ᄒ고 前後經費를 自
> 擔한 지 有年에 斗屋中 五六拾名 生徒가 難容其膝이라. 安氏가 勉勵
> 學徒曰 天이 幸感則 將有大厚ᄒ야 必有吾徒成就之日이라 ᄒ며 撫胸
> 痛泣을 無時不然터니 何幸安氏妻男 載寧居 金能權氏 聞學校之情形
> ᄒ고 不勝感慨之心ᄒ여 有田與畓을 一幷放賣ᄒ여 葉一萬五千兩으
> 로 買得三十餘間瓦家一座하여 義附三興ᄒ얏다더라.[63]

이 기사에서 보듯이 그는 하늘이 다행히 감복한다면 장차 좋은 일이
있을 것이므로 반드시 우리의 뜻을 성취하는 날도 있을 것이라며 삼흥학
교 학생들을 격려하고 어려움을 타개하고 있었다. 이는 그의 독립자유
의지이며 교육의 목적이기도 하였다. 그는 오일환에게 "한국의 장래를
위해서 공부해야 한다"[64]고 학문의 중요성을 강조하기도 하였다. 여기에
서 상무정신을[65] 강조하던 그의 학문자세를 알 수 있다. 말하자면 그는
문무의 구비를 강조하면서 학문의 목적을 개인이 아니라 국가발전에 두
었던 것이다. 이러한 맥락에서 그가 '士興'·'民興'·'國興'을 의미하는
'삼흥학교'를 건립한 이유를 이해할 수 있을 것이다.[66]

그런데 삼흥학교의 설립경위와 운영상황을 보도한 『경향신문』의 기
사와 안중근의 주장이 다소 차이점을 보인다. 즉, 『경향신문』1907년 1

---

62) 국사편찬위원회, 「기밀통발 제1982호」(1909.11.18) 『한국독립운동사』 자료7,
   201쪽.
63) 「賣土寄校」 『대한매일신보』 1907년 5월 31일자.
64) 국사편찬위원회, 「경비 제317호」(1909.11.17) 『한국독립운동사』 자료7, 196쪽.
65) 안중근의 상무정신은 소년시절 학문에 힘쓰라는 친구의 충고에 대해 "項羽와 같
   은 사람이 되어 명성을 날리겠다"는 데서 엿볼 수 있다(안중근, 「안응칠역사」,
   133쪽).
66) 최서면, 『새로 쓴 안중근의사』, 집문당, 1994, 70~71쪽.

월 4일자에는 오일환이[67] 진남포 천주교회에 야학부를 설치하여 영어를 가르쳤고[68] 안중근은 그 경비를 부담하였다고 기록되어 있다.[69] 말하자면 안중근이 설립자가 아니라는 것이다. 그러나 그는 삼흥학교를 자신이 설립하였다고 하였고[70] 『대한매일신보』 기사도 안중근 3형제가 삼흥학교의 설립자임을 증명하고 있으며[71] 일제도 그를 창설자로 보고 있다.[72] 이런 점으로 미루어 보아 그가 설립자임에는 틀림이 없다.

그리고 『대한매일신보』에서 1907년 5월 말경 教長 韓在鎬, 校監 安東(重)根, 警務 金庚地, 贊成 高尤廷, 教師 金文奎가 근무하고 있었으며 학생 27명의 실명을 확인할 수 있다. 특히 「동양평화론」에서 "삼국의 학생을 모아서 교육시켜야 한다"는 그의 주장을 상기할 때 삼흥학교의 학생 중에 '陳긔南'이라는 중국인이 있었다는 사실이 주목된다.[73]

---

67) 오일환에 대해 천주교신자로 진남포 천주교 교회에서 야학교를 운영하고 있던 삼흥학교에 경비를 제공한 것으로 설명되고 있다. 조광, 「安重根의 愛國啓蒙運動과 獨立戰爭」『교회사연구』9, 1994, 77쪽 ; 윤선자, 앞의 논문, 192~193쪽.
68) 1907년 5월 29일자 『대한매일신보』의 「國債報償義捐金收入廣告」에 '三和港私立英語三興學校'라는 기사가 보인다. 이로 보아 삼흥학교가 영어교육을 표명한 것은 분명한 사실이다. 이는 영어의 중요성을 인식한 안중근의 배려에 의해 가능하였던 것이다. 당시는 일본어에 대한 열기가 더하던 시기에 영어를 가르치는 학교를 만든 것은 그의 세계사에 대한 인식에 기인하는 것으로 볼 수 있다. 말하자면 러일전쟁이 발발했을 무렵 "나는 날마다 신문과 잡지와 각국의 역사를 상고하며 읽고 있어 이미 지나간 과거나 현재나 미래의 일들을 추측했었다"는 기록(안중근, 「안응칠역사」, 152쪽)을 통하여 볼 때 그는 세계사가 미국 중심으로 재편될 것을 예상하는 가운데 영어의 필요성을 절감했던 것으로 판단된다. 그런데 뮈텔주교에게 대학설립을 건의했다가 거절당하자, 그는 천주교 상층부의 대한인식을 비판하며 언어의 주체성을 강조하기도 하였다. 이러한 맥락에서 그의 언어관은 주체성을 바탕으로 하면서도 세계사의 흐름을 파악하기 위해 영어습득의 필요성을 몸소 실천하였다는 면에서 동시에 '개방적'이라고 평가 할 수 있다.
69) 조광, 앞의 논문, 77쪽.
70) 안중근, 「안응칠역사」, 156쪽.
71) 「賣土寄校」『대한매일신보』1907년 5월 31일자.
72) 국사편찬위원회, 「고비발 제342호」(1909.11.2)『한국독립운동사』자료7, 156쪽.

삼흥학교의 운영경비는 늘 부족하였던 것 같다. 안중근 가문의 재력은 해서교안 이후로 점차 쇠락의 기로에 들어서 1907년에 이르러서는 상당히 기울었던 것으로 보인다. 이러한 맥락에서 안중근이 미곡상과 석탄회사 삼합의를 운영한 이유를 알 수 있을 것이다. 그러나 다행히 안중근의 정성에 감동한 처남 金能權이 15,000냥을 들여 30여 간의 기와집을 지어 삼흥학교의 교사로 제공하였다.[74] 김능권은 이후에도 안중근 가문의 재정 후원자 역할을 하였다. 예컨대, 김능권은 안정근·공근의 학비를 부담하였으며, 안중근 부인과 자녀의 블라디보스톡 망명비용도 공여하였다.[75] 그러나 삼흥학교의 운영은 김능권의 지원만으로 충분하지 못하였던 것 같다. 그래서 삼합의를 함께 설립한 한재호를 교장으로 초빙한 것으로 파악된다.[76]

안중근의 돈의학교는 한국의 식물을 유럽에 소개한 식물학자로 유명한 프랑스인 포리에(Faurie, Jean Bpt. 方소동, 1875∼1910)신부가 운영하던 학교였다.[77] 이 학교의 초대 교장은 李平澤이었고 안중근이 제2대 교

---

73) 「國債報償義捐金收入廣告」, 『대한매일신보』 1907년 5월 29자.

74) 김능권은 1909년경까지 삼흥학교의 교사에 설립된 五星學校를 운영하였다(국사편찬위원회, 「기밀통발 제111호」(1910.1.20) 『한국독립운동사』 자료7, 293∼294쪽).

75) 이에 대해 안정근은 다음과 같이 증언하고 있다. 즉, "今日까지의 生活費는 金能權 卽 重根의 妻兄과 共同으로 산 水田의 收穫을 基礎로 하고 또 恭根의 月給 每月 二十圓이 있다. 나의 學費는 恭根의 月給에서 若干과 妻의 鄕里에서 若干을 合하여 充當하고 있었다. 這回의 家族의 出發旅費는 當地 林君甫로부터 恭根의 名義로 五十圓을, 重根의 妻側 金能權으로부터 三十圓을, 借入 計 八十圓이나, 能權으로부터 二十圓을 餞別金으로 贈與받으므로써 都合 百圓을 鄭大鎬에게 주어 블라디보스톡까지 同行할 것을 依賴하였다. 一人當 旅費가 三十圓이 所要되므로 途中 雜費와 發病時 準備金을 생각하여 以上의 金額을 準備한 것이다."(국사편찬위원회, 「복명서」(1909.11.5) 『한국독립운동사』 자료7, 343쪽).

76) 「國債報償義捐金收入 廣告」, 『대한매일신보』 1907년 5월 29일자.

77) 이창복·이문호, 「프랑스 선교사의 한국식물연구」 『교회사연구』 6, 1987, 150∼151쪽.

장(1906~1907년 7월)을 지냈다.[78] 이 학교의 재적인원은 1903·1904년
에 각각 15명과 17명이었으며[79] 1907년 1월에는 45명에 이르렀다.[80] 이
학교의 교사로 임안당 부자 등이 있었고, 외사경찰인 순검 정씨가 비번
이면 자진하여 학생들에게 체조를 가르쳤다.[81] 특히 돈의학교는 1908년
9월 15일에 평안도와 황해도의 80여 학교에서 온 3천여 명의 학생들과
교사 등 학교관계자 1천여 명이 참가한 운동회에서 3등을 차지하는 성과
를 올렸다.[82] 이러한 결과는 이 학교가 천주교 학교이므로 종교적으로
단결되어 있었고 정씨의 예에서 보듯, 체육을 강조한 교육방침에 힘입은
바 크다.[83]

그의 교육에 대한 열망은 두 동생 안정근·공근에게 이어졌다. 안공
근은 안중근 의거가 있기 3·4년 전 경성에서 사범학교 속성과를 졸업하
고 진남포 공립보통학교 교사가 되었다.[84] 안정근도 1909년 상경하여 하
숙하며 3월경부터 양정의숙에서 공부하였다.[85]

한편, 진남포에서 안중근이 교제를 한 대표적인 인사는 吳日煥·鄭
大鎬·金文奎이다. 그가 오일환을[86] 처음 만난 것은 1906년 봄경이었

---

78) 「雜報」『경향신문』 1907년 10월 16일자.
79) Faurie, 「진남포 성당 교세통계표」, 1904년 6월 ; 조광, 앞의 논문, 76쪽.
80) 한국교회사연구소, 『뮈텔주교일기』 Ⅲ, 206쪽 ; 윤선자, 앞의 논문, 191쪽.
81) 「雜報」『경향신문』 1907년 7월 20일자. "안중근이 가입한 서우학회의 취지서에
   서도 그 창립 목적을 "我同胞靑年의 敎育을 啓導勉勵ᄒ야 人才를 養成ᄒ며 衆
   智를 啓發홈이 卽是國權을 恢復ᄒ고 人權을 伸張ᄒᄂ 基礎라"고 강조하였다
   (아세아문화사, 『西友』 제1호, 1978, 1쪽). 돈의학교에서 체육이 강조된 것은 이
   러한 맥락에서 이해될 수 있다.
82) 조광, 앞의 논문, 77쪽.
83) 윤선자, 앞의 논문, 192쪽.
84) 국사편찬위원회, 「기밀통발 제111호」(1910.1.20)『한국독립운동사』 자료7, 293쪽.
85) 국사편찬위원회, 「경비 제294호」(1909.10.31)『한국독립운동사』 자료7, 153쪽.
86) 오일환은 안중근보다 두 살 아래로 추정된다. 그는 서울에서 1895년경 정대호와
   서울 서부 공후동에 있던 영어학교에서 4년간 수학한 후, 1898년 양지아문 견습
   을 걸쳐 1901년 지계아문의 技手로 승진했다. 1903년 2월 인천해관 서기를 거쳐

다. 안중근이 진남포로 이주했을 무렵 오일환이 海關主事로 승진하여 인천에서 진남포로 전근하여 그의 이웃이 되었다. 아마 그는 삼흥학교를 개교했을 때 안공근에게 영어를 가르친 오일환을 교사로 채용한 것 같다.[87]

그와 정대호의 관계는 오일환을 처음으로 만난 1906년 봄경으로 거슬러 올라간다. 정대호는 영어학교에서 오일환과 동문수학하였으며 1903년 8월 10일 진남포 해관으로 전근하여 함께 근무하였다.[88] 안중근은 오일환·정대호가 이웃에 거주하여 자연스럽게 왕래를 했던 것으로 보인다. 이후로도 안중근과 정대호의 관계는 계속되었다. 정대호는 그의 부탁으로 가족(안중근 부인과 두 자녀)을 간도로 망명시키는데 일조하였으며, 러시아 연해주에서 1909년 7·8월경 그를 만난 적이 있었다.[89] 이후 정대호는 독립투쟁에 투신하여 혁혁한 공을 세웠다.[90]

7월 진남포 해관 주사로 승진하였다. 그 후 1908년 1월 관제개혁에 의해 해관주사가 되었다가 동년 8월 사직, 9월 재원조사국 주사에 임명되었으나 1910년 1월 일본어를 못해 무시당하여 사직한 것으로 보이다. 이후 그의 행적은 주로 개신교와 관련이 있는 것 같다. 즉, 그는 기독교 청년회 총무 일을 잠시 하다가 브르크만의 어학교사가 되었다. 또한 기독교청년회 회계주임 최재학이 입감된 후, 월급 20원을 받고 임시 주임대리를 한 것으로 추측된다. 그의 가족으로는 1910년 당시 어머니와 동생 吳景煥이 있다. 오경환은 1910년경 평안북도 영변에 있던 미국인 노튼이 경영하던 美以교회당 부속병원에서 의술을 견습하고 있었다고 한다 (국사편찬위원회, 「경비 제317호」(1909.11.17)『한국독립운동사』 자료7, 196∼197쪽).

87) 국사편찬위원회, 「경비 제327호」(1909.11.17)『한국독립운동사』 자료7, 196쪽 ; 국사편찬위원회, 「기밀통발 제1982호」(1909.11.18)『한국독립운동사』 자료7, 201쪽. 안중근은 오일환 등과의 교제를 통하여 영어의 중요성을 확인하게 되었을 것이고, 이는 삼흥학교에서 영어를 가르치게 된 배경이 되었던 것으로 보인다.

88) 국사편찬위원회, 「경비 제327호」(1909.11.17)『한국독립운동사』 자료7, 196쪽.

89) 국사편찬위원회, 「공관시말서」(1910.2.7)『한국독립운동사』 자료6, 316쪽.

90) 정대호는 1884년 1월 2일 서울 종로구 중학동 43번지에서 父 鄭繼聖과 母 김씨 사이에서 태어났다. 그는 1893년 한학공부를 시작하였으며 서울에서 1895년경 오일환과 영어학교에서 함께 4년간 수학하였다. 1899년에 안예도씨와 결혼하였

　　김문규와 안중근의 만남은 천주교신자라는 인연으로 이루어졌다.[91)] 김문규는 오일환 · 정대호와 함께 진남포해관 주사로 근무하였다.[92)] 정대호는 綏芬河로 간 이후 진남포해관 후배인 김문규를 통해 가족과 서신 왕래를 하였다. 또한 안중근의 가족을 하얼빈으로 데리고 가는데 필요한 서신왕래도 김문규가 맡았을 정도로 이들의 관계는 특별했다.[93)] 안중근이 천주교 교인 중에서 김문규에게만 편지를 보냈다는 사실에서도 이들의 관계를 알 수 있다.[94)] 이러한 신뢰를 바탕으로 김문규는 삼흥학교의 교사로 근무했다.[95)] 그러나 김문규는 안중근 의거에 대한 부정적인 인식을 드러내기도 하였다.[96)]

다. 그는 1903년 8월 10일부터 진남포 해관에서 오일환과 함께 근무하였다. 1906년 봄부터 안중근과 친하게 지냈다. 1908년 9월부터 綏芬河 세관에 근무하면서 1909년 10월 안중근의 부탁을 받고 안전하게 안중근의 가족을 하얼빈까지 망명시켰다. 이 일로 일경에 체포되어 옥고를 치르기도 하였다. 1912년에 한인회 지방총회 회장으로 있다가 귀국하였다. 1916년 다시 중국 天津으로 망명하였다. 1919년에 상해로 이주한 이후, 임시정부에 참여하면서 임시의정원 경기도 의원에 선출되었다. 동년 11월에 대한 적십자회 三. 一隊에 소속되어 적십자회원 모집운동에 참여하였다. 1921년에는 신한청년당에 가입하여『신한교육보』를 발행하였다. 그는 1923년 중국의 손문의 부탁을 받아 수마트라섬의 팔림방시에 있는 화교학교 교장으로 취임한 후 화교로부터 군자금을 모집하는 활동을 하였다. 1925년 싱가폴에 있는 화교학교인 돈암학교에서 근무하였다. 1941년 5월 싱가폴에서 57세로 유명을 달리하였다(愛國志士 鄭大鎬先生 追慕委員會,「愛國志士 鄭大鎬先生年譜」『愛國志士鄭大鎬先生墓碑除幕式』, 1991, 4∼5쪽).

91) 국사편찬위원회,「복명서」(1909.11.5)『한국독립운동사』자료7, 345쪽.
92) 위와 같음.
93) 국사편찬위원회,「기밀통발 제1982호」(1909.11.18)『한국독립운동사』자료7, 203∼204쪽.
94) 국사편찬위원회,「기밀통발 제111호」(1910.1.20)『한국독립운동사』자료7, 286쪽.
95)「國債報償義捐金收入廣告」『대한매일신보』1907년 5월 29일자.
96) 국사편찬위원회,「복명서」(1909.11.5)『한국독립운동사』자료7, 345∼346쪽.

3) 국채보상운동의 참여와 활동

1905년 11월 을사늑약 체결을 전후하여 대한제국의 지식인들은 일제의 침략에 맞서 계몽운동을 전개하였다. 계몽운동은 크게 각종 학교를 설립 운영하는 교육운동, 각종 정치단체와 학회를 설립하여 정치 현실에 참여하는 정치운동, 일제의 경제침략에 대항하는 식산운동 등을 중심으로 전개되었다. 안중근도 국내 계몽운동에 적극적으로 참여하였다. 그는 교육활동으로 삼흥학교를 설립하고 돈의학교를 운영하였고, 정치운동으로 국채보상운동과 서우학회에 적극 참여하였을 뿐만 아니라, 식산운동으로 미곡상과 석탄회사 삼합의를 경영하기도 하였다.

우선, 안중근이 국채보상운동에 참여하게 된 경위와 그 의미를 살펴보면 다음과 같다. 국채보상운동은 1907년 1월 29일 대구에서 徐相敦이 대구 광문사를 대동광문회로 개칭하는 회의석상에서 국채 1,300만원을 갚지 못하면 장차 국토라도 팔아서 갚아야 한다며 2천만 동포가 자신부터 8백원을 내놓고, 회원들에게도 국채를 갚자고 제의한 것에서 시작되었다.[97] 그 후 대동광문회에서 서상돈 등이 「국채보상취지서」를 발표하여 국채보상의 필요성과 동참을 호소하였고, 2월 21일부터 대구 민의소에서 단연회를 설립하고 의연금 모금에 나섬으로써 본격적인 국채보상운동이 전개되었다. 그 결과 서울에서도 1907년 2월 22일에 국채보상기성회가 설립되고, 4월 8일에는 대한매일신보사에 '국채보상지원김총합소'가 설치되었다. 당시 학회와 사회단체, 그리고 각 신문사는 국채보상운동을 적극적으로 전개하여 187,842원 78전 5리를 모금하였다.[98]

이 무렵 안중근은 국채보상운동에 적극적으로 참여하였다. 계봉우는 "안중근이 1907년 2월 평양 明倫堂에서 뜻있는 선비 천여 명을 모으고

---

97) 조항래, 「國債報償運動의 發端과 展開過程」『한국민족운동사연구』 8, 1993, 64~65쪽.
98) 조항래, 위의 논문, 91쪽.

의연금을 크게 거두었으니 이것은 나라를 사랑하는 충성이니라"[99]라고
하여 안중근의 활약상을 소개하였다. 뿐만 아니라 안학식도 안중근이
"대구 국채보상회 본부 서상돈 회장에게 자청하여 관서지부를 개설하고
자신이 지부장이 되었다"[100]라고 안중근의 활동을 기록하고 있다. 특히
안중근의 모친 조마리아는

> 년전에 국채보상금 모집홀 때에도 그 부인과 그 데수가 싀집올 때
> 가지고 온 패물 등을 다 연조케 ᄒ여 굴오더 나라이 망ᄒ게 된지라
> 패물을 익끼어 무엇에 쓰리오 ᄒ미 그 부인과 그 데수들도 락죵ᄒ야
> 그 ᄯᅳᆺ을 조곰도 어긔지 못ᄒ엿다.[101]

라고 증언하고 있다. 이처럼 국채보상운동에 안중근뿐만 아니라 온 집안
이 동참하였다.[102] 여기에서 주목할 사실은 국채보상운동에 안중근과 그
의 집안만이 참가한 것이 아니었다는 것이다. 즉, 안중근이 만든 삼흥학
교도 혼연일체가 되어 참여했던 것이다. 이는 안중근의 사회활동이 그와
그의 가족의 범위를 넘어 하나의 사회세력으로 확대되어 갔음을 의미하
는 것으로 그의 시대인식과 그 대응을 엿볼 수 있는 중요한 근거가 된
다.[103]

안중근이 국채보상운동에 참여한 이유는 독립의 출발점을 일본 채무

---

99) 계봉우, 「만고의사 안중근전」, 윤병석 역편, 『안중근전기전집』, 521쪽.
100) 안학식, 『義士安重根傳記』, 만수사보존회, 1963, 47~48쪽.
101) 「놀라운 부인」 『대한매일신보』 1910년 1월 30일자.
102) 「國債報償義捐金收入廣告」 『대한매일신보』 1907년 5월 29일자.
103) 1907년 5월 29일자 『대한매일신보』의 「國債報償義捐金收入廣告」에 삼흥학
    교의 교원과 학생들이 34원 60전의 국채보상 의연금을 냈다는 기록이 있다. 특
    히 여기에 삼흥학교의 교감 '安東根'이 3원을 희사했다는 기록이 있다. 전후사
    정으로 보아 안동근은 안중근의 오기로 보인다. 이것이 사실이라면 그의 국채보
    상운동의 시점과 무대는 계봉우의 주장(1907년 2월 평양)과 달리(계봉우, 「만고
    의사 안중근전」, 521쪽) 1907년 5월경 삼화항 즉 진남포일 가능성이 높다. 또
    한 안정근과 안공근도 각각 1원씩 국채의연금을 냈다는 사실도 확인된다.

청산에서 찾았기 때문이다.[104] 이러한 현실인식은 미곡상 운영과 1907년 7월경 평양에서의 三合義 설립으로 이어졌던 것이다. 미곡상은 김능권의 재정지원으로 이루어졌으나 실패하였다.[105] 그리고 삼합의는 한재호[106] · 송병운과 함께 평양에 설립한 무연탄 판매회사였다. 이는 3인이 공동체라는 의미이다. 하지만 회사명과는 정반대로 공동사업자들과의 불화와 일본의 방해 등으로 인해 석탄사업은 결국 실패로 돌아가고 말았다.[107]

이때 안중근은 일제의 존재에 대해 다시 한 번 직시하였을 것이고, 그에 따른 반일독립 정신을 더욱 확고히 하였던 것이다. 말하자면 간도 망명 이전 물적 기반의 조성을 위해 시작한 삼합의의 실패는 안중근에게 적지 않은 물질적 손해와 정신적 충격을 가져다주었다. 이는 삼합 실패가 간도행의 원인이었다는 안정근의 지적과,[108] 일제의 조사기록에도 노령행의 직접적인 동기라고 기술되어 있다는 점에서도 확인된다.[109]

그러나 삼합의 실패는 그의 간도망명을 결정짓는 원인이 아니었음이 분명하다. 말하자면 이는 일제의 한국침략에 대한 그의 인식과 대응이라는 일련의 과정에서 이루어진 필연적인 결과로 볼 수 있다. 그가 1907년 봄에 이미 빌렘신부에게 간도로 망명하기로 하였다고 통보한 이후 설립된 삼합의는 그 자금을 마련하기 위한 방안으로 볼 수 있다는 면에서 그러하다.

안중근의 西北學會의 전신인 西友學會의 가입경위와 그것이 의미하

---

104) 안중근, 「안응칠역사」, 156~157쪽.
105) 국사편찬위원회, 「복명서」(1910.11.5) 『한국독립운동사』 자료7, 338쪽.
106) 「國債報償義捐金收入廣告」 『대한매일신보』 1907년 5월 29일자. 한재호가 삼흥학교의 교장으로 온 것을 인연으로 안중근은 한재호와 삼합의 설립을 도모한 것으로 보인다.
107) 안중근, 「안응칠역사」, 157쪽.
108) 국사편찬위원회, 「복명서」(1910.12.5) 『한국독립운동사』 자료7, 339쪽
109) 국사편찬위원회, 「복명서」(1910.12.5) 『한국독립운동사』 자료7, 337쪽.

는 바는 다음과 같이 살펴볼 수 있다. 즉, 러일전쟁 중 '황무지개척권요
구' 등으로 일제의 한국침략 의도가 선명하게 드러났다. 이에 당시 지식
인들은 1904년 보안회를 설립하여 대응하였고, 이어 1905년 정치단체인
헌정연구회를 설립하여 독립의 선결요건이 실력양성임을 설파하였다. 이
후 일제의 침략과 탄압이 일층 강화됨에 따라 1906년 대한자강회가 탄
생되는 등 일제의 탄압을 피하면서 정치활동을 하기 위한 수단으로 각종
학회가 설립된다. 즉, 1906년에 서우학회와 기호학회, 1907년에 호남학
회와 관동학회 등이 각각 창립되어 교육개발과 식산흥업활동에 진력하
였다.

안중근도 시대의 흐름에 보조를 맞추어 1907년 봄경 평양에서 서우
학회에 가입하였다.[110] 이 학회는 1906년 10월 26일, 11월 2일 金達河의
집에서 회합하여 회장에 정운복, 부회장에 김명준, 평의장에 강화석, 평
의원에 박은식·이갑·노백린·안병찬 등을 각각 선정하여 정식으로
발족하였다. 그리고 "생존경쟁과 우승열패의 진화론을 적극 수용하여
'自保自全之策'을 강구하려면 동포와 청년의 교육을 啓導勉勵하여 인재
를 양성하고 衆智를 계발함으로써 국권을 회복하고 인권을 신장시킬 수
있다"[111]는 것이 서우학회의 기본노선이었다. 그도 이러한 서우학회의
취지에 공감하여 가입한 것으로 보인다. 그는 안병찬·김달하·박은
식·이갑·안창호 등 서우학회 회원과의 직간접 교류를 통하여 이들과
현실인식을 공유하며 국내외정세에 대한 정보를 수집하면서 국권회복의
지를 다졌던 것이다.[112]

---

110) 위와 같음. 안중근의 서우학회 가입사실은 1907년 7월 1일자『西友』의「第八
回新入會員金收納報告」에서 확인된다(아세아문화사,『西友』(開化期의 學術
誌), 1978, 474쪽). 물론 그 가입시점은 6월 이전으로 안중근의 주장대로 1907
년 봄인 것으로 보인다.
111)「本會趣旨書」『대한매일신보』1906년 10월 16일자.
112) 국사편찬위원회,「복명서」(1910.12.5)『한국독립운동사』자료7, 336쪽.

그런데 안중근 의거 직후 이갑·안창호 등의 서북학회 회원이 대거 일제에 검거되었다. 일제는 안중근 의거와 서북학회가 일정한 연관성이 있는 것으로 처음부터 단정하였다. 그것은 안중근이 서북학회 회원으로 활동하였고 안창호 등의 서북학회 회원과 밀접한 관계가 있었으며,[113] 서북학회의 부회장 김달하의 아들 金東億과 함께 간도로 간 사실까지도 일제가 파악하고 있었기 때문이었다.[114]

이상에서 보듯이, 1905년 12월 중국 상해에서 돌아온 그는 계몽운동 계열의 인사들과 관계를 맺으면서 사회단체에 가입하거나 당대의 문제 해결에 진력하였다. 이처럼 이 시기 안중근은 국권회복운동이라는 시대적 조류와 조응하여 사회활동을 전개하였던 것이다. 이 또한 일제의 한국침략에 대한 일련의 대응과정 속에서 연유된 것이다.

한편, 안중근이 해외망명 계획을 구체화시킨 시점은 그가 빌렘신부에게 원산의 브레신부(Bret, Louis Eusébe Armand, 白類斯, 1958~1908) 앞으로 보내는 소개장을 요구하여 받았다고 하는 일제의 기록으로 보아 1907년 3월 무렵인 것 같다.[115] 안중근은 그 소개장으로 원산에 머무는 동안 브레신부로부터 편의를 제공받을 생각을 갖고 있었다. 그러나 평소 그의 정치활동에 극력 반대하던 빌렘신부는 "국사에 진력할 생각이면 교육에 종사하고 선량한 교도와 착실한 국민이 되라"[116]며 그의 간도행을 극구 만류하였다. 이때 빌렘신부가 안중근의 정치활동에 반대한 이유는 그 개인의 성향에 기인하지만, 당시 뮈텔주교를 중심으로 한 천주교 지도부의 정교분리방침에 따른 것이다.[117]

그러나 당시 대외상황은 악화되었다. 일제는 1907년 7월 18일 고종의

---

113) 위와 같음.
114) 국사편찬위원회, 「헌기 제2634호」(1909.12.30) 『한국독립운동사』 자료7, 244쪽.
115) 국사편찬위원회, 「헌기 제2634호」(1909.12.30) 『한국독립운동사』 자료7, 243쪽.
116) 국사편찬위원회, 「보고서」(1910.3.15) 『한국독립운동사』 자료7, 534쪽.
117) 윤선자, 앞의 논문, 232~238쪽.

퇴위, 7월 24일 한일신협약에 따른 대한제국의 내정권 장악, 7월 27일 보안법에 의한 결사 금지, 8월 1일 군대의 강제 해산 등 침략정책을 구체화시켰다. 이와 같이 국내외의 상황 변화는 안중근이 간도행 결심을 굳힌 주된 요인이 되었다.

안중근은 급변하는 시대 상황 속에서 프랑스 선교사의 포교방침에 전적으로 동의하지 않았을 뿐만 아니라 간도행도 단념할 수 없었다. 때문에 그는 경성 중부 다동 김달하의 집에 머물며 해외망명 준비에 착수한 것으로 보인다.[118] 서울에서 군대해산을 목격하면서 출발했다는 기록으로 보아 그가 간도로 떠난 시점은 1907년 8월 1일경으로 추정된다.[119] 따라서 안중근은 약 5개월간 서울·평양·진남포 등지를 왕복하면서 간도행을 준비하였던 것이다. 특히 이 무렵 안중근은 서울에 머물며 서북학회 회원과 교제를 하고 국사를 논하며 미래를 설계했던 것으로 보인다.[120] 부친 안태훈과 친한 사이였던 김진사의 간곡한 권유도 간도행을 결행한 하나의 요인이 되었던 것으로 보인다.[121] 만약에 김진사가 김달하라고 한다면 안중근의 망명은 개인적인 행위가 아닌 적어도 김달하와 관련이 있는 서북학회 등의 세력과 일정한 관계를 갖고서 추진된 것이라는 의미를 부여할 수 있다. 그는 간도 망명 자금을 마련하기 위해 1907년 7월경에 미곡상을 운영하고 삼합의를 설립하면서 정세를 관망하고 있었다.

그리하여 해외망명을 결심한 안중근은 종현성당(명동성당) 부근에 있던 金崎文 집에서 이틀간 머물렀다. 이때, 그는 군부 경리국장 李康夏

---

118) 국사편찬위원회, 「헌기 제2634호」(1909.12.30) 『한국독립운동사』 자료7, 243쪽.
119) 국사편찬위원회, 「境警視의 신문에 대한 안응칠의 공술(제1회)」(1909.11.28) 『한국독립운동사』 자료7, 394쪽.
120) 국사편찬위원회, 「헌기 제2634호」(1909.12.30) 『한국독립운동사』 자료7, 243쪽.
121) 안중근, 「안응칠역사」, 156쪽. 오영섭은 김진사를 김달하로 보고 있다(오영섭, 「일제시기 안공근의 항일독립운동」 『한국근현대사를 수놓은 인물들』(Ⅰ), 경인문화사, 2007, 273쪽).

집에서 동생 안정근과 만나 간도행을 피력하였으나, '장남으로서 노모를 봉양해야 한다'[122]는 동생들의 반대에 직면하기도 하였다. 그러나 그는 대한제국 군대와 일군이 충돌하는 광경을 지켜보고서[123] 김동억과[124] 함께 부산으로 출발하였다.[125]

　　가족의 반대에도 불구하고 안중근은 민족의 독립을 위해 1905년에 계획하였던 해외망명을 단행하였다. 이는 안중근 단독망명이라는 점에서 1905년에 추진하였던 해외이주 계획과 차이가 있는 것이다. 말하자면 그의 간도행은 한 순간에 결정된 것이 아니라, 일관된 대일인식의 연장선상에서 이루어졌다는 의미이다. 물론 안중근의 간도행 결심은 그 자신이 1907년 3월 간도행 결심을 빌렘신부에게 고하며 '국가 앞에는 종교도 없다'[126]고 한 말에서도 알 수 있듯이, 그의 민족의식 내지 국가의식에 의해 추동되었음이 분명하다. 아울러 당시 신민회 등의 인사들과의 교류를 통하여 해외 망명을 결심하였을 것으로 보인다. 특히 1907년 안창호 등의 신민회 회원들 사이에서 해외 독립기지론이 논의되었다고 한다면 이러한 분위기도 안중근의 해외망명을 촉진시킨 원인으로 작동되었을 개

---

122) 국사편찬위원회, 「境警視의 신문에 대한 안응칠의 공술(제1회)」(1909.11.28) 『한국독립운동사』 자료7, 394쪽.

123) 박은식은 『안중근』에서 "이때 안중근은 평양에 있다가 국변이 있다함을 듣고 급히 경성에 들어와 남문 밖 제중원에 머물고 있었다. 이 날 이 참상을 보고 어찌할 바를 몰랐다. 포성이 약간 멎으니 즉시, 안창호, 김필순 그리고 미국의사 몇 명과 함께 적십자표를 달고 싸움터에 뛰어들었고, 부상자들을 부축하여 들고 입원 치료시켰다. 무려 50명이었다"라고 하여 일제에 의해 대한제국의 군대가 해산되었을 때 안중근의 활약상을 소개하고 있다(박은식, 「안중근」(윤병석, 『안중근전기전집』), 289쪽).

124) 안중근은 간도행을 함께 했을 만큼 김동억과 절친한 사이로 여겨지나 간도와 노령에서 김동억과의 관계는 분명하지 않다. 이는 안중근이 김동억의 부일성향(국사편찬위원회, 「서신」(1909.10.29)『한국독립운동사』 자료7, 147쪽)을 알고서 의도적으로 멀리하였기 때문인 것으로 추정된다.

125) 국사편찬위원회, 「헌기 제2634호」(1909.12.30)『한국독립운동사』 자료7, 244쪽.

126) 국사편찬위원회, 「보고서」(1910.3.15)『한국독립운동사』 자료7, 534쪽.

연성도 배제할 수 없다. 아울러 그의 해외망명은 한 측면에서는 일제의 침략을 인식한 아래 해외이주 계획의 연장선상에서 추진되었다고 볼 수 있고 다른 측면에서는 신민회 등의 인사와의 교류 과정에서 국권회복의 방법론으로 추진되었다고 볼 수 있다.

4. 맺음말

이상에서 안중근의 민권·민족의식과 그의 계몽운동을 살펴보았다. 이를 다음과 같이 정리는 하는 것으로 본고를 마무리하고자 한다.

안중근의 민권의식은 천주교의 민권론과 당시 퍼져 있던 민권에 대한 관심이라는 시대적 조류 속에서 형성되었다. 그의 인권론은 '난신적자를 제거하고 문명국가를 이룩하는 것'으로 요약할 수 있다. 이는 '김중환의 웅진군민 돈 5천냥 갈취사건'과 '이경주사건' 등 민권운동을 전개하는 가운데 표출되었다.

안중근의 민족의식은 대학설립문제를 뮈텔주교에 건의하였다가 거절당한 후 '하느님을 믿겠으나 서양인은 못 믿겠다'고 하면서 배우고 있던 프랑스어를 그만둔 사건에서 드러난다. 더욱이 그는 한국이 강성해지면 한국어가 통용될 것이라는 주체적인 민족의식을 드러냈다. 이후 그의 민족의식은 '청국의사 서원훈·안태훈 시비사건'을 통해서인 것으로 보인다. 즉, 그는 '청국 의사가 이와 같이 한다면 민생을 어떻게 보호할 수 있을 것인가'라고 하여 청국을 비롯한 외세의 압제에 시달리고 있던 당시 조선의 현실을 개탄하였다. 이러한 민족의식은 하야시(林權助)와 부일파 처단시도라는 의열투쟁, 해외이주계획, 계몽운동의 추진력이 되었으며 이후의 의병투쟁, 이토의 처단이라는 항의투쟁의 사상적 동력이 되었던 것이다. 특히 보안회와 하야시와 부일파 처단을 협의한 것은 안중근이 천주교활동이라는 사적 영역에서 민족운동이라는 공적 영역으로 전환하는 분수령이 되었다는 면에서 의미가 크다.

안중근의 민족의식은 그의 종교와 역사의식이 결합된 총체적 결정판이라고 할 수 있다. 말하자면 그는 '대한의 독립 유지'라는 민족문제의 해결을 위해 동시대 천주교인들의 인식상의 한계를 넘어 종교와 민족문제를 일체화시켰다. 더 나아가 그의 민족의식은 우리의 문제에만 국한되어 있지 않고 적어도 동양을 단위로 하는 지역 공동체의식으로 승화되었다. 이는 그의 민족의식이 개방적이었음을 의미하는 것이다. 이러한 측면에서 우리는 그의 민족의식의 특징을 엿볼 수 있다.

안중근은 하야시와 부일세력 제거계획에서 보듯이 일제의 침탈이 가중되는 러일전쟁 와중에서 독립을 유지하기 위한 방법론으로 의열투쟁을 상정하였다. 이러한 면에서 이토의 처단은 그의 의열투쟁의 연장선에서 이루어진 것이라고 할 수 있으며 그를 의열투쟁의 선구자로 보아도 손색이 없을 것이다.

그러나 의열투쟁은 현실적으로 불가능하였다. 이러한 국내의 한계를 극복하기 위해 안중근은 해외이주를 계획하여 중국 상해 등지를 탐방하였다. 해외의주 계획은 두 가지 의미가 있다. 하나는 이 무렵 의병투쟁을 고려했다는 것이고 다른 하나는 '민족'에 대한 이해이다. 전자는 국제적 환경이 한국에 유리한 시점에 의병을 일으켜 국권을 회복한다는 복안이었다. 후자는 서상근과 대화에서 보듯이 안중근이 국제정세를 민족을 중심으로 파악하고 있음을 의미하는 것이다.

그러나 현실적으로 해외이주는 불가능하였고, 르각신분의 권유도 있고 해서 그는 계몽운동론에 입각한 교육활동에 진력하였다. 계몽운동이 전개되기 이전에 선구적으로 대학설립을 주장한 것에서 보듯이, 안중근은 교육을 국권회복의 방법론으로 제시한 계몽운동의 선구적 위치에 있는 인물이다. 이러한 측면에서 그가 교육운동에 매진한 것은 자연스런 수순으로 민권회복과 민족의 독립을 유지하기 위한 방법론으로 교육의 중요성을 확고하게 인식하고 있었기 때문이었다.

안중근은 삼흥학교를 설립하고 돈의학교를 운영하는 등 교육활동에 진력하였다. 특히 삼흥학교가 영어학교로 대한매일신보에 소개될 만큼 안중근은 영어의 중요성을 인식하고 있었다. 이는 그가 언어의 주체성을 인식하면서 동시에 개방적이고 진취적 언어관을 갖고 있음을 의미하는 것이다.

안중근은 교육활동에 힘을 쏟으면서도 서북학회에 가입하였고, 국채 보상운동에 적극 참여였다. 또한 그는 삼합의라는 석탄판매회사를 운영 하였다. 특히 안중근의 국채보상운동 참여는 고립적 운동이 아닌 자신의 사상에 일정하게 영향을 받고 있던 삼흥학교를 중심으로 이루어 졌음을 특기할 필요가 있다. 이는 안중근의 국내에서의 활동이 일정한 세력을 바탕으로 전개되고 있었음을 의미하는 것이다.

한국 근대 계몽운동은 크게 보아 학교·언론기관을 세우는 교육운동, 학회를 창설하는 정치운동, 식산흥업에 진력하는 경제운동이라는 세 가 지 방향에서 전개되었다고 볼 수 있다. 계몽운동을 총체적으로 전개하였 다는 면에서 안중근의 계몽운동이 갖는 특징을 엿볼 수 있다.

1907년에 들어와 일제는 고종을 폐위하고 한일신협약에 따른 내정권 장악이라는 구조에서계몽운동을 중심으로 한 국권회복운동은 한계성을 노출하였다. 안중근은 이러한 상황을 예견하면서 1907년 3월경 해외망 명 결심을 반대한 빌렘신부에게 '종교보다 국가(민족)가 앞선다'고 선언 하고 해외망명을 준비한 끝에 1907년 8월 1일 경에 간도로 출발하였다.

안중근의 의병투쟁과 활동

신 운 용*

1. 들어가는 말

안중근은 시대의 문제를 자기화하여 국내외의 상황의 변화에 따라 그 해결을 위해 자기변신을 거듭한 대표적인 독립운동가이다. 그는 동학군이 전국을 휩쓸고 있을 때 무장의 기질을 발휘하여 동학세력과 대립하였다. 천주교에 입교한 이후, 민족 내부의 모순을 자각하면서 천주교를 통하여 한국의 진보를 추구하는 민권운동을 펼쳤으며 동시에 천주교 상층부와의 대립을 겪으면서 민족의식을 키워나갔다. 특히 안중근의 대학건립 건의에 대한 뮈텔주교의 거부는 그가 외국인에 대한 환상에서 벗어나 민족 주체성을 확립하는 계기가 되었다. 이러한 주체성은 한국어의 세계

---

* 안중근의사기념사업회 책임연구원

화를 주장한 그의 언어관에서도 엿볼 수 있다.

그는 러일전쟁의 발발 전후로 국내외의 정세를 관망하면서 향후 대책을 수립하였다. 그것은 1904년 하야시 곤스케(林權助)처단계획과[1] 1905년 해외이주계획으로 구체화되었다. 전자는 보안회의 비협조적인 태도로 무산되었다. 후자는 해서교안으로 인한 가세의 약화로 인한 새로운 모색의 결과이기도 하지만 하야시 처단계획의 한계성을 극복하기 위한 방책이기도 하였다. 이후 르각신부의 권유와 평소 교육의 중요성을 인식하고 있던 그는 삼흥학교와 돈의학교를 설립하여 교육운동을 전개하였다. 또한 그는 서우학회에 참여하였고 삼합의라는 석탄판매회사를 운영하기도 하였다.

그러나 1907년 고종의 퇴위와 정미7조약으로 국내의 상황은 더욱 악화되었다. 이러한 상황 속에서 안중근은 국내활동의 한계를 돌파하기 위한 진로를 모색해야만 했다. 그것은 1904년도에 시도했던 국외망명을 다시 단행하는 것이었다. 그리하여 안중근은 1907년 8월 서울을 출발하여 부산과 원산을 거쳐 1907년 9월 간도에 도착하였다. 간도망명은 안중근에게 새로운 도전을 요하는 것이었다. 말하자면 이전의 운동방법론을 본질적으로 되돌아보고 운동방안을 다시 찾아야 했다. 그것은 바로 의병을 모집하여 대규모로 거병하는 의병투쟁이었다.

안중근은 이범윤·최재형 등과 협력하여 국내진공작전을 전개하였다. 그는 의병투쟁을 통하여 의병의 문제성을 자각하면서 또 다른 차원의 방법을 강구한 결과가 바로 이또 히로부미(伊藤博文)의 처단으로 나타났던 것이다.

본고에서 다루어질 안중근의 의병투쟁과 활동에 대한 연구는 신용하의 연구[2] 이래 두 편의 연구논문에서 안중근의 의병활동이 다루어졌

---

1) 「안중근리력」, 『大韓每日申報』 1909년 12월 3일자.
2) 신용하, 「安重根의 思想과 義兵運動」, 『韓國獨立運動史研究』, 을유문화사, 1985.

다.3) 그러나 기왕의 연구로 의병투쟁기 안중근의 활동을 완벽하게 복원
하였다고는 볼 수 없다. 말하자면 안중근이 의병투쟁을 결심하게 된 경
위와 노령 한인사회에 적응하기까지의 과정, 동의회와 의병부대의 창설
과정, 의병투쟁 과정,그 의의와 평가 등은 노령에서 안중근의 활동과 관
련하여 좀 더 구체적으로 살펴볼 필요가 있다. 이에 필자는 본고에서 이
러한 문제를 깊이 있게 다루어보려고 한다. 이러한 작업을 통하여 필자
는 안중근 연구가 심화되어 그의 전체상을 이해하는데 도움이 되었으면
한다.

2. 해외 망명과 의병투쟁 모색

1) 간도망명과 의병투쟁 결심

1907년 8월 1일 경성을 출발하여 부산에 도착한 안중근은 부산 초양
의 객주가에서 1~2박한 후 神戶丸으로 원산으로 향하였다. 원산 시장에
서 5~6일 체류하는 동안 누차 브레신부를 방문하였다. 그는 천주교 교
단의 선교방침에 따라 정치 활동에 비판적이던 브레신부에게 간도행을
고하였다. 그러나 브레신부는 그 곳은 아무런 취미가 없는 곳이라며 못
마땅하게 생각하였을 뿐만 아니라, 그의 성사요청도 거부하였다.4) 심지

---

3) 조광은 안중근이 계몽운동을 살펴보면서 의병투쟁으로 전향하는 과정을 그렸다
   (조광, 「安重根의 愛國啓蒙運動과 獨立戰爭」, 『교회사연구』 9, 1994). 박환은
   동의회 결성과 그의 활동, 단지동맹 등을 집중적으로 조명하는 등 안중근연구에
   많은 시사점을 주고 있다(박환, 「러시아 沿海州에서의 安重根」, 『한국민족운동
   사연구』 30, 국학자료원, 2002).
4) 천주교정의구현사제단, 「조선교구통신문」, 『안중근(도마)의사 추모자료집』, 1990,
   174쪽.

어 그는 안중근을 '위험한' 인물로 여겨 그의 행동상황을 빌렘신부에게 알리기까지 하였다.[5]

안중근이 원산을 출발하여 간도에 도착한 것은 1907년 9월 10일경이었다. 간도에서 그는 주로 佛洞(敎村)의 천주교인 南회장의 집에서 기숙하면서 불동과 龍井村 등에 거주하는 한인들의 상황을 시찰하기도 하였다.[6] 불동이라는 지명이 생겨난 것은 천주교의 교세가 그 만큼 영향력을 발휘하고 있었다는 의미이다. 말하자면 불동에 천주교가 포교되기 시작한 것은 1890년 초 원산의 천주교 교회에서 프랑스인 선교사를 매년 파견하여 전교하면서부터이다. 그 후 신자가 꾸준히 늘어 1905년부터는 太拉子와 용정에 교회당이 건립되고 전임 선교사가 상주하였다. 이처럼 간도 용정에는 천주교 세력이 포진하고 있었다. 그가 이 지역을 방문하게 된 배경도 이러한 사실과 무관하지 않다.[7]

그런데 통감부 간도 파출소가 1907년 8월 23일 설치되면서 간도 한인은 일제의 감시와 통제를 받게 되어 그 생활은 갈수록 피폐해져 갔다.

5) 국사편찬위원회, 「복명서」(1909.11.5) 『한국독립운동사』 자료7, 337쪽.
6) 국사편찬위원회, 「境警視의 신문에 대한 안응칠의 공술(제1회)」(1909.11.26) 『한국독립운동사』 자료7, 395쪽.
7) 일제의 기록에 간도 천주교의 상황이 다음과 같이 전해지고 있다. "本敎의 傳播는 去今 二十餘年前 元山敎會堂에서 一名의 佛國 宣敎師를 派遣한 것이 布敎의 기원이다. 每年 二回 出張布敎를 행하여 점차 信者가 증가함에 따라 명치 三十八年(1905)부터 太拉子 및 當地에 교회당을 창설하고 전임 각 일명을 주재시키고 때때로 遠近의 村落을 巡廻布敎한 이래 天主敎의 勢力이 점차 왕성하게 되었다. 당지를 敎村이라 칭하고 瑞甸書塾이라는 학교를 세우기에 이르렀다. 그 유명한 平牙會議의 密使인 李某와 같은 자가 該敎의 一敎師였다. 그러나 통감부파출소 설치 후 該校를 閉鎖하자 재빨리 信者 兒童을 會堂의 일부에 모아 놓고 私塾的으로 교육시켰으나 작년 여름 이래로 商埠局으로 이전하여 금후 構內 校舍를 택하여 官立學堂이라 개칭하였다. 목하 間島 전역의 천주교신자는 支鮮人을 합해 一萬五千人에 달하고 當地에서도 四十五戶 二百五十名의 信者가 있다(日本 外務省 外交史料館, 『在間島總領事館ノ調査ニ係ル龍井一般』(1912.5.16)(문서번호: 1.6.1, 68)).

이로 인하여 천주교 세력도 점차 약화되었다. 더불어 간도 한인의 민족운동은 위축될 수밖에 없었다. 그는 불동에 머물면서 정세파악을 위해 간도지방의 유력자인 이동녕·이상설 등이 1906년 간도에 세운 서전서숙을 방문하기도 하였다. 그러나 이상설은 4월에 이미 헤이그로 출발하였고 8월 20일에 서전서숙도 일제의 압력으로 폐교되었다. 때문에 그는 이상설을 만나지 못하였다.

이와 같이 안중근은 불동을 중심으로 간도의 정황을 살피면서 향후 계획을 구상하였다. 그러한 가운데 그는 일제의 압박 하에서 신음하는 간도 동포들의 비참한 모습을 직접 목격하였다. 이를 통하여 그는 그 동안 구국방책의 일환으로 진력하던 계몽운동의 한계를 절실하게 느껴 뭔가 새로운 방안을 강구해야 한다는 위기의식을 갖게 되었던 것으로 보인다. 그리하여 그는 국내에서 전개하던 계몽운동으로는 한국의 독립을 담보할 수 없음을 자각하고 의병투쟁으로 전환을 결심하였던 것이다.[8] 즉,

> 또 나는 間島의 同胞를 視察하는 한편 民智 開發을 꾀할 생각이며 義兵을 일으킬 생각은 毛頭 만큼도 없었던 것이다. 그런데 同地에서 內地의 形勢를 보니 날로 同胞는 不幸에 빠질 뿐이므로 不得已 義兵을 일으켜 天下를 向해 伊藤이 韓民을 壓制하는 것을 公表하고 한편으로는 日本 皇帝에게 伊藤의 政略에 韓民이 滿足하고 있지 않음을 알리고 韓民이 日本의 保護를 願한다는 것은 事實이 아니라는 뜻을 呼訴하려는데 있었다.[9]

이와 같이 안중근은 일본의 통제 하에 들어간 간도에서 계몽운동의

---

8) 윤선자는 안중근이 의병투쟁에 투신하기로 결심한 시점을 해외망명 전인 1907년 8월 1일 군대해산을 목격하고 한국을 떠나기 이전으로 보고 있다(윤선자, 「안중근의 계몽운동」『한국근대사와 종교』, 국학자료원, 2002, 179쪽).

9) 국사편찬위원회, 「境警視의 신문에 대한 안응칠의 공술(제1회)」(1909.11.26)『한국독립운동사』자료7, 394쪽.

한계성을 통감하였다. 그리하여 이토의 한국정책을 한국인들이 찬동하지 않고 있다는 사실을 알리고 일본의 한국보호정책의 허구성을 폭로하기 위한 수단으로 거병을 결심한 것으로 여겨진다.[10]

그런데 안중근이 의병투쟁으로 노선을 변경한 것은 두 가지 측면에서 의미가 있다. 첫째, 이 시기의 의병투쟁 결심은 이전 시기의 그것과 성격을 달리하고 있다는 것이다. 즉, 그가 이전에 고려한 하야시와 부일세력 처단계획은 개별적인 협력을 전제로 한 것이었다. 또한 해외망명 후 거병하려던 안중근의 생각도 계획에 그치고 말았다. 이에 반하여, 간도에서의 의병투쟁 결심은 '거병밖에 없다'는 자각 위에서 노령지역의 의병세력과의 포괄적인 연대를 상정하여 이루어진 것이다.

둘째, 안중근이 의병투쟁으로 선회한 것이다. 1904～1905년 러일전쟁, 1905년 을사늑약, 1907년 고종의 퇴위·한일신협약·군대해산 등 일제의 침략정책이 표면화되자, 계몽운동가들 사이에서 운동노선을 둘러싸고 좌우 분화현상이 나타났다. 말하자면 대한협회를 중심으로 한 계몽주의의 전통을 계승한 우파세력과 대일 강경론에 입각한 신민회를 중심으로 한 좌파세력으로 분화되어 갔다.[11]

────────

10) 안중근의 의병으로의 전환을 신민회와의 관계에서 설명하는 견해가 있다. 즉, 신용하는 안중근과 신민회가 깊은 관계가 있음을 전제로 안중근의 '독립전쟁론'이 신민회의 '독립전쟁 방략'에 영향을 미쳤다는 주장을 하기도 한다(신용하, 「안중근의 사상과 의병활동」『한국민족독립운동사연구』, 을유문화사, 1985, 156～157쪽). 이와는 반대로 한상권은 안중근의 무력투쟁으로의 전환을 신민회의 영향으로 설명하고 있다(한상권, 「안중근의 국권회복운동과 정치사상」『한국독립운동사연구』21, 2003, 57쪽). 그러나 신민회의 인사들이 본격적으로 무장투쟁을 논의한 것은 1910년 4월 간부회의와 7월 청도회담을 통해서였다. 더욱이 안중근과 신민회의 관계가 구체적으로 증명되지 않는 이상 안중근의 무장투쟁론이 신민회와의 관계 속에서 형성되었다는 주장은 재고되어야 한다. 오히려 안중근은 간도의 상황을 목격하고 계몽운동으로 국권회복이 불가능하다는 판단 하에 무력투쟁을 위해 노령행을 결정한 것으로 보는 것이 타당하다.

11) 조동걸, 「한말 계몽주의의 구조와 독립운동상의 위치」『韓國民族主義의 成立과

신민회로 대표되는 계몽운동의 좌파세력이 무력투쟁을 본격적으로 고려한 시점은 신민회 간부회의가 있었던 1910년 4월로 보인다. 이에 반해 한 때 학교설립 등의 계몽운동을 통하여 구국을 실현하려고 한 안중근은 계몽운동가들과 다른 노선을 걷고 있었다. 즉, 그는 1904년 하야시와 부일세력 처단계획과 1905년 거병을 목적으로 한 해외이주계획의 연장선에서 1907년 9월경 계몽운동 방식의 한계를 직시하고 의병투쟁으로 전환하였던 것이다. 물론 이는 반일투쟁이라는 일관된 그의 의식의 흐름 속에서 나온 것이다.

이와 같이 간도에 더 이상 머물 수 없다고 판단한 안중근은 불동을 출발하여 鍾城을 거쳐 慶源에 이르러 5·6일간 머문 후 烟秋로 출발하였다. 다시 안중근은 연추의 都酒幕에서 2·3일 체류한 후 포시에트에서 러시아 기선을 타고 1907년 10월 말경 블라디보스톡에 도착하였다.[12]

2) 노령 한인사회 안착과 의병모집 활동

블라디보스톡에 안중근의 友人이 특별히 있었던 것은 아니었다. 그는 무엇보다도 현지정보를 얻고 거사를 함께 도모할 만한 동지를 물색해야만 했다. 그래서 청년회에도 가입하여 활동하면서 임시사찰로 활동하기도 하였다.[13] 그러나 러시아 한인사회에 적응하는 것은 청년회에서 누군

獨立運動史硏究』, 지식산업사, 1989, 117~118쪽.

12) 국사편찬위원회, 「境警視의 신문에 대한 안응칠의 공술(제1회)」(1909.11.26)『한국독립운동사』자료7, 395쪽.

13) 안중근이 활동한 청년회에 대해 일제는 다음과 같은 기록을 남기고 있다. 즉, "블라디보스톡에는 靑年會라 稱하는 韓國人의 秘密結社가 있는데 그 會員이 될 수 있는 者는 二十歲 以上의 韓人으로 하고 會員은 韓國에 있어서의 日本의 抑壓을 顚覆하는 것을 목적으로 한다."(국사편찬위원회, 「전보 제82호」(1909.12.26)『한국독립운동사』자료7, 231쪽). 또한 안학식은 이 청년회를 '계동청년회'라고 하였다(안학식, 『義士安重根 傳記』, 만수사보존회, 1963, 59쪽).

가로부터 폭행을 당하여 귓병을 얻었다는 그의 증언에서 알 수 있듯이 그리 쉬운 일이 아니었다.[14]

왜냐하면 일제가 블라디보스톡에 많은 첩자를 심어 놓고 한인 활동가들을 감시하고 있기 때문이었다.[15] 뿐만 아니라 러시아도 한인의 동태를 파악하기 위해 감시망을 가동하고 있었다. 무엇보다 한인들이 그를 인정하고 활동공간을 열어주는 데는 일정한 시간이 필요했기 때문이다. 안중근은 그 폭행자에게[16] "서로 다투면 어찌 남의 웃음거리가 되지 않겠는가. 옳고 그르고는 물을 것 없고 서로 화목하는 것이 어떤가"[17]라고 화해를 청하여 이 일은 더 이상 확대되지 않았다. 이러한 그의 행동은 필시 블라디보스톡 한인 운동가들의 의심에서 벗어날 수 있었던 계기가 되어 점차 블라디보스톡에 뿌리를 내리게 되었던 것으로 보인다.

1907년 11월경 안중근은 1903년 간도관리사에 임명되어 의병투쟁을 전개하던 이범윤을 만났다.[18] 이때 그는 이범윤에게 "이토가 극악해져서, 위로는 임금을 속이고 백성들을 함부로 죽여 신의를 버리는데 그치지 않고, 세계를 위협하고 있으니 그야말로 역천한 자이므로 하늘의 뜻에 순응하여 일본을 치는 것은 천명이다"[19]라고 하면서 "만일 하늘이 주는 것을 받지 않으면 도리어 그 벌을 받게 되는 것이니 어찌 각성하지 않을 것입니까. 원컨대 각하께서는 속히 큰일을 일으켜서 시기를 놓치지 마십시오"[20]라며 거병을 촉구하였다.

---

14) 안중근, 「안응칠역사」, 윤병석 역편, 『안중근전기전집』, 국가보훈처, 1999, 158쪽.
15) 국사편찬위원회, 「境警視의 신문에 대한 안응칠의 공술(제10회)」(1909.12.9) 『한국독립운동사』 자료7, 439쪽.
16) 안학식은 안중근에 폭행을 가한 사람을 '애골崔'로 기록하고 있다(안학식, 『義士 安重根 傳記』, 59~60쪽).
17) 안중근, 「안응칠역사」, 158쪽.
18) 국사편찬위원회, 「境警視의 신문에 대한 안응칠의 공술(제1회)」(1909.11.26) 『한국독립운동사』 자료7, 396쪽.
19) 안중근, 「안응칠역사」, 158쪽 ; 신운용, 「안중근 의거의 사상적배경」『한국사상사학』 25, 한국사상사학회, 2005 참조.

이처럼 안중근은 거병을 '天命'에 근거하여 설명하고 있다. 이는 그의 사상을 이해하는 핵심적인 부분이기도 하다. 한 마디로 그는 의병투쟁을 천명으로 보고 있는 것이다. 그러나 이범윤은 거병하는데 필요한 자금과 무기가 갖추어지지 않았으므로 당장은 불가능하다며 그의 요청을 거부 하였다. 이에 안중근은

> 조국 흥망이 조석에 달렸는데, 다만 팔짱끼고 앉아 기다리기만 한다 면 재정과 군기가 어디 하늘에서 떨어져 내려올 것입니까. 하늘에 순응 하고 사람의 뜻을 따르기만 하면 무슨 어려움이 있을 것입니까 이제 각하께서 의거를 일으키기로 결심만 하신다면, 제가 비록 재주야 없을 망정 만분의 일이라도 힘이 되겠습니다.[21]

라고 하여 거병의 당위성을 재차 강조하면서 "의병을 일으키겠다"는 의 지를 불태웠다. 이러한 열망은 약 9개월 후인 1908년 7월경의 국내 진입 작전으로 실현되었다.

안중근은 1907년 겨울 노령에서 嚴仁燮·金起龍을 만났다.[22] 이때

---

20) 위와 같음.
21) 위와 같음.
22) 1877년 7월 24일 러시아에서 출생한 엄인섭은 최재형의 생질이자 부하로 알려졌 다. 그는 1900년 의화단 사건이 발생하자 러시아군에 종군하여 남만주에서 공로 를 세워 훈장을 받았다. 러일전쟁 때에는 주하얼빈 제1군단 본부의 통역으로 활 동하였고 그 공로로 훈장을 받기도 하였다. 또한 그는 1908년 7월 안중근과 더불 어 최재형부대의 좌영장으로 참전했다. 1910년 5월 엄인섭 부대는 총 263명이었 으며, 후에는 권업회 경찰부원 등으로 활동하기도 하였다(박환, 「러시아 沿海州 에서의 安重根」『한국민족운동사연구』30, 2002, 64∼65쪽). 그러나 그는 안중 근의 사진이『신한민보』에 게재된 사실을 일제에 알리는 등의 부일행위로 인해 (日本 外務省 外交史料館, 「五月十二日嚴仁燮ヨリ 得タル情報」(1911.5.24) 『在西比 亞』第2卷(不逞團關係雜件－朝鮮人ノ部, 문서번호: 4.3.2, 2-1-2) 독 립운동가들의 표적이 되었다. 한편, 평양출신 김기룡(1909년 당시 36세)은 단지 동맹의 한 사람으로 안중근의 측근이었다. 1907년 안중근과 함께 블라디보스톡 으로 왔다는 일제의 기록이 있으나(국가보훈처,『아주제일의협 안중근』3, 1995,

엄인섭이 큰형, 안중근이 둘째, 김기룡이 셋째가 되어 이들은 의형제를 맺었다. 당시 블라디보스톡 지방 세력가인 엄인섭과 만남은 그에게 특별한 의미가 있었다. 이들은 의리와 정을 두터이 하고 향후 거사를 모의하면서 노령 각지를 다니며 한인들에게 독립운동 참여를 호소하였다.[23] 이 때 그는 노령의 한인들에게 ① 고향을 떠나온 자에게 고향집에서 사람이 와서 강도가 부모를 내쫓고 집을 강탈하여 살며 형제들을 죽이고 재산을 약탈하였다고 하는데도 무관심하다면 이는 사람이 아니고 짐승이나 하는 짓이다. ② 이런 사람은 친구와 친척으로부터 배척당할 것이므로 무슨 면목으로 살겠는가라고 비유하여 조국의 현실을 설명하였다.

그러면서 그는 다음과 같이 의병을 일으켜야 하는 당위성을 역설하였다.[24] 즉, ① 5조약과 7조약으로 일제는 정권을 손아귀에 쥐고서 황제를 폐하고 군대를 해산하였으며 철도 · 광산 · 천택 · 전답 · 가옥을 군용지로 강탈하여 그 피해가 무덤의 백골에까지 미치니 국민된 사람으로서 분함을 참을 수 없어 전국에서 의병이 일어났다. 그러나 ② 일제는 의병을 폭도라고 하며 수십만 명의 한국인을 살육하였다. ③ 이토는 한국 민족 2천만이 일본의 보호를 받기 원하고 발전을 거듭하고 있다고 세계를 속이고 있다. 따라서 ④ 이토를 죽이지 않으면 한국은 물론 동양은 망하고 말 것이다. ⑤ 일본은 5년 사이에 러시아 · 청국 · 미국과 개전할 것이므로 이에 대비해야 한다. ⑥ 한번 의병을 일으켜 적을 치는 것밖에 달리 방법이 없으므로 국내외를 막론하고 한국인들은 모두 총을 메고 칼을 차고 일제히 의병을 일으켜야 후세에 부끄럽지 않다. ⑦ 이러한 의미에서 혹자는 자원 출전하고 혹자는 무기와 의연금을 내어 의거의 기초로 삼아야 한다. 이처럼 그는 거병 이유와 이토 처단 명분을 명확히 들어가며

<hr />

398쪽 ; 박환, 앞의 논문, 65쪽) 이를 전적으로 믿을 수 없다.
23) 안중근, 「안응칠역사」, 159쪽.
24) 안중근, 「안응칠역사」, 159~161쪽.

러시아 한인에게 항일 투쟁의식을 불어 넣었다.

이러한 거병논리는 의병투쟁을 무력투쟁이자 독립전쟁이라고 규정한 『공립신보』의 논리와 궤를 같이 하고 있는 것이다. 안중근은 『공립신보』를 열독하였던 것으로 보아[25] 그의 의병론은 『공립신보』의 영향을 일정하게 받은 것으로 보인다.[26]

여기서 특별히 지적해 두고자 하는 것은 이 당시 이미 안중근이 이토 처단의 논리를 구체적으로 갖고 있었다는 것이다. 때문에 거사 후에도 '伊藤博文罪狀' 15개조를 막힘없이 외칠 수 있었다. 물론 이는 그의 주장대로 을사늑약 이후 이토의 죄상을 추적하는 과정에서 형성된 이론으로 볼 수 있다. 또한 그는 "일본이 러시아·미국·청국과 반드시 전쟁을 할 것"[27]이라고 국제정세를 분석하고 있다.

이는 당시 노령 독립운동가들의 국제정세에 대한 인식을 그도 공유하고 있음을 의미하는 것이다. 아울러 이 시기에 터득한 국제정세에 대한 인식은 「동양평화론」을 작성하는데 기반이 되었다고 볼 수 있다. 그리고 그의 유세로 인해 한인들이 감동하였고 그를 따르는 사람들도 생겨났다.[28] 따라서 각지에서 이루어진 그의 연설은 이후에 전개될 의병투쟁의 밑거름이 되었던 것이다.

블라디보스톡 한인사회에 어느 정도 적응한 안중근은 "『해조신문』 논설에 감복하여 글을 보낸다"는 것으로 시작하는 '人心團合論'을 1908년 3월 21일 『해조신문』 「긔서」에 발표하였다. 즉,

> 귀보의 논설에서 인심이 단합하여야 국권을 흥복하겠다는 구절을 읽으매 격절한 사연과 고상한 의미를 깊이 감복하여 천견박식으로 한

25) 국사편찬위원회, 「피고인 신문조서」(1909.10.30) 『한국독립운동사』 자료6, 6쪽.
26) 한상권, 앞의 논문, 58∼61쪽.
27) 안중근, 「안응칠역사」, 161쪽.
28) 위와 같음.

장 글을 부치나이다.

대저 사람이 천지만물 중에 가장 귀한 것은 다름이 아니라 삼강오륜을 아는 까닭이라. 그런고로 사람이 세상에 처함에 제일 먼저 행할 것은 자기가 자기를 단합하는 것이오, 둘째는 자기 집을 단합하는 것이오, 셋째는 자기 국가를 단합하는 것이니 그러한 즉 사람마다 마음과 육신이 연합하여야 능히 생활할 것이오. 집으로 말하면 부모처자가 화합하여야 능히 유지할 것이오. 국가는 국민상하가 상합하여야 마땅히 보전할지라.

슬프다. 우리나라가 오늘날 이 참혹한 지경에 이른 것은 다름이 아니라 不合病이 깊이 든 연고로다. 불합병의 근원은 驕傲病이니 교만은 만악의 뿌리라. 설혹 도적놈이 몇이 합심하여야 타인의 재산을 탈취하고 잡기군도 동류가 있어야 남의 돈을 빼앗나니 소위 교만한 사람은 그렇지 못하여 자기보다 나은 자를 시기하고 약한 자를 능모하고 같이 하면 다투나니 어찌 합할 수 있으리오. 그러나 교오병에 약은 겸손이니 만일 개개인이 다 겸손을 주장하여 항상 자기를 낮추고 타인을 존경하며 책망함을 참고 잘 못한 이를 용서하고 자기의 공을 타인에게 돌리면 금수가 아니거늘 어찌 서로 감화하지 않으리오.

옛날에 어떤 국왕이 죽을 때에 그 자손을 불러 모아 회초리나무 한 뭇(묶음)을 헤쳐주며 각각 한 개씩 꺾게 함에 모두 잘 부러지는지라 다시 분부하여 합하여 묶어놓고 꺾으라 함에 아무도 능히 꺾지 못하는지라. 왕이 가로대, "저것을 보라. 너희가 만일 나 죽음 후에 형제간 散心 되면 남에게 용이하게 꺾길 것이오 합심하면 어찌 꺾일 것이오"라고 하였다 하니 어찌 우리 동포는 이 말을 깊이 생각하지 않으리오.

오늘날 우리 동포가 불합한 탓으로 삼천리강산을 왜놈에게 빼앗기고 이 지경 되었도다. 오히려 무엇이 부족하여 어떤 동포는 무슨 심정으로 내정을 정탐하여 왜적에게 주며 충의한 동포의 머리를 베어 왜적에 받치는가.

통재 통재라 분함이 徹天하여 공중에 솟아 고국산천 바라보니 애매한 동포가 죽는 것과 무죄한 조선의 백골을 파는 소리를 참아 듣고 볼 수 없네. 여보 강동 계신 우리 동포 잠을 깨고 정신 차려 본국 소식 들어보오. 당신의 일가가 친척일가 대한 땅에 다 계시고 당신의 조상 백골 본국강산에 아니 있소. 나무뿌리 끊어지면 가지를 잃게 되며 조상 친척 욕을 보니 이내몸이 영화될가 비나이다.

여보시오 우리 동포 지금 이후 시작하여 불합 이자 파괴하고 단합
두 자 急成하여 幼稚子姪 교육하고 노인들은 뒷배보며 청년형제 결사
하여 우리 국권 어서 빨리 회복하고 태극기를 높이 단 후에 처자권속
거느리고 독립관에 재회하여 대한제국 만만세를 육대부주 혼동하게 일
심단체 불러보세.29)

그 주된 내용을 정리하면 다음과 같다. 안중근은 '단합'에 대해 자기
가 자기를 단합하는 것, 자기 집을 단합하는 것, 자기 국가를 단합하는
것으로 분류하였다. 그는 이를 몸과 마음의 연합, 부모처자의 화합, 국민
상하의 상합이라고 구체적으로 규정하였다.

그러면서 그는 대한제국이 일제의 침탈이라는 참혹한 지경에 이른 가
장 큰 원인을 불합병에서 찾았다. 더 나아가 불합병의 원인이 교오병에
있다고 하면서 교만을 만악의 뿌리라고 주장하였다. 그는 교오병의 치료
약은 겸손이라고 하면서 개개인이 겸손을 주장하여 자기를 낮추고 타인
을 존경하고 책망을 참아내고 잘못한 이를 용서하고 자기의 공을 타인에
게 돌리면 서로 감화될 것이라는 논리를 펼쳤다.

계속해서 그는 죽음을 앞둔 어느 국왕이 회초리 나무를 합치면 부러
뜨릴 수 없다는 사실을 통해 형제들의 단합을 이끌어낸 일화를 소개하였
다. 그러면서 국망에 직면한 한국을 구할 대안으로 '단합'을 재차 강조하
였다. 이처럼 그는 단합을 러시아 한인사회 더 나아가 대한제국을 구할
수 있는 유일한 방안이라고 주장하였던 것이다.

위의 글은 이 시기 안중근의 현실인식을 엿볼 수 있는 중요한 사료이
다. 이는 몇 가지 점에서 음미할 필요가 있다. 첫째, 안중근의 현실인식
이다. 즉, 그는 대한제국이 일제의 침략을 당하는 이유를 개인, 가족, 국
가의 단결력 부족과 교만함에 있다고 진단하고 있다.

결국 그는 대한제국이 단결된 일본을 이기기 위해서는 '불합' 두자를

---

29) 「긔서」 『해조신문』 1908년 3월 21일자.

거두어내고 단합할 때만이 가능하다고 판단하고 있는 것이다. 이러한 인식은 미국 한인사회의 운동노선과도 일정한 관련성이 있는 것으로 보인다. 이를테면 공립협회는 국권회복운동의 선결과제로 '국민단합론'을 제기하면서 한인단체의 '통일연합론'을 주창하는 등 한인사회의 통합운동을 전개하였다.[30] 이러한 운동방략은 러시아 한인사회와 연동되어 있었고 미주에서 발행된 한인신문을 읽고 있던 안중근도 이에 공감하는 위에서 '인심단합론'을 주장하였던 것으로 보인다.

둘째, 러시아 한인사회를 어떻게 바라보고 있는가 하는 문제를 엿볼 수 있다. 그는 한인사회의 분열양상을 정확히 인식하였고 그 해결책으로 단합론을 제시했다. 러시아 한인사회는 지방색에 따른 분열양상을 보이고 있었다.[31] 특히 의병세력은 최재형 등을 중심으로 토착세력과 이범윤 등을 중심으로 한 이주세력으로 양분되어 있었다. 이는 대일투쟁의 걸림돌로 작용하였다. 따라서 그의 인심단합론은 본토와의 관계를 깊이 생각하지 못하고 분열되어 있는 러시아 한인사회에 대한 안중근의 안타까움의 표현이며 단결을 촉구한 호소문이라고 할 수 있다. 이러한 주장은 「同義會 취지서」의 단합론과 맥락을 같이 하는 것이다.

셋째, 「동양평화론」의 근간이 이미 이 무렵에 성립되었음을 알 수 있다. 즉, 그는 「동양평화론」에서 일본이 러일전쟁에서 승리한 원인을 단결에 있다고 보았다. 반면 청국이 청일전쟁에서 패한 이유를 교만에 있다고 주장하였다. 또한 죽음을 앞둔 국왕의 왕자들처럼 단결해야 한다는

---

30) 김도훈, 「한말·일제초 재미한인의 민족운동」『미주한인의 민족운동』, 연세대 국학연구원, 2003, 117~125쪽 참조.
31) 특히 지방색에 따른 분열은 1910년 1월 정순만의 양성춘 살해사건으로 표면화되었다. 러시아 한인사회는 수년간 기호파(정순만·윤병일·김현토·이치권 등)와 서도파(양성춘·정재관·이강·차석보·유진율 등)로 나뉘어 대립하는 양상을 보였다. 이 사건도 이런 와중에서 발생한 것으로 지방색에 따른 파쟁이 그 원인이었던 것 같다(반병률, 「노령연해주 한인사회와 한인민족운동(1905~1911)」『한국근현대사연구』 7, 1997, 88쪽).

논리는 서양세력의 침략을 막기 위해 한·청·일 삼국의 단결이 절대적
이라는「동양평화론」과 궤를 같이 하는 것이다.

넷째, 안중근이 러시아 한인사회의 여론형성에 일정한 역할을 하고
있다는 사실을 이를 통해 알 수 있을 뿐만 아니라 한인사회의 지도자로
성장하였음을 보여주는 증거이다. 이러한 면에서 안중근이 동의회 참여
와 국내진입작전을 이끌 수 있었던 배경을 이해할 수 있다.[32]

3) 동의회 참여

1863년 함경도에서 13가구가 지신허 지역으로 이주하였다. 이후,
1882년 공식통계에 의하면 10,137명으로 늘어나는 등 러시아 지역의 한
인문제는 한·러 양국의 주된 외교현안이 되었다. 1888년「조로육로통
상장정」의 성립으로 러시아 한인의 법적 문제가 타결되었다. 이 후에도
한인의 러시아 이주는 계속되어 1892년에는 12,940명에 달하였다.

한인의 증가는 1895년에는 한인자치구인 都所가 러시아의 인가를 받
아 煙秋(현 크라스키노)에 설치되어 최재형이 都憲이 되는 성과를 낳기
도 하였다. 이후에도 한국인이 계속 증가하여 1898년 남우수리지역의 한
인 인구는 러시아인에 이에 2위로 20%를 차지하였으며, 1902년에는
16,140명으로 늘었다.[33] 또한 1905년 이후 운테르베르게르 총독의 反韓
인정책에도 불구하고 1910년에는 8~10만으로 급증하였다.[34]

이러한 상황 속에서 러시아 국적을 취득한 한인은 러시아의 보호를

---

32) 조광은 안중근이「긔서」에서 교오병과 겸양을 대비하여 설명한 내용이 당시 천
　　주교도들에게 널리 알려진 천주교 가사 중 사향가의 내용과도 합치된다고 하여
　　안중근의 민족주의적 열정과 그 열정을 구현하는 방법론에서 천주교 신앙의 요
　　소를 확인할 수 있다는 견해를 밝혔다(조광,「安重根의 愛國啓蒙運動과 獨立戰
　　爭」『교회사연구』9, 1994, 86쪽).
33) 반병률, 앞의 논문, 74쪽.
34) 반병률, 위의 논문, 79쪽.

받았으나 비귀화인 즉 여호인은 어떠한 법적 보호도 받을 수 없는 불안
한 환경 속에서 온갖 불이익을 당하였다. 그리하여 비귀화 한인의 권익
보호와 患難相救의 필요성이 대두되었다.[35] 그 결과 러시아에 망명한 이
범윤 · 안중근 등의 의병세력과 최재형 등의 토착세력이 결합하여 동의
회를 만들었던 것이다.

그러나 동의회는 상황의 변화에 따라 언제든지 의병조직으로 전환될
수 있는 성격의 조직체였다. 이는 당시 안중근 · 엄인섭 · 백규삼 · 김기
룡 · 이범윤 · 최재형 · 이위종 · 전제익 등 반일세력이 동의회에서 활동
하고 있었다는 사실에서도 자명하다. 더욱이 이러한 동의회의 의병적 성
격은 국내의 의병 활동에 부응하여 이범진이 거병을 전제로 자금을 보냈
다는 사실에서도 확인된다.

1908년 4월(음력)에 이위종은 이범진의 지시로 1만루블을 최재형에게
보냈다. 동의회는 이 자금을 바탕으로 최재형 · 이범윤 · 이위종 · 엄인
섭 · 안중근 · 백규삼 등을 중심으로 발기되었다.[36] 즉, 회원 수백명이 최
재형의 집에서 회합하여 동의회 결성을 결의하고 이위종이 임시회장을

---

35) 박민영, 「러시아 연해주지역의 의병」 『대한제국기 의병연구』, 한울, 1998, 292쪽.
36) 동의회의 발족 경위는 다음의 사료(日本 外務省 外交史料館, 「排日鮮人退露處
    分ニ關スル件」(1915.5.17) 『在西比利亞』 第5卷(不逞團關係雜件-朝鮮人ノ
    部)에서 확인된다. 즉, "千九百八年 四月(陰曆 以下同) 李範晉은 烟秋 方面에
    서의 暴擧 準備가 점차 됨을 듣고 그의 아들 李瑋鍾로 하여금 金一萬留를 휴대
    하도록 하여 露都를 出發하여 烟秋의 崔才亨方에 보냈다. 同行者는 瑋鍾의 舅
    父「놀켄」伯爵이며 於是 在烟秋의 暴徒派 等은 發企하여 同地에 同義會 一名
    唱義會라는 것을 組織하기로 하였다. 發起人 中 중요한 者는 아래와 같다.
    池云京 張鳳漢 全濟益
    全濟岳 李範允 李承浩(議官 前年「이만」에서 사망)
    李君甫(烟秋에 在) 崔才亨 嚴仁燮
    安重根 白圭三 姜議官(前年 間島에서 被殺)
    金吉龍(前警務官) 李瑋鍾 趙順瑞(蘇城)
    張奉金(蘇城) 白俊成(同上) 金致汝(蘇成)."

맡아 총장·부총장·회장·부회장 기타 임원을 선출하였다. 그 결과 총
장에 최재형, 부총장에 이위종이 각각 선출되었다.

그러나 이범윤은 한 표차로 부총장에 낙마하자 "수년 동안 국사에 진
력하였는데 연소한 이위종보다 못한 처지가 되었으니 참으로 한스럽
다"[37]며 불만을 표출하였다. 이렇게 되자 이범윤의 부하들도 동요하는
모습을 보였다. 이는 다시 이위종이 부총장직을 이범윤에게 양보하고 사
퇴하는 상황으로 이어졌다. 결국 회장단 선거를 다시 하여 회장에 이위
종, 부회장에 엄인섭, 서기에 백규삼, 평의원에 발기인 모두가 각각 선출
되었다. 그리하여 동의회는 총장 최재형·부총장 이범윤·회장 이위
종·부회장 엄인섭을 지도부로 하여 출발하게 되었다.[38]

하지만 이위종에 한 표차로 부총재에 당선되지 못한 이범윤파의 불만
으로 야기된 의병세력간의 알력은 이범윤파와 최재형파의 충돌로 이어
지게 되었다. 즉, 이범윤은 고종황제로부터 받은 권한을 내세워 안중근
등 9명의 반이범윤파를 모반자라고 매도까지 하였다.[39] 이로써 이 양파
의 관계는 더욱 냉각되어 이범윤파의 이탈을 초래하였다.

이에 그치지 않고 이들의 알력관계는 이범윤 휘하의 金燦五가 백여명
의 부하를 인솔하고 동의회 소유의 총기 보관소 한 곳을 습격하여 83정
을 탈취하는 사건으로 이어지기도 하였다.[40] 이를 전해들은 안중근 등의

37) 위와 같음.
38) 위와 같음. 박환, 「구한말 러시아 沿海州 崔才亨義兵 硏究」『한국독립운동사연구』 10, 1996, 17쪽.
39) 이는 다음(日本 外務省 外交史料館, 「排日鮮人退露處分二關スル件」『在西比利亞』第5卷)에서 확인된다. 즉, "如此히 하여 점차 同義會라는 組織을 만들었으나 翌日에 이르러 昨日의 選擧에 不快感을 갖는 李範允 一派의 者는 各所에 貼紙를 보내 아래 九名은 御名을 어기고 謀反人이 되었다고 攻擊하였다. 當時 李範允은 太皇帝의 密勅을 奉하여 擧事했다고 하고 있다.
池云京 全濟益 全濟岳
安重根 白圭三 金吉龍
姜議官 張鳳漢 嚴仁燮."

蘇城(水淸(수찬), 현 빠르찌산스크)파가 크게 분노하여 일거에 이범윤파를 제거하려고 하는 등 사태는 더욱 악화되었다. 이처럼 안중근 등의 최재형파와 이범윤파는 적전분열 양상을 보이기도 하였다.

이러한 이범윤파의 고압적 행동을 직접 목격하고서 안중근은 일진회를 친일파라고 한다면 이범윤·이범진세력을 '친로파'라고 할 정도로 평가 절하하였다.[41] 러시아 한인사회의 분열양상은 이범윤의 권위주의적 태도에 대한 최재형 등의 반감으로 설명되기도 한다.[42]

그러나 이는 무엇보다도 한인사회의 주도권을 장악하기 위한 일종의 정치세력간의 통상적인 대립으로 볼 수 있다. 때문에 이들은 지상과제인 국권회복이라는 당위성 앞에 대결의식을 버리고 대일연합전선을 형성할 수 있었다.[43] 결국, 최재형과 이위종의 노력으로 이범윤파와 최재형파는 국사를 위하고, 같은 형제라는 명분으로 다시 화해를 하게 되었다.

그리하여 동의회는 1908년 5월 10일자 『해조신문』에 「同義會 취지서」를 총장 최재형·부총장 이범윤·회장 이위종·부회장 엄인섭의 명의로 발표하였다. 취지서에서 "한국의 현실을 위로는 국권이 소멸되고

---

40) 위와 같음. 위의 사료에 따르면 안중근은 이범진과 이범윤간의 왕복문서를 보고서 이들이 한국 황제를 제거하고 스스로 황제가 되려는 역모를 꾸미고 있다고 분노하고 있다고 한다. 이러한 측면에서도 안중근 등의 소성파와 이범윤파의 대립원인을 찾을 수 있다.

41) 위와 같음.

42) 반병률, 앞의 논문, 82쪽.

43) 이는 다음에서 확인된다. 즉, "蘇城派로 보아야 할 暴徒派의 者는 이를 듣고 크게 怒하여 一擧에 李派를 撲滅하려고 포위하였으나 崔才亨 李瑋鍾은 극력 이를 慰撫하여 李派의 者는 원래 國事에 盡力하려는 지나친 熱誠에서 나온 것이므로 今日에 있어서 兄弟간에 다투면 다른 무리들에게 外侮를 당한다고 하여 점차 이를 진무하고 한편으로는 급히 손을 써서 2일간에 軍銃 120여정을 購買하여 이를 보충했다."(日本 外務省 外交史料館, 「排日鮮人退露處分ニ關スル件」『在西比利亞』第5卷).

아래로는 민권이 억압당하고 있다"고 주장하였다. 그러면서 이를 극복하는 방법으로 "금일시대에 교육을 받아 조국정신을 배양하고 지식을 밝히며 실력을 길러 단체를 맺고 일심동맹을 이루는 것이 제일방침"이라고 하여 한인의 단결과 교육 그리고 조국정신 즉, 국가에 대한 충성을 강조하였다. 이처럼 동의회는 단순한 환난상구를 넘어 국권회복을 목표로 건립된 단체였음을 알 수 있다.

여기에서 동의회 내에서의 안중근의 역할과 위치에 대해 살펴볼 필요가 있다. 안중근은 엄인섭, 김기룡과의 형제관계, 이범윤에게 거병 촉구, 인심단합론 발표 등 일련의 행보를 통하여 한인사회에 점차 적응하며 주목 받는 인물로 부상하였다. 안중근은 동의회 결성에 적극 참여하였지만 동의회의 창설에 결정적인 역할을 할 수 있는 위치는 아니었다. 그러나 그는 한인사회에 일정한 영향력을 행사하고 있었던 것 같다.

때문에 이범윤파와의 대립과정에서 엄인섭과 친밀한 최재형의 신임을 얻게 되어 한인사회와 동의회 내에서 그의 위치를 강화할 수 있었던 것으로 볼 수 있다. 이는 특히 이범윤 세력에 맞선 안중근을 비롯한 전제익·오내범·백규삼·강의관·장봉한·엄인섭 등이 1908년 7월경 국내진입작전을 펼친 최재형 부대의 핵심적인 지위를 담당했다는 사실에서도 알 수 있다. 따라서 안중근 의병부대 결성의 인적 구성도 이때 성립된 것으로 볼 수 있다. 이러한 측면에서 안중근이 최재형을 동의회 총장에 추대하고 김기룡·엄인섭 등과 더불어 청년들의 두목이 되었다는 평가는 의미 있는 대목이다.[44]

---

44) 국사편찬위원회, 「헌기 제2634호」(1909.12.30)『한국독립운동사』 자료7, 244쪽.

3. 의병투쟁과 그 의의

1) 의병부대의 결성

1905년의 을사늑약 이후 1907년 고종퇴위, 정미칠조약, 군대해산으로 이어지는 일련의 과정 속에서 국외 국권회복운동의 중심지로 부상한 러시아 한인사회의 의병활동은 국내의 상황과 연동되어 있었다.[45] 즉, 1908년 봄 의병이 재봉기하는 가운데 3월 21일 장인환·전명운이 부일 성향의 미국인 스티븐스를 처단한 의거는 거병을 모색하던 의병의 사기를 진작시키는 계기가 되었다.[46] 참여 의병 수는 5월에는 약 11,400여명에 달하였고, 6월에는 무려 31,245명으로 급증하였다. 이러한 의병의 수적 증가는 의병세력의 확대를 의미하는 것이었다. 이와 같은 흐름 속에서 러시아 연해주와 인접한 함경북도에서 일어난 의병은 3월말 茂山의 일본군을 궤멸하고 무산시를 장악했을 뿐만 아니라, 5월초에 일본군의 반격도 격퇴하는 등 일제를 위협하였다.

이러한 국내의 의병활동에 조응하여 러시아 한인 의병은 훈춘과 간도를 거쳐 두만강 상류 산악지대로 이동하여 국내의병과 합동작전을 펼칠 항일계획을 가지고 있었다.[47] 또한 한인 의병들이 지속적으로 한국내로 침투하여 일본병과 격전을 벌리고 있었다.[48]

이에 대해 연해주 지방경찰은 의병들이 국내외의 한인들로부터 전폭

---

45) 「강동쉰해」, 『한인신보』 1917년 10월 7일자.

46) 위와 같음. 안중근도 장인환·전명운 의거를 듣고 환호하였으며 이들을 위한 기부금 모금에 참여하기도 하였다(국사편찬위원회, 「헌기 제2116호」『통감부문서』 7, 64쪽).

47) 국사편찬위원회, 「바실리 예고르비치 각하께」(1908.4.5) 『한국독립운동사』 자료 34, 12쪽.

48) 국사편찬위원회, 「연해주 군총독 각하께」(1908.5.14) 『한국독립운동사』 자료34, 17쪽.

적인 지지와 지원을 받는 등 의병과 한인이 일치단결하여 대일투쟁을 수
행하므로 통제와 감시가 불가능하다고 했을 정도였다. 이처럼 연해주 의
병은 국내 의병과 연합작전을 시도하고 있었던 것이다.

안중근도 연합을 위하여 4월경에 갑산으로 홍범도를 찾아갔지만 만
나지 못하였다.[49] 이후 그는 6월 의병투쟁을 모색하던 중 홍치범·윤치
종·김기열을 대동하고 회령방면에서 홍범도를 만났다.[50] 그러나 홍범
도와의 연합은 적합하지 않다는 것이 그의 결론이었다.[51] 이범윤이 거병
에 대한 소극적인 태도를 보이는 상황 속에서도[52] 그는 홍범도와 연합을
꾀하는 등 의병투쟁을 위한 노력을 지속적으로 경주하였다.

이범윤은 러시아 당국의 추방명령을 따라 5월초(러시아曆) 연추를 떠
나 훈춘의 산악지방으로 이동하여 거병을 모색하였다.[53] 또한 최재형과

---

49) 국사편찬위원회, 「境警視의 신문에 대한 안응칠의 공술(제2회)」(1909.11.27)『한
국독립운동사』 자료7, 398쪽.

50) 국사편찬위원회, 「境警視의 신문에 대한 안응칠의 공술(제9회)」(1909.12.6)『한
국독립운동사』 자료7, 434쪽.

51) 국사편찬위원회, 「境警視의 신문에 대한 안응칠의 공술(제1회)」(1909.11.26)『한
국독립운동사』 자료7, 396쪽. 안중근이 홍범도와의 연합을 포기한 이유는 다음
에서 엿볼 수 있다. 즉, "洪의 人物을 보니 나이는 四十歲 가량인데 勇猛하고
氣力이 있으나 無學으로 時勢에 通하지 않았다. 元 金鑛夫를 한 者이다. 同人
은 斷髮者를 보는 대로 殺戮한다고 들었으므로 그 不可한 所以를 說論하고 一
進會員 따위도 日本人조차 使用하고 있었다. 同胞인 우리가 그를 使用할 수 없
는 까닭이 없다. 그들을 敵으로 待遇하는 것보다도 오히려 우리가 使用해야 한
다. 斷髮者를 보면 모두 죽이는 것은 野蠻이다. 나도 보는 바와 같이 斷髮하고
있다. 斷髮者가 반드시 國賊은 아닌 것이다. 또 日本人이라 할지라도 普通 良民
을 멋대로 殺害해서는 안된다. 서로 感情을 害치고 온다면 우리 同胞야말로 多
數 그들에게 殺害 당하는 까닭이다. 생각하지 않으면 안 된다고 말했다."(국사편
찬위원회, 「境警視의 신문에 대한 안응칠의 공술(제3회)」(1909.11.29)『한국독
립운동사』 자료7, 406쪽).

52) 안중근, 「안응칠역사」, 158쪽.

53) 국사편찬위원회, 「프리아무르스크 총독 암호전문」(1908.7.9)『한국독립운동사』
자료34, 23~24쪽.

이위종은 의병부대의 조직에 분주하였다. 이를 간파한 러시아 당국은 이위종에게 추방하겠다고 위협하였다. 최재형에게도 러시아 공민으로서 의병활동에 가입하지 말라는 압력이 가해졌다.[54]

러시아의 압력에 굴하지 않은 최재형은 직접 전투에 참가하지 않았으나 엄인섭과 이위종에게 그 책임을 맡겨 거병을 준비하도록 하였다. 거병하는데 가장 큰 문제는 군자금이었다. 군자금은 동의회를 조직하는 과정에서 이범진이 이위종에게 준 1만루블, 최재형이 제공한 약 1만 3천루블, 소성 방면으로부터 모금된 6천루블 등 각지로부터 기부를 받은 자금으로 충당하였다.[55] 안중근도 여러 지역을 돌며 의병을 모집하였고 그동안 모금한 약 4천원의 군자금을 쾌척하였다.[56] 이리하여 의병들은 약 100정의 총으로 무장할 수 있었다.

군자금의 확보는 곧 의병조직의 편성으로 이어졌다. 그리하여 정치적 알력관계를 초월하여 이범윤 세력과 최재형 세력은 연합전선을 형성하여[57] 總督 金斗星과[58] 隊長 이범윤을 중심으로 하는 연합부대를 창설하였던 것이다. 이들은 결의록·동맹록을 작성하였고[59] 안중근도 이에 서명하였다.[60] 이 의병부대는 특히 국외에서 성립된 최초의 연합의병부

54) 국사편찬위원회, 「연해주의 군통독 각하께」(1908.6.19)『한국독립운동사』자료 34, 21쪽.
55) 日本 外務省 外交史料館,「排日鮮人退露處分ニ關スル件」『在西比利亞』第5卷.
56) 국사편찬위원회, 「헌기 제2624호」(1909.12.28)『한국독립운동사』자료7, 235쪽.
57) 국사편찬위원회, 「헌기 제2634호」(1909.12.30)『한국독립운동사』자료7, 244쪽.
58) 여기에서 김두성이라는 인물의 실존성에 대해 살펴볼 필요가 있다. 이 문제는 여전히 풀리지 않는 숙제로 남아 있기 때문이다. 즉, 조동걸은 김두성을 유인석으로 보았다(조동걸, 「安重根義士 재판기록상의 인물 金斗星考」『韓國近現代史의 理想과 形象』, 푸른역사, 2001, 123쪽). 반면, 신용하는 실존인물이라고 주장하고 있다(신용하, 앞의 논문, 163쪽). 그러나 김두성의 실체 대해서는 앞으로 더 정밀한 검토가 필요하다.
59) 국사편찬위원회, 「헌기 제2634호」(1909.12.30)『한국독립운동사』자료7, 244쪽.
60) 일제는 의병부대의 조직과 활동상황은 다음에서 보듯이 이때 이미 파악하고 있었던 것으로 보인다. 즉, "當時 郡守의 使丁 李德七이란 者가 賊에게 拿捕되어

대라는 측면에서 의미를 부여할 수 있다.[61]

의병세력은 이범윤파의 창의회와[62] 최재형파의 동의회를 중심으로 양분되어 있었는데, 안중근은 최재형파에서 활동하고 있었다.[63] 최재형 파의 의병조직은 동의회의 성립과정에서 반이범윤파의 주요인사인 전재 익ㆍ엄인섭ㆍ안중근 등을 중심으로 한 약 3백여 명으로[64] 탄생되었다.[65] 그 조직은 다음과 같다.[66]

都營將	全濟益
參謀長	吳乃凡
參　謀	張鳳漢, 池云京
軍　醫	미국으로부터 온 후 日本兵에게 逮捕되어 會寧에서 銃殺당함
兵器副長	金大連
同　副張	崔英基(御衛長)
經理部長	姜議官
同　副長	白圭三
左營將	嚴仁燮
第一中隊長	金某(俗으로 「완빠우잔」 病死)

撍夫로 賊에게 使役되어 이 戰鬪에 參加하였는데 德七은 賊의 荷物을 질머진 채 我軍으로 遁歸하였다. 그리고 그 荷物 속에 賊徒의 結義錄, 同盟錄, 旅行券 等이 있었다."(국사편찬위원회,「헌기 제2634호」(1909.12.30)『한국독립운동사』 자료7, 244쪽).

61) 장석흥,「국외의 망명과 의병운동의 전개」『안중근의 생애와 구국운동』, 84쪽.

62) 이범윤은 독자적으로 창의회를 운영하고 있던 것으로 보인다. 이에 대해서는 박 민영, 앞의 논문, 295～298쪽 참조.

63) 위와 같음. 신용하는 안중근을 이범윤파로 분류하고 있고 있다(신용하, 앞의 논 문, 163쪽). 그러나 위에서 보듯이 최재형파로 보는 것이 타당하다. 박환, 앞의 논문, 69쪽.

64) 연해주 의병의 총수는 4,800명 이상이라는 기록도 있다(국사편찬위원회,「헌기 제420호」(1908.7.30)『한국독립운동사』자료11, 1982, 462쪽.

65)「의병전(七)」『독립신문』1920년 5월 15일자.

66) 日本 外務省 外交史料館,「排日鮮人退露處分ニ關スル件」『在西比利亞』第5卷.

　　第二中隊長　李京化(현재 蘇城에 있음)
　　第三中隊長　崔化春(위와 같음)
　　右營將　安重根
　　中隊長　三人

　이와 같이 會寧출신으로 함북관찰부 경무관 출신인 전제익을 수장으로 하는 의병부대가 창설되었다. 안중근은 좌영장 엄인섭과 나란히 우영장을 맡았다. 위의 사료에서 보듯이 안중근 휘하에 3인의 중대장이 있었음을 알 수 있다. 이는 한인사회에서 안중근의 위치가 엄인섭과 견줄 만큼 확고해졌음을 의미하는 것이다. 그리고 이 의병부대는 실질적으로 안중근 부대와 다름없다는 평가를 받기도 한다.[67]

2) 국내 진공작전

　우여곡절 끝에 성립된 연합부대의 국내진공 계획이 어떠한 상황에서 어떠한 전술적 목적을 갖고서 이루어졌는가 하는 문제는 정확히 알 수는 없다. 다만 여러 상황으로 보아 국내진공작전이 700～800여명의 의병부대가 참여하여 육로와 해로 두 방향의 공격루트로 전개되었던 것은 분명한 것 같다.

　이들의 최종 집결지는 갑산, 무산 등지로 보인다. 해로의 경우, 600여명의 의병이 두만강 하구 鹿屯에서 중국 선편을 이용해 청진과 성진 사이의 해안으로 상륙하였다.[68] 육로의 경우, 안중근을 비롯한 300여명은 지신허(현 비노그라드노예)를 출발하여 두만강을 건너 洪儀洞과 新阿山을 걸쳐 회령에서 무산으로 이동하는 경로를 택하였다. 러시아 사료에 따르면 의병부대는 두만강상류 산악과 삼림지역으로 이동하여 현지에

---

67) 장석흥, 앞의 논문, 83쪽.
68) 국사편찬위원회, 「경비수 제6822호」(1908.7.28)『한국독립운동사』자료11, 459쪽 ; 박민영, 앞의 논문, 323쪽.

있는 의병부대와 연합하여 무산 공략에 성공하면 회령으로 진격하여 점령하고 종국에는 두만강 상류지역을 장악하려고 하였던 것으로 보인다.[69]

안중근의 진술, 일본측의 자료, 러시아측의 사료를 바탕으로 안중근의 전투일정을 종합해 보면 그 신빙성이 더해진다.[70] 의병부대는 300여 명의 의병이 7월 3일(음 6월 5일) 밤 8시 야음을 틈타 지신허를 출발하여 홍의동(혼쯔르코르)에 도착하였다.[71] 첩보를 입수한 일본군은 척후병 4명을 파견하였으나 7월 7·8일경 의병에 의해 처단되었다.

이때 안중근은 일본군인과 상인 등을 포로로 생포하였다. 그가 일본인들에게 일본의 침략으로 동양의 평화가 파괴되었다고 추궁하자, 그들은 "이 모든 것이 천황의 뜻을 어기고 멋대로 권세를 주물러서 일본과 한국 두 나라의 귀중한 생명을 무수히 죽었음에도 편안히 복을 누리고 있는 이토에 대해 분개하는 마음을 갖고 있다"[72]고 하였다. 이에 그는 충의로운 사람들이라는 칭찬과 더불어 이토와 같은 亂臣賊子를 제거해야 한다는 당부의 말을 하고서 만국공법에 입각하여 이들을 석방하였다.[73]

여기에서 안중근의 일본과 만국공법에 대한 인식의 문제를 살펴볼 필요가 있다. 전자의 경우, 안중근은 일본인들과의 솔직한 대화를 통하여 일본인 중에서도 이토의 대한 정책을 반대하는 세력이 있다는 사실을 확

---

69) 국사편찬위원회, 「바실리 예고르비치 각하께」(1908.4.5) 『한국독립운동사』 자료 34, 12쪽.

70) 국사편찬위원회, 「境警視의 신문에 대한 안응칠의 공술(제9회)」(1909.12.6) 『한국독립운동사』 자료7, 434~438쪽 ; 국사편찬위원회, 『한국독립운동사』 자료 11, 452~613쪽 ; 국사편찬위원회, 『한국독립운동사』 자료34, 11~36쪽.

71) 국사편찬위원회, 「境警視의 신문에 대한 안응칠의 공술(제9회)」(1909.12.6) 『한국독립운동사』 자료7, 434~435쪽.

72) 안중근, 「안응칠역사」, 162쪽.

73) 안중근, 「안응칠역사」, 162~163쪽.

인하게 되었다는 것이다. 이를테면 이때 안중근은 일본을 보다 분석적으로 접근할 수 있는 기회를 얻었다고 평할 수 있다. 그가 사형선고를 받고도 "일본국 4천만 민족이 안중근의 날을 크게 외칠 날이 멀지 않을 것이다"[74]는 말을 남길 수 있었던 것도 이러한 맥락에서 설명될 수 있다.

후자의 경우, 안중근은 만국공법에 대해 정확하게 인식하고 있었다는 사실을 알 수 있다. 물론 이는 만국공법을 반일투쟁의 방법론으로 인식한 시대적 분위기를 반영하고 있는 것이다. 이를테면 안중근의 일본포로 석방은 1907년 12월에 결성된 十三道倡義大陣所의 정책과 접점을 이루고 있는 것으로 보인다. 즉, 서울진입작전을 계획한 李麟榮은 일제의 침략을 규탄하면서 의병을 국제공법상의 교전단체로 인정하고 의병투쟁의 정당성에 대한 지지를 호소하는 통문을 각국 공사관에 보냈다.[75]

그러나 안중근의 포로 석방은 결과적으로 의병세력의 분열을 가져왔다. 그리하여 엄인섭 등은 안중근을 비판하였다.[76] 이에 안중근은

> 그렇지 않다. 그렇지 않다. 적들이 그같이 폭행하는 것은 하느님과 사람들이 다 함께 노하는 것이다. 이제 우리들마저 야만의 행동을 하고자 하는가. 또 일본의 4천만 인구를 모두 다 죽인 뒤에 국권을 도로 회복하려는 계획인가. 저쪽을 알고 나를 알면 백번 싸워 백번 이기는 것이다. 이제 우리는 약하고 저들은 강하니, 惡戰할 수는 없다. 뿐만 아니라, 충성된 행동과 의로운 거사로써 이 등의 포악한 정략을 성토하여 세계에 널리 알려서 열강의 동정을 얻은 다음에라야, 한을 풀고 국권을 회복할 수 있을 것이다. 그것이 이른바 약한 것으로 강한 것을 물리치고 어진 것으로써 악한 것을 대적한다는 그것이다. 그대들은 부디 많은 말들을 하지 말라.[77]

---

74) 안중근, 「안응칠역사」, 180쪽.
75) 장석흥, 앞의 논문, 92~93쪽.
76) 안중근, 「안응칠역사」, 163쪽.
77) 위와 같음.

라고 의병들을 간곡하게 타일렀다. 그러나 의병들의 마음을 돌릴 수는 없었다.[78] 결국 엄인섭 부대는 러시아로 귀환하고 말았다.[79]

이후 홍의동에서 척후병을 사살한 것이 곧 일본군에 알려져, 일제의 동부 수비구 사령관 丸井少將은 회령·웅기·경원 등의 각 일본 수비대에 서로 책응하여 의병부대를 공격하도록 하였다. 일본군의 추적을 당한 안중근은 도영장 전제익과 상의하여 지형에 익숙한 무산방면으로 이동하기로 하였다.

한편, 부대장 김모와 참모장 오내범이 이끄는 의병대는 7월 10일 오전 4시경에 경흥군 신아산에서 하루 종일 전투를 벌여 일본군을 경흥으로 몰아내고 일본군 하사 이하 5명의 행방불명과 1명의 사살이라는 상당한 전과를 올렸다.[80]

홍의동과 신하산 전투는 연해주 의병부대의 대표적 승첩으로 의병의

---

78) 안중근의 의병대가 패주하게 된 주된 원인을 안중근이 일본인 포로를 방면하여 위치가 알려졌기 때문이라는 측면에서만 설명되어 왔다. 신용하, 앞의 논문, 172 쪽. 그러나 이에 대해 안중근의 다음과 같은 주장에서 보듯이, 안중근과 엄인섭이 진로를 놓고 벌인 충돌도 그 하나의 원인이 되었음을 알 수 있다. 즉, "그때 軍議가 맞지 않아 嚴仁燮은 自己의 兵을 이끌고 헤어졌다. 軍議가 맞지 않았던 것은 단지 四名의 日兵을 죽인 것만으로 目的을 達한 것이 아니다. 이 때문에 최대 目的을 그르치고 前進하지 못하게 된 것은 遺憾이라고 論하였더니 嚴이 敵의 前進을 막으려면 교통을 공격하지 않으면 안 된다 하여 서로 의견이 衝突하였던 것이다."(국사편찬위원회, 「境警視의 신문에 대한 안응칠의 공술(제9회)」 (1909.12.6) 『한국독립운동사』 자료7, 435쪽).

79) 엄인섭 부대의 李明虎가 이끈 의병들이 8월 4일 두만강변 노령 녹둔을 걸쳐 경흥군 盧西面의 土里와 西水羅 일본인의 어장을 습격하여 일본인 10여명을 사살한 후 노령으로 회군하였다(국사편찬위원회, 「경고비 제88호」(1909.6.15) 『한국독립운동사』 자료14, 1985, 688~689쪽).

80) 러시아의 기록에 따르면 7월 10일 의병부대는 64명 사살, 부상자 30명의 전과를 올린데 반해, 아군의 피해는 참모장 오내범이 부상을 당하는 등 부상자가 겨우 4명뿐으로 피해는 경미하였다고 한다(국사편찬위원회, 「연해주의 군총독 각하께」 (1908.7.20) 『한국독립운동사』 자료34, 30쪽). 물론 이 기록을 전적으로 믿을 수 없으나 의병이 소기의 성과를 거두었음은 분명하다.

사기를 드높였으며 일제를 긴장시키기 충분했다. 일제는 10일 저녁 무렵에 보병 제49연대 제9중대가 파견하였고 鏡城으로부터 70여명의 지원군이 웅기를 걸쳐 경흥으로 출동하였다. 이에 의병부대는 회령방면으로 이동하였다.

회령 온성 방면에서 金某(이범윤의 部將)와 만나 合兵을 권유했으나 김모와 전제익이 서로 대장이 되려고 하는 바람에 合兵은 결렬되고 말았다. 때마침 7월 16일 在京城 三原中佐가 회령을 향해 출발하여 의병부대를 추적하자 7월 19일 회령군 영산사 창태평에 있던 것으로 추정되는 전제익·안중근 부대와 김모는 사방으로 흩어졌다. 이때 안중근은 일본군과 산발적인 교전을 하면서 산간 밀림의 폭우 속에서 밤을 보냈다. 다음날 흩어진 병사를 모았으나 60~70명에 지나지 않았다. 이들은 전투로 지쳐있었고 군기도 서지 않았다. 이때 그는 의병의 현실을 보고서 창자가 끊어지고 간담이 찢어지는 것 같이 괴로워했다. 이후 안중근은 의병을 재정비하였으나 일본군의 습격을 받고 또 다시 대오는 흩어지고 말았다. 이후 그는 고생 끝에 孫·金 두 부하를 만났다. 이들이 우왕좌왕하는 모습을 보이자 그는 "일본군과 더불어 한 바탕 장쾌하게 싸움으로써 대한국인의 의무를 다한 다음에 죽으면 여한이 없을 것이다"[81]라며 격려하고 시를 짓기도 하였다.[82]

이후 안중근은 다른 의병을 만나기도 하였으나 폭우로 헤어졌다. 이때 민가를 찾아 일본군의 파출소까지 내려갔으나 다시 일본군을 피해 산속으로 들어가야만 했다. 안중근은 기력을 잃고 땅에 쓰러졌다가 얼마 후 정신을 차리기도 하였다. 흔들리는 두 부하에게 "사람의 목숨은 하늘에 메인 것이니 걱정할 것 없소. 사람은 비상한 곤란을 겪은 다음에라야

---

81) 안중근, 「안응칠역사」, 165쪽.
82) 안중근, 「안응칠역사」, 164~165쪽. 안중근이 이때 지은 시는 다음과 같다. "男兒有志出洋外 事不入謨難處身 望須同胞警流血 莫作世間無義神."

비상한 사업을 이루는 것이오, 죽을 땅에 빠진 다음에야 살아나는 것이오. 이같이 낙심한대서 무슨 유익이 있겠소, 천명을 따를 뿐이오"[83]라며 의병들의 용기를 북돋아주었다.

이에 힘을 얻은 의병들과 안중근은 한인으로부터 밥을 얻어먹으며 일본군의 추격을 따돌렸다. 이처럼 절망적인 상황 속에서도 안중근은 국권회복의 희망을 잃지 않았고 의병들을 천주교인으로 인도하는 등 천주교인으로서 본분도 잊지 않았다. 그러던 중 어느 노인의 도움으로 지친 몸과 정신을 회복하여 겨우 연추로 돌아와 尹主事의 집에서 약 10일간 요양 후 블라디보스톡으로 귀향하였다.[84] 블라디보스톡의 한인들은 안중근의 의병투쟁을 환영하는 모임을 가졌다.[85] 이는 의병투쟁이 안중근의 한인사회 내의 위치를 확고히 하는 계기가 되었음을 의미하는 것으로 보인다.

3) 의병투쟁의 의의

안중근은 위와 같은 과정을 거치며 의병투쟁을 수행하였다.[86] 여기에서 그가 의병투쟁을 수행할 수 있었던 원동력이 무엇인지에 대해 몇 가지 측면에서 살펴볼 필요가 있다. 첫째는 안중근에게 통솔력이 있었다는

---

83) 안중근, 「안응칠역사」, 166쪽.
84) 안중근의 증언에 의하면, 이범윤부대는 회령방면 신아산·종성·명천지방에서 일병과 접전하였으며 엄인섭도 경흥지방에서 일병과 접전하였다고 한다(국사편찬위원회, 「境警視의 신문에 대한 안응칠의 공술(제3회)」(1909.11.29)『한국독립운동사』자료7, 406～407쪽). 연해주의병의 국내 진공작전의 전반전인 내용은 박민영, 앞의 논문 참조.
85) 안중근, 「안응칠역사」, 168쪽.
86) 안중근이 의병투쟁을 이끈 사실을 일제는 파악하고 있었던 것으로 보인다(국사편찬위원회, 「친28호」(1909.2.23)『한국독립운동사』자료13, 1984, 469쪽). 때문에 이토를 처단한 사람이 안중근이라는 사실을 정확히 알고 있었던 것 같다(최서면, 「安重根을 조사한 日本경찰의 工作」『신동아』1993년 10월호, 667～669쪽).

점이다. 그는 국내진격 출정식에서 ① 한 번의 의거로써 성공할 수 없으니 백번을 실패하여도 굴하지 말고 싸워 백년토록 이 전쟁을 계속해야 한다. ② 이 전쟁을 우리 시대에 못 끝낸다고 하더라도 손자대까지 지속한다면 독립을 회복할 수 있을 것이다. ③ 목적을 달성하려면 지속적인 교육과 사회를 조직하고 실업에 힘쓰고 민심을 단합해야 한다는 연설을 하였다.[87] 그러나 그의 권위를 존중하는 분위기는 아니었다. 왜냐하면 그는 권력과 재산이 있는 것도 아니고, 나이도 많지 않았기 때문이다. 그럼에도 부대를 독자적으로 운영하였다는 사실은 그에게 특별한 통솔력이 있었기 때문에 가능하였던 것이다.

둘째, 안중근은 의병투쟁의 목적과 대상을 분명히 하였다는 점이다. 그는 의병투쟁 중에 사로잡은 포로들을 한국인들과 같이 이토를 '敵'으로 여긴다는 이유로 풀어주었다. 이에 대해 장교들 사이에서 불만이 나오자, 그는 일본 국민 전부를 상대로 하는 대일투쟁은 불가능하며, 충성된 행동과 의로운 거사로 이토의 포악성을 세상에 알리고 열강의 동정을 얻은 뒤에 독립을 쟁취할 수 있다고 의병들을 설득하였다.[88] 이는 투쟁의 대상이 일본의 일반 국민이 아니라, 일본인들을 위험에 빠뜨린 이토와 같은 침략세력임을 분명히 하였음을 의미하는 것이다. 말하자면 그는 의병투쟁을 통하여 이토가 한일 양국의 공적이라는 확신을 더욱 굳히게 되었던 것이다.

셋째, 안중근의 의병활동은 종교성을 바탕으로 하고 있다는 점이다. 그는 의병투쟁을 '天命'으로 여겼다.[89] 이러한 의미로 그는 국내에서 간도로 출발하기 전에 빌렘신부와의 의견충돌 과정에서 "국가 앞에는 종교도 없다"[90]고 선언했다. 이는 안중근이 국가와 종교, 인민을 분리할 수

---

87) 안중근, 「안응칠역사」, 161~162쪽.
88) 안중근, 「안응칠역사」, 162~163쪽.
89) 신운용, 「안중근 의거의 사상적 배경」『한국사상사학』25, 한국사상사학회, 2005 참조.

없는 삼위일체로 보았음을 뜻하는 것이다. 이러한 종교관이 의병투쟁 중에도 발휘되었다. 예컨대 그는 의병투쟁 동안 일병에 쫓기며 굶주림과 죽음의 공포로 삶의 의지마저 잃어가는 동지 두 사람에게 "천주님을 믿어 영생하는 구원을 받는 것이 어떻소"[91]라고 하여 천주교에 귀의하기를 권하였다. 이 두 사람은 그의 代洗를 받고 천주교에 입교하였다. 이들은 이로써 삶의 희망을 갖게 되었을 것이고 대일투쟁의 의미를 되새기게 되었을 것이다.

안중근 등이 주도한 의병투쟁은 성공을 거두지 못한 채, 소강상태로 접어든다. 의병부대의 국내 진공작전이 성공할 수 없었던 원인을 안중근은 다음과 같이 분석하고 있다. 즉, 의병은 義에 기초하여 스스로 지원하는 자유의지에서 나왔기 때문에 이것이 도리어 의병의 규율을 문란케 하는 원인이 되었다는 것이다. 이를테면 의병은 자유의사에 따라 의병이 되었으므로 타인의 제재를 받아야 할 필요가 없다고 생각하여 제멋대로 행동하기 때문에 지휘·명령이 이행되지 않아 통일성이 결여되어 오합지졸을 면치 못하였다는 것이다.[92] 더욱이 그는 이러한 의병과 함께 전투에 임한 자신이 한심스러울 정도이며, "이와 같은 民度와 國情을 돌아볼 때 언제 독립의 기초가 만들어질 수 있을지 분개함을 금치 못하였다"[93]라고 의병을 혹평하였다. 결국 그는 의병투쟁의 실패원인을 의병들의 자질에서 찾았던 것이다.

그러나 이러한 안중근의 의병평가와는 반대로 러시아 당국은 의병투쟁은 유래를 찾아볼 수 없는 대성공이었다고 평하였다. 그 이유를 ① 유리한 조건에서만 전투, ② 비정규군의 형태유지 및 탁월한 전술전략과

---

90) 국사편찬위원회, 「복명서」(1910.3.15) 『한국독립운동사』 자료7, 534쪽.
91) 안중근, 「안응칠역사」, 167쪽.
92) 국사편찬위원회, 「境警視의 신문에 대한 안응칠의 공술(제9회)」(1909.12.6) 『한국독립운동사』 자료7, 434쪽.
93) 위와 같음.

냉정한 전투자세, ③ 뛰어난 사격술과 무기라고 지적하였다.[94] 따라서
이러한 러시아 측의 평가에서 본다면 의병투쟁을 실패로만 볼 수는 없을
것이다.

안중근이 행한 의병투쟁은 다음과 같은 의미를 갖는다. 즉, ① 의병세
력의 한계성을 인식하여 이후 의열투쟁으로 선회하는 계기가 되었다. ②
지속적인 대일항전을 위한 전투 경험을 쌓음으로써 향후 일제와의 의병
투쟁을 전개하는데 중요한 경험이 되었다. 이러한 전투경험은 이후의 독
립전쟁의 밑바탕이 되었던 것이다. ③ 러시아인에게는 한인의 독립에 대
한 열망이 얼마나 대단한지를 보여주었고, 일제에게는 한국인의 독립에
대한 의지를 과시하였다.

이러한 의병의 활동은 러·일 양국에 충격을 주었던 것이다. 러시아
당국은 일제의 압력의 원인을 러시아 한인의 무장봉기에서 찾고 있었다.
때문에 러시아당국은 한층 강경한 한인정책을 취하였다. 이는 국경수비
위원회가 1909년 2월 6일 연해주 군총독에게 러시아 한인문제에 대한
정책을 건의한 비밀전문에서도 확인된다. 즉,

> 일본정부와의 갈등을 방지하고 우리 영역 내에서 한인들의 정치적
> 인 시도를 근절시키기 위하여 저는 다음과 같은 조치가 필요하다고 생
> 각합니다.
> 1. 한국 공민인 니콜라이 리(이위종: 필자)를 강도요 약탈자로서 체
>   포하여 경흥시에 있는 일본당국에 인계할 것.
> 2. 한국 망명자인 이범윤을 하바롭스크 시로 보내어 거기서 경찰의
>   감시를 받으며 다른 데로 떠나지 못하도록 할 것.
> 3. 얀치혜 마을의 농민인 표트르 최(최재형: 필자)와 티젠흐(지신허:
>   필자) 마을의 농민인 엄인섭을 블라고베쉔스크로 보내어 비록 일
>   년이라도 경찰의 감시를 받도록 할 것.[95]

---

94) 국사편찬위원회, 「연해주의 군총독 각하께」(1908.7.20) 『한국독립운동사』 자료
   34, 31~32쪽.

물론 이는 러시아 내부의 사정과도 깊은 관계가 있는 것이다. 말하자면 운테르베르게 총독의 反한인 정책의 궤도상에서 이루어진 것이다.

4. 맺음말

이상에서 노령에서 안중근의 의병투쟁과 활동을 살펴본 바, 다음과 같은 결론에 도달하게 되었다.

(1) 안중근은 고종의 퇴위, 정미7조약 체결, 군대해산이라는 일제의 한국침략을 목격하면서 간도망명을 단행하였다. 간도망명은 처음부터 의병투쟁을 염두에 두고서 단행된 것이 아니었다. 말하자면 안중근은 간도에 도착하여 일제의 통제 아래에 있던 한인들의 비참한 상황을 목격하고 나서 계몽운동으로 현실을 타파할 수 없다는 생각을 갖게 되었다. 이러한 맥락에서 안중근은 의병투쟁으로 전환하였던 것이다.

(2) 노령에 도착한 안중근은 청년회 활동을 하면서 노령한인 사회에 그 자신의 존재성을 부각시켰다. 그 결과 엄인섭·김기용과 의형제를 맺기도 하였다. 안중근은 천명론에 입각하여 이범윤에게 거병을 설득하였으나 거절을 당하였다. 하지만 그는 이에 실망하지 않고 한국독립의 당위성을 열심히 유세하면서 홍범도와 연합전선의 구축을 시도하는 등 노령한인의 독립투쟁의지를 굳건히 하였다. 이 무렵 안중근의 연설내용이 「동양평화론」에 녹아 있는 것으로 보아 동양평화론은 적어도 이 시기부터 이론화되었을 개연성은 충분하다. 이러한 가운데 그는 1908년 3월 『해조신문』에 '인심단합론'을 투고하여 한인의 단결만이 대일투쟁의 승리를 가져올 것이라는 것을 설파하였다.

---

95) 국사편찬위원회, 「연해주의 군총독 각하께」(1909.2.6) 『한국독립운동사』 자료 34, 42쪽.

(3) 1908년 3월 장인환·정명훈 의거를 계기로 노령에서 대일투쟁 분위기가 고조되는 가운데 이범진이 자금을 보내와 1909년 5월 총장에 최재형, 부총장에 이범윤, 회장에 이위종, 부회장에 엄인섭을 지도부로 하는 동의회가 발족하였다. 동의회는 표면적으로는 비귀화 한인의 보호를 표방하는 단체로 출발하였으나 점차 무장투쟁단체로 전화되었다. 안중근도 평의원으로서 동의회에 참여하기도 하였다. 동의회는 내부모순을 안고 있었으나 대일투쟁과 독립이라는 공동의 목적을 위해 힘을 합쳤다.

(4) 그 결과 동의회는 곧 군사조직으로 전환되어 총독에 김두성, 대장에 이범윤, 도영장에 전제익, 좌영장에 안중근, 우영장에 엄인섭으로 이루어진 의병조직으로 체제를 바꾸었다. 안중근은 신아산 회령부근까지 진격하는 등 소기의 성과도 거두었으나, 결국 의병투쟁은 소강상태로 들어가게 되었다. 이때 안중근은 두 가지의 교훈을 얻은 것 같다. 하나는 의병투쟁의 한계성을 분명히 인식하고 새로운 방법론을 강구하였다는 것이다. 다른 하나는 의병투쟁 때 사로잡은 포로들도 이또 히로부미를 제거 대상으로 여긴 데서 이또가 한일양국의 공적이라는 확신을 갖게 되었다는 것이다.

(5) 특히 안중근은 의병투쟁의 당위성을 천명론에서 찾고 있음을 주목할 필요가 있다. 때문에 그의 투쟁은 한국의 독립만을 목표로 한 것이 아니라, 인류의 보편적인 가치인 '평화'를 실현하는데 그 목적으로 둔 것이다. 그리고 안중근은 의병투쟁을 실패로 규정짓고 있으나 러시아는 이를 성공적으로 보고 있다는데 그 의의가 있다. 이러한 맥락에서 결코 의병투쟁은 실패로만 규정할 수 없는 것이다.

1. 사 료

안중근, 「안응칠역사」(윤병석, 『안중근전기전집』, 국가보훈처, 1999).
국가보훈처, 『亞洲第一義俠 安重根』 1·2·3, 1995.
국사편찬위원회, 『韓國獨立運動史』 자료 6·7, 1976·1977.
국사편찬위원회, 『韓國獨立運動史』 자료 11·13·14, 1982·1984·1985.
국사편찬위원회, 『韓國獨立運動史』 자료 34, 1997.
국사편찬위원회, 『통감부문서』 7, 1999.
윤병석 역편, 『安重根傳記全集』, 국가보훈처, 1999.
『대한매일신보』.
『해조신문』.
『독립신문』.
日本 外務省 外交史料館, 『伊藤公爵滿洲視察一件』(문서번호: 4.2.5, 245).
日本 外務省 外交史料館, 『不逞團關係雜件-韓國人ノ部』(문서번호: 4.3.2, 2).

2. 논 문

김도훈, 「한말·일제초 재미한인의 민족운동」 『미주한인의 민족운동』, 연세대
　　국학연구원, 2003.
박민영, 「러시아 연해주지역의 의병」 『대한제국기 의병연구』, 한울, 1998.
박 환, 「러시아 沿海州에서의 安重根」 『한국민족운동사연구』 30, 국학자료원,
　　2002.
박 환, 「구한말 러시아 沿海州 崔才亨義兵 硏究」 『한국독립운동사연구』 10,
　　1996.
반병률, 「노령연해주 한인사회와 한인민족운동(1905~1911)」 『한국근현대사연
　　구』 7, 1997.
신용하, 「安重根의 思想과 義兵運動」 『韓國獨立運動史硏究』, 을유문화사,
　　1985.
신운용, 「안중근 의거의 사상적배경」 『한국사상사학』 25, 한국사상사학회, 2005.

신운용, 「露領韓人을 中心으로 본 安重根」 『21世紀와 東洋平和論』, 국가보훈
　　　처·광복회, 1996.
윤경로, 「사상가 안중근의 생애와 활동」 『한국근대사의 기독교사적 이해』, 역민
　　　사, 1992.
윤선자, 「안중근의 계몽운동」 『한국근대사와 종교』, 국학자료원, 2002.
장석흥, 「국외의 망명과 의병운동의 전개」 『안중근의 생애와 구국운동』, 독립기
　　　념관, 1992.
조　광, 「안중근 연구의 현황과 과제」 『한국근현대사연구』 12, 2000.
조　광, 「安重根의 愛國啓蒙運動과 獨立戰爭」 『교회사연구』 9, 1994.
조동걸, 「安重根義士 재판기록상의 인물 金斗星考」 『韓國近現代史의 理想과
　　　形象』, 푸른역사, 2001.
한상권, 「안중근의 국권회복운동과 정치사상」 『한국독립운동사연구』 21, 2003.

안중근의 집안내력

을사조약 이전 안태훈의 생애와 활동

오 영 섭*

1. 머리말

1905년 을사조약 후부터 1945년까지 해방 전까지 안중근가문은 온갖 고초를 겪어가며 독립운동을 벌였다.[1] 계몽운동・의병운동・의열투쟁・특무공작 등 다양하게 표출된 그들의 독립운동은 국가와 민족의 위기를 주체적으로 극복하려는 강렬한 애국심과 천주교신앙에 기초한 것이었다. 민족수난기의 한국사를 화려하게 장식한 그들의 독립운동은 일본의 압제에서 벗어나 근대적인 자주적 민족국가를 건설하는 것을 최종의 목표

---

* 연세대학교 연구교수

1) 여기서는 1895년 11월 16일까지는 음력을, 1896년 1월 1일(음1895/11/17)부터는 양력을 사용하였다.

로 삼고 있었다. 이 과정에서 안중근가문은 한일병합 전후 한국인들의
구국운동과 대일항쟁을 대표할 만한 역사적 위업이자 당대 수많은 젊은
이들을 독립운동으로 인도한 안중근의거라는 위업을 이룩하였다. 따라서
안중근가문의 독립운동은 반제 · 반봉건을 시대적 과제로 삼았던 한국근
대 민족운동사의 축소판이라고 평할 만하다.[2]

　이제까지 안중근가문의 독립운동에 관한 연구는 한국근대사의 위인
이자 안중근가문의 대표적 인물인 안중근의 생애와 사상 및 활동을 다룬
것이 거의 대부분이었다.[3] 이로써 안중근의 사상형성 과정, 계몽운동과
의병운동, 이등박문 포살과정과 공판투쟁, 동양평화론과 일본인식, 천주
교신앙과 천주교단과의 관계, 안중근의거에 대한 국내외 반응 등 많은
사실들이 밝혀졌다. 이 외에 안중근의 동생 안정근과 안공근이 대한민국
임시정부에서 독립활동을 벌인 사실을 천착한 연구,[4] 안중근의 부친 안
태훈 진사가 남긴 16점의 서한을 정리한 자료 연구[5]도 안중근가문의 독
립운동을 이해하는데 도움을 주고 있다. 그러나 이러한 기왕의 연구들은

---

2) 여기서 안중근가문이란 말은 안중근의 조부 안인수와 그의 후손들로 이루어진
　가계를 말한다.『이북도민보』,「20세기 한국인의 민족정기 드높인 일족 명가」,
　1999년 10월 1일 ; 오영섭,「안중근 가문의 독립운동」『한국민족운동사연구』
　30, 2002.

3) 안중근에 관한 일반인 대상의 간략한 전기로는 장석흥,『안중근의 생애와 구국운
　동』, 한국독립운동사연구소, 1992 ; 안중근의 생애와 활동에 대한 상세한 연보로
　는 원재연,「안중근 연보」『교회사 연구』9, 한국교회사연구소, 1994 ; 안중근의
　전기자료에 대한 검토에 대해서는 윤병석,「안중근의사 전기의 종합적 검토」『한
　국근현대사연구』9, 1998 ; 안중근 연구에 대한 연구사 정리에 대해서는 조광,
　「안중근 연구의 현황과 과제」『한국근현대사연구』12, 2000 참조.

4) 송우혜,「독립운동가 안정근의 생애」『수촌박영석교수화갑기념 한민족독립운동
　사논총』, 탐구당, 1992 ; 조광,「일제하 무장 독립 투쟁과 조선 천주교회」『교회
　사 연구』11, 1996 ; 한시준,「안공근의 생애와 독립운동」『교회사 연구』15,
　2000.

5) 장석흥,「10세기말 안태훈 서한의 자료적 성격」『한국학논총』26, 국민대 한국
　학연구소, 2004.

안중근가문이 어떠한 기반 위에서 독립운동을 전개했으며, 또 그들의 독립운동의 前史는 어떠한 양태를 띠고 있었는가 하는 점을 미해결의 연구과제로 남겼다고 볼 수 있다.

주지하듯이 安泰勳(1862～1905)은 을사조약 이전 안중근가문의 핵심 인사로서 안중근의 인생행로에 지대한 영향을 미친 인물이다. 그는 황해도 신천군의 자산가인 부친의 사회경제적 배경과 진사라는 직함을 활용하여 향촌사회에서 유력자로 행세하였다. 또한 그는 안중근가문이 개화사상과 계몽사상 및 천주교를 받아들이는데 직접 영향을 미쳤을 뿐 아니라 안중근의 형제들과 조카들이 김구와 인연을 맺고 대한민국임시정부에서 독립운동을 전개하는데 일정한 역할을 하였다. 실제로 을사조약 이전 안중근의 사상이나 활동은 부친의 그것과 연동되어 있었을 정도로 안태훈의 영향은 절대적이었다. 따라서 안태훈이야말로 안중근가문의 독립운동의 성격과 방향을 좌우한 인물이라고 말해도 과언이 아닐 것이다. 따라서 여기서는 기왕에 선학들의 연구에서 깊이 다루어지지 못한 안중근의 부친 안태훈진사의 생애와 활동을 새롭게 발굴한 자료를 중심으로 살펴보려 한다.

2. 가문 배경과 상무적 가풍

순흥안씨 참판공파의 일원인 안태훈의 선조들은 조선중기에 서울을 떠나 해주로 내려가 일가를 이루었다. 1910년대 이후에 간행된 족보에 의하면, 안태훈의 16대조 安憬는 사마시에 합격한 진사로서 건원릉 참봉을 지냈다. 14대조 安孝信은 어린 나이에 문단에서 명성을 날릴 정도로 문장에 능했으나 벼슬을 구하지 않고 해주로 내려가 은거생활을 하였다. 이로써 안효신은 순흥안씨 참판공파의 해주입향시조가 되었다. 이후 안태훈의 선조들은 13대조 安淑覿과 12대조 安瑠가 통정대부의 품계를 받았을 뿐이며 고조부 安起玉에 이르기까지 벼슬길에 나가지 못했다.[6]

해주에 정착한 안태훈 조상들의 신분이 양반인가 혹은 주변신분인가에 대해서는 명확한 단정을 내릴 수가 없는 실정이다. 1845년에 순흥안씨족보소가 간행한 『순흥안씨족보』에는 안태훈의 16대조 安慮에 대해 '진사, 후사 없음'이라고 되어 있으나, 1864년 安最良이 편찬한 『순흥안씨족보』에는 安慮에 대해 후사가 기록되어 있지 않고 '진사'라고만 되어 있다.[7] 이에 반해 1910년대 이후에 간행된 족보에는 안려의 장조카인 安孝忠의 동생 安純福이 안려의 양자로 들어가서 安孝信을 낳았다고 되어있다. 따라서 안태훈의 14대조이자 해주입향시조인 안효신의 존재는 1910년대 이후에 간행된 『순흥안씨참판공파보』와 『순흥안씨족보』[8]에서부터 처음으로 나오고 있다. 그리고 1800년대 중후반에 간행된 족보에는 안려의 형인 安懿의 후손으로 안효충만이 나와 있으나 1910년대에 간행된 족보에는 안의의 후손으로 안효충 외에도 安顯福·安純福·安景福·安昌福·安成福·安峻福 등이 새로이 나오고 있다.[9] 이로 미루어 해주에 정착한 순흥안씨 참판공파 인사들의 낙향 직전의 世系와 해주입향 후부터 한말까지의 신분문제에는 불명확한 사실이 많음을 알 수 있다.

해방 전후에 안중근의 전기와 비문을 집필한 이들은 한결같이 안태훈 가문의 신분을 향리로 보고 있었다. 김택영과 이건승은 안중근의거 이후에 지은 간략한 전기에서 각각 "그 선조는 본래 순흥 사람으로 해주에

살면서 대대로 州吏를 지냈다. 안태훈대에 이르러 글을 읽어 진사가 되었다"거나 "그의 선조는 순흥인데 중도에 해주로 이사하여 州吏를 지냈다"고 하였다.[10] 또한 김창숙은 1961년에 지은 「안중근의사숭모비문」에서 "그 선조의 세가는 西韓의 해주에서 州吏가 되었는데 부친 안태훈대에 이르러 독서하여 國子生이 되었다"고 하였다.[11] 이를 보면 안태훈 당대와 그 후대에 보학에 소양이 있는 인사들은 안태훈가문을 해주의 향리 집안으로 파악함 셈이다. 따라서 안태훈의 선조들은 서울에서 해주로 내려온 다음에 해주지역에서 이서직을 세습했던 향리가문이었음을 알 수 있다.

안태훈가문은 안태훈의 고조부 안기옥대에 이르러 무과를 통해서 관계 진출을 도모하였다. 이는 사회경제적 능력을 갖춘 이서층이 과거를 통해 양반층으로 편입되려는 신분상승운동을 벌였음을 의미하는 것이다. 안기옥은 安永豊·安知豊(안태훈의 증조부)·安有豊·安順豊 등 네 아들을 두었는데 이들은 모두 무과에 급제하였다. 이처럼 4형제가 모두 무과에 급제한 것은 가문의 위상을 몇 단계 높이는 쾌거였음에 틀림없다. 이는 그들이 향리직을 세습하면서 장기간 과거에 몰입할 수 있을 정도의 일정한 재산을 축적했음을 나타내 준다. 나아가 안지풍의 맏아들 安定祿(안태훈의 조부), 안유풍의 아들 安斗亨, 손자 安仁煥, 안순풍의 아들 安信亨 등이 무과에 급제하였다. 또한 안유풍의 손자 安仁權이 절충장군의 품계를 받았고, 安仁弼이 五衛의 정6품 군직인 司果를 받았으며, 안태훈의 부친 안인수는 종6품의 무반직인 진해현감이란 자리를 받았고, 안태훈의 큰형인 安泰鎭은 해주부의 무반직인 軍司馬 자리를 거쳤다.[12] 이러

10) 이건승, 「안중근전」 ; 김택영, 「안중근전」, 윤병석 역편, 『안중근전기전집』, 국가보훈처, 1999, 450, 463쪽.
11) 김창숙, 「안의사숭모비문」, 안학식 편저, 『안중근의사전기』, 만수사보존회, 1963, 255쪽.
12) 『순흥안씨참판공파족보』 5, 1998, 3913~4025쪽.

한 사실들은 14대조 安孝信 이래 벼슬길에 나가지 못한 안태훈의 선조들이 무과를 통해 무반 가문으로 성장했음을 나타내 준다.

안기옥이래 안태훈의 선조들은 문과보다는 무과를 중시하는 상무적 가풍을 형성해 왔다. 안태훈의 선조들은 1894년 과거제도가 공식 폐지되기 전까지 무과를 통하여 입신양명을 도모한 전형적인 무반 가문의 후예들이었다. 그러므로 그들은 당연히 무력을 숭상하고 무력의 가치를 인정하는 상무풍조의 분위기 속에서 성장하였을 것이다. 이러한 상무풍조의 분위기가 안태훈 자신은 물론, 그 후손 및 조카들의 생애에 상당한 영향을 미쳤음은 재론할 필요가 없을 것이다. 그들의 상무적 가풍은 1894년 안태훈 일족의 동학군 진압활동, 대한제국기 포군을 앞세운 천주교 비호활동, 1907~1909년 안중근의 의병활동과 이등박문 포살의거, 1930년대 이후 안공근의 특무공작단 운영 등에서 빛을 발했던 것으로 보인다. 한마디로 안태훈 집안은 문필력보다는 무용력을 과시하는 무장활동에서 강점을 나타내고 있었다.

안태훈 집안의 상무적 가풍은 안태훈과 그의 형제들에게도 그대로 전승되고 있었다. 4대조 안기옥의 후손들 가운데 유일한 문과급제자인 안태훈이 가문의 전례를 벗어나 무과가 아닌 문과에 응시한 것은 그 자신의 뛰어난 재주와 부친 안인수가 이룩한 경제력 덕분이었다. 다시 말해서 안인수는 자기 당대에 축적한 경제력을 바탕으로 자손들에게 유학교육을 시켜 과거에 급제케 함으로써 가문의 무반기질을 문반기질로 바꾸려 하였던 것으로 보인다.[13] 따라서 크게 보면 안태훈의 사마시 입격은 안인수의 지위상승운동의 산물이었던 셈이다. 그러나 안인수의 소원과는 무관하게 안태훈 형제들은 가문의 전통인 상무적 기질을 충실히 계승하고 있었다. 백범 김구는 안태훈 형제들의 상무적 기질에 대해 다음과 같

---

13) 안태훈의 둘째형 안태현은 '初試'에 급제한 것으로 되어 있는데, 아마 안태훈처럼 문과 진출을 위해 사마시의 초시를 보았던 것으로 보인다.

이 언급하였다.

> 안진사 여섯 형제는 모두 文士의 풍모가 있었으나 유약해 보이는
> 점이 하나도 없었고, 특히 안진사는 눈빛이 찌를 듯 빛나 사람을 압도
> 하는 기운이 있었다. 당시 조정대관들 중에 글로써 항쟁하던 자들도 처
> 음에는 안진사를 악평하였지만, 얼굴만 마주 대하고 나면 부지불식간
> 에 경외하는 태도를 가지게 되었다고 한다. 나의 관찰로는 그는 퍽 소
> 탈하여 무식한 아랫사람에게도 교만한 빛 하나 없이 친절하고 정중하
> 여 위아래 모두 더불어 함께 하기를 좋아하였다. … 안진사는 또한 黃
> 石公의 素書 구절을 자필로 써서 벽장문에 붙여두고 술기운이 있을 때
> 마다 낭독하였다.[14]

김구는 안인수의 자제들인 안태진·안태현·안태훈·안태건·안태
민·안태순 등 6형제가 모두 문사의 풍모를 갖추고 있으면서도 동시에
강건한 기상을 지니고 있음을 칭탄하였다. 아울러 그는 여섯 형제 중에
서도 서민적 소탈함을 지니고 있는 안태훈이 눈빛만으로도 사람을 압도
할 정도의 기상을 발휘하였다고 감탄하였다. 그런데 김구의 술회에서 한
가지 주목할 점은 안태훈이 진나라 말엽의 전설적 병법가인 黃石公의
『素書』 구절을 자필로 써서 벽장문에 붙여두고 술기운이 있을 때마다
낭독하였다는 대목이다. 장량이 한고조 유방을 도와 한나라를 건국할 때
에 크게 이용되었다고 하는 병법서를 취흥이 일어날 때마다 읊조렸다는
것은 안태훈이 진사시에 급제한 문사임에도 불구하고 무술가나 병략가
의 생애를 매우 흠모하고 있었음을 나타내 준다.

안태훈가문의 상무적 가풍은 안태훈의 큰아들 안중근의 행동방식과
사고방식에 가장 잘 반영되어 있었다. 안중근은 자신이 "친구와 의리를
맺고(親友結義), 술마시고 노래하고 춤추고(飮酒歌舞), 총을 쏘며 사냥하
고(銃砲狩獵), 날랜 말을 타고 달리는(騎馳駿馬)" 4가지를 평생 즐겨 이

---

14) 김구 저, 도진순 주해, 『백범일지』, 돌베개, 1997, 58쪽.

행했음을 자랑스럽게 술회하였다.[15] 또한 그는 "영기가 넘치고, 여러 군인들 중에서 사격술이 제일이며, 나는 새나 달리는 짐승을 백발백중으로 맞추는 재주"가 있었다.[16] 또한 어려서부터 사냥을 즐겨하여 언제나 사냥꾼을 따라다니며 산이나 들로 쏘다니느라 학문에 힘쓰지 않았고, 『통감절요』에 나오는 "글은 이름이나 적을 줄 알면 그만이다"는 초패왕 항우의 고사를 가슴속에 새기며 항우처럼 대장부의 기상을 드날리는 인물이 되고 싶다는 포부를 나타냈다.[17] 또한 16세의 어린 나이에 포군을 거느리고 동학군을 진압하고, 만인계의 사장으로서 출표식날에 벌어진 군중들의 항의소동을 생명을 내걸고 진정시킨 초인적인 담대함을 보여주었다.[18] 그런데 이러한 사고방식이나 행동양태는 유달리 의협심과 무용력이 뛰어났던 안중근 개인에게만 국한되는 문제가 아니라 안태훈가문의 다수 인사들이 은연중에 지니고 있었던 기본성향 가운데 하나였다. 하여튼 개화기에 안태훈가문의 인사들이 상무적 가풍에 따라 사고하고 활동했음을 주목할 필요가 있을 것이다.

3. 청계동 이주와 과거 급제

안태훈은 1862년 해주에서 安仁壽(1836~1892)와 제주고씨 사이에서 6남 3녀 가운데 3남으로 태어났다. 안태훈의 부친 안인수는 미곡상을 경영하여 막대한 재산을 축적하였다. 그가 海州·鳳山·延安 일대의 대토지를 소유하여 황해도 내에서 2~3위를 다투는 부자가 되었다는 기록

---

15) 안중근, 「안응칠역사」, 『안중근의사자서전』, 안중근의사숭모회, 1979, 36쪽.
16) 김구 저, 도진순 주해, 『백범일지』, 57~58쪽. 김구는 안태훈이 큰아들 안중근에게만은 한번도 공부하라는 질책을 가하는 것을 보지 못했다고 하였다.
17) 안중근, 「안응칠역사」, 22~23쪽.
18) 안중근, 「안응칠역사」, 27~28, 59쪽.

은 다소 과장으로 보이지만,[19] 이는 안태훈 집안이 그만큼 부유했음을
방증해 주는 일화일 것이다. 이러한 재력 덕분에 안태훈 집안은 해주부
내에서 영향력을 확대해 나갔을 것으로 보인다. 과거에 급제하지 않고도
진해현감이란 자리를 얻을 수 있었던 것은[20] 안인수가 해주부 일대에서
상당한 경제력과 영향력을 지닌 인물이었기 때문에 가능했을 것이다. 하
여튼 안인수는 이렇게 대폭 높아진 가문의 위상을 배경으로 아들들에게
문과 공부를 시켜 둘째아들 안태현을 초시에, 셋째아들 안태훈을 진사에
입격시켰다.

안태훈은 부친의 넉넉한 재력에 힘입어 어려서부터 문과 급제에 필요
한 경전학습와 문학공부에 매진했던 것으로 보인다. 안태훈의 큰아들 안
중근은 "부친의 6형제가 모두 글을 잘하고 넉넉했으며 그 중에서도 아버
지가 재주와 지혜가 뛰어나서 8, 9세 때에 이미 四書三經을 통달했고 13,
4세 때에 과거공부와 4·6변려문을 익혔다"고 하였고, 또한 안중근은 자
기 부친이『통감절요』를 완벽히 소화하여 주변으로부터 '仙童'이란 칭호
를 받았고 그로부터 명예가 원근에 퍼졌다고 하였다.[21] 또한 문필의 대
가인 박은식이 17세 때인 1875년에 "四書三經과 諸子書를 섭렵하고 개
연히 분발하여 말하기를 이 외에 어찌 經世之學이 없으리요 하고 고향을
떠나 의사 안중근씨의 부친 안태훈씨와 더불어 교유하여 문장이 大成하
니 도내 양신동이라고 칭하였다"고 한다. 이런 기록들이 다소 과장이 섞

---

19) 安鶴植 편저,『의사안중근전기』, 해동문화사, 1963, 15쪽. 일본측은 "안인수가
항상 미곡 매입 대금을 지불하지 않는 등 각종 간악 수단을 부려 … 재물을 모아
巨富를 이루었다"거나 "안인수는 성품이 탐욕하고 배부름을 모르고 일상 간계를
써서 타인의 재산을 수중에 넣으려고 하였으므로 당시인들이 '安億乭'이라고 다
르게 불렀다"고 말한 반면, 안중근은 "조부가 자선가로서 도내에 이름이 높았다"
고 하였다.『한국독립운동사』자료7, 173~174, 293쪽 ; 안중근, 「안응칠역사」,
17쪽.
20)『한국독립운동사』자료6, 224쪽 ;『한국독립운동사』자료7, 275쪽.
21) 안중근, 「안응칠역사」, 18~20쪽.

인 점을 감안하더라도, 1862년생인 안태훈이 10대 중반에 이미 상당한 학문적 경지에 도달해 있었음을 알 수 있다.[22]

안태훈은 뛰어난 학문적 성취를 바탕으로 20대 초반에 중앙진출을 모색했던 것으로 보인다. 그는 개화파 박영효가 준수한 청년 70명을 선발하여 일본으로 유학을 보내려 할 때에 거기에 뽑혔다고 한다.[23] 이는 안태훈이 개화파 인사들과 관계를 맺고 있었을 뿐만 아니라 개화성향을 지닌 젊은이로 성장하고 있었음을 나타내 준다. 이를테면 1881년 이후 고종정부의 개화정책과 『朝鮮策略』·『易言』 등에 실린 현실개혁론의 영향으로 조선사상계에 동도서기론이 크게 유행할 때에 해서지방의 대표적인 도회지 해주에 살고 있던 젊은 인재 안태훈은 그러한 시대적 분위기를 적극적으로 받아들인 것으로 보인다.

갑신정변이 실패하고 개화파들이 죽임을 당하거나 망명의 길을 떠나자 안태훈은 몸을 피하여 고향으로 돌아와 숨어살았다. 당시 그는 "국사가 날로 틀어져가니 부귀공명은 바랄 것이 못 된다"며 부친을 설득했다고 한다.[24] 이에 안인수는 자기 가문의 경제적 기반과 가장 뛰어난 셋째아들 안태훈을 보호하기 위해 피난처를 물색하였다. 그는 여러 아들을 각지에 나누어 보내 이주처를 고르게 하였고, 결국 제2남 안태현이 발견한 천연의 요새지 청계동을 이주지로 택하였다.[25] 그리하여 안인수는 가진 재산을 친척들에게 나누어주고[26] 300석을 추수할 토지만 남겨둔 채

---

22)「백암박은식선생약력」『박은식전서』하, 단국대학교출판부, 1975, 286쪽.

23) 안중근,「안응칠역사」, 20~22쪽.

24) 안중근,「안응칠역사」, 20~22쪽.

25) 李全,『안중근혈투기』, 연천중학교기성회, 5쪽.

26) 안인수가 청계동으로 이주할 당시 아들 6형제에게도 재산을 나눠주었는지, 아니면 1892년 그가 사망한 후에 아들들이 부친의 재산을 나눠가졌는지 명확히 알 수 없다. 하여튼 '安億乏'이라는 별명을 얻었을 정도로 악착같이 모았던 안인수의 재산은 나중에 그의 根字 항렬의 손자들과 生字 항렬의 증손자들이 국내외에서 생활·수학하거나 혹은 독립운동을 펼치는데 일정한 자원이 되었다.

7∼80명의 가솔을 이끌고 산수가 수려하고 피난지로 적합한 신천군 두라면 청계동으로 이사하였다.[27)]

안태훈가문이 이주한 황해도 신천군 두라면 청계동은 옛적에 의적 鄭來秀의 은둔지로서 구월산에 버금가는 천연의 요새지였다. 분지형태를 이루고 있는 청계동은 3면이 산록으로 병풍처럼 둘러싸여 있고 동쪽 한곳으로만 관문이 터져 있었다. 관문 앞에는 望臺山이란 작은 산이 가로막고, 그 좌우로 좁은 길이 나있었다. 천봉산 골짜기의 맑은 물이 마을 한 가운데를 돌아 긴 강을 이루며 화폭처럼 흘러내리고 있었다. 개울물의 암벽에는 안태훈의 글씨로 '淸溪洞泉'이란 네 글자가 흐르는 물소리에 따라 살아 움직이는 듯했다. 멀리 바라보이는 마을에는 드문드문 흩어져 있는 4∼50채의 민가가 있었다.[28)] 이곳에서 안태훈은 몇 년간 과거급제에 필요한 한학 공부에 매진했을 것으로 보인다.

안태훈은 1880년대 후반 어느 시점에 다시 상경하여 金宗漢의 문하에 들어갔다. 1880년대 후반에 전라도인 나인영이 외무대신 김윤식을, 함경도인 이준이 영의정 김병시를 정치적 후원자로 모셨던 것처럼, 황해도인 안태훈은 사헌부대사헌 김종한을 정치적 후원자로 받들었다. 김종한은 조선중기에 척화대신으로 이름높은 안동김씨 金尙容의 봉사손으로서 조선왕조가 유지되는 동안은 일정한 정치적 지분과 영향력을 행사할

---

27) 안중근, 「안응칠역사」, 20∼21쪽 ; 김구 저, 도진순 주해, 『백범일지』, 59쪽. 안태훈가문의 청계동 이주시점에 대해서는 이견이 있다. 안중근은 「안응칠역사」에서 1885년이라고 하였고, 김구는 『백범일지』에서 안중근이 두 살 때인 1880년이라고 하였다. 그리고 안중근의 제자인 李全은 『안중근혈투기』에서 은7천냥의 원납전 납부를 강요하는 대원군(1873년 하야)의 가렴주구를 피하기 위해서라고 하였다. 필자는 안태훈가문이 원납전 문제와 비슷한 재정적인 문제로 민씨척족 내지 척족계 지방관들과 갈등이 생겼기 때문에 1880년경에 청계동으로 이주했을 것으로 판단하지만, 여기서는 일단 안중근의 주장에 따라 1885년설을 택하기로 한다.

28) 이전, 『안중근혈투기』, 5쪽 ; 김구 저, 도진순 주해, 『백범일지』, 55쪽 ; 손세일, 「이승만과 김구⑤」 『월간조선』, 2001년 12월호, 54쪽.

수 있는 인물이었다.[29] 안태훈이 김종한의 문하에 들어간 것은 갑신정변
을 진압한 민씨척족에 대한 개인적 반감에 더하여 김종한이 민씨척족과
는 일정한 거리를 두었던 인물이기 때문으로 보인다. 실제로 김종한은
갑오경장 직후에 친일개화파와 대원군파로 구성된 군국기무처의 회의원
을 지냈을 정도로[30] 민씨척족보다는 고종이나 대원군에 가까운 인물이
었다. 또한 그는 조선은행과 한성은행 및 철도회사의 설립에 관여하였을
정도로 근대적 금융과 산업시설 분야에 해박한 개화관료였다.[31] 김구에
의하면, 안태훈은 과거수험생으로 김종한 문하에서 '다년간' 머무르며
김종한이 시관일 때에 소과에 합격했으며, 이로 인해 김종한의 '문객'이
니 '식구'니 '家人'이니 하는 평을 받았다고 한다.[32]

현존하는 『사마방목』에는 안태훈의 사마시 입격사실은 나오지 않는
다. 다만 한 가지 주목할 점은 『사마방목』 고종 28년(1891) 증광시 항목
에 안태훈의 바로 아래동생인 安泰健이 사마시에 입격한 것으로 나온다.
안태건은 증광시의 진사 3등급 76등으로 詩 부분에서 입격했는데, 생년
이 1868년, 본관이 순흥안, 거주지가 신천, 구존이 具慶下, 전력이 幼學,
父名은 안인수, 부품계는 통훈대부, 부관직은 진해(行현감)로 나온다.[33]
그런데 『사마방목』을 제외한 안중근의 생애에 관련된 모든 자료에는 안
태건을 진사라고 말한 적은 없으며 안태훈만을 일관되게 진사로 보고 있
다. 이는 사마시에 합격한 사람이 안태건이 아니라 안태훈임을 입증해주
는 것이라고 생각한다. 29살 때에 안태훈이 동생의 이름을 차용하여 진

---

29) 『안동김씨세보』 6, 文忠公尙容派, 안동김씨중앙화수회, 1982, 197～198쪽.
    1897년에 황해도관찰사를 지낸 친일개화파 김가진은 조카 항렬의 김종한과 긴밀
    한 사이였는데, 양인은 모두 김상용의 후손이었다.
30) 유영익, 『갑오경장연구』, 일조각, 1990, 139～143쪽.
31) 북악사학회 편, 「김종한」 『역사에 비춘 한국 근현대 인물』, 백산출판사, 1994,
    22～25쪽.
32) 김구 저, 도진순 주해, 『백범일지』, 59쪽 ; 『한국독립운동사』 자료7, 293쪽.
33) 『사마방목』, 1891년, 증광시 항목.

사시에 합격한 것은 갑신정변에 관여했던 자신의 전력을 숨김과 동시에, 1880년대 후반부터 심해진 민씨척족의 개화파 탄압을 피하기 위한 부득이한 조치로 보인다.

안태훈이 사마시의 시부분을 통과한 사실은 그의 생애에서 상당한 의미를 지니고 있었다. 을사조약 이전 향촌사회에서 유지행세를 하려면 진사나 생원처럼 국가가 인정한 공식타이틀과 한시나 문장에 숙달한 試賦 능력이 필수적으로 요구되기 마련이었다. 어려서부터 4·6변려체의 문장에 능숙했을 정도로 한학에 조예를 보인 안태훈이 시분야로 사마시를 통과한 것은 당대 사회가 요구하는 향촌지식인의 자격을 갖추었음을 공인받은 것이었다. 그는 문무를 겸비한 호걸풍의 인물이었는데, 특별히 한시전문가로 이름이 높았다. 그래서 황해도내의 '三飛八走'라는 11명의 한시 대가 중에서 飛의 1인에 거론될 정도로 인정을 받고 있었다.[34]

안태훈은 일상생활에서 시회를 자주 벌이며 자신의 시작능력을 과시하곤 하였다. 이에 대해 김구는 "안진사는 면모도 맑고 수려했지만 다만 주량이 과하여 코끝이 빨간 흠이 있었다. 나는 당시 시객들이 안진사가 지은 명작 율시들을 외우는 것을 많이 들었다. 안진사는 종종 나를 청하여 스스로 잘된 작품이라 생각하는 것을 많이 들려주었다. 그러나 내 기억에 남는 것으로는 동학당 창궐할 때에 지은 시만 생각난다. 새벽 빈대는 살기를 구하여 흔적도 없이 사라지는데(曉蝎求生無跡去) / 저녁 모기는 죽기를 무릅쓰고 소리치며 달려드네(夕蚊寧死有聲來)"라고 회고하였다.[35] 하여튼 안태훈이 일상생활에서 벌인 시작활동이나 시회모임은 천주교 신앙활동, 포군 통솔활동, 병법서 음영활동보다도 우선하는 것이었음을 주목할 필요가 있을 것이다.

---

34) 이전, 『안중근혈투기』, 44쪽.
35) 김구 저, 도진순 주해, 『백범일지』, 58쪽.

4. 동학농민군 진압 및 김구와의 인연

1894년 가을 전국 각지에서 동학농민군이 봉기하였다. 황해도에서도 9월경에 이미 여러 곳에서 동학농민군이 일어나고 있었다. 그들의 봉기는 민씨세도의 부정부패, 지방관과 양반지주의 탐학, 동학도에 대한 탄압, 이서층의 발호, 방곡령에 따른 반일분위기 등에 반발하여 각지에서 일어났던 민란의 정신을 이어받은 것이었다.[36] 다만 1894년 이전의 민란이 고을 차원의 지역적인 문제나 지방관료의 타도 등을 내세웠다면, 1894년의 농민봉기는 지역적 한계를 넘어서 전국적 차원에서의 개혁을 염원한 것이었다. 이러한 창의이념에 따라 황해도의 동학농민군은 약 4개월 동안 활동하며 도접두 원용일의 지도아래 해주감영을 점령하는 기세를 올리기도 하였다.

병략과 무용을 겸비한 안태훈은 동학농민군이 봉기하자 반동학 활동을 벌였다. 당시 위정척사론을 신봉하던 지방의 보수적 양반유림들은 유교적 사회체제를 뒤흔드는 동학군을 적극적으로 탄압하였다. 아울러 안태훈처럼 개화성향을 지닌 인사들도 동학군을 도적이나 비도로 간주하여 진압하고자 노력하였다. 그들은 동학군이 봉건정부의 무정부패와 탐학오리의 탐학행위 때문에 봉기했음을 분명히 인식하고 있었다. 그럼에도 그들은 자신들이 향촌사회에서 누리고 있는 사회경제적 기득권이 동학도에 의해 침해되는 것을 원치 않고 있었다. 따라서 그들은 일본군이나 관군과 연대하여 동학도를 탄압하는 반민족적 행위를 벌이기도 하였다. 이는 한국인들이 근대적인 단일민족의식을 형성하기 이전에 벌어졌던 불행한 사건이었다.

1894년 가을에 안태훈은 청계동에 의려소를 차려놓고 포군을 규합하

---

36) 송찬섭, 「황해도지방의 농민전쟁의 전개와 성격」『동학농민혁명의 지역적 전개와 사회변동』, 새길, 1995, 228~232쪽.

여 동학진압 활동에 돌입하였다. 그의 반동학 활동의 계기에 대해 안중
근의 제자 李全은 당시 개화관료인 황해감사 정현석이 안태훈을 義旅長
으로, 안태현을 별군관으로 임명하여 동학군을 진압하게 하였기 때문이
라고 하였다. 또한 그는 정현석과 안태훈간에 무기와 탄약의 보급에 관
해 사전협약이 이루어졌다고 하였다.[37] 이러한 이전의 주장은 신빙성이
높아 보인다. 김구가 말한 것처럼 안태훈은 "문장과 글씨는 물론 지략까
지 겸비하여 명성이 해서지방은 물론 전국에 널리 알려져 조정대신들도
크게 대접하는 사람이었기" 때문이다.[38] 동시에 동학농민운동 이전에 보
통의 부호가문처럼 안태훈가문이 다수의 산포수들을 식객으로 거느리고
있었던 사실도 중요한 고려사항이 되었을 것이다.[39]

안태훈은 청계동에 기숙하고 있는 포군 20명에게 창의의사를 알리고
인근 각지에 산재한 포군들에게 소집 통문을 돌렸다. 이렇게 불러모은
군사가 정병이 70여명, 장정이 100여명에 달하였다.[40] 그리고 각지에 창
의문을 보내 의거를 독려하고 처자들까지 항오에 편입시켜 동학군에 대
응할 태세를 갖추었다. 청계동앞 망대산에 포대를 설치하여 청계동을 수
비하게 하였으며, 자신의 거처에 의려소를 설치하고 자신의 친필인 '의
려소'란 편액을 내걸었다. 이어 훈련 경험이 없는 포군들과 장정들을 위
해 단기간에 임시 특별훈련을 행하였다. 그리고 전원을 3개중대로 나누
어 제1대장에는 한재호를, 제2대장에는 임도웅을, 제3대장에는 노제호

37) 이전, 『안중근혈투기』, 18쪽.
38) 김구 저, 도진순 주해, 『백범일지』, 50쪽.
39) 안태훈가문은 청계동에서 적게는 10여명, 많게는 4∼50명 정도의 포군을 식객으
로 거느리고 있었고, 이들을 양편으로 나누어 사격술 시험경기 등을 실시했다고
한다. 이들 포수 중에는 노제석·임도웅·박치범·한중석·한재호 등이 유명하
였다. 이전, 『안중근혈투기』, 6쪽.
40) 안태훈이 거느린 포군수에 대해 안중근은 70여명, 이전은 80명, 김구는 300여명
이라 하였고, 장정수는 이전은 400명이라고 하였다. 여기서는 신천군수가 중앙에
올린 보고서에 나오는 포군 70명, 장정 100여명 설을 취하였다.

를, 총참모에는 안태건을 임명하고, 안태훈 자신은 총지휘가 되었다.[41]

1894년 11월 13일에 안태훈의 신천의려는 동학농민군을 크게 무찔렀다. 당시 황해도의 동학도접주 원용일과 부접주 임종현은 청계동에 집결한 반동학군을 토벌하기 위해 1,700여명(혹 2,000명)의 동학군을 거느리고 출동하였다. 이미 동학군은 장연군·신천군·장수산성·수양산성 등 신천군의 인근지역을 모두 점령한 터였다. 11월 14일 동학군은 청계동에서 북방으로 10리 정도 떨어진 박석골까지 육박하여 야음을 틈타 청계동을 기습하려고 하였다. 급보를 전해들은 안태훈은 대책을 강구한 끝에 박석골의 동학군을 선제 공격하기로 하였다. 그리하여 포군영수 노제석에게 40명의 정병을 이끌고 출전하게 하고, 남은 병정들로 하여금 청계동을 지키게 하였다. 이에 노제석은 포군을 이끌고 동학군을 공격하여 18명을 포살하는 전과를 올렸고, 신천의려의 승첩에 접한 신천군수는 노제석에 대한 포상을 해주감영에 상신하였다.[42] 아울러 11월 19일에 신천군수는 안태훈을 소모관으로 삼을 것을 청하는 공문을 올렸다.

> 신천군수의 첩보. 감영이 임명한 의려장인 본군 진사 안태훈이 포군 70명과 촌정 100여명을 모집하여 적진의 영장 3명을 포살하고, 조총·환도·갑옷 등을 습득하여 올려보냈다고 합니다. 안태훈의 유능한 일처리와 기묘한 공훈은 참으로 지극히 가상하므로 그에게 격려를 내리고 포상을 내려야 마땅할 것입니다. 본도의 소모관으로 임명할 일을 아뢰어 처리해달라는 뜻을 보고하는 바입니다.[43]

---

41) 안중근, 「안응칠역사」, 20~22쪽 ; 김구 저, 도진순 주해, 『백범일지』, 55쪽 ; 이전, 『안중근혈투기』, 18쪽.

42) 정현석, 「甲午海營匪援顚末」 『동학난기록』 하, 국사편찬위원회, 1971, 733~734쪽 ; 안중근, 「안응칠역사」, 26~27쪽 ; 이전, 『안중근혈투기』, 19쪽.

43) 정현석, 「甲午海營匪援顚末」 『동학난기록』 하, 국사편찬위원회, 1971, 734쪽. 12월 2일에 황해감사 정현석은 안태훈과 노제석이 의려를 일으켜 동학도를 토벌한 공로를 포상하고 장려해야 한다는 뜻을 중앙정부에 건의하였다.

박석골전투 얼마 후에 안태훈은 해주부 인근에서 동학군을 격퇴하였다. 그는 황해감사의 구원요청을 받자마자 노제석・한재호 등의 포군을 거느리고 해주로 향하여 진군하였다. 그러다가 해주와 해주 서쪽 翠野의 중간지점에서 동학군의 대부대를 만나 격전을 치러 물리쳤다고 한다.[44] 이는 11월 23～27일 사이에 해주감영의 포군과 일본군이 취야의 동학군을 공격할 때에 안태훈의 신천의려도 거기에 가담했음을 의미하는 것이다. 또한 12월 13일 원용일의 동학군에게 신천군아가 점령당하자 신천군수가 가족들을 거느하고 도보로 청계동으로 피신하였다. 이에 안태훈은 1895년 3월경까지 신천군수 일행을 청계동에 머물게 하였다.[45] 또한 안태훈은 신천과 재령 일대에서 활동하고 있는 동학군이 정부미를 탈취하여 신천군 용두리의 閔泳龍의 창고에 저장해 놓은 것을 빼앗아다가 포군들의 군량으로 사용하였다.[46] 이 군량미 사용문제는 동학군이 진압된 후에 안태훈에게 곤란거리가 되었다.

신천의려가 동학군을 진압할 때에 안중근도 중요한 역할을 담당하였다. 안중근은 박석골전투 당시에 동지 6명과 함께 '선봉 겸 정탐독립대'를 조직하여 동학군의 대장소 근처까지 다다랐다. 그는 기율이 부실한 동학군의 허점을 은밀히 탐지한 다음 동지들과 함께 선제공격을 결의하였다. 이어 야음을 틈타 동학군의 대장소를 공격했다가 포위를 당했으나 후원군의 도움으로 겨우 풀려났다. 이후 안중근은 더 이상 전투에 가담하지 않았으며, 오히려 두 달 동안이나 중병에 걸려 고생을 하였다. 아무리 무용이 뛰어났다고 하더라도 16세의 어린 안중근에게 생사가 걸린 동학군 진압활동은 힘겨운 일이었음에 틀림없었다.[47]

동학농민군을 진압하는 과정에서 안태훈은 황해도의 아기접주 김구

---

44) 이전, 『안중근혈투기』, 20쪽.
45) 이전, 『안중근혈투기』, 21쪽.
46) 이전, 『안중근혈투기』, 21～22쪽.
47) 안중근, 「안응칠역사」, 27～31쪽.

에게 밀사를 보내 상호 불가침협정을 맺기도 하였다. 당시 김구는 "안태훈이 동생과 아들로 병사를 담당하게 하고 300여명의 산포수를 모집하여 청계동 자택에 義旅所를 세우고 경성 모대신의 원조와 황해감사의 지도아래 벌써 동학토벌에 나서 신천지역의 동학토벌에 좋은 성과를 거두고 있었기 때문에 동학 각 접은 안태훈을 두려워하고 있었고, 우리 접도 청계동을 경비하고 있던 터였다"고 하였다. 이러한 상황에서 안태훈은 김구에게 밀사를 보내 "그대가 만일 청계동을 침범하다가 패멸당하게 되면 인재가 아깝다"는 후의를 전하게 하였다. 이에 김구는 즉시 참모회의를 열고 논의한 결과 "나를 치지 않으면 나도 치지 않는다," "어느 한 쪽이 불행에 빠지면 서로 돕는다"는 원칙에 따라 안태훈과 밀약을 체결하였다.[48]

안태훈이 김구에게 밀사를 보낸 데에 대해 김구의 동료 정덕현은 "군사적인 원조나 계략이기보다는 나이 어린 형의 담대한 기개를 아껴 밀사를 보내게 되었다"고 하였다.[49] 그러나 안태훈이 김구의 담대함을 포용하려는 이면에는 동양의 전통적인 병략술인 이이제이전략과 원교근공전략을 적절히 구사하여 청계동 인근의 동학도들을 격파해 나가려는 깊은 의도가 포함되어 있었을 것이다. 아울러 안태훈은 청계동을 지나가던 일본토벌군 위관 鈴木彰의 면담요청을 거절했을 정도로 의기가 강한 인물이었기 때문에[50] 앞날이 창창한 김구에 대해 특별한 관심을 보였을 것으로 보인다. 이러한 인연으로 김구는 동학농민운동이 실패한 다음 세 달간의 은거기간을 거쳐 1895년 2월 정덕현과 함께 청계동으로 안태훈을 찾아갔다.

청계동에서 안태훈은 식객으로 지내던 20살의 김구를 각별히 예우하

---

48) 김구 저, 도진순 주해, 『백범일지』, 50~51쪽.
49) 김구 저, 도진순 주해, 『백범일지』, 55쪽.
50) 鈴木彰, 「東學黨征討略記」 『동학농민전쟁사료총서』 12, 역사문제연구소, 1996, 367~369쪽.

였다. 안태훈의 형제들은 모두 술과 독서를 좋아하여 모임을 자주 가졌
는데, 이때마다 안태훈은 김구를 초청하였다. 또한 안태훈은 사랑에서
잔치를 개최할 때마다 포군이나 하인들을 시켜 김구를 모셔오게 하였다.
이로 인해 김구를 업신여기던 안태훈의 형제들과 포군들은 김구에게 공
손함을 표시하게 되었다.[51] 안태훈은 1896년 2월 22일에 해주부의 집사
로 추정되는 인사에게 보낸 편지에서 "순검들이 산포를 모아 청계동을
습격하려던 김구를 추적했으나 김구는 도망하고 말았으며 자신도 김구
의 발자취를 사방으로 추적하고 있다"고 보고하였다. 이는 자신이 청계
동에서 김구를 일시 보호했던 사실이 세상에 알려져 논란이 일어나자 신
천군수의 징계를 피하기 위한 보신적 조치로 보인다.[52]

안태훈은 해주의 유학자 高錫魯를 초치하여 청계동과 인근의 학동들
을 가르칠 기회를 제공하였다. 고석로는 한말의 저명한 항일의병장 유인
석과 동문인 해주의 위정척사파 유학자였다. 그는 안태훈의 모친과 같은
제주고씨라는 인연으로 1893년 2월에 해주부에서 신천군 청계동으로 이
주하여 초당을 지어놓고 생활하고 있었다.[53] 김구는 1895년 2월부터 5
월까지 3개월간 고석로의 각별한 애호를 받으며 밤마다 口傳心受의 주
자학적 민족주의 교육을 받았다.[54] 안태훈은 자기와 사상적 정향이 다른
고석로를 종종 방문하여 주거니받거니 고금의 일을 강론하곤 했는데, 그

---

51) 김구 저, 도진순 주해, 『백범일지』, 57, 64~65쪽.
52) 장석흥, 「19세기말 안중근 서한의 자료적 성격」, 151, 166쪽.
53) 고석로, 『후조집』, 부록, 권2, 연보.
54) 고석로는 1881년 위정척사운동 때에 민씨척족에게 죽임을 당한 화서학파의 홍재
   학이 가장 먼저 제기한 北邊에서의 독립운동 근거지 개척구상론을 자기의 제자
   김구와 자기와 가장 절친했던 유인석에게 전하였다. 이런 활동을 통하여 그는 화
   서학파의 주자학적 민족주의론이 김구의 자유주의적 자주독립사상의 심층부에
   자리잡도록 하였다. 나아가 한말에 의병세력 및 신민회세력이 만주와 북변을 민
   족독립운동의 근거지로 주목하도록 하는데 상당한 영향을 미쳤다. 김평묵, 「勵志
   堂洪君墓地銘」『중암집』권47, 47가－48나 ; 고석로, 「與柳立軒毅錫」『後凋
   集』권3.

때마다 김구는 양인의 담론을 듣는 재미를 만끽하였다.[55]

안태훈이 마련한 청계동이란 공간에서 김구는 많은 것을 얻었다. 첫째, 김구는 그때까지 자신의 인생에서 가장 비중 있는 인물들을 접하였다. 그는 고석로를 통하여 평생 가슴속에 새겨둔 민족주의를 전수받았고, 안태훈을 통하여 인재를 다루고 대접하는 대인의 풍모를 깨우쳤다. 둘째, 동학세력인 김구가 개화세력인 안태훈과 위정척사세력인 고석로를 만남으로써 그의 사상적 지평을 확대할 수 있는 기반을 마련하였다. 셋째, 김구가 청계동에서 맺은 안태훈과의 인연은 나중에 안태훈의 아들들과 손자들이 대한민국임시정부에서 김구를 도와가며 독립운동을 벌이는데 디딤돌이 되었다.

5. 천주교 수용경위와 전교 활동

1895년 5월 18일 탁지부대신 어윤중은 황해도관찰사 趙熙一이 보고한 사안에 대해 답신을 내려보냈다. 거기에는 "신천군에 거주하는 안태훈이 사용한 公貿米 5백석을 숫자대로 조사하여 거둬들이고, 그가 거느린 의병들을 타이르고 깨우쳐 귀향시키라는 뜻을 관문을 만들어 잘 준행토록 하라"는 내용이 담겨 있었다.[56] 이는 안태훈이 동학군을 진압할 때에 노획한 정부미 500석을 임의대로 포군의 군수비로 사용한 것과 동학군이 진압되었음에도 불구하고 휘하의 포군들을 해산하지 않고 청계동에서 거느리고 있는 것을 중앙정부가 정식으로 문제삼은 것이었다.[57]

---

55) 김구 저, 도진순 주해, 『백범일지』, 64쪽.
56) 『公文編案』 제99책, 탁지부편, 규장각도서관 소장본, 규18154. 因部關 信川居 安泰勳處公貿米五百石 準數查推 出給貿米所 所稱義兵 曉諭罷遣之意 謄關申 飭緣由. 題另飭禁斷向事.
57) 안중근은 군량미 '천여 푸대'의 절반은 탁지부대신 어윤중의 개인 소유요, 나머

중앙정부 내에서 정부미 500석과 포군양성 문제가 크게 불거지자 안
태훈의 정치적 후원자인 궁내부협판 김종한은 청계동에 급보를 보냈다.
그는 안태훈에게 속히 상경하여 선후방침을 도모하라고 알려주었다. 안
중근에 의하면, 당시 어윤중과 민영준 양인은 "막중한 국고금으로 구입
한 양곡 천여 푸대를 안태훈이 이유 없이 도둑질해 갔는데, 그 이유는
병정 수천을 길러 음모를 꾸미려 하기 때문이니, 속히 군대를 보내 진압
해야 한다"는 건의를 고종에게 올렸다고 한다.[58] 이에 안태훈은 포군을
해산하지는 않고 중앙으로 올라가 어윤중을 만나보고 경과보고를 하였
다. 그러나 어윤중이 받아들이지 않자 부득이 귀향길에 올랐다. 곧이어
6월 24일에 중앙정부가 훈련대병 12명을 청계동으로 급파하자 김종한은
어윤중을 찾아가 설득하여 파병된 훈련대병을 모화관 부근에서 되돌아
오게 하였다고 한다.[59]

안태훈의 정부미 사용건은 고종 측근 심상훈이 탁지대신을 지낼 때인
1895년 7월 7일에 해결되었다. 물론 이러한 해결책이 나오기까지 김종한
은 이면에서 중요 역할을 맡았을 것이다. 당시 탁지부는 안태훈이 의려
장으로서 쌓은 공로가 이미 순무영에 등록되었고, 또한 동학도에게 노획
한 양곡을 군수품으로 사용한 연유를 이미 군부에 상세히 보고했음을 중
시하였다. 따라서 탁지부는 송도상인 金壽敏의 곡식 중에 현미 172석,
조 19석을 안태훈이 사용했다고 하더라도 동학군 진압 후에 탁지부의 정
부미가 그 중에 섞여 있다고 하여 그것을 안태훈에게 요구하는 것은 타
당치 못하다고 보았다. 이에 탁지부는 김수민 소유의 양곡은 상인 소유

지 절반은 전 선혜청당상 민영준의 농장에서 추수해 들인 곡식이라고 하였다. 이
에 반해 이전은 어윤중이 자가추수곡 載寧租 300석을 안태훈이 사용했다고 하였
다. 안중근, 「안응칠역사」, 32쪽 ; 이전, 『안중근혈투기』, 36쪽.
58) 안중근, 「안응칠역사」, 33～34쪽. 이전의 『안중근혈투기』에는 안태훈을 핍박한
사람으로서 어윤중 한 사람만이 나오고 있다.
59) 이전, 『안중근혈투기』, 36쪽.

가 아니며 의병이 군수품으로 사용한 것이니 국법상 문제가 없다고 하였다. 결론적으로 탁지부는 김수민의 양곡뿐만 아니라 의병이 사용한 양곡에 대해 다시 추쇄해서는 안된다는 훈령을 내렸다.[60] 이로써 안태훈의 정부양곡 사용문제는 일단락되었다.

탁지부의 조치에 불복한 송상 김수민은 탁지부대신이 갈릴 때에 다시 소장을 올린 것으로 보인다. 1896년 8월 16일 안태훈은 해주관찰부의 모인사에게 "송상 김수민이 米包의 일로 신임 탁지부대신에게 또 關子를 내리려고 하는데 이미 관찰부에 도착했을 것이다"며 즉시 관찰사에게 아뢰어 다른 폐해가 없도록 잘 주선해달라고 부탁하였다.[61] 이에 대해 안중근은 민영준이 다시 정부미 문제를 제기하자 부친이 서울로 올라가 프랑스신부들의 도움을 받아가며 그 문제를 해결했다고 하였다.[62] 이로 미루어 김수민 양곡의 실질적인 소유주는 兩西지역에 상당한 전장을 보유하고 있었을 뿐 아니라 가정적으로 양서지역과 긴밀한 사이였던 민영준이 아니었나 하는 추정이 나온다.[63] 하여튼 안태훈은 이런 과정을 거치면서 천주교를 받아들였다.

---

60) 『公文編案』제99책, 탁지부편, 信川進士 安泰勳 於東徒搶攘之際 倡募義旅 剿捕匪魁 自本營特差義旅長 立功效勞之蹟 已載於巡撫營이고 因賊取糧補用軍需之由 又因軍部來照 洞悉其顚末矣 松都商人 金壽敏 貿置穀中 玄米一百七十二石 租十九石 見奪於東匪者 爲安義旅所取用 而今於匪擾稍靖之後 謂以本部公貿穀 混入其中 越侵於安進士 誠甚無謂 第念斯人也 當全省淪沒之時 挺一身慷慨之義 冒死不顧 屢議營邑 若論其功 雖現在公穀 尙可准數割給 況此穀旣非商人之所有 因義旅用武破巢 而取之補充軍需 在法當許 於義無愧者乎 大抵 非特金壽敏之米包 毋論某人穀 係義旅所取用補餉者 切勿侵索之意 永久施行爲宜者.

61) 장석흥, 「19세기말 안중근 서한의 자료적 성격」, 156쪽.

62) 안중근, 「안응칠역사」, 35쪽.

63) 1887~1889년간 평양감사를 지낸 민영준은 일제강점 전후 한국의 최고부자였다. 생전에 민영준은 각기 황해도와 평안도 출신의 소실을 두었는데, 이들이 민영준 가내의 대소사를 주관하였다. 1935년 민영준이 사망한 후에 민영준의 재산은 이들의 아들들이 독차지하였다.

안태훈은 현실적·공리적인 목적성을 지니고 천주교단과 인연을 맺었다. 즉, 그는 삼국간섭 이후 극동에서 영향력이 대폭 강화된 프랑스세력의 첨병인 천주교에 의지하여 자신과 가문의 안위를 보장받으려고 하였다. 이에 대해 안중근은 부친이 정부미건을 해결하고자 서울에서 천주교당인 종현성당으로 피신하여 '몇 달 동안' 프랑스인의 보호를 받으면서 그 문제를 해결하였다고 하였다.[64] 이러한 인식은 천주교회측에서도 동일하게 지니고 있었다. 1911년 한국을 방문했던 베네딕토수도원의 베버(Norbert Weber)신부는 "(안태훈의 개종동기는) 비록 전적으로 그러하지는 않았을지라도 거의 그의 이기적인 공명심과 지배욕에서 비롯되었다"고 하였다. 나아가 베버신부는 황해도에서 벌어진 반교회적 사건인 이른바 海西敎案의 발단과 전개과정을 시종일관 그러한 배경에서 설명하였다.[65]

안태훈의 천주교 입교동기에 대해 당시 해주관찰사는 안중근과는 다른 견해를 가지고 있었다. 1897년 4월 29일 황해도관찰사 민영철이 의정부찬정 이완용에게 보낸 보고서에는 "동학농민운동 때 안태훈이 포군을 모집하여 의병이라고 칭하고 작은 원한을 맺은 이들에게도 살육을 가하고 나약한 이들에게까지 행패를 부렸으며, 그러한 사실을 황해도 경내가 모두 알고 있기 때문에 그러한 자신의 죄과를 벗어나기 위한 궁여지책에서 천주교에 투탁하였고, 서울에서 천주교 책자를 몇 상자 가지고 와서 사람들에게 억지로 나눠주고 도당을 모았다"는 내용이 실려 있었다.[66] 이미 정부미건이 1895년 여름 탁지부대신에 의해 "切勿侵索之意 永久施行爲宜者"란 확실한 무혐의처분을 받았던 사안임을 감안하면, 그리고 안

---

64) 안중근, 「안응칠역사」, 35쪽.

65) 한국교회사연구소, 『황해도천주교회사』, 1884, 81쪽 ; 최석우, 「해서교안의 연구」 『한국 교회사의 탐구』, 한국교회사연구소, 1991, 414쪽.

66) 『黃海道來去案』, 「보고 제3호」(1897.4.29), 황해도관찰사 민영철→외부대신 이완용.

태훈이 1896년 전반기에 향리의 참언에 따라 자신을 모함하고 별포군 설치에 필요한 공전을 독촉하는 신천군수와 상당한 갈등관계를 보였다는 사실을 감안하면,[67] 안태훈이 관청의 탄압과 향촌의 비난을 피하기 위해서 천주교에 들어갔다고 하는 황해도관찰사의 보고가 타당성이 높아 보인다.

그런데 안태훈은 1896년 가을 이전에 이미 천주교를 수용할 태세를 갖추고 있었다.[68] 안태훈과 자주 담론을 나누었던 고석로는 1895년 5월 김구에게 "내가 안진사의 의향을 짐작하는바 천주학을 해볼 마음이 있으니 만일 그처럼 서양오랑캐에게 의뢰할 마음이 있다면 그것은 대의에 위반된 행동이네" 라며 안태훈이 천주교를 수용할 작정임을 말하였다.[69] 또한 단발령 직후에 안태훈·고석로·김구 3인이 창의문제를 가지고 청계동에서 회의했을 때에 안태훈은 "아무 승산 없이 일어났다가는 실패할 수밖에 없으니 그럴 생각은 없고, 천주교를 믿다가 후일을 도모하겠다" 는 태도를 나타냈다. 아울러 그는 당장 단발을 해야 한다면 기꺼이 하겠다는 개화지식인의 모습을 보였다.[70] 이를 보면 1896년 1월경 시국에 대한 고민으로 잠을 이루지 못했을 정도로 우국지사의 면모를 보였던[71] 안태훈은 자신의 구명방안과 가문의 존속방안을 다각도로 강구하는 가운

---

67) 장석홍, 「19세기말 안중근 서한의 자료적 성격」, 149, 151, 152~153쪽.
68) 안중근은 1880년대 후반 과거 응시를 위해 동향 사람 閔泳龜와 함께 상경하여 모대감댁에 유숙했는데, 그때 천주교인인 모대감으로부터 처음으로 천주교를 접했다고 한다. 민영구(베드로)가 안태훈의 청계동으로 이주하여 빌렘신부로부터 영세(베드로)를 받고 매화동에서 전교하며 초대회장을 지냈던 비교적 알려진 인물임을 감안할 때 이 기록은 타당성이 있어 보인다. 한국교회사연구소, 『황해도 천주교회사』, 155, 164, 191쪽.
69) 김구 저, 도진순 주해, 『백범일지』, 67쪽.
70) 김구 저, 도진순 주해, 『백범일지』, 87쪽. 안태훈은 단발령 직후에 신천군수가 자신으로 하여금 포군을 모아 창의하도록 지시하지 않은 것을 비판하였다. 장석홍, 「19세기말 안중근 서한의 자료적 성격」, 151쪽.
71) 장석홍, 「19세기말 안중근 서한의 자료적 성격」, 148쪽.

데 평소부터 호감을 갖고 있던 천주교에 들어가기로 결심했던 것으로 판단된다.

안태훈은 종현의 천주교당에서 강론을 듣고 성서도 읽으면서 몇 달을 보내다가 1896년 10월 말에 귀향하였다. 당시 그는 친구 이참봉의 소개로 천주교의 기본교리와 신교의 자유를 호교론적 입장에서 기술한 『上宰相書』를 읽고 천주교에 대한 이해를 심화시킨 다음, 『천주실의』·『七克』·『성교수난사적』 등의 서책을 통해 천주교의 교리를 깨달았다고 한다.[72] 안태훈은 고향에 돌아올 때에 이종래와 함께 『교리문답』·『12단』 등 120여권의 종교서적을 가지고 청계동으로 돌아와 친지들과 촌민들에게 나눠주며 복음을 전파하였다. 신천군의 유력자인 안태훈이 전교활동에 팔을 걷어부치고 나서자 두 달만에 7개 마을에서 천주교로의 개종 움직임이 일어났다.[73] 당시 부친의 인도로 천주교에 귀의한 안중근도 열렬한 신앙심으로 빌렘신부의 服事를 수행하여 해주·옹진 등 여러 지방을 돌아다니며 전교활동을 펼쳤다.[74] 안태훈은 안악군 마렴본당의 빌렘(Nicolas J.M. Wihelm, 洪錫九)신부를 청계동으로 불러오기로 결정하고 그에게 청계동 공소의 개소를 요청하였다. 빌렘은 2명의 전교회장을 파견하고, 1897년 1월에 안태훈 일족과 청계동 인근 주민 33명에게 세례를 주었고, 4월 중순 부활절에 다시 66명에게 세례를 주었다. 이로써 안태훈가문은 조상의 제사 때문에 천주교 수용을 거부한 장자 安泰鎭을 제외한 거의 대부분의 인사들이 세례를 받았다. 1898년 4월 빌렘신부가 마렴본당을 다른 신부에게 넘기고 청계동에 정착함으로써 청계동은 마렴에 이어 황해도의 두 번째 본당이 되었다.[75] 1896년 11월 27일 황해도를

72) 이전, 『안중근혈투기』, 27~28쪽.
73) 원재연, 「안중근 연보」『교회사연구』9, 1994, 137~138쪽 ; 윤선자, 「'한일병합' 전후 황해도 천주교회와 빌렘 신부」『한국근현대사연구』4, 1996, 114쪽.
74) 한국교회사연구소, 『황해도천주교회사』, 196쪽.
75) 윤선자, 「'한일병합' 전후 황해도 천주교회와 빌렘 신부」, 114쪽 ; 차기진, 「안중

방문한 천주교 조선교구장 뮈텔주교는 빌렘신부의 인도로 청계동 공소를 방문하여 성당의 축성을 축하하고 안태훈 일족에게 영세를 주었다.[76] 이후 청계동은 빌렘신부가 뮈텔주교의 소환령으로 서울로 올라가고, 보호막이 사라진 안태훈이 정부의 체포를 피해 피신하는 1904년 4월 이전까지 황해도에서 천주교 전교의 중심지 가운데 하나가 되었다.

향촌의 유력자인 안태훈과 외세의 전위세력인 빌렘신부가 합세하여 포교에 진력함으로써 황해도의 천주교 신자는 급속도로 증가하기 시작하였다. 1897~1902년간 안태훈과 안태건은 이러 저런 사건에 관여하여 정부의 탄압을 받았는데, 그때마다 빌렘신부는 치외법권을 지닌 '양대인'의 위세를 발휘하여 그들을 보호하였다. 조선정부의 행정력과 사법력을 무력화시킨 프랑스신부들의 놀라운 능력은 지방관의 탐학에 신음하고 있던 황해도의 일반 민중들의 관심을 사기에 충분한 것이었다. 이에 따라 황해도의 천주교 신자는 1897년에 555명에서 1902년에 7천명에 달할 정도로 폭발적으로 증가하였다.[77]

한말 황해도 천주교인들의 입교동기는 지방관의 수탈과 착취를 피하려는 공리적인 목적과 안태훈과 같은 지방유력자들의 반강제적 입교권유에 기인한 측면이 많았다. 그러나 일단 천주교를 접한 다음에 그들은 점차적으로 참다운 신자로 변모해가고 있었다. 이에 대해 안중근은 "경문을 강습도 받고 도리를 토론도 하기를 여러 달을 지나 信德이 차츰 굳어지고 독실히 믿어 의심치 않고 천주 예수그리스도를 숭배하며 날이 가고 달이 가고 몇 해가 지났다"는 신앙고백을 하였다. 이는 교리 강습과 토론을 통해 천주교가 그의 내면에서 체화되어 가고 있었음을 토로한 것

근의 천주교 신앙과 그 영향」『교회사연구』16, 2001, 11~15쪽. 안태훈은 베드로, 안태건은 가밀로, 안중근은 토마스란 세례명, 안태훈의 모친은 안나, 부인은 조마리아, 누이는 막달레나라는 세례명을 받았다.

76) 천주교 명동교회 편, 『뮈텔주교일기』 II, 한국교회사연구소, 1993, 233~235쪽.
77) 윤선자, 「'한일병합' 전후 황해도 천주교회와 빌렘 신부」, 115, 118쪽.

이었다.[78]

1900년 전후 안태훈가문에게 천주교는 긍정·부정의 이중적 영향을 미쳤다. 먼저 긍정적 영향으로는 그들이 천주교 신앙을 통해 점차 상무적 무반기질과 현세적 공리성과 세속성을 벗어던지고 종교적 경건성과 순수성을 지닌 애국집단으로 변신해갔을 뿐 아니라 천주교를 재래한 프랑스 신부들을 통하여 서양의 근대 사상과 문물을 자연스럽게 수용했다는 점을 들 수 있겠다. 다음 부정적 영향으로는 그들이 프랑스 신부들에게 의지하여 가문의 세력을 유지·확대하는 동안 제국주의의 침략적 성격을 정확히 파악할 수 없는 한계를 지니게 되었다는 점을 들 수 있겠다. 이러한 이율배반적인 양면성은 당시 서양 종교를 신봉했던 모든 한국인들에게 동일하게 적용되는 것이었다. 그러나 다른 가문과 달리 안태훈가문은 일본제국주의의 침략논리와 식민통치를 적극 옹호하거나 묵인했던 프랑스신부들과 밀착해 있었기 때문에 이러한 양면성이 더욱 선명하게 드러날 수밖에 없었다. 따라서 안태훈가문으로서는 프랑스선교사의 제국주의적 성격을 분명히 깨닫는 한편, 천주교 신앙과 근대적 민족주의 사상을 합일시켜 나가야 하는 어려운 과제를 안게 되었다.[79]

6. 향촌유력자 생활과 정부와의 갈등

천주교를 수용한 후에 청계동을 중심으로 전교활동을 펼치던 안태훈은 지방정부와 계속 마찰을 빚었다. 그러한 마찰은 두 가지 원인이 상호 복합적으로 작용하여 나타난 결과였다. 하나는 지방관의 통치권에서 벗어나 있는 천주교도에 대한 황해도 관리들의 단속과 탄압이었다. 다른

---

78) 안중근, 「안응칠역사」, 40쪽.
79) 오영섭, 「안중근 가문의 독립운동」, 29쪽.

하나는 안태훈의 토호적인 성향과 빌렘신부의 지방행정에 대한 지나친
간섭이었다. 이중에서 청계동을 근거지로 전개된 안태훈의 적극적인 전
교활동과 토호적인 성향이야말로 1897∼1903년간에 안태훈 일족이 간
여된 이른바 해서교안의 핵심적인 논점이었다고 생각한다.

1897년 5월 중순 이후 안태훈은 인민들에게 結錢을 무단으로 징수하
고 포군을 사사로이 설치했다는 명목으로 중앙정부로부터 추궁을 받았
다. 이 사건은 1896년 10월 귀향 후부터 러일전쟁 이전까지 종교와 무력
이라는 양대 도구를 앞세워 전개된 안태훈의 갖가지 토호활동을 대표할
만한 것이었다. 그는 1897년 4월 12일 수 십명의 포군과 천주교도를 거
느리고 신천읍 朴晩榮 집에 돌입하여 진을 치고 향장 柳萬鉉을 서한으로
유인하여 사로잡았다. 이때 유만현을 잡아가는 일이 국법에 위배되는 것
임을 안태훈은 분명히 인지하고 있었다.[80] 안태훈은 유만현을 말꼬리에
매달아 청계동으로 끌고가 무차별 구타하고 5일간 감금하였고, 관속들이
청계동에 들어오면 타살하겠다고 소문을 퍼트렸다. 아울러 그는 신천군
수가 천주교도를 단속하는 것을 징치하기 위해 군아로 돌입하여 군수를
체포할 것이라고 호언하고, 그러한 사전조치로서 유만현을 잡아갔다고
주장하였다. 이에 신천군수는 해주관찰부로 피신하여 사직을 청하는 사
태가 일어났다.[81]

그런데 안태훈의 유만현 구타 · 감금건은 신천군 관리들과 천주교도
간의 갈등문제 때문이 아니라 조선정부와 안태훈간의 세금분쟁문제 때
문에 일어났다. 1894년에 조선정부는 봄에 결전을 거두고 새로운 장정에
따라 겨울에 다시 결전을 징수하였다. 이러한 이중과세 조치에 대해 안
태훈은 탁지부에 소장을 올려 호소하였고, 해주관찰부는 이중과세분인

---

80) 장석흥, 「19세기말 안중근 서한의 자료적 성격」, 161쪽.
81) 『黃海道來去案』, 「보고 제3호」(1897.4.29), 황해도관찰사 민영철→의정부찬정
이완용.

매결당 엽전 16냥 5전 7푼을 1895년분 결전에서 빼주도록 하였다. 그러
나 탁지부는 국가세금을 임의대로 감해줄 수는 없으니 좋은 방도를 다시
강구해보라고 해주관찰부에 훈령하였다. 이에 안태훈은 16냥 5전 7푼을
을미년 결전으로 옮기는 수수료('浮費')라고 칭하고 신천군민들에게 매
결당 엽전 3냥씩을 징수하였다. 아울러 수수료를 징수함에 있어 자신이
거느린 포군들과 천주교도들을 동원하여 신천군민에게 위협을 가해가며
강제로 거두어들였다. 이에 신천군수 남효원은 관아의 엄금령을 어기고
결전을 강제로 거둔 포군 최원석・유은석, 천주교도 윤수겸・정언국 등
을 체포하여 문초하였다. 이에 안태훈은 향장 유만현을 감금하고 천주교
도를 이끌고 신천군아에 돌입하여 남효원을 징치할 작정이었다.[82]

안태훈의 세금강제징수건은 정부의 강력한 반발을 불러일으켰다. 그
가 향장을 잡아다가 구타한 일은 차치하고라도 국가의 세금을 자신의 수
하들을 동원하여 강제로 징수한 것은 묵과할 수 없는 일이었기 때문이
다. 당시 황해도관찰사는 안태훈이 포군을 사사로이 설치하고 천주교를
칭탁하여 서양신부를 유치하고 관납을 자의로 거두고 백성을 임의로 다
스려 신천군의 행정력이 마비되었다고 보고하였다.[83] 이에 1897년 5월
4일 의정부찬정 이완용은 안태훈이 결전을 加歛하고 포군을 사사로이
설치한 일은 천주교에 기댄 일보다 죄가 백 배나 무거운 일이라며 안태
훈이 포군을 설치한 연유를 자세히 보고하고, 서양선교사의 소속과 성명
등을 보고하라고 지시하였다.[84] 이에 황해도관찰사 민영철은 안태훈의
포군관련건과 빌렘신부의 지방행정 간섭실태를 상세히 보고하였다. 이중

82) 『黃海道來去案』,「보고 제4호」(1897.5.14), 황해도관찰사 민영철→의정부찬정
　　이완용.
83) 『黃海道來去案』,「보고 제3호」(1897.4.29), 황해도관찰사 민영철→의정부찬정
　　이완용.
84) 『黃海道來去案』,「지시 제2호」(1897.5.4), 의정부찬정 이완용→황해도관찰사
　　민영철.

포군을 앞세운 안태훈의 토호행위는 그의 처지를 위태롭게 할만한 중대
한 사안이었다.

甲午 匪擾時에 安泰勳이 私設 砲軍 數百名ᄒ야 屯聚於所居斗羅
坊淸溪洞 而該洞은 卽峽谷隘口이혼바 稱以義兵ᄒ고 殺戮이 加於睚
眦ᄒ며 搶奪이 及於遠近ᄒ야 各 宮庄賭穀과 京宰秋收를 無不執奪
ᄒ기로 此說이 傳播京鄕ᄒ야 所謂義兵을 一併革罷ᄒ라신 廟令이 截
嚴ᄒ오신즉 厥漢이 如干破傷혼 軍物만 收納官門ᄒ고 銃與藥丸을 爲
藏匿 而砲軍을 不爲解放ᄒ고 仍留谷口ᄒ야 出行則着黑擔銃ᄒ고 退
藏則把守要地ᄒ야 團成一窩ᄒ니 人人이 畏不敢近이옵고 竊寡勒掘
과 市上行悖와 官屬毆打가 非一非再나 自官으로 不能禁斷ᄒ옵기로
該房 公錢이 全數拒納이오며 一自以後로 渠亦自知罔赦ᄒ고 敢生不
測之計ᄒ야 至於昨冬에 托入西學ᄒ야 去益凶悖이옵다가 今次 本郡
鄕長之捉去也에 用以賊刑ᄒ야 勒執贓錢ᄒ고 囚於五哨砲軍房타가
過五日이 放送ᄒ니 郡守는 避鋒入府ᄒ고 官屬은 擧皆 惻散이혼바
泰勳은 與洋敎士로 同爲上京ᄒ고 厥兄泰鎭이 率砲軍 更爲入邑ᄒ야
三兩加斂條를 不幾日에 沒數督捧ᄒ오니 民雖有不給之心이나 極刑
이 在卽이온즉 安得不給이오며 亦於何處伸訴乎잇가.[85]

위의 자료에는 안태훈이 정부의 지령을 거부하고 포군을 양성했을 뿐
더러 안태훈 일족이 포군의 위세를 배경으로 위법행위를 하였던 사실이
담겨있다. 나아가 공전징수건과 포군설치건으로 궁지에 몰린 안태훈이
빌렘신부와 함께 상경하여 그 문제를 해결하려 노력했음이 나와 있다.[86]
이처럼 안태훈은 청계동이란 요새지를 기반으로 대외적으로 천주교 신

85) 『黃海道來去案』, 「보고 제4호」(1897.5.14), 황해도관찰사 민영철→의정부찬정
이완용.
86) 안태훈은 1897년 4월 17일 이전에 신천군수가 해주관찰부에 보고한 내용을 입수
하여 빌렘신부와 대책을 강구하려 하였다. 또한 그는 5월 16일에 서울에서 정치
적 후원자인 김종한과 신임 황해도관찰사인 김가진을 만났다. 장석흥, 「19세기말
안중근 서한의 자료적 성격」, 161∼162쪽.

부를 위세를 빌리고, 대내적으로 포군의 무력을 앞세워 향촌사회의 실력자 노릇을 하고 있었다. 이때 정부로부터 토지세 감면조치를 고대하고 있던 안태훈이 무력을 동원하여 민인들에게 토지수수료를 강제로 징수하는 무리수를 범한 것은 막대한 포군유지비 때문이었을 것이다. 정기적으로 급료를 지불 받는 포군을 양성하려면 다액의 비용이 소요되기 마련인데, 안태훈은 그러한 포군유지비를 향촌사회에서 염출하려고 하였기 때문에 조선정부와 갈등을 보였던 것으로 판단된다.[87]

안태훈을 비롯한 황해도 천주교도들의 적극적인 활동은 조선정부로 하여금 반천주교 대책을 강구하게 하였다. 이미 1896년 12월에 황해도관찰사 민영철은 "민인들이 西學에 들어가 도당을 형성하고 평민을 침학하고 관명을 거역하며 錢穀을 징수하여 공납이 연체되고 법령이 행해지지 않고 있다"며 천주교의 확산과 천주교도에 의한 작폐를 크게 우려하였다. 나아가 그는 서양선교사들이 그러한 사실을 모르고 천주교를 탄압한다고 항의하고 있는데, 이는 사실이 아님을 서양 각국의 공사들에게 알려달라고 중앙정부에 보고하였다.[88] 이러한 인식에 따라 황해도관찰사는 천주교도에 대한 단속령을 군수들에게 하달하였다. 이에 반해 천주교도로서 호교론적인 입장을 지닌 안중근은 천주교도와 지방정부의 갈등관계를 황해도관찰사와 다르게 인식하고 있었다.

---

87) 1899년 2월 안태훈의 동생 안태건은 빌렘신부와 함께 무리 100여명을 거느리고 안악군아에 돌입하여 도적혐의로 구금된 천주교도 3인을 석방시켰다. 이때 안태건의 요청으로 범죄에 가담한 사람들을 대질심문한 결과 천주교도들의 범법행위가 드러났다. 그러나 안태건은 천주교도들의 무죄를 주장하며 자의로 죄수들을 데리고 나갔다. 마침 이날은 장날이라 그 사건을 목도한 많은 이들이 안태건의 무법행위를 개탄했다고 한다. 『黃海道來去案』, 「보고서」(1899.2.20), 안악군수 李義悳→외부대신.

88) 『黃海道來去案』, 「보고 제2호」(1896.12.7), 황해도관찰사 민영철→의정부찬정 이완용.

그 당시 각 지방에 있는 관리들은 학정을 함부로 부려 백성들의 피와 기름을 빨아 관리와 백성 사이가 서로 원수처럼 보고 도둑처럼 대하였다. 다만 천주교인들은 포악한 명령에 항거하고 토색질을 받지 않았기 때문에 관리들이 교인을 미워하기를 외적과 다름없이 하였다. 그런데 저들은 옳고 우리가 잘못되어 어찌할 도리가 없는 일이 있었다. 그 무렵 난종을 부리는 패들이 교인을 칭탁하고 협잡하는 일이 더러 있었기 때문에 관리들이 이 틈을 타서 정부대관들과 더불어 비밀히 의논하고 교인들을 모함하려고 했다. 황해도에서 교인들의 행패로 인하여 행정과 사법을 할 수 없다고 하여 정부로부터 사핵사 李應翼을 특파하였다. 이응익은 해주부에 이르러서 순검과 병정들을 각 고을에 파송하여 천주교회 우두머리 되는 이들을 옳고 그름을 묻지도 않고 모조리 잡아올리는 통에 교회안이 크게 어지러워졌다.[89]

즉, 조선정부는 천주교도의 발호로 인한 지방행정의 문란을 문제삼았던 반면, 천주교도는 지방관의 가렴주구와 교인탄압으로 인한 천주교도의 피해사실을 중시했던 것이다. 따라서 천주교도의 활동과 천주교의 확산에 이러한 상반된 인식은 필연적으로 지방정부와 천주교도간에 마찰을 불러일으키기 마련이었다. 그러한 마찰은 1900년 이후 점차 심해졌으며, 1902년 6월 천주교에 적대적인 이용직이 황해도관찰사로 부임하면서부터 더욱 격화되었다. 그리하여 옹진·황주·신환포·장연·은파·재령 등 황해도 각지에서 천주교도와 지방정부간에, 혹은 천주교도와 기독교도간에 마찰이 발생하였다.[90]

조선정부는 1903년 1월 22일 사핵사 이응익을 파견하여 지방정부와 천주교도들의 마찰, 천주교도와 기독교도의 분쟁 및 천주교도들의 행패사건을 조사하게 하였다. 이응익은 2월 3일 해주에 도착하여 약 2달 반

---

89) 안중근, 「안응칠역사」, 86~88쪽.
90) 최석우, 「해서교안의 연구」, 417~439쪽 ; 박찬식, 『한말 천주교회와 향촌사회 －교안의 사례분석을 중심으로－』, 서강대 사학과 박사학위논문, 1996, 144~145쪽.

의 이른바 해서교안에 관련된 모든 이들을 불러다가 치밀하게 조사한 다음, 4월 20일에 『해서안핵사보고서』를 정부에 제출하였다. 당시 이응익은 "안태훈과 안태건이 청계동에 반거하여 외국인을 믿고 관청에 항거고 인민을 침해함이 심하다"는 명목으로 순검들을 파견하여 잡아오도록 하였다. 그러나 안태훈은 병을 칭하고 나타나지 않았고 안태건이 나왔지만 빌렘신부와 천주교도 100여명이 순검들에게 위해를 가하려 하였기 때문에 순검들은 그냥 돌아오고 말았다.[91] 하여튼 이응익의 보고서 내용에 따라 의정부찬정 김규홍이 고종에게 올린 1903년 8월 21일 문건을 보면 조선정부가 파악한 안태훈·안태건·빌렘신부·르각신부의 활동상이 잘 나와 있었다.

> 이번 교도들의 소요는 옛날에 없던 변고로, 무리를 모아 각각 교파를 세우기도 하고, 관청에서 하는 것처럼 訟事를 처결하기도 하며, 형구를 만들어 놓고 평민들을 못살게 굴기도 하고, 사사로이 사람들을 잡아들여 남의 재산을 빼앗기도 하였고, 심지어 땅주인을 위협하고 관청에서 보낸 사람에게 대항하여 쫓아내기까지 하는 등 극도에 달하였습니다. 安泰健은 教士라는 신분을 이용하여 사람들을 억누르고 무기를 가진 사람들을 모집하여 제 몸을 보호하고, 李龍恰은 이웃고을에까지 호령하며 노약자들에게까지 형벌을 가하였습니다. 무리를 모은 것이 무슨 의도였겠습니까. 이들은 마치 강도들과 흡사하고 명분 없는 재물을 모은 것이 남의집 재산을 도적질하는 것보다 심했습니다. … 安泰勳은 청계동 와주라는 말을 듣고 있는 자로 황해도의 두목이라는 지목을 받고 있는데 아직도 잡히지 않고 있으니 끝내 관대히 용서해 주기는 어렵습니다. … 이른바 洪教士라는 자는 프랑스 사람인데 청계동에 살고 있습니다. 8, 9개 고을들이 모두 그의 소굴이 되고 6, 7명의 教士가 그의 손발이 되었습니다. 전도를 핑계로 연줄을 맺고 폐단을 키우고 있으며, 행정에 간섭하지 않는 것이 없습니다. 소송도 그가 직접 판결하고 손을 묶고 발에 형틀을 채우거나 무릎을 꿇리는 형벌을 평민에게 함부로 시행했습니다. 이는 천하의 법률을 남용한 짓으로 우리나라와

---

91) 이응익, 『海西按覈使報告書』, 별순검 李寬謙 등의 공술, 141나-143가.

프랑스 양국간의 조약에도 실려있지 않은 바입니다. 또 郭敎士라는 자는 홍교사의 못된 짓을 본떠 행하고 있습니다. 이런 자들을 그대로 놓아둔다면 후환이 있을까 두렵습니다. 외부로 하여금 프랑스공사관에 공문을 보내 두 사람을 잡아다 조사하고 그 나라의 율례에 따라 심리하고 판결하게 하는 것이 진실로 사리에 부합될 것입니다.[92]

안핵사 이응익의 조사 이후에 안태훈은 중한 범죄인의 처지로 떨어졌다. 이때 그는 한재호·이재걸·이희담 등 동지들과 의논한 끝에 피신과 신경통 치료를 겸해서 함종에 있는 천주교도 郭廷學의 집에 머물렀다. 그곳에서 그는 인근의 시인묵객들과 교유하며 지냈다. 특히, 매주 일요일 주일예배가 끝나면 한시에 조예가 있는 곽정학·배정서 등과 함께 모여 性理를 강구하고 시를 화작하였다.[93] 이렇게 반년 이상을 음풍농월한 다음에 안태훈은 고향으로 돌아왔다. 그런데 안중근은 자기 부친이 "몸을 다른 곳으로 피하여 관리배들의 악행을 통분히 여기며 탄식하기를 마지않았고, 밤낮으로 술을 마시어 心火로 병이 들어 중병에 걸려 몇 달 후에야 고향으로 돌아왔으나 치료에 효험이 없었다"고 하였다.[94] 이로 미루어 안태훈은 1년 정도 피신생활 동안에 건강을 크게 해친 것으로 보인다.

안태훈은 1904년 4월 20일 안악읍에 사는 청나라 의사 舒元勛과 시비가 있었다. 안태훈은 병을 치료하기 위해 친우 李龍一을 데리고 서원훈을 찾아갔다. 양측이 필담을 나누는 사이에 안태훈측이 어떤 실수를 했는지 서원훈이 갑자기 일어나 안태훈의 가슴을 발로 걷어찼다. 이에 안태훈은 서원훈에게 화해를 청하고 물러나왔다.[95] 그러나 이 소식을 들은 안중근이 4월 29일 이용일 등 10여명과 함께 무기를 들고 야밤에 서

---

92) 『승정원일기』, 1903년 (음)6월 30일 ;『고종실록』, 1903년 8월 21일.

93) 이전, 『안중근혈투기』, 43～44쪽.

94) 안중근, 「안응칠역사」, 88쪽.

95) 안중근·이창순, 「청원서」(1904.7)『外部訴狀』, 규장각도서관 소장자료, 규18001.

원훈을 잡아다가 길가에서 무수히 난타하여 거동이 어렵게 만들었고, 이어 5월 2일 청국인 7~8명이 이용일의 집에 난입하여 그를 마구 구타하고 잡아가려고 하였다. 이에 대해 삼화항의 청국영사가 문제를 제기하자 삼화감리가 순검을 파송하여 안중근과 이용일을 체포하였다. 그러나 중도에 나타난 괴한들이 순검들을 난타하고 안중근과 이용일을 구하여 사라졌다. 이때 순검 한 명은 안면에 총을 맞아 중태에 빠졌다.[96] 체포령이 내려진 상황에서 7월 10일 전후에 안중근과 이창순은 각기 외부에 청원서를 올려 자신들의 부친이 억울하게 청국인들에게 당했다고 호소하였다.[97] 그러나 외부는 다시 자체 조사를 거친 끝에 안중근과 이용일의 죄상이 중하다는 점을 인정하였다. 7월 22일 황해도관찰사 李容弼은 안중근과 이용일이 기미를 알고 미리 도주하여 체포하지 못했다는 보고서를 외부대신에게 올렸다.[98]

러일전쟁이 일본의 승리로 끝날 즈음에 안태훈은 신병이 위중한 상태에 이르렀다. 이때 안중근은 일본이 한국의 독립과 자주를 보장하겠다던 전일의 맹서를 저버리고 침략정책을 자행하고 있음을 통탄하며 중국으로 건너가 민족운동을 전개하겠다는 의사를 나타냈다. 이에 안중근은 1905년 가을 중국 상해로 떠나고 안태훈은 짐을 꾸려 식구들을 데리고 진남포로 가서 기다리기로 하였다. 그런 다음에 안중근이 돌아오는 날에 향후 거처를 다시 의논하기로 하였다.[99] 그러나 안태훈은 지병이 재발하여 재령군 신환포에 있는 안중근 부인 친정인 金能權의 집에서 43세를 일기로 생을 마감하였다. 그 유해는 청계동으로 반장했는데, 신천·재령의 선교사들과 산포수들이 참여하여 성대한 장례식을 치렀다.[100]

---

96) 『황해도래거안』, 「훈령 제39호」(1903.6.26), 외부대신 이하영→황해도관찰사.
97) 안중근·이창순, 「청원서」(1904.7).
98) 『황해도래거안』, 「보고 제38호」(1903.7.22), 외부대신 이하영→황해도관찰사.
99) 안중근, 「안응칠역사」, 97~99쪽.
100) 이전, 『안중근혈투기』, 42쪽.

7. 맺음말

안태훈은 근대화의 물결과 외세침략의 마수가 밀려들던 격변기에 해서지방에서 태어났다. 그는 가문의 상무적 가풍을 이어받은 호걸풍의 문사로서 병법과 병략에 깊은 관심을 보였다. 또한 청소년기에 朴殷植과 함께 해서지방의 신동이라는 평을 받았을 정도로 뛰어난 재주를 보였다. 그는 이서층에서 무반으로 지위가 격상된 부호가문의 경제적 기반을 바탕으로 과거공부에 종사하였다. 그리하여 29살 때에 진사시 시부분에 합격하여 당대 사회가 요구하는 향촌지식인의 자격을 갖추었다. 한 마디로 그는 평생 한시를 음영하고 시회를 개최하며 문무를 겸비한 지역엘리트로서의 삶을 살았다.

안태훈은 개화지향적인 정치성향을 지니고 있었다. 그는 20대 중반까지 중국과의 문물교류가 빈번한 해서지방의 도회지 해주에서 생활하였다. 따라서 1880년대 초반 고종정부의 개화정책의 세례를 받았던 것으로 보인다. 이어 갑신정변 이전에 개화파 박영효가 일본에 파견하려는 유학생에 선발되어 개화파와 인연을 맺었고, 1890년대 후반부터 척족정치에 반감을 지닌 개화관료 김종한을 정치적 후원자로 모셨다. 그러나 그는 자유민권과 자주독립을 표방한 독립협회가 황해도에서 지부를 설립할 때에 압력을 가하여 무산시켰다. 그리고 1902년에 친구들에게 천주교 교리를 설명하다가 정치적 문제를 언급하여 15일간이나 구금되었다.[101] 이로 미루어 안태훈은 서양종교는 받아들이되 西洋政體는 거부하는 수준의 정치사상을 지녔던 것으로 판단된다.

안태훈은 부친 안인수가 마련한 청계동이란 공간을 활용하여 향촌사회에서 토호역할을 하였다. 이를 위해 그는 포군과 천주교라는 두 가지

---

101) 한국교회사연구소, 『황해도천주교회사』, 196쪽.

수단을 적절히 구사하였다. 이러한 포군과 천주교는 안태훈가문의 권능을 상징하는 양날개인 셈인데, 전자는 안태훈가문이 농민군 진압 이전부터 청계동에서 사병처럼 양성한 것이며, 후자는 안태훈 자신이 동학군 진압과정에서 범한 위법행위가 가져올 개인적인 곤경을 피하기 위해 공리적인 의도에서 받아들인 것이다. 그는 이러한 양날개를 이용하여 황해도 각지에서 발생한 지방정부와 천주교도간의 사소한 분쟁을 해결하곤 하였다. 이를테면 그는 자기 가문이 개척한 청계동이란 요새지를 기반으로 삼아 대내적으로 포군의 무력을 앞세우고 대외적으로 천주교 신부를 위세를 빌려 향촌사회의 실력자 노릇을 하였다.

안태훈은 유교사상에 몰입되어 있던 청계동 사람들을 천주교집단으로 만들었다. 그는 천주교에 입교한 다음에 자기 가문의 인사들과 청계동 인근의 민인들에게 적극적으로 천주교를 전파하였다. 이어 빌렘신부를 초청하고 청계동 공소의 개소를 요구하고 청계동에 성당을 건축하였다. 이로써 안태훈의 근거지인 청계동은 황해도에서 천주교 전교의 중심지 가운데 하나로 떠올랐다. 당시 황해도의 천주교 신자들의 입교동기는 지방관의 착취를 피하려는 공리적 목적과 안태훈과 같은 지방유력자의 강제 권유가 커다란 역할을 하였음도 사실이다. 그러나 그들은 일단 천주교에 입교한 다음에 장기간 되풀이하여 교리강습을 받고 설교를 들으면서 천주교신앙을 자신들의 내면으로 받아들이는 단계로 접어들게 되었다. 이로써 안태훈은 황해도에서 천주교세력이 크게 증대하는데 일익을 담당하였다.

안태훈은 을사조약 이후 안중근가문의 독립운동 기반을 수립하였다. 첫째로, 그는 한국근대사의 위인인 안중근의 사상과 활동에 직접적인 영향을 미쳤다. 안중근이 안태훈에게 물려받은 것은 강건한 신체, 무인다운 담대함, 상무적 가풍, 그리고 독실한 천주교신앙 등이었다. 안중근은 이러한 유산을 등에 업고 을사조약 이후에 계몽운동과 의병운동과 의열투쟁을 벌여나갔다. 둘째, 그는 안중근가문이 천주교 신앙을 지닌 상태에서 집단적인 항일운동을 전개하게 하였다. 일제시기에 프랑스선교사들과 조선천주교단은 정교분리정책과 정치불간섭주의에 따라 신자들의 항일운동을 적극 만류하였다. 그러나 안중근가문은 천주교신앙에 바탕하여 대거 독립운동에 참여함으로써 한국근대 기독교민족운동사에서 두드러진 위업을 남겼다. 셋째, 안태훈은 형제들과 조카들이 김구와 인연을 맺고 대한민국임시정부에서 독립운동을 전개하는데 일정한 역할을 하였다. 안태훈이 펼쳐놓은 청계동이란 공간에서 김구는 고석로의 민족주의와 안태훈의 대인다운 풍모를 체득하였고, 이러한 자산은 나중에 안태훈 일족과 협력하여 독립운동을 전개하는데 밑거름이 되었다.

안공근의 항일독립운동

오 영 섭*

1. 가문배경과 청계동 생활

　주지하듯이 安重根(1879～1910)・安定根(1885～1949)・安恭根(1889～1940?) 3형제는 한국근대사를 화려하게 장식한 독립운동가들이다.[1] 이들은 을사조약 후에 학교운영・국채보상운동・학회활동 등 애국계몽운동에 종사하였고, 1907년 이후 일제의 한국병탄이 가시화되자 의병운동과 의열투쟁을 전개하였다. 한일병합 후에는 러시아로 망명하여 향후 독

---

 * 연세대학교 연구교수
 1) 金德亨 편저, 「안중근」『한국의 명가』, 일지사, 1976, 350～355쪽.

립운동의 진로를 모색하였고, 상해임시정부가 수립된 후에는 임시정부의 요원으로서 상해·모스크바·북만주 등지에서 독립활동을 펼쳤다. 그리고 1930년대 이후에는 일제에게 직접적인 타격을 가할 수 있는 특무공작과 결사활동에 전념하였다. 이처럼 다양한 독립활동 가운데 안중근의 이등박문 포살의거와 안공근의 한인애국단 관리는 한국독립운동사에 특기할 만한 위업으로 평가받고 있다.

안중근 형제들의 독립운동은 1905년 11월 을사늑약의 강제체결 후부터 1945년 8월 해방 전까지 지속되었다. 그들은 일제의 대한침략의 강도와 수순에 맞추어 자신들의 독립운동 방략을 변화·발전시켜 나갔다. 그들은 교육활동·강연활동·학회활동·의병항쟁·의열투쟁·외교활동·유일당운동·특무공작·독립단체운영·독립군 양성활동 등 실로 다양한 활동을 벌였다. 이를 다시 시기·형태·성격별로 크게 분류하면, 계몽운동·의병운동·의열투쟁·독립투쟁 등으로 구분된다. 이러한 활동들은 1910년대 이전에는 국내와 러시아 연해주에서 활약한 안중근에 의해 주도되었고,[2] 1910년대 이후에는 만주·연해주·중국 관내 등지에서 활약한 안정근·안공근에 의해 이루어졌다.[3]

안중근 3형제 가운데 막내인 안공근은 1930년대 이후의 독립운동에

---

2) 안중근에 관한 일반인 대상의 간략한 전기로는 장석흥, 『안중근의 생애와 구국운동』, 한국독립운동사연구소, 1992 ; 안중근의 생애와 활동에 대한 상세한 연보로는 원재연, 「안중근 연보」『교회사 연구』9, 한국교회사연구소, 1994 ; 안중근의 전기자료에 대한 검토에 대해서는 윤병석, 「안중근의사 전기의 종합적 검토」『한국근현대사연구』9, 1998 ; 안중근 연구에 대한 연구사 정리에 대해서는 조광, 「안중근 연구의 현황과 과제」『한국근현대사연구』12, 2000 참조.

3) 안정근·안공근의 생애와 독립운동을 다룬 연구로는 송우혜, 「독립운동가 안정근의 생애」『수촌박영석교수화갑기념 한민족독립운동사논총』, 탐구당, 1992 ; 조광, 「일제하 무장 독립 투쟁과 조선 천주교회」『교회사 연구』11, 1996 ; 한시준, 「안공근의 생애와 독립운동」『교회사 연구』15, 2000 ; 오영섭, 「안중근 가문의 독립운동」『한국독립운동사연구』30, 2002 ; 이재호, 「안창호와 안정근·공근 형제」『도산학연구』10, 2004.

서 두각을 나타낸 인물이다. 50평생에 걸친 안공근의 생애는 크게 5시기로 구분된다. 첫째는 진남포에서 애국계몽운동과 여순에서 안중근의 옥바라지를 하면서 항일정신을 체화한 시기(1905~1910), 둘째는 러시아로 이주하여 러시아말을 배우고 생활기반 마련하면서 밀정을 처단하고 독립운동의 방안을 강구하던 시기(1910~1919), 셋째는 상해로 이주하여 임시정부 특사로 모스크바에 다녀온 후 독립운동촉성회·유일당운동·八人團·재중국조선무정부주의자연맹·한국독립당 등 여러 독립단체에 가담하던 시기(1920~1930), 넷째는 1931년 11월경 한인애국단에 가담한 것을 계기로 김구의 최측근으로 부상하여 특무활동을 주관하고 김구의 사조직을 실질적으로 운영하던 시기(1931~1937), 다섯째는 자신의 정치적 후원자인 김구의 신임을 점차 잃고 독자적으로 세력을 키우려다가 사거하는 시기(1937~1940)로 구분된다.[4] 이러한 시기의 대부분 동안 안공근은 한민족에게 불후의 위인으로 추앙받는 안중근의 친동생이라는 영광스런 배경과 안중근의 업적을 제대로 계승해야 한다고 하는 무거운 책무를 걸머지고 인생을 살아갔다.

2. 애국계몽운동 참여와 안중근의 옥바라지

안공근(호는 信庵, 세례명은 요한)은 1889년 7월에 황해도 신천군 두라면 청계동에서 安泰勳과 조씨 사이에서 3남 1녀 중 막내아들로 태어났다.[5] 안공근의 조부 安仁壽는 미곡상 경영을 통해 막대한 재산을 축적한

---

4) 안공근의 독립활동에 대한 최초의 상세한 연구로는 한시준, 「안공근의 생애와 독립운동」 참조.
5) 오영섭, 「안태훈(1862~1905)의 생애와 활동」, 안중근의거100주년기념준비 제3회학술회의 논문집, 2006, 제2장 참조.

인물이었다. 이러한 안인수의 재산은 그의 후손들이 애국계몽운동과 독립운동을 벌여나가는데 밑거름이 되었다. 1885년에 안인수는 셋째 아들 안태훈이 갑신정변의 주역 박영효와 연계된 인연 때문에 가문이 피해를 받을지도 모른다는 점을 깊이 우려하였다. 그리하여 그는 7∼80명의 가솔을 이끌고 해주에서 신천군으로 이주하였다.[6] 이런 사연으로 안중근과 안정근이 해주읍 동문 밖에서 태어난 반면 안공근은 청계동에서 태어났다.

어린 시절에 안공근은 부친 안태훈(1862∼1905)의 영향으로 천주교 신자가 되었다. 안태훈은 동학군에게 빼앗은 정부미의 임의사용과 정부의 훈령을 무시하고 포군을 사사로이 양성했다는 이유로 정부의 추궁을 받았다.[7] 그는 서양선교사들이 있는 종현의 천주교당으로 피신하여 몇 달을 보내는 사이에 천주교를 받아들였다. 이후 천주교 서적을 가지고 귀향하여 여러 지방을 돌아다니며 전교활동을 벌였고, 안악군 마렴본당의 빌렘(Nicolas J.M. Wilhelm, 洪錫九)신부를 초청하여 공소의 개소를 요청했다. 빌렘은 1897년 1월에 청계동의 안태훈 일족과 인근 주민 33명에게 세례를 주었는데, 안태훈(베드로)은 큰아들 안중근(토마스)과 함께 영세를 받았다. 이어 4월 중순 부활절에 66명이 세례를 받을 때에 안공근(요한)은 9살의 어린 나이로 모친 조씨(마리아), 둘째형 안정근(시실로)과 함께 세례를 받았다.[8] 이때부터 안공근은 천주교서적과 프랑스신부를 통하여 서양의 문물과 언어와 사상을 체험하는 단계로 접어들었다.

안공근은 1906년 봄 일족과 함께 청계동을 떠나 진남포로 이주하였

---

6) 안중근, 「안응칠역사」 『안중근의사자서전』, 안중근의사숭모회, 1979, 20∼21쪽.
7) 『公文編案』 제99책, 탁지부편, 규장각도서관 소장본, 규18154 ; 『黃海道來去案』, 보고 제3호(1897.4.29), 황해도관찰사 민영철→외부대신 이완용.
8) 최석우, 「안중근의 의거와 교회의 반응」 『한국교회사의 탐구』 3, 한국교회사연구소, 2000, 242∼243쪽 ; 윤선자, 「한일병합 전후 황해도 천주교회와 빌렘신부」 『한국근현대사연구』 4, 1996, 114쪽.

다. 이후 그는 1909년 10월 안중근의거 전까지 학생 겸 교육자로서 분주한 나날을 보냈다. 안공근이 애국계몽운동에 가담한 것은 개화파와 친교를 맺고 서양종교를 받아들인 개화성향의 부친 안태훈, 서양종교와 서양문화를 전수한 천주교신부 빌렘, 사유재산을 쏟아가며 애국계몽운동과 국채보상운동을 추진했던 우국지사인 큰형 안중근의 영향이 복합적으로 작용한 결과였다. 아울러 교육과 식산을 통해 문명개화를 달성해야만 국가간과 인종간의 경쟁세계에서 생존할 수 있다고 하는 사회진화론적인 시대분위기에 크게 영향을 받았을 것이다.

진남포에서 안공근은 큰형이 가산을 기울려 설립한 2개의 학교 가운데 하나인 천주교계통의 三興學校에 들어가 공부하였다.9) 삼흥학교는 안중근 3형제가 경비를 자담한 야학교로서 영어를 주로 가르친 학교로 알려진다.10) 안공근이 19세의 나이에 삼흥학교에서 영어를 배운 것은 나중에 그가 상해에서 구미인들을 상대로 외교활동을 펼치는데 밑거름이 되었을 것이다. 또한 그는 1899년에 일어학교에 들어가 일어를 배웠는데,11) 일본인의 왕래가 잦은 개항장 진남포의 근대적 분위기 속에서 일어실력을 배가했을 것이다. 그의 일어실력은 여순에서 안중근의 동생으로서 참고인 심문을 받을 때에 통역 없이 일어로 대화를 나눴을 정도였다.

안공근은 삼흥학교에서 수학하다가 1907년 3월에 서울로 올라갔다. 당시 안중근은 안정근·안공근을 서울로 보내 유학하게 하였다고 한다.12) 안공근은 초등학교 교사를 양성하는 경성사범학교에 입학하여 공부하다가 1908년 경성사범학교를 자퇴하였다.13) 1908년 8월부터 진남포

9) 『한국독립운동사』 자료7, 국사편찬위원회, 1968, 293쪽.
10) 『경향신문』 1907년 1월 4일 ; 『대한매일신보』 1907년 5월 31일. 조광, 「안중근의 애국계몽운동과 독립전쟁」 『교회사연구』 9, 1994, 76～77쪽.
11) 『高等警察報』 6, 조선총독부 경무국보안과, 1937, 302쪽.
12) 박은식, 「안중근」, 윤병석 편역, 『안중근전기전집』, 국가보훈처, 1999, 286쪽.
13) 『高等警察報』 6, 302쪽. 안중근의거 직후 일제의 조사서에는 안공근이 경성사범학교 속성과(6개월)를 마쳤다고 하였다. 안공근 자신은 참고인 심문조서에서 경

의 공립보통학교 부훈도(판임과 4등 7급)를 지내다가 안중근의거가 일어나자 사직하였다.[14] 이처럼 3년간에 걸친 학습-교육 활동 기간 동안 안공근은 일제의 속박에서 벗어나려면 한국민의 민지의 계발과 교육의 증진을 우선해야 한다는 당대의 시대인식에 적극 동참하였다.

안공근의 애국계몽활동은 안중근의거가 일어나자 중단되었다. 1909년 10월 26일 하얼빈에서 일어난 안중근의 이등박문 포살의거는 일제침략에 신음 중이던 한민족에게 청량제로 작용하였다. 그러나 안중근의거는 안공근을 비롯한 안중근가문의 모든 인사들에게 크나큰 영광과 시련을 동시에 안겨준 중요한 사건이었다. 안중근의거 이후 안중근의 사촌을 비롯한 수십 명이 만주와 러시아로 건너갔다. 이들은 국내에서 일제의 극심한 탄압을 피하여 새로운 거처를 구하기 위해 해외이주를 결행할 수밖에 없었던 것이다. 이때 안중근의 처자와 동생들이 누구보다도 일제의 감시와 탄압을 혹독히 받았으리라는 것은 불문가지의 사실이다.

안공근은 안중근의거 직후에 공범혐의로 일제경찰에 체포되었다. 1909년 11월 7일 이전에 안공근은 진남포 세관주사 金南奎, 둘째형 안정근과 함께 진남포 경찰서에 안중근의거 관련혐의로 구치되었다.[15] 일제는 이들과 안중근과의 사전공모 여부를 캐내기 위해 엄한 취조를 가했다. 그러나 이들은 안중근의거와 아무런 관련이 없었기 때문에 감옥에 구치된 지 한 달 남짓 지나서 석방되었다. 감옥에서 나오자마자 이들은 형을 면회하기 위해 11월 13일에 인천을 거쳐 대련으로 향하였다.[16] 이들이 인천에 도착하자 일제는 몇 일간 경찰서에 구류하고 심문하면서 "말이 어긋나도 치고 차고 하면서" 혹심한 학대를 가했다고 한다.[17]

성사범학교를 마쳤다고 하였다. 『한국독립운동사』 자료7, 275쪽.
14) 『高等警察報』6, 302쪽 ; 『한국독립운동사』 자료6, 국사편찬위원회, 1968, 229쪽.
15) 『한국독립운동사』 자료7, 168쪽.
16) 『대한매일신보』 1919년 12월 17일.
17) 박은식, 「안중근」, 301～302쪽.

안정근·안공근은 일본순사 3명의 동행 감시 하에 대련을 거쳐 11월 18일에 여순에 도착했다. 이들은 여순에서 안중근 면회, 옥바라지, 형수와 조카들 돌보기 등의 일들을 상의한 후에 형수와 조카들이 있는 러시아의 포프라니챠나 지방으로 갔다.[18] 이들은 다시 여순으로 돌아왔으나 일제는 이들과 안중근과의 면회를 쉽게 허락하지 않았다. 그러다가 이들은 12월 20일 관동도독부 지방법원에서 미조부치 요시오(溝淵孝雄) 검찰관으로부터 참고인 심문을 받았다.[19] 이어 12월 20일 이후에 이들은 안중근을 면회한 자리에서 모친이 내려준 십자가를 전하고 신부가 주재하는 종교의식에 따라 영면하기를 권하는 모친의 애절한 마지막 당부를 전하였다.[20]

안중근의 동생들은 형의 공판이 열릴 때까지 옥바라지에 매달렸다. 이들은 일제의 허락 하에 경성변호사회에 변호사를 보내달라는 전보를 쳤다. 그러나 일제는 다시 전보를 압수하고 한국인 변호사의 변호를 허용하지 않았다. 당시 한국인 변호사 安秉瓚이 자원하여 여순으로 달려왔으나 일제는 "일본어를 능숙하게 통하지 않으면 재판에 지장이 있다"는 핑계를 내세워 안병찬의 변호를 막았다.[21] 일제의 방해를 견뎌가며 이들은 자주 여순감옥의 안중근을 면회하여 심회를 나누었다. 그리고 1910년 2월 7일부터 12일 사이에 열린 도합 5회의 공판에 참석하여 안중근의 늠름한 공판투쟁을 지켜보았다.[22] 당시 안중근은 일제 검찰관의 친일논고에 맞서 일제침략의 부당성과 이등박문 포살의거의 정당성을 당당하게 개진하였다. 이런 모습들은 형의 옥바라지를 하면서 일본인들의 반복되는 부당한 처사에 분노하고 있던 안중근의 동생들에게 항일의식을 강

---

18) 정교 저, 김우철 역주, 『대한계년사』 9, 소명출판, 2004, 53~54쪽.
19) 『한국독립운동사』 자료7, 229~231쪽.
20) 정교 저, 김우철 역주, 『대한계년사』 9, 55~56쪽.
21) 정교 저, 김우철 역주, 『대한계년사』 9, 122~123쪽.
22) 정교 저, 김우철 역주, 『대한계년사』 9, 124~126쪽.

화하도록 하는 계기가 되었을 것이다. 당시 공판과정에서 안공근은 일제 검찰관이 거짓 논고를 하는 것을 보고 의분심이 솟구쳐 즉석에서 논박하였다.

> 검사 미조부치가 논고하기를, "피고는 본래 정치사상이 없는 자다. 『대한매일신보』및 안창호의 연설로 인하여 정치사상이 있게 되었으며 이번 일을 행하기에 이르렀다. 이는 피고의 자백이 아니고 그 동생에게서 들은 것이다"고 하였다. 안공근이 노하여 따지고 말하기를 "우리가 언제 그런 말을 했기에 우리한테 들었다는 것인가"고 하니, 미조부치가 말이 막혀 외치기를 "이런 말이 있기 때문에 이렇게 논고한 것이다. 어찌 감히 질문하는가"고 하였다. 안공근이 "이는 강제이지 법에 의한 것이 아니므로 사람들이 승복할 수 있겠는가"고 하니, 미조부치가 웃으면서 말하기를 "이는 안창호가 사주하여 하였다는 말이 아니고 그것은 안창호의 연설로 인하여 정치사상이 있게 되고 이런 결과가 나오게 되었다고 말한 것뿐이다"고 하였다.[23]

이처럼 안공근이 여순에서 일본인들의 침략적 속성을 목도하고 안중근의 공판정에서의 마지막 항일투쟁을 지켜보며 일제의 거짓 논고를 정면으로 비판한 것은 그의 인생역정에 커다란 영향을 미쳤다. 이후 안중근은 동생들과의 면회에서 한국이 독립하기 전에는 비록 죽어서라도 귀국하지 않겠다고 서약하며 하얼빈에 묻어달라고 하였다. 안중근에 대한 사형이 집행된 후에 안중근의 동생들은 형의 시신을 귀국시켜 고향에서 장사지내게 해달라고 일제에게 요청했으나 일제는 허락하지 않았다. 이들은 여순의 공동묘지에서 안중근을 장사지내고 슬프게 부르짖고 통곡한 다음 고향으로 돌아왔다.[24]

---

23) 박은식, 「안중근」, 306쪽.
24) 정교 저, 김우철 역주, 『대한계년사』 9, 163~164쪽.

3. 러시아에서의 생활과 독립운동의 모색

안중근의거 이후 일제는 안중근 일족에 대해 심한 억압을 가했다. 당시 안중근 일족의 어려운 상황은 "일제가 더욱 일제의 鍛鍊을 가하여 헌병과 순사들이 매일 그 대문을 두드리고 그 출입자들을 탐문하고 그 의사를 캐물으니, 獄吏가 죄수를 감시하는 것과 다름이 없었다,"[25] "일인들이 안중근의 두 동생을 매우 기피하여 심히 정찰하며 어떤 일을 만들어 없애버리려고 하였다"고 한다.[26] 이처럼 일제의 삼엄한 감시망에 노출되어 운신이 자유롭지 못한 상황에서 안중근 동생들은 일제의 탄압을 피하기 위한 탈출구로서 러시아 연해주를 주목하게 되었다.

안중근의 동생들이 연해주를 망명지로 택한 이유는 여러 가지이다. 우선, 안중근의 처자가 안중근의거 전부터 1910년 봄까지 블라디보스톡 —크라스키노에 머물고 있었기 때문이다. 안중근의 처자는 1909년 여름에 안중근의 부탁을 받은 鄭大鎬의 도움과 안정근 · 안공근의 주선으로 평양을 지나 하얼빈을 거쳐 블라디보스톡에 당도하였다.[27] 둘째, 안중근의 활동무대인 연해주에 안중근에게 우호적인 분위기가 형성되어 있었기 때문이다. 안중근은 의거 전에 의병군자금 모집문제로 연해주 한인들의 비난을 사기도 하였다. 그러나 안중근의거 이후에 崔鳳俊 · 金秉學 · 金學滿 · 兪鎭律 등 블리디보스톡의 한인 지도자들이 安應七遺族救濟會를 결성하여 안중근 추모사업을 모색하였다.[28] 또한 안중근의거의 진원지 중의 하나인 대동공보사는 안중근서거 이후 안중근추도회를 개최하기도 하였다.[29] 하여튼 양인은 연해주 한인사회의 안중근 숭배분위기에

25) 송상도, 『騎驢隨筆』, 국사편찬위원회, 1971, 159쪽.
26) 박은식, 「안중근」, 311쪽.
27) 안중근, 「안응칠역사」, 162쪽 ; 『한국독립운동사』 자료6, 204~227, 227~228쪽, 『한국독립운동사』 자료7, 277, 284쪽.
28) 박환, 『러시아한인민족운동사』, 탐구당, 1995, 98쪽.

고무되어 연해주를 망명지로 택한 것으로 파악된다.

안정근·안공근 형제는 1910년 5월경에 "형의 유지를 계승할 목적으로 간도를 경유하여 연해주로 들어갈 목적으로" 평양에서 출국준비를 하였다.[30] 그러다가 안정근은 북간도를 거쳐서 블라디보스톡으로 들어갔고, 안공근은 원산에서 배를 타고 블라디보스톡에 도착했다.[31] 양인의 가족들은 블라디보스톡에서 합류한 후에 안중근의 주요 활동지이자 斷指同盟의 장소인 크라스키노로 옮겨갔다. 이곳에는 안중근의 유가족이 가옥을 매입하고 金起龍과 동거하고 있었다.[32] 또한 크라스키노에는 安重根遺族救濟共同會가 결성되어 있었고 그 기금을 연추의 지도자 崔才亨이 보관하고 있었다고 한다. 이에 안중근 일족은 1910년 가을에 크라스키노에서 嚴仁燮의 집과 최재형의 집에 체재하였다.[33] 나중에 안정근의 흥사단 입회 시에 작성된 이력서에 1909~1910년간 크라스키노에서 로어를 수학했다고 기록한 것으로 미루어,[34] 이때 안공근은 형과 함께 민족운동가들의 집에 머물며 로어를 익히는데 정력을 쏟았던 것으로 보인다.

안정근·안공근 형제는 가족들의 안전한 거주지를 물색하였다. 이들이 거주지를 선정하는 데에는 안창호가 도움을 주었다. 안창호는 1910년 8월 말부터 1911년 3월까지 연해주와 중러 접경지대를 무대로 독립운동 근거지 개척사업을 비롯한 다양한 독립활동을 모색하였다. 1911년 2월 7일에 그는 개척사업의 일환으로서 안정근·장경 등과 함께 밀산현 봉밀산 개척지를 둘러보았다.[35] 4월에 그는 안중근의 가족을 데리고 東淸

29) 『대동공보』 1910년 4월 24일.
30) 『要視察韓國人舉動』 3, 국사편찬위원회, 2002, 526~527쪽, 블라디보스톡 총영사대리 矢野正雄이 외무대신에게 보낸 보고서(1910.5.17).
31) 한시준, 「안공근의 생애와 독립운동」, 121쪽.
32) 『要視察韓國人舉動』 3, 526~527쪽.
33) 한시준, 「안공근의 생애와 독립운동」, 121쪽.
34) 「흥사단우이력서」 『도산안창호전집』 10, 도산안창호기념사업회, 2000, 919쪽.

철도의 동부선상에 있는 穆稜(穆陵, 물린)으로 가서 八面通(八面屯)에 정착하도록 도와주었다고 한다.36) 이에 반해 상해판 『독립신문』에는 "令季 定根氏의 健鬪로 艱辛히 吉林省 穆稜縣 東淸鐵道 租借地에서 數年間一家를 支持하게 되다"라고 하여 안정근의 노력으로 동청철도 조차지를 얻어서 거주하게 되었다고 하였다.37) 하여튼 안중근 일족이 정착한 목릉은 북만주 밀산부에 인접한 곳이며 경작에 용이한 미간지가 넓게 퍼져있는 곳이었다. 또한 목릉에는 서북 출신들이 많이 살면서 항일집단촌을 형성하고 있었다고 한다.38)

그런데 안창호가 안중근의 일족에게 관심을 보인 것은 독립운동가 유족에 대한 단순한 호의에서 나온 것은 아니었다. 안중근은 李甲과 안창호가 주도한 서북학회−신민회 세력이 특별히 발탁하여 북만주−연해주로 파견한 민족운동가였기 때문이다.39) 이를테면 안중근은 서북학회 총무인 金達河의 권유로 평양에서 상경하여 서북학회−신민회 세력과 친교를 맺은 후에 김달하의 아들을 데리고 한국을 떠났다. 연해주에서 안중근은 항일운동을 하는 중에도 이강·유동열·안창호와 비밀연락을 취했다고 한다.40) 그렇기 때문에 일제는 안중근의거 직후에 최재형·안중근 등이 주도한 연해주의 동의회가 서울의 이갑·김달하의 서북학회세력과 기맥을 통하고 있다고 보았다.41) 또한 일제시기에 한국의 민족운동을 개관하는 자리에서 일제는 서북학회−신민회세력이 재외망명자와 연

<hr>

35) 이명화, 『도산 안창호의 독립운동과 통일노선』, 경인문화사, 2002, 197~204쪽.
36) 한시준, 「한공근의 생애와 독립운동」, 121~122쪽. 주요한은 안창호가 1911년 봄 목릉현 팔면통에 들러 안중근가족을 면대했다고 하였다. 주요한, 「안도산전서」 『주요한문집』Ⅰ, 요한기념사업회, 1982, 478쪽.
37) 『독립신문』 1920년 1월 31일자, 「安義士의 遺族」.
38) 『한국독립운동사』 자료40: 중국동북지역편2, 국사편찬위원회, 2004, 289쪽.
39) 『한국독립운동사』 자료7, 243~244쪽.
40) 박종효 편역, 『러시아 국립문서보관소 소장 한국관련 문서 요약집』, 한국국제교류재단, 2002, 503쪽.
41) 『要視察韓國人擧動』3, 360쪽.

계하여 안중근의거 등의 음모를 기도했다고 하였다.[42] 따라서 안창호의
안중근 일족에 대한 예우 내지 우대는 일종의 부채의식의 소산임을 알
수 있다.

안정근은 안공근가족을 비롯하여 20명에 달하는 일족을 거느리고
1912~1913년간 잡화상을 운영하며 생활비를 마련하였다. 이때 목릉의
안정근 저택에는 1912년 4월 치타에서 목릉으로 이주한 이갑 부녀를 비
롯하여 張道斌 · 金聖武 · 朴茂林 등이 기숙하고 있었고, 또 많은 한국인
들이 수시로 드나들었다. 이로 인해 손님접대비가 많이 들어 안정근의
집은 넉넉한 형편이 아니었다고 한다.[43] 1913년 봄에 이갑은 자신을 돌
봐준데 대한 감사의 표시로서 본댁에서 보내온 자금으로 18일경의 토지
를 구입하여 안중근의 장남 安俊生과 안창호의 아들 안필립에게 반반씩
나누어 주었다.[44] 안공근은 1914년 2월에 블라디보스톡으로 가서 기부
금으로 5종의 안중근 기념 사진엽서를 발간하는 일을 주관하기도 하였
다.[45] 안정근이 대가족의 생활비 마련에 분주한 동안 모친 조씨는 "거의
寧日이 업시 東은 海蔘威로 西는 바이칼에 至하기㉗지 奔走하여 同胞의
警醒에 從事"하였을 정도로 동포들의 민족의식 고취에 여념이 없었다.[46]

안정근이 가족을 부양하며 항일운동자들과 교유하고 있을 때에 안공
근은 유학하고 있었다. 그가 유학을 떠난 것은 안중근의 당부에 의한 것
이었다. 안중근은 1909년 (음)4월 3일(5.21)자 편지에서 안정근에게 법률
학 공부를 열심히 하고 안공근을 다시 고등학교에 들여보내 학업을 계속
하게 하라고 권고하였다.[47] 또한 그는 같은 날짜의 편지에서 안공근에게

---

42) 「흥사단우이력서」『齋藤實文書: 민족운동1』, 고려서림, 1990, 362~363쪽.
43) 주요한, 『추정 이갑』, 대성문화사, 1964, 78~79쪽 ; 이정희, 『나의 아버지 추정
  이갑』, 인물연구소, 1981, 206, 197, 210, 216쪽.
44) 주요한, 『추정 이갑』, 78~79쪽 ; 『도산안창호자료집(1)』, 한국독립운동사연구
  소, 1990, 318쪽, 안정근→안창호(1914.5.19).
45) 『한국독립운동사』 자료39: 중국동북지역편1, 국사편찬위원회, 2003, 351쪽.
46) 『독립신문』 1920년 1월 31일자, 「安義士의 遺族」.

고등학교에 들어가 학문을 배워 국가의 동량이 되어야 한다고 역설하였
다.[48] 안중근은 1910년 3월 25일 동생들과의 마지막 면회에서 안공근에
게 "너는 재질이 있으니 학문을 연구하는 편이 좋을 것이라"며 학업을
계속하라고 하였다.[49] 이에 안공근은 가족이 목릉에 정착한 이듬해인
1912년 6월부터 1913년 가을까지 상페테르브르그에서, 그리고 1913년
가을부터 모스크바에서 로어를 배웠다. 이때 그는 의도하는 학과에 들어
가 고등학문을 배우려고 하였으나 경비부족과 가족관계 때문에 부득이
학업을 중간하고 1914년 4월경에 니콜리스크로 돌아왔다.[50]

안정근은 1914년 3월에 이갑의 가족과 함께 니콜리스크(蘇王嶺)로 이
주하였다. 그들이 니콜리스크로 이주한 것은 제1차 세계대전으로 동청철
도 연변에 일본군이 널리 퍼져 가택수색과 감시가 나날이 심해졌고,[51]
동시에 니콜리스크에 이갑의 동생이 차린 '우리국수집'이 성황을 이루고
있었기 때문이었다. 니콜리스크에서 이갑의 동생은 안정근에게 생활비를
보조했고, 이어 안정근의 식구들까지 니콜리스크로 불러와 생활하도록
주선해 주었다.[52] 이때 안정근은 니콜리스크에서 4천원의 자본금을 가지
고 국내에서 건너온 인사들과 함께 상점을 개설하였다. 그는 상점을 잘
운영하여 니콜리스크 한인 사회에서 가장 유력한 기관으로 양성함과 동
시에 이전에 실패했던 독립운동 기지개척 관련사업들을 복구할 계획을
갖고 있었다. 모스크바에서 돌아온 다음에 안공근은 형이 개설한 상점에
서 일하였다.[53]

---

47) 『한국독립운동사』 자료7, 286~287쪽.
48) 『한국독립운동사』 자료7, 287쪽.
49) 『한국독립운동사』 자료7, 541쪽.
50) 『도산안창호자료집(1)』, 313~314쪽, 안정근→안창호(1014.1.16).
51) 『독립신문』 1920년 1월 31일자, 「安義士의 遺族」 『도산안창호자료집(1)』, 317
    쪽, 안정근→안창호(1014.5.19).
52) 이정희, 『아버님 추정 이갑』, 248~249쪽.
53) 『도산안창호자료집(1)』, 317~318쪽, 안정근→안창호(1014.5.19).

제1차 세계대전 후 러시아와 일본이 동맹국이 됨으로써 재러한인들에 대한 탄압의 기운이 높아갔다. 이런 상황속에서 안공근과 안정근은 어느덧 일제 영사관과 연해주 행정청이 주목하는 인사가 되어 있었다. 1914년 8월 20일 재블라디보스톡시 일본 황실 총영사 외무부는 연해주 군총독에게 비밀문건을 보냈다. 그 내용은 권업회를 해산하고 『권업신문』을 폐간하고, 한인지도자들, 즉 "조국의 독립을 꿈꾸는 반일적 성향의 무리"를 연해주에서 축출하라는 요청이었다. 거기에는 21명의 축출대상자 명단이 들어 있었다. 李鍾浩·李東輝·李東寧·尹海·鄭在寬·桂鳳瑀·吳周爀·李範允·李甲 등 저명한 항일운동자와 함께 안정근과 안공근이 포함되어 있었다.[54]

연해주 행정청에서는 1914년 8월 22일 니콜리스크-우수리스크 경시총감에게 블라디보스톡 주재 일본 총영사의 공문에 따라 안정근·안공근·이강에 대한 직업·품성·가족사항·사회적 지위 등 상세 정보를 조사하여 통보하라는 공문을 보냈다. 이에 니콜리스크-우수리스크 지역의 경찰서장은 9월 21일에 답신을 보냈다. 1) 안정근: 1912년 러시아 국적 취득,[55] 보리소프스카야읍 농민조합 소속, 니콜리스크시 거주, 상업, 처와 3자녀 부양. 2) 안공근: 26세, 처와 두 자녀 부양, 니콜리스크시 거주, 1914년 6월부터 친형인 안정근의 상업을 돕고 있음. … 상기 한인들은 범죄사실이 없으며 별다른 특징이 발견되지 않고 있음.[56] 이처럼 일제측의 주목을 받는 상황 속에서 안정근·안공근 형제는 1914년 9월에 일제 밀정을 처단하는 거사를 결행하였다.

---

54) 『한국독립운동사』 자료34: 러시아편1, 국사편찬위원회, 1997, 113~115쪽.
55) 안정근의 흥사단 입회서에는 1911~1912년간 '아라사보병'으로 근무했다고 되어 있다. 이를 보면 안정근은 러시아군대에 복무한 대가로 러시아국적과 동철철도 조차지를 얻은 것으로 보인다.
56) 『러시아 국립극동역사문서보관소 한인관련 자료 해제집』, 고려학술문화재단, 2004, 144~145쪽.

관내 東淸철도 동부선 穆稜驛에 거주하는 고 안중근의 유족(중근의
모친 아내 아이 및 친아우 定根·公根 및 그들의 가족)은 실로 북만주
불령조선인 세력의 중심이 되고 있다. 그 중에서도 중근의 모친과 처자
는 故 志士의 片身으로 존경을 받고 있어서 원근에서 금품의 선물은
물론, 편지 등으로 위로를 받는 것이 적지 않다고 듣고 있다. 定根·公
根은 지나의 穆稜 蜂蜜山縣 등에 산재하는 수천 명의 조선인 사이에
가장 세력을 가지고 있어서 중러 국경역인 포그라니치나야역에 중요한
동료를 보내 여기를 통과하는 일본인과 조선인에 대해 경계를 강하게
하고 있었다. 실제로 작년(1914) 9월의 경우 定根의 지휘 하에 포그라
니치나야역 부근 산속에서 조선인 金鼎國을 하얼빈 일본총영사관 스파
이라고 하여 죽인 적이 있다. 사건이 발각되어 高泰奎 외 2명이 당관
손에 체포되자마자 定根·公根 2명은 도망하여 러시아 영내에 들어가
그 이후로 니콜리스크 방면에서 거주한 형적이 있다. 최근에 이르러 公
根은 당지에 들어가 러시아인 집에 잠복해 당지에 거주하는 러시아에
귀화한 조선인으로 不逞의 원흉인 金成伯과 왕래한 형적이 있다. 체포
수배 중이었는데 약 2주일 전에 바람과 같이 어디엔가 도주해 버린 것
은 매우 유감이라고 하겠다. 그 후 소문에 따르면 公根은 당지를 빠져
나가 일단 穆稜驛의 집으로 돌아간 뒤 어디엔가 떠나버렸다고 한다.
그리고 公根 형인 定根은 曹道先(伊藤博文 가해범 처형으로 旅順감옥
에서 복역. 출옥 후 러시아령에 들어간 사람)과 함께 약 2개월 전부터
포그라니치나야역 부근에 출몰해 東寧縣 高麗村에 있는 秦學新 등과
왕래를 거듭하며 무슨 일을 계획 중이라고 한다.[57]

위의 자료에 의하면, 안정근과 안공근이 안중근의 동생이라는 후광을
업고 목릉현－니콜리스크 일대에서 항일운동의 중심세력으로 부상하고
있었음을 알 수 있다. 또 그들이 동지들과 함께 일제 밀정으로 알려진
金鼎國을 처단했고, 이듬해까지 살인공범자 혐의로 일제의 추격을 피해
도피하는 도중에 김성백·조도선·진학신 등과 왕래하며 차후의 항일운

57) 『한국독립운동사』자료40: 중국동북지역편2, 국사편찬위원회, 2004, 8～9쪽,
「哈爾賓地方에 있어 不逞鮮人의 동정에 관한 보고의 건」(1915.9.29), 하얼빈 총
영사대리 佐藤尙武→외무대신 大隈重信.

동을 구상했음을 알 수 있다. 아울러 그들은 일제의 검거를 피하기 위해
러시아 국적자 안정근은 1915년 8월 니콜리스크 병사관에 출두하여 국
민병으로 종군을 자원하여 하바로프스크병영에 들어갔고,[58] 안공근은
민족운동자들과 후속방책을 도모하는 가운데 적극적으로 러시아귀화를
요청했던 것으로 보인다. 하여튼 안공근이 25살 때인 1914년에 형과 함
께 기획·실행한 김정국처단사건은 안공근의 독립운동을 대표하는 1930
년대 이후의 특무공작 수행에 귀중한 경험이 되었음은 물론이다.

　　1919년에 안정근은 기후와 풍토가 벼농사에 적합지 않다고 알려진
니콜리스크에서 처음으로 벼농사에 성공하였다. 안정근은 200석 가량의
백미를 수확하여 예상 밖의 호성적을 거두었다. 그러자 인근의 러시아인
들과 학생들이 농장을 견학하였고 일제측도 벼농사의 성공을 예의 주목
하였다. 이에 안정근은 "西比利亞의 白米의 需要는 거의 無限일 뿐더러
水陸의 交通을 利用하야 輸出하기도 容易할 터인즉 西比利亞의 稻農은
注目할 만한 大富源이라. 남에게 빼앗기기 前에 我 韓人 資本家가 速히
活動을 開始하기를 希望한다"며 자신도 장래에 대규모 농장을 경영하겠
다는 포부를 드러냈다.[59] 이에 대해 『독립신문』은 안정근과 안공근이 이
미 국유지를 조차하기 위해 러시아 국적을 활용하여 러시아 관헌과 교섭
을 벌였다는 사실을 보도하였다. 이처럼 양인은 벼농사의 성공을 계기로
니콜리스크에서 농장을 경영하고자 했는데, 이러한 농장경영은 독립운동
기지 건설을 위한 초석을 마련하기 위한 것으로 파악된다. 아울러 그들
의 벼농사 성공은 니콜리스크 한인들의 생활안정에 기여한 바가 컸다는
점이 주목된다.

---

58) 한시준, 「안공근의 생애와 독립운동」, 124쪽.
59) 『독립신문』 1920년 1월 17일자, 「西比利亞의 稻農」.

4. 비밀결사 활동과 독립단체 가담활동

밀정처단사건이 잠잠해지자 안정근·안공근 형제는 다시금 독립운동을 모색하기 시작하였다. 그들은 1917년 러시아 2월혁명의 결과 노령 한인사회에서 토착한인들을 중심으로 통합의 움직임이 나타났던 시대적 분위기에 영향을 받았을 것이다. 당시 노령 한인들은 토착한인과 이주한인으로, 그리고 반볼셰비키적 고려족중앙총회와 친볼셰비키적 한족중앙총회로 갈려 갈등을 벌였다. 이러한 대립의 해소와 독립운동의 진전을 위해 1918년 1월 한인사회당의 창당이 논의되었는데, 이때 안정근은 부르주아민주주의를 지지하는 입장에서 볼셰비즘을 반대하고 원동인민위원회의 후원만을 받자고 하는 신민회계 우파 인사들과 입장을 같이 하였다.[60] 이를 보면 안정근은 볼셰비즘을 지지한 李東輝와 노선을 달리했음을 알 수 있다.

1918년 6월 13일(음력 단오절)에 니콜리스크 소재 고려족중앙총회 사무소에서 연해주와 오소리주에 사는 500명의 한국인들이 모여 비밀회합을 개최하였다. 제2회 전로한족대표자회로 알려진 이 비밀회합은 단오절을 기념하기 위해 니콜리스크 부근의 한인학교들이 연합운동회를 여는 기회를 이용하여 6월 13일부터 24일까지 열렸다.[61] 안공근도 참가한 이 모임에서 15개조의 비밀결의가 채택되었는데, 그중 ① 고려족은 타국에 귀화하더라도 결속을 강화하여 일본에 반대하는 高麗民國을 재건하고, ② 노령 각지에 있는 조선인 민회는 고려족중앙총회와 일치된 행동을 유지하며 중국 각지에 있는 조선인회와 연대하고, ③ 고려족 단독으로 폭동을 일으키지 말고 타국의 후원에 따라 행하고, ④ 흑룡강성 烏雲縣에 새로운 이주지를 개척하고 학교를 설립하여 청년교양을 증진해야 한다

---

60) 반병률, 『성재 이동휘 일대기』, 범우사, 1998, 138~152쪽.
61) 반병률, 『성재 이동휘 일대기』, 152~155쪽.

는 내용이 포함되어 있었다.[62] 이러한 모임에서 안공근은 두드러진 역할을 맡지는 못했지만, 그럼에도 민족통합과 해외연대의 중요성을 깨닫는 기회가 되었을 것이다.

1919년 3·1운동 후에 상해에서 대한민국 임시정부가 수립되자 안정근은 11월 이전에 상해에 도착하였다. 그가 야심차게 추진하려던 미곡농장 개척사업을 접고 상해로 진출한 표면적인 이유는 안중근의 후손인 安賢生양(18)·安祐生군(13), 자기 아들 安源生, 안공근의 큰아들 安俊生의 교육을 위해서였다.[63] 그런데 그가 니콜리스크를 떠난 보다 직접적인 이유는 자신의 정치적 노선이 노령의 과격파 사회주의자들의 그것과 달랐기 때문이며, 그가 형님으로 모시는 안창호가 1919년 5월에 상해에 도착한 다음 상해임정을 실질적으로 이끌어가고 있었던 사실에 고무된 때문으로 보인다.

안공근은 니콜리스크에서 가사를 감독하고 개간사업에 종사하는 가운데 비밀결사 활동에도 가담하였다. 1919년 7월 중순에 孟正國·方斗圓·徐某 등 3인이 훈춘지방에서 독립의군의 재정부장으로서 노령의 오지에 들어갔다. 이들은 蔡克平을 고문으로 삼고 지방부락에 의연금을 모집을 강요하고 출자를 강요했으며, 재력이 없는 이들을 억지로 결사대로 편입시켰다. 동시에 안공근·吳周赫·金東漢·朴仁默 등은 노령의 秋風에서 무기를 구입하여 왕청과 훈춘의 경계에 있는 천여산 속에 숨겨놓았다. 이들 무기는 간도와 안도현에 거주하는 동지들과 연락하여 항일운동을 펼칠 때에 사용하려고 하였다. 이들이 소속된 부대는 이동휘가 총사령이며, 각기 200명으로 구성된 홍범도군·황병길군·김의군군·원미하일군이 있으며, 그중 60명을 결사대원으로 선발했다고 한다.[64] 이를

62) 『한국독립운동사』 자료40: 중국동북지역편2, 411~412쪽.
63) 『독립신문』 1920년 1월 31일자, 「安義士의 遺族」.
64) 『한국독립운동사』 자료40: 중국동북지역편2, 411~412쪽.

보면 안공근은 니콜리스크에서 결사대원들의 무장활동에 필요한 무기를 조달하고 있었다.

1920년 1월에 안공근은 임시정부의 러시아 외교특사로 선정되어 5월에 상해로 진출하였다. 당시 임시정부는 러시아의 도움으로 자금부족 문제를 해결하고자 대러교섭 방안을 모색하고 있었다. 임시정부 내무총장 겸 국무총리로서 외교까지 주관하던 안창호는 1920년 1월 15일 안정근의 방문을 받고 외교특사 파견문제를 협의하다가 안공근을 특사로 정하였다.[65] 이는 유학 경력을 지닌 안공근이 로어에 능통하고 모스크바 사정에 익숙했기 때문일 것이다. 이어 임시정부 국무원이 1월 22일 한형권·여운형·안공근 3인을 모스크바에 파견할 특사로 결정하였다. 이날 안창호는 안정근에게 안공근을 속히 불러와 출발시키자고 하였으나 안공근은 가사를 정리하고 가족을 데리고 오느라 5월 3일 직전에야 상해에 당도하였다.[66] 당시 국무총리 이동휘는 안창호가 선정한 여운형과 안공근을 꺼려하여 자신의 측근인 한형권만을 비밀리에 모스크바로 파견하였다.

상해임정 초기에 안정근과 안공근의 안창호에 대한 입장은 다소 차이가 있었다. 안창호를 '형님'으로 모신 안정근은 임시정부의 내정과 외교에 대한 제반 문제를 안창호와 비밀히 의논하였다. 그는 안창호에게 "형님이 상해에 在치 안이하면 임시정부의 諸般이 極難할지라. 형님이 정부에 無하면 자기도 정부에 傾向할 마음이 無하노라"고 말했을 정도로 안창호 지지자였다.[67] 이에 반해 안창호의 발탁으로 상해임정에 가담한 안

---

65) 「일기」, 『도산안창호전집』 4, 834쪽.
66) 「일기」, 『도산안창호전집』 4, 841, 902쪽.
67) 안공근은 상해의 유력한 민간단체인 대한적십자회의 부회장이자 실질적인 운영자로서 안창호를 측면 지원하였다. 그는 1920년 2월 20일 흥사단 입단문답을 치렀지만 金弘敍를 꺼려하여 통상단우에 들지 않고 특별단우로 남았다. 「일기」, 『도산안창호전집』 4, 856쪽, 861, 864, 866쪽.

공근은 1920년 5월 15일 안창호가 홍사단 가입을 권유하자 "자기심에 실로 적절히 생각하나 실행에 대하야 難한 것을 覺하노라"며 완곡히 거절했다.[68] 이는 안공근이 안창호의 측근역할을 맡은 안정근과 달리 안창호와 일정한 거리를 두었음을 의미한다. 또한 그는 5월 23일 안창호에게 "총리가 여러 가지 음모하는 것이 심히 의심스럽다"고 했는데, 이는 이동휘에 대한 비판적 시각을 드러낸 것이었다.[69] 하여튼 안창호에 대한 소극적 지지, 이동휘에 대한 강력한 비판은 안공근이 1920년대 후반 이후 김구와 연계하여 독립운동을 벌여나가는데 중요한 단서를 제공해 준다.[70]

임시대통령 이승만이 1920년 12월 상해에 부임한 이듬해 7월에 안공근은 임시정부 최초의 러시아대사가 되었다.[71] 이승만은 자기와 갈등을 빚은 국무총리 이동휘의 사표를 수리하고 1921년 4월 29일 기호파 중심의 신내각을 구성하면서 이희경을 외무총장 대리로 안공근을 외무차장으로 임명하였다.[72] 이어 5월 16일 국무회의에서는 이동휘가 파견한 한형권에게 정부의 대표자격이 없다는 이유로 소환조치를 취하였다. 안공근은 7월 29일에 상해를 출발하여 10월경에는 모스크바에서 활동하고 있었다.[73] 당시 러시아에는 이동휘세력, 임시정부세력, 조선대표단 등이 러시아를 상대로 외교활동을 펴고 있었으나 이들의 근본목적은 러시아 정부로부터 독립자금을 얻어내는 것이었다.[74] 이중 이동휘의 수하인 韓

---

68) 「일기」『도산안창호전집』 4, 913쪽.

69) 「일기」『도산안창호전집』 4, 921쪽.

70) 일제측은 1921년 10월에 안공근을 니콜리스트에 기반을 지닌 文昌範의 지지자로 분류하였다. 「上海在住 한인독립운동자의 근황」(1921.10.14)『한국민족운동사료: 중국편』, 국회도서관, 1976, 357쪽.

71) 1920년 10월 외무총장대리 申翼熙가 모스크바 비밀외교원 안공근·여운형·韓偉健 3인을 臨時派露외교위원에 임명하여 러시아로 보내자고 하였다.『일제침략하36년사』, 649쪽.

72) 『우남이승만문서』 동문편6, 연세대 현대한국학연구소, 1998, 38쪽.

73) 『우남이승만문서』 동문편6, 356쪽.

馨權이 박진순의 소개로 레닌을 만난 다음 200만 루불의 원조를 약속받고 1차로 40만 루불을 받아가지고 1922년 초에 상해로 돌아왔다.[75] 안공근·이동휘·김규식·여운형·이희경 등은 모스크바에 계속 남아서 레닌이 약속한 잔액 140만 루블을 얻어내려고 하였으나 여의치 못하였다.[76] 이로써 안공근·이희경의 러시아에서의 청원활동은 별다른 성과 없이 끝나고 말았다.

안공근은 1925년 이전에 상해로 돌아왔던 것으로 보인다. 이후 그가 상해에서 심혈을 기울인 문제는 가족의 생계마련이었다. 안정근은 뇌병으로 활동이 불가능하여 1924년 2월에 가족과 함께 북경으로 이주했고, 이어 1925년에 가족을 이끌고 위해위로 요양하러 떠났다. 그 때문에 안공근은 모친 조마리아와 안중근의 일족과 자기 가족의 생계까지 책임져야 했다. 이에 안공근은 구미공사관에서 통역과 정탐원 생활을 하며 가족의 생계를 꾸려갔던 것으로 보인다. 당시 일제는 "안공근은 6개 국어에 통해서 상해의 미국 혹은 영국 공사관에 통역으로 고용되었다. 그후 소련영사관으로 옮겼다가 소련영사관이 인양되자 독일영사관에 출입하면서 일면으로 소련의 밀정이 되어 재상해 白系러시아인의 조사·보고를 하였다"고 하였다.[77] 하여튼 가족의 생계를 위해 분주한 동안 안공근은 1925년 7월 프랑스조계 공무국이 작성한 보고서에 김구·이시영·노백린·김규식·김약산·여운형·이유필과 함께 중요한 한국인으로 분류될 정도로 영향력을 확대해 가고 있었다.[78]

1926년 이후부터 1931년 한인애국단에 가담하기 전까지 안공근은 다

---

74) 반병률, 『성대이동휘일대기』, 355～362쪽.
75) 반병률, 『성대이동휘일대기』, 243쪽.
76) 「국민대표회의 경과 및 국민대표회주비위원회 선언서」(1922.5.23)『한국독립운동사』자료2, 585쪽.
77) 『고등경찰보』6, 303쪽 ; 한시준, 「안공근의 생애와 독립운동」, 128～129쪽.
78) 「상해 한인사회의 일반정보에 관한 건」『한국독립운동사』자료20, 57쪽.

양한 단체에 가담하여 활동하였다. 첫째, 안공근은 1923년 국민대표자대
회 실패 후 제기된 민족운동 집단의 통일운동 노력을 계승하였다. 그는
1925년 11월 당파와 애증이 없는 전민족적 통일을 주장한 박은식의 유
언을 필기하였다. 또한 1926년 2월 여운형에 이어 상해의 교민단 단장에
취임하여 교민사회의 통합에 힘쓰고 있었다.[79] 이러한 활동들은 만주에
가서 독립단체들의 통합을 위해 노력하던 안정근의 통일운동과 박은식
의 애절한 마지막 부탁을 계승한 측면이 있다.

안공근은 1926년 5월경 독립운동촉성회를 조직하여 '전민족적 통일'
을 추구하였다. 趙尚燮·崔昌植·李裕弼·吳永善·(呂運亨) 등은 안공
근을 회장으로 추대하였다. 독립운동촉성회는 "한국민족해방을 촉성하
기 위해 철저한 독립운동자의 조직적 대단결의 실현을 기성하려고 노력
한다"는 강령을 내걸었다.[80] 이 단체는 조직적 대단결의 달성방안을 토
의하기 위해 장래 대표대회의 개최를 계획하고 있었으며, 한국독립운동
촉진회 명의의 5월 12일자 선언서를 인쇄하여 남만주지방과 조선 내외
의 일반에게 배포하였다.[81] 이러한 독립운동촉성회에 대해 일제는 '내홍
과 정쟁'을 벌이다가 별다른 성과를 거두지 못하고 말았다고 하였다.

둘째, 안공근은 안창호가 주도한 민족통일운동인 유일당운동을 적극
지지하였다. 안창호는 1926년 7월 삼일당에서 "주의 여하를 불문하고 단
결하여 대혁명당을 조직하자"는 연설을 함으로써 유일당운동에 불을 지
폈다. 이러한 안창호의 주장을 새로 취임한 국무령 洪鎮이 임시정부의
시정방침으로 채택하였고, 이어 상해와 북경 지역의 여러 세력들이 유일
당운동을 지지하고 나섰다. 이때 안공근은 『공화일보』(Republican Daily
News) 편집자와의 인터뷰에서 대한민국임시정부의 유일당운동을 적극

---

79) 『독립신문』 1925년 11월 11일 ; 『동아일보』 1926년 2월 20일.
80) 『한국민족운동사료』 중국편, 598쪽.
81) 「상해정보」(1926.6.3) 『도산안창호전집』 6, 454쪽.

지지한다는 입장을 나타냈다.

> 대한민국임시정부는 한국의 모든 정당을 통합하여 일본에 대항할 혁명가들을 양성할 것을 결의했으며, 아시아의 소수 민족들이 힘을 합하여 외국 열강에 대항할 것을 결정하였다. 구체적인 조직기반은 중국 내에 구축하기로 하였는데, 그것은 유사시에 중국이 한국인들에게 원조를 보낼 수 있기 때문이다. 상해의 임시정부는 한국 혁명의 원천일 뿐이다. 우리는 고국에 공식적인 우리의 정부를 세우기를 염원한다. 한국 본국과 만주에는 수많은 한국인 정당들이 있으나 그 어느 것도 아직 완비된 조직을 갖추고 있지 못하다. 따라서 우리의 대한민국임시정부는 혁명사업을 준비하기 위하여 하나의 책임 있는 정당을 수립하고자 한다.[82]

상해에서는 1927년 4월 좌파세력들의 동조에 힘입어 한국유일독립당 상해촉성회가 결성되었다. 이때 안공근은 홍진·이동녕·조완구·김구 등과 함께 집행위원으로 선출되었다. 그러나 국공합작의 와해와 코민테른의 12월테제로 인한 국제정세가 순조롭지 못했고 또 좌우세력의 합작 동기와 목적이 달랐기 때문에 유일당운동은 별다른 진전을 이루지 못했다. 1929년 좌파세력들이 상해촉성회의 해체를 선언하고 좌파의 결집체를 별도로 설립함으로써 유일당운동은 결렬되었다.[83]

셋째, 안공근은 독립운동진영의 통일운동을 추구하면서 비밀결사 활동에도 가담하였다. 먼저 안공근은 1920년대 중반경부터 상해의 무정부주의자들과 친밀한 관계를 유지하였다. 그는 1925년 초경에 불란서 조계 하비로에 약방을 차려보려고 3층 양옥을 세집으로 얻었다. 그러나 약방 개업을 준비하지 못하고 빈집으로 놔두고 있었다. 그러다가 4월경에 무정부주의자 鄭賢燮(정화암)의 부탁을 받고 아이스크림가게로 쓰도록 하

---

82) 「안공근 등에 관한 건」(1926.8.3) 『한국독립운동사』 자료20, 국사편찬위원회, 1991, 70쪽.
83) 한시준, 「안공근의 생애와 독립운동」, 129~130쪽.

였다. 연이은 호우로 아이스크림장사는 실패하고 말았지만, 이후 양인은 각별한 친분을 유지하게 되었다.[84] 안공근이 1928년 3월 상해에서 柳基石·尹浩然·李乙奎 등과 함께 재중국조선무정부주의자연맹을 조직하여 활동하게 되었던 것도 그러한 친분이 작용한 결과였을 것이다.[85] 하여튼 무정부주의자들과의 교류는 나중에 안공근이 무정부주의단체인 남화한인연맹과 연대하여 특무공작을 벌이는데 직접적 도움이 되었다.

안공근은 1926년 이후 어느 시점에 조카인 安原生(안정근 큰아들) 및 기타의 청년들과 함께 八人團을 조직하였다. 팔인단은 암살을 목적으로 하는 비밀결사로서 안공근 자신이 책임자가 되었다고 한다.[86] 단체이름을 팔인단으로 정한 것은 8명의 결사대원으로 구성된 때문일 것이다. 이러한 팔인단은 안공근이 1910년대에 니콜리스크에서 밀정을 처단한 사건과 결사대가 사용할 무기를 구입했던 경험을 되살려 조직한 것으로 파악된다. 물론 이러한 암살단은 김구가 한인애국단과 같은 특무공작단을 조직할 때에 산하단체로 편입되어 중요한 역할을 수행했을 것이다.

넷째, 안공근은 유일당운동이 실효를 거두지 못하자 민족주의세력만으로 구성된 한국독립당에 참여하였다. 당시 기호파와 서북파의 영수인 이동녕과 안창호가 합심하여 종래의 지방적 파벌투쟁을 청산하고 민족주의운동전선을 통일하고 임시정부의 기초적 정당을 조직하여 임시정부를 옹호·유지하고자 하였다. 그리하여 1930년 1월 25일 이동녕·안창호·안공근·조완구·조소앙·김구·윤기섭·안공근·엄항섭·김두봉 등 기호파·서북파 독립운동가 및 기타 우파 민족주의자 28명이 모여 한국독립당을 창당하였다. 이때 안공근은 이동녕·안창호·김두봉·이유필·조소앙 등과 함께 7인의 黨義와 黨綱을 기초하고 그것을 가결

---

84) 정화암, 『이 조국 어디로 갈 것인가』, 자유문고, 1982, 92쪽.
85) 김정주, 『조선통치사료』 10, 870쪽.
86) 『고등경찰보』 6, 303쪽.

하는 기초위원에 선발되었다.[87]

한국독립당은 혁명수단으로 원수 일본의 모든 침략세력을 박멸하고 국토와 주권의 완전히 광복하고 정치·경제·교육의 균등에 기초한 신민주국을 건설하여 안으로 국민 각자의 균등생활을 보장하고 밖으로 민족과 국가의 평등을 실현한다는 취지에서 발족되었다. 이를 위해 한국독립당은 1) 대중에 대해 혁명의식을 환기하고 민족적 혁명역량을 총집중할 일, 2) 엄밀한 조직 하에 민족적 반항과 무력적 파괴를 적극적으로 진행할 일, 3) 세계 피압박민족의 혁명단체와 연락을 취할 일, 4) 보통선거제를 실시하고 국민의 참정권을 평등히 하여 기본권리를 보장할 일 등의 정강을 표방하였다.[88] 이러한 독립방략 가운데 "엄밀한 조직하에 민족적 반항과 무력적 파괴"를 추진하는 안공근의 주요 임무였다.

1910년대부터 1920년대까지 안공근은 다양한 독립활동을 벌였다. 그는 1919년 여름까지는 안정근의 그늘 밑에서 활동했고, 1920년 이후에는 안창호의 천거로 상해임정을 도왔다. 그러나 그는 러시아에서 귀국한 후부터 상해지역의 주도세력인 안창호계와 입장을 달리하였다. 1926년 5월 임시의정원이 양기탁의 후임으로 안창호를 국무령에 선임하자 기호파의 중심인 안공근·金奎植·金九·金甫潤 등은 서북파인 안창호가 국무령이 되는 것을 반대하였다. 또한 임시의정원의 집정 崔昌植에 의해 국무령으로 추대된 洪鎭이 내각을 구성했을 때에 기호파의 김구·조소앙, 중간파의 안공근·오영선 등이 입각을 반대하여 결국 안창호가 내각 구성을 도왔다고 한다.[89] 이것은 자료에 따라 기호파 내지 중간파로 분류된 안공근이 1926년 이후부터 안정근·안창호의 서북파를 벗어나 이동녕·김구를 비롯한 기호파와 활동을 같이하고 있었음을 보여준다. 동

---

87) 『한국민족운동사료』 중국편, 645~646쪽.
88) 김정주, 『조선통치사료』 10, 697쪽.
89) 『한국민족운동사료』 중국편, 598, 600~601쪽.

시에 안창호의 점진적 실력양성주의를 떠나 한국독립당과 김구와의 무력적 파괴주의를 지지해 가고 있었음을 나타내 준다. 이처럼 안공근이 외교주의나 실력양성주의보다는 무력적 파괴주의를 지지한 것은 20대 중후반의 일제밀정 처단사건과 결사대원 양성사업, 30대중반 무정부주의자들과의 연대경험, 그리고 침체에 빠진 독립운동계를 위해 일대 거사가 필요하다는 시대분위기 등이 복합적인 영향을 미친 것으로 풀이된다.

5. 특무공작단 운영과 독립군 양성 활동

1931년 9월 만주사변 발발하자 대한민국임시정부는 특무대를 조직하여 의열투쟁을 전개하기로 하였다. 임시정부가 의열투쟁을 강구한 것은 1920년대 중반 이후 침체에 빠진 독립운동의 활성화를 위한 고육책에서 나온 것이었다. 당시 임시정부 요인들은 "군사공작을 못한다면 테러공작이라도 하는 것이 절대 필요하다"고 생각했다.[90] 이를 위해 임시정부는 의열단의 고문을 지낸 적이 있는 재무장 겸 민단장 김구에게 한인애국단의 조직을 일임하였다. 이에 1931년 11월경 김구는 한인애국단을 조직하고 단장에 올랐다. 단원은 안공근・嚴恒燮・金東宇・安敬根・孫昌道・白九波・金毅漢・金鉉九・金弘壹・孫斗煥・李德柱・柳相根・李秀峰・崔興植 등이었다. 이러한 한인애국단은 일제 요인과 시설에 대한 암살과 파괴를 주요 임무로 삼고 있었다.[91]

한인애국단은 임시정부 산하의 비밀결사단체였으나 실제로는 김구의 사조직처럼 운영되었다. 김구는 이러한 한인애국단의 운영을 안공근에게 맡겼다. 당시 안공근은 참모(나중에 부단장)라는 직책을 가지고 단원의

---

90) 김구 저, 도진순 주해, 『백범일지』, 돌베개, 1997, 326쪽.
91) 김창수, 「한인애국단의 성립과 활동」 『한국독립운동사연구』 2, 1988, 439∼468쪽.

모집과 관리 · 통신연락 · 정보수집 · 특무활동 등에 관한 일을 총괄했던 것으로 보인다.[92] 신입단원 엄창복의 사례를 보면, 입단서를 받고 한인 애국단의 취지를 설명하는 중요한 일은 안공근이 맡았다. 그리고 신입단 원은 안공근의 앞에서 김구를 비롯한 여러 선생들의 지휘명령에 절대복 종하며 목적달성을 위해 활동하겠다는 선서를 하기도 하였다.[93] 이로 인 해 일제는 "안공근은 김구의 참모로서 그 신임이 가장 두텁고 김구가 범 한 不逞 행동은 안공근의 보좌에 의해서 된다"고 파악하고 있었다.[94]

한인애국단의 본부는 안공근의 집이었고, 따라서 한인애국단의 중요 한 일들은 안공근의 집에서 이루어졌다. 1931년 12월 13일 이봉창의사 의 선서식이 안공근의 집에서 거행되었고, 또 단원들의 통신 연락처도 안공근의 집이었다.[95] 윤봉길의사가 출정에 앞서 태극기를 들고 찍은 사 진은 안공근의 제2남 安樂生이 안공근의 집에서 촬영한 것이다. 안공근 의 집은 프랑스 조계 貝勒路 新天祥里 20호였는데, 각지로 파견된 단원 들이 이곳으로 통신연락을 하였다. 일제는 "만주 방면의 대관 암살의 목 적으로 파견한 이덕주 · 兪鎭萬 · 金錠鎬 · 최흥식 · 유상근 등과의 통신 연락은 오로지 신천상리 20호 안공근 가적의 주택을 주소로 하여 행해졌 다"고 하였다.[96]

그런데 김구가 안공근을 중용한 것은 여러 가지 이유에서이다. 첫째, 안공근은 어려서부터 김구와 인연을 맺었다. 김구는 1896년 2월부터 3개 월간 안공근의 부친 안태훈진사의 후의로 청계동에서 식객생활을 하였 다. 이때 김구는 "빨간 두루마기를 입고 머리를 땋아 늘어뜨린" 8살의

---

92) 한시준, 「안공근의 생애와 독립운동」, 133쪽.
93) 『백범김구전집』 4, 659쪽.
94) 『고등경찰보』, 303쪽.
95) 한시준, 「안공근의 생애와 독립운동」, 132쪽.
96) 「폭탄사건후에 있어서의 김구 일파의 동정」(1932.1.10) 『한국독립운동사료』 중 국편, 747쪽.

어린 안공근을 기억하고 있었다.[97] 둘째, 안공근은 특무활동에 종사한 경험이 있었다. 안공근은 1914년에 안정근과 함께 일제밀정 처단사건을 결행하였고, 팔인단을 조직하여 모종의 특무공작을 벌였다. 셋째, 안공근은 상해거류 한인들 중에 정보력이 매우 뛰어난 편이었다. 그는 다년간 구미공사관에 드나들며 정보를 습득했고, 밀정들에 관한 많은 정보를 갖고 있었다. 따라서 임시정부 경무국장을 지내면서 정보력의 중요성을 절감한 김구에게 정보통 안공근은 반드시 필요한 인물이었다.[98] 넷째, 안공근은 상해의 무정부주의세력과 친밀한 사이였다. 한인애국단이 원활한 활동을 전개하려면 남화한인청년연맹과 같은 비밀단체의 도움이 필요하였다. 이럴 경우 남화한인청년연맹의 주축인사인 정현섭과 친분이 두터운 안공근은 주목할 인물이었다. 다섯째, 안공근은 1920년대 중반 이래 김구와 정치노선을 같이하고 있었다. 안공근은 임시정부를 유지 · 옹호하는 문제에서 김구와 입장을 같이하며 안창호세력을 견제하기도 하였다. 이런 이유들로 인해 김구는 안공근을 한인애국단의 운영자로 발탁했던 것이다.

1932년 4월 29일 윤봉길의거 이후 안공근은 김구의 최측근 겸 한인애국단의 실질적인 운영자로 부상하였다. 윤봉길의거 직후 일제의 수색이 극심해지자 김구는 일단 상해 외인기독교청년회 주사인 피치(S. A. Fitch)의 집으로 피신하기로 하였다. 이때 그는 안공근 · 엄항섭 양인을 불러 "이후로 군등의 집안생활을 내가 책임질 터이니 오로지 우리 사업

---

97) 김구 저, 도진순 주해, 『백범일지』, 돌베개, 1997, 57쪽.
98) 당시 안공근은 러시아인을 통해 일본측의 정보를 입수하였고, 한인청년 위혜림과 김성근을 포섭하여 일본영사관의 정보를 입수해내기도 하였다. 그가 위혜림을 시켜 조사한 비행의 내용을 친구 정현섭에게 내놓은 적이 있었는데, 거기에는 "상해의 독립운동가 중의 일부 요인에 대한 일본 영사관측의 암살지령 내용, 이간과 중상모략의 내용, 그리고 일본 영사관으로부터 그들이 받은 자금내역 등에 이르는 상세한 기록까지 기재되어 있었다"고 한다. 정화암, 『이 조국 어디로 갈 것인가』, 145쪽 ; 한시준, 「안공근의 생애와 독립운동」, 133쪽.

에만 전념하라"고 하였다.99) 이것은 자신의 권한을 상당 부분 양인에게 양도한 것이었다. 이후 안공근은 김구가 가흥으로 피신처를 옮길 때에 김구를 동행하였고, 이후 가흥과 상해를 오가며 한인애국단의 조직과 운영을 총괄하였다. 이로 인해 일제는 "윤봉길의거 후에 안공근은 김구의 재상해 대표격으로 그 거처를 성내에 정하고 때로는 항주·남경을 다니고 있다"고 하였다.100)

안공근은 윤봉길의거 이후에도 대중국교섭과 친일파처단 활동에 열중하였다. 윤봉길의거를 한중 양국민의 시름을 씻어준 쾌거로 간주한 중국의 관민과 군부는 1932년 5월경부터 10월까지 김구와 여러 독립운동가에게 상당한 자금을 희사하였다. 그는 지원금 가운데 60% 이상을 직접 받아서 김구에게 전달했을 정도로 독립자금 문제에도 깊이 간여하였다.101) 또한 안공근은 1933년 8월에 제약회사를 경영하며 일제 관헌과 내통하고 있던 玉觀彬을 처단한 이른바 鋤奸團事件을 성사시켰다. 이 사건은 안공근이 김구의 한인애국단과 정현섭의 남화한인청년연맹이 합작하도록 주선하여 이루어진 것이었다.102)

윤봉길의거 이후 김구는 한국독립당이나 임시정부와 관련 없이 독자행도를 걷기 시작했다. 이러한 독자행보는 1933년 1월 개최된 한국독립당 대표대회에서 이직과 태만을 이유로 김구·안공근·엄항섭·박찬익 등이 이사직에서 해임된 이후로 가속화되었다. 이후 김구는 측근들을 중심으로 독자적인 조직과 세력을 형성하여 활동하였다.103) 김구가 일제의 검거를 피해 잠복한 상태에서 독자행보를 펼치는 과정에서 안공근·엄항섭·박찬익 3인은 3각편대를 이루어 부단히 외교와 정보 방면에서 김

---

99) 김구 저, 도진순 주해, 『백범일지』, 338쪽.
100) 「폭탄의거후 김구일파등의 동정」(1932.11.10) 『한국독립운동사』 자료2, 268쪽.
101) 『한국민족운동사료』 중국편, 749쪽.
102) 정화암, 『이 조국 어디로 갈 것인가』, 159~165쪽.
103) 한시준, 「안공근의 생애와 독립운동」, 134~135쪽.

구를 보좌하였다.[104] 아울러 안공근은 1933년 봄 김구가 한중연대의 일환으로서 기병학교 설립안을 가지고 蔣介石을 면담하러 남경에 갈 때 엄항섭과 함께 김구를 모시고 갔다.[105]

1934년 이후 안공근은 김구가 설립한 특무교육기관의 실질적인 책임과 운영을 맡았다. 안공근은 중국중앙육군군관학교 낙양분교 내에 설치된 한인특별반을 거느렸다. 한인특설반은 김구가 장개석의 협조와 지원을 받아 군사간부를 양성하고 자기 세력을 확대하기 위해 1934년 2월에 설립한 학교였다. 한인특별반은 김구계열이 운영자금을 장악하고 이청천계가 교육훈련을 담당하는 이원적인 구조로 이루어져 있었다.[106] 따라서 양측의 주도권경쟁으로 말미암아 한인특별반은 원활한 운영이 어려웠다. 당시 한인특별반의 운영은 김구가 고문자격으로 총괄했지만 입교생들의 모집부터 관리에 이르기까지 모든 실무는 '학생보호계'를 담당한 안공근이 담당하였다.[107]

1934년 6월경부터 안공근은 뛰어난 외교술로 대외교섭과 재정조달의 임무를 맡아온 박찬익을 대신하여 중국측과의 교섭임무를 담당하게 되었다. 당시 박찬익은 한국국민당의 자금관리 문제를 김구에게 건의했으나 받아들여지지 않았다. 이것이 불씨가 되어 박찬익은 김구와 불화가 생겼고, 더욱이 이때 자금문제로 의심을 받자 미련 없이 김구와 인연을 끊었다.[108] 이로써 안공근이 중국과의 교섭창구를 맡았다. 김구는 중국의 지원담당 실행위원인 蕭錚에게 편지를 보내 안공근을 소개하며 교체사실을 통보하였다. 이로써 안공근은 박찬익이 담당하던 중국과의 교섭업무를 모두 맡게 되었다. 그리하여 김구의 측근으로서의 위상을 한껏

104) 김구 저, 도진순 주해, 『백범일지』, 355쪽.
105) 한상도, 『한국독립운동과 중국군관학교』, 문학과지성사, 1994, 306~309쪽.
106) 한상도, 『한국독립운동과 중국군관학교』, 313~314쪽.
107) 한시준, 「안공근의 생애와 독립운동」, 135쪽.
108) 『남파박찬익전기』, 을유문화사, 1989, 221~222쪽.

누리게 되었다.[109]

1934년 12월 안공근은 한인특별반의 후신인 한국특무대독립군의 관리와 운영을 도맡아 처리하였다. 낙양군관학교에서 김구계와 이청천계 간의 주도권 다툼이 심해지자 김구는 1934년 8월 자기 휘하의 입교생을 철수시켰다. 당시 김구는 한인학생들을 집단적으로 수용·훈련시킬 단체를 만들어 이들의 항일투쟁 역량을 자신의 활동기반으로 삼고자 하였다. 그는 남경성 안의 木匠營 高安里 1호에 한국특무대독립군 본부를 설치하고 대장을 맡아 80여명의 한인학생들을 대상으로 교육과 훈련을 실시하였다. '김구특무대'라고 불린 한국특무대독립군은 ① 군사적 무장수련을 목적으로 하고, ② 배신자나 친일파를 처단하고, ③ 일본제국주의와 그 정책을 파괴할 것을 설립목적으로 삼고 있었다.[110]

안공근은 한국특무대독립군의 참모로서 학생들을 관리하고 교육하는 일을 주관하였다. 그는 학생들의 입회심사·일상생활·편의제공·지시하달·혁명학습에 이르기까지 모든 일을 김구를 대신하여 주관하였다. 그는 학생들을 모아놓고 교육할 때 다음과 같이 특무활동의 필요성과 의의를 논급하는 강연을 하였다.

> 우리는 조선의 혁명을 위하여 일생을 바치고 있는 白凡선생의 산하에 모여서 그의 추거로 혁명적 전위 투사로서 훈련을 지금 각각의 학교에서 받고 있는 중이다. … 유격전술의 특징은 한 사람이 몇 천 명, 몇 만 명을 상대하는 일을 하는데 있는 것이다. 그 좋은 본보기는 상해사건에서 尹奉吉이다. 중국의 군대들은 몇 천, 몇 만의 군을 동원하여 전쟁했지만 결국 한 사람 대장의 발마저도 엿볼 수가 없었던 것에 반하여 윤봉길은 한 사람으로 白川대장을 쓰러뜨렸던 것이다. 이와 같이 유격대의 전술은 일기당천의 효과를 가져오는 것인데, 그대들은 그 유격대로서 혁명운동에 활동해 주지 않으면 안 된다. 이것이 그대들 학생으로

---

109) 한시준, 「안공근의 생애와 독립운동」, 136쪽.
110) 한상도, 『한국독립운동과 중국군관학교』, 333~334쪽.

한국특무대 독립군을 결성하는 백범선생의 취지인 것이다. … 이 특무
대의 목적은 조선국의 독립과 조선민족의 행복을 위한 공산주의 혁명
이다. … 일본이 소연방, 또는 중국과 제국주의 침략전쟁을 할 때에 우
리는 중국, 또는 소연방과 악수하여 그 양해와 원조 아래서 일본과 대
륙 중간에 있는 조선에서 일을 벌여 전선과 일본 본토와의 중간을 차단
함으로써 전쟁을 일본에게 불리하도록 유도한다. 그렇게 하여 제국주
의를 약화시켜 우리들이 조선의 혁명달성을 도모하는 바로 그것이다.
곧 우리 특무대가 그 목적을 위하여 일본제국주의 타도의 당면 수단으
로서는 조선 및 일본 본토 그리고 만주국에 우리 대원을 밀파하여 철도
나 철교 큰 건조물을 파괴하고 요로의 대관을 암살하고 공장 기타 노동
자 농민 등 집단 장소에 잠입시켜 혁명의식을 주입하고 선전 선동함으
로써 정치 경제 기구를 문란하게 하여 그러는 가운데 우리들의 진정한
목적을 달성하도록 하는데 있는 것이다.[111]

김구는 한국특무대독립군 외에도 또 다른 사조직인 학생훈련소를 운
영하였다. 학생훈련소는 1935년 2월 안공근의 건의에 의해 남경성내 東
關頭 23호에 설치되었다. 학생훈련소는 이후 각 지방에서 모집한 약 30
명의 한인청년들에게 교양훈련을 시켰다. 그 목적은 장래 김구의 수족으
로서 각종 혁명공작을 수행할 때에 가장 필요한 군사훈련을 본격적으로
습득케 하고, 나아가 중국측과 교섭하여 재남경 중국중앙육군군관학교에
입학시키기 위한 예비교육을 실시하려는 것이었다. 이에 군사훈련소에서
는 중국어·기하·대수 등 예비교육을 실시하는 외에 혁명정신에 대한
교양을 교수하였다. 이로 보아 학생훈련소는 한국특무대독립군을 거느릴
장교를 양성하기 위한 예비사관학교였다. 그러나 6월에 일본관헌에게 본
부가 발각되어 강소성 宣興縣 張州 龍池山로 이주하면서 엄항섭이 관장
하게 되었다. 10월에 훈련생 鄭成彥 등 2명이 체포되어 실체가 노출되자
일본측은 중국측에 한인의 군관학교 입교를 거부하도록 압력을 넣었다.
이로 말미암아 학생훈련소는 소기의 목적을 달성하지 못하고 폐쇄되고

---

111) 「백찬기심문조서(제5회)」『한민족독립운동사자료집』43, 198~199쪽.

안공근의 항일독립운동 ▪ 147

말았다.[112]

안공근은 윤봉길의거 이후 김구의 특무조직을 운영하면서 영향력을
확대해갔다. 한인애국단·한인특별반(한국특무대독립군)을 실질적으로
운영하고, 학생훈련소의 초기운영에 관여하면서 세력기반을 넓혀갔던 것
이다. 이어 1935년 11월 김구가 임시정부의 무정부상태를 이용하여 한국
국민당을 결성하고 임시정부의 주도권을 장악하고 임시정부를 옹호할
것을 천명하였다. 김구는 좌익계의 민족혁명당에 불참한 임시정부내 구
세력과 한인애국단 소속의 측근들을 망라하여 한국국민당 간부진의 진
용을 짰는데, 이때부터 안공근은 임시정부의 중요인물로 부상하였다. 그
리하여 김구의 후광을 등에 업고 한국국민당 이사, 임시의정원 의원, 임
시정부 군사위원회 위원 등에 선임되었다.[113] 이때 공식-비공식 활동에
분주히 돌아다니던 안공근은 일제의 검거를 피하기 위해 西利路·信庵
(안공근의 호)·安三才·張震球·趙韓用 등 여러 개의 가명을 사용하기
도 하였다.[114]

1936년 이후에도 안공근은 임시정부에서 활동하기보다는 특무조직을
관리하고 운영하는데 심혈을 기울였다. 한국국민당은 그 전위조직으로서
한국국민당청년단과 한국청년전위단을 거느렸다. 전자는 1936년 7월 기
존의 한국특무대독립군과 해산된 학생훈련소를 중심으로 조직한 것이고,
전위단은 광동지역에 세력을 확대하기 위해 김구의 아들 金仁과 안공근
의 장남 安偶生을 파견하여 조직한 것이다. 안공근은 이러한 전위조직들
을 관리하고 운영하면서 각종 정보수집과 한국국민당의 세력기반을 확
장해 나가고 있었다. 그리하여 "한국국민당의 청년들이 종사한 정보공작
은 완전히 안공근에 의해 움직였다"는 말이 나왔을 정도로 1936년경까

---

112) 『백범김구전집』 4, 대한매일신보사, 1999, 683쪽 ; 한상도, 『한국독립운동과 중
국군관학교』, 338~345쪽.
113) 한시준, 「안공근의 생애와 독립운동」, 137쪽.
114) 『한국독립운동사료』 중국편, 886쪽.

지 영향력을 발휘하였다.[115)

1937년 8월 안공근은 한국애국단 대표로서 미국내 한인독립운동단체인 한국국민회 등 5개 단체, 중국내 조선혁명당·한국독립당 등 8개 단체와 연명으로「韓國黨護運團體의 中日戰局에 대한 선언」을 발표하고, 같은 달 17일에 한국국민당·한국독립당·조선혁명당 등과 하와이와 미국내 한인독립운동 9개 단체를 연합하여 한국국광부운동단체연합회를 조직하여 1938년까지 활동하였다. 당시 한국광복운동단체연합회는 본거를 장사에 두고 거듭 안공근·안경근을 홍콩에 파견하여 잠복책동 중인 김인(김구 장남)·안우생(안중근 장남) 등으로 하여금 동지규합에 힘쓰도록 하고, 항일 선전자료와 기타 정보 수집에 애쓰도록 하였다. 그러나 연합회내에 노인이 많고 청년층의 활동분자가 극히 소수이기 때문에 두드러진 활동은 없었다고 한다.[116)

6. 김구와의 갈등과 말년의 모습

1935～1936년은 안공근의 생애에서 가장 화려한 시기였다. 이때 그는 한인애국단과 한국특무대독립군 등 특무기관을 실질적으로 운영하였고, 한국독립당의 이사와 임시의정원 의원 등직을 맡아 활동했으며, 중국정부를 상대로 임시정부의 대외창구 역할까지 맡고 있었다. 그러나 이처럼 개인적으로 영광이 극도에 달한 시점에 그는 후원자나 지자들로부터 견제 내지 비판을 받고 있었다. 무엇보다 안공근의 정치적 후원자인 김구가 1937년 7월 이후에 그에 대한 신임을 철회한 일은 안공근의 퇴장과 밀접한 관련이 있었다.

115) 한시준,「안공근의 생애와 독립운동」, 137～138쪽.
116)「1938年の在支不逞朝鮮人の不穩策動狀況」『조선독립운동』Ⅱ, 616쪽.

김구가 한국국민당의 세력을 확대하느라 분주하게 보내던 1936년 1월 초순에 특무부대의 중견단원들이 탈회하는 사건이 벌어졌다. 당시 金東宇・吳冕植・盧鍾均・宋曉春・楊汝舟 등 7~8명은 김구・안공근파와 내홍을 벌이다가 "김구의 독재전제적 행동과 안공근의 전횡불륜 행위에 분개하여" 특무부대를 떠났다. 이들이 외부인사들과 연대하여 韓國猛(盟)血團을 조직하고 상해로 진출하자 김구의 특무부대는 와해될 지경에 처하였다. 이에 김구는 중국측에 신용을 만회하기 위해 부하들을 독려하여 새로이 청년들을 모집하였다. 그리하여 약 20명을 모집하여 엄항섭을 지휘자로 삼아 혁명교육을 실시하게 하였다고 한다.[117] 이를 보면 동지들의 탈회사건이 있은 후에 특무공작단의 운영권이 안공근에서 엄항섭으로 넘어갔음을 알 수 있다.

특무부대원들이 탈회하면서 비판한 '안공근의 專橫不倫'이 무엇인가는 명확히 알 수 없다. 안공근은 윤봉길의거 이전 어느 시기에 위혜림과 함께 대공원(The Great World Amusement Resort) 근처에 도박장을 설립하자는 광동인의 술수에 말려들어 수천 달러를 사기당한 적이 있다.[118] 또 임시정부 내막에 소상한 친김구 성향의 정정화는 자신의 일대기에서 "안공근이 상해에 있을 때에 형 안중근의 일로 말썽을 일으키고 공금을 챙겨 홍콩으로 잠시 몸을 피한 일이 있었다. 재주가 많고 말을 잘하는 이라서 여기저기에 허튼 소리를 하고 다녔던 모양이다. 임정 어른들께 야단을 맞게 생겼으니까 홍콩으로 도망갔던 것이다"고 하였다. 나중에 돌아온 안공근에게 김구는 "이제 사람이 돼라. 지금 이 자리서 결심을 해라. 그 대신 나도 내가 좋아하는 이 담배를 끊겠다. 너 사람이 될 때까지"라고 말했다고 한다.[119]

---

117) 「한국국민당, 靑年團其後の情勢」『백범김구전집』4, 753쪽 ; 『한국독립운동사료』 중국편, 874쪽.
118) 「金海山 등 심문기록」(1934.2.9) 『한국독립운동사』 자료20, 249쪽.
119) 정정화, 『녹두꽃』, 도서출판 미완, 1987, 77쪽.

안공근의 금전문제를 언급한 위의 두 가지 기록들은 사실 완전히 신뢰하기가 힘든 측면이 있다. 왜냐하면 일제시기 해외에서 독립운동을 주도한 유명 인사들 치고 독립자금의 투명성이란 문제에서 자유로운 이는 거의 없는 형편이기 때문이다. 이와 관련하여 한국특무대독립군의 단원으로 처음에는 안공근에게 많은 영향을 받았으나 신병이 생긴 뒤로 안공근에게 소외를 당하고 서운한 마음을 품었던 白贊基의 공술은 시사하는 바가 크다.

> 안공근은 항상 주거지를 숨기고 있는데, 어디인지 중국사람 집에 있는 것 같았다. 김구파 제1의 실력가이고, 가장 인기 있는 역할을 하는 사람으로 김구의 참모이자 또한 김구의 대리로서 일체를 처리하여 김구파의 혁명운동은 모두 이 안공근의 의도에서 나온다고까지 일컬어지고 있다. 남경정부에서 김구파가 받는 대양전 2,500원도 김구와 안공근 사이에서 적당히 안배하여 처분되고 있는 모양이다. 출입할 때는 언제나 인력거를 쓰는데 그 싼 곳에서도 한달에 인력거 비용만 40원이 된다는 소문으로 그들의 생활이 호화로움을 알 수 있을 것이다. 이렇게 해서 김구파의 간부들은 호화로운 생활을 하고 있으면서 나와 같이 병으로 쓰러진 사람에 대해서는 의료원으로 가라고 여비 정도만 주어 쫓아버리는 식이니 자연스럽게 부하의 신망도 엷어지는 것으로, 이 점에서 의열단과는 정반대이며 의열단은 운동을 위해서는 상당히 돈을 쓴다는 것이다. 그런 점으로 보아 김구파는 의열단에게 그 세력이란 점에서 멀리 떨어진 것으로 생각한다. 그리고 또 이 안공근은 상해의 프랑스조계 이하는 모르고, 가족을 맡겨놓고 상당한 자산을 가지고 있다는 소문이다.[120]

위의 백찬기의 공술에는 ① 안공근이 김구의 참모이자 대리인으로서 김구파의 혁명공작은 모두 안공근이 기획할 정도로 영향력을 발휘했고, ② 중국정부의 재정지원금을 안공근이 김구와 나누어 사용하였고, ③ 안

---

120) 「백찬기심문조서(제5회)」 『한민족독립운동사자료집』 43, 208~209쪽.

공근과 그 가족의 생활이 비교적 호화로웠던 반면 부하들에 대한 대우는 극진하지 못했다는 점이다. 이중 안공근과 그 일족의 생활이 넉넉했던 반면 특무대원에 대한 대우가 의열단원보다 못했다는 점은 주목할 요한 다고 생각한다. 당시 중국 관내에서 활동한 일반 독립군들의 생활수준은 일신을 지탱하기에도 넉넉지 못한 경우가 많았기 때문에 중국정부의 지원금을 관장하며 호사스런 생활을 하고 있는 안공근은 비판의 대상이 되기에 충분하였다.

안공근과 김구가 갈라선 이유에 대해 기존에는 중일전쟁 이후 안공근이 큰형의 가족을 상해에서 탈출시키지 못했기 때문이라고 한다. 『백범일지』에 의하면, 1937년 10월 일본군이 상해를 공격해 오자 안공근은 자신의 가족들을 제쳐두고 김구의 모친 곽낙원만을 모시고 남경으로 나왔다. 당시 곽낙원은 안공근의 집에 머물고 있었는데 안공근은 자신의 가족들보다 곽낙원의 안위를 중시한 것이다.[121] 이로 보아 안공근의 김구에 대한 절대적 충성심을 익히 짐작할 수 있다. 이후 김구는 다시 안공근에게 상해로 들어가 그의 가솔과 안중근의사의 부인을 모셔오도록 거듭 당부했으나 안공근은 자기 가솔만을 데리고 나왔다.

> 나는 안공근을 상해로 파견하여 자기 가솔과 안중근 의사의 부인인 큰형수를 기어이 모셔오라고 거듭 부탁하였다. 그런데 공근은 자기의 家屬들만 거느리고 왔을 뿐 큰 형수를 데려오지 않았다. 나는 크게 꾸짖었다. 양반의 집에 화재가 나면 사당에 가서 神主부터 안고 나오거늘. 혁명가가 피난하면서 국가를 위하여 殺身成仁한 의사의 부인을 왜구의 점령구에 버리고 오는 것은, 안군 가문의 도덕에는 물론이고 혁명가의 도덕으로도 용인할 수 없는 일이다. 또한 군의 가족도 단체생활 범위내에 들어오는 것이 생사고락을 같이하는 본의에 합당하지 않겠는가? 그러나 공근은 자기 식구만 중경으로 이주케 하고 단체 편입을 원하지 않으므로 본인의 뜻에 맡겼다.[122]

---

121) 한시준, 「안공근의 생애와 독립운동」, 138쪽.

안공근이 김구로부터 호된 꾸지람을 듣고 김구로부터 신망을 잃었으며 그로 인해 김구의 단체에 편입되기를 원치 않았다고 하는 위의 기록을 입증할 만한 다른 자료는 남아있지 않다. 큰형의 가족을 데려오지 못하면 온갖 비난이 쏟아질 것임은 누구보다도 안공근이 잘 알고 있었을 것이다. 그럼에도 그가 큰형의 가족을 피신시키지 못한 것은 이미 일제의 수중에 떨어진 상해의 현지상황이 여의치 못했기 때문으로 보인다. 다만 명분과 도덕과 의리를 중시하는 김구는 그러한 상황을 고려치 않고 원칙론에 입각하여 안공근의 부도덕성만을 일방적으로 꾸짖는 말을『백범일지』에 남겼다.

안공근과 애증이 교차하는 친밀한 교유를 나누었던 무정부주의자 정현섭은 안공근과 김구의 최후의 관계에 대해 다음과 같은 의미심장한 기록을 남겼다.

> 안공근은 운동자금 명목으로 중국정부로부터 많은 돈을 받아 자기 마음대로 지출을 해오면서 낭비가 많았다. 한번은 김구가 안공근에게 어떤 용도가 있어 5원의 지출을 요구했다가 돈이 없다는 이유로 거절을 당했다. 어디에 돈을 썼냐고 물으니 화암과 위혜림에게 주었다고 대답했다. 이에 김구가 의심을 품고 자기의 큰아들 金仁 · 金鍾秀 · 羅月煥 · 金元龍 · 李海平을 나에게 보내 왔다. 나는 이들에게 안공근을 만난 일도 없고 위혜림을 통해서 접촉한 일도 없다고 말해 주었다. 이들은 위혜림에게 가서 다시 이 사실을 확인했다. 김구는 비로소 나와 안공근이 소원해지고 있다는 것을 알았다. 이와 같이 상황이 바뀌어 가자 안공근은 안공근대로 딴 공작을 하기 시작했다. 국민정부의 정보기관인 藍衣社의 戴笠이란 사람과 손을 잡고 김구를 몰아내고 자기의 형인 安宅[定]根을 내세우려고 계략을 꾸민 것이다. 그러나 그것이 제대로 될 리가 없다. 그 내막까지 알게 된 김구는 즉시 안공근을 축출하고 그동안 안공근이 맡았던 중국정부와의 모든 연락과 교섭업무 일체를 성암 이광에게 맡겼다. 그리고 안공근을 중심으로 했던 모든 활동을 봉쇄

---

122) 김구 지, 도진순 주해,『백범일지』, 361~362쪽.

하고 정보업무에 필요한 공작기계(전신기계)와 그가 쓰던 집까지 몰수
해 버렸다. 그후 안공근은 重慶에서 병원을 경영하는 교포 유모의 집에
자주 내왕했는데 그 뒤의 소식은 알 길이 없다.[123]

위의 정현섭의 회고록에 따르면, ① 안공근은 중국정부로부터 자금을
수령하여 낭비하는 경우가 많았으며, ② 김구는 안공근의 자금 낭비와
유용을 문제 삼아 그의 권위와 도덕성에 타격을 가했고, ③ 위기에 몰린
안공근은 대항책으로서 중국 정보기관과 연대하여 김구를 축출하려 하
였고, ④ 안공근의 의도를 알아챈 김구 일파가 안공근의 모든 기반을 몰
수해 버렸음을 알 수 있다. 1930년대 전반기 김구의 최측근인 박찬익이
자금문제로 김구와 갈등하다가 인연을 끊었던 반면, 다른 최측근인 안공
근은 자금문제로 시작하여 김구와 갈등하다가 결국 모든 기반을 상실하
고 말았던 것이다. 이러한 비극적 결말은 혁명운동기에 안공근과 같은
제2인자가 걸어야 했던 필연적인 과정이었는지도 모를 일이다.

7. 맺음말

안공근은 한국침략의 원흉인 이토오 히로부미를 포살한 한국근대사
의 위인 안중근의 막내 동생이다. 안공근이 안중근의사의 동생이란 사실
은 안공근의거 이후 그의 행로가 이미 정해진 것이나 다름없었다. 이를
테면 안중근의 동생으로서 안공근은 모든 한국인들과 독립운동가들에게
흠모와 존경을 받았던 반면, 일본근대의 원훈을 포살할 흉한의 동생으로
서 안공근은 일제의 가혹한 취체와 감시를 견뎌내야만 했다. 이처럼 안
중근의 동생이라는 사실은 안공근에게 영광과 시련을 동시에 안겨다준

---

123) 정화암, 『이 조국 어디로 갈 것인가』, 자유문고, 1982, 180~181쪽.

피할 수 없는 운명이었다. 이처럼 그는 큰형이 남겨준 영광과 시련을 한 몸에 지닌 상태에서 인생을 살아가야만 했다.

1910년대 안공근의 활동은 둘째형 안정근의 활동과 연동되어 있었다. 여순으로 안중근을 면회하러 갔던 일, 형들의 가솔과 함께 목릉에 정착하여 생활기반을 닦던 일, 모스크바 유학에서 돌아온 다음 니콜리스크에서 장사하던 일, 일제밀정 김정국의 처단을 주도한 일, 니콜리스크에서 처음으로 벼농사에 성공한 일, 장사와 벼농사의 성공을 통해 독립운동 기지를 개척해 보려고 노력한 일 등등 안공근이 1910년대에 벌인 수많은 일들은 둘째형 안정근의 그늘아래에서 이루어진 것이었다. 이러한 점에서 안공근의 1910년대 활동은 안공근의 활동과 상당 부분이 중첩되어 있다고 말할 수 있다.

1920년대에 안공근은 여러 독립단체에서 활동하며 독립방안을 모색하고 자신의 입지를 다져나갔다. 1920년대 전반기에 그는 러시아의 자금을 얻어내기 위한 외교특사 활동을 전개하였다. 1920년대 후반기에 안공근은 다양한 활동을 전개하였다. 무정부주의자들과 친교를 맺고 재중국조선무정부주의자연맹을 결성했으며, 독립운동자들의 전민족적 통일을 달성하기 위해 독립운동촉성회와 유일당운동에 가담했으며, 요인암살을 목적으로 하는 비밀결사인 팔인단을 조직하였다. 아울러 상해의 외국공사관에서 통역과 정보원 생활을 하며 대가족의 생계를 마련하기도 하였다.

1930년대에 안공근은 특무활동을 정력적으로 전개하였다. 대한민국 임시정부의 재무장인 김구의 한인애국단을 운영하며 이봉창의거·윤봉길의거·서간단사건 등 많은 의열투쟁을 벌였다. 또한 윤봉길의거 후에는 김구의 최측근으로 부상하여 김구가 관장하는 모든 공사 조직을 실질적으로 관리하고 운영하였다. 그리하여 김구가 장개석정부의 지원을 받아 설립한 낙양군관학교의 한인특별반, 한인특별반의 후신이자 김구의 사조직인 한국특무대독립군, 고급사관 양성 예비학교인 학생훈련소 등에서의 특무활동을 통해 다수의 청년학생들에게 민족교육과 특무활동을 가르쳤다.

안중근과 안정근이 안창호와 상당한 인연을 맺었던 반면, 안공근은 안창호와 일정한 거리를 두었다. 안중근의 의병활동이나 의열투쟁은 안 창호가 속한 서북학회나 신민회의 민족운동과 다소 연관이 있었다. 안정 근은 안창호를 형님으로 극진히 모시며 임시정부의 제반사를 상의하는 사이였다. 그는 안창호가 임시정부에 관여하지 않으면 자신도 임시정부 에 관여하지 않겠다는 의사를 나타내기도 하였다. 이에 반해 안공근은 안창호의 천거로 임시정부에 가담하여 러시아 외교특사에 임명되었지만, 안창호의 은근한 권고를 물리치고 흥사단에 가입하지 않았다. 더욱이 그 는 1920년대 후반에 기호파나 중간파로 분류되며 안창호의 서북파와 대 립하는 입장을 나타냈다.

안정근이 안창호와 밀접한 관계였다면, 안공근은 김구와 긴밀한 사이 였다. 안공근은 정보력·어학력·의열인맥·정치노선 등에서 김구에게 유익한 인물이었다. 김구가 임시정부와 중국정부의 재정지원으로 특무활 동을 전개할 때에 안공근은 언제나 김구를 최측근에서 보좌하였다. 그래 서 김구파의 모든 혁명공작은 김구의 참모이자 대리인인 안공근의 기획 에서 나왔다는 말이 나올 정도였다. 그러나 양인의 밀착관계는 휘하 동 지들로부터 김구가 '전재독제적'이라는 비판을 받고 안공근이 '전횡불 륜'이라는 비판을 받으면서부터 틀어지기 시작하였다. 이후 안공근이 범 한 재정남용 문제를 김구가 추궁하고 들어가면서 양자는 서로 화합할 수 없는 사이가 되고 말았다.

안공근의 독립운동을 특징짓는 것은 특무공작이다. 그는 20대 중반에 둘째형을 도와 일제밀정을 처단한 경험이 있었다. 30살 때에 노령 니콜리 스크 일대의 결사대원들에게 제공할 무기를 구입하여 산속에 숨겨놓기도 하였다. 이런 경험을 바탕으로 안공근은 1930년대 초반에 김구와 함께 이봉창의거와 윤봉길의거를 엮어냈다. 이중 윤봉길의거는 중국 관내지역에서 한국독립운동의 흐름을 뒤바꾼 사건으로서 안중근의 이토오 히로부미 포살의거에 버금갈 만한 의의를 지닌 사건이었다. 이런 점에서 한국독립운동사를 화려하게 장식한 사건들이 안중근의 형제들에 의해 이루어지거나 기획되었다는 사실은 상당한 의의를 지니고 있다고 하겠다.

안명근의 생애와 독립운동

이 동 언*

1. 머리말

　한민족독립운동사에서 일제에 항거하여 활동한 독립운동가중에서 安重根은 가장 대표적인 민족의 사표로 평가되고 있다. 안중근에 대한 연구와 저술은 학술·문학·예술 등 여러 분야에 걸쳐 상당한 업적을 남겼다.[1] 최근에는 안중근에 대한 국제적 시각과 국내외 인식과 반응에 대한 연구성과가 있어 새로운 재조명이 시도되고 있다.[2]

＊ 한국독립운동사연구소 책임연구원
1) 조광, 「안중근 연구의 현황과 과제」 『한국근현대사연구』 12, 2000 ; 안중근의사기념관, 「안중근관련문헌」 『대한국인 안중근 - 사진과 유묵』, 2001.
2) 이 분야에 관한 연구로는 이상일, 「안중근 의거에 대한 각국의 동향과 신문논조」 『한국민족운동사연구』 30, 국학자료원, 2002 ; 김춘선, 「안중근 의거에 대한 중

한민족독립운동사의 특징중 하나로 특정 가문의 집단적인 독립운동 사례를 들 수 있다.3) 안중근 가문도 그 대표적인 사례로 안중근 가문의 혈연관계, 가문 일족과 그 가족과 친족, 주변인물에 관한 연구도 포함되어야 종합적이고 체계적인 연구가 될 것이다.4)

안중근(1879~1910) 가문의 독립운동은 부친 安泰勳(1862~1905) 實弟 安定根(1884~1949)과 安恭根(1889~1939), 從弟 安明根(1879~1927), 그 외 친족들 다수가 독립운동에 투신하였다.5) 본고에서는 안악사건으로 널리 알려진 안명근의 생애와 독립운동에 대해 정리해보고자 한다.

국인의 인식」『한국근현대사연구』33, 2005 ; 신운용, 「안중근 의거에 대한 국내의 인식과 반응」『한국근현대사연구』33, 2005 ; 한상권, 「안중근 의거에 대한 미주 한인의 인식」『한국근현대사연구』33, 2005 ; 李帆, 「안중근의 중국 민족정신에 미친 영향에 관한 연구」『안중근 의거와 동아시아사회』(안중근의사 의거 100주년 기념준비 제4회 학술대회), 안중근의사기념사업회, 2006 ; 신운용, 「안중근 의거의 국제정치적 배경과 의의」『안중근 의거와 동아시아사회』(안중근의사 의거 100주년 기념준비 제4회 학술대회), 안중근의사기념사업회, 2006 ; 徐勇, 「안중근 문제에 대한 중국의 반향 및 약간의 문제연구」『안중근 의거와 동아시아사회』(안중근의사 의거 100주년 기념준비 제4회 학술대회), 안중근의사기념사업회, 2006 ; 신운용, 「안중근의 민족운동 연구」, 한국외국어대학교 박사학위논문, 2007 등이 있다.

3) 대표적인 사례로 우당 이회영 가문과 석주 이상룡 가문을 들 수 있다.

4) 안중근 가문에 대한 연구로는 「독립운동가 안정근의 생애」『수촌박영석교수화갑기념 한민족독립운동사논총』, 탐구당, 1992 ; 조광, 「안중근 연구의 현황과 과제」『한국근현대사연구』12, 2000 ; 한시준, 「안공근의 생애와 독립운동」『교회사연구』15, 2000 ; 오영섭, 「안중근 가문의 독립운동」『한국민족운동사연구』30, 2002 ; 이재호, 「안창호와 안정근·공근 형제」『도산학연구』10, 2004 ; 오영섭, 「안태훈(1862~1905)의 생애와 활동」『한국근현대사연구』40, 2007.

5) 안중근 가문 중에서 독립운동유공자로 포상을 받은 분은 안중근 대한민국장, 안정근·안공근·안명근·안경근 독립장, 후대로는 안춘생 독립장, 안봉생 애국장, 안원생 애족장 등이다.

2. 출생과 국내에서의 활동

안명근은 1879년 9월 2일 부친 안태현[6]의 3남중 맏아들로 황해도 벽성군(碧城郡: 해주시) 수양산 아래에서 태어났다. 호는 梅山이다.[7] 안명근은 고향서 수학하다가 1897년 11월 28일 부친 安泰鉉[8]과 함께 신천군 두라면 청계동에서 빌렘 신부로부터 영세를 받고 천주교에 입교하였다. 당시 황해도지역은 안태훈과 빌렘신부의 영향으로 천주교 교세가 급속하게 신장하였고, 안태훈의 권유로 1897년 청계동에서 그의 가솔을 비롯하여 이지역 주민들 99명이 세례를 받았다. 안태훈의 형제중에서 맏형 安泰鎭은 조상의 제사를 모셔야 한다는 책임감으로 유일하게 천주교 신자가 되기를 포기하였다.[9]

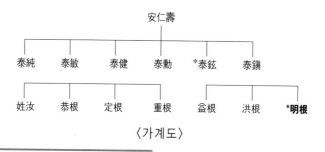

〈가계도〉

---

6) 안태현은 안중근의 부친 안태훈의 둘째형으로 初試에 급제하였다. 김구는 안인수의 자제들인 안태진·안태현·안태훈·안태건·안태민·안태순 6형제의 기질과 가풍에 대해 모두 문사의 풍모를 갖추고 친절하고 정중하면서 강건한 기상을 가졌음을 칭송하였다(김구 저, 도진순 주해, 『백범일지』, 돌베개, 1997, 58쪽).

7) 『독립신문(상해판)』 1925년 11월 1일자.

8) 안명근의 부친 안태현은 문과 진출을 위해 사마시 초시에 응시하여 급제하였다. (오영섭, 「개화기 안태훈의 생애와 활동」 『한국근현대사를 수놓은 인물들(1)』, 경인문화사, 2007, 224~225쪽.

9) 『뮈텔주교일기』 Ⅱ(명동천주교회 200년사 자료집 제4집), 한국교회사연구소, 1993, 234쪽 ; 윤선자, 「'한일합병'전후 황해도 천주교회와 빌렘신부」 『한국근현대사연구』 제4집, 1996, 114~115쪽.

안명근은 안중근의 종제로 어려서부터 안중근의 감화를 받아 항일독립운동에 헌신할 것을 결심하고 安岳勉學會와 海西敎育總會 회원으로 교육구국운동에 참여하였다.[10] 당시 안악지역은 황해도의 애국계몽운동의 중심지로 부상하였다.[11] 타지역보다 앞서 안악지역이 신문화와 신교육 보급이 안악면학회는 1906년 12월 1일 최광옥·김용제·최명식·송종호·차승용·양성진·장윤근·김용규·안명근 등이 안악지역을 중심으로 교육국국과 민중계몽을 위해 조직된 교육계몽단체이다.[12] 최광옥[13]이 요양차 안악으로 왔다가 새로운 교육실천 방안을 제시하자 안악은 새로운 전기가 마련되었다. 그 방안은 학교를 중심으로 교육을 할 경우 지역적인 범주를 벗어나지 못하고 교육 효과도 그다지 크게 전파될 수 없으니 새로운 교육단체를 결성하여 교사를 양성하는 사범강습을 실시하자는 것이었다. 당시 정황을 김구는 『백범일지』에 다음과 같이 기록하였다.[14]

> "황해·평안 양도의 교육계로나 학생계에서 평양의 최광옥이 제일 신망을 가진 청년이므로 최광옥선생을 연빙하여 양산학교에서 하기 사범 강습을 개설하였다."

안악면학회는 짧은 시일내에 회원이 70여 명으로 늘어났다. 안악면학회의 설립 목적은 국권회복운동의 장기전으로 신교육과 민지계발로 청소년들을 계몽하여 독립사상을 고취하고 많은 학교를 세워 교사들을 양

---

10) 국가보훈처, 『독립유공자 공훈록』 제1권, 162쪽.

11) 안악지방의 애국계몽운동은 조현욱, 「안악지방에서의 애국계몽운동 – 안악면학회와 서북학회 활동을 중심으로 – 」 『한국민족운동사연구』 28, 2001 참조.

12) 안악면학회의 조직에 대해서는 이명화, 「한말 최광옥의 생애와 구국운동의 성격」 『한국인물사연구』 제5호, 한국인물사연구소, 2006, 262~266쪽 참조.

13) 최광옥에 대해서는 이명화, 『근대화의 선각자 최광옥의 삶과 위대한 유산』, 한국독립운동사연구소, 2006 참조.

14) 김구, 「직해 백범일지」 『백범김구전집』 제1권, 대한매일신보사, 1999, 430쪽.

성하며, 농사기술을 개량하고 공업을 장려하여 산업진흥을 도모하였다.
안악면학회의 운영은 참여한 유지들의 기금으로 운영되었다.[15]

　　1907년 봄 안악면학회 인사들은 사범교육과 중등교육에 필요한 교재
발간을 위해 출판서점인 면학서포[16]를 설립하였다. 1907년 4월 15일 양
산학교에서 안악면학회 주최 춘계대운동회를 개최하였다. 운동회는 은
율·장연·재령·봉산·신천 등지와 백리 이상 떨어진 원거리에 있는
37개 학교 천여 명의 학생이 참여할 정도로 성황리에 개최되었다. 안악
면학회의 활동을 감시하던 통감부에서는 운동회 상황을 다음과 같이 보
고하였다.[17]

　　　"안악군 소학교에서 춘계대운동회가 열리는 일은 이미 보고되었거
　　니와 금월 15일에 각 처 37개 학교가 훈련장에 모두 모이니, 천여 명
　　학도가 북을 울리고 나팔을 불면서 行伍의 질서가 정연하고 관람자가
　　병풍을 둘러치듯 모여들었다. 상오 9시부터 시작하여 하오 4시에 이르
　　기까지 산술 작문 경주와 체조운동을 차례로 시험하고 각 학생들이 연
　　설하였다. 그 다음날 하오 9시에 내빈 중 신사 최광옥씨는 '사람'이란
　　문제로, 미국선교사 쿤스씨는 '대한독립'이란 문제로 연설할 때에 장래
　　에 모인 모든 사람들이 박수치며 갈채를 보내고 준비한 물품은 이때에
　　판매를 시작하였다더라."

　　이와 같이 안악면학회가 주도하는 교육구국운동이 황해도지역으로
확산되어 가자 일제 통감부는 안악면학회와 관련인사들을 주목하고 감

---

15) 이명화, 앞의 책, 97～100쪽.
16) 면학서포는 최광옥의 제안으로 설립되었는데 안악지역 유지 김용제가 100원, 최
　　명식이 50원, 기타 회원들의 갹출금과 입회금, 월례금 등 총 300원의 기금을 마
　　련하여 운영하였다. 면학서포는 신민회가 운영한 평양의 태극서관과 미주 신한민
　　보사에서 운영한 북미소년서회와 같은 조직으로 안악면학회에서 교과서와 참고
　　서를 저술·출판하고 보급하였다.
17) 「運動盛況」『統監府文書』 2, 국사편찬위원회, 2000, 131쪽.

시하기 시작하였다.

또한 같은 해 7월 3일 양산학교에서 제1회 하기사범강습소를 개소하였다. 하기사범강습회는 여름방학중에 비어있는 양산학교 시설을 이용하여 개최하였는데 안악면학회와 양산학교가 공동으로 주최하였고 민지개발운동을 담당할 일꾼을 양성한다는 구호를 내걸었다.[18] 1908년 봄 안악면학회 제2회 연합운동회를 개최하였고 같은 해 8월 13일 안악면학회 제2회 하기강습회 졸업식이 거행되었다. 이어 8월 22일에는 양산학교 내에서 해서교육총회 설립을 논의하기에 이르렀다. 안악면학회 주최로 1907～1908년 2년에 걸쳐 '하기사범강습회'를 성공적으로 마치게 되자 안악에서 결성된 안악면학회를 황해도 전지역으로 확대발전시켜 조직한 단체가 해서교육총회이다. 해서교육총회는 1908년 11월 조직되어 우선 사업으로 황해도도내 1면 1교 실현을 목표로 소학교 설립운동을 전개하였다. 실무책임자인 학무총감은 김구가 맡았다. 김구는 황해도 전역을 순회하면서 환등회와 연설회를 개최하여 학교설립운동에 매진하였고 교육운동가로서의 김구의 이름이 세상에 널리 알려지기 시작하였다. 1909년 7월 10일(음력 5월 23일) 안악면학회 제3회 하기사범강습회가 개최되었고,[19] 8월에는 황해도 장연에서 해서교육총회 제2회 총회가 개최되는[20] 등 해서교육총회의 활동은 교육구국운동으로서의 성격이 더욱 짙어져 갔다. 안악사건에 김구·안명근을 비롯하여 해서교육총회 인사가 대거 연루된 것은 이러한 배경 때문이었다.[21]

또한 양산학교는 원래 소학교였는데 신민회가 창건되면서 중학교로

---

18) 이명화, 앞의 책, 133～137쪽.
19) 「師範實習」, 『大韓每日申報』 1909년 6월 25일자.
20) 긍허전기편찬위원회, 『안악사건과 3·1운동과 나: 긍허 최명식선생 약전과 자서』, 1970, 58쪽 ; 이명화, 앞의 논문, 298쪽. 해서교육총회 제2차 정기총회에서 노백린이 회장에 선출되었다.
21) 윤경로, 『백범김구전집 제3권』 안악·신민회사건 해제, 21～25쪽 ; 이명화, 앞의 책, 97～148쪽.

개편되었다. 양산중학교는 안악군뿐만 아니라 황해도지역 신민회 지회의 가장 중요한 근거지였고 교육구국운동의 모범이 되었다. 그러나 양산학교는 1910년 11월 안악사건으로 인하여 안악군 신민회 회원들이 대거 체포됨으로써 폐교되고 말았다.[22]

3. 안악사건과 안명근

1910년 일제가 한국을 강점하자 독립운동은 애국계몽운동계열의 실력양성론과 의병계열의 무장투쟁론은 모두 일제의 식민통치라는 상황변화에 따라 그 한계를 인식하게 되었다. 그리하여 새롭게 모색된 독립운동론이 독립전쟁론이다. 독립전쟁론은 국외에 독립운동기지를 건설하여 독립군을 양성한 후 적당한 시기에 일제와의 결전으로 국권을 되찾는다는 방략이다. 이러한 독립전쟁론은 비밀결사단체 조직을 통해 추진되었다.

안악사건은 1910년 11월 안명근을 중심으로 황해도 일대 애국계몽인사들이 서간도에 무관학교 설립을 목적으로 부호들에게 자금모금을 추진하던 중 일제에 발각된 사건으로 일명 '안명근사건'이라고도 한다. 안중근의거 이후 안명근은 경술국치 후 독립전쟁을 위해 간도에 무관학교를 설립하기 위해 관서지방에서 군자금 모금활동을 전개하였다. 1910년 11월 18일 안명근은 朴晚俊과 함께 송화군 하용문 본정동 申錫忠의 집을 찾아가 그의 아들 申敬天에게 5천원을 요청하여 2회에 걸쳐 3천원을 모금하였다. 이어 11월 21일 신천군 대정면 본산동 閔秉瓚을 찾아가 그의 조부 閔泳禹에게 2천원을 요구하였으나 거절하자 협박하자 승낙하였다. 이후 안명근이 수차례 독촉하였으나 미루어 모금에는 실패하였다.

---

22) 신용하,「신민회의 창건과 그 국권회복운동」『한국민족독립운동사연구』, 1985, 55~56쪽.

11월 30일에는 李承吉·裵敬鎭과 함께 신천군 읍면내 3리 李元植에게 1만원을 요청하여 현금 6천원과 4천원의 출금표를 받았다. 12월 19일에는 元行燮·楊星鎭·朴亨秉·高奉守·韓愼敎와 함께 안악 읍내 재산가들로부터 군자금 모금을 위해 자산가의 명단, 자산과 다과, 헌병분견소의 위치, 일본인 거주자 및 자산가의 거동을 정찰한 후 최명식·김익연·장윤근·김용제 등을 동원하여 그들에게 총기를 휴대하고 같은 달 20일 야간에 자산가 원명락·원정주·원정균·최약권·김계수 등을 방문하여 자금을 모금하기로 계획하였다. 그리하여 그날 밤 11시경 남산 습락현에 모이기로 하였으나 모인 자가 수명에 그치고 안악 읍내 자산가들은 음력 12월 이전에는 다액의 현금을 소지할 수 없다고 하여 1911년 1월 중순으로 계획을 연기하였다.[23]

그러던 중 1911년 1월 10일경 안명근이 모집한 군자금을 맡아 두었던 배경진이 체포되어 군자금 9천원을 압수당하고, 안명근·韓淳稷·원행섭이 평양역에서 일경에 체포되었다.[24] 세 사람은 모두 천주교 신자였는데 이들의 체포는 빌렘신부와 뮈텔주교의 밀고에 의해서였다. 안명근의 활동을 빌렘이 뮈텔주교에게 알렸고, 뮈텔은 빌렘의 요구대로 직접 일본헌병대에 밀고하였다.[25] 다음날 헌병대에서 뮈텔에게 감사의 인사

---

23) 「안악(안명근)사건 판결문」,『백범김구전집』제3권, 358∼362쪽.

24) 백범김구선생전집편찬위원회,『백범김구전집』제3권, 대한매일신보사, 1999, 358∼362쪽. 안명근 체포당시의 광경은 다음과 같다. "안명근이 평양정거장에 내리자 마자 부근에는 무장한 헌병과 경관이 성을 쌓고 뜻도 아니한 모학교에 다니던 집안 어린학생이 황황급급히 달려들어 피차에 곡절을 묻게 되었다. 사진은 가졌으나 틀림없이 할 셈으로 어린학생을 학교에서 끌고 나온 것을 알게된 안명근씨는 시침이를 떼고 인력거를 타고 거침없이 시내로 들어갔으나 아무말없이 성을 쌓던 헌병과 경관은 뒤를 따를뿐이었던 것이 안명근씨가 잡히던 날의 광경이었다"(『동아일보』1924년 4월 13일자).

25) 『뮈텔주교일기』1911년 1월 11일자 ;『신한민보』1911년 5월 3일자에는 안악사건을 '제이 안의사 사건'으로 명명하고 안명근 체포와 관련하여 일본『동경신문』보도 내용을 전하였는데 일제는 재령·해주·서울 등지에서 60여 명을 체포하여

를 하였고,[26] 그 다음날 총독부에서 뮈텔에게 감사표시와 함께 밀고 내용의 사실여부를 빌렘에게 확인할 수 있는지를 물었다.[27]

빌렘신부와 뮈텔주교가 안명근을 일제에 밀고하게 된 데는 다음과 같이 이유가 있었다. 빌렘신부는 안중근의거 소식을 안명근을 통해 확인한 후 안중근 친지들이 참석한 미사에서 사람을 죽이지 말라는 계명에 대해 강론하였다. 안중근은 사형이 확정되자 뮈텔주교에게 빌렘신부를 보내줄 것을 요청하였으나 거절하였다. 안명근이 뮈텔주교를 직접 방문하여 빌렘신부를 보내줄 것을 청하였으나 역시 거절하였다.[28] 빌렘신부는 뮈텔주교의 반대에도 불구하고 1910년 3월 2일 여순으로 향하였다.[29] 주교의 반대에도 불구하고 여순감옥에서 안중근을 면회하고 돌아오자 뮈텔주교는 빌렘신부에게 2개월간 성무정지령[30]을 내렸다.[31] 빌렘신부는 성무정지령으로 극도로 악화된 뮈텔주교와의 관계를 회복하기 위해 안명근을 밀고한 것으로 보인다. 빌렘신부와 뮈텔주교의 안명근 밀고행위는 당시 천주교 외국신부들이 한민족의 시대적 고난과 독립운동에 얼마나 냉담하였는지를 잘 말해주고 있다. 당시 천주교 선교사들은 오히려 일제의 한국강점을 인정하고 제국주의 열강의 세력 판도변화를 주시하면서 선교만을 중요시하였다.[32] 일제는 1911년 1월에 안명근의 계획에 찬동한 바 있는 원행섭·박만준·한순직 등을 체포하였다. 이것이 이른바 '안악사건'이다.

일제는 이 사건을 테라우찌 마사다케(寺內正毅) 총독 암살미수사건으

심문하였는데 그중에는 일본유학생 연루된 것으로 의심하였다.

26) 『뮈텔주교일기』 1911년 1월 12일자.
27) 『뮈텔주교일기』 1911년 1월 13일자.
28) 『뮈텔주교일기』 1911년 2월 21일자.
29) 『뮈텔주교일기』 1911년 3월 4일자.
30) 성무정지령은 신부로서의 모든 활동을 정지시키는 치명적인 처벌이다.
31) 『뮈텔주교일기』 1911년 3월 15일자.
32) 윤선자, 앞의 논문, 122~126쪽.

로 조작하였다. 1911년 2월 2일 빌렘신부는 안명근을 면회하였고[33] 안명근은 빌렘신부[34]의 밀고사실을 모르고 있었다.[35] 그 외에도 金九・金道熙 등이 중심이 되어 서간도에 조선청년들을 이주시켜 학교를 세워 장차 국권회복을 꾀하는 한편 장백산 아래에 다수의 청년들을 모아 민족교육을 실시하여 자주독립을 위한 계획을 추진하였다. 이를 위해 1910년 11월 안윤재・權泰善 등과 협의한 후 같은해 12월 중순 梁起鐸의 집에서 있었던 서간도 이주회의에 참석하였다. 이후 高貞華・柳文馨・安允在 등을 동원하여 황해도 일대 이주자를 모집하였다. 일제는 이두사건을 빌미로 황해도 지역 애국지사 160여 명을 검거하여 가혹한 고문을 가하고 '강도 및 강도미수사건'으로 사건을 확대・조작하였다. 안악사건은 단 2회의 재판으로 종결되었는데 1911년 7월 22일 경성지방재판소에서 선고가 있었다. 선고형량은 안명근 종신형, 김구・박만준・배경진・이승길・한순직・김홍량・원행섭 등 7인은 징역 15년, 도인권・양성진 2인은 징역 10년, 그 외 최익형・최명식・김익연・장윤근・고봉수・박형병・한정교・김용제 등 8인은 징역 7년이었다.[36]

경술국치 이후 국권회복을 위한 방략으로 서간도 이주계획과 무관학교 설립운동이 신민회 지도부에 의해 추진되었다. 1910년 12월 신민회 주요 간부들은 양기탁의 집에서 비밀회의를 갖고, "경성에 비밀리 도독부를 치하여 전국을 치리하고 만주에 이민계획을 실시함과 무관학교를 설립하고 장교를 양성하여 광복전쟁을 개기할 준비로 이동녕을 선차로

---

33) 『뮈텔주교일기』 1912년 2월 1일자 및 3일자 ; 빌렘신부가 로렌지방의 친구들에게 보낸 1912년 3월 19일자 서한.

34) 빌렘신부는 1913년 7월 총독부에 안명근 사면을 건의하였으나 총독부는 거절하였다. 이후 빌렘신부는 프랑스로 돌아간 후 베르사이유 협상 당시 파리의 한국대표들과 함께 한국의 독립을 위해 노력하였다(『뮈텔주교일기』 1919년 4월 8일자).

35) 윤선자, 「'한일합병' 전후 황해도 천주교회와 빌렘 신부」 『한국근현대사연구』 제4집, 1996, 125~126쪽.

36) 앞의 책, 『백범김구전집』 제3권, 358~360쪽.

만주에 파송하기로" 하였으며, 그 자리에서 각도 대표선정과 도별 모금액도 정하였다. 각지역 대료로는 평남 안태국, 평북 李昇薰, 강원 朱鎭洙, 황해도 김구 등이 선임되었고 각도마다 15만 원의 기금을 모으기로 결의하였다. 비밀회합을 마치고 돌아온 김구는 김홍량과 협의하여 토지와 가산을 방매하는 등 이주계획을 실행에 옮겼다. 안명근은 김구를 찾아와 거사 계획을 밝히고 협조와 지도를 청하였으나 김구는 간곡히 만류하였다. 안명근의 계획이 비조직적이고 치밀하지 못할 뿐아니라 감정이 앞서 있다고 판단하여 신민회를 중심으로 추진하고 있는 대사가 그르칠 수 있다는 우려로 적극 만류하였다.[37]

일제는 이 사건을 의도적으로 확대하여 신민회 황해도 지회를 탄압하기 위해서 金鴻亮·김구·都寅權·金庸濟·崔明植·金庸鎭·李相晋·李承吉 등 무려 160여 명을 체포 투옥하였다. 일제는 또한 만주에 무관학교를 설립하고 독립군기지 창건사업을 추진했다고 해서 1911년 1월에 신민회의 중앙간부들인 양기탁·林蚩正·安泰國 등을 비롯한 다수의 인사들을 체포 투옥하였다. 이것이 이른바 '양기탁 등 보안법 위반사건'이다. 일제는 또한 신민회라는 비밀결사가 일제총독 사내정의를 암살하려는 기도를 했다고 날조하여 신민회 회원 800여 명을 검거하고 이미 '안악사건'과 '양기탁 등 보안법 위반사건'에 의하여 투옥된 신민회 간부들도 재기소하였다. 이것이 일제가 말하는 이른바 '사내총독암살미수사건'이라 하는 일명 '105인사건'이다. 이 세 사건이 모두 '안명근사건'과 연계되어 일어났다.

사내총독암살미수사건은 1910년 12월 27일 조선총독 사내정의가 압록강철교준공식에 참석한다는 풍문이 돌자 尹致昊·양기탁·이승훈·안태국·김구·玉觀彬 등이 경성 서대문 밖 임치정의 집에서 총독암살

---

37) 김구, 「백범일지 국사원판 간행본」, 『백범김구전집』 제2권, 대한매일신보사, 1999, 649~650쪽.

을 모의하였고, 그 실행지를 서북지방의 경의선 연변 주요도시 평양·선천·정주·신의주 등으로 정하고 그 지역 동지들과 외국인 선교사들의 지원을 받아 수차례 총독암살을 시도하여 하였으나 일제의 삼엄한 경계로 인해 미수에 그쳤다고 조작한 사건이다. 이사건의 연루자는 700여 명에 달하였고 일제는 재판소까지 증축하였다. 연루자중에서 122명이 기소되고 유죄 판결을 받은 수가 105인에 달하여 일명 '105인사건'이라고도 한다.[38]

안악사건 관련자들은 1911년 7월 22일 경성지방재판소 판결에 불복하고 재심을 청구하였다. 그러나 일제는 이 사건과 동시에 진행되던 '양기탁 사건'을 함께 묶어 같은 해 9월 4일 경성공소원에 상소하였다. 판결문을 보면 안악사건과 양기탁사건 피의자들이 혼선되어 있고, 양기탁사건으로 1심에서 실형을 선고받은 주동인사들의 이름이 빠져있다. 양기탁·임치정·안태국·옥관빈·주진수 등은 105인사건 주모자로 연루되었으나 본 재판에서는 제외되었다. 상소심 판결은 경성지법 판결과 같다. 안명근·배경진·이승길·한순직·최익형·도인권·최명식·김익연·장윤근·양성진·고봉수·박형병·한정교·김용제 등의 공소는 기각되었고, 김구·김홍량·김도희·고정화·유문형·권태선·김용규·김용삼·김성주·정달하 등에 대한 경성지법의 원판결은 취소되었다. 판결 내용은 김구·김홍량을 제외한 나머지 모든 피고에게 원판결 형량을 그대로 확정하고, 김구·김홍량의 형량은 2년 감형하여 15년으로 확정하였다.[39] 또한 사내총독은 안악사건과 양기탁 등 보안법 위반사건과 관련하여 체포되어 예심결과 방면된 이동휘·고경준·최형목·정선·최중호·이승훈·정권택·신교범·장응선·허종·김승숙·김익성·

38) 윤경로, 「신민회(105인)사건 판결문 해제」『백범김구전집』제3권, 31쪽 ; 채근식, 『무장독립운동비사』, 대한민국공보처, 1948, 13~15쪽.
39) 윤경로, 「안악·양기탁사건 상소심 판결문 해제」앞의 책, 29쪽.

고일철·김병옥·이상진·박도평·정문택·최시준 등 18명을 미리 소위 행정처분으로 선해환이라는 배로 무의도·어청도·제주도·울릉도 등 도서지방으로 19일간 유배하였다.[40]

안악사건과 양기탁사건은 별개의 사건이다. 안악사건은 안명근을 중심으로 황해도지역 부호들을 대상으로 독립군기지를 건설을 위한 자금을 모금한 사건이고, 양기탁사건은 양기탁 등 16인이 중심이 되어 서간도 이주계획과 무관학교 설립계획을 추진한 사건이다. 그러나 일제는 이 두 사건의 관련자들을 체포하여 사실대로 조사하지 않고 가혹한 고문을 가하고 사건을 확대·조작하고 왜곡하였다. 일제는 안명근사건을 황해도지역에서 신교육활동을 하던 160여 인사들을 이 사건과 연루시키고 구금하여 가혹한 고문을 가하였으니 대표적인 인물이 김구이다. 오히려 안명근의 계획을 간곡하게 만류하였음에도 불구하고 김구를 주모자로 갖은 고문을 가하였다.[41]

안악사건과 양기탁사건과 관련하여 일제의 사건처리 과정에서 몇 가지 문제점을 지적되어야 할 사항이 있다. 하나는 관련 법률 적용 문제이다. 일제는 사건을 확대·조작하고 이 사건에 대해서도 당시 법률을 적용한 것이 아니라 구한국 구법인 『刑法大全』을 적용하였다. 또한 법률을 확대 적용하여 무거운 형을 구형하였다. 일제 재판부가 적용한 법조문은 『형법대전』 제593조 '강도율'과 동법 제86조 '미수죄'이다. 법률 조문을 보면 "재산을 劫取할 計로 左開所爲를 범한 자는 首從을 不分하고 絞에 처하대 已行하고 未得財한 자는 징역 종신에 처함이라"와 "죄를 범하랴" 하고 "준비까지 하거나 其事는 이행하였으나 其意外의 障碍나 舛錯됨을 인하야 범죄에 未及한 자를 미수범이라 함이라"는 '강도 및 강도미수죄'

40) 독립운동사편찬위원회, 『독립운동사』 제10권, 666~669쪽 ; 『독립운동사』 제2권, 215~216쪽 ; 『신한민보』 1911년 7월 12일자 ; 『신한민보』 1911년 7월 26일자.
41) 윤경로, 앞의 책, 29~30쪽.

에 해당하는 법률을 적용하였다. 또 한 가지는 법률적으로 당시 관련자들의 행위가 미수에 해당하는가 하는 점이다. 판결문을 보면 "안악의 부호 元明燦·元禎周 등을 습격하기로 하고 습락현에 모였으나 내집한 수가 수명에 불가하고 자산가들이 음역 12월이 안 되면 현금을 소지할 수 없다는 말을 듣고 해산하였다"고 되어 있다. 행위가 이루어 지지 않았고 스스로 해산하였는데 강도미수죄를 적용하였다는 것은 법리적으로 모순이다. 그러나 관련자들은 법률에 대한 상식 부족과 재판자체에 대한 이해도 부족하여 법률 적용상의 문제 제기를 하지 못하였다.

이러한 법률적용의 부당성은 이후 105인사건 공판과정에서 변호인단에 의해 제기되었으나 받아들여지지 않았고, 일제는 비합리적인 재판제도를 악용하여 강압적이고 기만적으로 한민족을 탄압하였다.[42]

일제가 105인사건을 확대하고 조작한 의도는 비밀결사단체인 신민회의 실체를 파악하여 탄압하고자 하였고, 또한 당시 반일의식이 강했던 서북지역 기독교 세력과 그들의 배후세력으로 단정한 미국 선교사들을 축출하고자 하였다. 당시 조선총독부 경무총감으로 105인사건을 조작하고 지휘했던 明石元二郎은 1910년 한일합병 직전인 1910년 7월 훈시[43]를 통해 비밀결사단체를 경계하고 있었음을 시사하고 있다.[44] 또한 일제는 당시 국내 항일세력을 急進派와 遠進派로 兩分하여 파악하였다.

그들간에는 急進·遠進의 兩波가 있다. 前者는 바로 總督을 암살하고 소재지에서 폭동을 일으키는 자로서 **안명근** 자신이 이에 해당한다. 後者는 장래 필요할 때, 즉 日米·日露 혹은 日淸간에 전쟁이 일

---

42) 윤경로, 「안악·신민회사건 해제」 『백범김구전집』 제3권, 30~31쪽.
43) 明石元二郎의 훈시내용은 다음과 같다.
　　"불평분자가 폭도로 활동하는 것은 제압하기 쉬우나, 제압하기 어려운 것은 위험한 비밀결사의 발생이다"(小森德治, 『明石元二郎』(上), 臺北 臺港日日新報社, 1928, 452쪽).
44) 윤경로, 『105인사건과 신민회연구』, 일지사, 1990, 18~20쪽.

어나면 그 기회를 틈타 獨立戰爭을 일으킬 목적으로 支那·西間島에
同志를 移住시킬 계획을 하는 자들로서 梁起鐸, 林蚩正 등이 이에 해
당하는 자들이다.45)

일제는 당시 항일세력들 중 암살주창자들을 급진파, 독립전쟁 준비론
자들을 원진파로 양분하였는데 안명근을 급진파로 분류하였고, 신민회를
국외독립운동 기지건설 내지 무장암살단체로 파악하였다.46)

일제는 105인사건을 조작하여 관련인사들을 검거하고 심문과정에서
항일비밀결사단체인 신민회의 실체를 파악하였으나 신민회의 성격을 안
중근의 이등박문 암살과 동일한 맥락으로 인식하여 무장암살단체로 규
정하고 폄하하였다. 일제는 안중근의거 이후 한국강점을 가속화하기 위
해 애국계몽단체와 주요 인사들의 거동에 대해 감시를 강화하였다. 안명
근은 안중근의 종제로 주요 감시대상 인물이었고 일제는 '안명근사건'을
'양기탁 등 보안법 위반 사건'과 연계시켜 '사내총독암살미수사건'이라
는 소위 '105인사건'으로 조작하였다. 일제는 안명근사건을 '제2의 안의
사 사건'으로 주목하고 탄압한 것으로 보인다.47)

일제는 한국 강점직후 애국계몽운동단체들의 활동에 대해 다음과 같
이 언급하였다.48)

　　학식이 있는 한인은 3인만 모이면 매번 정사를 논한다. 근년에 있었

45) 小森德治, 앞의 책, 475쪽.
46) 윤경로, 앞의 책, 264~275쪽. 일제는 105인사건을 조작하여 관련인사들을 검거
　　하고 조사하는 과정에서 신민회의 실체를 파악하였고, 신민회의 성격을 안중근의
　　이등박문 암살과 동일한 맥락으로 인식하여 무장암살단체로 규정하였다.
47) 당시 안명근사건에 대해 미주 샌프란시스코 대한인국민회 기관지인 『신한민보』
　　는 자세하게 보도하고 있다. 『신한민보』 1911년 5월 3일자는 '제2의 안의사 사
　　건'이라는 제목으로 보도하였는데 안명근사건에 대한 한인들의 인식을 엿볼 수
　　있다.
48) 小森德治, 앞의 책, 453쪽.

던 2, 3회의 암살사건 등은 장차 더욱 더 일어날 것이다.

일제는 애국계몽운동단체들의 활동을 간접적으로 암살단체와 연관지었다. 특히 안중근의거와 애국계몽운동단체들과의 관련성에 주목하여 차후 암살사건이 계속 이어질 것으로 예견하였다.[49] 이러한 일제의 예상은 1909년 12월 22일 이재명의사의 이완용저격으로 이어졌다. 안중근의거는 제2·제3의 의거로 이어졌고, 더 나아가 1920년대 의열투쟁으로 계승되었다.

4. 출옥과 중국에서의 활동

안명근이 경성형무소에서 옥고를 치르는 동안 1912년 아들을 면회한 후 모친 김씨부인은 기절한 후 병을 얻어 치료하였으나 효험이 없어 안명근의 동생이 모친과 함께 1913년 봄 황해도 신천을 떠나 북간도 육도구로 이사하여 지내다가 1913년 7월 상순에 별세하였다.[50] 또한 안명근의 부인 권수산나는 21살 된 맏아들 毅生과 8세된 둘째아들 陽生과 함께 중국 목릉현과 러시아 하바로프스크, 소왕령 등지에서 농사를 지으며 방랑생활을 하다가[51] 1920년경에 황해도 신천군 청계동으로 돌아온 것으로 보인다.

안명근은 안악사건으로 일제에 의하여 무기징역을 선고받고 15년 동안 경성형무소에서 복역하다가 1924년 4월 9일 가출옥되었다. 안명근은 처음 무기징역이 여러 차례 감형이 되어 1925년 5월 16일 만기출옥 예정

---

49) 위와 같음.
50) 『권업신문』 1913년 8월 17일자 ; 『국민보』 1913년 11월 1일자.
51) 『동아일보』 1925년 2월 28일자.

이었으나 가출옥되어 4월 11일 오전 8시 남대문을 떠나 황해도 신천 처가로 갔다.[52] 4월 11일 오후 1시 21분에 사리원에 도착하여 하루를 묵었는데 동지 이승길을 만나기 위해서였다. 다음날인 4월 12일 신천 청계동 고모댁으로 출발하였다. 신천에서는 동지 배경진을 비롯하여 수십명의 친구들이 환영하였고, 신천시내 유지들이 안명근 환영회를 개최하려 하였으나 일제 경찰관헌들이 환영회를 금지하였다.[53] 출옥당시 일제의 모진 고문으로 왼쪽눈은 시력이 없다시피 되어 청계동 구택에서 부인 권수산나와 함께 과수재배로 수양하며 지냈다. 안명근의 맏아들 의생은 하얼빈에서 실업에 종사하고 있고, 작은아들 양생은 중국 천진북양대학 2학년에 재학중이다. 현재 거주하는 청계동에는 50이 넘은 부인 권수산나와 함께 '粟飯山菜(조밥과 산나물)'로 지냈다.[54]

안명근은 중국으로 망명하여 독립운동을 계속하다가 1927년 7월 7일 길림성 依蘭縣 八湖里에서 병으로 순국하였다. 안명근의 중국에서의 활동에 대해서는 구체적인 내용이 아직 파악되지 않고 있다.

5. 맺음말

안명근의 생애와 활동을 요약하고 일제가 안악사건을 비롯하여 양기탁사건·105인사건(사내총독암살미수사건) 등 동시에 대규모 재판사건을 연계시켜 날조하고 조작한 일제의 의도와 항일독립운동에 미친 영향을 정리하면서 맺음말에 대신하고자 한다.

안명근은 1879년 황해도 해주에서 태어나 고향에서 수학하다가 1897

52) 『동아일보』 1924년 4월 12일자.
53) 『동아일보』 1924년 4월 15일자.
54) 『동아일보』 1924년 11월 3일자.

년 신천 청계동에서 부친 안태현과 함께 천주교에 입교하였다. 안중근의 종제로 어려서부터 안중근의 영향을 받아 항일독립운동에 투신하여 안악면학회와 해서교육총회 회원으로 교육구국운동에 참여하였다.

일제가 한국을 강점하자 안명근은 장차 독립전쟁을 위해 간도에 무관학교를 설립하기 위해 배경진·원행섭·박만준·한순직 등 18명과 함께 군자금 모금운동을 전개하다가 일경에 체포되었다. 안명근은 경성형무소에서 15년간 옥고를 치른 후 1924년 석방된 후 중국으로 망명하여 독립운동을 계속하다가 1927년 길림성 依蘭縣 八湖里에서 병으로 순국하였다.

일제는 한국강점 직후 식민지 무단통치를 강화하기 위해 독립운동단체와 독립운동 지도자들을 철저하게 감시하고 경계하였다. 특히 일제가 안악사건 등 3대사건을 조작하여 대대적으로 탄압한 이유는 서북지역에 대한 경계심과 반일 기독교 세력을 제거하기 위해서였다. 경술국치 직전에 일어난 전명운·장인환의 스티븐스 처단의거(1908. 3), 안중근의 이등박문 처단의거(1909. 10)·이재명의 이완용 저격사건(1909. 12) 등은 모두 서북지역 인사들로 기독교 교인들이었다. 안악지방이 황해도의 애국계몽운동의 중심지로 부상하고 서북지역으로 확대되자 이 지역 인사들에 대한 감시를 강화하였다. 먼저 황해도지역 독립운동 지도자들을 탄압하기 위해 안악사건과 양기탁사건을 조작하여 독립운동을 위한 국외이주와 무관학교 설립계획을 차단하고자 하였다. 안악사건과 동시에 양기탁사건·105인사건 등을 연계시켜 사건을 확대·날조하여 민족운동자들을 탄압하였다. 안악사건과 양기탁사건 조사 과정에서 신민회 조직이 발각되자 일제는 신민회라는 비밀결사조직이 일제총독 사내정의 암살을 기도하였다고 날조하여 105인사건으로 확대조작하여 평안도지역으로 대대적으로 탄압을 확대하였다.

또한 일제는 기독교계 반일세력의 배후로 외국인 선교사들을 지목하고 이들을 축출하고자 하였다. 그리하여 신민회사건 등에 다수의 외국인 선교사들을 배후세력으로 조작하였으나 기독교세력과 외국인 선교사들을 축출은 실패하고 오히려 일제의 무자비하고 야만적인 식민통치의 실상을 전세계에 폭로하는 결과를 초래하였다.[55]

---

55) 윤경로, 「안악·신민회사건 해제」 『백범김구전집』 제3권, 33쪽.

일제시기 안정근의 항일독립운동

오 영 섭*

1. 머리말

안중근·안정근·안공근 3형제는 한국근대사를 화려하게 장식한 독
립운동가들이다. 이들은 1905년 11월 을사조약 강제체결 후부터 1945년
8월 해방 전까지 한국의 자주독립을 위해 이국땅에서 신명을 바쳤다. 이
들 가운데 안중근은 1910년대 이전에 국내와 러시아 연해주에서 활약하
였고, 안정근과 안공근은 1910년대 이후에 만주·연해주·중국 관내에

---

* 연세대학교 연구교수

서 활약하였다. 이들의 독립활동은 교육운동·강연활동·학회활동·의병항쟁·의열투쟁·외교활동·유일당운동·특무공작·독립단체운영·독립군 양성활동 등을 포함하고 있었다. 이러한 다양한 독립방략은 일제의 대한침략의 강도와 수순에 맞추어 단계적으로 변화·발전되어 나간 특징을 지니고 있었다.

안중근의 동생 가운데 안정근(1885～1949)은 형에 못지않은 활약을 펼쳤던 독립운동가이다. 그는 안중근이 여순감옥에서 장렬히 산화한 후에 일제의 취체를 견디지 못하고 일가족을 이끌고 해외로 망명하여 활동하였다. 이후 그는 생애의 대부분 동안을 중국과 러시아를 무대로 독립운동을 펼쳤다. 이때 그는 한국과 중국의 피압박 민족에게 불후의 위인으로 추앙받은 안중근의 친동생이라는 영광스런 배경과 안중근의 업적을 제대로 계승해야 한다고 하는 버거운 책무를 걸머지고 인생을 살아갔다. 이러한 화려한 배경과 무거운 책무는 안정근으로 하여금 한국독립운동의 무대에서 형을 따라 자신의 일신을 바치도록 하는데 결정적인 영향을 미쳤다.[1]

안중근 집안이 배출한 걸출한 독립운동가 가운데 한 사람인 안정근의 생애는 크게 5시기로 구분된다. 제1기는 황해도 신천군과 서울에서 전통학문과 법률학을 공부하다가 안중근의거가 터진 다음에 여순으로 가서 형의 옥바라지를 하던 시기(1892～1909)이다. 제2기는 러시아로 망명하여 가족의 생활안정을 위해 노력하고 항구적인 독립운동의 방안을 깊이

---

1) 이제까지 안정근의 생애와 활동을 가장 자세히 다룬 연구로는 송우혜, 「독립운동가 안정근의 생애」『수촌박영석교수화갑기념 한민족독립운동사논총』, 탐구당, 1992. 이 논문은 1919년 이후 안정근의 독립운동을 다루었다. 또 안정근의 생애와 활동을 부분적으로 다룬 연구로는 조광, 「일제하 무장 독립 투쟁과 조선 천주교회」『교회사 연구』11, 1996 ; 한시준, 「안공근의 생애와 독립운동」『교회사 연구』15, 2000 ; 오영섭, 「안중근 가문의 독립운동」『한국독립운동사연구』30, 2002 ; 이재호, 「안창호와 안정근·공근 형제」『도산학연구』10, 2004 ; 오영섭, 「안공근의 항일독립운동」『한국 근현대사를 수놓은 인물들(1)』, 경인문화사, 2007.

모색하던 시기(1910～1919)이다. 제3기는 상해로 진출하여 대한민국임
시정부와 그 외곽단체에서 중요 직임을 맡아 독립운동을 활발히 전개하
던 시기(1919～1924)이다. 제4기는 치명적인 뇌병에 걸려 산동성 위해위
에서 요양하며 은인자중 후사를 도모하던 시기(1925～1936)이다. 제5기
는 중일전쟁 발발 후에 홍콩으로 피신하여 독립운동을 전개함과 동시에
해방 후에 상해에서 적십자활동을 전개하다가 사거하는 시기(1937～
1949)이다. 이러한 시기 동안에 안정근은 밤이나 낮이나 한국의 독립을
위한 방안과 토대의 마련을 위해 분주히 움직이다가 상해에서 일생을 마
감하였다.

2. 수학 과정과 안중근 옥바라지

안정근(호는 淸溪, 세례명은 시실로)은 1884년 11월 15일 황해도 해
주군 해주읍 동문 밖에서 안태훈(1862～1905)과 조씨 사이에서 3남 1녀
중 둘째아들로 태어났다.[2] 어린 시절에 안정근은 부친의 영향으로 천주
교에 입문하였다. 그의 부친은 서울에서 천주교 서적 120권을 가지고 귀
향하여 인근을 돌아다니며 전교활동을 벌였고, 안악군 마렴본당의 프랑
스신부 빌렘(Nicolas J.M. Wilhelm, 洪錫九)에게 공소의 개소를 요청하였
다. 빌렘신부는 1897년 1월에 청계동의 안태훈 일족과 인근 주민 33명에
게 세례를 주었는데, 안태훈(베드로)은 큰아들 안중근(토마스)과 함께 영
세를 받았다. 이어 4월 중순 부활절에 66명이 세례를 받을 때에 14살의

---

2) 안정근 자신의 자료에는 '해주읍 동문밖'으로 되어 있고, 일제측 정보자료에는
'황해도 해주군 해주읍 南榮町'에서 태어났다고 되어 있다. 「홍사단우이력서: 안
정근」『도산안창호전집』10, 도산안창호선생기념사업회, 2000, 919쪽 ; 조선총
독부경무국, 『國外二於ケル容疑朝鮮人名簿』, 1934, 5쪽.

안정근은 동생 안공근(요한)과 함께 세례를 받았다.[3] 이후 안정근은 부친이 세운 신천의 청계동성당을 다녔으며, 천주교서적과 프랑스신부를 접하면서 서양의 문물과 언어와 사상을 체험하게 되었다.

안정근은 청계동에서 천주교도로 지내면서 동시에 한학을 수련하고 농사감독을 맡았다. 홍사단 입회 이력서에는 안정근이 1892년부터 1900년까지 한문사숙에서 수학했다고 되어 있다.[4] 또 안정근은 1910년 여순에서 일제에게 취조인 심문을 받을 때에 형은 3~4년간, 자신은 7~8년간 한문을 배웠다고 하였다.[5] 이는 안정근이 8~9세 때부터 10대 중반까지 청계동 서당에서 한학을 수련했음을 보여준다. 이때 그는 1893년 2월에 안태훈의 초빙으로 청계동으로 이주하여 몇 년간 학동들을 가르쳤던 고석로와 같은 이들에게 배웠을 것이다. 1895년 2월부터 5월까지 3개월간 청계동에서 고석로에게 배웠던 김구는 안태훈이 안정근·안공근에게 글공부하라는 훈계를 자주 내렸음을 기억하고 있었다.[6] 아울러 청계동에서 안정근은 1902년부터 1904년까지 자기집안 소유 농토에 대한 농사감옥을 맡았다. 그리고 진남포 이주 직전인 1905년부터 1906년까지 무역상을 했다고 하는데, 구체적으로 어떤 장사를 했는가는 분명치 않다.[7]

안정근은 1906년 봄 일족과 함께 황해도 신천군 청계동을 떠나 중국과의 무역거점이자 황해도의 개항장인 진남포로 이주하였다. 그가 진남포로 이주한 것은 동생들에게 신식교육을 시키고 자신은 상업에 종사하려는 안중근의 뜻에 따라 것이었다.[8] 진남포에서 안정근은 형제들과 함

3) 최석우, 「안중근의 의거와 교회의 반응」 『한국교회사의 탐구』 3, 한국교회사연구소, 2000, 242~243쪽 ; 윤선자, 「한일병합 전후 황해도 천주교회와 빌렘신부」 『한국근현대사연구』 4, 1996, 114쪽.
4) 「홍사단우이력서: 안정근」, 918쪽.
5) 「참고인 심문조서」 『한국독립운동사』 자료6, 국사편찬위원회, 1968.
6) 김구 저, 도진순 주해, 『백범일지』, 돌베개, 1997, 57~58쪽.
7) 「홍사단우이력서: 안정근」, 918쪽.

께 가산을 기울려 영어를 가르치는 천주교계통의 삼흥학교를 설립하였다. 당시 안중근이 교장을 맡았던 삼흥학교에서 안정근은 동생 안공근과 함께 공부하였다. 이를테면 그는 1906년부터 1907년까지 삼흥학교에서 영어를 수학하였다.[9] 아울러 그는 석탄판매사업과 민족운동을 벌이느라 분주한 안중근을 대신하여 학교운영과 가내소유 토지관리를 전담했을 것이다.

안정근은 동생들을 서울로 유학 보내 고등학문을 익히게 하려는 안중근의 의사를 받아들여 1908년 8월경에 서울로 올라가 근대학문을 배우기 시작하였다.[10] 그는 경성 서부 봉상시 남문동의 위형식의 집에 하숙하며 지냈으며, 1909년 3월경부터 양정의숙 법률과를 다녔다. 그러나 1909년 9월 22~23일경 양정학교에 콜레라가 발생하여 휴교령이 내렸기 때문에 이틀 후에 진남포로 귀향하였다. 그러다가 10월 26일에 안중근의거가 일어나자 학업을 중단하고 고향으로 돌아왔다. 이때의 안정근에 대해 일제측은 "淳厚하고 신용이 있는 기독교도로서 항상 일요일에 불란서교회당에 나아갔다"고 하였다.[11]

안중근의거가 일어난 직후에 안정근은 공범 혐의로 일제경찰에 체포되었다. 1909년 11월 7일 이전에 안정근은 진남포 세관주사 김남규, 동생 안공근과 함께 진남포 경찰서에 안중근의거 관련혐의로 구치되었다.[12] 일제는 이들과 안중근과의 사전공모 여부를 캐내기 위해 엄한 취조를 가했다. 그러나 이들은 안중근의거와 아무런 관련이 없었기 때문에

---

8) 「참고인 심문조서」 『한국독립운동사』 자료6, 225쪽.
9) 「홍사단우이력서: 안정근」, 918쪽.
10) 『한국독립운동사』 자료7, 203쪽 ; 박은식, 「안중근」, 윤병석 편역, 『안중근전기전집』, 국가보훈처, 1999, 286쪽.
11) 『대한매일신보』 1909년 11월 18일, 「안씨사직」 ; 「安應七ノ弟二關スル件」 『통감부문서』 7, 54쪽. 『신한민보』 1909년 12월 1일자에는 안중근의거 당시 안정근이 진남포 해관에 근무하고 있었다고 했는데, 아마 오보로 보인다.
12) 『한국독립운동사』 자료7, 168쪽.

감옥에 구치된 지 한 달 남짓 지나 석방되었다. 감옥에서 나오자마자 이들은 안중근을 면회하기 위해 11월 13일에 인천을 거쳐 중국 대련으로 향하였다.13) 이들이 인천에 도착하자 일제는 몇 일간 경찰서에 구류하고 심문하면서 "말이 어긋나도 때리고 차고 하면서" 혹심한 학대를 가했다고 한다.14)

안정근과 안공근은 일본순사 3명의 동행 감시를 받으며 대련을 거쳐 11월 18일에 여순에 당도하였다. 이어 양인은 11월 19일 관동도독부 지방법원에서 미조부치 요시오(溝淵孝雄) 검찰관으로부터 참고인 심문을 받았다.15) 그러나 일제는 양인과 안중근과의 면회를 바로 허락하지 않았다. 이에 양인은 여순에서 안중근 면회와 옥바라지, 형수와 조카들 돌보기 등의 일들을 긴밀히 상의한 후에 형수와 조카들이 있는 러시아의 포프라니챠나 지방으로 갔다.16) 이들이 다시 여순으로 돌아왔을 때에도 일제는 양인과 안중근과의 면회를 질질 끌며 승인하지 않았다.

안정근과 안공근은 여순에서 옥바라지를 하며 공판을 전후한 시기에 안중근을 집중적으로 면회하였다. 1910년 2월 3일 안공근은 다섯 번째로 형을 면회하였다. 이때 그는 관동도독부 지방법원에 출두하여 일본인 검찰관을 면회하고 형의 면회를 출원하여 허락을 받아낸 다음, 통역관과 함께 여순감옥으로 가서 형을 만나보았다. 이때 일본어가 통하지 않는 안정근은 여관에 머물며 면회와 기타 일체의 일을 동생 안공근에게 일임하고 동생이 면회를 하고 돌아온 후에 형의 근황을 알았다고 한다.17) 이어 2월 4일에 안정근과 안공근은 함께 관동도독부 지방법원에 출두하여 형의 면회를 신청했으나, 일제검찰관은 전일에 면회를 했다는 이유로 거

---

13) 『대한매일신보』 1919년 12월 17일.
14) 박은식, 「안중근」, 301~302쪽.
15) 『한국독립운동사』 자료7, 229~231쪽.
16) 정교 저, 조광 편, 『대한계년사』 9, 소명출판, 2004, 53~54쪽.
17) 『만주일일신문』 1910년 2월 4일, 「末弟 안공근 옥중의 안중근을 면회하다」.

절하였다.[18]

안정근과 안공근은 형의 옥바라지에 매달리면서 일제의 허락 하에 경성변호사회에 변호사를 보내달라는 전보를 쳤다. 그러나 일제는 다시 전보를 압수하고 한국인 변호사의 변호를 허용하지 않았다. 당시 한국인 변호사 安秉瓚이 자원하여 여순으로 달려왔으나 일제는 "일본어를 능숙하지 않으면 재판에 지장이 있다"는 핑계를 내세워 안병찬의 변호를 막았다.[19] 일제의 방해를 견뎌가며 이들은 자주 여순감옥의 안중근을 면회하여 심회를 나누었다. 당시 안중근은 일제 검찰관의 친일논고에 맞서 일제침략의 부당성과 이토오 히로부미 포살의거의 정당성을 당당하게 개진하였다. 이런 모습들은 형의 옥바라지를 하면서 일본인들의 반복되는 부당한 처사에 분노하고 있던 안중근의 동생들에게 항일의식을 강화하도록 하는 계기가 되었을 것이다.

안정근과 안공근은 1910년 2월 7일부터 12일 사이에 열린 도합 5회의 공판에 참석하여 안중근의 늠름한 공판투쟁을 지켜보았다.[20] 2월 8일 오전 9시에 제2회 공판이 열렸는데, 안중근이 입장하여 착석하자 안정근은 형을 향해 "형님, 정근도 여기 있소"라고 외쳤다. 안중근이 안정근을 향해 무언가를 말하려고 하자 일제경찰은 안중근을 급히 퇴정시켰다. 이에 안정근과 안공근은 방청석에서 서로 부둥켜 않고 소리 내어 울다가 일제경찰로부터 동정을 사기도 하였다.[21]

2월 12일 제5회 공판에서 일제검찰은 안중근에게 사형을 구형하였다. 다음날 안정근·안공근은 형을 면회하고 "사형언도를 받는다면 깨끗이 죽어서 名門의 이름을 더럽히지 않도록 빨리 천국의 신 곁에게 가도록 하라"는 모친의 비장한 말씀을 전하였다. 이때 양인은 모친이 내려준 십

---

18) 『만주일일신문』 1910년 2월 5일, 「면회를 출원하다」.
19) 정교 저, 조광 편, 『대한계년사』 9, 122~123쪽.
20) 정교 저, 조광 편, 『대한계년사』 9, 124~126쪽.
21) 『만주일일신문』 1910년 2월 8일, 「定根 법정 소란을 일으키다」.

자가를 형에게 전하고 신부가 주재하는 종교의식에 따라 영면하기를 권하는 모친의 애절한 마지막 당부를 아울러 전하였다.[22] 아울러 2월 14일 안중근에 대한 사형선고가 내려진 직후에 이루어진 면회에서 안정근은 소리 높여 형의 죽음을 슬퍼했는데, 이때 안중근은 안정근에게 미쳐 울다니 무슨 일이냐며 한국이 독립하기 전에는 비록 죽어서라도 귀국하지 않겠다고 서약하며 자신의 시신을 고국으로 반장하지 말고 하얼빈에 매장하라고 당부하였다.[23]

안정근은 2월 16일에 형을 위한 聖事 요청을 위해 빌렘신부의 여순행을 촉구하는 간절한 전보를 신천군 청계동과 서울의 천주교 본부에 보냈다.[24] 이에 빌렘신부가 3월 7일 여순에 당도하여 안정근·안공근과 함께 안중근을 수차 면회하고 천주교식으로 안중근의 모든 죄를 사하여 주었다.[25] 3월 19일 안정근과 안공근은 마지막으로 2시간 동안 형을 면회하였다. 이 자리에서 안중근은 동양평화와 한국독립을 거듭 역설하였고, 동생들은 태도를 흐트러뜨리지 않고 의연하였다.[26] 3월 26일 봄비가 내리는 가운데 안중근에 대한 사형이 집행된 후에 안정근과 안공근은 형의 시신을 귀국시켜 고향에서 장사지내게 해달라는 일제에게 요청하였다. 그러나 일제는 양인의 요청을 수락하지 않았다. 이들은 여순의 공동묘지에서 안중근을 장사지내고 슬프게 부르짖고 통곡한 다음 고향으로 돌아왔다.[27]

---

22) 『만주일일신문』 1910년 2월 13일, 「당찬 母」 ; 정교 저, 조광 편, 『대한계년사』 9, 55~56쪽.
23) 『만주일일신문』 1910년 2월 25일, 「安변호사담」.
24) 『만주일일신문』 1910년 2월 17일, 「洪신부 안오다」.
25) 『만주일일신문』 1910년 2월 17일, 「최후의 면회, 빵 一片과 葡萄酒 二滴」.
26) 『만주일일신문』 1910년 2월 17일, 「二弟, 최후의 면회」.
27) 정교 저, 조광 편, 『대한계년사』 9, 163~164쪽.

3. 연해주 망명 후 생계대책 및 독립운동 모색

안중근의거 이후 안중근 일족은 일제에게 혹독한 탄압을 받았다. 일제는 수시로 안중근 일족의 가옥을 수색하고 왕래자를 검색하였다. 나아가 일제는 안정근과 안공근을 매우 기피하여 어떤 일을 만들어 없애버리려 하였다고 한다.[28] 이처럼 가혹한 환경을 벗어나기 위해 안정근과 안공근은 이미 안중근의거 전부터 형수와 조카들이 머물고 있던 러시아 연해주를 망명지로 택하였다.[29] 안중근의거 이후 안중근 숭배분위기가 한껏 고양된 연해주를 무대로 양인은 망명 초기의 어려운 생활에 돌입하였다.

1910년 5월경에 안정근과 안공근은 형의 유지를 계승할 목적으로 평양에서 출국준비를 하였다. 곧이어 안정근은 북간도를 거쳐 블라디보스톡으로 들어갔고, 안공근은 원산에서 배를 타고 블라디보스톡에 도착했다.[30] 양인의 가족들은 블라디보스톡에서 합류한 후에 연해주의병의 본거지이자 안중근의 斷指同盟의 장소인 크라스키노(煙秋)로 옮겨갔다. 이곳에는 형수와 조카들이 가옥을 매입하여 김기룡과 동거하고 있었다.[31] 또한 그곳에는 안중근유족구제공동회가 결성되어 있었고 그 기금을 한인지도자 최재형이 보관하고 있었다. 이런 인연으로 안중근 일족은 1910년 가을에 크라스키노에서 최재형과 그의 사위 엄인섭의 집에 머물렀다.[32]

---

28) 박은식, 「안중근」, 311쪽.
29) 안정근과 안공근이 망명지로서 러시아 연해주를 주목한 이유에 대해서는 오영섭, 「안공근의 항일독립운동」, 271~272쪽.
30) 『요시찰한국인거동』 3, 국사편찬위원회, 2002, 526~527쪽, 블라디보스톡 총영사대리 矢野正雄이 외무대신에게 보낸 보고서(1910.5.17) ; 한시준, 「안공근의 생애와 독립운동」, 121쪽.
31) 『요시찰한국인거동』 3, 526~527쪽.
32) 『불령단 관계잡건』, <조선인의부: 재서비리아(2)>, 「2월 18일 이후 浦潮地方 朝鮮人動靜」(1911.3.2).

안정근과 안공근은 러시아어를 착실히 공부하는 가운데 생활기반 구축과 독립방안 마련을 위해 노력하였다.[33] 당시 안정근은 크라스키노에 머물며 때때로 블라디보스톡으로 갔는데, 이때 단지동맹원인 강순기·서상기·김기룡 등이 안정근의 처소에서 머물기도 하였다.[34] 당시 일제는 블라디보스톡에 거주하는 한인들에 대해 밀정을 통한 엄밀한 사찰을 가해 수시로 동향보고서를 만들었다. 그 보고서에 의하면 안정근은 안창호·정재관·이강·이상설·김성무·이범석·유인석과 함께 블라디보스톡 체류 한인들 가운데 유력자의 한 사람으로 올라 있었다.[35] 나중에 일제는 안정근이 크라스키노에서 때때로 블라디보스톡으로 와서 "불량의 무리와 배일적 행동을 감행하였다"음을 주목하였다.[36]

연해주에서 안공근은 안창호를 '형님'으로 부르고 그의 도움을 받아가며 항일운동을 벌였다. 당시 안창호는 1910년 8월 말부터 1911년 3월까지 연해주와 중러 접경지대를 무대로 독립운동 근거지 개척사업을 비롯한 다양한 독립활동을 모색했다. 1911년 2월 7일(혹은 10일) 안창호는 농장 개척사업의 일환으로서 안정근·장경 등과 함께 육로로 블라디보스톡을 출발, 밀산현 봉밀산으로 이동하여 그곳 일대를 둘러보았다. 크라스키노에서 동생과 같이 지내던 안정근은 1월 17일 이래 블라디보스톡의 안창호 집에 머물다가 그와 동행하게 되었다. 이들은 일단 봉밀산에서 4월까지 교육과 기독교 전도사업에 종사하면서 별도로 농장개척 방안을 강구하였다.[37]

---

33)「홍사단우이력서: 안공근」, 919쪽.
34) <조선인의부: 재서비리아(2)>,「12월 16일 이후 浦潮地方ノ朝鮮人ノ動靜」(1911.1.11).
35) <조선인의부: 재서비리아(2)>,「1월 13일 이후 浦潮地方ノ朝鮮人動靜」(1911.1.28).
36) <조선인의부: 재서비리아(5)>,「在露鮮人 排日運動 … 根絶ニ關スル件」(1915.8.6).
37) <조선인의부: 재서비리아(2)>,「朝鮮人ニ關スル情報送付ノ件」(1911.2.9)·

안정근은 일족의 생활안정을 위해 중러 접경지대에서 안전한 거주지를 물색하였다. 『독립신문』에는, "今季 정근씨의 건투로 간신히 길림성 목릉현 동청철도 조차지에서 수년간 일가를 지지하게 되다"라고 하여 안정근의 노력으로 동청철도 조차지를 얻어 거주하게 되었다고 하였다.[38] 이에 대해 다른 자료에는 안창호가 안정근 일족에게 적극적인 도움을 주었다고 되어 있다. 안창호는 1911년 4월에 안중근의 가족을 데리고 동청철도의 동부선상에 있는 穆稜(穆陵, 물린)으로 가서 八面通(八面屯)에 정착하도록 도와주었다고 한다.[39] 어하튼 안중근 일족이 정착한 목릉은 북만주 밀산부에 인접한 곳이며 경작에 용이한 미간지가 넓게 퍼져있는 곳이었다. 또한 목릉에는 서북 출신들이 많이 살면서 항일집단촌을 형성하고 있는 곳이었다.[40] 그리고 무엇보다도 정치상황의 변동에 따라 중국이나 러시아 땅으로 쉽게 옮겨갈 수 있는 곳이었다.

안정근은 일족의 생활기반을 목릉에 잡아놓고 좀 더 안전한 방책을 모색하였다. 당시 목릉에 거주하는 한국인은 50여 가구, 그중 국민회원이 30여 호였다. 일제는 안정근의 영향으로 배일성향이 강한 국민회원이 점차 증가할 것으로 보고 안정근의 거류지에 대한 관헌과 밀정들의 주의를 엄중히 가하였다.[41] 이때 안정근은 자신과 일족의 안전을 위해 러시아군대에 들어가 복무함으로써 러시아 국적을 취득하였다. 그의 이력서에는 1911년부터 1912년까지 '아라사보병'으로 근무했다고 되어 있는데,

---

「2월 3일 이후 浦潮地方 朝鮮人ノ動靜」(1911.2.17)・「2월 18일 이후 浦潮地方 朝鮮人動靜」(1911.3.2) ; 이명화, 『도산 안창호의 독립운동과 통일노선』, 경인문화사, 2002, 197~204쪽.

38) 『독립신문』 1920년 1월 31일, 「安義士의 遺族」.

39) 한시준, 「한공근의 생애와 독립운동」, 121~122쪽. 주요한은 안창호가 1911년 봄 목릉현 팔면통에 들러 안중근가족을 면대했다고 하였다. 주요한, 「안도산전서」 『주요한문집』 I, 요한기념사업회, 1982, 478쪽.

40) 『한국독립운동사 자료40: 중국동북지역편2』, 국사편찬위원회, 2004, 289쪽.

41) <조선인의부: 재만주의부(2)>, 「最近朝鮮人ノ動靜ニ關スル報告」(1912.11.8).

그가 러시아국적과 동철철도 조차지를 얻은 것은 러시아군대에 복무한 대가로 받은 것으로 보인다. 하여튼 안정근과 안공근은 1912년에 러시아 정부에 귀화선서를 하고 러시아여행권을 소지한 러시아국민이었다.[42]

안정근은 안공근가족을 비롯한 20명에 달하는 대가족을 거느리고 1912～1913년간 잡화상을 운영하며 생활비를 벌었다. 이때 목릉의 안정 근 저택에는 1912년 4월 치타에서 목릉으로 이주한[43] 이갑 부녀를 비롯 하여 장도빈·김성무·박무림 등이 기숙하고 있었고, 또 많은 한국인들 이 수시로 드나들었다. 이는 안정근의 순박하고 후덕한 인품과 안중근 의사의 동생이라는 신화적임 배경이 크게 작용한 결과였다. 이로 인해 손님접대비가 많이 들어 안정근의 집은 넉넉한 형편이 아니었다고 한 다.[44] 1913년 봄에 이갑은 병환 중인 자신을 돌봐준 데 대한 감사의 표 시로서 본댁에서 보내온 자금으로 18일경의 토지를 구입하여 안중근의 장남 安俊生과 안창호의 아들 안필립에게 반반씩 나누어 주었다.[45] 1910～1911년간 치타시 한인소학교를 다니던 안준생은 1911～1912년 간 목릉현 한인소학교를 다녔다. 이는 안정근이 분주하고 어려운 형편 속에서도 자식들의 교육에 힘썼음을 보여주는 것이다.[46]

1914년 1월에 안정근은 블라디보스톡으로 가서 안중근 사진 그림엽 서를 제작하였다.[47] 기부금으로 5종의 비매품용 그림엽서를 만들었는데,

---

42) <조선인의부: 재서비리아(5)>, 「在露鮮人 排日運動 … 根絶二關スル件」(1915. 8.6).
43) 일제자료에는 이갑이 1913년 5월 블라디보스톡에서 목릉으로 이주했다고 하였다.
44) 주요한, 『추정 이갑』, 대성문화사, 1964, 78～79쪽 ; 이정희, 『아버님 추정 이갑』, 인물연구소, 1981, 206, 197, 210, 216쪽.
45) 주요한, 『추정 이갑』, 78～79쪽 ; 『도산안창호자료집(1)』, 한국독립운동사연구 소, 1990, 318쪽, 안정근→안창호(1914.5.19).
46) 「홍사단우이력서: 안준생」, 804쪽.
47) 그림엽서는 ① 상단의 안중근과 하단의 이등박문의 사진, ② 아우들과 면회장에 서 국권회복 전에는 사체를 반장하지 말라고 당부하는 사진, ③ 하얼빈역에서 안중근이 이등박문을 조우하는 장면과 좌측의 안중근 사진, ④ 대한의사 안중근

조만간 사진 속의 문자를 번역하여 러시아정부의 허가를 얻어 일반에게 판매할 계획이었다. 그리고 1월 6일에 그림엽서 500매를 샌프란시스코로, 300매를 하와이로 보냈다.[48] 이러한 기념엽서 발행사업은 안중근기념사업을 펼칠 자금을 마련하는 한편, 해외 한인들에게 안중근의 위업과 민족의식을 고취하는 다목적의 의미를 띠고 있었다. 안정근이 대가족의 생활비와 안중근 기념사업에 몰두하는 동안 모친 조씨는 각지를 돌아다니며 러시아 동포들의 민족의식 고취에 여념이 없었다.[49]

1914년 3월에 안정근은 이갑의 가족과 함께 니콜리스크(蘇王嶺)로 이주하였다. 이때 이갑은 김희식의 가옥에 거주하였다. 그들이 목릉을 떠나 니콜리스크로 이주한 것은 제1차 세계대전으로 동청철도 연변에 일본군이 널리 퍼져 가택 수색과 감시가 나날이 심해졌고,[50] 니콜리스크에 이갑의 동생이 차린 '우리국수집'이 성황을 이루고 있었고, 장남 안준생이 1912년부터 니콜리스크 러시아공립소학교에 입학하였고, 1914년부터 한인대동소학교에 다니고 있었기 때문이었다. 니콜리스크에서 이갑의 동생은 안정근에게 생활비를 보조했고, 안정근의 식구들을 니콜리스크로 불러와 생활하도록 주선해 주었다.[51]

1914년 봄에 안정근은 4천원의 자본금을 가지고 국내에서 니콜리스크로 건너온 李格이라는 인물과 함께 잡화상점을 개설하였다. 그는 상점을 잘 운영하여 니콜리스크 한인 사회에서 가장 유력한 기관으로 양성하는 한편, 이전에 실패했던 독립운동 기지개척 관련사업들을 복구할 계획을 갖고 있었다.[52] 또한 그는 이갑과 함께 박무림을 보내 小綏分과 三芬

의 세 장의 사진, ⑤ 좌측의 민영환, 중앙의 안중근, 우측의 이준 사진 등이다. <조선인의부: 재만주의부(3)>, 「安重根ニ關スル寫眞繪」(1914.2.28).

48) 『한국독립운동사』 자료39: 중국동북지역편1, 국사편찬위원회, 2003, 351쪽.

49) 『독립신문』 1920년 1월 31일, 「안의사의 유족」.

50) 『독립신문』 1920년 1월 31일, 「안의사의 유족」 ; 『도산안창호자료집(1)』, 317쪽, 안정근→안창호(1014.5.19).

51) 이정희, 『아버님 추정 이갑』, 248~249쪽.

□ 일대에 거주하는 한국인들의 중국 입적을 허락해 달라는 6월 20일자 서한을 중국인 이천산·김도원에게 전하게 하였다.[53] 동시에 그는 8월에 블라디보스톡으로 가서 계봉우에게 안중근전기의 편찬에 관계되는 자료들을 건네주었다.[54]

4. 일제밀정 처단과 독립기반 마련사업

제1차 세계대전 후 러시아와 일본이 동맹국이 됨으로써 재러한인들에 대한 탄압의 기운이 높아갔다. 이런 상황 속에서 안정근과 안공근은 어느덧 러시아 연해주 행정청과 일제의 블라디보스톡 총영사관으로부터 주목받는 인사가 되어 있었다. 1914년 8월 20일 블라디보스톡 일본황실 총영사 외무부는 연해주 군총독에게 비밀문건을 보냈다. 그 내용은 권업회를 해산하고, 『권업신문』을 폐간하고, 한인지도자들, 즉 "조국의 독립을 꿈꾸는 반일적 성향의 무리"를 연해주에서 축출하라는 것이었다. 거기에는 21명의 축출요청 대상자 명단이 들어 있었는데, 이종호·이동휘·이동녕·윤해·정재관·계봉우·오주혁·이범윤·이갑 등 저명한 항일운동자와 함께 안정근과 안공근이 포함되어 있었다.[55]

1914년 8월 22일 연해주 행정청은 블라디보스톡 주재 일본 총영사의 공문에 따라 니콜리스크―우수리스크 경시총감에게 안정근·안공근·이강에 대한 직업·품성·가족사항·사회적 지위 등 상세 정보를 조사하여 통보하라는 공문을 보냈다. 이에 니콜리스크―우수리스크 지역의

52) 『도산안창호자료집(1)』, 317~318쪽, 안정근→안창호(1014.5.19).
53) <조선인의부: 재만주의부(4)>, 「當舘管內朝鮮人ノ動靜ニ關スル件」(1914.8.26).
54) <조선인의부: 재서비리아(5)>, 「在露鮮人排日運動 … 根絶ニスル件」(1915.8.6).
55) 『한국독립운동사』 자료34: 러시아편1, 국사편찬위원회, 1997, 113~115쪽.

경찰서장은 9월 21일에 답신을 보냈다. 1) 안정근: 1912년 러시아 국적 취득, 보리소프스카야읍 농민조합 소속, 니콜리스크시 거주, 상업, 처와 3자녀 부양. 2) 안공근: 26세, 처와 두 자녀 부양, 니콜리스크시 거주, 1914년 6월부터 친형인 안정근의 상업을 돕고 있음. … 상기 한인들은 범죄사실이 없으며 별다른 특징이 발견되지 않고 있음.[56] 이를 보면 안 정근이 니콜리스크에서 상업활동과 농민조합 활동을 통해 지역사회에 가담하고 있었음을 알 수 있다.

니콜리스크에서 일제측으로부터 각별한 감시의 눈길을 받고 있는 상황 속에서 안정근과 안공근 형제는 1914년 9월에 일제 밀정을 처단하는 거사를 결행하였다. 이는 안정근과 안공근이 북만주 일대에 거주하는 독립운동가들과 연계 하에 벌인 사건이었다. 당시 안정근과 안공근은 7월 경에 중러 국경역인 포그라니치나야역 부근에서 고태규 일파를 만나 밀정 김정국을 살해할 모의를 주도하였다.[57]

관내 동청철도 동부선 목릉역에 거주하는 고 안중근의 유족(중근의 모친 아내 아이 및 친아우 定根·公根 및 그들의 가족)은 실로 북만주 불령조선인 세력의 중심이 되고 있다. 그 중에서도 중근의 모친과 처자 는 故 지사의 片身으로 존경을 받고 있어서 원근에서 금품의 선물은 물론, 편지 등으로 위로를 받는 것이 적지 않다고 듣고 있다. 정근·공 근은 지나의 穆稜 蜂蜜山縣 등에 산재하는 수천 명의 조선인 사이에 가장 세력을 가지고 있어서 중러 국경역인 포그라니치나야역에 중요한 동료를 보내 여기를 통과하는 일본인과 조선인에 대해 경계를 강하게 하고 있었다. 실제로 작년(1914) 9월의 경우 定根의 지휘 하에 포그라 니치나야역 부근 산속에서 조선인 金鼎國을 하얼빈 일본총영사관 스파 이라고 하여 죽인 적이 있다. 사건이 발각되어 高泰奎 외 2명이 당관 손에 체포되자마자 정근·공근 2명은 도망하여 러시아 영내에 들어가

---

56) 『러시아 국립극동역사문서보관소 한인관련 자료 해제집』, 고려학술문화재단, 2004, 144~145쪽.
57) <조선인의부: 재서비리아(5)>, 「排日鮮人ニ關スル件」(1915.10.5).

그 이후로 니콜리스크 방면에서 거주한 형적이 있다. 최근에 이르러 公根은 당지에 들어가 러시아인 집에 잠복해 당지에 거주하는 러시아에 귀화한 조선인으로 不逞의 원흉인 金成伯과 왕래한 형적이 있다. 체포 수배 중이었는데 약 2주일 전에 바람과 같이 어디엔가 도주해 버린 것은 매우 유감이라고 하겠다. 그 후 소문에 따르면 公根은 당지를 빠져나가 일단 穆稜驛의 집으로 돌아간 뒤 어디엔가 떠나버렸다고 한다. 그리고 공근 형인 정근은 曹道先(이등박문 가해범 처형으로 여순감옥에서 복역. 출옥 후 러시아령에 들어간 사람)과 함께 약 2개월 전부터 포그라니치나야역 부근에 출몰해 東寧縣 高麗村에 있는 秦學新 등과 왕래를 거듭하며 무슨 일을 계획 중이라고 한다.[58]

상기 자료에 의하면, ① 안정근 · 안공근이 안중근의 동생이라는 후광을 업고 목릉현-니콜리스크 일대에서 항일운동의 중심세력으로 부상하고 있었고, ② 안정근의 지휘 하에 독립운동자들이 일제 밀정으로 알려진 金鼎國을 처단하였고, ③ 이듬해까지 안정근 · 안공근은 살인공범자 혐의를 받고 일제의 추격을 피해 러시아 영내로 도피해야만 했으며, ④ 안정근 · 안공근은 도피 중에 김성백 · 조도선 · 진학신 등과 왕래하며 차후의 항일운동을 구상했음을 알 수 있다. 하여튼 사건 후에 양인은 일제의 체포를 피하여 안정근은 1915년 9월 15일경에 포그라니치나야역 부근 철도부속지내의 한국인 부락으로 이주하여 가옥을 지어놓고 처자를 데리고 살고 있었고, 안공근은 목릉역 부근의 부속지내에 거주지를 마련하고 살고 있었다.[59]

중러 국경 일대의 항일운동자에 대한 검거와 추방에 열중하던 일제는 안정근 형제의 김정국 처단사건을 중대 사건으로 간주했다. 당지의 일제 경찰은 뒤늦게 사건을 탐지하고 범인 고태규 등을 체포하고 살해사건 주

---

58) 『한국독립운동사』 자료40: 중국동북지역편2, 국사편찬위원회, 2004, 8~9쪽, 「哈爾賓地方에 있어 不逞鮮人의 동정에 관한 보고의 건」(1915.9.29), 하얼빈 총영사대리 佐藤尙武→외무대신 大隈重信.
59) <조선인의부: 재서비리아(5)>, 「排日鮮人ニ關スル件」(1915.10.5).

모자로 지목된 안정근 형제에 대한 체포작업에 골몰했다. 그러나 1915년 10월과 11월에 하얼빈주재 일본총영사 伊藤尙武와 블라디보스톡주재 일본총영사 野村基信은 본국 외무대신에게 안정근 형제가 러시아국적 소지자로서 체포하기 어려운 인물들이라고 보고했다.[60] 그럼에도 일본 외무대신과 조선총독은 1916년에도 누차 당지의 일본영사들에게 공문을 보내 양인의 체포 처벌을 해당국과 협의하여 처리하라는 강력한 훈령을 내렸다.[61]

안정근·안공근은 일제 당국의 검거령을 피해 보신책을 강구해야만 했다. 1916년 8월 15일경 니콜리스크 병사관에 출두한 안정근은 국민병으로 종군을 자원하여 곧바로 허락을 받고 하바로프스크병영에 들어갔다. 안공근은 형과 함께 니콜리스크로 가서 이갑의 집에 머물며 동포들에게 러시아어를 가르치며 후속방책을 도모하였다.[62] 그런데 일제자료에는 안정근이 1917년 10월경 병역으로 복무 중이라고 기록하였고, 안정근 이력서에는 1916~1919년간 병원 사무관리를 맡았다고 되어 있다.[63] 이러한 기록들을 종합하면 안정근은 1년 남짓 복무기간에 별도로 직장을 가지고 생활했던 것으로 보인다. 하여튼 1918년 4월경에 안정근 일족은 포그라니치나야역의 거책을 이동휘에게 넘기고 니콜리스크로 이주하여 제화판매상을 하고 있었고, 안공근은 장사를 위해 블라디보스톡으로 나가 있었다.[64]

1919년에 안정근은 기후와 풍토가 벼농사에 적합지 않다고 알려진

60) <조선인의부: 재서비리아(5)>, 「排日鮮人ニ關スル件」(1915.10.5)·「安定根及安恭根ノ露國歸化宣誓」(1915.11.5).

61) <조선인의부: 재서비리아(6)>, 「排日鮮人ノ處分方ニ關スル露國側ニ交涉ノ件」(1916.5.31).

62) <조선인의부: 재서비리아(6)>, 「安定根及安恭根ノ所在」(1916.9.8).

63) <조선인의부: 재서비리아(6)>, 「러시아혁명이 조선인에게 미치는 영향」(1917. 10.16) ; 「홍사단우이력서: 안정근」, 919쪽.

64) <조선인의부: 재만주의부(6)>, 「要注意鮮人ノ行動ニ關スル件」(1918.4.6).

니콜리스크에서 처음으로 벼농사에 성공하였다. 실패를 예상하고 있던 농지에서 안정근은 200석 가량의 백미를 수확하여 예상 밖의 호성적을 거두었다. 그러자 인근의 러시아인들과 학생들이 농장을 견학하였고 일제측도 벼농사의 성공을 예의 주목하였다.

安定根氏는 昨年 蘇王營에 稻農을 試하엿는데 播種이 遲晩하엿건마는 成績이 極히 良好하야 收穫이 豫定 以上에 達하야 世人의 疑問 中에 잇던 西比利亞의 氣候風土가 稻農에 適함을 實證하다. 當地 多數 俄國 人士 及 學生은 農場을 見學하엿고 敵도 此에 注意하야 將來에 大規模의 農場을 經營할 計劃이라고.

安定根氏는 試作의 稻穗와 白米를 攜來하엿는데 本國에 것과 다름이 업스며 坐 氏는 말하되 西比利亞內의 白米의 需要는 거의 無限일 쑨더러 水陸의 交通을 利用하야 輸出하기도 容易할 터인즉 西比利亞의 稻農은 注目할 만한 大富源이라. 남에게 쌔앗기기 前에 我 韓人 資本家가 速히 活動을 開始하기를 希望하며 國有地 租借에 關하야는 氏와 令季 恭根氏가 俄國 市民으로 임의 그 官憲과 交涉하엿슨즉 비록 數十日耕의 土地라도 容易히 借得할지며 地稅는 極히 歇하니 開墾費와 一年 農糧만 準備하야 當年에 本錢을 거두리라.

安定根氏는 今年 試作의 狀況을 下와 如히 말하다. 今年 試耕한 것은 五日耕인데 落種은 戶曹斗로 五十斗 可量되며 芒種後 卽 五月 五日傾에 播種하엿는데 沓洞은 試驗인 故로 內地와 如히 水道라던지 諸般 準備가 完全치 못하고 다못 논도랑만 겨우 形成하야 놋코 水를 引入하야 充滿케한 後 種子를 막으로 散播하고 鐵齒서래(서레는 種子를 平均히 播하는 農器라)로 平均케한 後 退水하엿더니 十五日 可量後에야 비로소 松針과 如한 芽가 發生하엿다. 然한 中 氣候가 大陸인 째문에 或時는 熱度가 極하야 그 변변치 못한 細芽도 거의 다 枯死하엿다. 故로 그 째에는 今年 農作은 失敗되고 坐 此地가 稻作에 不適한가 疑하엿다. 然하나 八月 初八日쎄 豫想外에 二百石 可量의 好租를 秋收하야 農作한 四家庭의 食口는 豊富한 해를 지내게 되엿다고.[65]

65) 『독립신문』 1920년 1월 17일, 「西比利亞의 稻農」.

위 자료에 의하면, 안정근은 벼농사가 어려운 곳으로 알려진 니콜리 스크에서 농사에 성공하는 쾌거를 이룩하였다. 이러한 성공에 고무된 안 정근은 본국의 품질과 동일한 백미를 시베리아와 해외로 수출한다면 막 대한 재화를 확보할 것이라며 한국인 자본가들의 동참을 호소하였다. 또 한 그는 농장 개척에 필요한 국유지를 조차하기 위해 러시아어에 능통한 러시아국적의 안정근에게 러시아 관헌과 교섭을 벌이도록 하였다. 이처 럼 안정근은 벼농사의 성공을 계기로 니콜리스크에 대규모 농장을 경영 하겠다는 포부를 드러냈다. 요컨대 안정근의 농장경영의 궁극적인 목표 는 두말할 것도 없이 일족의 생활안정을 추구하는 것이 아니라 독립운동 기지건설에 필요한 항구적인 재원을 마련하기 위한 것으로 파악된다.

5. 상해 이주 전후 독립단체 가담 활동

1917년 러시아 2월혁명의 결과 노령 한인사회에 토착한인들을 중심 으로 통합의 움직임이 나타났다. 당시 노령 한인들은 토착한인과 이주한 인으로, 그리고 반볼세비키적 고려족중앙총회와 친볼세비키적 한족중앙 총회로 갈라져 갈등을 빚었다. 이러한 대립의 해소와 독립운동의 진전을 위해 1918년 1월 한인사회당의 창당이 논의되었다. 이때 안정근은 부르 주아민주주의를 지지하는 입장에서 볼세비즘을 반대하고 원동인민위원 회의 후원만을 받자고 하는 신민회계 우파 인사들과 입장을 같이 하였 다.[66] 이를 보면 안정근은 볼세비즘을 지지한 李東輝와 노선을 달리했음 을 알 수 있다.

1918년 6월 13일(음력 단오절)에 니콜리스크 소재 고려족중앙총회 사

---

66) 반병률, 『성재 이동휘 일대기』, 범우사, 1998, 138~152쪽.

무소에서 연해주와 오소리주에 사는 500명의 한국인들이 모여 비밀회합을 가졌다. 제2회 전로한족대표자회로 알려진 이 비밀회합은 단오절 기념을 위해 니콜리스크 부근의 한인학교들이 연합운동회를 여는 기회를 이용하여 6월 13일부터 24일까지 열렸다.[67) 이 모임에서 15개조의 비밀결의가 채택되었다. 그중 ① 고려족은 타국에 귀화하더라도 결속을 강화하여 일본에 반대하는 고려민국을 재건하고, ② 노령 각지의 조선인 민회는 고려족중앙총회와 일치된 행동을 유지하며 중국 각지의 조선인회와 연대하고, ③ 고려족 단독으로 폭동을 일으키지 말고 타국의 후원에 따라 행하고, ④ 흑룡강성 烏雲縣에 새로운 이주지를 개척하고 학교를 설립하여 청년교양을 증진해야 한다는 내용이 들어 있었다.[68) 이 모임에 안공근의 이름만이 나오고 있는데, 이때 안정근도 참석했는지, 아니면 이동휘파와 마찰을 피해 참석하지 않았는지에 대해서는 명확히 알 수가 없다.

1919년 1월 초순에 동철철도 인근의 니콜리스크에서 대규모 한인회의가 열렸다. 한족중앙총회 주최로 열린 이 회의에는 약 200명이 참석했으며, 시국에 관한 협의가 이루어졌다. 이어 참석자들은 한족대운동회를 개최한다는 명목으로 각자가 태극기를 들고 대열을 이루어 니콜리스크 전시내를 행진하였다. 그러다가 일본군의 저지를 받고 전원이 해산했으며 태극기는 압수당하였다. 이러한 독립운동을 주도한 이로는 안정근·문창범·한장준·원미항 등이었다.[69)

안정근은 1919년 2월 중국 길림에서 대한독립의군부가 발표한 대한독립선언서의 대표 가운데 한 사람에 올랐다. 당시 독립의군부는 상해의 신한청년단과 연계하여 한국 민족과 파리강화회의 등에 한국의 독립을

---

67) 반병률, 『성재 이동휘 일대기』, 152~155쪽.
68) 『한국독립운동사』 자료40: 중국동북지역편2, 411~412쪽.
69) <조선인의부: 재서비리아(7)>, 「露領穆陵地方ニ於ケル鮮人ノ朝鮮獨立運動ニ關スル件」(1919.25).

확인하기 위해 선언서를 발표하였다. 조소앙이 기초한 선언서는 한국의
완전한 자주독립을 후손에게 물려주기 위해 대한민주의 자립을 선언하
고 독립을 완성할 것을 선포한 것으로서 일본유학생들의 2·8선언과 함
께 3·1운동을 형성하는 갈래중의 하나였다. 그런데 이 선언서의 말미에
는 만주·노령·미주 각지에서 활동 중인 39인의 독립운동가 이름이 나
와 있었다. 안정근은 그 가운데 한 사람이었다. 이는 안정근이 만주지역
에서 상당한 비중을 지닌 독립운동가로 인정받고 있었음을 보여주는 것
이다.

1919년 3·1운동 후에 상해에서 대한민국 임시정부가 수립되자 안정
근은 상해로 진출하였다. 그가 러시아 조차지를 얻어서 야심차게 추진하
려던 대규모 미곡농장 개척사업을 동생 안공근에게 맡기고 상해로 옮겨
간 이유는 안중근의 후손인 안현생양(18)·안우생군(13), 자기 아들 안원
생, 동생의 큰아들 안준생의 교육을 위해서였다.[70] 당시 안정근의 장남
안원생은 부친보다 먼저 상해로 옮겨가서 1917~1918년간 상해의 中法
學堂에서 배웠고, 1918~1919년간 구강 南偉烈中學에서 수학하였다.[71]
이에 대해 1910년대 전반에 목릉의 안정근댁에서 한 달간 묵었던 이광
수가 주관하던 『독립신문』은 안정근 일족의 근황을 자세히 게재하였다.

> 安義士의 遺族
> 오는 三月은 哈爾濱의 義士 安重根公의 殉國한지 滿十年이라. 우
> 리 義士의 遺族이 只今 엇더한가. 安義士 殉國 當時에 故國을 쩌나
> 아모 生活의 資産이 업는 數十人의 그 一族은 或은 敵에게 쫓기며 或
> 은 飢寒에 辛苦하다가 令季 定根氏의 健鬪로 艱辛히 吉林省 穆稜縣
> 東淸鐵道 租借地에서 數年間 一家를 止持하게 되다. 故 李甲先生도
> 그 家族과 함끠 此地에서 療養할세 定根氏는 그 家事를 專任하다. 그
> 러나 大戰 勃發 後의 日本의 勢力이 東淸鐵道 沿線에 퍼짐을 當하야

---

70) 『독립신문』 1920년 1월 31일자, 「안의사의 유족」.
71) 「홍사단우이력서: 안원생」, 805쪽.

屢次 家宅搜索을 當하고 不得已 俄領 蘇王營으로 搬移하야 只今에 至하다.

蘇王營에는 安義士의 慈堂(及 未亡人)과 셋재 令季 恭根氏 及 其他 家族이 在하고 定根氏는 義士의 遺孤인 長女 賢生孃(18) 及 嗣子 祐生君(13)과 定根氏의 長子 源生, 恭根氏의 長子 俊生 兩君의 敎育을 爲하야 上海에 來留하다.

義士의 慈堂은 海外에 來한 後로 거의 寧日이 업시 東은 海參威로 西는 바이칼에 至하기꺼지 奔走하여 同胞의 覺醒에 從事하엿고 定根氏는 只今 大韓赤十字會 副會長의 職에 在하며 恭根氏는 多年 모스크바에 留學하야 俄語 俄文을 能하며 現今은 蘇王營에서 家事의 監督과 本報에 已揭한 바와 갓히 開墾事業에 從事하는 中이라. 六七年 前에 洪神父를 隨하야 德國에 留學하던 義士의 從弟 奉根氏도 只今 上海에 在하다.72)

　자식과 조카들의 교육문제 외에도 안정근의 상해 이주에 영향을 미친 요인으로는 정치적인 측면을 고려할 수 있다. 첫째, 그는 노령에서 이동휘 등 과격파 사회주의자들과 독립노선을 달리하며 갈등을 빚고 있었다. 당시 그는 부르주아민주주의를 지지하는 입장을 취하고 있었고, 이동휘의 북도파로부터는 안창호와 같은 평안도파라는 지적을 받고 있었다. 둘째, 연해주에 망명했을 때부터 형님으로 모시던 안창호가 1919년 5월에 미주에서 상해로 이동하여 상해 임정을 실질적으로 이끌어가고 있었다. 셋째, 그는 1919년 7월 1일 상해 임정의 외곽단체로 설립된 대한적십자회의 사검에 임명되었다.73) 이 단체는 애국부인회와 독지가들이 동심으로 발기하여 독립전쟁의 예비단체로 조직한 것이었다.

　안정근은 1919년 가을 어느 시점에 상해에 당도했다.74) 이후 안정근은 상해 임정의 지도자인 안창호의 전폭적 지원을 받아가며 활동했다. 사

---

72) 『독립신문』 1920년 1월 31일, 「안의사의 유족」.
73) 『한국독립운동사』 자료4, 사료편 제4, 210쪽.
74) <조선인의부: 재서비리아(7)>, 「不逞鮮人ノ略歷送付ノ件」(1920.7.2).

실 그는 이미 1911년부터 1912년 봄까지 연해주에서 안창호와 함께 독립
운동을 벌인 적이 있었다. 이런 인연으로 안정근은 상해 임정의 중요 문
제들을 안창호에게 보고했고, 또한 양인은 현안을 가지고 서로 상의하기
도 하였다. 안창호일기에 의하면, 양인은 안공근의 러시아 파견문제, 대한
적십자회 운영문제, 노령에서의 전답세 징수문제, 안정근의 흥사단 입회
문제, 이동휘·여운형의 동향보고, 노령에서의 신문사업 추진문제, 북간
도특파원 파견문제와 수행업무 등에 관해 긴밀한 정보를 주고받았다.[75]
심지어 안창호가 국내 상황을 직접 시찰하기 위해 귀국하겠다는 의사를
보이자 안정근은 "형님이 상해에 在치 안이하면 임시정부의 제반이 극난
할지라. 형님이 정부에 無하면 자기도 정부에 傾向할 마음이 無하노라"고
말하며 전폭적인 지지의사를 보였다.[76] 따라서 안정근이 상해에서 벌인
제반 활동은 안창호와 긴밀한 연관 하에 추진되었음이 주목된다.

안정근이 상해에 도착한 후에 가장 먼저 착수한 일은 천주교 신자들
에게 독립운동에의 동참을 호소한 것으로 보인다. 상해 임정은 1919년
10월 15일 通諭 제1호로 「천주교 동포에게」라는 포고문을 발포하였다.
여기에는 "참으로 천주의 명을 받들고자 한다면 불의의 압박에 시달리는
자들을 위해 먼저 일어나야 한다"며 천주교신앙과 민족운동을 융합시킨
인식의 바탕위에 국내에 살고 있는 천주교도들의 독립운동을 적극 권하
는 기독교민족주의논리가 나타나 있었다. 이 문건은 관동도독부 지방법
원과 여순감옥 면회소에서 안중근으로부터 사상적 세례를 받은 안정근
의 노력에 의해 발표된 것으로 추정되고 있다.[77]

---

75) 「일기」 『도산안창호전집』 4, 833, 834, 837, 841, 843, 845, 861, 864, 866,
    877, 879, 888, 900쪽.
76) 「일기」 『도산안창호전집』 4, 856쪽.
77) 조광, 「일제하 무장 독립 투쟁과 조선 천주교회」 『교회사연구』 11, 1996, 168∼
    169쪽 ; 윤선자, 『일제의 종교정책과 천주교회』, 경인문화사, 2001, 133∼134쪽.
    1919년 10월 15일 임정은 「天主敎 同胞에게」(통유 제1호)·「男女學生에게」(내무
    부포고 제1호)·「商業에 從事하는 同胞에게」(내무부포고 제2호)를 발하였다.

안정근은 1919년 10월 말부터 1920년 5월 중순 북간도로 특파될 때까지 여러 단체에서 독립활동을 활발히 벌였다. 그의 초기 상해 활동은 독립단체에 가담하여 활동한 것이거나, 독립선언서 발표에 대표단의 일원으로 참여한 것 등 다양한 형태를 띠고 있었다. 크게 보아 이런 활동들은 상해 임정이나 그 외곽단체와 연관된 것들과 기타 독립운동단체와 관련된 것들로 구분된다. 이런 활동들 가운데 역시 가장 중요한 것은 상해의 유력한 민간단체인 대한적십자회의 부회장이자 실질적인 운영자로서 임정의 유력자인 안창호의 임정 운영을 측면에서 지원한 것이었다. 이는 상해 시기 안정근의 독립운동을 대표할 만한 것이라고 말해도 과언이 아닐 것이다. 이제 안정근이 1919년 10월말부터 1920년 봄까지 벌인 독립활동을 차례차례 알아보면 다음과 같다.

1919년 여름경부터 상해의 독립운동자들은 일본 천황의 생일인 천장절(10.31)에 3·1운동과 같은 대규모의 독립만세 시위운동을 국내 각지에서 일으키려는 계획을 세웠다. 그러한 노력의 결과로서 10월 31일에 서울과 평양 및 평북 일대에서 만세운동이 벌어졌다. 이때 선포된 독립선언서의 하단에는 박은식·안정근을 비롯한 '대한민족대표' 30명의 명단이 실려 있었다.[78] 곧이어 안정근은 11월 3일에 밤에 열린 임정의 국무총리 및 3총장의 취임식에 김립·김두봉·안현경 등과 함께 빈객석에 하객으로 앉아 있었다.[79] 이는 안정근이 임정의 공식 행사장에 처음으로 모습을 나타낸 사례로 보인다.

1919년 11월 15일에 안정근은 대한적십자회 부회장에 피선되었다.[80] 애초에 빈민구제를 목표로 하는 적십자회는 1919년 8월 이희경·안창호의 발기로 내무부의 인가를 얻어 조직된 임정의 외곽단체였다. 그런데

---

78) 『독립신문』 1919년 11월 11일, 「제이회 독립시위운동」.
79) 『독립신문』 1919년 11월 4일, 「總理及三總長就任」.
80) 『독립신문』 1920년 11월 20일, 「적십자총회」.

출범 이후에 회장인 이희경이 출장차 미주에 장기 체류하고 있었기 때문에 안정근이 부회장에 취임하여 적십자회의 실질적인 회장역할을 수행하였다. 그는 취임 후에 대한적십자회 회원대모집경쟁회를 열어 성적에 따라 포상을 하기도 하고, 적십자간호원양성소를 열기도 하는 등 활발한 활동을 펼쳐 나갔다. 그리하여 그가 부회장으로 취임하던 1919년 11월 15일 현재 999명이던 대한적십자회의 회원총수가 1920년 2월에 1,946인, 5월에 2,128인으로 크게 증가하였다.[81] 이로써 대한적십자회가 상해에서 교민단과 함께 가장 규모가 큰 단체가 되었다.

안정근이 주관하던 대한적십자회는 회원확충 외에도 선전사업에 각별히 정성을 쏟았다. 그는 국제적십자회에 적십자회의 설립을 보고하고 일본정부의 비인도적 처사에 항의서한을 보냈으며, 국내 동포들에게 적십자회의 동향을 선전하기도 하였다. 이러한 선전사업을 위해 그간 주로 미국인들과 미주 동포들에게 모금한 2천여원의 기부금을 경비로 사용하였다. 안정근은 향후 적십자회의 사업으로서 간호원 양성과 병원 설립에 진력한다는 계획을 세웠다. 특히 임정이 독립전쟁론을 택함에 따라 간호원 양성과 병원 설립은 긴요한 사안으로 떠올랐으나, 이러한 계획은 자금사정으로 말미암아 수월하게 이루어질 수가 없는 문제였다.[82] 또한 그는 안창호에게 적십자진찰소와 赤十字隊를 설치하려 결심했다는 보고를 하였다가 안창호로로부터 경제곤란상황을 고려치 않고 착수해서는 안된다는 반대의사를 듣기도 하였다.[83] 하여튼 안정근은 적십자회의 운영자로서 상해 인근의 교민 구제와 의료활동을 위해 진력하였다.

안정근은 1919년 11월 20일 직전에 내무차장 현순이 러시아 국민의회와의 교섭사건으로 인책 사면하자 그 후임으로 내무차장에 임명되었

---

81) 송우혜, 「독립운동사 안정근의 생애」, 758쪽.
82) 『독립신문』 1920년 2월 7일, 「적십자 간호원 양성소의 개학」.
83) 『독립신문』 1920년 5월 1일, 「대한적십자회의 현황 및 그 장래방침의 대략」.

다.84) 이어 1920년 1월 15일 학무차장 이규홍(이규희)이 새로이 내무차장에 전임됨으로써 안정근은 퇴임하였다. 그런데 안정근의 재임 기간은 임정내에서 이승만의 기호파, 안창호의 평안도파, 이동휘의 함경도파간에 노선투쟁과 권력다툼이 한창이던 때였다. 또한 그 시기는 연말연시로서 임정의 공무가 한산하던 시기였다. 따라서 안정근은 대략 한 달 정도 내무차장직을 맡으면서 별다른 성과를 올릴 수가 없었을 것이다.

1920년에 들어 상해 임정은 국무총리 이동휘의 영향과 외교노선의 무용성을 자각한 독립운동가들의 요구에 따라 무장독립노선을 채택하였다. 이러한 강력한 대일무력항쟁은 필연적으로 막대한 군자금을 필요로 하였고, 이것은 동포들에게 군자금을 보내줄 것을 호소하는 1920년 1월 1일자「敬告同胞急輸軍費書」가 발포로 이어졌다.85) 이 선언서에는 군사독판참모총장 유동열과 30인의 군사협회간사장의 명단이 나와 이는데, 안정근은 간사장 중의 한 사람이었다. 이를 보면 안정근은 많은 독립운동가들이 운집한 상해 지역에서 유력한 독립운동가 가운데 한 사람으로 평가를 받고 있었음을 알 수 있다.

안정근은 신한청년당에도 가담하여 활동하였다. 신한청년당은 대한독립과 사회개조와 세계대중의 3대 목표를 실현하고자 상해 지역의 젊은 기독교 민족운동자들이 주동이 되어 조직한 단체였다. 안정근은 가톨릭 신자이면서도 신한청년당의 설립취지에 공감하여 참가하여 이사로 활동하였다.86) 또한 그는 상해 임정에서 1919년 가을부터 국내사정을 파악하기 위해 설치한 조사원의 황해도 책임자를 맡았다. 그가 맡은 조사원은 각 지역 출신자 가운데 유력자들을 위촉하는 것으로서 그 임무는

---

84)『독립신문』1919년 11월 20일,「사직과 신임」.
85) 김정명 편,「奉天における抗日宣傳文書取締に關する件」『조선독립운동』2, 동경: 원서방, 1967, 939〜941쪽.
86) 김희곤,『중국관내 한국독립운동단체연구』, 지식산업사, 1995, 80〜81쪽 ; 송우혜,「독립운동사 안정근의 생애」, 759쪽.

해당 고향의 유력자 · 재산가 · 학교 · 종교 등을 조사하여 보고하는 것
이었다.[87]

6. 북간도에서 독립전쟁 토대 구축

1919년 11월 이동휘가 통합 임정의 국무총리에 취임하여 독립전쟁론
을 주창하면서부터 상해 임정과 북간도 독립운동단체와의 정치적 · 군사
적 연대가능성이 짙어졌다. 당시 북간도에는 많은 독립단체들이 난립하
고 있었다. 이들은 상호간의 극심한 주도권 경쟁, 기독교 · 대종교 · 공교
회의 종교적 차이, 복벽주의 · 공화주의의 이념적 차이 등으로 말미암아
심한 갈등과 대립을 벌이고 있었다. 더욱이 북간도 최대의 독립단체였던
기독교계통의 대한국민회와 대종교계열의 대한군정서(북로군정서)의 갈
등은 임정에까지 번질 정도로 심각한 사안이었다.[88] 따라서 독립전쟁을
원활히 수행하기 위해 통일된 군사역량이 필요한 임정에게 북간도 지역
의 교민들의 안정과 독립단체의 통합은 가장 시급한 사안이었다.

1920년 1월경부터 북간도의 유력한 독립단체들 사이에 통일운동의
분위기가 싹텄다. 1920년 1월 5일 대한국민회가 80여 지회의 대표회를
열고 자파를 중심으로 "북만에 산재한 각 군단을 통일할 기관을 설치할
것"을 결의하였다.[89] 이에 북로군정서의 서일은 3월 26일자 요청서에서
북간도의 시국수습을 위해 ① 무종교인(국민회에서 종교 시비하는 까닭
으로), ② 군정서나 국민회에 무관한 인사, ③ 명석한 두뇌와 공정한 심

---

87) 문일민, 『한국독립운동사』, 1956, 208~210쪽.
88) 당시 북간도의 독립운동자가 속히 통일된 명령을 내려 국민의 의무인 인구세와
공채에 응할 수 있게 해달라는 호소문을 임정에 보내기도 하였다. 『독립신문』
1920년 3월 20일, 「속히 정부로서 통일된 명령을 발하라」.
89) 『조선민족운동연감』 1920년 1월 5일.

지를 가진 인사, ④ 사리와 법리에 밝은 인사, ⑤ 신망이 있고 더욱 군사
상 지식이 있는 인사 등 5가지의 조건을 갖춘 자를 정부위원으로 파견해
줄 것을 임정에 요청하였다.[90] 이로써 북간도 독립단체의 통합운동의 책
임은 임정에게 맡겨졌다.

임정 국무원은 1920년 4월 19일 안정근과 이탁(5월 9일 왕삼덕으로
교체)을 북간도특파원에, 계봉우를 서간도특파원에 임명하였다.[91] 북간
도로의 출발을 앞두고 안정근은 5월 1일 안창호를 내방하여 특파원의 임
무를 지시받았다. 안창호는 "각 단체의 수뇌급 유력자로 私會하여 먼저
그네의 의견들을 돌이킨 후에 서로 회합하여 民事는 거류민단으로, 軍事
는 군사령부로 분임케 하고, 즉시 통기하고, 또 該地 혁명당 간부조직의
발기가 되게 하라"고 진행방침을 지시하였다.[92] 5월 5일 아령과 북간도
로 속히 가겠다는 안정근에 대해 안창호는 "광복사업의 진행방침의 대체
를 말하고, 俄·中領에 往하야 군사의 적재는 군사에, 민사의 적재는 민
사에, 외교의 적재는 외교에 각기 其任能 수용할 것을 제일 용력하라"고
지시하였다.[93] 이는 군사와 민사를 분리하여 처리할 것을 각별히 주지시
킨 것이었다. 5월 23일 안창호는 서북간도로 나가는 안정근·왕삼덕·
윤기섭·이진산·조상섭 등을 대동여사로 초청하여 오찬을 나누었다.[94]

'북간도 특파위원'에 임명된 평안도파의 안정근과 기호파의 왕삼덕은
다목적 임무를 띠고 북간도로 파견되었다. 이들이 임정에서 받은 가장
일차적 임무는 두말할 것도 없이 북간도 독립단체를 임정의 의도에 맞추
어 군정기관과 민정기관으로 통합하고 재편하는 것이었다. 무장력을 구
비한 북간도 독립단체의 통합과 재편을 통한 효율성의 제고는 임정의 독

90) 『독립신문』 1920년 4월 22일, 「대한군정서 약사 및 군정서 총재의 신청서」.
91) 「일기」 『도산안창호전집』 4, 888, 906쪽.
92) 「일기」 『도산안창호전집』 4, 900쪽.
93) 「일기」 『도산안창호전집』 4, 903쪽.
94) 「일기」 『도산안창호전집』 4, 921쪽.

립전쟁노선의 성패를 가르는 문제였기 때문이다. 이 외에도 이들은 독립
전쟁노선의 기반 수립을 위한 기초사업을 수행해야만 했다. 그것들은 임
시거류민단제의 시행, 임시지방연통제의 개정에 따른 함북독판부의 재
건, 공채금과 인구세의 징수,[95] 독립전쟁에 필요한 군자금의 모집, 독립
군 장정 모집 등이었다. 이 때문에 양인은 북간도로 출발할 때에 5월 17
일자 군무총장 김휘선의 위임장을 받았고, 또 국무총리 이동휘, 내무총
장 이동녕, 재무총장 이시영, 재무부 主稅국장 고청일 등으로부터 각기
세세한 임무가 담긴 엄무지침서를 받았다.[96] 이제 안정근인 북간도에서
수행한 임무들을 차례로 알아보면 아래와 같다.

1920년 5월 25일경 안정근은 북간도 명월구에 도착하여 독립운동 단
체의 통합에 주력하였다. 그는 연합회에 가입하지 않는 단체는 어떤 단
체를 막론하고 토벌 진압하여 독립군의 안정을 통일하는 것이 임정의 명
령이라고 하였다.[97] 당시 북간도의 독립단체들은 5월 초순부터 자체 통
합운동을 벌이고 있다가 대한국민회와 북로군정서의 의견차이로 인해
통합운동이 결렬된 상태였다. 이들의 통합운동은 안정근의 중재노력에
힘입어 새로운 전기를 맞았다. 안정근은 임정의 북간도 특파원인 이용
(이준열사의 아들)·왕삼덕 등과 함께 왕청현 하막당에 머무르며 대한국
민회의 대표와 기타 북부도독부의 지도자들과 협의를 갖고 통합을 촉구
하였다. 이때 이들은 겸하여 임정이 발행한 국채를 매각하는 일에도 열
심히 종사하였다.[98]

95) 1923년 12월 25일까지 안정근·왕삼덕이 파견된 함북·북간도·노령 등지에서
6만원의 공채금이 모금되었다. 당시 진남포는 5만원, 함남독판은 10만원, 중화군
5만원, 진남포 5만원 등이었다. <조선인의부: 上海假政府(5)>, 「在上海僭稱大
韓臨時政府ノ公債募集等保ニ關スル件」(1924.2.20).
96) <조선인의부:재만주의부(26)>, 「軍政署ノ保管書類ニ關スル件」(1921.2.26).
97) 「불령선인행동상황보고」(1920.7.6)『현대사자료』27, 355쪽.
98) <조선인의부: 재서비리아(7)>, 「上海假政府特派員ノ行動ニ關スル件」(1920.6.26)·
「不逞鮮人ノ根據地移動ニ關スル件」(1920.7.8).

독립단체들을 개별적으로 모두 방문하려 하였던 안정근·왕삼덕의 열성에 감복되어 북간도 독립단체들의 통합노력은 빠르게 진전되었다.[99] 7월 1일에 대한군정서를 제외한 국민회·군정서·광복단·의군단·신민단·의민단의 6개 단체의 대표자와 나자구 국민의사회와 훈춘 한민회 대표자 등 100여명이 왕청현 알하하 장동에 모여 3개항을 결의하였다. 여기서 독립단체의 통일 연합을 촉진하기 위해 각 단체는 자신들의 조직과 명칭을 포기하고 민사·군사 두 부분으로 분리한다는 기본 원칙에 합의하였다.[100] 이어 7월 7일에 대한군정서와 홍범도부대도 각 단체 대표자 회의에 참석함으로써 북간도 독립단체의 총회가 열렸다. 이 때 안정근과 왕삼덕은 재차 독립단체의 통일을 강력히 역설하였고 자신들의 주장대로 대한군정서·광복단·대한독군부·대한국민회 등의 단체를 일일이 방문하여 통일의 필요성을 강조하였다.[101]

1920년 7월 20일에 연길현 지인향에서 북간도 독립단체들이 모두 참가한 3번째 대표자회의가 열렸다. 그 회의에서는 북간도에 행정·군사 양 기관을 특설하되, 행정기관은 대한민단(민단)으로, 군무기관은 동도군정서 및 동도독립군서로 칭하기로 하였다. 이때 임정 특파원 가운데 이용은 민단의 고문, 안정근은 동도군정서의 고문을 맡아 양 기관을 분할 관리하는 형태를 취하였다.[102] 이것은 민사기관의 성격이 강한 대한국민

99) 송우혜, 「독립운동사 안정근의 생애」, 763쪽.

100) 「不逞鮮人行動狀況報告」(1920.7.6)『현대사자료』27, 354쪽. 3개항은 1) 각 단 연합 통일의 필요에 따라 각 단의 명칭을 취소할 것, 2) 각 단체에 속한 독립 군인의 무기는 1개소에 집합시킬 것, 3) 제1항의 회의에 기초하여 간도·노령 방면에 산재한 각 단체에 속한 모든 행정·군사 양 기관을 통일하여 2부제로 할 것 등이었다.

101) <조선인의부: 재만주의부(19)>, 「間島地方不逞鮮人ノ動靜ニ關スル件」(1920. 7.19)·「不逞鮮人ノ行動ニ關スル件」(1920.7.28).

102) <조선인의부: 재만주의부(21)>, 「間島地方ニ於關ケル不逞鮮人團ノ情勢ニ 關スル件」(1920.8.26).

회와 군사기관의 성격이 강한 대한군정서와 홍범도부대를 그대로 인정
함으로써 각 단체의 현실이 그대로 반영된 불완전한 통합을 이룬 것이었
다. 다만 이것은 군사와 민사의 양대 기관을 장악한 강력한 결집체가 등
장하여 임정을 무력화시킬 것을 우려하여 양대 기관을 분리시키려는 안
창호의 방침을 안정근이 충실히 수행한 것이었다. 하여튼 일제는 "간도
지방 불령선인단의 통일의 실현은 시기의 문제라고 볼 수 있다. … 하루
아침에 간도지방의 각 무력 불령단이 확실히 연합통일을 이루어 완전한
공동동작을 행하게 되면 간도지방의 형세가 더욱 험악화될 우려가 있다"
고 걱정하였다.[103]

　1920년 7월 20일 각 단체의 연합회가 개최된 이후 통일운동은 진통
을 겪기도 하였다. 7월 22일 북로군정서의 사령과 김좌진과 참모부장 나
중소는 현천묵 부총재에게 서한을 보내 대한군정서의 명예와 총재의 체
면을 송상하는 것은 대통령의 명령이라고 해도 복종하지 못한다며 일방
적 양보에 의한 통합은 반대한다는 입장을 보였다.[104] 또 8월 1일 동로
사령관 이용은 안정근과 왕삼덕이 북로군정서를 위해 간도 연합의 국민
회를 무시하는 것과 같은 행동을 취하였다"는 비난 성명을 발표하기도
하였다.[105] 이런 반대나 비난은 통합 그 자체를 반대한 것이라기보다는
통합 이후의 권력지형의 변화를 우려한 때문이었다.

　1920년 7월 하순부터 10월 청산리전투 전까지 안정근은 유력한 독립
단체들의 반대와 비난을 무마하며 독립단체의 통일운동에 진력하는 한
편, 무관학교 설립에 착수하였다. 이에 대해 일제 자료에는 "이용 및 안
정근 · 왕삼덕의 3명은 假政府의 명령에 따라 이때에 간도의 군사통일계

---

103) <조선인의부: 재만주의부(21)>, 「間島地方不逞鮮人ノ動靜ニ關スル件」(1920.
　　7.19)·「不逞鮮人ノ行動ニ關スル件」(1920.7.28).
104) 「(대한군정서)사령부일지」, 382쪽 ; 송우혜, 「독립운동사 안정근의 생애」, 764
　　쪽에서 재인용.
105) 『조선민족운동연감』, 241쪽.

획을 이룩하도록 불일 각 단체를 순방하고, 오는 27, 8일경에 각 단의 연합대회를 개최하고, 동 상해 파견위원의 주선으로 연길현 상의사 명월구 지방에 군사교육기관을 설립하도록(다분히 무관학교임) 계획을 세워 준비에 착수하고, 교관으로서 훈춘에 거주하는 김정을 채용하고 주건은 학생모집에 종사하였다"고 하였다.106) 이러한 노력의 결과 일제군대가 간도로 침투하는 10월경에 70여 명의 학생이 사관양성소 교사 3동에서 교육을 받고 있었다. 이때 중국 항주무관학교 출신의 이용, 미국 사관학교 출신의 왕삼덕, 안중근의사의 동생 안정근이 사관양성소의 대표를 받았다.107) 이것은 독립전쟁의 수행에 필요한 장교들을 길러내기 위한 의도에서 비롯된 것이었다.

안정근은 대일무력항전의 기본자원인 무기와 군사를 확충하기 위해 노력하였다. 그는 러시아에서 총기 4천정을 반입하고자 군무기관인 동도군정서와 동도독립군서에서 약 300명의 군사를 운반부대로 선발하여 동녕현 삼분구 방면으로 급히 보냈다. 이 무기들은 이동휘의 주선으로 상해와 흑룡주의 러시아 '과격파'로부터 양도 교섭을 거친 것이었다.108) 또한 그는 니콜리스크 상류의 '과격파' 양성학교를 졸업한 수 백 명의 동포들을 간도지방으로 이동시켜 독립군으로 삼기 위한 공작을 벌였다.109) 이들은 니콜리스크를 출발하여 7월 28일 나자구에 도착하였다. 여기에는 러시아 귀화자, 러시아 적군부대에 가담했던 한인 독립운동가 등이 포함되어 있었다.110) 이러한 군사활동은 임정 봉대를 찬동한 북간도 독립단체들의 지원에 의한 것이었다.

106) 「不逞鮮人根據地幷ニ各組織ニ關スル件」(1920.8.10) 『현대사자료』 27, 368쪽.
107) <조선인의부: 재서비리아(11)>, 「鮮人ノ行動ニ關スル件」(1920.10.14).
108) <조선인의부: 재만주의부(21)>, 「北間島地方不逞鮮人團ノ武器移入狀況」(1920.9.24).
109) <조선인의부: 재만주의부(21)>, 「不逞鮮人團ノ統一ニ關スル協議ノ件」(1920.8.28).
110) 「安定根ノ武裝隊移動狀況」(1920.8.24) 『현대사자료』 27, 376쪽.

　유력한 독립단체들의 반대와 비난에도 불구하고 1920년 10월 청산리 전투 이전에 주요 독립단체의 통합이 이루어졌다. 일체의 양보와 타협을 거부한 대한군정서와 복벽주의계열의 광복단을 제외한 대한국민회·의민단(의군단)·신민단·한민회의 4개 주요 단체가 통합을 이루었다. 이미 대한국민회가 군무도독부와 국민의사회를 통합한 상태이기 때문에 북간도의 대부분의 독립단체가 통합을 이룬 셈이다. 이렇게 통합을 이룬 4단 연합부대는 대한국민회의 간부 양도헌의 영솔과 대한국민회 사령관 홍범도장군의 지휘 하에 청산리전투에 참여하여 혁혁한 전과를 거두었다. 따라서 안정근은 한국독립운동사에 길이 빛나는 청산리전투의 승첩에 밑거름의 역할을 수행한 셈이다.[111]

　안정근은 청산리전투에 직접 참가하여 활동하였다. 그는 제3일째의 전투가 끝난 시점에서 긴급보고서를 써서 왕삼덕에게 주어 임정에 전하게 하였다. 「간도의 상황(적의 만행, 적의 패배, 동포의 참상)」과 「간도시찰원의 보고」로 이루어진 글에서 안정근은 "본 위원도 각 단의 간부와 함께 야간에 산속을 암행하고 혹은 숲속에서 자면서 辛苦를 겪고 있다. 그런데 음력 9월 11일부터 피아 양군은 3일간 전투를 개시하여 쌍방 모두 사상자가 3백여 명에 달했고, 아군은 모두 퇴각하여 사방에 주둔 중인데 3일간의 전투에서 한 끼도 먹지 못한 아군의 참상은 형언할 수 없다"며 아군의 전과와 참상 등을 자세히 기술하였다.[112] 안정근의 전황보고서는 청산리전투 관련기록 중에 가장 중요한 자료 가운데 하나이다. 이는 상해에서 등사 인쇄되어 각 방면에 배포됨으로써 한국민의 사기를 드높이고 일제의 만행을 규탄하는 효과를 거두었다.

　청산리전투 후에 일본군의 탄압으로 인해 독립군 단체가 노령으로 이동하던 시기에 안정근은 상해로 돌아가지 않고 다시금 독립단체의 통일

---

111) 송우혜, 「독립운동사 안정근의 생애」, 764~765쪽.
112) 김정명 편, 「北間島視察員の報告」『조선독립운동』 2, 125~127쪽.

운동에 매진하였다. 그는 일본군의 약탈과 방화가 북간도 전역을 휩쓸고, 독립군부대들이 사방으로 흩어지고, 동포들이 마구 학살당하는 절망적인 상황 속에서 독립운동을 전개하고 있었다. 당시 북간도에서 발행된 『대한신보』의 기자는 일본군의 경신대학살의 만행을 고발한 글속에서 "(1920년) 10월 28일 安淸溪(안정근)의 주최 하에서 各團統一協議會가 결성되었다"고 하였다.[113] 실제로 10월 29일에 대한의민회·대한신민단·광복단·대한국민회 등 4개 단체의 2인의 대표들이 "본 대표들은 임시정부위원 안정근씨의 제의에 의해 각 단의 통합을 실행하여 정부의 시정방침에 복종할 것을 서약한다"는 서약서를 작성하였다.[114] 안정근이 임정에 보낸 서한 속에 들어있는 서약서를 작성한 단체들은 바로 각단통일협의회에 가담한 단체들로 보인다. 이러한 서약은 북간도의 모든 독립단체를 임정에 복속시키고 임정의 의도에 따라 완전히 재편함을 승인한 것이었다.

안정근은 각단통일협의회의 서약내용을 구체화하는 방안을 강구한 것으로 보인다. 그러한 구상은 북간도의 독립단체들을 지역과 기능에 따라 재편하는 것이었다. 그가 구상한 재편안은 북간도지역을 남부총관부(연길·화룡·돈화·額穆)와 북부총관부(왕청·훈춘·동녕·영안·목릉)로 구분한 다음 2곳에 각각의 행정관서와 재무관서를 설치하고, 군사문제를 총괄하는 북로사령부를 별도로 설치하는 것이었다.[115] 이는 행정·재정·군사 기능을 분리하여 다스리려는 의도를 나타낸 것이었다.

---

113) 『독립신문』 1921년 1월 27일, 「墾北來信」.
114) <조선인의부: 上海假政府(3)>, 「上海假政府間島不逞團體統一ノ策ス」(1920. 12.1). 안정근의 제의에 의해 각단통일협의회에 참석한 대표들은 4개항을 결의하였다. ① 각 단의 단명은 취소하고 임시정부 시정기관에 복종할 것. ② 일체 관직은 정부위원의 제안을 따를 것. ③ 각 단은 대한민국 2년 11월 20일에 文簿·금전, 기타 일체의 소유를 당해 관서에 인도할 것. ④ 참석하지 않은 각 단에 대해 본 서약서의 승인을 요구하고 이를 정부위원에게 담임시킨다.
115) 『조선민족운동연감』, 256~262쪽.

그러나 당시에 북간도 독립단체들은 일본군의 탄압에 밀려 노령으로 이동하거나 흩어지고 있었다. 그렇기 때문에 위와 같은 재편구상은 그 열성에도 불구하고 실제로 그 기능을 발휘하기는 어려운 형편이었다.

청산리전투 후 독립단체들이 노령으로 이동할 때에 안정근은 그 지원 작전을 담당하였다. 청산리전투 후에 헐벗고 굶주린 독립군의 참상이 극심하였다. 이에 임정은 안정근과 대한국민회 재정책임자인 유찬희에게 대책을 세우게 하고 긴급 구호금을 보냈다. 안정근과 유찬희는 뿔뿔이 흩어진 독립군들을 일본군들이 들어올 수 없는 액목현의 현청 소재지인 액목 시가로 오게 하였다. 그런 다음에 그들에게 담요 한 장과 겨울용 중국신과 약간의 여비를 주어 독립군들의 집결지인 밀산으로 보냈다.[116] 이에 대해 일제는 "국민회에 속하는 유찬희 · 안정근 등은 목하 액목현 액목삭에 근거를 두고 각 방면으로부터 不逞鮮人을 규합하여 支那服을 지급하고 이들을 액목현으로 보내고 있다는 것이다"고 하였다.[117]

1920년 12월 초경에 안정근은 중러연합선전부에 가담하였다. 당시 안정근 · 왕삼덕은 니콜리스크에서 중러연합선전부 부부장 박용만의 특사인 한모씨와 김하석 일행을 회견하였다. 그 결과 동녕현 삼분구의 고려촌에 지부를, 왕청현 나자구와 돈화현 냉수천자에 각기 분파소를 설치하였다. 이때 안정근은 선전지부장을, 왕삼덕은 선전지부위원장을, 홍범도는 선전지부집행군무사령관을 맡았고, 선전지부위원 30명을 선발하였다. 그리고 지부장과 위원장 등 간부들은 고려촌에서, 집행군무사령관은 돈화현 냉수천자에서 선전사업을 벌였다. 소비에트정부의 지원을 받은 선전부의 사업은 북간도와 노령 국경 방면의 동포들에게 공산주의를 선전하고, 군무사령관과 휘하의 무력을 동원해 부호들부터 재산을 받아내

---

116) 박계주, 『대지의 성좌』, 삼영출판사, 1975, 429∼430쪽 ; 송우혜, 「독립운동사 안정근의 생애」, 767쪽에서 재인용.
117) 『한국민족운동사료』 3·1운동 편, 대한민국 국회도서관, 1977, 783쪽.

고, 간도지방의 일본 군영을 습격하는 것이었다.[118] 실제로 안정근은 약 15명의 무장대를 거느리고 돈화현 방면에서 연길현 삼도만 지방에 출몰하며 군인과 군자금을 모집하였다. 또한 그는 중국과의 교섭으로 일본군대가 철퇴하고, 독립달성을 위한 대동단결의 필요성 등을 선전하였다.[119] 이처럼 안정근이 중러연합선전부에 가담하여 좌우합작활동을 벌인 것은 경신참변의 참극을 극복하고 간도지역의 일본군을 축출하기 위한 것으로 보인다.

1920년 1월경에 안정근은 목릉현을 중심으로 독립운동의 전위조직인 청년단을 조직했다. 당시 그는 국민회 재무부장 유찬희와 함께 액목현 액목삭의 배영진가에 머물고 있었다.[120] 그러다가 이재수와 함께 1월 20일경 왕청현 소삼분구의 채규오가에서 청년단을 조직하고 각 방면으로 밀신을 보내 단원 모집에 힘썼다. 그 결과 청년단은 단원수가 70여명에 달했고, 총기관은 목릉현의 최윤일가에 두었으며, 영안현·돈화현 등 각 현과 간도 방면에 지부를 설치했고, 최충호·방진성·조문백 등이 그 간부진이었다. 그리고 연길현 화첨자의 한학렬·박이만가에 중앙통신소를 차려놓고, 지역별로 남구통신원과 북구통신원을 두고 비밀암호를 이용하여 통신을 주고받았다.[121] 이에 대해 일제는 엄밀한 사찰활동을 통해 청년단이 기독교 계통의 인사들이 가담한 단체이며 이면으로는 공산당원을 모집하는 운동을 벌이고 있다고 보았다.[122]

---

118) <조선인의부: 鮮人과 과격파(1)>, 「中露聯合宣傳部間島支部ノ設置」(1921.
    1.8). 조규태, 「박용만의 중국에서의 민족운동」『한국민족운동사연구』 45,
    2005, 72~73쪽.
119) <조선인의부: 재만주의부(27)>, 「間島奧地方面ニ於ケル不逞團ノ蠢動」(1921.
    3.4).
120) <조선인의부: 재만주의부(25)>, 「不逞鮮人動靜ニ關スル件」(1921.1.22).
121) <조선인의부: 재만주의부(26)>, 「不逞鮮人ノ靑年團組織」(1921.2.1) ; <조선
    인의부: 재만주의부(27)>, 재간도총영사대리→외무대신(1921.3.5).
122) <조선인의부: 재만주의부(27)>, 「不逞鮮人ノ共産黨員募集運動」(1921.2.22).

1920년 3월 안정근은 광복총사령부의 비서를 맡았다. 의병장으로 유명한 이범윤은 2월 25일경 무장부대 200명을 이끌고 동녕현에 당도하여 그곳의 민족운동자와 만났다. 그리하여 만세운동 제3주기인 3월 1일에 400여 명이 동포가 경영하는 동녕현의 虎奔學校에 모여 독립축하회를 개최하고 광복단총사령부를 조직하였다. 이때 임원진은 총재 이범윤, 부총재 이상룡, 비서 안정근, 총사령관 김동삼, 부관 김동한, 외교과장 박찬익, 재무과장 손일민, 통신과장 김도원 등이었다.

한편, 임정 북간도 특파위원 안정근의 여러 임무 가운데 하나인 연통제 부활문제에 대해 일제는 임정의 의도와 안정근의 활동을 다음과 같이 언급하였다.

> (상해 가정부는) 각 도의 독판을 내무부 직할로 할 때는 심히 불편을 느꼈다. 그래서 비교적 연락이 용이하다고 인정되는 간도에 總判部를 두고 동 지방의 한국독립운동단체를 총괄하여 이에 예속시켜 그 근저를 정하게 하였다. 그런 다음 한국 내 각 도청 소재지에 督判部를 설치하기로 하고 함경북도만은 연락관계를 용이하게 할 필요상 會寧에 이를 두어 내외 연락의 중심지로 삼게 하였다. 그리고 그들은 멀리 노령의 독립운동자와도 연계하여 과격파에 내통하여 총기와 탄약 등의 입수를 책략하여 흉폭한 행위의 자료로 충당하는 한편, 한국내에서는 인구세·공채·적십자회비 등 기타 각종 명목 하에 자금을 모집할 계획을 세우고 안정근·왕삼덕에 임무를 수여하여 간도로 특파하였다. 안정근 등은 간도에 도착한 후에 국민회·의군단·광복단·군정서·군무도독부 등의 수뇌자에 대한 교섭을 거듭한 결과 모두 이에 동의한 것 같다.[123]

일제 자료에 의하면, 당시 북로군정서 총재 서일은 각 단체를 지배할 실권을 장악하려는 의도를 지니고 있었는데, 상해 임정이 대한국민회 구

---

123) 「연통제의 개정조직 기획이 발견되어 정희용 등 29명이 검거된 사건의 요지」 (1921.11.7)『한국독립운동사료』중국편, 국회도서관, 1976, 78∼80쪽.

춘선을 간도총판부의 지도자로 삼으려는 것을 알고 부하를 시켜 비밀리에 안정근은 제거하려 하였다. 그런데 서일의 부하가 도리어 이런 사실을 안정근에게 고했기 때문에 안정근은 자신의 위험을 염려하여 이 계획의 수행을 박용훈에게 넘기고 자신은 돈화현 방면으로 피신했다고 한다.124) 이로써 안정근의 연통제 부활운동은 무위로 돌아가고 말았다.

7. 상해 임정 개조운동 참여와 독립단체 가담 활동

안정근은 적어도 1921년 3월까지는 북간도에서 독립운동에 종사하였다. 상해 임정 외교부는 파리강화회의 대표단과 구미위원부 파리위원회의 외교독립활동을 다룬 『歐洲의 俄事業』이란 책자를 상해에서 다시 발간하여 각지로 발송하였다. 그때 임정은 1921년 3월 23일에 '길림성 액목현 廣順永寶號 간북교통특파원 안정근(일명 淸溪)'에게 그 책자를 발송하였다. 따라서 안정근은 적어도 3월경까지는 북간도 액목현에 머무르고 있었음을 알 수 있다.125) 그러다가 1921년 가을 어느 시점에 상해로 돌아온 것으로 보인다. 그가 상해에 돌아왔을 때에는 모친을 비롯하여 그 자신과 동생의 처자들도 연해주 블라디보스톡에서 상해로 옮겨와 살고 있었다.126)

1921년 11월부터 1924년 2월 북경 이주 전까지 안정근은 많은 단체

---

124) 위와 같음.
125) 『조선민족운동연감』, 256~262, 270쪽.
126) 안정근이 상해로 귀환하기 직전에 안공근은 형과 같이 운영하던 '遠東商會'의 권리를 곽강규에게 양도하였다. 또 안정근·안공근의 모친 조씨와 처자는 1921년 3월 중순에서 하순 사이에 영국배를 이용하여 불라디보스톡에서 상해로 이동하였다. <조선인의부: 재서비리아(11)>, 「韓人ノ行動二關スル件」(1921.2.9)·「鮮人ノ行動二關スル件」(1921.3.9).

에 가담하여 활동하였다. 이때 그는 임시의정원·시사책진회·대한적십자회·한중호조사·신한청년당·상해 교민단 등의 단체에 가담하였다. 그런데 이시기 안정근의 대표적인 활동은 안창호와 긴밀한 관계를 맺은 상태에서 추진되었다. 다시 말해 2차례에 걸친 안정근의 상해 활동은 전기(1919.가을~1920.5)나 후기(1921.가을~1924)를 막론하고 형님으로 극진히 받들었던 안창호를 측근에서 보좌하는 의미를 지니고 있었던 것이다. 따라서 안정근의 정치노선과 독립노선은 크게 보아 안창호와 동일한 궤적을 그리고 있었다고 말해도 과언이 아니다. 아래에서는 이러한 측면에 유념하면서 논의를 전개하려 한다.

먼저, 안정근의 상해에서 전개한 국민대표회의 지지 및 반이승만 활동을 알아보겠다. 안정근은 1922년 4월 이전 어느 시점에 임시의정원 의원이 되었다. 그가 의원에 취임한 시점은 임정의 개조를 위한 국민대표회의 소집문제로 의정원이 소란하던 때였다. 당시의 현안인 국민대표회의 소집문제는 1921년 2월에 박은식·원세훈·왕삼덕 등 14인이 제기한 것으로서 민족적 대표성을 결여한 임정을 대신하여 "전 국민의 의사에 의한 통일적 강고한 정부조직의 기도"를 목적으로 하고 있었다. 그러나 일부 이승만 옹호세력을 제외한 모든 세력이 지지한 국민대표회의 개최논의는 임정이 워싱턴군축회의(일명 태평양회의)에 전력을 경주하느라 잠시 소강상태에 접어들었다. 그러나 태평양회의가 성과 없이 끝나 임정 외교노선의 한계성이 분명해지자 국민대표회의 소집 논의가 다시 비등하였다. 이때 국민대표회의의 소집을 주창한 세력은 안창호를 중심으로 하는 서북세력이며, 임정옹호를 주장한 세력은 임시대통령 이승만을 지지하는 기호세력이었다.[127] 이처럼 정파간의 갈등구도 속에서 안정근은 서북파의 일원으로서 안창호의 국민대표회의 소집운동을 돕는 역할을 수행하고 있었다.

127) 윤대원, 『상해시기 대한민국임시정부 연구』, 서울대출판부, 199~204쪽.

1922년 2월 8일 제10회 임시의정원 회의에서 국민대표회의 소집문제
가 다시 논의되었다. 당시 의정원에서는 국민대표회의 소집을 공식화하
려는 안창호계를 중심으로 하는 국민대표회의 지지파 의원과 이를 반대
하는 이승만계의 정부옹호파 의원간에 치열한 논쟁이 6월말까지 이어졌
다. 양대 세력은 국민대표회의 소집의 전초작업인 '독립운동자대표대회
소집건의안'을 가지고 찬반 논쟁을 벌였다. 이어 그들은 '국민대표대회
찬의인민청원서'의 제출 문제를 가지고 다시 논쟁을 벌였는데, 지지파가
4월 3일에 이 청원서를 의정원에 제출한 것은 인민청원을 명분으로 임정
으로 하여금 국민대표회를 인정하도록 하려는 것이었다. 이때 안정근은
4월 7일 열린 제10회 임시의정원 회의 제29일째 회의에서 인민청원안을
적극 찬동하는 발언을 하였다.

> 첫째, 法은 人을 爲하야 有하고 人이 法을 爲하야 有함이 아니오.
> 政府와 議政院과 憲法이 다 일흔 國土를 찾고 죽은 民族을 살리기 爲
> 하야 存在함인즉 이를 함에는 天下 萬物이라도 可히 抵抗치 못할지니
> 寸土를 回復치 못하고 一人을 救活치 못한 今日에 在하야는 무엇이든
> 지 犧牲치 못할 것이 업고,
> 둘째, 우리 議員들은 二千萬 同胞를 代表하엿스니 議員 一人의 엇
> 개에 동포 몇 명의 生死가 달렸는가는 數字上으로 計算할 수 잇는대
> 過去의 우리 일이 잘못된 것과 이 모양으로 繼續하기 어려운 것은 事
> 實인즉 憲法은 各人의 心理에 照하야 판단할 수 잇스나 公法은 그 낫
> 타난 事實을 보아 議定할 수 잇는 原則에 係하야 當局者의 良心은 아
> 모리 올타 하더라도 지금까지 되어진 結果가 良好치 못한 以上에 當
> 局者가 引責하고 다른 局面을 展開하기에 努力치 안을 수 업스며,
> 셋째, 國民代表會 問題에 對하야는 其 結果가 꼭 圓滿하리라든지
> 危險치 안으리라고 斷言할 수 업스나 그러나 아직 表現치 안은 未來
> 에 危險하리라는 것을 꺼려 目前에 必要로 認하는 것을 한번 試驗치
> 안음이 不可하오.[128]

---

128) 『독립신문』 1922년 6월 14일, 「인민의 청원안 토론」.

　요컨대 안정근은 ① 모든 제도와 조직이 인민을 위해 존재하는 것이
니만큼 그것들이 국가독립과 인민구제에 무익하다면 타파하거나 개혁해
야 하며, ② 현재까지의 임정 운영 결과가 타당치 못한 점이 않았으니
담당자는 책임을 지고 사퇴함으로써 국면을 전환해야 하며, ③ 아직 열
리지도 않은 국민대표회의의 성패를 문제 삼는 것은 시험정신이나 개척
정신이 부족한 소치이다며 이승만세력의 임정옹호주장을 강하게 비판하
고 나섰다.

　안정근의 주장에 대해 의정원 의원 이병주·장붕·조완구는 이 인민
청원이 인민의 자발적 의사인지 의심스럽고, 법리상으로 민법기관인 의
정원이 있는데도 국민대표회의를 소집함은 불가하며, 청원자가 국민대표
회의 소집 당사자인 주비회가 아니라는 등의 이유를 들어 청원안의 승인
을 반대하였다. 이에 대해 안정근·도인권·이유필·신익희 등은 법리
상 국민대표회가 헌법 기관이 아닌 점에서 위헌도 아니며, 의정원의 존
엄을 해치지 않을 뿐더러 사실 관계에서도 인민이 의회에 청원함은 민주
국에서 가장 적법한 행위이며, 청원인과 주비회측은 다른 나라의 국민이
아니므로 관계 유무는 필요 없다며 승인을 주장하였다.[129] 하여튼 인민
청원안은 4월 12～13일간 격렬한 논쟁을 거쳐 14일에 출석인원 15인 가
운데 가10, 부3으로 통과되었다.

　안정근은 1922년 6월 9일 오영선·조상섭·양기하·차리석 등과 함
께 현임의 대통령과 국무원들에 대한 불신임안을 제출하였다. 그가 제기
한 불신임의 사유로는 ① 대통령 이승만이 인민의 신망을 잃어 인민이나
반대파로부터 비난과 공격을 받고 있고 인민과 정국의 혼란을 수습 통일
하지 못하고 있으며, ② 국제 형세가 일본보다 유리했음에도 불구하고
파리강화회의나 워싱턴군축회의에 참석하지 못한 외교상의 실패를 보였
으며, ③ 국무원 사직 후 후계각원을 임명하지 못하여 내각을 무정부상

---

129) 『한국독립운동사』 자료2: 임정편2, 국사편찬위원회, 1971, 209쪽.

태로 만들었고 정부의 위신을 추락시켰으며, ④ 현임 국무원들은 무정부 상태의 시국을 바로잡을 성의가 없었으며 방관하는 태도로 일관하였다는 것이었다. 이러한 대통령 및 국무원 불신임안은 6월 17일 의정원 회의에서 이승만세력이 퇴장한 가운데 가결되었다.[130]

안정근 등이 제출한 대통령과 국무원 불신임안이 의정원에서 통과되었음에도 불구하고 이승만은 의연히 사직하지 않았다. 또한 일부 이승만 지지자들은 의정원 의원들의 처사를 불법이라 하며 반대 목소리를 높였고, 별도로 각원을 조직하여 안정근 등에 대항하려 하였다. 이 때문에 안정근 등은 의정원이 가결한 불신임안을 그대로 실행하는 경우 두 개의 정부가 수립될 우려가 있다는 판단에서 의정원 의원직을 사퇴하기로 하였다. 이에 따라 안정근은 7월 4일 직후에 의정원 의원직을 사임하였다.[131]

안정근은 1922년 7월 13일 상해에 조직된 시사책진회에 가담하였다. 이 단체는 임시정부 개조세력과 정부옹호세력의 대립으로 국민대표회의의 소집이 불가능해지자 정부외곽에 포진한 안창호 지지세력이 조직한 국민대표회의 개최를 위한 모임이었다. 당시 손주환·박진우 등 10여명의 인사들은 임시정부의 신구 각원 및 임시의정원 의원, 국민대표회의 주비원 등을 초청하여 시국 수습에 대한 충분한 토의를 행하고 최선의 방침을 정할 것을 요구하였다. 40여 명의 인사들이 7월 13일 밤에 모여 토의한 결과 30여 명의 동의를 시사책진회를 조직하였다.[132] 그러나 7월 28일 조완구·조소앙·이필규·김용철 등 정부옹호세력이 "단체의 성질을 결정하는 장에서 자기들의 의사에 적합지 않다"는 이유로 탈회함으로써 시사책진회는 제기능을 발휘하기도 전에 스러지고 말았다.[133] 하여

---

130) 「상해 임시정부 대통령과 국무원 불신임…보고」(1922.7.6) 『한국독립운동사료: 중국편』, 409~410쪽.
131) 「의원의 일대 변동」(1922.7.8) 『한국독립운동사』 자료2: 임정편2.
132) 『독립신문』 1922년 7월 22일, 「時事策進會」.

튼 안정근은 시사책진회의 회원으로서 독립운동에 장애가 되는 당면의 국면을 타개하기 위해 나름대로 노력하였다.[134]

다음, 안정근이 상해에서 벌인 독립단체 가담활동을 알아보려 한다. 안정근은 북간도에서 돌아오자마자 대한적십자회의 최고책임자로서 활동을 재개하였다. 그는 1921년 11월 21일 상해 주일당에서 열린 대한적십자회 정기총회에 참석하였다. 이때 해외 체류로 유고 중인 회장을 대신하여 부회장으로서 총회를 주재하였다. 11월 25일 속개된 총회에서 회장 이희경 대신 안창호가 신임 회장으로 선출되었으나 이내 사퇴하였다. 이에 따라 12월 1일 재개된 총회에서 안창호의 사퇴가 수리되고 부회장 안정근이 회장 사무를 대판하기로 하였다. 아울러 부회장 안정근과 이사장 서병호의 근로를 감사하기 위해 감사장을 진정하기로 결정하였다. 이날 총회에서 안정근은 자신이 북간도에서 목도한 독립군들의 온갖 참담한 실정을 설명하고, 中領과 노령에 병원을 설립하고 간호원을 파송하여 참경에 빠진 독립군 부상병들을 구호해야 한다고 역설하였다. 이런 호소는 적십자회 상의원회에 의해 적극 채용되었다. 안정근의 회장직무 대행 활동은 1922년 2월 23일 임원 개편에 따라 손정도가 회장에 오름으로써 종식되었다. 그러나 그전에 벌인 적십자회 부회장으로서의 활동상은 국내 신문에까지 보도되었을 정도로 널리 알려졌다.[135]

1922년 9월 18일 안정근은 중한호조사의 영업과 간사를 맡았다. 그가 참여한 중한호조사는 한국 독립운동가들과 중국 국민당의 관계자들이 연대하여 상해에 설립한 상해중한국민호조사를 말한다. 이 단체는 한국과 중국의 우호관계를 돈독히 하는 것을 목표로 하고 있었다. 동시에 문서과 간사 全文世가 중국인들에게 한문판 독립신문을 선전하고 동정금

---

133) 『독립신문』 1922년 8월 1일, 「時事策進會消息」.
134) 『조선민족운동연감』, 295~296쪽.
135) 『독립신문』 1921년 11월 26일, 12월 6일, 1922년 3월 1일, 6월 14일 ; 『동아일보』 1922년 2월 5일.

을 모집하는 등의 업무를 수행하려 했다는 것으로 미루어 중국인들에 대해 한국독립운동의 홍보와 독립자금의 모금을 동시에 벌였음을 알 수 있다.[136]

안정근은 1922년 3월에 신한청년당을 탈당하였다. 그 이유는 당내의 간부들 가운데 공산주의에 투신하는 인사들이 나옴으로써 당내 분열이 생겼기 때문이었다. 임정과 공산당과는 정치노선을 달리 했기 때문에 김구·김인전·장붕 등이 먼저 탈당하고, 뒤이어 안정근·이유필·최일·김위택·이규서·신창희 등 탈당하였다.[137] 또한 그는 12월경에 여운형 등이 조직한 노병회에도 가담하였다. 당시 노병회는 자금모집과 청년구제를 내걸고, 이미 모금한 자금으로 약간 명을 하남성과 사천성 방면으로 보내 중국 육군에 들여보냈다. 이때 안정근은 오영선과 함께 천진방면에서 그 지역의 독립운동자와 연락을 취하며 모종의 거사를 준비하고 있었다고 한다.[138] 아울러 그는 상해 교민단 본구 의원으로 활약하였다. 그는 1923년 10월 24일에 있은 교민단 제4회 의원 총선거에서 조상섭·김승학·윤기섭·여운형·조안구 등 10인과 함께 교민단 본구 의원으로 선출되어 활동하였다.[139] 그러나 이듬해 2월에 북경으로 이주했기 때문에 별다른 활약을 펼치지 못한 것으로 보인다.

1923년 연말경부터 안정근은 단체통일운동에 참여하였다. 당시 안창호·안정근·여운형·남형우 등은 일반인이 기대한 임정의 몰락이 장래의 독립사업에 다대한 악영향을 미칠 것을 우려했다. 이에 그들은 각지의 독립단체를 설득하여 단체통일의 기초를 확립하기 위해 북경으로

136) 「재상해 중한호조사 설립에 관해…보고」(1922.10.15) 『한국독립운동사료』 중국편, 414~415쪽.
137) 『독립신문』 1922년 3월 31일, 「청년당원의 이동」; <조선인의부: 上海假政府(4)>, 「不逞鮮人ノ近況ニ關スル件」(1924.4.10).
138) <조선인의부: 上海假政府(5)>, 「上海情報」(1922.12.25).
139) 『조선민족운동연감』, 306쪽.

향하였다. 그들은 북경에서 독립지사들과 협의하였다. 그 결과 안창호는 1924년 1월 초순에 북경에서 북만주의 통의부로 급행하여 만주와 서북간도 일대의 독립단 대표와 회합하여 숙의를 나눈 다음 2월 중순 상해로 귀환하였다. 안창호의 순행 결과 3월경에 북만주·서북간도·천진·북경 등지의 민족운동대표 30여 명이 불란서조계에 모여 통일회의 개최를 준비하였다.[140]

안정근은 1924년 4월에 흥사단 청년들이 다수 가담한 상해 청년동맹회의 결성에 공헌하였다. 상해의 독립운동자들은 임정의 영향력이 상실하고 유명무실한 상태에 빠지자 장래의 독립운동 방안을 강구하였다. 그리하여 안창호·안정근·여운형·남형우·김구·조소앙 등을 중심으로 독립운동의 진흥책을 논의한 결과 단체통일의 중요성을 강조한 대동통일취지서라는 제목의 인쇄물을 제작하여 각지에 배송하였다. 상해에 주재하는 윤자영 외에 수십 명은 그 취지서에 공감하여 동포청년들이 민족적 대동단결을 이루어 희생적 정신으로 독립운동을 벌여야만 반드시 독립을 달성할 수 있다고 보았다. 따라서 그들은 4월 5일 불란서조계의 삼일당에서 청년동맹회의 창립총회를 개최했는데, 당일 참석자가 78명이었다.[141] 이를 보면 안정근이 상해지역의 청년들이 청년동맹회를 조직할 때에 일정한 역할을 수행했음을 알 수 있다.

1924년 여름경에 안정근은 안창호가 1910년대부터 열성을 갖고 추진하던 이상촌 건설운동에 참여하고 있었다. 그가 1924년 2월 상순경에 처자를 데리고 상해에서 북경으로 이주한 것도 海甸農場의 개척과 운영에 참여하기 위해서였을 것이다.[142] 안창호 등이 해전에 농장을 건설한 것

---

140) <조선인의부: 上海假政府(5)>, 「上海不逞鮮人ノ統一運動二關スル件」(1924. 3.15).

141) <조선인의부: 재상해지방(5)>, 「靑年同盟會二關スル件」(1924.5.5).

142) <조선인의부: 上海假政府(5)>, 「上海情報」(1924.2.26). 안정근은 상해의 불란서조계 蒲石路 新民里 제14호에 거처가 있었다. 그의 가족이 북경으로 이주

은 해전이 물가가 싸고 발전가능성이 높은 지역이기 때문이었다. 실제로 해전은 생활비가 저렴하여 학생들이 하계휴가 중에 해전에 임시로 머물기도 했으며, 또 연경대학이 신축중인 해전의 교사가 완공되면 북경에서 해전으로 이사할 계획이었다. 당시 일제는 안창호가 지지자들을 해전으로 끌어들여 해전지역을 흥사단의 근거지로 만들려는 의도를 지니고 있다고 보았다.143) 해전농장은 안창호·안정근·김승만·의사 이동필 등 4인이 공동으로 건설한 농장이다. 해전농장은 북경 서쪽의 서직문밖에서 약 2리 떨어진 교외에 있는 농장인데, 크기는 250묘 정도이고 1년 지대는 600엔이었다. 이 농장은 薩摩芋·膏粱 등을 재배하는데 1924년에는 개척 비용이 과다하여 수지를 보지 못할 형편이었다. 1925년도에는 수전 농업을 실시하여 차츰 발전하는 양상을 보였다.144) 해전농장에는 안정근과 그 가족, 김승만의 가속과 그 동생, 이동필과 그 부친 및 동생, 곽상하와 조영 등이 살았다. 이들 중에서 약 10명이 농사에 참여하였고, 별도로 중국인 농부 약 20명을 고용하고 있었다. 안창호·안정근을 비롯한 해전농장의 한국인 약 30명이 7월 26일에 서산으로 야유회를 갔는데, 이때 안창호는 특유의 실력양성론을 주장하며 실력이 없으면 독립운동에 실효가 없을 것이라는 취지의 연설을 하였다.145) 하여튼 안정근은 1921년 늦가을부터 1925년경까지 안창호의 실력양성론에 입각한 독립운동노선

했을 때에 모친 조마리아, 안중근의 부인과 자녀들, 안공근의 처자는 상해에 살고 있었다. 그런데 안중근의 자녀들은 학교에 다니지 못했을 정도로 경제적으로 궁핍한 처지에 있었다. 그러다가 1926년에 국립 暨南學校에 그 학교 교장의 도움으로 학비를 면제받고 입학하였다. 그 때문에 안공근은 모친과 안중근의 일족과 자기 가족의 생계까지 책임져야 했다. <조선인의부: 上海假政府(5)>, 「僭稱假政府移轉其他ニ關スル件」(1925.1.28) ; 손과지, 『상해한인사회사』, 한울, 2001, 150쪽.

143) <조선인의부: 在支那各地(3)>, 「安昌浩及海甸農場ニ關スル件」(1924.8.2).
144) <조선인에 대한 시정관계 잡건: 일반의부(3)>, 「北京天津附近在住朝鮮人ノ 狀況報告書進達ノ件」(1925.3.20).
145) <조선인의부: 在支那各地(3)>, 「安昌浩及海甸農場ニ關スル件」(1924.8.2).

을 충실히 보좌하고 있었음이 주목된다.

8. 산동성 위해위에서의 요양생활과 만년의 활동

북경 서쪽 교외 해전농장에서 생활하던 안정근은 1925년에 가족과 함께 산동성 위해위로 이주하였다.[146] 그가 해전농장의 운영을 접고 갑자기 위해위로 이주한 것은 뇌병 때문이었다. 그가 1949년에 상해에서 별세했을 때에도 신문에 뇌병으로 사망했다는 기사가 실린 것을 보면, 뇌병은 안정근에게 불치의 병이었다. 이와 관련해 안창호가 1932년 4월 윤봉길의거 이전에 위해위를 방문하여 투병 중인 안정근과 찍은 사진에는 안정근이 병색이 완연한 매우 수척한 얼굴을 하고 있었다.[147] 또한 조선총독부 경무국이 1934년 6월에 간행한 책자에 "명치 43년(1910) 통감정책에 불만을 품고 중국으로 건너가 최근 양봉을 경영 중인데, 늘 뇌병으로 고통을 느끼고 있다고 한다"고 하였다.[148] 하여튼 안정근은 1925년 발병 이후 10년 정도의 투병 및 요양 기간을 거쳐 1934년경에 일단 건강한 신체를 회복한 것으로 보인다.

그런데 안정근이 요양지로서 위해위를 택한 것은 다목적의 의미를 지닌 것으로 보인다. 첫째, 위해위는 풍광이 수려한 해안가 도시로서 위생시설과 병원시설이 요양지로서 적임지였다. 둘째, 위해위는 영국군의 영향 하에 있었기 때문에 일본군의 감시와 탄압을 피할 수 있었다. 셋째, 산동반도 북쪽 끝에 위치한 위해위는 지리적으로 황해도의 장산곶을 마

---

146) 안정근 집안에 전해오는 이야기로는 안정근 가족이 위해위로 이사한 바로 다음 해에 일본의 대정 천황이 사망했다고 한다. 따라서 안정근이 위해위로 이주한 해는 1925년이다. 송우혜, 「독립운동사 안정근의 생애」, 771쪽.
147) 송우혜, 「독립운동사 안정근의 생애」, 771쪽.
148) 조선총독부경무국, 『國外ニ於ケル容疑朝鮮人名簿』, 5쪽.

주보는 곳으로서 한국과 매우 가까웠다. 특히 세 번째 이유와 관련하여 안정근은 처가의 도움을 많이 받은 것으로 보인다. 그의 장모 왕재덕은 만석꾼으로서 막대한 독립자금과 생활자금을 사위 부부에게 지급한 것으로 알려져 있다. 당시 안정근의 이정서는 위해위에서 밀항선을 타고 여러 차례 황해도의 친정으로 찾아가 자금을 받아왔으며, 이때 옷 속의 전대에다 지폐를 가득 채워 왔다는 일화가 그의 집안에 전해오고 있다.[149]

1934년 9월 안정근이 위해위에 머물고 있는 동안 국내에서는 안정근의 잠입설이 퍼져 한동안 소란스러웠다. 안정근의 잠입설에 대해 당시의 신문은 "방금 중국 위해위에 가서 사는 고 안중근의 아우 안정근이가 신병 있든 것을 北平 協和病院에서 고쳐서 건강한 몸을 만들어 가지고 李貞瑞라는 청년 등 5~6명을 대동하고 조선에 잠입하야 모종의 획책을 하고 그들이 시내로 들어온 형적이 적확하다고 단서를 잡아가지고 수사중이다" "안정근이가 거주하고 있든 산동성 위해위 連令里 13호 자택을 떠나 중국인 밀항선을 타고 인천에 상륙하여 가지고 그의 고향 황해도 신천 혹은 경성 방면으로 잠입하였다는 확실한 정보가 있다"는 보도를 하였다.[150] 이는 결국 오보로 판명이 났지만, 그 기사들은 ① 안정근이 1934년 9월 이전에 북평 협화병원에서 뇌병을 치유한 사실, ② 거주지가 위해위 연령리 13호였다는 사실, ③ 부인 이정서가 밀항선을 타고 한국에 자주 밀항했을 가능성이 있다는 사실 등을 알려주고 있다. 하여튼 안정근의 국내 잠입소동은 안중근 동생으로서 그의 영향력을 그대로 보여주는 하나의 에피소드였다.

안정근은 뇌병이 치유된 다음 다시 활동을 개시하였다. 그가 가장 먼

<hr>

149) 오영섭, 「안중근 가문의 독립운동」 『한국민족운동사연구』 30, 2002, 54~55쪽.
150) 『조선일보』 1934년 9월 4일, 「安重根實弟搜査」, 9월 16일, 「안중근의 實弟 인천상륙설」.

저 관련된 것은 흥사단 원동위원부였다. 1914년 5월 창립된 흥사단은 1935년 1월에 원동위원부를 원동지방위원회로 개칭하고 신위원을 선거했고, 그 후 다시 위원회를 개최하여 원동 각반을 새로 조직하였다. 이때 안정근은 선우혁이 반장인 제5반의 반원이었고, 그의 아들 안원생은 제3반의 반원이었다.[151] 이를 보면 안정근은 1920년에는 특별단원에 머물길 자청했으나[152] 1935년에 들어 통상단원이 되어 흥사단에 깊이 관여하기 시작했음을 알 수 있다. 그는 1940년 흥사단 극동지부가 자발적으로 해산을 결정했을 때에 안원생과 함께 홍콩지부의 단원을 맡고 있었다.[153]

안정근은 위해위에 머무는 동안 선박건조에 관심을 보였다고 한다. 그는 선박을 많이 건조하여 평상시에는 어업에 종사하게 하다가 기회가 닿으면 본국상륙용 선박으로 전용할 수 있도록 한다는 원대한 계획을 세웠다. 그리하여 어선겸공작선을 건조하다가 일본측의 사주를 받은 중국 관헌의 급습으로 무산되고 말았다고 한다. 이 일화는 입증할 만한 자료는 없고 안정근 집안에만 구전으로 전해지고 있다. 그가 1938년에 둘째 아들 안진생을 이탈리아에 유학시켜 조선공학을 전공시킨 것도 그러한 의도에서 나온 것이라고 한다. 하여튼 안진생은 1945년 7월에 조선공학 박사학위를 취득함으로써 한국최초의 조선공학 박사가 되었다.[154]

1937년 7월 중일전쟁이 발발하여 일본군이 중국 관내로 밀려들자 안정근 일가는 위해위를 떠나 영연방의 통치를 받는 홍콩으로 이주하였다.[155] 그의 가족은 안공근의 주선으로 처음에 광서로 이주해 있다가 다

---

151) 김정명, 「1935年の上海を中心とする朝鮮人の不穩策動狀況」『조선독립운동』 2, 536~537쪽.
152) 「일기」『도산안창호전집』 4, 856·861·864·866쪽.
153) <조선인의부: 사상에 관한 정보(12)>, 「興士團極東支部解散ニ關スル件」(1940.7.18).
154) 송우혜, 「독립운동사 안정근의 생애」, 773~774쪽.
155) 안중근의 처자, 안공근 및 그의 처자는 상해에 머물고 있었다. 이들의 상해탈출

시 홍콩으로 건너갔다.[156] 홍콩에서 안정근은 한국광복운동단체엽합회
에 가담하여 활동하였다. 당시 연합회는 본부를 長沙에 두고 거듭 안공
근·안경근을 홍콩으로 파견하였고, 잠복 활동 중인 김인(김구 장남)·
안우생(안중근 장남) 등으로 하여금 동지규합에 힘쓰게 하고, 항일 선전
자료와 기타 정보수집에 애쓰도록 하였다. 그러나 연합회내에 노인은 많
고 청년층의 활동가는 극히 소수였기 때문에 두드러진 활동은 없었다고
한다.[157]

　　1945년 8월 일본이 패망하자 안정근은 한국 독립운동의 요람지 가운
데 하나인 상해로 돌아왔다. 이때 그는 환갑이 지난 노인으로서 대한적
십자회의 후신인 한국적십자회 회장을 맡아 활동하였다. 그리고 중국 각
지를 돌아다니며 기자회견도 하고 동포들의 생활상을 돌보았다. 또한 그
는 한국구제총회의 회장직도 겸임하였다. 한국구제총회는 당시 만주와
관내지방에 나와 있던 우리 동포들의 귀국지원사업과 구호사업을 펼치
던 기관이었다. 안정근은 25년 전에 북간도에서 독립군들의 노령 이동작
전을 도왔던 것처럼, 이번에는 중국대륙 각지에 흩어져 있는 동포들의
귀환을 지원하고 어려운 처지에 빠진 이들을 구호했다. 그래서 그가 이
시절에 사용하던 명함에는 '한국적십자회 회장'과 '한국구제총회 회장'
의 타이틀이 나란히 명기되어 있었다. 그는 대한민국정부가 수립되자 대
한민국 상해총영사관이 발급한 서류를 갖고 일하였다. 그의 유족이 지닌
반명함판의 사진에는 '대한민국 상해총영사관'이란 철인이 찍혀 있었
다.[158] 그는 해외로 망명하여 독립운동에 종사한 지 37년만인 1949년 3

　　　과정에 대해서는 김구 저, 도진순 주해, 『백범일지』, 361～362, 371, 373～
　　　374쪽.
156) 김구 저, 도진순 주해, 『백범일지』, 371쪽.
157) 김정명, 「1935年の上海を中心とする朝鮮人の不穏策動狀況」 『조선독립운
　　　동』 2, 616쪽 ; 오영섭, 「일제시기 안공근의 항일독립운동」, 300～301쪽.
158) 송우혜, 「독립운동사 안정근의 생애」, 776쪽.

월 17일 상해에서 뇌병으로 병사했다. 3월 22일에 만국빈관에서 추도회
가 열렸으며, 그의 시신은 가톨릭예식에 따라 상해에 안장되었다.

9. 맺음말

안정근은 한국침략의 원흉 이등박문을 제거한 한국근대사의 위인인
안중근의 동생이다. 그가 안중근의사의 동생이라는 사실은 안중근의거
후 안정근의 인생행로가 이미 정해진 것이나 다름없었다. 다시 말해 안
중근의 동생으로서 안정근은 모든 한국인들과 독립운동가들에게 흠모와
존경을 받았던 반면, 일본근대의 원훈을 포살할 흉한의 동생으로서 일제
의 가혹한 감시와 탄압을 견뎌내야만 했다. 이처럼 안중근의 동생이라는
사실은 그에게 영광과 시련을 동시에 안겨다준 피할 수 없는 운명이었
다. 그는 안중근이 민족독립을 위해 산화하면서 자신에게 남겨준 영광과
시련을 한 몸에 지닌 상태에서 자신의 인생을 독립운동에 바쳐야만 했던
인물이다.

1910년대 안정근의 연해주와 중러 국경지대에서의 활동은 동생 안공
근의 활동과 중첩되어 있었다. 예컨대 여순에서의 안중근 옥바라지와 공
판투쟁을 참관한 일, 모친과 3형제의 가족 20명을 이끌고 목릉에서 생활
기반을 닦던 일, 모스크바유학에서 돌아온 동생과 함께 니콜리스크에서
장사하던 일, 일제밀정 김정국 처단을 주도한 일, 니콜리스크에서 처음
으로 벼농사에 성공한 일, 장사와 벼농사의 성공을 통해 독립운동 기지
의 개척을 도모한 일, 재러한인들의 민족통합운동인 전로한족대표자회의
에 참가한 일 등을 들 수 있다. 1910년대에 안정근이 벌인 여러 가지 일
들은 동생 안공근의 도움으로 이루어진 것이다. 따라서 1920년대 안정근
의 경제활동과 독립활동은 안정근의 그것과 상당 부분이 겹친다고 볼 수

있다.

안정근의 정치노선과 독립운동에 지대한 영향을 미친 인물은 실력양성론을 강조한 안창호이다. 그는 1910년 연해주 망명 후부터 안창호와 제반사를 의논하는 사이가 되었다. 동생 안공근이 1920년대 중후반부터 기호파나 중간파로 분류되며 안창호의 서북파와 대립하는 입장을 나타냈던 반면, 이미 1910년대부터 서북파란 지목을 받은 안정근은 안창호를 '형님'으로 모시며 그와 독립운동을 같이 하였다. 심지어 임정 초기에 그는 안창호가 임정에 관여치 않으면 자신도 관여치 않겠다는 의사를 나타냈을 정도로 친안창호 성향을 보였다. 따라서 1911년 봉밀산기지 개척운동, 1920년대 전반 상해와 북경에서의 정치활동과 독립운동, 1920∼1921년 북간도에서의 독립단체 통합운동, 1925년 북경 근처 해전농장의 개척과 운영, 1920∼30년대 흥사단 원동위원회 활동 등등 안정근의 독립운동을 특징짓는 모든 일들은 안창호와 긴밀한 연계 하에 이루어진 것이었다. 그러므로 안정근은 안창호의 충실한 조력자였다고 말해도 과언이 아닐 것이다.

안정근의 독립운동을 특징짓는 가장 대표적인 업적은 북간도에서 독립군단체의 통합운동을 주도한 일이었다. 그는 1920년 5월 하순 임정의 북간도 특파위원으로 파견되어 북간도 각지의 독립단체를 방문하고 그들의 통합을 주선하였다. 그의 헌신적인 활동 덕분에 종교와 정치노선의 차이에 따라 극심한 갈등을 빚고 있던 북간도의 여러 독립단체들은 1920년 10월 청산리전투 이전에 단합된 군단으로 변모되었다. 이렇게 통합을 이뤄낸 독립군 단체들이 청산리전투에 참여하여 승첩을 거두었음을 주지의 사실이다. 이것은 안중근의 이등박문 포살사건, 안공근의 한인애국단의 실질적인 운영에 견줄 만한 주목할 만한 업적이다. 따라서 일제강점기 한국인의 독립운동 중에 군사활동이나 의열활동을 대표할 만한 일들이 모두 안중근 3형제에 의해 이루어진 사실은 특기할 만하다.

안정근이 평생에 걸쳐 가장 정력적이며 지속적으로 전개한 것은 적십자 활동이었다. 안정근은 1910년대 중반 목릉과 니콜리스크에서 독립운동가와 그 가족들의 후원자 역할을 하였고, 1920년대 전반 상해에서 대한적십자회 부회장으로서 난민·빈민·노약자 구제에 힘썼으며, 1920~21년 북간도와 상해에서 청산리전투에서 전상한 장병들과 노령으로 이주한 독립군에 대한 구호활동을 벌였고, 해방 이후 상해에서 대한적십자회와 한국국제총회의 회장으로서 재중동포들에 대한 구호활동을 펼쳤다. 물론 이러한 활동들은 안정근 자신의 관후한 인품, 안중근의 동생이라는 영광스런 후광, 독립운동계의 거목 안창호의 측면 지원, 막대한 재산을 지닌 처가의 경제적 지원 등이 복합적으로 작용한 결과였다. 하여튼 안정근은 일제시기 독립운동가 가운데 적십자활동 분야에서 걸출한 공헌을 하였던 인물이라고 평할 수 있다.

안중근의 사상

안중근 의거의 사상적 배경

신 운 용*

1. 들어가는 말

주지하다시피, 안중근의 父 안태훈은 1894년 11월 황해도의 원일용 동학군을 진압한 후 그 전리품 문제로 쫓기어 천주교당에 피신하였다. 그때 천주교를 접한 안태훈은 그 후 청계동으로 돌아와 자진하여[1] 1897

---

* 안중근의사기념사업회 책임연구원
1) 안태훈의 천주교 入敎 時期에 대해서『황해도천주교회사』(황해도천주교회사간 행위원회, 1984, 191쪽)에 안태훈이 과거를 치르기 위해 信川사람인 閔泳龜와 함께 上京하여 어느 가톨릭 신자 대감댁에 유숙하게 되었을 때부터였다는 내용도 있으나 이를 전적으로 신뢰할 수는 없다. 하지만『백범일지』를 보면 적어도 1895년 7월 이전에 안태훈은 심정적으로 천주교를 받아들이고 있었던 것 같다 (金九,『金九自敍傳 白凡逸志』(백범학술원 총서①), 나남출판사, 2002, 44~45

년 1월 10일 천주교에 입교하였다.[2] 안중근도 父 안태훈의 천주교입교
에 따라 자연스럽게 천주교를 신봉하게 되었다.

안태훈일가의 천주교입교는 한국 천주교사에 있어 많은 의미를 내포
하고 있다. 요컨대, 지방 토호세력인 안태훈 일가가 천주교에 입교할 정
도로 천주교의 영향력이 당시 한국사회에 크게 확대되고 있었음을 의미
하는 것이다.[3] 또한 서양종교가 한국사회에 유입되어 정착되는 과정을
안중근 일가의 천주교 수용사에서 엿볼 수 있다. 즉, 안태훈이 자신의 지

쪽). 안태훈은 동학군으로부터 획득한 군량미 문제로 고초를 겪기도 하였지만,
1895년 7월 9일 탁지부에서 '안태훈은 죄가 없다는 유권해석을 내려 군량미문제
는 최종적으로 해결되었다(서울대 규장각,「全國 各道觀察府, 各郡과 度支部간
의 훈령과 보고」『公文編案 要約』1, 1999, 35쪽). 더군다나 군량미문제로 안태
훈을 추궁하던 어윤중이 아관파천 이후 1896년 2월 용인에서 개화정책에 반감을
갖고 있던 民들에 의해 사망하여 이 문제는 해결되는 듯하였다. 그러나 다시 같
은 문제로 안태훈은 민영준에 쫓겨 명동성당으로 피신하였다가 강론을 듣고 교
리를 공부한 후, 1897년 1월 10일 홍신부로부터 안중근과 더불어 세례를 받은
것으로 사료된다. 따라서 안태훈의 천주교입교는 단순하게 '洋大人藉勢'로만 설
명될 수 없는 측면이 있다. 말하자면 그의 종교적 열망이 천주교입교의 동기로
작용하였던 것으로 보인다.

2) 안중근 일가의 천주교입교 상황은 다음과 같이 전해지고 있다. 즉, "1896년 성탄
절이 다가왔다. 세례문답이 있을 예정이었다. 시험이 다가옴에 따라 시험에 대한
불안도 그 만큼 커졌고, 마침내 그들은 시험을 2주일 연기해 줄 것을 요청하기에
이르렀다. 그리하여 시험일자는 삼왕래조축일로 연기됐다. 이 시험에 합격한 안
베드로, 토마, 야곱 등 36명이 1월 10일에 세례를 받고 열흘 후에 30명이, 그리
고 부활절에는 33명이 또 세례를 받았다."(『조선일보사』1979년 9월 4일자「安
義士의 故鄕 淸溪洞」(2))

3) 1895년 뮈텔주교는 고종을 알현하였다. 이 자리에서 고종은 1866년 병인박해에
대해 유감을 표시하면서 "그대의 목적이 오직 조선에 지대한 이익을 가져다주는
것임도 알고 있어요. 그래서 짐이 그대를 보고자 한 것이오. 짐은 이제부터 그대
가 이 곳 조선에 있다는 것을 유념할 것이며, 그대가 우리와 함께 미래의 고락을
나눌 것임을 또한 기억하겠오"라고 하였다. 이는 조선 내에서 전과 비교할 수 없
을 정도로 천주교의 위상은 급상승하였음을 의미하는 것이다(明洞天主教會,
「1895년도 보고서 閔妃시해와 일본의 야욕」『明洞天主教會200年史 資料集
第1輯 서울敎區年報』(Ⅰ), 1984, 165쪽).

역적 기반을 강화하기 위한 정치적 수단으로 천주교를 이용한 측면이 강하다.4) 반면에 안중근은 안태훈의 향촌사회 내에서의 세력 확장이라는 가문적 천주교를 민족의 위기를 극복하기 위한 방법을 모색하는 과정에서 민족사의 발전이라는 범주로까지 확대시켰던 것으로 생각된다. 말하자면, 천주교사에 있어 안중근단계에 들어와서야 천주교가 한국사회에 토착화될 가능성을 갖게 되었다고 볼 수 있다. 이는 종교와 민족의 운명을 같은 선상에서 인식하기 시작하였음을 의미하는 것이라고 하겠다.

이러한 측면에서 안중근은 父 안태훈代뿐만 아니라 前시기와는 전혀 다른 천주교 인식을 바탕으로 천주교 내부의 모순을 스스로 자각하였다.5) 이를 바탕으로 종교와 민족문제를 동일한 궤도에서 일치시켜 역사문제를 실천적으로 해결하려고 하였던 것이다. 말하자면 안중근은 한국의 독립과 동양의 평화유지라는 당대의 역사문제를 해결하기 위한 방법론을 천주교에서 찾았고, 또한 이를 현실에 적용시킴으로써 서양종교인 천주교를 한국사에 전면적으로 부각시켰던 것이다. 이런 맥락에서 필자는 한국천주교사에 있어 안중근의 위치와 의미를 본고에서 살펴보려고한다. 왜냐하면 이는 안중근과 그의 의거를 이해하는데 있어 매우 중요한 작업이라고 생각하기 때문이다.

한편, 안중근으로 하여금 伊藤博文을 처단하도록 추동한 그의 사상적 배경에 대해서는 독립운동의 일환이라는 측면에서 설명되어 왔다.6) 그

---

4) 윤선자, 「'한일합병'전후 황해도 천주교회와 빌렘신부」『한국근대사와 종교』, 국학자료원, 2002, 209쪽.

5) 안중근이 인식한 천주교 내부모순은 신부들(홍신부)의 권위적인 태도, 안중근의 대학설립계획 건의에 대한 뮈텔주교의 거부, 안중근의 독립투쟁 열의에 대한 신부들(홍신부)의 비난 등으로 볼 수 있다.

6) 신용하, 「안중근의 사상과 의병운동」『韓國民族獨立運動史硏究』, 乙酉文化社, 1985 ; 조광, 「安重根의 愛國啓蒙運動과 獨立戰爭」『敎會史硏究』第9輯, 韓國敎會史硏究所, 1994 ; 김창수, 「安重根義擧의 歷史的 意義」『安重根과 韓國民族運動』, 한국민족운동사학회, 국학자료원, 2002 ; 박환, 「러시아 沿海州에

러다가 1990년대 이후로 천주교 사가들이 천주교와 안중근의 관계를 분
석한 일련의 연구 성과를 내기도 하였다.[7] 그러나 안중근 의거의 사상적
배경을 본격적으로 다룬 연구는 거의 이루어지고 있지 않다고 해도 과언
이 아닐 것이다.[8] 특히 안중근의 사상적 연원이 천주교와 관련이 있다고
주장을 하는 연구는 있으나, 그것이 구체적으로 어떠한 양태로 존재하며
그 의미는 무엇인지를 언급한 논문은 드문 실정이다. 요컨대 안중근은
독립투쟁의 당위성을 天命論에 입각하여 내세우면서 이등을 처단한 이

서의 安重根」『安重根과 韓國民族運動』, 한국민족운동사학회, 국학자료원,
2002 ; 윤경로, 「사상가 안중근의 생애와 활동」『한국근대사의 기독교사적 이해』,
역민사, 1992.

7) 천주교 사가들을 중심으로 1980년대 이후 1990년대를 거치면서 현재까지 천주
교와 안중근의 관계를 검토하는 과정에서 학계는 안중근 의거의 사상적 배경으
로의 천주교에 착목하여 왔다. 이들의 대표적인 연구성과는 다음과 같이 정리 할
수 있다. ① 안중근 의거가 천주교의 교리에 어긋나지 않는다는 점을 강조한 논
문은 다음과 같다. 정인상, 「안중근의 신앙과 윤리」『교회사연구』제16집, 한국
교회사연구소, 2001 ; 김춘호, 「살인하지말라는 계명의 사회적 차원-현대'살
인'(환경파괴)과 현대적 '살인'(안중근의거)」『가톨릭신학과사상』 35, 가톨릭대
학교, 2001. ② 안중근이 언급한 천주교 교리를 분석한 논문은 다음과 같다. 차
기진, 「安重根의 천주교 신앙과 그 영향」『교회사연구』16, 한국교회사연구소,
2001 ; 황종렬, 「안중근편 교리서에 나타난 천-인-세계이해」『안중근의 신앙
과 사상』, 안중근의사기념사업회, 2005. ③ 안중근의 의거에 대한 천주교의 반응
을 살펴 본 논문은 다음과 같다. 최석우, 「安重根의 義擧와 敎會의 反應」『교회
사연구』제9집, 한국교회사연구소, 1994 ; 윤선자, 「민족운동과 교회」『한국근대
사와 종교』, 국학자료원, 2002. 그러나 이등을 처단할 수밖에 없었던 안중근 의
거의 사상적 배경을 실증적으로 언급한 연구는 거의 없는 실정이다. 이러한 가운
데서 황종률의 연구가 주목되는 성과이다(황종렬, 「"천명"인식 살기의 두유형:
통합형과 분열형」『신앙과 민족의식이 만날 때』(안중근 토마스의 이토 히로부미
저격에 관한 신학적 응답), 분도출판사, 2000, 93~114쪽).

8) 필자는 석사학위논문에서 안중근의 의거의 사상적 배경을 천주교와 관련하여 논
증을 시도한 적이 있었으나 정치하게 다루지 못한 한계점이 있다(신운용, 「安重
根의 生涯와 思想에 대한 一考-그의 君主觀과 東洋平和論을 中心으로-」,
한국외국어대학교 대학원 석사학위논문, 1993).

유를 天主의 대리자인 天皇의 뜻을 따르지 않고 逆天했기 때문이라고 설명하고 있다.[9] 그렇다면 안중근으로 하여금 이등을 처단하도록 한 사상적 배경이 바로 이 天命이라는 의미가 된다. 그러므로 이 天命의 실체는 무엇인지를 살펴보아야 안중근이 이등을 처단한 사상적 배경을 규명해 낼 수 있을 것이다.

또한 통감부 통역생 園木末喜는 "그 態度는 매우 沈着하여 顏色 言語에 이르기까지 居常과 조금도 다름이 없었고 從容自若하게 깨끗이 그 죽음으로 나아갔다"라고[10] 안중근의 임종순간을 전하고 있다. 심지어 만주에서 일제의 전위 선전기관 역할을 한 『滿洲日日新聞』조차 "아무리 봐도 수분 후에는 明에서 暗으로 가야할 刑人의 身上과 相應하여, 보는 사람으로서 一種의 感에 젖게 된다"라고 보도하였다.[11] 말하자면 안중근의 심리상태는 늘 '從容自若'하였던 것이다. 이처럼 안중근의 행동과 사상적 배경을 단순히 독립투쟁의 정신이라고만 설명할 수는 없을 것이다. 이러한 측면에서 필자는 그의 사상적 배경은 그가 믿고 있던 천주교라는 종교와 무관하지 않을 것이므로 천주교 교리의 핵심인 天主에 대한 안중근의 인식을 살펴보려고 한다.

또한 안중근은 "세상에서 가장 존귀한 이는 누군가 하면 인간으로서는 천황폐하입니다"[12]라고 하였다. 일본천황이야말로 한국침략의 핵이라는 사실은 너무나 자명한 일이다. 그럼에도 안중근은 이등을 단죄한 것처럼, 일본천황을 조선침략의 원흉으로 제거해야 할 敵將으로 인식하지 못한 것 같다. 오히려 그는 '세상에서 가장 존귀한 분'이라는 표현을 빌려 천황에 대해 존경을 표하고 있다. 과연 안중근의 이러한 천황인식

---

9) 국가보훈처・광복회, 「청취서」, 『21세기와 동양평화론』, 국가보훈처, 1996, 53쪽.
10) 국사편찬위원(이하 국편), 「報告書」, 『한국독립운동사』 자료7, 1977, 516쪽.
11) 『滿洲日日新聞』 1910년 3월 27일자, 「安重根의 最後」.
12) 최이권 편역, 「안중근의사공판기록」, 『애국애정 안중근 의사』, 법경출판사, 1990, 128쪽.

이 이등을 사살할 수밖에 없었던 이유를 정당화하기 위해 편의적으로 내세운 논리 때문인지, 아니면 본질적으로 안중근은 일본천황을 존중해야할 대상으로 여긴 까닭에 기인하는 것인지 살펴볼 필요가 있을 것이다. 이는 그의 군주관을 규명해 보면 어느 정도 추정될 것이다. 그의 군주관에 대한 검토는 안중근의 사상적 지향성 즉, 그의 정치사상과 관련하여 안중근이 어떤 사회를 지향했는지를 추찰하는데 중요한 의미를 갖는다는 점도 지적해 두고자 한다.

이러한 면에서 필자는 안중근 의거의 사상적 배경을 ① 天主敎史에 있어 안중근의 위치와 의미, ② 한국의 天命思想과 안중근의 天命觀 ③ 안중근의 天主觀·君主觀, ④ 日本'天皇'의 詔勅意味와 伊藤博文을 처단한 명분을 중심으로 살펴보고자 한다. 이상의 작업을 통하여 필자는 총체적으로 안중근이 이등박문을 총살할 수밖에 없었던 사상적 배경을 밝힐 수 있을 것이다. 더 나아가 필자는 이러한 작업을 통하여 안중근에 대한 연구 성과를 풍부하게 하고 안중근과 그의 의거를 구조적으로 이해하는데 일조하였으면 하는 바람이다.

2. 韓國 天主敎史上의 안중근의 위치와 의미

한국 천주교사에 있어 안중근의 위치와 의미를 부여하기 위해서는 무엇보다도 안중근이 신봉하였던 천주교의 전래와 정착 과정에 대해 이해할 필요가 있다. 특히, 이를 위해서는 초기 한국 천주교에 큰 영향을 끼친 마테오리치의 『天主實義』(1603년)를 언급하지 않을 수 없다. 『天主實義』는 사신으로 중국에 드나들던 이수광이 1614년에 간행한 『芝峰類說』에 의해 처음으로 국내에 소개되었다. 그 후 1621년에 柳夢寅도 『於于野譚』에 『天主實義』와 천주교관련 내용을[13] 게재하여 조선사회에 천주교

의 대체적인 정보를 제공하였다는 것은 주지하는 바이다. 요컨대 이수광
은 『천주실의』를 소개하면서 왕을 정점으로 하는 조선사회와 달리 서역
에서는 '왕보다 높은 존재'를 신앙의 대상으로 하고 있으며 교황의 권좌
는 상속되지 않고, 선출된다는 내용을 조선사회에 소개하였던 것이다.14)
이수광 등의 이와 같은 천주교에 대한 소개는 조선의 정치계와 사상계에
충격을 던져주었다.15) 이에 대해 조선에서는 크게 상반되는 두 가지 반
응이 나왔다. 즉 攻西派로 불리는 조선의 식자층과 조선정부는 서양을
상대할 가치도 없는 오랑캐에 지나지 않는다고 하는 부정적인 서양인식
을 확대시키면서 천주교의 유입과 확산을 방지하는데 총력을 기울였
다.16) 반면에 임진·병자 양란이후 사회적 혼란 속에서 성리학적 지배질
서에 염증을 느끼던 세력 즉, 이벽·이승훈·김대건·정약종·정하상
등의 남인계통의 관료와 학자로 이루어진 信西派는 조선사회와 조선의
성리학과 다른 세계와 학문이 존재한다는 사실에 깊은 사상적 충격을 받
았고 그 결과 천주교를 새로운 사상을 넘어 종교로 받아들이게 되었
다.17)

　이수광이 천주교를 조선에 소개한 이래, 이러한 천주교에 대한 태도
와 인식의 차이는 조선사회내부의 마찰과 변혁을 예고하고 있었다.18)
즉, 자생적 천주교인의 출현으로 조선을 성리학 일변도의 사회로 이끌고
나가려는 집권층은 크나큰 위기감에 휩싸이게 되었던 것이다. 요컨대,

---

13) 유몽인 저·이민수 편역, 「西敎」『於于野談』, 정음사, 1975, 92~93쪽.
14) 李睟光 著·丁海廉 譯註, 「마테오리치(李瑪竇)」『지봉유설 精選』, 현대실학사,
　　2000, 61~62쪽.
15) 강만길, 「이익과 성호사설」『한국의 실학사상』, 1983, 132쪽.
16) 조광, 「朝鮮政府의 天主敎對策」『朝鮮後期天主敎史硏究』, 고대민족문화연구
　　소, 1988 참고.
17) 이광호, 「「上帝觀」을 중심으로 본 儒學과 基督敎의 만남」『儒敎思想硏究』제
　　19집, 한국유교학회, 2003년 12월, 557쪽.
18) 한영우, 「星湖의 學風」『星湖 李翼硏究』, 한영우전집간행위원회, 2001, 67쪽.

1791년 尹持忠의 위패소각 사건으로 야기된 제사문제에서 보듯이, 지배
층은 천주교를 성리학적 지배질서를 전면적으로 부정하는 집단으로 여
겼던 것이다.[19] 이러한 인식으로인해 조선사회 내부에서는 이익이 『天
主實義』를 비판적 입장에서 연구한 이래로[20] 그의 제자인 愼後聃이 『西
學辨』[21] 등을, 安鼎福이 『天學問答』[22] 등을 각각 저술하여 천주교를 비
판하는 등 성리학적 지배질서를 강화하는 현상이 나타났다.[23] 이를 배경
으로 老論 집권층은 정권안보차원에서 성리학 정통론을 내세워 천주교
를 邪敎로 단정하였던 것이다.[24] 그 결과 조선내부의 당쟁과 맞물려 신
해박해(1791년, 정조 15년)를 시작으로 신유(1801년, 순조 1년), 기해
(1839년 헌종 5년), 병인(1866년 12월~1867년 9월) 등의 가혹한 박해가
지속적으로 천주교신자들에게 가해졌다.[25] 또한 민간에서는 천주교의
도래에 따른 위기의식으로 1860년에 최제우에 의해 동학이 창도되기에
이르렀다.[26]

　　조선 천주교인에게 지속적으로 가해진 박해는 천주교인들로 하여금
더욱 종교에 몰입하게 하는 하나의 원인으로 작용하였다. 예를 들면, 황
사영은 1801년의 신유박해의 참혹한 상황속에서 종교의 자유를 획득하
려는 생각으로만 『帛書』를 북경주교 구베아에게 보내려다 발각되어 결
국 처형당하였던 것이다.

---

19) 조광, 앞의 논문, 187쪽.
20) 한영우, 앞의 논문, 70쪽.
21) 최동희, 「愼後聃의 西學批判」 『西學에 대한 韓國實學의 反應』, 고대민족문화
　　연구소, 1988 참고.
22) 금장태, 「安鼎福의 西學批判論」 『韓國學』 19, 영신아카데미한국학연구소, 1978
　　참고.
23) 김옥희, 『광암 이벽의 서학사상』, 가톨릭출판사, 1979, 70쪽.
24) 금장태, 『韓國儒敎의 再照明』, 전망사, 1982, 271쪽.
25) 최석우, 「天主敎의 迫害」 『韓國天主敎會의 歷史』, 한국교회사연구소, 1982 참고.
26) 신용하, 「동학사상의 역사적 성격」 『동학사상자료집』 2, 도서출판 열린문화사,
　　2002, 189쪽.

그런데, 황사영은『백서』를 통하여 민족내부의 문제를 해소하는데 천착하기보다 외세의 힘에 의지해서라도 종교적 자유를 획득하는 것을 무엇보다 우선시하였던 것 같다. 이러한 황사영의 현실 타개책은 같은 천주교신자인 丁若鏞과 丁夏祥마저도 비판을 가했을 정도로[27] 몰역사적이었다는 평가를 받기도 한다.[28] 또한 1839년 기해박해 때 천주교 교리가 성리학적 질서에 반하지 않는다는 호교론적 입장에서「상재상서」를 저술한 정하상도 종교를 초월하여 민족내부의 諸모순 관계를 해결하려고 한 것 같지 않다.[29] 요컨대, 마테오리치가『천주실의』에서

> 만약 하느님이 '만인의 아버지[公父]'인 점에 비견하면, 세상 사람들은 -비록 '임금과 신하', '아버지와 아들'이라는 [차별]이 있지만- 평등하게 [모든] 형제가 될 뿐입니다.[30]

라고 평등사상을 주장하였다. 그러나, 정하상은 이 평등의 구체적인 표현인 사회개혁을 추진하는데 관심을 두지 않았다. 그 보다는 국왕에게 천주교는 '無君無父'의 종교가 아님을 호소하는데 머물고 이었던 것이다. 이는 여전히 정하상 등의 천주교 신자들은 구복적·사적 신앙단계에 있었으며 종교적 자유의 획득을 국왕에 의존하여 이루려고 하는 국왕중심의 사고에서 벗어나지 못하고 있음을 보여주는 것이다.[31] 이후 천주교

---

27) 정약용,「先仲氏墓誌銘」『여유당전서』제1집 제15권, 麗江出版社, 1985, 623쪽 ;「丁夏祥供招」『推案及鞫案』(아세아문화사,『한국근세사회경제사총서』28 (헌종·철종), 1980, 323쪽).

28) 허동현,「근·현대 학계의 黃嗣永 帛書觀」『한국 근·현대 민족운동의 재인식』, 한국민족운동사학회, 2001, 10쪽.

29) 유홍렬,「척사윤음과 상재상서」『(增補)朝鮮天主敎會史』(上), 가톨릭출판사, 1962, 344~351쪽.

30) 마테오리치 지음, 송영배·임금차·장정란·정인재·조광·최소자 옮김(이하 마테오리치 지음),『천주실의』하권, 서울대출판부, 1999, 412쪽.

31) 신운용, 앞의 논문, 56쪽.

세력은 대대적인 탄압을 받아 대부분 지하로 잠적하였기 때문에 사회세력으로서의 존재를 드러내지 못하였다.[32)]

이러한 조선 집권층의 탄압에 의한 천주교 세력의 몰락은 조선사회가 근대적인 체제로 나가지 못한 내적 원인의 한 부분이 되었다고 볼 수 있다. 또한 이로 인하여 변화하고 있는 세계사의 흐름에 능동적으로 대처하지 못하는 결과를 초래하였다는 면에서 조선의 천주교 탄압은 한국사의 발전에 마이너스 작용을 하였다고 평가할 수 있을 것이다.

이처럼 조선후기 사회에 큰 영향을 미친 천주교는 1886년 프랑스와의 「朝佛修好通商條約」 체결을 계기로 선교의 자유를 획득하여 합법화되었다. 이후 천주교는 더욱 교세를 확장하여 조선사회의 중요한 사회세력으로 부상하게 되었다.[33)] 그러나 천주교 교단은 '정교분리'라는 원칙 하에 조선선교를 하고 있었는데, 이는 제국주의적 선교방법으로[34)] 일제와 일정한 협력 하에 수행되었던 것이다.[35)] 이러한 의미에서 1886년 이후에도 한국의 천주교는 여전히 구복신앙이라는 私的단계를 벗어나지 못하고 있는 것으로 보인다. 말하자면 당시의 한국 천주교는 민족과 교회는 운명공동체라는 인식을 갖고서 사회모순을 주도적으로 해결하려는 의식을 체화시키고 있지 못한 측면이 있다. 그러므로 당시 천주교는 민족의 한 구성원으로서 자기의 역할을 수행하는데 일정한 한계성을 안고 있었다고 보아야 할 것이다.

이와 같이 구복신앙에 머물고 있던 한국 천주교는 일제의 한국 식민지화 과정에서 일거에 한계성을 극복하고 한국사에 전면적으로 등장할

---

32) 장동하, 「개항기 천주교회와 종교자유문제」『한국근현대사연구』 제12호, 2000, 7쪽.

33) 장동하, 위의 논문, 15쪽.

34) 최석우, 「東亞細亞에서의 敎會의 土着化: 韓國敎會를 中心으로」『교회사연구』 제7집, 2000, 11쪽.

35) 윤선자, 「일제의 종교정책과 기독교」『한국근대사와 종교』, 국학자료원, 2002, 19쪽.

수 있는 가능성을 보이게 된다. 그것은 바로 1909년 10월 26일의 안중근 의거를 통해서였다. 이로써 천주교는 안중근을 통하여 자주독립이라는 민족문제를 실현시킬 사상적 원동력으로 한국사회에 재인식되는 기회를 갖게 되었다. 요컨대, 한국 천주교는 드디어 개인의 구복이라는 私的 영역에서 민족과 교회는 공동운명체라는 公的영역으로 그 범위를 확대시킬 수 있는 가능성을 배태하게 되었다는 것이다. 이는 다음에서 증명된다. 즉, 홍신부는

> 回顧하면 三年前 너는 一時의 憤激心에 몰리어 國家를 위해 크게 하는 바 있지 않으면 안된다 하여 出國「블라디보스톡」으로 向하려고 할제 나는 너의 사람됨을 잘 알고 今日이 있을 것을 두려워하였기로 그 非望을 懇諭하기를 네가 만약 참으로 國事에 盡瘁하려면 모름지기 敎育에 從事하고 곁드려 善良한 敎徒 着實한 國民이 되게하라고 하는 同時 네가 一時의 憤激에 依해 輕擧하여 國事에 奔走하는 따위는 다만 어 一身을 亡칠 뿐 아니라 나가서는 國家를 危殆롭게 하는 所以를 懇切히 말했음에도 不拘하고 從來 나에 대해서는 絶對로 柔順하던 네가 國家 앞에서는 宗敎도 없다 하여 나의 敎旨에 背反한 當時의 光景은 지금도 아직 눈 앞에 彷彿함을 너는 記憶하느냐 않느냐 噫乎라 너로서 만약 當時 나의 말을 들었더라면 금일 如斯한 累絏의 戒는 받지 않았을 것을[36]

이라고 하였다. 요컨대 사적 종교영역에 머물기를 간청한 홍신부가 독립운동에 투신한 안중근을 질타한 것에 대해 안중근은 천주교의 公的 의무인 민족자주를 실현하기 위한 투쟁을 선언하였다. 말하자면 안중근은 '구복적 신앙'내지 '번역신학관'[37)]을 철저히 거부하면서 민족 전체를 위

---

36) 국편, 「報告書」『한국독립운동사』 자료7, 1977, 534쪽.
37) 심상태 신부는 "한국 가톨릭 신앙은 지금까지 사상적 지평 속에서 형성 발전된 소위 '서구신학'을 번역소개 하는 단계에 머무르고 있는 실정이다"라고 하여 한국 천주교의 토착화 정도를 번역단계로 진단하였다(심상태, 「그리스도 신앙에서 본 샤머니즘」『사목』55, 1978, 65쪽).

한 종교로 천주교가 다시 태어나기를 바라는 마음에서 '국가 앞에서는 종교도 없다'고 선언하였다. 이러한 외침을 통하여 안중근은 종교와 국가의 관계를 '종교를 선택하느냐', '국가를 선택하느냐' 하는 획일적 인식론에서 벗어나, 종교사상을 바탕으로 韓민족을 위급에서 구하겠다는 민족의식을 표출하였던 것이다.[38] 때문에 안중근은 "敎子는 그 一日을 앞서 聖壇에 오르니 敎友의 힘에 依해 韓國獨立의 吉報를 가져다주기를 기다릴 뿐이라"[39]라고 유언하여 천주교 신자들의 분발을 촉구하였던 것이다.

그러므로 이와 같은 종교사상을 바탕으로 한 안중근의 국가의식 내지 민족의식은 황사영에게서 보이는 종교 지상주의를 추구하거나, 구복적 신앙이 주류였던 한국 천주교의 한계성을 완전히 극복한 '典範'으로 평가해도 무방할 것이다. 이처럼 안중근 단계에 들어와서 한국 천주교의 토착화[40]내지 민족화[41]가 이루어지기 시작하였다는 사실에서 안중근이

---

38) 조광, 「安重根의 愛國啓蒙運動과 獨立戰爭」『교회사연구』 제9집, 한국교회사연구소, 1994, 74쪽.

39) 국편, 「報告書」 앞의 책, 1977, 539쪽.

40) 한국천주교의 '토착화'문제는 제2차 바티칸 공회(1962년~1965년)에서 토착화(선교교령 3.10항목)문제가 언급된 이후, 웬텔 랭글리(양리완)신부에 의해 본격적으로 제기되었다. 그는 "그리스도께서 백퍼센트 인간이 되신 것과 같이 이곳 한국교회는 백퍼센트 한국적인 교회가 되어야한다"(양리완, 「토착화의 개념」『신학전망』, 1969년 12월)라고 하여 토착화의 의미를 한국화라고 하였다. 그리고 역사학계에서는 조광교수가 역사적 맥락에서 한국 천주교의 토착화문제를 언급하였다. 그는 천주교인들의 행동에 대해 전통문화인 효(국왕에 대한 충성)와 기독교의 보편적인 가치(천주에 대한 효)의 어우름이었다고 하면서 "순교는 가장 한국적 문화의 일환이었고, 또한 그리스도교적인 것으로 순교의 사례는 한국 그리스도교 문화의 토착적인 양태였다"라고 주장하였다. 이처럼 조광교수는 순교를 천주교 토착화의 한 양태로 보고 있다. 그러면서 조광교수는 토착화란 역사화라고 주장하고 있다(조광, 「기독교토착화 연구에 대한 한국 문화사적 평가」『사목』 247, 1999, 44쪽).
필자는 종교의 토착화란 '한 종교단체가 그 사회에서 타자와의 관계를 형성하면

한국 천주교회사에서 갖는 위치와 의미를 규정할 수 있을 것이다.

그런데, 기독교가 비기독교지역에 전파되어 정착하기까지 <번역, 적응, 상황화>라는 과정을 거친다는 슈라이터의 이론42)에 따른다면 안중근은 어느 단계에 와 있었던 것일까? 그것은 두 말할 필요도 없이 '상황화 단계'라고 할 수 있을 것이다. 물론 안중근 단계에 들어와서도 한국 천주교가 전면적으로 민족의 문제인 자주독립 문제를 내세웠던 것은 아니다. 이러한 천주교의 정교분리 정책은 일제하 강점기에도 지속되어 3·1운동 등 한국사의 혁명적인 상황에서도 유지되었던 것이다.43) 따라서 안중근 생존기의 한국천주교는 번역 단계에 머물고 있는 반면, 안중근은 이미 상황화 단계에 와 있었던 것이다.

그러나 천주교사에 있어 안중근의 역사적 위치와 의미가 해방 후 독재정권기에 되살아나 한국 현대사에서 표출된 천주교 진보성의 사상적 근원으로 작용하였다는 것은 주지의 사실이다. 즉, '천주교 정의구현사제

서 내외의 諸모순을 종교적 가르침에 따라 해소해 나가려고 하는 과정'이라고 정의하고 싶다. 그러므로 양리완신부의 토착화 개념에서도, 필자의 토착화 개념에서도 안중근 이전단계의 천주교는 한국사회에 토착화되었다고 단언할 수 없을지도 모르겠다. 단순하게 말하면 안중근이전의 한국 천주교인들은 민족내부 타자와의 관계 속에서 사회변혁에 대한 진지한 고민을 발견할 수 없었다는 면에서 그러하다. 따라서 본문에서 살펴본 바와 같이 필자는 안중근이야말로 안중근 이전의 천주교인들이 해내지 못한 천주교의 토착화를 이루어낸 최초의 천주교인이라고 본다. 그런 의미에서 필자는 안중근에 대해 한국천주교의 '典範'이라는 표현을 사용하고 있는 것이다.

41) 여기에서 '민족화'라는 개념은 토착화단계에서 더욱 발전된 상태로 민족전체의 이익을 위하여 종교적 집착을 초월한 경우를 말하는 것으로 필자는 보고 있다. 따라서 안중근이 '국가(민족) 앞에서는 종교가 없다'고 한 것이야말로 민족화의 한 예라고 하겠다. 이러한 면에서 안중근은 종교사상을 '민족화'한 최초의 천주교인이라고 할 수 있을 것이다.

42) Robert Schreiter, Construction Local Theologies-Orbis Books, NewYork, 1985, pp.6~16.

43) 金正明, 「天主敎同胞に」『韓國獨立運動』Ⅰ, 原書房, 1967, 189~190쪽.

단'은 사제단발족 10주년을 맞이하여 펴낸 『한국천주교회의 위상』에서 "교회의 자생력의 중요한 표지를 우리는 안중근 의사에게서 찾는다"[44]라고 하였다. 이는 한국 민주화운동의 중추 세력인 정의구현사제들의 사상적 원천이 안중근의 사상에 뿌리를 두고 있음을 의미하는 것이다.[45]

3. 동양의 天命思想과 안중근의 天命觀

위에서 보았듯이 韓國 天主教史上의 안중근의 위치는 종교와 민족의 문제를 일치시킴으로써 한국 천주교의 토착화내지 민족화의 전범라고 규정할 수 있을 것이다. 그럼 이처럼 안중근이 종교와 민족문제를 일치시킬 수 있었던 사상적 배경은 무엇일까? 이를 구체적으로 살펴보기 위해는 우선 안중근이 노일전쟁에서 일본이 승리한 원인과 이등을 처단한 名分에 대해 언급한 내용을 분석할 필요성이 있을 것이다. 즉, 안중근은 이에 대해

> 옛말에 "天命을 따르는 자는 일어나고 逆天한 자는 망한다"고 했다. 露日선전포고 詔勅「한국의 독립을 공고히 하려 한다」고 돼 있어 이것은 天命을 따르는 것이며 일본 황제의 뜻이라고 생각했다 전쟁이 일어났을 때는 아무도 일본이 승리하리라고 생각하는 자가 없었다 그럼에도 승리한 것은 즉「하늘의 뜻을 따르면 일어난다」는 이치에서 온 것이었다 그 후 이토 히로부미는 일본황제의 뜻에 반대하는 정책을 썼기 때문에 오늘과 같이 韓日양국이 궁지에 빠지게 된 것이다[46]

44) 천주교정의구현사제단, 『한국천주교회의 위상－'70년대 정의구현활동에 대한 종합적 평가』, 분도출판사, 1985, 19~20쪽.
45) 황종렬, 「새로운 전통의 형성: 안중근 정신의 계승」 『민족과 신앙이 만날 때』, 2000, 135~144쪽.
46) 국가보훈처·광복회, 앞의 책, 53쪽.

라고 설명하였다. 요컨대 노일전쟁에서 일본이 승리한 것은 天命에 순응했기 때문이고 이등이 제거된 까닭은 逆天하였기 때문이라는 것이다. 그런데 구체적으로 안중근에게 있어서 天命이란 무엇을 의미하며 안중근의 천명관이 갖는 史的 특징과 의미는 무엇일까?

이를 살펴보기 위해서는 우선 안중근시대까지 각 시대별로 천주교인들이 天命을 어떻게 인식해 왔는지에 대한 개략적인 고찰이 선행되어야 할 것이다.

양란이후 세계사의 조류가 급격히 변화하는 가운데 국내적으로 사회질서의 붕괴양상이 나타나고 있었으나, 사상적 측면에서는 성리학 일변도의 사조가 더욱 고착화되는 상황으로 치달았다. 이러한 흐름 속에서 1614년 마테오리치의 『天主實義』가 이수광에 의해 국내에 소개되었다. 『천주실의』의 유입은 조선의 사상계에 '天'문제를 수면위로 다시 부상시키는 결과를 초래하였다. 말하자면 '天則民'이라는 정치사상으로만 논의되던[47] 天의 문제가 '天則上帝(天主)'라는 종교사상으로 조선사회에 본격적으로 등장하였음을 의미하는 것이다. 이런 와중에서 天(上帝)을 학문적 호기심을 넘어 종교적 숭배대상으로 삼은 일련의 세력 즉 천주교인들이 출현하게 되었던 것이다. 이들의 출현은 필연적으로 天에 대한 해석을 둘러싸고 조선사회 내부에서 정치세력간의 충돌을 야기시켰으며, 이는 일련의 박해로 이어졌다. 또한 이로 인해 조선의 성리학에도 질적 변화를 초래하게 되었고 나아가 실학의 출현으로까지 이어지게 된 하나의 원인으로 작용하였다. 그러나 정약용의 경우에서 보듯이 대체로 '天則上帝(天主)'라는 입장을 지지하였던 조선의 학자들이 天의 문제를 補儒論的 입장에서 다루었기 때문에 '天命'문제는 여전히 관념적 사변체계에 머물고 있었을 뿐 사회변혁의 사상적 용매로 작동되지 않았다.[48] 이

47) 박창희, 「용비어천가에서의 '天'과 '民'의 개념」 『천관우선생환력기념한국사학논총』, 정음문화사, 1985 참고.

러한 문제는 천주교가 만민평등사상을 조선사회에 전면에 부각시켜 사회혁명을 주도하지 못하고 사적인 종교로 숨어버리는 현상을 낳게 된 원인이 되었다고 볼 수도 있다.[49] 이는 분명 인내천을 내세워 사회변혁의 한 축을 담당한 동학의 경우와 현상적으로 다른 양상을 보이고 있는 것이다.

그 후, 1876년 조선은 세계사의 변화에 적응하기 위해 자의반 타의반 문호를 개방하였다. 그러나 조선은 사회의 내부모순을 해결하지 못한 채 외세의 침략에 직면하게 되었다. 말 그대로 조선사회는 모든 면에서 혁명적인 변혁을 실현하여 세계사의 조류에 편입해야만 식민지로 전락할 운명을 피할 수 있었던 것이다. 그러므로 외세의 간섭을 배제하면서 동시에 근대화를 이루어 근대 독립국가를 만들어야 하는 것이 당시 한국의 역사문제이자 민족문제였던 것이다.

반외세라는 역사문제를 해결하기 위해 위정척사파는 소중화사상과 의리론을 바탕으로 반외세투쟁에 진력하였으나 그 자체의 사상적 한계성으로 조선을 근대화시킬 수 있는 세력은 아니었다.[50] 반면, 동학세력은 반외세투쟁을 하면서 조선사회의 내부모순을 해결하려고 하였으나 개화파 정부와 위정척사파의 협공을 당해 1895년 이후 그 동력이 소멸되고 말았다. 게다가 개화를 앞세운 정부관료 세력은 점차 일제의 하수인으로 전락하였던 것이다. 이리하여 외세에 대항할 수 있었던 한국 내부의 에너지가 내외의 모순에 의해 고갈됨에 따라 조선은 1905년 을사늑약, 1907년 정미7조약을 거치면서 결국 1910년 일제의 식민지로 추락하였던 것이다.

---

48) 유종선, 「조선 후기 天 논쟁의 정치사상」『韓國政治學會報』 제31집 3호, 1997, 21쪽.

49) 이원순, 「천주교의 수용과 전파」『한국사』 35, 국사편찬위원회, 1982.

50) 진덕규, 「위정척사론의 민족주의적 비판」『한국문화연구원논문집』 31, 이화여대, 1978, 235~236쪽.

이와 같은 역사현실 속에서도 한국 천주교 교단은 정교분리정책을 기본적인 선교정책으로 내세우고 있었다.[51] 이는 한국 천주교인들로 하여금 독립투쟁이라는 민족문제이자 역사문제의 해결을 적극적으로 추구하지 못하도록 하는 기제로 작용한 하나의 원인이 되었다.

그러나 이처럼 여전히 구복적인 상태에 머물고 있던 천주교 분위기 속에서도 안중근은 홍신부 등 교단과의 노선갈등을 빚으면서까지 천주교라는 종교를 기반으로 '天命'문제를 천주교사 뿐만 아니라 한국사에 전면적으로 내세웠던 것이다.[52] 그리하여 조선의 독립과 민권자유라는 천주의 명령을 실현하기 위해 뮈텔주교에게 대학건립을 건의하였다. 그러나 주지하다시피 뮈텔주교는 안중근의 대학설립계획을 부적절한 이유를 들어 거절하였다. 이에 안중근은 한국인인 자신이 생각하는 천명과 외국인인 뮈텔주교가 생각하는 천명이 다름을 깨닫고 배우고 있던 불어도 그만 두었던 것이다.[53] 그 후 1906년 대학설립의 대안으로 삼흥학교와 돈의학교를 맡아 교육 사업에 진력하였다. 또한 그는 1907년 7월 산업발달을 도모하면서 향후 대일투쟁에 필요한 자금을 마련하기 위해 석탄회사를 운영하기도 하였으나 일제의 방해로 큰 효과는 보지 못하였다.[54]

이러한 안중근은 스스로 天命에 대해

> 이른바 天命의 본성이란 것은 그것이 바로 지극히 높으신 천주께서 사람의 태중에서부터 부어넣어 주는 것으로서, 영원무궁하고 죽지도 멸하지도 않는 것이오.[55]

---

51) 윤선자, 앞의 논문, 19쪽.
52) 황종렬, 「"천명"인식 살리기의 두 유형: 통합형과 분리형」『신앙과 민족의식이 만날 때』, 분도출판사, 2000, 93쪽.
53) 안중근의사숭모회, 『안중근의사자서전』, 1979, 55~56쪽.
54) 안중근의사숭모회, 위의 책, 112쪽.
55) 안중근의사숭모회, 위의 책, 41~43쪽.

라고 정의한 것처럼 인간 本性과 일치하는 것이다. 이러한 인간 本性인
天命을 歷史 속에서 관철시키려고 했던 것이다. 그리하여 안중근은 당시
한국이 직면한 최대의 역사문제인 일제의 침략으로부터 조선을 보호하
기 위한 독립전쟁을 '天命'이라고 여기게 되었다. 그러한 이유로 안중근
은 이범윤에게 거병하여 일제를 공격하는 것을 하늘의 뜻, 곧 '천명'이라
고 하였다. 이처럼 안중근은 독립투쟁의 이론적 근거를 天命에서 찾고
있는 것이다.[56] 그리하여 안중근은 노일전쟁 당시 천명이 노국의 동양침
략을 저지한 일본에 있었지만, 이제 일제의 침략을 무력으로 대항하는
것을 천명이라고 주장하고 있는 것이다. 이는 안중근이 『시경』의 '天命
不易天命不可信'과 『맹자』의 '順天者存逆天者亡'라는 유교의 천명관을
천주교의 天命사상과 연결하여 한국사를 움직이게 하는 원동력으로 재
해석하였기 때문에 가능한 일이었을 것이다. 이러한 측면에서 안중근은
이범윤에게 노일전쟁 때 이범윤이 노국을 도운 것은 '逆天行爲'라고 비
판하면서 역천한 일제를 치는 것이 '順天'이라는 논리로 이범윤을 설득
하였던 것이다.[57] 따라서 안중근이 주장하는 천명의 실체는 한국의 독립
과 동양평화의 유지라는 당시대의 역사문제였던 것이다.[58]

　　이러한 의미에서 안중근은 다음과 같은 소명의식을 갖게 되었던 것
이다.

> 　　나의 目的은 東洋平和問題에 있고 日本 天皇의 宣戰詔勅과 같이
> 韓國으로 하여금 獨立을 鞏固케 하는 것은 나의 終生의 目的이며 또
> 終生의 일이다. 무릇 世上에는 작은 蟲類라도 一身의 生命 財産의 安
> 固를 빌지 않는 것은 없다. 하물며 人間된 者는 그들을 위해서는 十分
> 盡力하지 않으면 안되는 것으로 생각한다.[59]

56) 안중근의사숭모회, 앞의 책, 117~118쪽.
57) 신운용, 앞의 논문, 72쪽.
58) 국가보훈처·광복회, 앞의 책, 53쪽.
59) 국편, 「公判始末書 第三回」『한국독립운동사』 자료6, 1976, 386쪽.

　그러므로 안중근의 천명은 세종과 같은 지배자 중심의 정치사상[60]에 머물지 않았을 뿐만 아니라, 종교성을 바탕으로 초기 한국 천주교 신자들이 갖고 있던 시대인식의 한계성을 뛰어 넘는 '시대사상'이라는 것을 지적하지 않을 수 없다. 말하자면, 안중근은 종교성에 바탕을 두면서 사회관계와 역사의 발전과정을 天命이라는 인식으로 내재화하였고 더 나아가 죽음까지 담보로 한 '天命의 絕對性'을 체화하였다고 볼 수 있다. 이러한 천명의 구체적인 실천방법론이 바로 그의 『동양평화론』으로 나타났다고 하겠다. 그에 반해 초기 한국 천주교인들은 天命을 역사발전 문제와 관련하여 인식하지 못하였던 것 같다. 이러한 면에서 안중근의 天命觀은 종교적 영역에서 민족전체로 확장되었던 것이다. 바로 이점에서 안중근의 천명관을 '민족사상'이라고 할 수 있는 것이다. 또한 천명을 실현하는 방법론에 있어 天命문제에 집착했던 정약용은 學人의 한계를 넘지 못하였다는 면에서 '관념적'이었다고 볼 수 있다.[61] 반면에 안중근의 천명관은 역천한 이등을 단죄했다는 점에서 '실천적'이었다고 할 수 있을 것이다. 이러한 면에서 안중근의 천명관은 종교적 실천성을 담보한 것으로 以前시기의 천명론과는 구별된다고 하겠다.

　한편 마테오리치가 유교와의 습합과정을 걸쳐 天主는 上帝라는 논법으로 天의 존재를 설명하였듯이, 안중근도 조선 성리학을 충분히 섭렵한 상태에서 천주교를 받아들였다.[62] 안중근도 천주교에 입문하기 전까지 약 10여년간 성리학을 익혔고, 그 후 천주교를 받아들였으므로 마테오리치의 주장처럼 유학에서 말하는 天命과 천주교에서 말하는 天命이 결코 다른 것이 아니라는 것을 알고 있었을 것이다. 그렇기 때문에 안중근은 근왕적 배경을 갖고 있던 이범윤에게 거병의 당위성을 "若天與不受反受

---

60) 박창희, 「용비어천가에서의 '天'과 '民'의 개념」『천관우선생환력기념한국사학논총』, 정음문화사, 1985 참고.
61) 유종선, 앞의 논문, 21쪽.
62) 최석우, 앞의 논문, 27쪽.

其殃"[63]이라고 하는 『春秋外傳』의 구절을 인용하여 설명하고 있다. 물론 안중근의 이범윤을 설득하기 위한 논법은 '天命'으로 집약될 수 있을 것이다. 이러한 안중근의 논법은 이범윤이 1908년 여름 국내진공작전을 결정하는데 일조하였던 것으로 생각된다. 후술하겠지만, 안중근의 유학적 자질은 위정척사파와 對日獨立鬪爭이라는 면에서 사상적 접점을 이루면서 독립투쟁의 당위성을 주창하게 되는 하나의 배경이라는 점도 주목할 필요가 있다.[64] 이점은 안중근이 『論語』등의 유교경전의 문구를 인용한 유묵을 많이 남긴 데서도 알 수 있다.[65]

4. 안중근의 天主觀과 君主觀

1) 안중근의 天主觀(家主·君主·天主의 관계(三父論)에 대한 인식)

안중근의 사상을 이해하기 위해서 우선 안중근이 신봉하였던 한국 천주교의 역사를 검토해야 할 것이다. 특히 천명의 근원인 천주에 대한 안중근의 인식을 살펴보아야 할 것이다. 이를 통하여 한국천주교의 천주관은 무엇이며, 한국천주교가 한국사의 전개과정에서 한국의 역사와 어떤 관계를 형성해왔는가 하는 문제를 규명할 수 있을 것이다. 더 나아가 안중근의 천주관이 갖는 특징이 무엇인지도 밝혀질 것이다.

'天'에 대한 문제는 천주교뿐만 아니라 동양사상의 핵심이기도 하다.

---

63) 이는 『春秋外傳』에 있는 구절로 '天與不取反受其咎'의 오기이다.
64) 박성수, 「민족수난기의 기독교신앙: 安義士와 金九의 입교동기가 주는 교훈」 『廣場』, 세계평화교수협의회, 1982, 50쪽.
65) 안중근이 남긴 유묵 중 현재발견 된 56여폭 중에서 유교 경전에서 인용된 것이 약 20여폭에 이르고 천주교 관계유묵은 「天堂之福永遠之樂」이 있다.

요컨대 『詩經』의 「湯誥」에 "위대한 하느님께서 낮은 백성들에게 올바름을 내리시어 언제나 올바른 성품을 가진 사람을 따르도록 하였으니, 그 분의 길을 따를 수 있다면, 임금 노릇을 제대로 할 것이요(惟皇上帝 降衷 于下民 若有恒性 克綏厥猷 惟后)[66]라고 하여 우주의 본질인 天을 上帝라고 표현하고 있다. 이러한 동양의 上帝 개념을 마테오리치는 『天主實義』에서 "우리[서양]의 천주는 바로 [중국]의 옛 경전에서 말하는 '하느님'[上帝]이다[67]"(吾天主, 及古經書所稱上帝也)라고 天主에 대해 설명하였다. 마테오리치가 西洋神인 天主와 東洋神인 上帝를 같은 개념으로 설명하고 있는 것이다. 물론 이러한 설명은 포교를 위한 수단으로 이해되기도 하지만 서양종교인 천주교를 동양사회에 정착시키는데 큰 기여를 한 것도 사실이다.

그런데 동양의 고전에서 나오는 上帝와 天主가 같은 개념이라고 주장한 마테오리치의 神觀은 중국에서 뿐만 아니라, 조선에서도 '天' 논쟁을 촉발시켰다는데서 그 의의를 찾을 수 있을 것이다.[68] 요컨대, 天(上帝)의 존재성에 대한 논쟁은 조선 성리학이 이황 중심의 心學으로 발전하는 흐름 속에서 성리학에 대해 비판적인 입장에 있던 허균·윤휴·박세당을 거쳐 안정복·신후담 등 성호 이익학파 학자들이 주도해 나갔으며 정약용에 의해 정리되기에 이르렀다. 그러나 이들은 어디까지나 補儒論的 입장에서 上帝(天主)문제를 다루었던 것이다. 이에 반하여 이벽·이승훈·황사영·정하상·정약종·정약전 등의 南人계열의 信西派는 마테오리치가 『천주실의』에서 주장한 天主를 종교적인 차원으로 받아들였다.

그럼 구체적으로 보유론적 입장에서 천주교를 본 세력과 종교적 입장에서 천주교를 받아들인 세력 간의 天을 둘러싼 논쟁의 성격을 살펴보도

---

66) 차상원 역저, 『書經』, 명문당, 1975, 117쪽.
67) 마테오리치 지음, 앞의 책, 99~100쪽.
68) 유종선, 앞의 논문, 15쪽 ; 금장태, 「丁若鏞의 天 槪念과 天人關係論」 『한국문화』 24, 서울대학교한국문화연구소, 1999 참고.

록 하겠다.

마테오리치는 天主에 대해 "천주는 시작도 끝도 없으며 만물의 시조요, 만물의 뿌리인 것입니다"[69]라고 하여 천주를 우주 森羅萬象의 근원이자 창조주라고 설명하였다. 이에 대해 서학에 비판적이었던 안정복은 마테오리치의 天主의 존재에 대한 마테오리치의 주장에 동조하는 의견을 피력하면서도 '儒道에도 상제와 천당이 있는데 무엇 때문에 사학을 하겠는가'라고 반문하였다.[70] 天主(上帝)의 존재에 대해서는「척사윤음」에서 조차 인정하는 것으로 보아,[71] 조선의 지배층이 천주를 믿는 그 자체를 문제로 삼지 않은 것 같다. 집권층은 군주를 정점으로 한 조선사회에서 천주를 군주나 부모의 上位槪念으로 설정한 천주교의 교리를 문제시하였던 것이다. 따라서 조선후기의 천주교와 성리학의 갈등관계는 천주의 존재를 인정하느냐 아니냐하는 문제로 발생한 것이 아니라고 볼 수있다. 즉, 안정복은 천주교에서 天이라는 말을 쓴 이유를 천자를 끼고 제후를 호령하는 것 같은 정치적 의도가 깔려 있다고 주장하였다.[72] 이처럼, 조선의 성리학자들은 천주교의 전래로 초래될 권력관계의 변화여부를 중심으로 천주교 논쟁이 전개하였다고 보는 것이 옳을 듯하다.

이러한 면에서 안중근 이전시기 천주와 군주의 관계를 천주학과 성리학에서 어떻게 논의되고 있었는가 하는 문제를 살펴보는 것은 안중근의 천주관이 갖는 史的 성격을 밝히기 위한 사전작업이 될 것이다.

---

69) 마테오리치 지음,『천주실의』, 1999, 56~57쪽.
70) 안정복 저·양홍렬 역,「권기명에게 답함 갑진년」,『국역 순암집』I, 민족문화추진회, 1996, 320쪽.
71) "오호라 중용에 가로되, 天命을 性이라 하고, 尙書에 가로되, 皇上帝가 사람에게 내려와 恒性이 있게 된다 하니, 사람의 성되는 자 그 德이 넷이 있어 가로되, 仁義禮智요, 그 倫이 다섯이 있어 가로되, 부자, 군신, 부부, 장유, 붕우이다. 무릇 하늘을 받들고 상제를 섬기는 바는 어찌 四端 오륜의 밖에서 지나침이 있으랴"(유홍렬,「척사윤음내용」앞의 책, 1962, 342쪽).
72) 안정복 저·양홍렬 역,「天學問答」『국역 순암집』III, 1996, 229쪽.

마테오리치는 『천주실의』에서 천주와 군주의 관계에 대해 아버지를 세 부류로 나누어 첫째아버지를 천주, 둘째아버지를 임금, 셋째아버지를 가장으로 나누어서 설명하고 있다. 그러면서 家主에서 君主로 다시 天主로 그 권위가 확대되어 一家 차원에선 家主를, 一國 차원에서는 君主를, 宇宙 차원에서는 天主를 각각 섬겨야 하는데 천주를 섬기는 것이 진정한 孝라고 주장하고 있다.[73] 요컨대 진정한 孝란 천주의 절대성을 인정하고 섬길 때 발휘된다고 마테오리치는 강조하고 있는 것이다. 그러나 性理學的 입장에서 보면 이러한 천주교의 敎理는 군주를 정점으로 하는 조선사회에 대한 전면적인 도전으로 조선의 권력층은 인식하였다. 그 결과 성리학으로 무장한 조선의 지배층은 천주교를 無君無父의 邪敎라고 단정하고[74] 天主도 부처의 異名[75]이라고 공격하면서 천주교인들을 박해하였던 것이다. 즉, 안정복은 『천주실의』를 論破하기 위해 저술한 『天學問答』에서 천주교를 거부하는 이유에 대해

유가와 천주교인이 천주를 섬기는 것은 동일하다고 주장하였다고 하면서도[76] 「與權槪明書甲辰」에서 천주교를 불교의 아류라고 논박하였다.[77]

이처럼 천주교에 대한 지배계급의 부정적인 반응은 정권안보차원에서 나온 결과이기도 하나, 불교를 부정하던 조선사회의 성리학자들은 불교와 천주교를 異名同質로 여기고 있었기 때문이기도 하다. 따라서 천주

---

73) 마테오리치 지음, 앞의 책, 411~412쪽.
74) "오호라 아비 없이 누가 나고 어미 없이 누가 자랐겠느냐, 저들은 나를 낳은 자를 육신의 부모라 하고 천주를 영혼의 부모라 하여 親愛崇奉하는 것은 저것에 있고 이것에 있지 않아서 그 부모를 스스로 끊으니, 이 과연 血氣의 倫으로 참을 수 있으랴!"(유홍렬, 앞의 책, 342~343쪽).
75) 최동희, 「安鼎福의 西學批判」 『西學에 대한 韓國實學의 反應』, 고려대학교 민족문화연구소, 1988, 120쪽.
76) 안정복 저·양홍렬 역, 「天學問答」 앞의 책, 1996, 227~228쪽.
77) 안정복 저·양홍렬 역, 「권기명에게 답함 갑진년」 앞의 책, 1996, 317쪽.

교를 인정하면 불교도 인정해야 할 것이고 그렇게 되면 성리학적 기반위에 이루어진 조선사회의 지배질서에 변화가 초래될 것은 자명한 일이었다. 그러므로 조선의 지배층의 입장에서는 천주교를 받아들인다는 것은 그들의 모든 기득권을 포기해야 하기 때문에 성리학적 이상사회를 추구했던 조선사회가 받아들일 수 없는 일이었을 것이다. 전혀 경험해 보지 못한 서양 종교의 이질성과 인종적 차별 시각도 천주교가 조선사회에서 박해를 받는 하나의 원인으로 작용하였다.[78]

　이러한 성리학자들의 천주교 인식과 공격에 대해 조선의 천주교인들은 유학에서 말하는 忠과 孝는 천주의 명령에 의한 것이므로 그 절대성을 갖는다는 논리를 앞세워 대항하였다.[79] 즉, 1791년 珍山事件의 주인공인 尹持忠은『천주실의』에서 설명된「天・君關係論」[80]의 연장선에서 부모에 대한 孝와 군주에 대한 忠의 근원을 절대적인 천주에 직결시키고 있다. 요컨대, 천주의 명령에 따라 군주와 부모에게 복종하는 것이므로 천주를 섬기는 것이 오히려 유교의 三綱을 지키는 것이라고 강변하였던 것이다.[81] 그러므로 천주의 권위에 의해 일국에서는 군주가 일가에서는 가주가 각각 그 권한을 보장받는다는 논리가 성립된다. 이는 당시의 대표적 천주교 교리서인 丁夏祥의「上梓上書」에서도 확인된다. 즉, 정하상

---

78) 안정복이 유교나 천주교나 天을 섬기는 것은 같으나 천주교가 그르다고 한 것은 祈禱를 주로 하는 천주교의 의례와 내세관을 부정적으로 보고 있기 때문으로 보인다(최동희, 앞의 논문, 129～130쪽).
79) 조광 교수는 천주교인의 군주를 '상대화'하여 인식하였다고 하면서 성리학적 군주관에 일정하게 벗어나고 있다고 주장하고 있다(조광,「初期信徒들의 行動樣態」『朝鮮後期天主教會史研究』, 고대민족문화연구소 출판부, 1988, 153쪽).
80) "부모는 우리에게 신체와 머리털, 피부를 주셨으니 우리는 참으로 효도를 해야 마땅합니다. 임금이나 수령들이 우리들에게 전답과 거처할 동네를 내주어, 우리들로 하여금 곡식을 심고 가축을 길러서 위로는 부모를 섬기고 아래로는 처자를 양육하게 하였으니, 우리가 그들을 마땅히 높이 받들어야 할 것입니다"(마테오리치 지음, 앞의 책, 109쪽).
81) 유종선, 앞의 논문, 17쪽.

은 천주·군주·가주의 권한관계는 확대·축소되어 최고의 권한을 소
유한 천주는 그 권한 범위가 전우주적이나 군주와 가주는 각각 일국과
일가에 한정된다는 논리를 구축하고 있다.[82] 그러므로 一國에서 일어나
는 모든 일은 군주의 권한을 벗어나지 못하는 것이다. 이 때문에 丁夏祥
은 "무릇 忠孝 두 글자는 萬代에 바꿀 수 없는 길이외다"[83]라고 하여
임금의 명령에 대해 국가 내에서 절대적인 의미를 부여하고 있다. 다만
군주의 명을 어긴 것은 천주교의 계명을 어길 수 없는 사정에 기인한다
고 장하상은 강변하였다.

이러한 정하상의 군주에 대한 인식은 현실적으로 자신들에게 박해를
가하는 군주를 전면적으로 거부하지 못하고 군주체제를 그대로 인정하
였음을 의미하는 것이다. 더 나아가 이는 神 아래 만민이 평등하다는 인
식을 바탕으로 하여 새로운 사회로 과감하게 지향하지 못한 원인으로 작
용하였던 것이다.

그런데, 안중근도 정하상을 비롯한 천주교인들이 갖고 있던 <天主⇔
君主⇔家主>라는 '三父論'의 틀[84]에서 벗어나지 못하고 있는 듯하다.
즉, 그는 "한 집안 가운데는 그 집 주인이 있고, 한 나라 가운데는 임금이
있듯이, 이 천지 위에는 천주가 계시어"[85]라고 한데서 알 수 있듯이, 안
중근의 인식체계는 천주라는 정하상의 논리범주에 머무르고 있다.

이를 보다 구체적으로 살펴보면 다음과 같이 정리될 수 있을 것이다.
요컨대, 안중근에게 있어 家主의 의미는 정하상이 '부모의 뜻을 받들고
서 몸을 봉양함은 사람의 자식이 마땅히 해야 할 일'이라고 한 것처럼

82) 유홍렬, 「정하상의 상재상서」 앞의 책, 1962, 348~349쪽.
83) 유홍렬, 위의 책, 348쪽.
84) 이러한 관계는 천주교에서는 '三父論'으로 설명되고 있다(황종렬, 「"안중근편교
리서"에 나타난 천·인·세계 이해」『안중근의 신앙과 사상』(안중근의사 의거
96주년 기념학술대회), 안중근의사기념사업회, 2005, 16쪽).
85) 안중근의사숭모회, 앞의 책, 43쪽.

一家의 主인 것이다. 이러한 맥락에서 안중근은 어버이가 그 자식에 대해 모든 것을 다 주었으므로 그러한 어버이를 잘 섬기는 것이 부모에 대한 도리라고 하였다.[86] 여기에 안중근에게 家主는 일가 내에서 삶을 영위할 수 있도록 모든 것을 조건 없이 주는 절대적 존재인 것이다.

한편, 정하상의 주장에서 알 수 있듯이, 바로 이러한 家主를 국가에 적용시키면 君主의 의미가 된다.[87] 안중근도

> 또 한 나라의 임금이 정치를 공정히 하고 백성들의 생업을 보호하여 모든 국민들이 태평을 누릴 수 있게 되었는데 백성이 그 명령에 복종할 줄 모르고 전혀 충군 애국하는 성품이 없다면 그 죄는 가장 중하다 할 것이오[88]

라고 하여 一國 안에서 군주의 절대성을 인정하고 있어 정하상의 군주에 대한 인식체계와 같은 선상에 있음을 알 수 있다. 말하자면, 안중근은 군주에 대해 정치를 공정히 하는 존재이며, 백성의 생업을 보호하고 모든 백성들이 태평을 누리게 수 있게 하는 절대적인 실체라고 본 것 같다. 따라서 안중근에 있어 임금에 대한 충성은 가주에게 그 가족이 효를 다하듯 당연한 이치이며 천리인 것으로 보인다.

家主 · 君主가 각각 자신의 영역 안에서 최고의 절대적 존재이듯 우주에도 그에 상응하는 존재가 있을 것이다. 이것이 바로 天主인 것이다. 안중근은 또한 天主를 다음과 같이 설명하고 있다.

> 그런데 이 천지간에 큰 아버지요, 큰 임금이신 천주께서 하늘을 만

---

86) 안중근의사숭모회, 앞의 책, 43~44쪽.
87) 이는 정하상이 "그러므로 부모를 섬기되 그 예를 다하고, 봉양하되 그 힘을 다하며, 忠을 임금에게 옮기어 몸을 바치고, 목숨을 던져 끓는 물에 뛰어들어가고, 불을 밟아 감히 피하지 않소이다"라고 한데서 드러난다(이흥렬, 앞의 책, 348쪽).
88) 안중근의사숭모회, 위의 책, 44쪽.

들어 우리를 덮어 주시고, 땅을 만들어 우리를 떠받쳐 주시고, 해와 달
과 별들을 만들어 우리를 비추어 주시고 또 만물을 만들어 우리로 하여
금 쓰게 하시니 실로 그 크신 은혜가 그같이 막대한데 만일 사람들이
망녕되이 제가 잘난 척, 충효를 다하지 못하고 근본을 보답하는 의리를
잊어버린다면 그 죄는 비길 데 없이 큰 것이니 어치 두려운 일이 아니
며, 어치 삼갈 일이 아니겠소. 그러므로 孔子도 말하기를, 「하늘에 죄
를 지으면 빌 데도 없다」했소.

천주님은 지극히 공정하여 착한 일에 갚아주지 않는 일이 없고 악한
일에 벌하지 않는 일이 없거니와, 公罪의 심판은 몸이 죽는 날 내는
것이라 착한 이는 영혼이 천당에 올라가 영원무궁한 즐거움을 받는 것
이요, 악한 자는 영혼이 지옥으로 들어가 영원히 다함없는 고통을 받게
되는 것이오.

한 나라의 임금도 상주고 벌주는 권세를 가졌거늘 하물며 천지를 다
스리는 거룩한 큰 임금이겠소[89]

위 내용의 요지는 一家의 家主, 一國의 군주와 같이 天主는 全能·全
知·全善·至公·至義한 존재로 인간을 비롯한 天下萬物을 창조하였으
므로 만물의 주재자인 天主에게 家主나 君主에게 하듯이 忠孝를 다해야
한다는 것이다. 이와 반대의 경우는 일국의 군주에게 조차 부여된 권세
가 천주에게도 있으므로 그에 상응하는 벌을 받게 된다는 것이다. 이처
럼 천주와 군주의 관계에 대한 안중근의 인식은 정하상의 그것과 큰 차
이가 없다고 할 수 있다.

이상에서 보듯이, 안중근을 비롯한 천주교인들의 의식세계에서는 一
家의 主는 家主이고 一國의 主는 군주인 것처럼, 우주의 主는 天主라는
논리가 성립된다. 구체적으로 말하면 이는 천주를 큰 아버지, 큰 임금이
라고 하여 가주의 확대된 존재이자 군주를 지배하는 실체이며, 가주와
군주의 근원이 천주라는 논리에서 더욱 분명해진다. 바꾸어 말하면 천주
의 축소된 실체가 군주이고 군주의 축소된 존재가 가주인 것이다. 따라

---

89) 안중근의사숭모회, 앞의 책, 44~45쪽.

서 가주는 일가에서 군주는 일국에서 小天主로서 각각의 권능을 갖고 있다는 것이다. 이 權能이 家에 적용되면 가주는 天主와 같은 존재가 되고 국가에 적용되면 군주는 국민에 대해 천주와 같은 권능을 갖게 된다. 그러므로 다음에 구체적으로 살펴보겠지만 군주의 命은 곧 천주의 令인 天命과 같은 무게로 국가 내에 적용되는 것이다. 즉, 국내에서는 君命은 곧 天命을 의미하는 것이었다.

2) 안중근의 君主觀

(1) 안중근의 韓國皇帝觀

안중근이 살던 시대는 정하상이 살던 시대와 비교하면 무엇보다 제국주의 출현이라는 면에서 큰 차이를 보인다. 정하상의 시대(1795~1839)는 내부문제는 있어도 조선이 식민지화되는 시점은 아니었다. 그러나 민족전체가 제국주의라는 세계사의 조류 속에서 민족의 독립을 유지하면서 독자적인 발전을 하기 위해서는 사회·정치·경제 등 여러 방면에서 일대 변혁을 추구해야할 당위성이 정하상 시대에 있었다. 특히 정치의 변혁을 위해서는 기존의 군주관을 다양한 측면에서 재검토해야 하는 것은 시대적 요청이었다.

안중근 시대(1879~1910)의 조선은 제국주의의 침략에 직면하였으므로 정하상 시대보다 근본적인 변혁이 요구되는 시대였다. 이를 위해서는 특히 군주를 정점으로 한 조선의 정치체제를 세계사의 흐름에 맞게 체계면에서나 의식면에서도 재조정되어야만 했다. 이처럼 우선 안중근의 군주관을 살펴보는 것은 의미 있는 일일 것이다.

이러한 맥락에서 위에서 살펴본 天主⇔君主⇔家主라는 조선 천주교인의 인식을 유념하면서 안중근이 한국황제를 어떻게 인식하였으며 그 신하의 본분을 어떻게 보고 있는지 살펴보고 나서, 학계에서 안중근의 군주관을 어떻게 보고 있는지도 재검토하고자 한다.

우선 一國 내에서는 君命이 곧 天命이라는 안중근의 군주관이 역사
현실 속에서 어떻게 작동되었는지 구체적으로 살펴보겠다.

안중근은 응진군민이 돈 5천냥을 김중환에게 빼앗긴 일로 한성부검
사관 丁明燮과의 언쟁 중에 "이처럼 어지러운 시대에, 공들은 국가를 보
필하는 신하로서 임금의 거룩한 뜻을 받들지 못하고, 이같이 백성을 학
대하니 어치 국가의 앞길이 통탄스럽지 아니하겠소"[90]라고 하였다. 또한
공판과정에서도

> 伊藤이 統監으로서 韓國에 와서부터 五個條와 七個條의 條約을
> 壓迫을 加해 强制로 締結케 하고 伊藤 그 사람은 韓國의 臣民으로 取
> 扱되어야 할 것인데 甚하게도 皇帝를 抑留하여 드디어 廢位했다. 元
> 來 社會에서 가장 尊貴한 것은 皇帝이므로 皇帝를 侵害한다는 것은
> 할 수 없는 터인데도 伊藤은 皇帝를 侵害한 것으로 그것은 臣下로서
> 는 있을 수 없는 行爲이며 이 위에 더 있을 이 없는 不忠한 者다. 그러
> 하므로 韓國에서는 지금도 오히려 義兵이 各處에서 일어나 싸우고 있
> 는 것이다.[91]

라고 하였다. 이처럼, 안중근에 있어 군주는 신하가 받들어야 하는 절대
적인 존재이며, 군주에 대한 도전은 천주에 대한 도발과 같은 의미로 현
실세계에서 절대적으로 있을 수 없는 문제인 것이다. 또한 현실의 잘못
은 군주에게 있는 것이 아니라, 군주의 거룩한 뜻을 이어받지 못한 신하
에게 있다는 천주교인의 군주관을 안중근을 통하여 또한 엿볼 수 있다.
즉, 안중근은 상해에서 민영익을 방문하였으나 민영익이 안중근을 만나
주지 않았다. 이에 안중근은 '국가의 위급지망의 책임이 신하에게 있으
니 신하된 자는 마치 모든 사람이 창조주이자 절대자인 천주의 뜻을 받

---

90) 안중근의사숭모회, 앞의 책, 72~73쪽.
91) 국편, 「公判始末書 第三回」『한국독립운동사』 자료6, 1976, 385쪽.

들 듯이 신하된 자는 군주의 뜻을 받들어 실현해야 한다'고 민영익을 책
망하였던 것이다.[92]

그런데, 이는 마치 현실세계 타락의 책임이 군주에게 있는 것이 아니
라, 임금의 뜻을 잘 살펴 실행에 옮기지 못한 신하에게 있다는 당시 조선
인의 군주에 대한 인식체계와 일맥상통한다. 즉 1894년 5월 동학이 거병
하면서 발표한 「茂長東學輩(黨)布告文」에서 동학도는 "오늘의 朝臣들은
報國을 생각하지 않고 祿位를 도적하여 '聖上의 聰明을 가리고' 阿諂을
일삼아 忠諫의 材가 없고 밖으로 虐民의 官만이 늘어가니"[93]라고 하여
현실문제의 책임을 신하에게 돌리고 있다. 이는 동학의 군주관과 안중근
의 그것이 같은 선상에 있음을 의미하는 것이다.[94]

또한 이러한 군주관은 조선말 성리학의 거두 최익현의 경우에서도 엿
볼 수 있다. 즉, 그는 '忠國愛人은 性이며 守信名義는 道이다. 사람에 이
性이 없으면 죽는 것이고 나라에 이 道가 없으면 亡하는 것이다'[95]고 하
였는데, 여기에서 性은 『中庸』에 따르면 '天命之謂性'이라고 한데서 알
수 있듯이 天命인 것이다. 따라서 忠國은 전근대사회에서 忠君의 의미로

---

92) 안중근의사숭모회, 앞의 책, 99~100쪽.
93) 박창희 편저, 「茂長東學黨布告文」『사료국사』, 한국외국어대학교 출판부, 1982,
522쪽 ; 국편, 「茂長東學輩布告文」『東學亂實記』上, 142~143쪽.
94) 이러한 측면(동학의 군주관)에서 동학도를 중심으로 전개된 농민운동은 '忠君愛
民' 사상을 바탕으로 한 '양반위주의 '봉건적'사회체제를 전복하여 새로운 평등주
의사회를 건설하려고 하기도 했던 사회혁명이 아니었다고 본다는 유영익 교수의
주장에 일면 동의한다(유영익, 「甲午農民蜂起의 保守的 性格」『갑오동학농민혁
명의 爭點』, 한국정치외교사학회 편, 1994, 354쪽). 그렇다고 동학의 사회변혁문
제에 대한 유영익교수의 입장을 전적으로 지지하는 것은 아니다. 왜냐하면 동학도
안중근처럼 전제 군주체제를 변혁시키려는 시도를 하지 않았지만 당시의 어느 정
치세력보다 진보적이었으며 당시 조선에 내재한 많은 문제의 해결방법을 제시하
였다는 점에서, 그리고 온 민족이 힘을 합쳐 외세를 몰아내자고 주장한 면에서
동학의 역사적 의미를 부여할 수 있기 때문이다. 결국 동학농민도 안중근의 경우
처럼 전제 군주제를 유지하면서 사회개혁을 추진하였다고 할 수 있을 것이다.
95) 박창희 편저, 「致日本政府大臣書」위의 책, 1982, 579쪽.

또한 天命과 상통하는 것이다. 그러므로 忠君을 실현하지 못하는 것은
逆天하는 바가 되어 이는 곧 존재성을 상실하게 된다는 의미인 것이다.
이는 대표적인 의병장 李康秊의 군주관에서도 엿볼 수 있다.[96] 이처럼
당시의 조선인의 대체적인 군주관은 천주교를 바탕으로 한 안중근의 군
주에 대한 인식 방법론과는 다소 다를지라도 一國 내에서 절대적인 존재
로 인식하였던 점은 같다고 하겠다.

한편 만약 신하된 자가 그 책임을 다하지 못할 경우 안중근은 다음과
같은 근거로 천벌을 받게 된다고 하였다. 즉, 그는 李範允에게 '군주의
은혜를 받고도 그 뜻을 시행하지 않으면 도리어 벌을 받게 된다'고 하였
다.[97] 이는 천의 대리자인 군주의 뜻은 天命과 같은 의미이므로 마치 하
늘의 뜻을 거부하는 바가 되어 도리어 천벌을 받게 된다는 뜻이다.

이상에서 살펴본 바와 같이 안중근에게서 군주에 대한 일관된 논리성
을 발견할 수 있다. 말하자면 안중근은 君主의 존엄성과 군주에 대한 신
하의 道理를 뒷받침하는 논거를 군주는 '천주의 축소된 小天主'라는 논
리에서 찾고 있는 것이다. 요컨대 군주의 뜻은 국가 내에서는 천주의 뜻
과 마찬가지로 부정할 수 없는 절대적 진리이므로 신하된 자는 이를 잘
파악하여 실행해야 한다는 것이다. 따라서 현실 문제의 책임은 군주에게
있지 않고 신하에게 있다는 논리가 성립된다고 하겠다. 이는 '만일 하늘
이 주는 것을 받지 않으면 도리어 그 벌을 받게 된다'라는 안중근의 말에
서 알 수 있듯이, 하늘이 주는 것이란 내용상 군주의 거룩한 뜻을 의미하
는 것이다. 이는 군주의 거룩한 뜻(君命)과 하늘이 주는 것(天命)은 같은
논리선상에 있다고 하겠다. 말하자면 군주의 뜻은 국가 내에서는 우주에

---

96) 이는 이강년이 "군신의 대의는 천지의 떳떳한 법이니, 임금의 명령[君令]이 있
　　는데도 따르지 않음은 반역이고 君令이 아닌 것을 君令으로 인정하는 것도 또한
　　반역이다."라고 한데서 확인된다(이강년, 「曉告宣諭委員文」『國譯雲崗李崗秊
　　全集』, 淸權祠, 1993, 93~94쪽).
97) 안중근의사숭모회, 앞의 책, 118쪽.

서의 천주의 뜻과 상통한다는 논리인 것이다. 따라서 군주의 뜻을 거부
한다는 것은 天意를 거부하는 것이 되므로 천벌을 받게 되는 것이다. 요
컨대 정하상이 자신을 박해한 군주를 부정하지 못하듯 안중근도 군주제
의 문제점을 본질적으로 재검토하지 못하였던 것이다.98)

안중근은 이러한 군주관99)을 갖고 있었다. 때문에 溝淵 검찰관이 '일
본이 한국을 보호하는 것은 한국이 獨立・自衛가 되지 못하기 때문'이
라고 하자,100) 안중근은 '한국이 自衛할 수 없는 책임소재를 군주가 아
니라 정부에 있다'고 답하였던 것이다.101) 이는 위에서 보았듯이, 小天主
인 군주에게 현실의 책임을 직접 묻지 않는다는 천주교인의 의식에서는
당연한 결과인지도 모르겠다. 더욱이 이는 황제에 대해 인민으로서 불평
을 말하지 않는다고 한 안중근의 언급에서102) 다시 한번 확인된다.

여기에서 안중근의 지향성과 관련하여 안중근의 군주관에 대한 학계
의 논의를 검토할 필요성이 있을 것이다. 이를 통해 안중근이 어떠한 정
치체계를 추구했는지도 살펴볼 수 있을 것이다. 더 나아가 안중근의 군
주관이 의미하는 바를 추론할 수 있을 것이다.

안중근의 군주관과 그 추구한 政體에 대한 일련의 연구 성과가 있다.

---

98) 이와 같은 안중근의 군주관은 이등 포살을 함께 모의했던 우덕순에게서도 엿볼
    수 있다. 즉, 그는 "지공무사ᄒ옵시고 지인지이 우희상쥬 더한민족 三千万口
    일체로 불상이역이셔서 도적놈을 만ᄂ보게ᄒ오쇼셔"(일본외교사료관, 「伊藤
    公爵遭難關倉知政務局長旅順出張竝犯人訊問之件(聽取書)」 『伊藤公爵滿洲
    視察一件』(문서번호: 4.2.5, 245-4)라고 하여, 한국 황제는 至公無私하고 至仁
    至愛한 존재라고 표현하면서 이등을 만나게 해달라고 국왕에게 빌었던 것이다.
    이처럼 국왕은 당시 한국인에게는 절대적인 존재였던 것이다.
99) 안중근의 군주관은 그가 남긴 유묵에서도 표출된다. 즉, 안중근은 군대에 대한
    충심을 '思君千里 望眼欲穿 以表寸盛 幸勿負情'라고 표현하였다. 이를 계봉
    우는 『만고의ᄉ안중근젼』에서 '임금을 사랑하는 충성'이라고 해석하였다(윤병
    석 편역, 『安重根傳記全集』, 국가보훈처, 1999, 521쪽).
100) 국편, 「安重根訊問調書第六回」 앞의 책, 1976, 173쪽.
101) 국편, 「安重根訊問調書第六回」 앞의 책, 1976, 173쪽.
102) 국편, 「安重根訊問調書第六回」 앞의 책, 1976, 173쪽.

이는 다음과 같이 종합된다. 즉, ① 봉기의 원인에 있어 기존 의병들은 군주에 대한 충성심에서 기인한 반면, 안중근은 한국이 개화하여 문명국이 되는데 군주국이 방해 요인으로 작용하는 것으로 여겼고 그가 추구한 정체도 입헌적 국민국가를 지향했다. ② 안중근이 진술한 곳곳에서 봉건적 충의의 대상인 황제에 대한 비판적인 입장을 엿 볼 수 있다. 그리고 안중근은 황제를 상징적인 존재로 인식하였다.[103]

그러나 안중근의 군주론은 1896년(18세) 천주교를 접하고 영세를 받기 이전에 익혔던 성리학을 근간으로 구축되었고, 이후 천주교적인 군주론에 의하여 확립되었다고 볼 수 있다. 이상에서 보았듯이 안중근이 군주에 대해 전적으로 비판적인 시각을 지니고 있었고 결국 입헌적 군주론을 주창하였다고 보기에는 상당한 무리가 따른다. 왜냐하면 안중근은 군주를 상징적인 존재가 아닌 小천주로서 조선 최고의 실체적 권력으로 인식하고 있었기 때문이다. 당시의 많은 지인들이 正體로써 君主制를 부정하거나 새로운 정체를 구상하였다고 하더라도 이것이 사회질서를 변화시킬 정도로 앞 시대와 다른 양태로 나타났다고는 볼 수 없다는 면에서도 그러하다. 예컨대, 한국 근대 정치체제를 본격적으로 연구한 兪吉濬도 군주에 대해 군주에 대한 충성을 강조하고 군주의 절대성을 인정하고 있다.[104] 뿐만 아니라 개화파의 대표적인 인물 서재필[105]과 박영효[106]의 군주관도 이들의 범주에서 벗어나 있지 않다고 하겠다.

---

103) 안중근이 지향한 정체에 대한 선구적인 연구는 윤경로 교수에 의해 이루어졌다(윤경로, 「사상가 안중근의 생애와 활동」『한국근대사의 기독교사적 이해』, 역민사, 1992 참고). 이러한 관점은 한상권 교수 등에 의해서도 대체로 동일한 의미로 주장되고 있다(한상권, 「안중근의 국권회복운동과 정치사상」『한국독립운동사연구』제21집, 독립기념기념관 독립운동사연구소, 2003 참고).

104) 兪吉濬, 「西遊見聞」『유길준전서』Ⅳ, 일조각, 1971, 161쪽.

105) 임창영, 『위대한 선각자 서재필박사전기』, 공병우글자연구소, 1987년 9월 15일, 165쪽.

106) 李光洙, 「박영효씨를 만난 이야기」『이광수전집』17, 삼중당, 1962, 402쪽.

그리고 "韓國은 지금까지 진보하고 있으며 獨立 自衛가 되지 않는 것
은 君主國인 結果에 基因하며"라는[107] 내용을 근거로 안중근이 입헌군
주제를 추구하였다는 주장이 있다.[108] 그러나 이는 문맥상 일제의 한국
침략을 지적한 것이지 정치체제를 비판한 것으로 볼 수 없다. 왜냐하면
위의 인용문 바로 다음의 "그 責任은 위에 있는지 밑에 있는지 의문일
것이다"라고 하는 부분에서[109] 알 수 있듯이, 안중근이 韓國이 獨立을
못하는 이유를 황제에게 돌리고 있다는 것으로만 볼 수 없기 때문이다.
게다가 안중근은 이등을 처단한 이유로 이천만 동포와 황제를 위해서라
고 한데서도[110] 안중근이 지향한 정체의 성격을 엿볼 수 있다. 또한 이
는 군주제 자체에 대한 비판보다 일반민도 군주에 대해 일정한 발언권이
있다는 의미로 받아들여야 할 것이다. 그리고 안중근은 사료상 입헌군주
제를 주창한 바가 없었다는 점도 지적될 부분이다. 그러므로 안중근이
개화를 지향하였다고 해서 정치체제도 입헌군주제를 추구했다는 주장은
근거가 약하다고 하지 않을 수 없다.[111]

또한 "세계의 독립국 중에서 法部와 外部의 권한이 없는 나라는 없
다"[112]는 안중근의 발언을 근거로 국가통치의 실체가 황제가 아닌 입헌
적 정부조직형태로 변화되어야함을 안중근이 깨달았다고 주장되기도

---

107) 국편, 「被告人 第六回訊問調書」 앞의 책, 1976, 173쪽.
108) 윤경로, 앞의 논문, 318쪽.
109) 국편, 「被告人 第六回訊問調書」 앞의 책, 1976, 173쪽.
110) 국편, 「被告人 第六回訊問調書」 앞의 책, 1976, 173쪽.
111) 입헌군주제를 지향했다고 하는 헌정회도 입헌군주제를 주창한 적이 없다. 이것
    이 의미하는 바는 당시 입헌 군주제에 대한 논의는 이론상에만 머물고 있었음
    을 의미하는 것이다(최기영, 「國民須知와 立憲君主論」『韓國近代啓蒙運動研
    究』, 일조각, 1997, 35쪽). 또한『황성신문』의 「樞院獻議」(1904년 3월 19일자)
    에 실린 '政治更張에 關한 主要事項'에도 "대황제폐하끠서난 固有하신 主權
    으로 萬機를 親裁하샤 帝國을 統治하실 事"라고 하는 기사를 보면 황제권의
    절대성이 주장되고 있음을 알 수 있다.
112) 국편, 「被告人 第六回訊問調書」 앞의 책, 1976, 176쪽.

한다.[113]

그러나 안중근의 군주관을 보건데, 이러한 주장으로 안중근의 政體에 대한 인식이 적절히 설명되었다고 할 수 없다는 것은 자명하다. 오히려 이는 일제의 침략 상황을 지적한 것으로 정치체제 변화의 필요성을 강조한 것으로 볼 수 없을 것이다. 요컨대, 유인석에 대한 몇몇 비판적 발언을 근거로 안중근이 전근대성을 탈피한 것처럼 보고 있는 논자도 있다.[114] 그러나 이를 근거로 안중근의 군주관을 정확히 설명하였다고 볼 수 있을지 의문이다. 왜냐하면 성리학적 군주관이 철저한 최익현을 안중근은 "萬古에 얻기 어려운 近世 第一의 人物이다"[115]라고 평가에서 보듯이 동일한 사상적 기반을 갖고 있는 위정척사파의 거두 최익현에 대해서는 전혀 다른 평가를 하고 있기 때문이다. 그렇다고 안중근을 위정척사파의 연장선에 있던 인물로만 파악하는 것도 문제가 있을 것이다.[116] 말하자면 안중근은 안태훈의 개화적 성향의 영향과 천주교의 수용 그리고 세계사 변화추이를 인식하면서 개화를 실현하여 조선을 문명국 반열에 올려놓아야 한다는 안중근의 주장은 개화파와 같은 선상에 있다고 볼 수 있다. 반면, 군주를 절대시하는 안중근의 군주관은 위정척사파나 동학과 맞닿아 있다.

따라서 안중근의 시대인식은 국왕을 중심으로 한국의 근대화문제를 고민하면서 자주적 입장을 취한 이기·박은식 등의 개신유학파와 그 궤도를 같이 하고 있다고 보는 것이 타당할지 모르겠다. 다만 안중근이 개신유학파와 다른 점은 그 방법론에 있어 천주교를 기반으로 하여 한국을

---

113) 윤경로, 앞의 논문, 318쪽.

114) 윤경로, 앞의 논문, 314~315쪽.

115) 국편,「境 警視의 訊問에 대한 安應七의 供述(第五回)」『한국독립운동사』자료7, 1976, 417쪽.

116) 박성수,「1907~1910年間의 義兵鬪爭에 對하여」『韓國史研究』第1輯, 한국사연구회, 1968, 131쪽.

세계 속에 당당한 문명국으로 세우려고 하였다는데 있다. 결국 안중근은 전제군주제와 독립을 유지하면서 세계사의 흐름에 뒤지지 않기 위해 사회개혁을 추진해야 한다는 생각을 갖고 있었던 것으로 볼 수 있다.[117]

(2) 안중근의 日本 天皇觀

위에서 안중근의 한국 군주관에 대한 인식을 살펴보았다. 이번에는 안중근의 한국 군주관이 일본 君主觀과 어떤 상관관계가 있는지 알아보고 또한 이를 통하여 안중근에게 있어 일본 천황은 어떤 의미가 있는지 살펴보고자 한다.

안중근은 군주 중심으로 한일관계를 바라보고 있었던 것으로 보인다. 말하자면, 안중근은 상대방 국가의 군주에 대해 한일양국 국민은 자국의 군주에 상응하는 권위를 인정해야 한다고 주장하고 있다.[118] 예컨대, 한일관계는 전적으로 한 사람과 같이 되어 있는 상황이므로 조선인은 자국의 국왕에게 충성하듯 상대국 국왕에게도 충의를 다해야 하며, 일본인도 조선의 황제에게 충성을 다 해야 한다고 그는 생각하였던 것이다.

그런데 안중근은 '일본인이 조선황제에게 충의를 다하는 반대급부로 조선인이 일본천황에게 충의를 다해야 한다는 것'이나, '당시 한일관계

---

117) 오영섭 교수는 근왕파를 '동도서기적 개혁노선과 반일·친구미 외교노선에 따라 전제군주제하에서 고종의 군주권을 수호하려는 중앙정계의 보수적인 정치세력'이라고 정의하면서(오영섭, 「韓末 義兵運動의 勤王的 성격」『한국민족운동사연구』15, 한국민족운동사학회, 1997, 48쪽). 안중근을 최익현·허위·유인석·이강년 등과 더불어 근왕파로 분류하였다(오영섭, 위의 논문, 61쪽). 그가 안중근을 근왕파로 분류한 것은 안중근의 군주관을 보건데 일면 타당성이 있다. 그러나 이들과 안중근이 다른 점은 외세의 간섭을 극력 배격하였다는 면에서는 최익현과 같은 노선에 있다고 하겠으나 최익현은 성리학적 기반 위에서 조선을 개혁하려고 하였고, 안중근은 천주교라는 종교를 기반으로 세계사의 조류에 맞게 조선을 근대화시키려고 하였다는 면에서 분명히 구분되어 진다.

118) 최이권 편역, 앞의 책, 128쪽.

가 한 사람과 같이 되었다'고 주장하고 있다. 그러나 이것만으로 양국 국민이 상대방 국가의 최고통치자에게 충의를 다해야 하는 이유가 충분히 설명될 수 없을 것이다. 이를 뒷받침하는 어떤 논리적 근거가 있을 것이다. 그것은 무엇보다도 家主⇔君主⇔天主라는 논리를 염두에 두고 생각해 본다면 이해될 수 있을 것이다. 즉, 천주의 축소된 존재인 韓國皇帝, 日本天皇은 각각의 나라 안에서 천주의 權勢와 부합되는 통치권을 갖고 있을 뿐만 아니라, 똑같이 각자의 권위가 상대국에 미치게 된다. 이러한 선상에서 한일양국은 상대국의 최고통치자에게 충성을 다해야 한다는 안중근의 논리구조가 성립된다고 할 수 있을 것이다.

이상에서 보았듯이, 한국황제와 일본천황을 그 권위 면에서 동등하다고 인식한 안중근은 한국의 군주에 대해 '사회에서 가장 귀중한 것은 황제'라고 하였듯이[119] 일본천황에 대해 다음과 같은 인식을 보이고 있다. 즉,

> 세상에서 존귀한 이는 누구인가 하면 인간으로서는 천황폐하입니다. 그 범할 수 없는 분을 자기 멋대로 침범한다는 것은 천황폐하보다 높은 더 높으신 분이라고 하지 않으면 안됩니다. 이등공작의 소위는 나라의 백성으로서의 행위는 아닙니다. 선량한 충신이 아니라고 알기 때문에 한국에 의병이 일어나 싸우고 있으며 또 그래서 일본의 군대가 진압하고 있습니다. 이것이야말로 일본과 한국과의 전쟁이라 아니할 수 없습니다.[120]

---

119) 국편,「公判始末書 第三回」『한국독립운동사』자료6, 1976, 385쪽.

120) 이 인용문은 만주일일신문사가 출판한『安重根事件公判速記錄』(滿洲日日新聞社, 1910)을 최이권 교수가 번역출판한『愛國哀情安重根義士』의 128쪽에서 인용하였는데, 일제재판부의 공식기록을 국편에서 번역 출판한『한국독립운동사』자료6의「公判始末書第三回」의 기록과 차이가 있다. 즉,『한국독립운동사』자료6에 "元來 社會에서 가장 尊貴한 것은 皇帝이므로 皇帝를 侵害한다는 것은 할 수 없는 터인데도"라고 기록되어 있다. 따라서『安重根事件公判速記錄』의 '천황폐하'는 문맥상 皇帝로 보는 것이 타당하다. 그러나 안중근의 군주에 대한 인식은 한국의 황제나 일본천황은 상대국에 대해 같은 권한을 갖고 있는 것으로 볼 수 있으므로 이를 인용하였다. 또한 안중근의 천황에 대한 발언

요컨대 여기에서 안중근은 인간세상에서 가장 존엄한 존재는 일본천
황이며 이 일본천황을 벌줄 수 있는 자는 천황보다 높은 존재 즉 천주
이외는 없다는 일본천황관을 여실히 보여주고 있는 것이다. 특히 여기에
서 안중근이 한국에서 의병이 일어난 이유를 일본천황의 한국침략성에
서 찾기보다 일본천황의 聖志에 반한 伊藤博文의 대한 정책에서 찾고 있
는 안중근의 논리에 주목할 필요가 있다.

그런데 이러한 논리는 안중근만이 갖고 있는 것이 아니라, 당시의 상당
수의 지식인에서도 보이는 공통된 인식이라는 사실에 또한 착목할 필요가
있다. 물론 이는 당시 지식인들의 군주론과 매우 밀접한 관계를 갖고 있는
것으로 보인다. 즉, 이기와 나철도 일본천황에게 보낸 글에서 청일・노일
개전시의 천황 선전조직을 준수할 것을 일제에 요구하면서도 일제의 한국
침략을 일본천황의 뜻이 아니라고 여기고 있었던 것이다.[121] 심지어 의병
장 李康秊도 또한「檄伊藤博文」에서 '伊藤博文 등의 신하가 침략의 의도
가 없는 천황을 속이고 있다'[122]고 한 데서 보듯이, 위정척사파도 일본천
황을 타도의 대상으로 하여 항일전쟁을 전개한 것 같지는 않다.

이러한 맥락에서 안중근도 일본천황을 천주의 대리자이자 일본국내의
절대자로 인식하였으므로 이등의 한국침략과 동양평화 파괴라는 역사현
실문제의 해결책을 일본천황에게서 구하려고 하였던 것이다. 즉, 그는

은 滿洲日日新聞社에서 출판한『安重根事件公判速記錄』에 기록되어 있으나,
일제당국이 이를 공식기록에서 삭제하였을 경우도 고려해야 할 것이다.
121) 이는 이기와 나철이 "대체로 이 두 칙서는 동일한 뜻을 담고 있어 日星처럼
명백하고 金石처럼 변할 수 없는 것으로서 이미 천하에 공포된 것입니다. 옛날
사람의 말에 "필부도 食言을 하지 않는데 하물며 萬乘天子야 말할 수 있겠는
가?"라고 하였습니다. 그러므로 外臣들은 근일의 일이 폐하의 뜻이 아니라고
생각하고 있습니다."라고 한 데서도 알 수 있다(황현 저・김준 역,「日皇에게
보낸 李沂등의 상서」『完譯 梅泉野錄』, 교문사, 1994, 608쪽).
122) 박창희 편저,「檄伊藤博文」앞의 책, 1982, 598쪽.

　　내가 죽고 사는 것은 논할 것 없고 이 뜻을 속히 일본 천황폐하에게
　아뢰어라. 그래서 속히 이등의 옳지 못한 정략을 고쳐서, 동양의 위급
　한 대세를 바로잡도록 하기를 간절히 바란다[123)

라고 하였다. 이처럼 안중근은 일본의 한국 식민지화 정책에 대한 해결
책을 小天主인 천황에게서 찾고 있다. 안중근의 이러한 인식은 대표적인
위정척사파 최익현에게서도 발견된다. 즉, 최익현은 거병의 당위성을 주
장하고 일제의 침략을 성토하기 위해 1906년 작성하여 보낸 「對日本政
府大臣書」에서 16개 항목으로 나누어 조목조목 일제의 조선침략사실을
지적하였다. 여기에서 '貴國皇帝에게 上奏하여'라는 최익현의 표현에서
알 수 있듯이,[124) 최익현은 일면 일제의 침략을 일본천황을 통하여 해결
하려는 태도를 보이고 있다. 이러한 일본천황에 대한 최익현의 태도가
성리학적 군주관에 기반하고 있다는 것은 부정할 수 없을 것이다. 최익
현의 활동과 사상에 대해 잘 알고 있던[125) 안중근은 최익현을 近世 第一
의 人物로 평가하였다.[126) 이처럼 최익현에 대한 안중근의 평가는 반침

---

123) 안중근의사숭모회, 앞의 책, 181쪽.
124) 박창희 편저, 「致日本政府大臣書」 앞의 책, 1982, 583쪽.
125) 국편, 「公判始末書 第五回」 『한국독립운동사』 자료6, 1976, 393쪽.
126) 이로 보건데, 안중근은 위정척사파를 중심으로 한 의병투쟁사에 대해 잘 알고
　　있었던 것 같고 이들과 반일 독립투쟁이라는 측면에서는 같은 의식을 공유하였
　　던 것으로 보인다. 즉, 안중근은 최익현에 대해 "崔益鉉은 高名한 士人이다 激
　　烈한 上書를 하기 數回 그가 도끼를 들고 大闕에 엎드려 臣의 머리를 베라고
　　强要한 따위는 참으로 國家를 憂慮한 人士이다 또 五條約에 反對하여 上書하
　　며 드디어 뜻과 같이 行해지지 않아 義兵을 일으키게 되었다 日兵이 이를 잡았
　　으나 나라의 義士라 하여 日本府間島로 보내 拘囚하였다 그런데 그는 伯夷 ·
　　叔齊보다 그 以上의 人物이다 周의 栗을 먹지 않겠다고 말하였으나 崔先生은
　　물도 마시지 않았다 萬古에 얻기 어려운 近世 第一의 人物이다(국편, 「境 警
　　視의 訊問에 대한 安應七의 供述(第五回)」 『한국독립운동사』 자료7, 1976,
　　417쪽)라고 하여 평가하면서 독립운동가들을 다음과 같이 志士로 평가하였다.
　　"그러한 志士는 많이 있다. 그 중에서 나는 가장 地位가 낮고 其他는 나보다
　　學識도 있고 財產 있는 분이므로 별로 交際는 하지 않고 있으나 그 氏名은 들

략이라는 맥락에서 최익현과 같은 궤도를 달리고 있는 까닭이기도 하지
만 군주관을 공유한 점에서 일치감을 느꼈기 때문인지도 모를 일이다.

그런데 안중근이 이러한 사고를 갖게 된 이유가 다름 아닌 그의 군주
관에 기인한다는 것은 위에서 살펴본 바와 같다. 말하자면 군주는 한 국
가 내에서 천주에 상응하는 권한을 갖고 있는 동시에 천의를 행하는 자
이므로 천황에게 그 해결책을 구하려고 하였던 것이다. 이와 같은 의미
를 갖는 천황이기 때문에 안중근은

> 決코 나는 誤解하고 죽인 것은 아니다. 나의 目的을 達하는 機會를
> 얻기 위해 한 것이다. 까닭에 이제 伊藤이 그 施政方針을 그르치고 있
> 었다는 것을 日本 天皇이 들었다면 반드시 나를 嘉尙할 것이라고 생각
> 한다. 今後는 日本 天皇의 뜻에 따라 韓國에 대한 施政方針을 改善한
> 다면 韓日間의 平和는 萬世에 維持될 것이며 나는 그것을 希望하고
> 있다.[127]

라고 하여 오히려 안중근 그 자신이 천황의 뜻을 배반한 伊藤博文을 처
단한 것을 일본천황도 가상하게 여길 것이라고 하였다.

이상과 같이, 안중근은 한국황제의 연장선상에서 일본천황을 인식하
였고 군주는 천주의 대리자로 천주의 뜻을 현실화시키는 존재로 보았으
므로 한국 침략의 선봉장인 천황을 부정하지 못하였던 것이다. 또한 안
중근은 노일전쟁 개전시 '한국의 독립과 동양의 평화유지'를 노일전쟁의
명분으로 내세운 일본천황의 조칙을 큰 비판 없이 믿었던 것도 군주는
小天主라는 안중근의 군주관에 의한 결과라고 볼 수 있다. 그러므로 안
중근의 이러한 일본천황관은 이등박문 포살에 대한 정당성과 당위성을

고 있다. 그러한 사람에는 閔泳煥 崔益鉉 趙秉世 金鳳學 閔肯鎬 等으로 特히
韓國의 義兵은 다 同一한 생각을 갖고 있다"(국편, 「被告人訊問調書 被告人
安應七」『한국독립운동사』자료6, 1976, 5쪽).

127) 국편, 「公判始末書 第五回」 앞의 책, 1976, 396쪽.

주장하기 위한 방편이었다[128]라고만 볼 수 없는 대일 인식의 한계성을
노정시키고 있다고 할 수 있을 것이다.

그러나 이와 같은 일본천황에 대한 안중근의 인식의 한계에도 불과하
고 안중근의 군주관은 당시 제일의 국적인 伊藤博文을 비롯한 침략세력
에 대해 강력히 응징할 수 있었던 이론적 근거가 되었다는 점도 간과해
서는 안 될 것이다.

또한 안중근에서 보이는 전통적인 군주관에 바탕을 둔 한국인의 천황
관이 관념을 넘어 행동으로 완전히 극복된 것은 1932년 1월 8일 이봉창
의 일본천황 폭살시도에서였다.[129] 이러한 측면에서 보아도 한국근대사
에 있어 한국인들이 일본천황관을 극복하기까지는 상당한 시간이 걸렸
던 것이다.

5. 日本天皇의 詔勅意味와 伊藤博文 處斷 名分

청일전쟁 개전시 일본 明治天皇이 공포한 「宣戰詔勅」 중에 '청국과의
전쟁은 한국의 독립국 權威를 확고히 하기 위한 것'이라고 하였다.[130] 노
일전쟁 개전의 명분을 일본 명치천황은 '韓國의 存亡'·'韓國의 保全'·
'極東의 平和'를 위해서라고 하였다.[131] 그러나 '獨立國의 權威'에서 '存
亡'·'保存'으로 바뀐 것에서 알 수 있듯이, 일본천황이 露日戰爭 개전시
발표한 宣戰詔勅은 청일전쟁 때보다 한국에 대한 침략야욕을 노골화하고

---

128) 최기영, 「안중근의 『동양평화론』」 『한국근대계몽사상연구』, 일조각, 2003, 103쪽.
129) 조동걸, 「이봉창의거의 역사성과 현재성」 『이봉창 의사와 한국독립운동』, 이봉
　　창의사장학회, 2002, 67쪽.
130) 日本外務省 編纂, 「淸國에 對する善戰の詔勅」 『日本外交年表竝主要文書』
　　上, 1965, 154쪽.
131) 日本外務省 編纂, 앞의 책, 222~223쪽.

있었다.[132] 즉, 일본 명치천황은 노일전쟁 선전조칙을 통하여 한국의 존
망은 일본의 결정에 달려있다는 협박을 은연중에 하였던 것이다.

이러한 노일전쟁 宣戰詔勅과 이 조칙에 따라 수행된 노일전쟁에 대한
국내의 반응은 일본의 침략의도를 간파했느냐 하는 것과 별개의 문제로
하더라도 대체적으로 긍정적이었던 것으로 여겨진다. 예컨대, 계몽운동
계열의 이승만은 「루즈벨트 대통령에게 보내는 하와이 교민의 청원서」
에서 천황의 조칙에 대해 긍정적으로 평가하였다.[133] 또한 1919년 이광
수가 기초한 『2·8독립선언서』에서 조차 천황의 조칙에 따라 수행된 노
일전쟁을 한국침략전쟁으로 보고 있지 않다.[134]

안중근도 이러한 당시의 많은 지식인들처럼 천황을 침략세력으로 인
식하지 못했을 뿐만 아니라, 오히려 일본천황에 대해 '한국의 독립을 공
고히 하고 동양의 평화를 유지해 주는 존재'로 인식하였던 것은 분명한
사실인 것 같다.[135]

그 이유는 무엇일까? 이에 대한 해답을 구하기 위해서는 안중근이
'한국의 독립과 동양의 평화를 유지하기 위해 노국과 개전한다'는 일본
천황의 선전조칙이 안중근에게 무슨 의미가 있는 것인지 규명할 필요가
있을 것이다.

안중근이 군주를 천주의 축소된 小天主로 보아 일본천황을 '세상에서
인간으로 가장 존귀한 존재'라고 칭한 것은 주지하는 바이다. 이러한 맥
락에서 안중근은 한국황제나 일본천황의 발언을 한일 양국민이 天命과

---

132) 中野泰雄, 『安重根 日韓關係의 原像』, 亞紀書房, 1984년 7월 10일, 147쪽.
133) F.A. McKenzie 지음, 申福龍 옮김, 『大韓帝國 의 悲劇』, 평민사, 1985, 293쪽 ;
    정창렬, 「露日戰爭에 대한 韓國人의 反應」『露日戰爭前後 日本의 韓國侵略』,
    역사학회, 1986, 226쪽.
134) 김삼웅, 「2·8독립선언서」『抗日民族宣言』, 한겨레, 1989, 119쪽.
135) 그렇다고 안중근이 노일전쟁 이전에 일본의 침략을 전혀 인식하지 못하였다는
    의미는 아니다. 이에 대해서는 필자의 「안중근의 對日인식」(2005년 12월 10일
    한국근현대사학회 발표문) 참고.

같은 절대적인 의미로 받아들일 뿐만 아니라, 상호 존수해야 할 것으로 인식하였던 것이다.

이와 같은 군주관은 천황의 對露선전조칙에 대한 안중근의 평가에 투영되어 있는 것이다. 요컨대, 안중근은 한국의 독립을 유지하고 동양의 평화를 보장하겠다는 일본천황의 뜻이 그 선전조칙에 담겨져 있는 것으로 여겼던 것이다.[136] 이는 군주의 말은 천주의 뜻과 같다고 여긴 안중근에 있어 당연한 결과인지 모르겠다. 따라서 노일전쟁에 대한 일본천황의 선전조칙은 안중근에게 天命 그 자체였던 것으로 해석된다. 이러한 의미에서 안중근이 천황에 대해 '세상에서 가장 존귀한 분'이라고 표현한 것은 단순히 이등을 처단한 당위성을 내세우기 위한 명분에서 나온 것이 아니라, 안중근의 종교관, 천명관과 깊은 관련 속에서 도출된 것이라는데 주목할 필요가 있다.

다음으로 안중근이 이등을 처단할 수밖에 없었던 명분에 대하여 살펴보고자 한다.

안중근은 天主가 이등과 같은 악인을 반드시 벌한다고 믿고 있었다.[137] 물론 이는 안중근만의 천주관이 아니라, 당시 천주교인의 공통된 인식기반 위에 형성된 것이라고 볼 수 있다. 이러한 측면에서 천주의 뜻인 한국의 독립과 동양의 평화를 유지하는 것은 順天하는 첩경이지만, 이를 거역하는 것은 逆天행위가 되어 天의 심판을 받게 되는 것이다. 따라서 안중근에게 있어 天命을 실행한다는 것은 '한국의 독립과 동양의 평화를 유지하기 위한 실천적 행동임'을 의미한다고 하겠다. 그러나 이에 역행하는 모든 행위는 곧 '逆天행위'로 처단의 대상이 되는 것으로 안중근은 보았던 것이다. 이러한 맥락에서 안중근은 이범윤에게 거병을 종용하며 逆天한 이등박문을 단죄하는 것이 順天하는 것이라고 강조하

---

136) 최이권 편역, 앞의 책, 127쪽.
137) 안중근의사숭모회, 앞의 책, 45쪽.

였다. 아울러 이범윤에게 그는 이등박문은 君主와 백성을 속이고 한국을 침략하여 逆天한 자이므로 얼마 지나지 않아 천벌을 받을 것이라고 특별히 부언하였던 것이다.[138] 이처럼, 안중근은 對日의병투쟁의 당위성을 天命이라는 논리에서 찾고 있음을 알 수 있다.

위에서 살펴보았듯이 군주의 말은 국가 내에서는 천주의 뜻과 마찬가지인 것이다. 따라서 군주의 말은 절대적인 것이고 이를 어기는 것은 天意를 어기는 것이 되는 것이다. 그러므로 군주(일본천왕)의 말을 듣지 않거나 속이면 天主가 천벌을 가하게 되는 것이다. 그래서 안중근은 일본 明治天皇이 노일전쟁 선전조칙을 공포하자,

> 今後는 日本 天皇의 뜻에 따라 韓國에 대한 施政方針을 改善한다면 韓日間의 平和는 萬世에 維持될 것이며 나는 그것을 希望하고 있다.[139]

라고 하여 천황의 조칙대로만 된다면 필시 한국도 진보할 것이고 한국의 독립과 동양평화의 유지가 실현될 수 있을 것으로 여겼다. 그러나 역사현실은 이와 정반대로 전개되었다. 요컨대, 노일간의 한반도를 둘러싼 경쟁은 첨예화하여 노일전쟁으로까지 이어졌다. 일제는 1902년 영일동맹을 체결하여 노일전쟁을 대비하였고, 1903년 10월 이후에는 이지용·이근택 등 부일파를 매수하는 등 조선을 침탈하기 위한 사전준비를 완료하였다. 1904년 1월 일제는 일본인 보호를 구실로 인천·군산·마산 등지로 군수품을 운반하였으며 일본군을 서울에 주둔시켰다. 한국정부는 이러한 상황에서 1월 21일 중외중립을 선언하였으나, 역사현실을 되돌릴 수는 없었다. 이미 1904년 1월에 노일전쟁이 일어날 것이라는 소문이 서울에 파다하게 퍼져 있었다. 드디어 일제가 2월 8일 여순항을 공격하고

---

138) 안중근의사숭모회, 앞의 책, 168~169쪽.
139) 국편, 「公判始末書 第五回」 앞의 책, 1976, 396쪽.

2월 10일 對露 선전포고 조칙에 의해 노일전쟁이 시작되었다.

이러한 일제의 침략과정에서 안중근은 이등의 침략을 다시 한번 확인하였을 것이다. 말하자면 한국의 독립과 동양의 평화 유지라는 天命에 따라 노일전쟁을 선언한 천황의 의도는 노국의 침략에 대한 반침략전쟁이었으나, 이등박문이 이를 어기고 한국침략으로 나왔다는 것이다. 이러한 면에서 천황의 노일전쟁 선전조칙 자체는 한국의 독립과 동양평화를 위한 것이기 때문에 한국인도 일본을 도와주었지만, 결국 이등이 노일전쟁을 일본국민과 천황을 속이고 '망령되이' 침략전쟁으로 변질시켰다고 안중근은 인식하였다. 때문에 안중근은 이등처단 명분을 천명에 의해 수행된 노일전쟁을 이등이 역천하여 한국을 침략했으므로 천명에 의해 이등이 제거되어야 한다는 논리로 내세웠던 것이다.

사실 伊藤은 1900년 전후 노국과 한국분할을 전제로 한 한국 중립화를 실현하기 위한 협상을 주도하였고, 그 후 1904년 3월 17일 특파대신으로 한국에 건너와 일제의 대한침략을 진두지휘하였다. 특히 안중근은 1905년 11월 을사늑약을 체결시킨 당사자인 이등을 처단해야 할 대표적인 침략자로 상정하였을 것이다. 그리하여 안중근은 이등은 천황을 속이고 일본국민을 죽음으로 몰아넣었을 뿐만 아니라, 한국의 독립과 동양평화를 유린한 逆天한 惡人이라고 인식하였을 것이다. 이러한 맥락에서 안중근은 이등을 제거 하지 않고는 천명이 실현될 수 없다고 보았던 것이다. 우덕순도 검찰관 溝淵이 이등을 처단하려고 했던 이유를 묻자, '이등 방문이 한국에 을사늑약과 정미7조약을 강제로 체결케 하고 한국황제와 일본천황을 속인 방약무인한 仇敵이기 때문에 이등을 죽이려고 하였다'고 진술하고 있다.[140] 이러한 우덕순의 주장은 안중근이 이등을 처단한 이유와 같은 선상에 있음을 알 수 있다. 필시 우덕순은 안중근과 반일독

---

140) 국편, 「公判始末書 第二回 被告人安應七이라 하는 安重根 外 三名」 앞의 책, 1976, 338쪽.

립투쟁 뿐만 아니라 일본 천황관에 대한 인식도 공유하고 있던 것으로 추정된다.

그리고 안중근은 이등박문을 처단해야 한다는 당위성을 이등이 한국을 침략하고 동양평화를 유린한 역천행위로만 내세우지 않았다. 말하자면 안중근은 '일본국민을 구원하기 위해 이등을 처단하였다'고 주장하고 있다.[141] 요컨대, 안중근은 伊藤을 '동양평화와 한일관계에 해악을 끼치는 惡人이므로 일본인조차 이등을 증오하는데 한국인이야 말할 필요도 없다'고 평하면서 한일관계를 위해 이등을 제거해야 한다고 강조하였다. 이처럼, 안중근은 일본인 전부를 침략세력으로 보고 있지 않다는 사실에 주목할 필요가 있다. 즉, 안중근은 일본사회를 伊藤博文을 비롯한 침략세력과, 이에 반대하는 일본의 천황과 국민으로 구분하여 보고 있다. 즉, 안중근이 1908년 7월경 국내진공작전 때 포로로 생포한 일본군인과 상인들에게 이등이 일본천왕의 뜻을 어기고 한국을 침략하고 동양을 유린하였다고 하였다. 이에 대해 일본인들은 이등의 침략으로 일본국민도 고통을 당하고 있다고 하여, 이등에 대한 인식을 안중근과 같이 하고 있음을 표출하였다.[142] 따라서 안중근은 일본국민을 위해서라도 일제의 대표적인 침략세력인 伊藤博文을 처단함으로써 한국의 독립과 동양의 평화유지라는 천명을 실현하려고 하였던 것이다

이처럼, 안중근은 이등이 생존해 있는 이상 한국의 독립과 동양의 평화유지라는 天命을 구현할 수 없다고 본 것 같다. 이러한 맥락에서 天命을 실현하기 위해 이등방문을 제거해야 한다는 안중근의 논리가 성립되는 것이다. 이와 같은 이유로 안중근은 다음과 같이 天命에 의해 이등을 처단하였음을 선언하였던 것이다. 즉,

---

141) 국편, 「公判始末書 第五回 被告人安應七이라 하는 安重根 外 三名」 앞의 책, 1976, 395~396쪽.
142) 국편, 「公判始末書 第五回 被告人安應七이라 하는 安重根 外 三名」 앞의 책, 1976, 134~135쪽.

> 在住 韓人間의 風評, 這般 伊藤公 暗殺은 가장 快事로 吾人은 公
> 으로 因하여 드디어 本國에서 居住치 못하고 떠나 當地에 와 있는 者
> 이다 暗殺은 天命으로 常理라고 私語하고 있다고 한다[143]

　이러한 의미에서 안중근은 그 자신이 이등박문을 포살한 것이 人道에
반하지 않을 뿐만 아니라, 天意에 순응하여 이등을 처단하였으므로 살인
에 대한 죄의식을 전혀 느끼지 않았던 것이다. 그래서 검찰관 溝淵이 천
주교에서도 살인을 금하고 있지 않느냐고 하면서 안중근의 이등처단을
뉘우치도록 하는 술수를 구사하였다. 이에 대해 안중근은 袖手傍觀하는
것이야 말로 더 큰 죄악이기 때문에 이등을 처단하였다고 반박하였
다.[144] 즉, 안중근은

> 　혹시 어째서 천주님이 사람들이 살아 있는 現世에서 착하고 악한
> 것을 상주고 벌주지 않느냐고 하겠지마는 그것은 그렇지 아니하오. 이
> 세상에서 주는 상벌은 한정이 있지마는 선악에는 한이 없는 것이오. 만
> 일 어떤 사람이 한 사람을 죽여 시비를 판별할 적에 죄가 없으면 그만
> 이러니와 죄가 있어도 그 한 사람만 다스리는 것으로 족한 것이오.
> 　그러나 어떤 사람이 여러 천만 명을 죽인 죄가 있을 적에 어찌 그
> 한 몸뚱이만 가지고 대신할 수 있겠소. 그리고 또 만일 어떤 사람이 여
> 러 천만 명을 살린 공로가 있을 적에 어찌 잠깐 되는 세상영화로써 그
> 상을 다했다고 할 수 있겠소.[145]

라고 하는 논리로 이등처단의 정당성을 주장하였다. 즉, 이는 천만명을

---

143) 국편, 「憲第本三四九號」 『한국독립운동사』 자료7, 1977, 349쪽.
144) 이는 다음에서 엿볼 수 있다. 즉, "敎에도 사람을 죽임은 그 局에 있는 者 밖에는
　　할 수 없는 일이라는 것도 알고 있다. 또 聖書에도 사람을 죽임은 罪惡이라고
　　있다. 그러나 남의 나라를 奪取하고 사람의 生命을 빼앗고자 하는 者가 있는데
　　도 袖手傍觀한다는 것은 罪惡이므로 나는 그 罪惡을 除去한 것뿐이다"(국편,
　　「被告人 安應七 第十回 訊問調書」 『한국독립운동사』 자료6, 1976, 284쪽).
145) 안중근의사숭모회, 앞의 책, 45~46쪽.

죽인 죄인 이등을 처단함으로써 천만명을 살린 공로가 안중근에게 있으므로 현세의 상으로 다할 수 없고 천주의 賞으로 구원받을 것이라는 안중근의 종교관이 반영되어 있는 것이라고 할 수 있다.

이러한 안중근의 이등 제거논리는 유일한 거사동지였던 우덕순에게서도 발견된다. 즉,

> 내가 伊藤을 硏究한 것은 統監으로서 왔을 當時 다만 그때 伊藤은 日本政府를 代表하여 韓國의 獨立을 鞏固히 하기 위해 온 사람이라고 생각했다. 그런데 事實은 그것에 反해 日本 天皇의 뜻을 가리고 韓日 兩國의 사이를 疎隔케 하여 韓國을 今日과 같은 悲境에 빠뜨렸다. 自今 西洋은 平和를 假裝하고 東洋을 엿보고 있는 때이므로 脣亡齒寒이란 말도 있듯이 韓國이 今日의 狀況으로는 東洋의 平和도 따라서 깨질 것이라고 생각한다. 까닭에 日本 天皇의 德을 가리고 또 韓日 兩國을 疎隔케 하는 伊藤을 없애버리면 따라서 平和가 維持될 것으로 생각하고 殺害하기에 이르렀던 것이다. 나는 이 밖에는 말할 것이 없다.[146]

요컨대, 우덕순의 이등 제거논리는 안중근과 같은 선상에 있다고 보아야 할 것이다. 또한 안중근이 우덕순과 이등 제거를 도모한 이유는 우덕순이 함께 국사를 논할 만큼 학식을 갖춘 사람이기 때문이기도 하였지만[147] 무엇보다 안중근과 우덕순은 같은 한국인이자[148] 기독교인[149]으로서의 반일독립투쟁 정신과 종교사상을 공유했기[150] 때문일 것이다.

---

146) 국편, 「公判始末書 第三回」 앞의 책, 1976, 388쪽.
147) 국편, 「被告人 安應七 第九回 訊問調書 被告人 安應七」 앞의 책, 1976, 255~257쪽.
148) 국편, 「公判始末書 第二回」 앞의 책, 1976, 337쪽.
149) 국편, 「公判始末書 第二回」 앞의 책, 1976, 336쪽.
150) 이는 우덕순이 쓴 다음의 詩歌에서 엿볼 수 있다. 즉, "힝장검슈할 적마다 하느님꺼기도ᄒ고 예슈꺼경비ᄒ되 살핍쇼샤 살핍쇼샤 동반도에 디한데국살핍쇼샤 아뭇죠록 제의를 도옵쇼셔"(일본외교사료관, 「伊藤公爵遭難關倉知政務局長旅順山張拉犯人訊問之件(聽取書)」『伊藤公爵滿洲視察 件』(문서번호: 4.2.5,

그리고 안중근이 죽기 전에 홍신부와 가족에게 보낸 유언장에서 '천당에서 만나자'고 한 것을 보건데, 그는 죽어서 꼭 천당에 갈 것이라고 굳게 믿고 있었던 것 같다.[151] 살인을 금한 천주교의 교리를 어기면 천당에 갈 수 없을 것인데도 안중근이 친지들에게 '천당에서 만나자'라고 한 이유는 무엇일까? 그 이유는 한국의 독립과 동양의 평화유지라는 天命을 실현하기 위해 역천한 이등을 천명에 따라 처단했기에 종교적 의미에서 죽어 천당으로 갈수 있다고 안중근이 믿었기 때문인 것 같다. 이러한 면에서 안중근은 죽음에 임해서조차 '從容自若'할 수 있었던 것이다.

6. 맺음말

이상에서 안중근이 이등방문을 처단할 수밖에 없었던 사상적 배경에 대해 살펴보았다. 필자는 다음과 같이 정리하여 본 논문을 끝맺으려고 한다.

1) 안중근은 황사영에게서 보이는 종교 지상주의를 추구하거나 구복적 신앙이 중심이었던 천주교의 한계성을 완전히 극복한 典範이라고 할 수 있다. 또한 안중근단계에 이르러 한국 천주교는 토착화내지 민족화의 단초를 열었다는 면에서 천주교사에 있어 안중근의 위치와 의미를 부여할 수 있을 것이다.

2) 안중근은 이등을 처단할 수밖에 없었던 논리를 '천명론'에 근거하여 설명하고 있는 것으로 생각된다. 또한 그는 天命을 한국의 독립과 동양의 평화유지로 보았다. 그런데 안중근은 한국침략의 최종 책임자라고 할 수 있는 일본천황에 대해서는 '세상에서 가장 존귀한 분'이라고 하여

245-4))

151) 국편, 「安重根의 獄中 書翰 및 書面光景에 關한 件」『한국독립운동사』자료7, 1976, 528~529쪽.

존중하였을 뿐만 아니라, 노일 선전조칙을 天命과 등치시켰다. 그 이유는 위에서 살펴보았듯이 안중근의 군주관에 기인하는 것으로 보인다. 또한 안중근은 종교를 바탕으로 군주를 小天主로 인식하여 君命을 天命이라는 식으로 보았던 것 같다.

3) 안중근은 한국침략의 최종책임자인 천황을 침략세력으로 보지 못하였으며 반면에 이등을 신하된 자로서 天命과 같은 천황의 선전조칙을 이행하지 않고 한일양국 국민을 모두 속이고 한국을 침략한 자로 보았던 것이다.

4) 이러한 의미에서 안중근은 이등이 한국을 식민화시키고 동양의 평화를 유린하여 역천하였기 때문에 順天하기 위하여 천명에 따라 이등을 처단하였다고 주장하고 있다. 이러한 면에서 안중근은 천주교 10계명 중에서 제5계명인 '살인하지 말라'는 천주교의 교법이 있음에도 이등을 처단할 수밖에 없었고, 이를 곧 천명의 실현으로 여겼던 것이다. 그렇기 때문에 안중근은 그 자신이 천당에 갈 수 있다는 자신감을 갖고 있었고 독립투쟁과정에서 직면한 모든 어려움도 天命을 수행하는 과정으로 여겼기 때문에 죽는 그 순간에도 從容自若할 수 있었던 것이다.

이상에서 보았듯이 안중근이 이등을 처단한 사상적 배경은 한마디로 유학을 바탕으로 한 천주교 사상이었다. 그러나 안중근의 천주교 사상은 당시 풍미했던 서양이론이 아니라 우리역사 속에서 안중근이 스스로 깨달은 天命論에 근거한 것이었다. 그렇기 때문에 안중근은 '국가 앞에서는 종교도 없다'고 선언할 수 있었던 것이다. 물론 이는 안중근이 천주교를 떠났다는 의미가 아니다. 오히려 안중근은 종교와 민족을 일치시킴으로써 천주교에 대한 믿음을 확인하였다고 하겠다. 이처럼 안중근의 종교관은 이미 천주교 교리에 따라 순교한 초기 천주교인의 한계성을 넘어 한국사회 내의 타자와의 관계 속에서 전민족적 범위로 확대되었던 것이다. 이러한 의미에서 안중근이 차지하는 한국 天主教史上의 위치와 의미는 '토착화 내지 민족화'의 典範이라고 규정할 수 있을 것이다.

"안중근편 교리서"에 나타난
천·인·세계 이해

1. 머리말: "안응칠 역사"의 구조와 안중근의 "천" 중심 생애 기획

1) "안응칠 역사"

안중근은 1879년에 안태현과 조씨의 장남으로 황해도에서 태어났다. 그는 1897년초에 "토마스"라는 교명으로 세례를 받고 1909년에 이토 히로부미를 저격한 후에 체포되어 1910년 3월 26일에 처형당하였다.

---

* 미래사목연구소 복음화연구위원장

　안중근이 직접 쓴 『안응칠 역사』[1]에 의하면, 그의 생애는 크게 다섯 부분으로 나눌 수 있다. 첫째 시기는 태어나서 세례를 받기 이전인 1896년(18세)까지로 볼 수 있다. 그의 생애 제2기는 세례를 받은 이후 1905년에 일본의 침략이 본격화된 을사조약이 체결되기 전까지 교회와 사회에서 다양한 활동을 하던 시기(1905년까지)로 볼 수 있다. 셋째 시기는 1905년에 해외에서 항일 운동을 모색하기 위하여 상해에 갔다가 돌아와서 교육 사업에 투신한 1907년 여름까지로 볼 수 있다. 안중근이 한국을 떠나서 무장 항일 투쟁에 투신하여 이토를 저격하는 사건을 중심으로 그 이전 투쟁 단계를 넷째 시기로, 그리고 저격과 그 이후 감옥에서 법정 투쟁을 펼치다가 죽음에 이르는 1910년 3월까지를 마지막 다섯째 시기로 볼 수 있다.[2]

　안중근은 1909년 12월 13일부터 위에서 언급한 대로 "안응칠 역사"라는 제목 하에 자기의 생애의 전말을 써내려가기 시작하였다. 이것은 10월 26일 의거를 일으킨 이후 곧바로 체포된 그가 심문을 받으면서 감옥 생활을 하기 시작한 지 50일 정도 경과한 끝에 자서전을 쓰기로 결정하였다는 것을 말한다. 그러니까 그의 자서전은 생애의 최후시기에 쓰여진 것이다. 그가 자서전을 집필하기 시작했을 무렵에는 아직 검찰관이 유순하게 대하던 상황이었다. 그러나 12월 20일 이후 일본 검찰은 태도

---

1) 안중근이 옥중에서 쓴 자서전 "안응칠 역사"는 한문으로 쓰여졌는데, 원본은 현재 전해지지 않고 일본 관헌들에 의한 필사본이 1978년과 1979년에 발견되었다. 이 자료들에 의한 한문본 형태는 윤병석이 펴낸 『안중근 전기전집』(국가보훈처, 1999)에 <안응칠 역사>라는 제목으로 64~130쪽에 수록되어 있다. 이은상은 이 작품들을 『안중근의사자서전』이라는 제목으로 번역하여 1979년에 출판한 바 있다. 윤병석은 이것을 윤문하여 위의 한문본 뒤에 우리말 역본으로 소개하고 있다. 이 연구에서 안중근의 자서전을 인용할 때는 이은상의 역본을 텍스트로 삼기로 한다.

2) 조광 교수는 안중근 생애를 신앙 수용 이전과 이후로 나누고 입교 이후 사회적 활동기를 다시 세 시기로 구분한 바 있다. 조광, 「안중근의 애국계몽운동과 독립전쟁」 『교회사연구』 9, 1994, 71~4쪽.

를 돌변하여 억압과 억설과 능욕과 모멸을 가하기 시작하였던 것으로 증
언하고 있다.[3] 이런 정황 속에서 공판을 받기까지 일련의 과정을 진술해
간다. 안중근은 사형 집행을 받기 직전인 3월 7일 여순에 도착한 두 동
생, 정근과 공근, 그리고 빌렘 신부를 만나고, 10일에는 마지막 미사에
참여하였다. 그리고는 그 다음날 빌렘 신부와 헤어지게 되는데, 안중근
은 빌렘과 작별한 직후 이 일련의 과정들을 기술하고는 3월 15일에 자신
의 역사 쓰기를 끝낸다.

2) "천"과 "천" 사이에서

안중근은 그의 자서전 서두에서 아버지 안태훈 진사의 총명함을 전하
는 맥락에서 통감을 읽을 때 있었던 한 일화를 소개한다. 선생이 책을
펴고 한 글자를 가리키며 "이 글자에서 열 장 아래 있는 글자가 무슨 글
자인지 알겠느냐" 하고 물었다는 것이다. 그러자 안태훈은 "알 수 있습
니다. 그 자는 필시 天자일 것입니다" 하고 대답하였다는 것이다.[4] 안중
근이 자기의 자서전 첫머리를 아버지의 수많은 일화 가운데 "천"과 관련
된 이 일화로 장식한 이유는 무엇인가?

이 물음에 답하기 위해서 그의 자서전의 구조를 주목할 필요가 있다.
위에서 안중근이 빌렘 신부와의 만남으로 그의 역사 진술을 마쳤다고 했
다. 그런데 이 마지막 대목에서 안중근은 빌렘 신부가 남긴 마지막 위로
의 말을 자기 자서전의 결구로 설정하고 있는 것을 볼 수 있다. 그 진술
을 이은상의 번역에 따라 소개하면 다음과 같다: "인자하신 천주께서 너
를 버리지 않을 것이요, 반드시 거두어 주실 것이니 안심하고 있으라."[5]
안중근은 이보다 앞서 빌렘 신부가 집전한 미사에 참여하게 된 것을 이

---

3) 이은상 역, 『안중근의사자서전』, 안중근의사기념관, 1993(1990), 105쪽.
4) 위의 책, 2쪽.
5) 위의 책, 117쪽.

렇게 기억한다: 빌렘 신부가 "감옥에 와서 미사 성제대례를 거행하고, 성체성사로 천주의 특별한 은혜를 받으니, 감사하기 이를 길 없었"다.[6] 이를테면 안중근은 "천주의 격외의 특은"[7]이라는 말과 "인자하신 천주"께 "강복"을 빌어주는 말로 자신의 역사를 마치고 있는 것이다.[8]

이렇게 볼 때, 안중근은 천을 서두와 말미에 배치하는 쌍괄식 기법을 통해서 자기의 자서전을 "천"과 "천" 사이에서 발생하게 기획하고 있다고 할 것이다. 이것은 그의 생애가 천을 향한 종교심에 이끌린 것으로 해석하는 종교적 생애관을 증거하는 것일 수 있다. 다시 말해서 그는 "천"으로 시작하고 "천"으로 맺는, 수미상관의 틀 안에서 자신의 생애를 조망하고 있는 것이다. 이것은 예컨대 안중근의 의거 자체를 천에의 응답으로 천명하는 효과를 발생시키게 되는데, 나는 이미 천명에의 순명의 관점에서 그의 이토 저격 사건을 해석한 바 있다.[9] 더군다나 안중근이 가족과 친지, 성직자들에게 마지막으로 남긴 편지들에 나타나는 신앙에 대한 관심은 그의 "天恩" 인식과 매우 깊이 상관되어 있기도 하다. 이런 의미에서 그는 "종교인으로서 항일가"였다고 일컬을 수 있을 것이다.

3) 연구의 목적

그런데 안중근의 신앙과 관련하여 주목되는 것은 그가 주체적으로 신앙살이를 기획하고 실천하였다는 점이다. 이 같은 사실은 지금까지 연구에서 일반적으로 안중근의 신앙을 부수적 정보 사항 정도로 보아 왔던 관행을 재고하도록 촉구한다. 실제로, 그동안 일반적으로 간과되어 온 것과는 달리, 안중근의 신앙 세계는 자기 주관 없이 이루어진 것으로 보

---

6) 앞의 책, 116쪽.
7) 『안응칠역사』 한문본, 안중근전기전집, 129쪽.
8) 『안중근의사자서전』, 117쪽.
9) 황종렬, 『신앙과 민족의식이 만날 때』, 분도출판사, 2000, 특히 79~114쪽 참조.

는 데서 그칠 수 있는 것이 아니라는 사실을 여러 경로를 통하여 확인할
수 있다.[10] 주지하듯이, 그는 반민족적 내지는 민족의 운명을 외면하는
형태의 신앙살이를 요구하는 가톨릭 지도자들에 대해서는 동조하지 않
는다. 교회 지도자들이 당시 민족의 현실과 미래와 관련하여 드러내었던
제약과 그로 말미암아서 그 자신이 민족 구성원들과 함께 그리고 특히
의식있는 신도들과 함께 겪어야 하였던 고통이 있었다.[11] 하지만 그는
교회와 교회 지도자들을, 그리고 교도권과 그들의 인격 사이의 통합과
불일치를 식별할 줄 아는 성숙한 신앙으로 그러한 아픔들을 하느님의 정
의와 자비에 대한 신뢰 안에서 하느님께 위탁할 줄 아는 단계에 도달해
있다.[12]

하지만 일반적으로 안중근에 관한 연구에서 그의 신앙에 관하여 제대
로 진술하지 않고 넘어가는 경향이 있다. 여기에는 넘어갈 만한 것이어
서 넘어간 것인가, 아니면, 그 핵심을 알아볼 수 없어서 지나친 것인가
하는 문제가 있다. 앞서 언급하였듯이, 안중근은 어머니와 부인, 숙부, 사
촌 동생, 그리고 두 성직자, 뮈텔 주교와 빌렘 신부에게 마지막으로 편지
를 남겼다.[13] 이 모든 편지에서 그는 자신의 깊은 신앙 이해를 표출하고
있다. 이와 동시에 그는 민족에게 자유독립과 동양평화를 향한 자신의
최후의 바람을 남겼다.[14] 단적으로 말하자면, 그동안 안중근 연구를 진
행시켜 오면서 후자는 높이 평가해도 전자는 바로 보지 못해온 것이 사
실이다. 혹은 그의 신앙의 중요성을 인식하기는 하더라도, 신앙과 민족
의식의 상관성을 통찰하여 납득할 만하게 규명, 제시하지 못해 왔다고

---

10) 이에 관해서는 앞의 책, 79~92쪽 참조.
11) 위의 책, 특히 116~21쪽 참조.
12) 특히『한국독립운동사』자료7, 국사편찬위원회, 1978, 529~30쪽에 전해지는
  뮈텔 주교와 빌렘 신부에게 보낸 마지막 편지 참조.
13) 이 편지들은『한국독립운동사』자료7, 528~31쪽에 수록되어 있다.
14) 위의 책, 543쪽.

말할 수 있다. 실제로 그동안 이에 관한 깊이있는 연구는 별로 눈에 띄지 않는 것이 현실이다. 그러나 후대의 인식 여부와는 상관없이 안중근이 남긴 유서들에는 깊은 신심과 더불어 민족에 대한 염려와 희원이 통합되어 있다. 이것은 안중근 자신이 민족 문제를 신앙 영역과 분리시키지 않았다는 것을 말한다.

그렇다면, 그의 신앙세계를 절대시하면서 민족 영역을 소홀히 해서는 안중근의 투신을 제대로 이해하기 어려운 것처럼, 그의 신앙 세계를 바로 인식하지 않고는 그의 투신을 총체적으로 이해하기 어려울 수 있다. 이것은 그의 신앙을 고려하지 못하는 그의 생애 연구는 일정하게 한계를 띨 수 있다는 것을 의미한다. 바로 이런 맥락에서 안중근의 신앙과 사상, 그의 영성에 대한 보다 더 깊은 이해가 요청된다고 할 것이다. 안중근의 교육, 계몽, 민중 항일 투쟁의 핵심 축으로서 그의 신앙과 사상을 규명하는 데 역점을 둔 이번 심포지엄은 이런 면에서 그 의의가 적지 않다고 믿는다.

위에서 언급하였듯이, 안중근은 민족 항일 투쟁과 신앙을 죽기까지 통합시켜 간 인물이었다. 실로 그의 "항일"이 철저하게 "하느님의 정의"와 "인간 세계의 평화[문명, 도덕, 태평 시대]"를 기초로 삼고 또 이것을 목표로 지향하고 있었다. 그렇다면 그로 하여금 이렇게 민족의식과 자신의 가톨릭 신앙을 통합시켜 갈 수 있도록 해준 신앙의 대원리는 무엇이었는가? 이것을 추적할 수 있을 가장 일차적인 자료를 우리는 그가 감옥에서 쓴 "안응칠 역사"에서 발견할 수 있다. 그 가운데서도 "안중근편 교리서"라고 일컬어질 수 있는 선포 진술문이 주목된다. 이번 연구는 이 선포의 내용과 여기에 나타난 그의 천-인-세계 이해를 검토하는 데 목적을 두고 있다. 이를 통하여 그의 민족을 위한 전 투신의 종교사상적 토대를 규명하는 데 한 단서나마 제시하고자 하는 것이다.

2. "안중근편 교리서"

1) "안중근편 교리서"의 탄생

앞서 본 것처럼, 안중근은 이토를 저격하여 체포당한 뒤에 옥살이를 하던 중인 1909년 12월 13일부터 자신의 생애에 관하여 쓰기 시작하였다. 그는 자신이 태어나서 이름을 얻은 일로 시작하여 다시 조부 안인수 때로 거슬러 올라가서 부친 안태훈에 관한 일들을 간략히 전한다. 이어서 어린시절과 청소년 시절을 겪고 나서(제1시기), 세례 받은 이후 교회와 사회에서의 활동(제2시기)과 국가의 위기와 이에 대응한 경제, 교육활동(제3시기), 그리고 일본의 침략에 맞선 무장 투쟁 과정 등을 소개한다(제4시기). 이어서 마지막 단계로 이토 저격과 그 후 감옥에서 겪었던일 등을 간결한 필치로 적어 간다.

나 자신이 "안중근편 교리서"라고 하는 내용은 위에서 언급한 생애가운데 둘째 시기하고 다섯째 시기와 관계되어 있다. 안중근은 세례를 받고 나서 몇 해 동안 교리를 익히고 신앙생활을 한 후에 빌렘 신부와함께 전도 활동을 했던 적이 있었다. 그가 이토를 저격한 후에 감옥에 갇혀 있으면서 자신의 생애를 쓰면서, 이때를 회고하면서 자신이 선교활동을 펼치면서 선포했던 내용의 핵심을 기억하여 문자화하는 작업을 수행한다.[15] 이를테면 "안중근편 교리서"는 이중의 삶의 자리를 갖고 있다고 할 수 있다. 하나는 과거 선포했던 삶의 자리이고 다른 하나는 그것을 기억하는 삶의 자리이다.

이렇게 기술된 내용은 자기의 생애에 관한 진술 가운데 약 10분의 1에 해당할 만큼 상대적으로 많은 지면을 차지하고 있다. 이것은 그가 자신의 생애에서 신앙 비전을 그만큼 중요하게 여겼다는 것을 말해 주는 것일

---

15) 『안중근의사자서전』, 15~25쪽.

수 있는데, 이 작품에는 천주교의 기본 신앙 교리가 충실하게 기술되어 있다.[16] 이런 점에서 나는 이 대목을 "안중근편 교리서"라고 명명하고 있는 것이다. 다시 말해서, 안중근은 과거 자신이 선포했던 내용을 문자로 옮기면서 일종의 작은 교리서와 같은 한 작품을 탄생시켰던 것이다.

그런데 이 작품은 단순히 과거의 기억으로서 존재하는 것만은 아니다. 그는 항일 투쟁의 과정에서 감옥에 갇힌 상태에서 이 작업을 수행하면서, 이를테면, 옛 선교를 되살릴 뿐만 아니라, 그때의 선포 내용을 기억하는 형식을 빌려서 지금 새롭게 자신의 신앙 고백을 역동화하는 작업을 동시에 수행할 수도 있는 것이다.[17] 그는 죽기까지 특히 민족 복음화의 관점에서 이념과 실행의 통합을 지켜 가면서, 실천 지향적 구원 중심의 선포를 시도하는 것을 볼 수 있다. 그의 이 같은 관심은 자신의 역사 기술 가운데 자리잡고 있는 과거의 선포에 대한 이 기억 행위 자체를, 그가 이 작업의 결과가 일본 관리에게 넘겨질 것을 알고 있다는 점에서 한국과 일본의 청중을 향하여, 또 다른 한 선포로 작용하게 만들고 있다고 할 것이다.[18]

---

16) 뒤에서 볼 수 있듯이, 이 작품에서 안중근은 천주교의 기본 교리를 포괄적으로 진술할 뿐만 아니라, 당대에 한국에서 형성되어 있던 교리에 대한 해석과 활용 면에서 여러 가지 특이성을 드러내기도 하는데, 이것은 그의 하느님－인간－세계 이해와 긴밀하게 맞물려 있다.

17) 옥중에서 그가 가톨릭의 핵심 교리를 자기 방식으로 정리해 낼 수 있었다는 것은 그가 그만큼 철저하게 학습하였다는 것을 반증한다.

18) 죽음을 목전에 두고도 그는 기회 있을 때마다 신앙을 설득했던 인물로 기억되고 있다는 사실은 이 같은 해석에 좀더 설득력을 부여할 것으로 보인다. 『안중근의 사자서전』, 83~4쪽에 전해지는 내용으로서, 1908년 여름에 패전한 후에 죽음 직전에 당면한 상황에서 부하들에게 대세를 준 사건, 『한국독립운동사』자료7, 542~3쪽에 전해지는 안중근 사건 담당 변호사에게 안중근이 남긴 신앙 설득, 『신앙과 민족의식이 만날 때』, 87~8쪽에 소개된 "이등공을 죽인 안중근의 신앙"에 관한 한 일본 그리스도인의 증언 등 참조.

2) 안중근편 교리서의 구성

안응칠 역사의 한문본 형태는 단락의 구분 없이 이어 쓰기 방식으로 기술되어 있다. 그러므로 "안중근편 교리서"라 일컬을 수 있는 대목이 따로 구분되어 진술된 것은 아니다. 당연히 "안중근편 교리서" 역시 제목은 말할 것도 없이 단락조차 구분되어 있지 않았다. 그러나 내용의 흐름으로 볼 때, 과거에 선포한 내용을 기억하는 형태로 직접화법 형식을 빌어서 쓴 이 부분은 가운데에 배치된 선포 진술문을 도입부와 맺음부가 감싸고 있는 구조를 띠고 있다. 그리하여 첫째 부분에서는 선포를 시작할 당시의 정황을 소개하고, 셋째 부분에서는 선포의 결과를 간략히 진술하고 있다. 이 서두와 종결부는 가운데에 놓여 있는 선포 내용의 앞과 뒤에서 "안응칠 역사"를 진술하는 맥락에서 옛 선포 내용을 기억하는 작업을 매개하는 구실을 수행한다.

각 부분에서 개진되는 내용을 소개하면 다음과 같다.

(1) 도입부

안중근은 자기의 전기 맥락에서 과거 선포했던 내용을 소개하는 맥락으로 넘어가기 위하여 도입부를 마련하는데, 여기서 먼저 아버지 안태훈 진사가 신앙에 눈을 뜨고 나서 전교 활동을 전개한 것과 그 활동의 효과를 소개한다.[19] 이어서 가족이 빌렘 신부에게 영세를 받은 사실과 자신

---

19) 안태훈의 전교의 영향력을 말하면서 이런 흐름 속에서 가족들이 모두 세례를 받게 된 사실을 전한다. 이것은 안태훈의 가족 역시 아버지와 이종래 바오로 전교사의 가르침을 받게 되었다는 것을 추론하게 한다. 이를테면 안중근 가족은 안태훈이 가져온 서학서와 천주교 박학사 이종래의 강습 등을 통하여 천주교의 기본 교리와 가톨릭 교회의 선교 역사, 유럽의 문명 등에 관하여 배울 수 있었을 것으로 추론된다. 안중근은 언급하지 않았으나 안태훈의 요청으로 빌렘은 12월말에 안중근과 그의 일가는 이런 과정을 거쳐서 1897년 1월에 세례를 받게 된 것이다. 뒤의 주 54 참조.

도 도마라는 세례명으로 입교한 사실을 진술해 간다. 그리고는 입교 후에도 여러 해 동안 교리를 학습하고 신앙의 심화를 위하여 노력하여 신심이 깊어지게 되었다는 것[20]과 이런 토대 위에서 빌렘 신부와 함께 여러 고을을 다니며 선교했던 일을 전한다. 이렇게 하여 그 자신이 선포했던 내용을 직접 화법으로 전할 맥락을 확보하기에 이른다.[21]

(2) 선포

안중근이 빌렘 신부와 함께 선교한 것은 1900년대 초기로 보이는데, 이때 그가 선포했던 내용은 크게 여덟 부분으로 나눌 수 있다.

가) 경청 호소와 선포에 나선 이유 설명

안중근은 자신이 청중 앞에서 천주 신앙을 선포하는 이유를 해명하는 부분부터 진술한다. 그는 먼저 청중들에게 경청을 호소한다. 이어서 그는 형제와 동포로서 좋은 음식과 재주를 나눌 도의를 지적하면서, 자신은 장생불사의 음식이자 하늘에 오를 신통한 재주를 갖고 있다고 선언한다. 이 대목의 결부에서 그는 그러한 좋은 것을 나누기 위하여 선포하는 자신에게 귀를 기울일 것을 재차 호소한다.[22]

---

20) 안중근은 세례를 받고 나서도 교리를 계속 연구한 것으로 전해지는데, 그는 이것이 후에 그가 선교 활동을 전개할 사상적 기초로 작용하게 되었다고 증언한다. 아래의 주에 소개한 본문 참조.

21) "그 무렵 아버지는 널리 복음을 전파하고 원근에 권면하여 입교하는 사람들이 날마다 늘어갔다. 우리 모든 가족들도 모두 천주교를 믿게 되었고 나도 역시 입교하여 프랑스 사람 선교사 홍신부 요셉에게서 영세를 받고 聖名을 도마라 하였다. 경문을 강습도 받고, 도리를 토론도 하기 여러 달을 지나, 信德이 차츰 굳어지고 독실히 믿어 의심치 않고 천주 예수 그리스도를 숭배하며, 날이 가고 달이 가서 몇 해를 지났다. 그때 교회의 사무를 확장하고자 나는 홍교사와 함께 여러 고을을 다니며 사람들을 권면하고 전도하면서 군중들에게 연설했었다." 『안중근 의사자서전』, 15쪽.

22) 아래에서 볼 수 있는 것처럼, 장생불사의 음식을 혼자 먹을 수 없으며, 신통한

나) 인간의 존엄과 영혼

선포의 이유를 설명한 안중근은 가톨릭의 전통적 인간관에 따라서 인간이 어떤 존재인가를 영혼과 연관지어 설명한다. 인간이 가장 존귀한 이유는 혼이 영(魂之靈)하기 때문이라는 것이다.[23] 이어서 안중근은 마테오 리치의 천주실의를 통하여 동아시아에 소개된 생명체의 혼 이해의 연장선상에서,[24] 혼의 세 종류, 식물의 혼으로서 生魂, 동물의 혼으로서 覺魂, 인간의 혼으로서 靈魂에 관하여 진술한다. 영혼의 역할을 인간의 이성 차원과 연결지어 인간의 존귀함을 설명한 그는 인간과 동물을 신체적 차원에서 견줄 때 열등할 수 있음에도 불구하고 인간이 동물을 다스리는 이유를 인간 영혼에서 찾을 수 있다고 말한다.[25] 그리고는 천명의 성(天命之性)으로 인식되는 영혼이 천주에게서 기원함과 영원불멸성을 진술한다.[26]

재주를 혼자 알고 사장시킬 수 없다는 것이 그의 선포 이유이다. 이것은 그가 복음을 체험한 자, 치유를 받은 자의 선포 방식을 취하고 있음을 말해 준다. 이것은 예수도 막지 못하는 운동이다. 이것이 선포의 근본 이유이다. 구원을 체험한 자의 증거, 이것이 선포로 나타날 때 가장 역동적으로 선포가 발생하게 된다. 이것 없이 이념으로 주장하게 될 때 다른 존재들에게 쉽게 폭력적이게 될 수 있다. "형제들이여. 내가 할 말이 있으니 꼭 내 말을 들어주시오. 만일 어떤 사람이 혼자서만 맛있는 음식 먹고 그것을 가족들에게 나누어주지 않는다거나, 또 재주를 간직하고서 남을 가르쳐 주지 않는다면, 그것을 과연 동포의 情理라고 할 수 있겠소. 지금 내게 별미가 있고 기이한 재주가 있는데, 그 음식은 한 번 먹기만 하면 長生不死하는 음식이요, 또 이 재주를 한 번 통하기만 하면 능히 하늘로 날아 올라갈 수 있는 것이기 때문에 그것을 가르쳐 드리려는 것이니까, 여러 동포들은 귀를 기울이고 들으시오."『안중근의사자서전』, 15~16쪽.

23) 가톨릭 인간관에서는 전통적으로 인간의 영혼이 하느님의 모상으로 무에서 창조되었다고 가르쳐졌다. 인간 영혼의 창조에 관한 다음의 진술 참조.「성교요리」『한국교회사연구자료』제15집 제2권, 1985, 547쪽.

24) 이에 관해서는 마테오 리치, 송영배 외 역,『천주실의』, 서울대학교출판부, 2000 (1999), 특히 124쪽 참조.

25) 위의 책, 53~4쪽.

26) "대개 천지간 만물 가운데서 오직 사람이 가장 귀하다고 하는 것은 혼이 신령하

다) 인간의 신령성의 기원으로서 하느님

인간의 존엄을 인간의 신령한 혼의 관점에서 설명한 안중근은 인간에게 혼을 부여한 존재로서 하느님에 관하여 설명한다. 그는 동아시아에서 형성된 이른바 家君, 國君, 천주로 대별되는 삼부론[27])에 근거하여 먼저 집안과 나라의 장으로서 가장과 임금에 대비하여 천지의 주권자로서 천주를 설명한다. 이어서 가톨릭 교리의 핵심 신론에 자리잡고 있는 하느님 아버지, 그리스도 성자, 성령이 삼위일체로서 존재한다는 것을 언급한다. 그리고는 천주의 속성을 포괄적으로 설명하여, 전능, 전지, 全善하고 至公, 至義하신 분임을 말하고, 이어서 창조주요, 상선벌악의 주관자이며 유일 대주재자이심을 선포한다.[28])

기 때문이오. 혼에는 세 가지가 있는데, 첫째는 생혼이니 그것은 초목의 혼으로서 능히 생장하는 혼이요, 둘째는 각혼이니 그것은 금수의 혼으로서 능히 지각하는 혼이요, 셋째는 영혼이니, 그것은 사람의 혼으로서, 능히 생장하고, 능히 지각하고, 그리고서 또 능히 시비를 분별하고, 능히 도리를 토론하고, 능히 만물을 맡아 다스릴 수 있기 때문에, 오직 사람이 가장 귀하다 하는 것이오. 사람이 만일 영혼이 없다고 하면, 육체만으로서는(원문대로) 짐승만 같지 못할 것이오. 왜 그런고 하니 짐승은 옷이 없어도 추위를 나고, 직업이 없어도 먹을 수 있고 날 수도 있고 달릴 수도 있어 재주와 용맹이 사람도다 낫기 때문이오. 그러나 하많은 동물들이 사람의 절제를 받는 것은 그것들의 혼이 신령하지 못하기 때문이오. 그러므로 영혼의 귀중함은 이것을 미루어서도 알 수 있는 일인데, 이른바 천명의 본성(원문: 天命之性)이란 것은 그것이 바로 지극히 높으신 천주께서 사람의 태중에서부터 부어넣어 주는 것으로서, 영원무궁하고 죽지도 멸하지도 않는 것이오." 16~17쪽.

위의 대목 가운데 마지막 진술은 인간의 영혼의 불사불멸을 영의 차원과 연결지어 놓고 있다. 이 영의 차원은 후에 영원한 상선벌악을 전개할 인간 이해의 토대로 작용하게 된다.

27) 삼부론에 관해서는 마테오 리치의 『천주실의』, 411쪽 이하와 109쪽 등을 보라. 이 이해가 갖는 역동성에 관해서는 「한국 초기 가톨릭 신앙인들의 '하느님의 집안' 체험: 역사와 조직신학의 대화」 『한국천주교회사의 성찰』, 최석우신부 수품 50주년기념 논총 2집, 한국교회사연구소, 2000, 186~202쪽을, 이에 관한 동아시아 사회의 비판적 응답에 관해서는 224~5쪽을 참조.

28) 천주에 관한 이 같은 관점은 후에 그가 동료 의병들에게 대세를 줄 때 천주교의

라) 천주─하느님과 인간의 관계

이런 토대 위에서 안중근은 하느님과 인간의 관계를 효와 충의 관점과 상선벌악의 관점에서 진술해 간다. 그는 먼저 충과 효의 관점에서 천주와 인간의 근원적 관계를 설명하면서 대부모요 대임금으로서 하느님이 창조를 통하여 인간을 돌보시는 것을 깨달아 불효 불충의 죄를 짓지 말 것을 호소한다.[29] 이 대목 마지막에서 안중근은 "하늘에 죄를 지으면 빌 데도 없다"[30]는 공자의 말을 인용하여 동아시아인들에게 친한 언설을 천주 공경을 설득하는 매체로 활용하고 있다.

앞에서 본 것처럼, 안중근은 리치 등을 통하여 매개된 그리스도교의 정의로운 하느님, 정의로운 심판 인식을 갖고 있다.[31] 하느님의 정의에 관한 이러한 비전이 하느님이 이루시는 상선벌악의 성격을 규정하는데, 그는 당대 가톨릭의 기본 교리에 따라서 공정한 하느님께서는 사후에 그 행실에 따라서 상선벌악하시어서, 영혼이 영복과 영벌, 천국과 지옥을

핵심 교리를 설명한 것을 진술하면서 간략화한 형태로 다시 피력된다. 『안중근의 사자서전』, 84쪽 참조. 여기서 안중근은 천주의 속성 가운데 지공 지의 차원만을 거론한다.
"그러면 천주는 누구인가. 한 집안 가운데는 그 집주인이 있고, 한 나라 가운데는 임금이 있듯이, 이 천지 위에는 천주가 계시어 시작도 없고 끝도 없이 삼위일체로서(성부·성자·성신이니 그 뜻이 깊고 커서 아직 해석하지 못했음) 전능, 전지, 전선하고 至公, 至義하여 천지만물, 일월성신을 만들어 이루시고, 착하고 악한 것을 상주고 벌주시는, 오직 하나요 둘이 없는 큰 주재자가 바로 그분이오."
『안중근의사자서전』, 17쪽.

29) 이것은 『상재상서』에서도 채용되어 있다. 윤민구 역, 성황석두루가서원, 1999, 22쪽.

30) 논어, 팔유 13: 獲罪於天 無所禱也. 『안중근의사자서전』, 37쪽과 84쪽 등도 참조.

31) 리치는 그의 『천주실의』에서 상선벌악을 하느님의 정의의 관점에서 설명한다 (311∼2쪽). 그의 전망에서는 하느님의 상선벌악은 개별 인격의 주체성과 실체성을 전제로 한다(313쪽). 상선벌악의 종국적 성격에 관하여 보려면, 318쪽 참조. 지옥과 천당에 관하여 다루는 『주교요지』 상, 32쪽과 마지막 심판에 관하여 다루는 『주교요지』 하, 7쪽에서 역시 하느님의 상선벌악이 그분의 지공지의하심의 맥락에서 설명된다.

겪게 하신다고 확인시킨다. 그는 구체적으로 현세 질서에서도 정의를 세우기 위하여 상벌이 시행되는 예를 들면서 대부대군의 정의의 구현으로서 상선벌악의 필연성을 논증한다.

안중근 자신은 하느님의 지공지의를 믿고 상선벌악을 그 온전한 구현 형태로 믿고 있다. 하지만 그러면서도 사람들 사이에서 천주의 정의와 상선벌악에 대한 회의가 있다는 것을 모르지 않는다. 이에 그는 하느님의 정의와 상선벌악의 정당성을 첫째, 현세에서 이루어지는 응보에 한계가 있으므로 궁극적 상선벌악을 영원히 존재할 영혼이 사후에 최종적 형태로 맞이하게 된다는 점을 진술하며 설득하고자 한다.

둘째, 악을 범한 사람이라도 모든 사람이 변화 가능성이 있으므로 현세에서의 삶을 마친 후에 종국적인 결과를 통하여 상선벌악이 이루어지게 된다는 것을 들어서 하느님의 궁극적 정의와 사후 상선벌악이 요청됨을 역설한다.[32] 단적으로 그에게서는 하느님이 기다리시는 이유가 구원을 바라시는 하느님의 자비와 연계되어 있다: "전능, 전지, 전선하고 지공, 지의하기 때문에 사람의 목숨을 너그러이 기다려 주었다가, 세상을 마치는 날 선악의 경중을 심판한 연후에, 죽지 않고 멸하지도 않는 영혼으로 하여금 영원무궁한 상벌을 받게 하는 것"이라는 것이다.

마지막으로 이 세상의 정의는 몸은 다스릴지 모르나 마음을 궁극적으로 다스리는 데 한계가 있다는 점을 지적한다. 그러나 하느님의 정의는 인간의 몸과 마음을 동시에 다스리는 것임을 말하는데, 그는 이를 통하

---

32) 하느님의 정의의 무한성은 무량한 자비와 연계되어 있다. 개과천선할 가능성을 기다리시는 하느님에 관하여 리치는 『천주실의』에서 이미 상선벌악을 논증하면서 제시한 바 있다(319쪽). 리치는 천당과 지옥의 존재 이유를 철저하게 인류 사회를 의로움에 이끌기 위한 것으로 보고 있다(310쪽). 안중근은 자기의 선포 가운데 하느님의 정의의 철저성과 완전을 증언한다. 그의 신앙 전망에서는 정의는 심판하고 단죄하는 것이 아니라, 근원적으로 살리는 정의인 것임이 부각된다. 심판 표상을 극복할 근원적 역동성이 여기에서 드러난다. 이때 심판은 선에로의 귀의를 설득하는 언어요 초대로 작용할 수 있다.

여 하느님의 정의와 상선벌악의 철저성을 논증하고자 한다.[33]

이 대목을 마무리하면서 그는 다시 천주의 전능, 전지, 전선, 지공, 지의의 속성을 근거로, 기다리시는 하느님상에 근거하여, 결정적 심판과 상선벌악의 종국적 성격을 설득하고 있다.[34]

---

33) 이것은 모든 것을 아시는 하느님의 靈과 明의 차원, 판토하 등의 언어로 말하자면, 하느님의 靈明性에서 비롯된다. 리치, 『천주실의』, 68, 92, 416쪽 등과 판토하, 『칠극』(1798년, 알렉산델 구베아 주교 감준판) 3권, "방음편" 25쪽과 7권, "책태편" 28쪽 참조. 하느님의 정의는 사람의 몸과 마음을 모두 다스린다는 관점과 관련해서 『상재상서』, 24~5쪽과 「성교백문답」 『한국교회사연구자료』 제15집, 제2권, 743쪽 등도 참조.

34) "만일 한 집안의 아버지 되는 이가 집을 짓고 산업을 마련하여 그 아들에게 주어 재산을 누리며 쓰게 했는데 아들은 제가 잘난 척 생각하고 어버이를 섬길 줄 몰라 불효막심하다면 그 죄가 중하다 할 것이오. 또 한 나라의 임금이 정치를 공정히 하고 백성들의 생업을 보호하여 모든 국민들이 태평을 누릴 수 있게 되었는데 백성이 그 명령에 복종할 줄 모르고 전혀 충군 애국하는 성품이 없다면 그 죄는 가장 중하다 할 것이오. 그런데 이 천지간에 큰 아버지요, 큰 임금이신 천주께서 하늘을 만들어 우리를 덮어 주시고, 땅을 만들어 우리를 떠받쳐 주시고, 해와 달과 별들을 만들어 우리를 비추어 주시고 또 만물을 만들어 우리로 하여금 쓰게 하시니(천지를 집으로 표상하는 것은 『상재상서』, 14, 21~2쪽에도 보인다) 실로 그 크신 은혜가 그같이 막대한데 만일 사람들이 망녕되이 제가 잘난 척, 충효를 다하지 못하고 근본을 보답하는 의리를 잊어버린다면 그 죄는 비길 데 없이 큰 것이니 어찌 두려운 일이 아니며, 어찌 삼갈 일이 아니겠소. 그러므로 공자도 말하기를, '하늘에 죄를 지으면 빌 데도 없다' 했소. 천주님은 지극히 공정하여 착한 일에 갚아주지 않는 일이 없고 악한 일에 벌하지 않는 일이 없거니와, 公罪의 심판은 몸이 죽는 날 내는 것이라 착한 이는 영혼이 천당에 올라가 영원무궁한 즐거움을 받는 것이요, 악한 자는 영혼이 지옥으로 들어가 영원히 다함없는 고통을 받게 되는 것이오. 한 나라의 임금도 상 주고 벌 주는 권세를 가졌거늘 하물며 천지를 다스리는 거룩한 큰 임금이겠소(『상재상서』에 동일한 논증법이 보인다(27~8쪽)). 혹시 어째서 천주님이 사람들이 살아 있는 현세에서 착하고 악한 것을 상 주고 벌 주지 않느냐고 하겠지마는 그것은 그렇지 아니하오. 이 세상에서 주는 상벌은 한정이 있지마는 선악에는 한이 없는 것이오. 만일 어떤 사람이 한 사람을 죽여 시비를 판별할 적에 죄가 없으면 그만이려니와 죄가 있어도 그 한 사람만 다스리는 것으로 족한 것이오. 그러나 어떤 사람이 여러 천만 명을 죽인 죄가 있을 적에 어찌 그 한 몸뚱이만 가지고 대신할 수 있겠소. 그리고 또

마) 신앙 결단의 촉구

하느님과 인간의 관계에 대한 통찰 속에서 상선벌악의 필연성을 진술한 안중근은 인간 삶의 무상을 들어서 허욕을 극복할 것을 권고한다. 그는 만일 상벌이 없고, 영혼이 없다면, 쾌락을 추구할 만할는지 모른다고 말한다. 그러나 영혼 불멸과 천주 권한의 필연성을 재차 확인하면서 선에로 귀의할 사명을 일깨운다. 이를 위한 논증 방식으로 안중근은 동아시아 전통을 통하여 영혼 불멸을 확인하고자 하는데, 먼저 요임금과 우임금이 죽음 너머의 삶에 관하여 언급하였다면서 이와 관련된 일화를 예로 들고,[35] 이어서 동아시아의 혼백관을 논거로 제시한다.[36] 이런 가운데 안중근은 천당과 지옥의 존재를 설득하기 위하여 유복자와 소경이 보

만일 어떤 사람이 여러 천만 명을 살린 공로가 있을 적에 어찌 잠깐 되는 세상영화로써 그 상을 다했다고 할 수 있겠소. 더구나 사람의 마음이란 때를 따라 변하는 것이어서 혹 금시는 착하다가도 다음 시간에는 악한 일을 짓기도 하고 혹시 오늘은 악하다가도 내일은 착하게도 되는 것이니 만일 그때마다 선악에 상벌을 주기로 든다면 이 세상에서 인류가 보전하기 어려울 것이 분명하오. 또 이 세상 벌은 다만 그 몸은 다스릴 뿐이요, 그 마음은 다스리지 못하는 것이지만 천주님의 상벌은 그렇지 아니하오. 전능, 전지, 전선하고 지공, 지의하기 때문에 사람의 목숨을 너그러이 기다려 주었다가, 세상을 마치는 날 선악의 경중을 심판한 연후에, 죽지 않고 멸하지도 않는 영혼으로 하여금 영원무궁한 상벌을 받게 하는 것인데, 상은 천당의 영원한 복이요, 벌은 지옥의 영원한 고통으로서, 천당에 오르고 지옥에 떨어지는 것을 한 번 정하고는 다시 변동이 없는 것이오."『안중근의 사자서전』, 17~20쪽.
35) 안중근은 요임금이 영복을 누릴 세계에 관하여 말한 것으로 말하지만, 이것은 『장자』 외편, 천지 6에 나오는 내용을 잘못 이해한 결과이다. 이 말은 국경지기가 한 말이다.
우임금의 일화는 『十八史略』 1권에 나오는 내용으로서, 강을 건너던 중에 용의 출현 앞에서 두려워하는 신하들에게 우임금이 다음과 같은 말을 한 것으로 전해진다. "우는 하늘을 우러러 탄식하면 말하기를, '나는 하늘로부터 명을 받아 백성들을 위해 온 힘을 기울였다. 삶은 부쳐 사는 것이며, 죽음은 돌아가는 것이다' 하였다(禹仰天嘆曰 吾受命於天 竭力以勞萬民 生寄也 死歸也)."
36) 『상재상서』, 26쪽에 유학자들의 입장 수용 논증 방식이 나타난다.

지 못한 것이 실재하는 것을 부인할 이유가 되지 못한다는 점을 지적하고, 다시 집과 집의 건축자의 관계를 통하여 집을 보고 목수가 보이지 않는다고 하여 목수의 존재를 부인하는 것이 부당함을 진술한다.[37]

　다음으로 그는 창조된 우주와 생명계의 원인으로서, 만물의 주인으로서 하느님의 존재를 논증한다. 이 맥락에서 천주의 존재 증명이 이루어지고 있다는 것은 이를테면 천주의 존재에 대한 논의가 이론적 관심에서 개진되는 것이 아니라, 보다 더 실천적인 맥락에 통합되고 있다는 것을 말한다. 이와 동일한 맥락에서 안중근은 우주의 질서를 통하여, 그리고 집과 그릇, 기계와 그 제작자의 관계를 통하여 창조주로서 천주의 존재를 논증하면서, 이 대목의 마지막 부분에서 눈에 보이는가의 여부로가 아니라 이치에 근거하여 믿을 것을 설득하고자 한다.[38] 이런 일련의 과정을 통하여 그는 궁극적으로 하느님에 대한 믿음과 섬김을 인류의 본분으로 천명한다. 안중근은 구원에로의 부름에 응답하는 것을 인류의 본분으로 보고 있는 것이다.[39]

---

37) 『주교요지』 32항과 『상재상서』, 14, 27쪽 참조. 『천주실의』 33쪽과 48~9, 59쪽 등도 참조.

38) 『주교요지』 상, 22항과 32항 ; 『상재상서』, 27쪽을 보라. 상재상서는 천당과 지옥을 논증하는 맥락에서, 그리고 『주교요지』 22항은 윤회를 비판하는 맥락에서 이치에 부합하는 것이 옳다는 입장을 피력한다. 이것은 『천주실의』에서 시종일관 강조하는 점이다. 44, 74~5, 162~3, 314쪽 등 참조. 안중근은 스스로 이치에 근거하여 교육 계몽운동에 투신하도록 설득당한 예도 있다. 『안중근의사자서전』, 55쪽 참조.

39) "아―사람의 목숨은 많이 가야 백년을 넘지 못하는 것이오. 또 어진 사람이나 어리석은 사람이나 귀하고 천한 것을 물을 것 없이 누구나 알몸으로 이 세상에 태어났다가 알몸으로 뒷세상으로 돌아가는 것이니 이것이 이른바 빈손으로 왔다가 빈손으로 돌아간다는 그것이오. 세상일이란 이같이 헛된 것인데, 이미 그런 줄 알면서 왜 허욕의 구렁텅이에서 허우적거리며, 악한 일을 하고도 깨닫지 못하는 것인지, 나중에 뉘우친들 무엇하리오. 만일 천주님의 상벌도 없고 또 영혼도 역시 몸이 죽을 때 같이 따라 없어지는 것이라면, 잠깐 사는 세상에서 잠깐 동안의 영화를 혹시 꾀함직 하지마는, 영혼이란 죽지 않고 없어지지도 않는 것이며,

바) 예수 그리스도의 강생에서 승천까지

안중근은 여기에 이어서 곧바로 성자 그리스도에 관한 선포로 넘어간다. 그는 먼저 삼위일체 가운데 제2위격[40]을 이루시는 성자께서 마리아께 잉태되어 탄생하셨다는 것을 전한다. 그리고는 공생활에 초점을 맞추어 33년에 걸친 생애를 개관한다. 여기서 그분의 선포 여행과 회심 촉발 사례, 눈 먼 이와 말 못하는 사람, 듣지 못하는 사람, 서지 못하는 사람, 나환자, 죽은 사람 등을 낫게 하고 살리신 이적과 이런 이적들에 따른 추종 현상들이 소개된다.

천주님의 지극히 높은 권한도 불을 보는 것처럼 명확한 것이오. 옛날 堯 임금이 말한 '저 흰 구름을 타고 帝鄕에 이르면 또 다른 무슨 생각이 있으리오' 한 것이나, 禹 임금이 말한 '삶이란 붙어 있는 것[寄也]이요, 죽음이란 돌아가는 것[歸也]이라' 한 것과 또 '魂은 올라가는 것이요, 넋[魄]은 내려가는 것이라' 한 것들이 모두 다 영혼은 멸하지 않는다는 뚜렷한 증거가 되는 것이오. 만일 사람이 천주님의 천당과 지옥을 보지 못했다 하여 그것이 있는 것을 믿지 않는다 하면, 그것은 마치 遺腹子가 아버지를 못 보았다고 해서 아버지 있는 것을 안 믿는 것과 같고, 또 소경이 하늘을 못 보았다고 해서 하늘에 해가 있는 것을 안 믿는 것과 무엇이 다를 것이오. 또 화려한 집을 보고서 그 집을 지을 때 보지 않았다 해서 그 집을 지은 목수가 있었던 것을 안 믿는다면 어찌 웃음거리가 되지 않겠소. 이제 저 하늘과 땅과, 해와 달과 별들의 넓고 큰 것과 날고 달리는 동물, 식물 등, 기기묘묘한 만물이 어찌 지은이 없이 저절로 생성할 수 있을 것이오. 만일 과연 저절로 생성하는 것이라면 해와 달과 별들이 어째서 어김없이 운행되는 것이며, 또 봄·여름·가을·겨울이 어째서 틀림없이 질서가 돌아갈 수 있을 것이오. 비록 집 한 간, 그릇 한 개도 그것을 만든 사람이 없다면 생겨질 수가 없는 것인데, 하물며 水陸 간에 하많은 機械들이 만일 주관하는 이가 없다면 어찌 저절로 운전될 리가 있겠소. 그러므로 믿고 안 믿는 것은, 보고 못 본 것에 달린 것이 아니라, 이치에 맞고 안 맞는 것에 달렸을 따름이오. 이러한 몇 가지 증거를 들어, 지극히 높은 천주님의 은혜와 위엄을 확실히 믿어 의심하지 아니하고 몸을 바쳐 신봉하며, 만일에 대응하는 것이야말로 우리 인류들의 당연한 본분인 것이오." 『안중근의사자서전』, 20~22쪽.

40) 한문본에는 "第二位"로 표현되어 있다. 『안중근의사 전기전집』, 77쪽. 이것은 당대에 출판되어 있던 교리서에 나온 대로 표현한 것이다. 「성교요리문답」(『한국교회사연구자료』 제15집)의 "성세" 편 참조.

이어서 열두 제자를 선발한 일을 전하면서 베드로를 으뜸으로 삼아 교회를 세우신 것을 진술한다. 그는 이러한 맥락에서 베드로의 후계자로서 로마 교황이 존재하게 된 것을 설명하면서, 가톨릭 신도들이 교황을 받드는 현상을 거론한다. 그는 이를 통하여 사도로부터 이어오는 가톨릭 교회의 전통을 확인시켜 준다.

다시 예수의 공생활의 맥락으로 돌아가서, 반대 세력에 의해서 예수께서 체포당하시고, 악형을 받은 끝에 십자가형에 처해지심을 언급한다. 그럼에도 불구하고 예수께서는 "만인의 죄악을 용서해" 줄 것을 기원하면서 숨을 거두셨다고 밝힌다.[41] 이어서 그는 예수의 숨지심과 함께 발생한 자연의 표징들과 이때 군중이 "하느님의 아들"이심을 고백한 내용을 전하고, 그 후 제자들이 장사지냈다고 말한다.[42] 안중근은 예수 그리스도에 관한 내용을 마무리 지으면서 부활과 발현에 관한 일을 전하고 나서, 죄 사함의 권한을 제자들에게 부여하였음을 천명한 데 이어서, 그분의 승천을 고지한다.[43]

─────────────

41) 안중근이 형장에서 죽음을 앞두고서도 마지막까지 "동양의 평화"를 기원하면서 선의지를 지켜 갈 수 있었던 것은 예수의 이런 모범과 무관하지 않을 것이다.
42) 예수의 제자들 가운데 처형 자리에 마지막까지 있었던 제자들은 예수를 가장 가까이서 따르던 열 두 제자들이 아니었다. 네 복음서에 의하면 의회 의원이었던 아리마태아 출신 요셉이었고(마르 15, 43 이하 ; 마태 27, 57 이하 ; 루가 23, 50 이하 ; 요한 19, 38 이하), 장사 지내는 현장에서 떨어진 곳에서 예수를 따라다니던 여자들이 지켜보고 있었다.
43) "지금으로부터 1800여 년 전에 지극히 어진 천주님이 이 세상을 불쌍히 여겨, 만인의 죄악을 속죄하여 구원해 내시고자 천주님의 둘째 자리인 聖子를 동정녀 마리아의 뱃속에 잉태케 하여 유태국 베들레헴(원문대로)에서 탄생시키니 이름하되 예수 그리스도라 했소. 그가 세상에 머무르기를 33년 동안, 사방을 두루 다니며 사람들을 보고 그 허물을 뉘우치게 하고, 신령한 행적을 많이 행하였으니 소경은 눈을 뜨고, 벙어리는 말을 하고, 귀머거리는 듣고, 앉은뱅이는 걷고, 문둥이가 낫고 죽은 사람이 되살아나, 원근간에 이 소문을 듣고 따르지 않는 사람이 없었소. 그중에서 12인을 가려 제자를 삼고 또 특히 한 사람을 뽑으니 이름은 베드로라. 그로써 教宗을 삼아, 장차 그 자리를 대신케 하고자 권한을 맡기고 규칙을

사) 교회의 정통성 인식

안중근은 교회에 관한 주제로 넘어와서, 먼저 예수의 승천에 이어서 제자들이 선포를 시작하였다고 말한다. 그 후 2천년이 지나면서 몇 억 명인지 모를 만큼 많은 신자가 형성되었으며, 그 가운데 천주교의 진리를 위하여 증거자가 몇 백만인지 모를 만큼 많이 나타났다고 진술한다.[44] 세계가 이러한 가톨릭 교회를 받아들이고 있음을 언급한다. 그리고는 곧바로 위선의 교(僞善之敎)가 많이 퍼졌으나, 예수가 이미 위선의 교가 나타나리라는 것과 그럼에도 불구하고 천국으로 들어가는 문은 다만 천주교회의 문 하나밖에 없다는 것을 예언하였다고 밝힌다. 이와 같은 교회 인식은 당대 가톨릭 교회의 자기 인식을 대변하는 것인데, 이는 안중근이 가톨릭 신앙을 정통으로 인식하고 있음을 명시적으로 드러낸다.[45]

정해서 교회를 세웠던 것이오. 지금 이태리국 로마부에서 그 자리에 계신 교황은 베드로로부터 전해 내려오는 자리로서 지금 세계 각국 천주교인들이 모두 다 그를 우러러 받드는 것이오. 그 당시 유태국 예루살렘 성중에서 옛 교를 믿던 사람들이 예수의 착한 일하는 것을 미워하고 권능을 시기하여 무고로 잡아다가 무수히 악형하고 천만 가지 고난을 가한 다음, 십자가에 못을 박아 공중에 매어 달았을 때, 예수는 하늘을 향해 '만인의 죄악을 용서해 줍시사' 하고 기도한 뒤에 큰 소리 한 번에 마침내 숨이 끊어졌소. 그때 천지가 진종하고 햇빛이 어두워지니 사람들이 모두 놀라 '하느님의 아들'이라 일컬었고, 제자들은 그 시체를 거두어 장사지냈소. 예수는 사흘 뒤에 다시 살아나 무덤에서 나와 제자들에게 나타나 같이 지내기를 14일(한문본에는 40일로 정확하게 제시되어 있다) 동안에 죄를 사하는 권한을 전하고 무리들을 떠나 하늘로 올라가셨소." 『안중근의사자서전』, 22~ 4쪽.

44) 안중근이 이렇게 신앙을 선포한다는 것은 곧 자기 역시 그런 존재 가운데 하나라는, 혹은 그런 존재이고자 한다는 명백한 의지를 드러내는 것이기도 하다.

45) "제자들은 하늘을 향하여 예배하고 돌아와 세계를 두루 다니며 천주교를 전파하니 오늘에 이르기까지 2천년 동안에 신도들이 몇 억만 명인지 알지 못하고 천주교의 진리를 증거하고 천주님을 위하여 목숨을 바치려는 사람들도 몇 백만 명인지 모르오. 지금 세계 문명국 박사 · 학사 · 신사(한문본: 博學神士)들로 천주 예수 그리스도를 믿지 않는 사람이 없소. 그러나 지금 세상에는 僞善의 교도 대단

아) 선포의 목적

이렇게 가톨릭 교회의 신앙 진리와 교회의 역할에 관한 진술을 끝낸 안중근은 선포 서두에 선포의 이유를 제시했던 것과 짝을 이루어서 자신이 선포한 목적을 제시한다. 그가 감옥에서 밝힌 선포 목적은 세 가지로 집약된다. 첫째는 동포들이 참회를 통하여 하느님의 義者가 되기를 설득하기 위한 것이고,[46] 둘째는 도덕 시대에 태평을 누리기를 바라는 것이다.[47] 셋째이자 마지막 목적은 동포들이 죽은 다음에 맞을 사후 세계에서 하느님의 자녀로서 영복을 공유할 수 있게 하려는 데 있다.[48]

히 많은데 이것은 예수께서 미리 제자들에게 예언했으되 '뒷날 반드시 위선하는 자가 있어, 내 이름으로 민중들을 감화시킨다 할 것이니, 너희들은 삼가서 그런 잘못에 빠져들지 말라. 천국으로 들어가는 문은 다만 천주교회의 문 하나밖에 없다'고 하셨소."『안중근의사자서전』, 24쪽.

안중근은 여기서는 당시 프로테스탄트 교회를 일반적으로 지칭하는 "열교" 개념을 사용하지 않고 "위선의 교"라는 표현을 택한다. 이것은 일정하게 가톨릭 교회 중심의 그리스도교 인식을 넘어설 가능성을 보여 주는 것이어서 주목된다. 이 진술은 정통성을 종교적 대립 구도에서가 아니라 "선"의 관점에서 바라보게 만드는 측면이 있는 것이다. 하지만 천주교회의 문 외에 구원에 이르는 문이 없다고 말하는 데서 드러나듯이 안중근에게 배타적 구원 의식이 없는 것은 아니다. 이런 의식이 그가 뮈텔 주교에게 마지막으로 남긴 편지에서 "외인"과 "열교인"이 모두 政敎인 천주교로 귀의하여 예수의 자녀가 되기를 축원하는 데서도 일정하게 드러나는 것이 사실이다.『독립운동사』자료7, 530쪽.

46) "하느님의 의자"가 된다는 것은 당대 가톨릭 신앙인들의 언어로 세례를 받아서 신자가 된다는 것을 의미한다. 「성교요리문답」은 성세의 효과를 "천주와 성교회의 의자가 되게 함"으로 설명한다. 「성교요리문답」, 22쪽. 안중근은 마지막으로 남긴 글에서 자기 가문의 복음화는 물론 민족의 복음화를 이룰 수 있기를 간구하고 있다: 특히 뮈텔 주교와 숙부에게 보내는 편지 참조.

47)『상재상서』의 결론부에서 요청되는 평화 세상과 상통한다. "성교회의 도리가 참된 것인지 그릇된 것인지 올바른 것인지 자세히 판단하신 다음, 위로는 조정으로부터 아래로는 일반 서민들에 이르기까지 새롭게 변화되어 성교회로 돌아와서, 금령을 늦추고 체포하는 법을 청회하고 옥에 간힌 사람들을 석방하여, 모든 백성들이 고향에 정착하여 생업을 즐기면서 다같이 평화를 누리며 살 수 있도록 해주시기를 이렇게 엎드려 간절히 바라고 또 바라옵나이다." 37쪽.

48) "원컨대 우리 대한의 모든 동포 형제·자매들은 크게 깨닫고 용기를 내어 지난

(3) 선포 결과 진술: 전기 맥락으로 귀환

안중근은 다시 감옥의 삶의 자리로 돌아와서 과거 자신이 위에서 전한 것과 같이 선포하였을 때 자신의 선포를 들었던 이들 가운데서 형성된 응답을 회고한다. 이를테면 그가 위에서와 같은 취지로 선포하였을 때 믿는 이가 있었는가 하면 믿지 않는 이도 있었다는 것이다. 이 결과 진술문은 다시 자서전의 맥락을 회복하여 그의 후대 역사를 이어가는 계기로 작용하고 있다.[49]

3. "안중근편 교리서"의 특이성

지금까지 "안중근편 교리서"의 내용을 살펴보았다. 이 과정에서 시사되었듯이, 그의 선포 내용은 그때까지 알려져 있었던 가톨릭의 기존 전통에 지극히 충실하다고 말할 수 있다. 실제로 그의 진술은 가톨릭에서 일반적으로 강조하는 교리의 핵심을 모두 포용하고 있고, 또 그 내용도 물의를 일으킬 만한 오류를 드러내지 않는다. 그리하여 예컨대 그는 가톨릭의 4대 교리, 천주의 존재와 삼위일체, 강생구속, 상선벌악에 관한 교리는 물론 인간의 영의 차원과 사도로부터 이어오는 교회의 정통성을 명시적으로 따르고 있다. 인간 영혼관을 설명하는 방식도, 효와 충의 관

날의 허물을 깊이 참회함으로써 천주님의 義子가 되어, 현세를 도덕시대로 만들어 다같이 태평을 누리다가, 죽은 뒤에 천당에 올라가 상을 받아 무궁한 永福을 함께 누리기를 천만번 바라오."『안중근의사자서전』, 24~5쪽. 결론부에서 드러난 희망과 권유, 유언 등에 비추어볼 때, 안중근 편 교리서는 옛 설교 사건을 빌어 회고하는 형식으로 감옥에서까지도 선포를 현재화하고 있는 것으로 볼 수 있다. 이런 면에서 안중근은 투철한 그리스도인 항일 운동가였다고 할 것이다.
49) "이같이 설명했는데 듣는 사람들로는 혹은 믿는 이도 있었고 혹은 믿지 않는 이도 있었다."『안중근의사자서전』, 25쪽.

점에서 하느님과 인간의 관계를 진술하는 것도 모두 당대 신자들이 특히 리치의 천주실의 등을 통하여 익히 알고 있는 것이었다. 뿐만 아니라 상선벌악과 천당과 지옥에 관한 내용도 천주실의를 통해서 충분히 숙지하고 있던 기본적인 내용들이다. 이렇게 볼 때, "안중근편 교리서"에서 담긴 내용 자체는 별로 특이한 것이 없다고도 말할 수 있다.

하지만 그럼에도 불구하고 안중근편 교리서는 매우 독자적인 면모를 갖추고 있기도 하다. 차기진은 이런 면모를 포착하여 주목한 바 있다. 예컨대 그는 안중근이 선포한 내용을 진술한 내용이 당시 신도들 사이에서 널리 읽혀지거나 교회에서 새로 간행 배포한 서적들 여기저기에서 찾아볼 수 있는 것들로 구성되어 있다고 말한다. 그런 가운데 그는 안중근의 진술이 내용이나 형식 면에서 독자적인 성격을 갖는다는 점을 주시하여 이렇게 진술하고 있다. "안중근의 자서전에 수록되어 있는 교리 내용이나 형식과 같이 하나의 서적 안에서 이를 체계적으로 서술한 경우를 찾아볼 수는 없으며, 그가 이해한 교리 내용 전체를 일목요연하게 설명한 경우도 발견하기 어렵다."[50]

실제로 안중근이 감옥에서 진술한 선포 내용은 모두 기존의 한글과 한문본 서학서나 교리서에서 온 것이라고 할 수 있다. 그러나 안중근이 제시한 것과 같은 틀로 구성된 국내외의 교리서나 서학 작품은 현재까지 연구 결과로는 어디에서도 발견할 수 없었다. 이것은 일차적으로는 그가 학습한 내용을 선포 현장에서 적용한 것을 후대에 감옥에서 기억하면서 당대에 자기가 이해한 가톨릭 가르침의 핵심을 독자적으로 정리한 데서 기인할 것으로 보인다. 이하에서는 그가 진술한 교리편이 갖는 특이성을 형식과 내용 면에서 간략히 검토하기로 한다. 이것은 그의 신앙 이해와 하느님-인간-세계 이해의 실체를 포착하는 데 매우 중요한 단서가 되

---

50) 차기진, 「안중근의 천주교 신앙과 그 영향」, 『교회사연구』 16, 한국교회사연구소, 2001, 16쪽.

어 줄 것으로 본다.

1) <천주실의>와의 비교

안중근 교리서는 무엇보다도 당대에 이미 신자들 사이에서 학습되던 교리서들과 체제 면에서 차이를 드러낸다는 점은 위에서 언급한 대로이다. 그런데 1600년대부터 유럽의 선교사들이 차이나에 와서 활동하면서 펴낸 다양한 한문 교리서들의 전거를 이루는 마테오 리치의 <천주실의>는 체제 면에서 안중근편 교리서와 긴밀한 상관성을 드러낸다고 할 수 있다. 우선 이 두 작품 모두 인간의 존엄에 대한 자각에서 시작하여, 구원을 설득하는 과정에서 천주와 인간 영혼을 설명하고, 마지막 단계에서 그리스도를 언급하며 교회의 존재와 정통성을 진술해 간다. 이런 면에서 <안중근편 교리서>는 그 체제 면에서 후대에 차이나에서 형성된 선교사들의 서학 관련 교리서나 한국에서 번역되거나 저술된 일체의 서학 작품들보다 리치의 <천주실의>와 유사성을 띤다고 할 수 있다.

하지만 전체의 틀 속에서 이같은 상통성을 드러냄에도 불구하고, "안중근편 교리서"와 <천주실의>는 우선 다루는 범위와 지식의 깊이 면에서 차이를 드러낸다. 리치는 서구 그리스도 신학과 철학 전통을 폭넓게 숙지한 상태에서 차이나의 사대부들을 청중으로 작품을 썼다. 이에 반해서 안중근은 비록 교리 연구를 하였다고는 하더라도 교리를 탄생시킨 문화와 학문적 배경에 대해서는 극히 제한된 지식을 갖고 있는 상태에서 일반인들을 대상으로 구두로 선포했던 것을 기억하여 문자화하였다. 이에 따라서 <천주실의>가 진술의 정교함이나 방대한 전거, 풍부한 비유 등을 갖추어 나름대로의 학문성을 띠고 있다면, 안중근의 작품은 핵심 교리 중심으로 집약되어 간결하게 개진되면서, 근원적으로 대중성을 띠고 있다.

또한 "안중근편 교리서"에서는 <천주실의>가 꾀하는 성리학의 理와 태극에 대한 비판과 불교에 대한 비판 등을 찾아볼 수 없으며, 무엇보다도 현세에 대한 이원론적 배척의 정도가 상대적으로 약화되어 있다고 말할 수 있다. 또한 리치는 인간 이성의 의의와 기능을 언급한 후에 곧바로 하느님에 관하여 진술하고(1~2편), 이어서 삼혼설의 관점에서 인간 영혼의 존귀함을 논하면서(3~4편) 불교 비판을 거쳐서(5편), 천당 지옥과 상선벌악을 논증해 간다(6편). 그런 다음에 인간다움과 천주교의 정행 차원을 논하고(7편), 대부대군을 향한 효와 충의 구현으로서 신앙 실천을 설득하며, 그리스도 사건과 서양 교회의 풍속 등을 설명하는 흐름을 형성해 간다(8편). 이를테면 유학자들을 상대로 이들의 천−상제관에 초점을 맞추어서 근원적으로 천주론에 중점을 두고 구원을 설득해 가는 틀을 갖추고 있는 것이다.

하지만 안중근은 인간론에서 시작하여 동료 인간들의 구원을 설득하기 위하여 천주와 상선벌악과 그리스도와 교회를 설명하는 방식을 취하고 있다. 이것은 그가 인간의 구원론을 중심에 둔 선포를 관철시켜 가고 있다는 것을 말한다. 바로 이 같은 관점의 차이는, 적어도 최종 진술 단계를 기준으로 할 때, 하느님의 정의에 대한 안중근의 실천 지향적 관심의 산물이자 그러한 관심을 뒷받침하는 원동력으로 작용하는 듯이 보인다.

2) 1800년대 말에 유포되어 있던 번역본 교리서들과의 비교

(1) 안중근의 신앙 형성에 영향을 준 서학서

안중근은 1896년에 가톨릭 신앙을 만나서 1897년에 세례를 받았다는 것을 앞에서 보았다. 그렇다면 그의 신앙 형성에 영향을 미친 작품들은 어떤 것이었을까? 이와 관련하여 차기진이 주목하였듯이, 안중근이 진남포에서 운영하던 돈의학교에 1907년 여름에 입학하여 그를 만났고 그의

정신과 실천을 추종하였던 인물인 이전의 증언을 통하여 그에게 종교 사
상적으로 영향을 준 작품들을 추론해 볼 수 있을 것이다. 차기진은 이전
이 쓴 <안중근혈투기>[51]에 근거하여, 정하상의 상재상서와 정약종의
주교요지와 안응칠 역사에 수록된 선포 내용의 상관성을 주목하면서, 그
영향 관계를 추론한 적이 있다.[52] 이를테면 이전은 안태훈이 입교하기
전에 천주 신앙에 관심을 갖고 연구한 시기가 있었다는 사실을 이렇게
증언한다.

> 태훈 진사는 유경시에 우인 이참봉의 소개로 <상재상서>라는 소책
> 자를 입수 飜讀하였다. … 그 논지가 凱切하고 문장이 또한 웅혼하여
> 일독에 令人推服할만한 박력을 함축한 일대의 명작이다. … 총명한 유
> 자 안진사는 이 책자를 재독삼독하는 동안에 好奇的 흥미는 일보 전진
> 하여 신앙의 발심이 되었다. 다시 천주실의, 칠극, 성교수난사적 등의
> 敎籍을 구득하여 교리 연구에 정진하게 되었다."[53]

이렇게 가톨릭 신앙을 만난 안태훈은 "1896년 10월에 교리에 박식한
이종래(바오로)를 대동하고 교리문답과 12단[54] 책을 많이 갖고 청계동으
로 돌아와 청계동과 그 근동의 유지들에게 나누어 주고 전교를 시작"하

---

51) 1907년 가을에 안중근이 학교를 떠나 북간도로 갔기 때문에 이전은 그와 오래
    관계를 유지할 수는 없었다. 하지만 그는 안중근이 떠난 후에 안중근 가족이 그
    가 기거하던 방을 쓰도록 하였기 때문에 그곳에 남아 있던 안중근의 서책들과
    왕복 서한, 사진첩 등의 유품을 직접 살펴볼 기회를 가졌던 인물이었다. "서문,"
    「안중근혈투기」『안중근전기전집』, 661쪽. 그러나 어떤 유형의 책들이 있었는지
    에 관해서는 언급하지 않는다.
52) 「안중근의 천주교 신앙과 그 영향」, 17~23쪽.
53) 이전, 25항, 『안중근전기전집』, 677~8쪽.
54) <십이단>은 <천주성교 십이단>의 약칭으로, 聖號經, 三鐘經, 天主經, 聖母
    經, 宗徒信經, 告罪經, 관유하심을 구하는 경, 小悔罪經, 天主十戒, 聖敎四規,
    三德誦, 奉獻經 등 천주교의 12가지 주요 祈禱文으로 구성되어 있다. 「십이단」
    『한국가톨릭대사전』 8, 2001, 5573쪽.

였던 것으로 전해진다.[55] 그는 단순히 이웃에게만 가톨릭 신앙을 전한 것이 아니라 자기 가족은 물론 형제 집안에까지 신앙을 전하여 입교하도록 하였다.[56] 이 같은 사실은 안중근 역시 <상재상서>를 비롯하여 <천주실의>, <칠극>, 교회의 역사와 순교자들에 관한 이야기들, 그리고 당시 출판되어 있던 다양한 교리서들을 직접 접하였을 가능성을 말한다. 앞서 언급하였듯이, 안중근은 자신의 세례명을 토마스로 선택한 이유를 심문 과정에서 직접 설명한 적이 있다. 토마스는 "로마에 '토마스'라는 성인이 있어서 아세아까지 나와 종교를 선포한 사람이므로 그 이름을 사용"하였다는 것이다.[57] 그가 이처럼 도마를 자신의 세례명으로 선택할 수 있었던 것은 그의 주체적 신앙 인식을 반영하는 것으로 보이는데,[58] 그가 이런 단계에 도달할 수 있었던 것은 바로 이 같은 학습 과정을 통해서 천주교에 관한 기본 지식들을 익혔던 데서 비롯되었을 것으로 판단된다.

한 걸음 더 나아가서 안중근이 세례를 받으면서 교리를 공부하였을 가능성은 청계동 개종 운동과 관련한 <황해도천주교회사>의 증언을 통해서도 좀더 신빙성있게 유추할 수 있을 것이다. 이를테면, 안태훈의 형

---

55) 한국교회사연구소 편, 『황해도천주교회사』, 1984, 191쪽.

56) 안태훈 일가의 선교 결과에 관해서는 『황해도천주교회사』, 191쪽 이하 참조. 1897년 1월에 안태훈과 그의 가족, 그의 형제 중 2명과 조카들을 비롯하여 청계동 인근 주민 등 모두 33명이 세례를 받고 나서, 이해 부활 시기에 66명이 세례를 받았다. 1898년 봄 부활 때에는 안태훈의 6형제 가운데 맏이였던 태진 이외에 모두 세례를 받기에 이른다. 『황해도천주교회사』, 192쪽.

57) 「안중근의 3회 신문조서」『한국독립운동사』 자료6, 75쪽 참조.

58) 교회 역사 공부를 통하여 입교한 것임을 주목해야 한다. 자기 정체성을 나름대로 정리할 시간을 갖고 세례를 받았다는 것을 의미하는 것이다. 세례를 아무에게나 주지 않는다. 당시에는 신앙 박해기에도 그러하였고, 신앙 자유 시기에는, 위의 본문에서 볼 수 있는 것처럼, 더욱 더 철저하게 입문 준비를 거쳐서 세례를 받았다는 점을 기억해야 한다. 이런 가운데 그가 토마스라는 세례명으로 세례를 받았다면 이것은 교회의 역사적 사명을 인식하고 자기 역시 그런 사명을 계승하고 있다는 자의식을 형성할 가능성을 말하는 것이다. 이와 관련하여 『신앙과 민족의식이 만날 때』, 80쪽과 116쪽 참조.

제 한 사람이 1896년 12월에 안악 마렴 본당으로 빌렘 신부를 찾아가서 청계동에서 진행되는 개종 운동을 전하고 공소 개설을 요청하였다고 한다. 이것은 안태훈과 이종래가 교리서 등의 학습을 주도하면서 펼친 선교 활동의 결과 공소를 세울 것을 제안할 만큼 성과를 거두었다는 것을 뜻한다. 이에 빌렘 신부는 그해 12월 30일에 강시메온과 김요셉 등 2명을 전교회장으로 청계동에 파견하여 실태를 살피게 하고 준비시켰다는 것이다.[59] 이들은 열흘 동안 청계동에 머물면서 신주들을 불태워 버리게 하는 식으로 준비를 진행시켰던 것으로 전해진다. 이것은 천주교의 기본 교리 가운데 천주의 존재와 삼위일체, 영혼의 상선벌악, 예수 그리스도의 강생구속을 가르치면서 당대에 정형화되어 있던 천주교 핵심 교리를 가르쳐서 이를 따르게 하였다는 것을 뜻한다. 이런 준비 끝에 빌렘 신부가 1897년 1월 8일에 청계동으로 가서 11일과 12일에 안태훈 일가와 인근 주민 등 33명에게 세례를 주었다고 했다.[60]

이것은 안중근이 세례를 받기 전에 교리와 그리스도교 역사 등을 먼저 학습하였다는 것을 말한다. 뿐만 아니라 안중근은 세례를 받은 후에도 계속해서 그리스도교의 가르침에 관하여 집중적으로 학습한 것으로 보인다.[61] 그러면 그가 학습할 때 사용한 교리서는 어떤 것들이 있었는가?

위의 증언을 통해서 볼 때, 안태훈은 "상재상서"와 <천주실의>, <칠극> 등 서학서들과 여러 교리서, 그리고 십이단 등을 확보하여 이를 가족과 이웃이 학습하게 하였던 것으로 보인다. 당대에는 18세기초에 저술된 한문 서학서 <성교절요>가 한글로 번역되어 필사 전승 단계를 거쳐서 1865년 이후 목판본으로 출판되기 시작하여 1883년부터 활판본으로 간행되고 있었다.[62] 또한 성세, 고해, 성체, 견진 성사를 문답식으로

---

59) 『황해도천주교회사』, 191쪽.
60) 위의 책, 191~2쪽. 최석우 신부의 해석을 보려면, 「안중근의 신앙과 애국심」 『안중근(도마)의사 자료집』, 정의구현전국사제단편, 1990, 134쪽 참조.
61) 『안중근의사자서전』, 15쪽.

풀어준 교리서로서, 차이나에서 저술된 한문본을 번역한 <성교요리문답>이 있다. 이 작품은 1864년에 목판본으로 인쇄된 이후 1934년까지 한국교회의 공식교리서로 사용되었으므로,[63] 안중근 일가는 이 작품을 숙지하고 있었을 것으로 보인다. 또한 <성교요리>라는 교리서도 있었는데, 이 작품은 1600년대에 차이나 선교사 안드레아스 로벨리에 의하여 쓰여져서 1800년대에 번역되어 읽히기 시작하였다. 여기에는 창조자 하느님부터 세계와 인간의 창조, 사도신경, 주의기도, 성모송, 십계 등이 총 425 항목으로 나뉘어 문답식으로 해설되어 있다.[64] 이외에 주목할 작품으로는 <성교백문답>이 있다. 이것은 벨기에 출신 선교사인 필리페 쿠플레에 의하여 한문으로 저술되어 1675년에 처음 간행된 이후 우리나라에 전해져서 1884년에 활판으로 출판된 적이 있다.[65]

(2) 번역본 교리서들과의 비교

위에서 소개한 일련의 교리서 작품들은 가톨릭의 교리를 성사에 초점을 두어서 하느님의 존재와 인간의 본분, 인간 영혼의 실재와 상선벌악, 천당지옥, 교회 등에 관한 기본 가르침을 전한다는 공통점을 갖는다. 하지만 안중근의 작품은 신앙을 모르는 사람들에게 왜 천주 신앙이 요청되는가를 설득하는 데 초점을 두고 인간 이성에 호소하는 방식을 취하면서 인간의 존재 이유와 하느님과 인간의 관계를 진술하는 데 주력한다. 이 과정에서 그는 아직 성사들에 관해서는 전혀 언급하지 않는다.

이 가운데서 특히 <성교요리>의 경우 창조자 하느님과 세계와 인간의 창조 등을 진술한다.[66] 또한 믿음의 이유를 구체적인 삶과 연결지어서

---

62) 「해제」『한국교회사연구자료』제15집, 4~5쪽.
63) 위의 논문, 5~6쪽.
64) 「성교요리」(필사본), 앞의 자료집 제2권, 541~727쪽 참조.
65) 「해제」『한국교회사연구자료』제15집, 8쪽.
66) 「성교요리」, 547쪽 이하.

신앙의 유익을 명시적으로 제시하기도 한다.[67] 이런 여러 점에서 일정하게 안중근의 작품과 서로 상통하는 내용을 포함하고 있는 것은 사실이다. 하지만 이 작품은 물론 여타의 교리서들은 체제 면에서 보다 더 신중심적이고 교회 중심적이며 개인 중심적인 틀을 띠고 있다고 할 수 있다.

이에 비해서 안중근은 자신의 선포를 하느님에 관한 논의에서 출발시키지 않고 인간 존엄의 이유를 영혼의 신령함에 근거하여 설명하는 데서부터 시작하고 신앙의 이유 역시 개인 윤리적인 차원에 제한하지 않는다는 점에서 결정적으로 차이를 드러낸다. 안중근의 이 같은 기획은, 여타의 번역본 교리서들과 <성교요리>에서 나타나는 것처럼, 죄-구원 도식 위에서 이 세계를 죄로 물든 것으로, 인간을 죄인으로 보는 관점보다는, 인간의 응답 가능성에 대한 신뢰 위에서 자신의 신앙을 설득하고자 하는 의지를 보여준다.

<성교백문답>의 경우 천주를 하늘의 임금이요 만민의 공변된 아비로 인식하고 창조자요 주재자이며 유일자로서 천주 공경을 설득하고자 하는 관점을 명시적으로 드러내고 있다.[68] 또한 인간의 죽음 이후의 세계에서 맞이할 영혼의 운명을 사심판과 공심판의 관점에서 풀이하며 천당과 지옥과 연옥을 해설한다.[69] 이런 점에서 이 작품은 안중근의 영혼 불멸과 상선벌악의 필연성, 하느님의 정의와 하느님의 속성에 대한 해설

---

67) 「성교요리」 저자는 마음과 몸을 다하여 하느님을 믿는 것이 정도임을 이렇게 밝힌다. "마땅히 외면에 신덕을 나타내고 마음과 몸으로 실히 주를 받드나니라. … 마땅히 예수를 간절히 사랑하고 예수를 온진히 의지하여 그 명을 순히하여 그 덕을 배워야 바야흐로 정성되고 온전타 하나니라."(554~5쪽). 이런 관점에서 이 저자는 천주교를 받들면 무슨 유익이 있는가를 질문하고 이렇게 답한다. "선을 행하는 이익이 있나니 이러므로 또한 마음에 참으로 평안함이 있으며 어려운 가운데 위로함이 있으며 선을 행함에 법이 있으며 악을 대함에 근본이 있어 살았을 때 보람이 있으며 죽은 후에 복이 있나니라."(위의 책, 556쪽).

68) 「성교백문답」, 731~41쪽. 이 작품의 저자는 이 맥락에서 붓다와 노자와 옥황 등을 숭배하는 것을 비판한다. 740~41쪽 참조.

69) 위의 책, 764~73쪽 참조.

등과 상통점을 갖는다고 할 수 있다.

하지만 <성교백문답>은, 다른 작품들과 마찬가지로, 청중이 아니라 독자를 대상으로 한 진술 체계를 띠면서, 정적인 방식으로 교리를 해설하는 틀을 지켜 간다. 그리하여 하느님에게서 시작하여 천주 공경의 규범으로서 십계와, 이를 따라 구원에 이르도록 조력할 천사들의 존재와 이를 가로막는 마귀의 역할[70]에 관하여 논한다.[71] 그리고는 천주당에 십자가를 모시는 이유를 설명하는 맥락에서 예수 그리스도의 강생과 수난과 부활과 승천을 설명하는 계기를 조성하고,[72] 이어서 위에서 언급한 것과 같은 영혼의 존재와 심판, 천당과 지옥에 관한 진술을 펼쳐 간다.

그러나 안중근의 작품은 철저하게 현장에서 반응할 청중을 대상으로 구원을 향한 초대를 전하고 이 초대에 응답을 발생시키기 위한 목적으로 발설되었다. 그리하여 앞에서 본 것처럼, 구원에 초대받는 이들의 고귀함이 어디서 비롯되는가를 먼저 설명하고 이 고귀함의 완성을 위하여 그것을 선물처럼 허락하신 천주께 귀의할 것을 설득하는 맥락에서 하느님의 존재도, 상선벌악과 천당지옥도, 예수 그리스도의 존재도, 교회의 존재도 설명해 가는 것이다.

3) 한국 신앙인들에 의하여 저술된 작품들과의 비교

(1) <주교요지>와의 비교

위에서 안태훈이 <상재상서>와 <천주실의>, <칠극> 등은 물론

---

70) 마귀가 사람에게 악을 행하게 하는 이유를 묻고는 이렇게 답한다. "악을 행함이 사람의 자주장(自主張, 곧 자기 결단)으로조차 나는지라 마귀 능히 유감할(곧 유혹할) 뿐이오 강박지 못하나니 천주 마귀의 유감을 허락하심은 사람의 선악을 시험코저 하심이니라."(앞의 책, 746～7쪽).
71) 위의 책, 741～7쪽.
72) 위의 책, 747～64쪽.

당대의 여러 교리서들을 연구하는 과정을 거쳤다는 것을 보았다. 차기진은 늦어도 1800년에는 쓰여진 것으로 보이는 최초의 한글 교리서 <주교요지>73)를 안태훈과 안중근이 학습하였을 텍스트 가운데 하나로 꼽고 있다. 이런 일은 <주교요지>가 당대에 차지하고 있던 위상과 역할에 견주어볼 때 지극히 자연스럽게 발생하였을 것으로 보인다.74)

위에서 살펴본 리치의 경우 <천주실의>를 통하여 이교인들 사이에서 살면서 그들이 나름대로 형성해 온 천주관에 초점을 두고 신앙을 설득하고자 하였다면, 정약종은 박해 상황에서 신앙의 성숙을 위한 입문서를 저술하였다. 그리하여 정약종은 그의 작품 상편에서 먼저 "疾痛苦難"과 위기의 상황에서 천주를 찾는 인간 존재의 심성에 호소한다. 그런 가운데 하느님의 존재와 창조·주재자로서 하느님과 무소부재, 전능전지전선하신 하느님을 설명하고, 이어서 어떤 피조물과도 달리 유일무이하게 흠숭을 받으실 존재로서 하느님을 향한 믿음을 설득하고자 한다.75) 이 부분은 곧바로 이단에 관한 부분으로 이어져서, 하느님 섬김의 正道와 우상숭배의 非道가 대비된다. 여기에 이어서 정약종은 영혼의 상선벌악에 관하여 다루면서 상편을 끝맺는다.76) 하편에서는 천지창조부터 시작하여 예수 그리스도의 강생과 구속, 승천을 다룬 후에, 그리스도 강생의 의미를 아담의 죄와 구원의 관점에서 설명해 간다. 그는 이 모든

---

73) 『주교요지』는 18세기 말, 늦어도 1800년 무렵에 정약종에 의하여 쓰여져서 20세기 초까지도 대표적인 민중 교리서 구실을 하였던 작품이다. 이것은 1801년에 체포된 한신애의 집에서 압수된 물품 목록에 올라 있다. 차기진, 「정약종의 교회활동과 신앙」 『교회사연구』 15, 한국교회사연구소, 2000, 7쪽의 주 4 참조. 또한 이보다 앞서 1800년에 필사된 자료가 있다. 서종태, 「정약종의 『주교요지』에 대한 문헌학적 검토」 『주교요지』 상, 국학자료원, 2003, 36쪽. 이런 정황으로 보아서 늦어도 1800년에는 쓰여진 것으로 볼 수 있을 것이다. 이하 주교요지의 편구분은 절두산순교성지 박물관에 소장되어 있는 이 필사본에 따르기로 한다.

74) 「안중근의 천주교 신앙과 그 영향」, 20쪽.

75) 『주교요지』 상, 1~26항 참조.

76) 위의 책, 27~32항.

논의를 바탕으로 마지막으로 다시 천주교를 따를 것을 설득하는 것으로 하편을 맺고 있다.[77]

"안중근편 교리서"는 차기진이 일일이 대조하며 밝힌 것처럼, 영혼 이해와 신이해, 그리스도에 대한 이해 등 전반적인 관점에서 <주교요지>와 상통하는 면을 확인할 수 있다. 뿐만 아니라 천주실의와 연장선상에서 <주교요지>가 채택하고 있는 집과 그릇 등의 산물과 그 제작자의 관계와 만물의 창조와 주재를 전거로 하느님의 존재를 논증하는 것이나 하느님을 대군대부로 인식하는 것 등에서는 내용은 물론 논증 방식까지도 유사함을 드러내는 것이 사실이다.[78]

하지만 그럼에도 불구하고 "안중근편 교리서"는 <주교요지>의 체제와는 상이한 구조를 띠고 있다. 이를테면 앞에서 본 것처럼, 안중근은 인간론에서 천주론으로 옮겨가는데, 그 전이의 이유가 인간의 혼의 존엄을 설득하고, 거기에 바탕하여 구원에의 초대에 응답하게 하려는 데 놓여 있는 것이다. 이런 점에서 인간 이성에 근거해서 천주를 먼저 설명하고 이어서 다시 인간 영혼에 관하여 설명하는 방식을 택한 리치와는 물론, 인간의 위기 상황에서 하느님에 대한 이해를 제시하고 이를 통해서 신앙에의 귀의를 설득하고자 하는 정약종과도, 일부 상통하는 면을 드러내면서도, 명백한 차이를 드러낸다. 단적으로, <주교요지>는 천주론 중심의 체계적 교리 진술로 기획되고 또 그렇게 작용하였다고 할 수 있다. 그런데 "안중근편 교리서"는 인간 존재의 존귀함에 근거하여 그 존귀함의 근원으로서 천주에 대한 본분을 구현할 것을 설득하여 도덕-태평 시대와 영세영복의 구원을 열어 가도록 하는 초대로 선포되었던 것이다.

---

77) 『주교요지』 하, 1~11항.
78) 『안중근편 교리서』 가운데 「신앙 결단의 촉구」 부분 참조. 차기진의 대조 작업은 『정약종의 교회 활동과 신앙』, 21~3쪽 참조.

(2) 〈상재상서〉와의 비교

앞서 본 것처럼, 안태훈이 번독해 가면서 연구하였다고 일컬어진 상재상서의 경우 안중근의 신앙 비전 형성에 적지 않은 영향을 미쳤을 것으로 추론할 수 있을 것이다. 이런 추정은 그의 선포 내용을 검토하면서 어느 정도 사실로 확인할 수 있었다. 이런 관점에서 이 작품에 관하여 좀 더 면밀하게 검토해 보고자 한다.

정하상의 경우 1839년에 발생한 기해 박해 당시인 1839년 음력 6월 1일에 체포되어 음력 8월 15일에 처형당하였다. 그는 죽음을 맞기 전에 옥중에서 자신의 천주 신앙에 대한 변론을 서면으로 작성하여 대신에게 제시하였는데, 이것이 <上宰相書>이다. 말하자면 이 작품은 일종의 호교론서로 쓰여진 것이다.

<상재상서>는 서론과 본론, 결론, 그리고 부록꼴의 "우사"로 구성되어 있다. 서론에서 변론의 정황을 설명한 데 이어서, 본론의 전반부에서는 먼저 만물과 良知와 성경을 통하여 천주의 존재를 증명하고자 한다. 이 작품의 저자는 모든 만물의 존재 원인과 목적으로서 천주를 논증한다. 또한 그는 인간이 타고난 양지를 하느님에 의하여 부여받은 천명에의 응답 능력으로 해석하는 가운데, 이것을 통하여 천주의 존재를 논증한다. 이 면에서 그는 리치가 "靈材," 곧 인간의 "靈能"에 근거하여 합리성에 따라 천주에 관하여 논증하고자 한 것과 그 취지를 같이한다고 할 수 있다.[79]

이어서 이 작품은 구약과 신약으로 구성되어 있는 천주교의 성경을 천주의 존재를 증명하는 한 결정적 증거로 제시한다. 정하상은 차이나의 고전의 존재를 통해서 고대 성왕들을 알 수 있듯이 성경이 바로 그와 같

---

[79] 이 차원은 안중근에게서도 일정하게 변형되어 나타나는데, 위에서 보았듯이, 그는 인간의 "혼의 영"에서 인간의 존귀함의 근원을 보고 있고, 또 바로 여기에 근거하여 하느님에 대한 믿음을 설득하고 있는 것이다.

은 역할을 수행한다는 점을 역설한다. 또한 천주의 존재를 논증하는 과
정에서 그는 차이나의 고전을 폭넓게 인용하면서 고대 동아시아인들의
천관을 천주 이해에 통합시킨다. 곧 차이나의 고전을 천주 존재 증명의
전거로 활용하고 있는 것인데, 앞서 보았듯이 이 같은 논증 태도는 안중
근에게서도 찾아볼 수 있다.[80]

<상재상서>는 이어서 하느님께 축복받은 존재 차원과 이에 따른 윤
리성과 심판 차원에 초점을 맞추어 천주교의 인간 이해를 제시한다. 하
느님께 창조되어 돌보아지는 축복과 은총의 수혜자로서 인간을 제시하
고, 더불어 사는 규범으로서 십계를 인애와 인의를 토대로 한 사친과 사
군, 수신, 제가, 치국, 평천하의 도로 제시한다. 다음으로 인간의 공과에
대한 심판과 영혼의 영원성[81]에 근거한 하느님의 정의로운 상선벌악을
설명한다.[82] 다음으로 이 작품은 교회의 특성을 거룩과 공번과 바름과
참됨, 완전함, 유일함(聖公正, 眞全唯一)으로 설명한다.

이 가운데서 특히 대부모요 대임금으로서 하느님이 모든 것을 마련하
고 주재함으로써 인간이 살아갈 수 있다는 데 근거하여 이에 대한 인간
의 응답으로 하느님을 섬길 것을 설득하는 관점은 안중근에게서도 그대
로 나타난다. 앞서 보았듯이, 안중근은 창조를 통하여 인간을 돌보시는
하느님의 자비를 깨달아 불효 불충의 죄를 짓지 말 것을 호소하고 있는
것인데,[83] 이런 점에서 이 둘의 영향 관계를 추론할 수 있을 것이다.

상재상서의 후반부에서는 천주 신앙과 그 실천의 정당성을 해명하면

---

80) 『안중근의사자서전』, 18쪽과 21쪽, 37쪽 참조.
81) 여기서 상재상서는 "천명지성"을 "영혼"으로 인식함으로써 중용의 천명에 의한
   性을 그리스도교화한 동아시아 가톨릭 전통을 잇고 있는데, 앞서 본 것처럼, 안
   중근 역시 性과 영혼을 같이 보는 견해를 취한다는 점에서 상재상서와 동일선상
   에 놓여 있다. 『상재상서』, 26쪽 참조.
82) 세상 벌은 몸을 다스릴 뿐 마음을 다스리지는 못하지만, 천주의 상벌은 이 모두
   를 이룬다는 인식은 『안중근의사자서전』, 19~20쪽에서 찾아볼 수 있다.
83) 『안중근의사자서전』, 18쪽.

서 "無父無君(어버이도 임금도 없다)," "通貨通色(재물과 여자를 서로 교환한다)," "외국교"라는 비판이 부당함을 규명해 간다. 천주교에서는 오히려 효와 충을 진작시키고, 재물을 나누는 것은 정상적이고, 음행은 가장 엄히 금하는 것이므로 "통색"한다는 비판은 부당한 것이며, 외국교라는 비판은 "도는 성과 진을 척도로" 경계에 갇히지 않아야 한다는 것이다. 그러므로 박해는 법에 어긋난 것으로서 중지되어야 한다는 것이 저자의 결론이다. 이 가운데서 특히 효와 충은 안중근이 천주 신앙을 설득할 대원리로 설정하고 있는데,[84] 천주를 대부모요 대임금으로 인식하는 이 같은 태도는 교회와 인류 세계를 하느님의 한 집안으로 인식하게 만들면서 동아시아 가톨릭 사상의 한 핵심으로 정착되어 있었다.[85]

이런 결론은 마지막 대목에서 계속 이어져서 "정사"를 구분하는 바른 판단에 따라 천주교인들이 백성의 구성원으로서 평화를 누릴 수 있게 해 달라고 호소한다. 자신들은 이 바른 도를 목숨을 걸고 증거할 것이고, 이를 통하여 천주의 영광을 드러내는 것이야말로 자신들의 본분이라고 선언한다. 끝으로 "우사" 부분에서는 조상제사와 신주 모시는 것이 옳지 않음을 논증하면서, 자신들은 목숨을 걸고 "성교회"의 가르침을 따를 것임을 천명한다. 단적으로, <상재상서>는 박해 상황에서 처형당하기 직전에 자신과 동료들의 천주 신앙의 진정한 의의를 밝히고 이것이 참된 종교임과 이를 위한 자신의 증거 의지를 천명하면서 박해를 거둘 것을 요청하는 데 초점을 맞추어 쓰여진 것이다.

이와 달리 안중근은 종교 자유를 살아가는 때에, 그것도 서구 선교사들이 이른바 洋大人 행세를 할 수 있는 시대에 인간을 전제로 한 설득에 역점을 두고 자기의 신앙 선포를 전개하고 있다. 하지만 그럼에도 불구하고 안중근의 교리서에는 상대적으로 종교 교리적이기보다 실천 윤리

---

84) 앞의 책, 83쪽 참조.
85) 앞에서 본 "삼부론" 참조.

적인 차원에서 자기의 신앙 설득을 시도한다. 이를테면 <주교요지>는 체계적인 교리 진술로 기획되었고, <상재상서>는 호교서로서 기획되었다면, "안중근편 교리서"는 보다 더 본래의 의미에서 善生福終을 설득하는 선포 행위로 기획되었던 것이다. 다시 말해서, 삶의 자리와 청중의 차이가 안중근의 선포가 <주교요지>는 물론 <상재상서>에서 영향을 받는 가운데 이것들과 서로 상통하는 면을 갖고 있음에도 불구하고, 각각의 것들을 발생시키는 취지와 체제와 해석의 방향에서 일정하게 차이를 유발시키면서, 각기 독자적인 색채를 띠게 만들었던 것이다.

끝으로, 종합적으로 진술하자면, 각 작품에서 역점이 두어지는 면에서 볼 때, 예컨대 번역본 서학서들이나 <주교요지> 등은 기본적으로, 가톨릭 신앙에 관심을 갖게 된 이들에게, 입문자건 세례를 받은 신자건, 교리를 알게 하는 데 역점이 놓여 있다고 할 수 있다. 그런데 <상재상서>는 천주신앙을 배격하고 탄압하는 사람들을 직접적인 청중으로 하여 신앙과 교회의 진정성을 깨닫게 해서 회심하게 하려는 데에 역점을 두고 있다. 취지 면에서 볼 때, 안중근의 선포와 가장 근접해 있는 작품은 천주 신앙을 모르거나 배척하는 유교 중심 사회에서 그 주체들에게 신앙의 진리를 깨닫게 하기 위해 마테오 리치가 쓴 <천주실의>와 정하상의 <상재상서>라고 할 수 있을 것이다. 다른 교리서들과 비교할 때, 이 두 작품과 더불어 안중근의 선포는 근본적으로 신앙의 진리에 관심을 갖지 않았던 일반 청중을 설득할 것을 지향하고 있는 것이다.

하지만 그럼에도 불구하고 "안중근편 교리서"는 이 두 작품을 비롯하여 위에서 소개한 교리서들과 다른 성격을 띠고 있다. 예컨대 안중근의 선포는 <천주실의>와 <상재상서>처럼 자신의 진술을 통하여 자신이 믿는 교의 정당성을 인정받고자 하는 데 일차적인 목적을 두지 않는다. 그렇다고 주교요지를 포함해서 다른 번역본 교리서들처럼 신앙의 진리를 소개하고 이를 익히게 해서 이를 통하여 설득을 구현하고자 하는 형태를 취하는 것도 아니다. 그의 선포는 신앙의 해명이 아니라, 일차적으로 신앙의 설득을 겨누고, 그 결과로 교리 학습을 발생시켜도 발생시키고자 한다. 이를테면 다른 작품들이, 궁극적으로 지향하는 것이 넓은 의미에서 신앙의 설득이라고 하더라도, 일반적으로 신앙의 해명이나 지식의 전달을 통한 신앙 수락과 심화를 지향하는 데 비해서, 안중근의 선포는 신앙의 설득과 이를 통한 인격적 회심을 일차적이고도 종국적으로 지향하는 것이다.

4. "안중근편 교리서"에 나타난 신-인-세계 이해

지금까지 연구를 통하여 안중근은 자신의 선포 내용을 기존의 번역본 서학서들과 우리나라에서 형성된 일부 작품들을 전거로 구성하였다는 것을 볼 수 있었다. 그러나 어떤 내용을 어떻게 수용하였는가 하는 점을 밝히기 위해서는 좀 더 면밀한 분석과 검토를 거칠 필요가 있을 것으로 보인다. 이번 연구에서는 이러한 연구 단계를 거치지 못한 상태에서 안중근이 과거에 선포한 내용을 감옥에서 기억하며 진술한 형태를 기준으로 그 내용과 특이성을 살펴보았다. 아래에서 역시 이 최종 단계의 진술문과 그의 투신을 중심으로 그의 하느님과 인간과 세계에 대한 이해를 검토하기로 하고, 본문 비평의 필요성에 대해서는 그 과제를 지적하는 정도에서 그치고자 한다.

1) 하느님: 인간의 구원을 바라시는 정의의 구현자

앞서 보았듯이, 위에서 예로 든 모든 서학 관련 작품들이 하느님에 대해서 말한다. 하느님을 창조주이시고 주재자이시며, 전선, 전능, 전지, 지공, 지의하신 분이시고, 삼위일체 하느님으로서, 강생구속하시고 상선벌악하시는 분으로 고지한다. 이런 점에서는 안중근편 교리서 역시 일정하게 이런 교리서들과 상통한다고 할 수 있다.

그러나 특히 번역 교리서들에서는 하느님에 관한 진술이 일정하게 체계화된 지식 내지 정보의 성격을 띤다고 할 수 있다. 그리하여 일반적으로, 리치의 <천주실의>의 서두와 같은 예외가 없는 것은 아니지만, 하느님에 관하여 먼저 진술하고 나서 그 맥락에 따라 인간 영혼과 상선벌악 등에 관하여 진술하는 형태를 취한다.

이에 반하여 안중근의 선포 형태에서는 하느님에 관한 진술이 좀더 구체적으로 하느님과 인간의 관계에 초점이 맞추어져서 개진된다. 여기서는 인간의 구원을 바라시는 하느님과 그분의 구원 원의에 대한 인간의 응답을 설득하는 맥락에서 하느님에 관하여 설명해 간다. 그렇게 함으로써 하느님에 관한 지식과 정보가 인간 구원과 관계된 맥락에서 회심을 설득하는 매체로 활용되고 있다. 이를테면 안중근에게서는 하느님에 관한 언설이 일차적으로 비신자인 청중을 향한 선포로서, 그들에게서 철저하게 회심을 촉발시키기 위한 초대로 작용하게 만들고 있는 것이다. 단적으로, 안중근의 하느님 진술은 하느님에 관한 체계적 정보 진술의 성격을 탈피하고 인격적 증언에서 비롯되어 인격적 회심을 발생시키기 위하여 발설된 현장형 선포로 기능하고 있다. 상재상서는 이 같은 현장성을 갖추고 있기는 하지만, 그것은 박해의 현실 속에서 자신이 신앙 공동체와 공유하는 신앙의 진리에 대한 변론에 초점이 두어져 있다는 점에서 차이를 드러낸다고 할 것이다.

이런 토대 위에서 선포의 관점 면에서 바라볼 때, 구원과 비구원의 갈등 구조를 유지하는 틀과 구원을 설득하는 방식을 택하는 틀의 차이는 하느님에 대한 이해의 차이를 현시한다. 일반적으로 교리서들은 이미 신앙에 입문하기를 결단한 사람들을 전제로 구성되어 있다. 이에 따라서 이들의 결단을 확고하게 지켜 가고 심화하도록 돕기 위하여 신앙과 비신 앙의 대조를 강화하는 경향을 드러내게 된다.[86] 이런 틀 속에서는 "만일 이 도리를 믿지 않으면 무서워하는 것이 무엇이냐" 하는 물음에 "大恩을 저버림으로 천주가 나를 벌하시어 지옥 영고를 받게 하시기를 무서워하 노라"[87] 하고 답하는 상황을 발생시키게 된다. 이를테면 여기서는 하느 님의 심판에 대한 두려움이 신앙의 실천을 지속시켜 가는 원리로 작용하 도록 유도되고 있는 것이다.

하지만 안중근의 선포는 이와 같은 형태로 구원과 비구원의 대립 구 도 속에서 하느님이 일정하게 소외된 형태를 용인하지 않는다. 그는 천 주의 돌보심에 보답할 줄 모르는 불효와 불충을 극복하고 지난 과오를 참회할 것을 요청한다는 점에서는 앞의 교리서들과 상통한다.[88] 하지만 그러면서도 안중근의 선포는 보다 더 긍정적인 관점에서 인간이 하느님 께 돌아설 원천적 가능성에 대한 신뢰와 하느님의 정의의 품에 종국적으 로 받아 안길 그 구원의 미래를 향한 투신을 설득하는 데 역점을 둔다.[89] 한걸음 더 나아가서 그는 선포의 결론부에서 드러나듯이, 현세와 내세를 단절적으로가 아니라 상호 회통시키고, 예수를 따르는 선의 실천을 천당 과 영복에 이르는 길로 상통시키며, 불선과 위선 행을 지옥과 영고에 이 르는 길로 대비시킴으로써 선생복종의 레토릭을 좀더 긍정적인 전망에 자리잡게 한다.[90] 다시 말해서 안중근의 선포는 하느님의 선의가 인간의 선의를 부르고 그것을 완성시켜 가는 긍정의 레토릭으로 작용하고 있는

---

86) 「성교백문답」, 결론부, 『한국교회사연구자료』 제15집, 제2권, 789쪽 ; 같은 교리 서, 739~41쪽 참조.

87) "성세," 「성교요리문답」 『한국교회사연구자료』 제15집, 제2권, 28~9쪽.

88) 『안중근의사자서전』, 18쪽과 24쪽 참조.

89) 위의 책, 18~22쪽 참조.

90) 위의 책, 24쪽 참조.

것이다.

이런 맥락에서 주목할 것이 안중근이 상선벌악과 천당과 지옥에 관한 가르침을 철저하게 하느님의 자비와 정의에 통합시킨다는 점이다.[91] 그는 이토 저격을 "천지신명과 사람이 모두 다 아는" 죄상에 대한 "의병 참모중장"의 소임 수행으로 인식한다.[92] 이것은 곧 자신의 이토 저격을 천명에 부합한 의거로 인식하고 있음을 드러내는 것이라고 할 수 있다. 이처럼 이토 저격을 정의 수행으로 보는 것이야말로 그가 목숨을 걸고

---

[91] 천주교 요리문답에서 하느님에 관한 내용을 주석하면서, 윤형중 신부는 정의의 관점에서 상선벌악을 설명하는데, 즉각 처벌할 경우 존재하는 것 자체가 불가능하리라는 점을 지적한다. 「상해」『천주교요리』상, 가톨릭출판사, 1997(1956), 70쪽. 또한 선과 악에 대한 합당한 상과 벌을 최종적으로 부여하기 위하여 사후 심판에 따라서 상선벌악을 실시할 필요성을 셋째로 제기한다. 위의 책, 70～71쪽 참조. 이것은 비록 1950년대 후반에 쓰여졌지만, 가톨릭의 전통적 상선벌악관으로 형성되어 있었던 것이다. 동아시아에서는 마테오 리치 등을 통하여 전달되어, 한문 교리서에는 물론 한국어로 쓰여진 작품들에서도 지옥과 천당에 관하여 다루는 『주교요지』상, 32쪽과 마지막 심판에 관하여 다루는 『주교요지』하, 7쪽에서 하느님의 상선벌악이 그분의 지공지의하심의 맥락에서 설명된다. 예컨대 리치에 의하면, 신령한 영혼은 영원 불멸하여 하느님의 정의의 심판을 겪을 존재인 동시에 하느님의 정의의 철저성을 증거하고 또 확인하며, 검증하기조차 할 것이다. 리치는 영혼 불멸을 제사를 통해서(『천주실의』, 140쪽), 인간의 본성에 따른 영원 생명에 대한 희망(140～2쪽)과 인간의 무한 욕구(142～5쪽), 천주의 공의의 실현(145～6쪽) 등을 통해서 논증한다. 이 과정에서 리치는 지극히 실천 윤리적 기획을 드러낸다. 예컨대 상선벌악과 관련하여 보자면, 리치는 먼저 현세에서 악을 행하면서도 부귀를 누리고 평안히 사는 사람이 있고 선을 행하면서도 가난하고 천하게 지내며 고통과 어려움을 당하는 사람이 있다는 점을 지적한다. 이것은 정의에 어긋나는 것이므로 천주는 이들이 죽을 때 선한 영혼을 택하여 이들에게 상을 내리고 악한 영혼을 택하여 벌을 내린다는 것이다(145쪽). 이 과정에서 현세에서 불의를 겪은 영혼은 마침내 하느님의 정의를 확인하게 될 것인데, 하느님은 이 궁극적 정의를 실현하기 위해서도 인간의 영혼을 소멸하지 않게 하셨다는 것이다(146쪽).

[92] 『안중근의사자서전』, 111쪽과 안중근, 「동양평화론」, 『안중근유고집』 신용하 편, 역민사, 1995, 172쪽 등 참조.

끝까지 이토의 공적을 오해해서 살해한 것이라는 일본 정치세력과 당대 조선 교회 지도자들의 주장을 받아들이기를 거부한 신학적 배경을 이룬다.[93]

단적으로, 안중근의 관점에서 의거의 정당 근거는 단순히 나라와 나라 사이의 정치적 관계나 힘의 균형에 놓여 있는 것이 아니다. 그것은 근본적으로 "천명"에 놓여 있고, 하느님의 정의에 놓여 있었다. 하느님의 속성으로 인식되는 "義"가 인간의 의를 부르고, 인간의 의를 이끌며, 인간의 의의 척도가 되고, 그 의를 완성에 이르게 하는 것으로 인식할 수 있다.[94] 안중근의 천주 인식의 지평에서는 하느님의 정의가 상벌의 기준이고,[95] 이런 맥락에서 하느님의 정의는 그에게서 회개로의 초대의 성격을 갖는다.[96] 이 세계의 불의를 극복할 질서를 천주 신앙에서 본 안중근에게서 이와 같은 하느님의 정의 인식은 하느님 앞에서의 궁극적 상선벌악을 정치-윤리적인 도덕-태평 시대와 종교적인 구원의 설득 메카니즘으로 작용하게 하고 있는 것이다.[97]

안중근이 의병 장군으로서 결정적으로 패배를 겪게 만든 이른바 "포로 석방 사건"은 하느님의 정의에 대한 충실의 관점에서 주목할 만하다. 그는 1908년 여름에 의병 지도자로서 국내 진공 전투를 지휘하던 상태에서 적군들을 사로잡은 일이 있었다. 이때 그는 이 포로들을 풀어 보낼

---

93) 『신앙과 민족의식이 만날 때』, 62~3, 83~5, 116~7, 120~21쪽 등 참조.

94) 앞에서 본 상선벌악의 종국적 주재자로서 하느님이 궁극적으로 이루시는 의에 관한 비전을 보라. 『안중근의사자서전』, 19~20쪽 참조.

95) 『안중근의사자서전』, 17~20쪽과 84쪽 등 참조.

96) 이 같은 전망은 공관복음과 신약성서 서간에서도 이미 피력되어 있다. 돌아온 아들을 기다리는 아버지의 비유를 전하는 루가 15, 11~32와 베드로 2서 3, 12~15 참조.

97) 그리스도인들은 성과 속, 영과 육을 대립시키는 유형의 퇴폐적 이원론에 매몰되지 않을 영성의 깊이를 갖출 과제에 직면해 있다. 안중근은 하느님의 정의를 현세 질서와 통합함으로써 이 같은 유형의 이원론의 제약을 극복하고 있는데, 이 점은 현대 신학과 영성에서도 매우 중요한 의미를 갖는다고 할 것이다.

것을 결정하고 이를 관철시켰다.[98] 이때 동료 지휘관과 여러 장교들이 일본군이 아군 포로들에게 자행한 만행을 지적하면서 저항하였다. 이에 대해서 안중근은 포로 학대는 "惡戰"으로서, 만국공법에 위배된다는 점을 상기시키면서, 이는 "하느님과 사람들이 다 함께 노하는 것"[99]이라고 강변한다. 단적으로 하느님의 정의를 어그러뜨리는 것이기 때문에 포로들을 살해할 수 없다는 것인데, 이렇게 설득하면서 그는 마침내 포로들을 석방하였던 것이다. 하지만 그 결과는 안중근이 바랐던 것과는 전혀 다르게 나타났다. 석방한 포로들은 참회하는 것이 아니라 안중근 부대의 위치를 알림으로써 이들은 결정적으로 안중근과 그의 동료들의 작전 실패와 대패배를 유발시키고 말았다.[100] 말하자면 안중근의 방식으로 하느님의 정의를 따르다가 그의 부대 전체가 참담한 패전을 겪게 된 것이다.

이 사건은 그의 종교적 순전함과 단순이 군인의 전략과 투철함보다 앞선다는 것, 곧 장군이기보다 종교인 쪽에 더 가까울 수 있는 측면을 드러내 준다. 이런 면에서 그는, 그 자신으로서는 투철할지 몰라도, 무장 투쟁을 이끌 명장으로 평가받기란 쉽지 않을 것이다.[101] 전투란 공격당

---

98) 신용하는 이것을 안중근의 휴머니즘을 증거하는 한 사건으로 해석한다. 「안중근 사상과 국권회복운동」 『안중근(도마)의사 추모자료집』, 천주교정의구현전국사제단편, 1990, 45~6쪽.

99) 『안중근의사자서전』, 75쪽.

100) 신용하, 『안중근 사상과 국권회복운동』, 46~7쪽. 나는 안중근의 "義戰"의 관점에서 이 사건을 다룬 적이 있다. 『신앙과 민족의식이 만날 때』, 67쪽 참조.

101) 이전은 안중근을 천리 밖을 내다보며 계획을 도모하는 지장, 모장형의 인물이 아니라 성을 공략하고 들에서 싸움을 이끄는 야전 지휘관형의 인물이며 의와 덕보다는 용과 행에서 더 앞서는 인물이며 뇌와 혀보다는 담과 배의 기운으로 사는 데 친숙한 인물이며 기획보다는 실천이 앞서고 교묘하게 늦추기보다 속전 속결하기를 택하는 인물로 평가한 적이 있다. 『안중근혈투기』, 660쪽. 여기서 안중근이 "의의 인 덕의 인보다 용의 인 행의 인"이라고 했는데, 이것은 안중근의 의와 덕을 부인하는 것이 아니라 용과 행에 비할 때 상대적으로 후자가 앞선다는 것을 의미하는 것이다. 단적으로 안중근은 위의 전쟁에서 패전하여 산속을 헤맬 때 동지들에게 시 한 수를 들려 준 적이 있는데, 그 가운데 일절에서 그는

할 미래를 포함해서 앞을 내다보는 분별을 요청한다. 그런데 하느님의 정의에 대한 그의 단순한 추종은 군지휘관에게 요청되는 이런 분별을 감당하기에 역부족이게 만들었지 않았는가 싶다. 이때 이후 안중근은 일정하게 군지휘관으로서 신뢰를 잃게 되고 만다.[102] 이에 그는 특공 작전을 수행하는 것과 같은 방식으로 항일 투쟁을 지속시켜 가게 되는데,[103] 이를테면 이런 특수 항일 과정에서 기도한 이토의 저격 완수는 저와 같은 실패의 아픔을 딛고 이룬 일이었던 것이다.

하지만 이 실패는 인간 전투에 대한 몰이해에서 기인한 것으로 보는 데 그쳐서는 안중근을 제대로 이해했다고 보기 어려울 것이다. 나는 이 패배가 근본적으로는 천주의 정의에 대한 안중근의 종교적 순명과 연계되어 있다는 점을 주목한다. 이것은 안중근이 그만큼 하느님의 정의에 투철했다는 것을 말하는 것이기 때문이다. 실제로 안중근의 이 같은 정의의 준수야말로, 위의 전투에서는 실패를 낳았지만, 그가 마침내 이토를 하느님의 법정, 역사의 법정, 민중의 법정 앞에 세워서, 그의 죄상을 드러냄으로써 하느님의 정의를 구현하는 데 쓰인 한 마름이 될 수 있도

"세상에 의리 없는 귀신은 되지 말자"고 한 적이 있었다. 『안중근의사자서전』, 78쪽. 대한독립유공자유족회편(2000)이 <독립투사 안중근>이라는 제목으로 그의 관련 작품들을 내면서 편집한 화보에서 안중근 집안의 가훈을 "정의"로 밝혀 놓은 적이 있는데, 이것은 안중근 가문이 "의"를 얼마나 중시하였는가를 말해 준다고 할 것이다. 29쪽 참조. 계봉우의 안중근 평가도 참조. 그는 1910년 병합당한 후 러시아 연해주로 망명하여 활동한 사상가로서, 「만고 의사 안중근전」을 1914년 6월에서 8월까지 『권업신문』에 연재한 인물이다. 그는 안중근을 "대종교가"로 지칭하면서, 그리스도교의 정신에 입각하여 평등, 진화, 부강, 단합, 자유, 重魂, 兼善, 박애를 추구한 인물로 평하고 있다. 『안중근전기전집』, 514~5쪽.

102) 신용하, 앞의 책, 50쪽과 윤경로, 「안중근 사상연구 ─ 의병론과 동양평화론을 중심으로」, 『안중근(도마) 의사 추모 자료집』, 86쪽 등 참조. 『안중근의사자서전』, 90쪽 이하 ; 『한국독립운동사』 자료7, 437쪽 참조.

103) 『한국독립운동사』 자료7, 235쪽 참조.

록 추동하고 있다고 보이는 것이다.

2) 인간: 구원에로 초대받은 존재

지금까지도 그렇지만, 안중근 당대에는 더욱 더, 구원을 초현세적인 것으로 인식하는 경향이 교회 안팎에서 강하게 형성되어 왔다. 그 영향으로 그리스도인들은 구원을 종교의 틀 과 교회의 담장 안에 가두는 모습을 보이고, 민족운동 계열에서는 구원의 실상을 외면하거나 그 역동적 차원에 둔감함을 드러내는 면이 있어 왔다. 그리하여 "구원"이나 "종교"라는 말 자체를 일정하게 기피하는 현상까지도 노정되고는 하였다.

하지만 안중근에게서 구원이란, 앞에서 선포 내용을 검토하고 그 특이성을 살펴보면서 시사되었듯이, 그렇게 단순하지가 않다. 그에게서 구원이란 도덕 시대와 태평 시대를 포용하는 정치 사회적 차원을 포용하는데,[104] 여기에 비추어볼 때, 민권 자유를 파괴한 상태에서는 그 주체가 누구이든 상관없이 천국의 영복에 도달할 수 없는 것이다.[105] 앞서 본 <성교요리> 등 교리서의 신앙 실천 차원이 개인주의적인 성향을 띠는 데 반하여, 안중근의 그것이 보다 더 사회적이고,[106] 민족 공동체와 아시

---

104) 앞의 책, 24~5쪽 참조.
105) 안중근이 군인 출신 한원교가 교우 이경주에게 가한 불의를 해결하기 위하여 노력하는 과정에서 민권 자유에 근거하여 관리에게 저항했던 논리가 빌렘 신부의 신도 압제에 대한 저항에도 그대로 작용한다고 할 것이다. 위의 책, 40쪽과 48~9쪽 참조. 민권 의식에 입각하여 보인 것으로 추정할 수 있는 성직자에 대한 이 같은 저항은 교권을 절대화하는 의식을 극복하고 있음을 드러낸다고 할 것이다.
106) 이런 관점에서 특히 "사회의 확장"에 대한 그의 관심이 주목된다. 그의 교육계 몽운동과 국채 보상운동에의 참여 등은 바로 이런 관심을 구현해 가는 실천이었다고 할 것이다. 『안중근의사자서전』, 56쪽과 58~60쪽 등 참조. 안중근은 사회를 "여러 사람의 힘을 모으는 것으로 주장을 삼는 것"으로 설명한다. 위의 책, 61쪽.

아－세계 중심의 비전을 갖추고 있는 점 역시 이와 관련하여 중요한 의의를 갖는다고 할 것이다. 나는 바로 이런 열린 구원관의 관점에서 안중근의 인간 이해를 주목하고자 하는 것이다.

앞서 보았듯이, 서학 교리서들은 인간을 향하여 인간에 대해서 진술한다. 그런데 한문으로 저술되어 우리말로 번역되었던 교리서들은 일반적으로 창조와 타락, 악한 존재로 전락한 인간이라는 이해에 근거하여 모든 인간은 교회 안에서 예수 그리스도에 의하여 구원받아야 할 존재로 본다. 이것이 가톨릭 교회의 전통적인 신－그리스도－인간 관계 위에서 인간을 언급하는 기본 원리로 작용하고 있다. 일례로 <성교요리>는 아담과 하와가 범죄한 후에 "마귀의 종이자 천주의 원수가 되어 영혼과 육신을 상하"게 되었고, 영혼은 "성총을 잃어 명오가 어둡고 주장이 악하여 마음에 사욕이 있어 선을 행하기는 어렵고 악을 하기는 쉬운" 상태에 빠지게 되었다고 선언한다.[107] 그러므로 교회에서 삼위의 하느님의 이름으로 세례를 받지 않고는 영원한 생명과 복락을 누릴 수 없다는 것이다.

안중근 역시 신앙을 설득하면서 인간의 죄스러움을 간과하지 않는다. 그가 참회를 요청하는 것은 그 자신이 인간의 죄스러움을 직시하고 있다는 것을 말하는 것이다.[108] 하지만 그는 자신의 신앙 설득을 근원적으로, 인간의 부정적 측면에 기대어 전개하지 않는다. 그는 도리어 인간이 가장 존귀한 이유로서 혼의 신령함을 제시하고 바로 여기에 근거하여, 곧 효와 충을 실천할 인간의 근원적 역량에 근거하여 자신의 신앙 설득을 기획한다. 그에게서 인간이 하느님을 믿고 그분이 베푸시는 구원을 받아 누리는 것은 "근본을 보답하는 의리"에 다름 아니다.[109] 이런 틀 속에서 이해된 인간은 "천주님의 의자"로서 "현세를 도덕시대로 만들어 다같이

---

107) 『성교요리』, 552~3쪽. 이 작품은 "사욕"을 "자기와 외물을 사랑하는 편벽된 정"이라고 설명한다. 위의 책, 553쪽.
108) 『안중근의사자서전』, 24쪽 ; 19~20쪽 등 참조.
109) 위의 책, 18쪽.

태평을 누리다가, 죽은 뒤에 천당에 올라가 상을 받아 무궁한 영복을 함께 누리"도록 초대받은 존재들인 것이다.[110]

여기에서 두드러지는 것이 인간이 최고 존귀한 이유를 인간의 "혼의 영(魂之靈)"과 연결짓고 있다는 점이다. 그리스도교 신학에 익숙하지 않거나, 그리스도교 신학과 영성 전통에 몸담고 있다고 하더라도 그리스도교의 "영"의 차원을 깊이 이해하지지 못할 때, 영을 몸과 자연과 현세와 세계의 文과 物에 맞선 것으로, 상호 대립 관계에 있는 것으로 호도하거나 그렇게 알도록 주입하려고 하기 쉽다. 그러나 인간의 영혼이 하느님의 모상으로서 靈하다고 하는 것은 무엇보다도 먼저 하느님 이외에는 누구도, 부모와 황제, 임금이라도 다른 인간 존재를 궁극적으로 규정할 수 없다는 것을 의미한다. 이것은 곧 그리스도교의 인간 이해의 전통을 따라서 세계의 어떤 물질이나 이 세계 내의 어떤 관계도, 자기의 몸은 물론 부모까지도, 인간에게 근원적인 것이 되지 못한다는 것을 말한다. 인간에게 영한 혼을 무에서 창조하여 부여하실 수 있는 하느님만이 인간에게 근원적이고도 종국적인 기원이 되며, 오직 하느님만이 인간에게 직접 신령한 영혼을 부여하여 인간을 궁극적으로 인간이게 할 따름이라는 것이다. 이를테면 인간 혼이 영하다는 것은 인간이 靈하고 明하신 하느님을 닮았다는 것과 그 결과로 발생하는 인간과 하느님 사이의 관계 차원의 깊이를 설명하는 기능을 갖는다.

영혼과 하느님의 관계의 이 같은 직접성은, 이미 마테오 리치가 동아시아 사회에서 처음으로 명시적으로 피력하였듯이, 만민의 평등 인식과 직결되어 있기도 하다. 리치는 교회 안에서 모든 사람이 한 아버지이신 하느님의 자녀가 된다고 말하고 있다.[111] 또한 그는 세상 사람들 사이에서는 "비록 '임금과 신하,' '아버지와 아들'이라는 차별이 있지만," 만인

---

110) 앞의 책, 24쪽.
111) 『천주실의』, 429쪽.

의 아버지인 하느님 앞에서는 "평등하게 모두 형제가 될 뿐"이라면서, "이러한 인간 관계를 명백하게 이해해야" 한다고 천명한다.[112] 심지어 명말 그 계급 사회에서조차 리치는 "임금이든 공작이든, 천한 노예이든, 다 사람의 아들들"로서 하느님 앞에서 삶의 사회적 신분과 조건을 뛰어넘어 동등함을 천명하기도 한다.[113] 리치는 "인간의 마음은 … 자기 마음 밖의 권위는 필요로 하지 않는다"[114]고까지 선언하는데, 이것은 자립적 인격으로서 모든 인간이 하느님 앞에서 대등한 존재임을 확인한다.

하느님과의 직접성과 이에 따른 인간의 신령성에 관한 이 같은 선언이 갖는 의미는 종교적, 사회적, 문화적, 정치적 측면에서 다양하게 작용할 수 있다. 위에서 언급하였듯이, 이것은 하느님 이외의 일체의 것은 인간 존재와 부분적으로는 관계되지만, 절대적으로 관계를 갖는 것은 아니라는 것을 말한다. 인간 존재와 절대적 관계를 갖는 것은 오직 하느님뿐이라는 것인데, 이 선언은 인간은 누구나 이 세계의 그 어떤 물리적, 사회적, 정치적, 종교적 실체에도 매이지 않을 자유 존재성을 천부적으로 부여받았다는 것을 확인할 거점과 같은 구실을 한다. 대군대부로서 천주의 질서에 이 세계의 임금과 가군의 질서가 종속된다고 보는 천명 중심 천인관계론은 서학 수용층에서 현세 질서를 상대화할 매우 중요한 이념적 전거로 작용할 수 있었다.[115] 리치와 동일 선상에서, 그리고 정약종과 정하

---

112) 앞의 책, 412쪽.

113) 마테오 리치, 기인십 편, 송영배 역, 『교우론 스물다섯 마디 잠언 기인십 편』, 서울대학교출판부, 2000, 112쪽.

114) 『천주실의』, 385쪽.

115) 하느님=대부대군 인식은 실제로 차이나와 일본과 조선에서 모두 지배 세력에게서 상당히 격렬한 비판을 불러일으켰다. 이에 관해서는 황종렬, 『한국 초기 가톨릭 신앙인들의 '하느님의 집안' 체험』, 224~5쪽 ; 「마테오 리치의 적응주의 선교의 신학적 의의와 한계」, 『교회사연구』 20, 2003, 210쪽 이하 ; 「마테오 리치의 천−상제관에 대한 동아시아의 응답」 『한국종교연구』 6, 2004, 88쪽 이하 참조.

상과 더불어, 안중근이 피력한 "대부대군" 하느님관은 바로 이런 인간 이해에 근거해 있고 또 이 같은 평등 존재관을 생성시키고 있는 것이다.

이상에서 나타난 하느님의 모상으로서 인간의 존엄과 하느님 앞에서의 자유와 평등 사상은 리치를 비롯한 차이나의 선교사들을 통하여 조선에 전해지고, 조선 후기 가톨릭 신앙인들의 신앙 증거를 통하여 다시 안중근 일가에 이어지기에 이른다. 실제로 안중근은 자신의 역사에서 가톨릭 사상을 만난 이후의 생애 가운데서 "문명 독립국"이라든가 "민권 자유"116)라는 개념을 명시적으로 사용하면서 나라와 민족의 正道를 내다보고, 여기에 근거하여 불의를 겪는 이들의 편에 서며 나라의 위기를 극복하기 위한 투신으로 나아간다.117)

사상의 내용과 폭의 관점에서 볼 때, 19세기말 조선 사회에서 형성되기 시작한 개화파 사상가들에 비하여 안중근의 민권 자유 의식은 새로운 것도 아니고, 내용이 풍부한 것도 아니라고 할 수 있다. 오히려 이론 면에서 빈약한 면이 있다고 할 수조차 있다.118) 안중근의 민권 자유 사상

---

116) 『안중근의사자서전』, 41쪽과 53쪽 참조.

117) 위의 책, 32~40쪽에 전해지는 총대로서 옹진 군민과 이경주를 위하여 활동한 사례들과 교육 사업에의 투신과 무장 항일 투쟁의 여정 참조.

118) 개화파 인물의 민권과 자유에 관한 인식의 정도를 보여주는 연구로 이광린, 『한국개화사상연구』, 일조각, 1979 참조. 일례로 1889년에 탈고하여 1895년에 일본에서 출판한 유길준의 『서유견문』(채훈 역, 도서출판 신화사, 1983) 제3편, "방국의 권리"와 4편의 "인민의 권리," 정부의 시초와 종류와 치제에 관하여 다루는 5편, 그리고 정부의 직분에 관하여 다루는 6편 등을 보라. 예컨대 조선 말기에도 그리스도인들에게 가장 첨예한 관심사였다고 할 수 있는 종교 자유는 민권의 실현과 직결되어 있는데, 유길준은 그리스도인이 되기 15년도 더 전이었음에도 불구하고 4편에서 인민의 권리에 관하여 말하면서 명시적으로 종교의 자유를 다음과 같이 언급한다. "종교의 자유란 각자마다 마음으로부터 심취할 수 있는 종교에 따라, 귀의할 수 있는 종교에 따라 귀의할 수 있으나, 금지당하거나 방해를 받지 않으므로 너그럽고도 풍족한 이상세계로 돌아가 몸을 의지할 수가 있는 것이다. 종교의 통의란 종교에 귀의코자 하는 무리를 받아들이거나 유지하는 규칙을 마련함에 있어서 국가법률의 큰 벼리를 위배하지 않았을 때에

에서 나타나는 독자성은 그의 실천에 놓여 있지, 사상의 독창성이나 폭, 혹은 그 깊이에 있는 것은 아니라고 할 것이다.

그러나 그럼에도 불구하고 안중근의 민권 자유와 정의 인식에는 독자성이 자리잡고 있다. 그것은 바로 지금까지 살펴본 것과 같은, "영"을 매개로 한 천주교의 천 - 인 관계론에서 온다고 할 수 있다. 단적으로 말해서, 19세기말부터 형성된 개화파 사상의 주도자들과 안중근이 인간의 자유와 각 인격 주체들의 민권을 설명하는 방식이 모두 하늘, 천, 하느님과 연계되어 있다는 점에서는 상통한다. 하지만 개화파 인사들은 일반적으로 천에게 부여받은 인권, 곧 천부인권으로 자유와 생존권 등을 설명하는 것으로 그치는 데 비해서, 안중근은 그것을 "혼의 영"에서 비롯되는 것으로 구체화하고 있는 것이다. 이런 관점에서 우리는 안중근의 인간론을 결론적으로 "민족과 사회 현실에 개방된 종교적 인간론"으로 규정할 수 있을 것이다.[119]

3) 세계 : 현세와 내세의 단절을 넘어서

지금까지 보아 온 것처럼, 하느님과 인간이 만나는 장으로서 세계는 모든 교리서들의 핵심 주제 가운데 하나이다. 앞서 언급한 모든 교리서들도 당대의 가톨릭 세계관에 근거하여 현세에 관하여 논의한다. 그런데,

---

는 필요한 여러 가지 사무를 자주적으로 장악해서 처리할 수 있으며, 타인의 간섭을 전연 받지 않는다는 것을 가리킨다."『서유견문』, 103~4쪽. 종교 선택의 자유를 정부의 통치 행위와 연결지어 설명하는 위의 책, 126쪽 참조.

119) 안중근의 이 같은 "영" 중심의 인간론은 선교사들의 서학서들과 정약종과 정약용 형제의 작품들에 나타나는 "靈明" 존재관과 그 맥을 함께한다. 명말 이후 차이나에서 형성된 서학서들과의 접촉을 통하여 조선 후기 시대에 나타난 "영명" 존재관의 교류에 관해서는 황종렬, 「조선 후기 천주 신앙운동의 대안적 성격 - 정약용의 영명 존재관을 중심으로」『부산교회사보』44, 2004, 29~51쪽 참조.

이미 위에서 인간에 대하여 진술하는 관점과 관련하여 시사되었던 것처럼, 당대 가톨릭 교회의 일반적 세계관은 몸과 자연과 여성에게 폭력적인 형태의 이원론의 틀 위에 놓여 있었다. 그리하여 아담과 하와의 불순명 이후 현세가 죄에 물든 것으로 인식하면서, 이 세계가 인간의 구원에 장애가 되는 것으로까지 보기도 했다.

당대 가톨릭 교회가 갖고 있던 기본 세계 인식을 단적으로 드러내 주는 것 가운데 하나를 三仇 교설에서 볼 수 있다. 이것은 육신과 세상과 마귀를 적대한다는 것이었는데,[120] 이것은 육신과 세상을 마귀와 같이 원수로 본다는 것을 말하는 것이다. 예컨대 <성교요리문답> 가운데 견진 성사를 설명하면서 그 목적을 삼구에 맞설 사명과 연관지어 이렇게 진술한다. "견진을 영한 후는 곧 예수의 군사가 되니 반드시 마땅히 세상의 간난을 참아 받고 삼구를 굳세게 대적하여 차라리 괴로움과 능욕을 받아 죽기에 이를지언정 감히 신덕을 배반하고 大主를 끊어버리지 못한다."[121]

---

120) 삼구설이 이미 마테오 리치의 두 핵심 저서인 『천주실의』와 『기인십편』에 소개되어 있다. 『기인십편』 8편에서 천당을 설명하면서 현세의 인간 처지를 세 원수에 직면해 있는 것으로 집약한 적이 있다. 그 첫째가 자기 몸이고, 둘째는 세속이며, 마지막으로 마귀를 원수로 들었다. 『기인십편』, 289쪽. 리치는 물론 몸이나 현세 자체를 거부하지는 않는다. 『천주실의』, 263~4쪽과 『기인십편』, 290쪽 참조. 이것은 스콜라 신학에서 이미 창조계의 존재 성격과 관련하여 일정하게 합의에 도달했던 것으로서, 창조계가 하느님에 의하여 창조된 한에는 그 것이 자체로 악하지 않다는 것이다. 『천주실의』, 254쪽과 421쪽 참조. 하지만 그는 예컨대 힐데가르트(1098~1179년)와 같은 인물들이 보인 것과 같은 즐거운 영성, 몸을 돌볼 줄 아는 영성을 단순히 말하지 않은 것만 아니라 그런 영성 비전을 갖추지 못한 것으로 보인다. 이런 세계 인식을 전제로 리치가 피력하는 영혼론은 당연히 이원론의 굴레 속에서 신학적으로도 영성적으로도 일정한 제약을 드러낼 수밖에 없는 것이 현실이다. 그런데 리치가 드러내는 이 같은 일방성은 특히 비판적 성찰 능력이 부족한 사람들에게 주입될 때 신학과 영성에서, 그리고 사목에서 문제를 증폭시킬 수 있다.

121) 『성교요리문답』, 127~8쪽.

하지만 안중근은 이 세상을 단순히 종교적 관점에서 죄로 물든 세상
으로, 그리하여 하느님에 의하여 단죄된 상태에 있으며 따라서 기피되어
야 하는 대상으로 인식되는 데서 그치지 않는 듯이 보인다. 예컨대 그는
한편으로 현세를 헛된 것이라고 하면서도[122] 현세의 개명과 태평과 나라
의 독립을 기원하고 또 이를 위하여 자신을 바친 인물이다.[123] 그는 감
옥에서 후세를 내다보며 자신의 역사를 남겼고, 사형 선고를 받고 죽음
을 앞둔 상태에서도 "동양평화"에 관한 비전을 저술하기 위하여 자신의
사형일을 늦추어 줄 것을 청하였던 인물이다.[124]

특히 안중근 그는 자신의 선포 가운데 마지막으로 이유를 밝히면서
현세를 도덕 시대요 태평 시대로 이루어 갈 과제와 사명을 명기하면서
(善生), 현세 도피적이고 내세 구복적인 신앙관을 극복할 비전을 제시한
다. 이것은 그가 신앙과 사회 살이를 분리시키지 않고 회통시키고자 하
는 관심을 갖고 있다는 것을 말한다고 할 것이다. 그러면서도 그는, 이런
토대 위에서, 후세에 천당에서 "영복"을 공유할 것을 권유한다(福終). 이
런 면에서 그가 천당과 지옥을 말하고 영복과 영고를 말하는 이유는 단
순히 내세 구복을 위한 것이나, 다른 종교에 대한 단죄나 교세 확장이
아니라, 하느님의 정의 앞에서 받을 진정한 구원 향유의 설득에 놓여 있
는 것이다. 이를테면 안중근의 선포에서는 현세와 내세가 서로 단절되어
있기보다는 상호 소통되는 구조가 자리잡고 있고, 신앙 곧 구원, 불신 곧
지옥과 같은 식으로 대립 구도가 앞세워지지 않는다. 오히려 여기서는
예수를 따르는 선의 실천을 천당과 영복에 이르는 길로, 그리고 불선과
위선의 신앙 행위를 지옥과 영고에 이르는 길로 대비시키는 善生福終의
레토릭을 발생시키고 있는 것이다.

---

122) 『안중근의사자서전』, 20쪽과 『한국독립운동사』 자료7, 529, 531쪽 등 참조.
123) 조광, 『안중근의 애국계몽운동과 독립전쟁』, 65~93쪽 참조.
124) 『안중근의사자서전』, 114~5쪽.

이런 관점에서 내세사상이 개인의 구원주의나 그리스도교의 종교적 우월, 혹은 제국주의적 식민지배를 도모하는 이념적 도구로 쓰이는 것만이 아니라는 사실을 주목할 필요가 있다. 안중근에게서 내세사상은 오히려 하느님이 부여하신 축복의 구조, 영의 구조, 상생과 정의의 구조를 파괴하는 불의와 폭력을, 그것이 정치나 종교의 어떤 세력에 의하여 자행된다고 할지라도, 질문할 수 있는 준거의 역할을 수행할 수 있다. 내세사상의 요체를 이루는 하느님의 정의에 따른 상선벌악관은 그야말로 정치적이거나 종교적인 일체의 현세 질서를 상대화하고 더 높은 가치를 질문할 거점으로 작용하기 때문이다. 이런 전망에서는, 특히 이토를 저격한 이후 감옥에서 쓴 시점을 기준으로 할 때, 그의 천당 지복 사상은 하느님의 영원하고 완전한 정의 앞에서 생명의 질서를 보존하는 참된 도덕 시대, 태평 시대를 설득하는 호소와 초대의 언어로 작용하고 있기까지 한 것이다.[125]

이런 관점에서 안중근은 자신의 선포를 통해서는 물론 민족을 위한 자신의 교육과 무장 투쟁 여정을 통하여, 하느님과 인간의 孝忠 관계에 근거해서, "善生福終"과 도덕 태평 시대와 영복 공유를 설득하고자 하였다고 말할 수 있다. 그에게서는 종교·정치적이고, 정치·종교적인 통합적 비전 위에서 현세가 거부되는 것이 아니라, 현세의 질서화(문명 개화와 도덕, 태평 시대, 그리고 자주 독립과 동양 평화)를 도모하면서 동시에 이를 넘어서서 영복을 구현할 것을 설득하고 예비할 장으로 이 세계가 자리잡고 있는 것이다. 그러므로 이제 종교를 정치에서 소외시키거나

---

125) 안중근은 감옥에서 "極樂," "天堂之福永遠之樂" 등 종교 비전이 담긴 글씨들도 남긴 것으로 전해진다. 「유묵집」『의사안중근』신성국역 편, 지평, 1999, 231, 243쪽 참조. 하지만 안중근의 신앙과 민족의식의 통합 비전에 근거할 때 위의 유묵 작품을 지나치게 종교적인 것으로 해석하면서 이 말에 내포되어 있을 사회─정치적 차원을 몰각하거나 소외시키는 행태는 안중근의 투신에 대한 왜곡을 유발시킨다고 할 것이다.

정치를 종교에서 소외시키는 형태의 안중근 연구는 철저하게 지양되어야 할 것이다.

5. 맺음말: 안중근의 신앙과 민족애의 통합을 기리며

기림은 그림과 기다림에서 비롯된다. 기리는 자들은 기려지는 것의 구현을 꿈꾼다. 그러므로 기려지는 것의 실현에 대한 그리움과 기다림 없이 기림은 존재하지 않는다.

여기, 기다리는 사람이 있다. 집을 떠난 아들을 기다리다가 달려나가 그를 맞는 아버지를 상상해 보라. 저 달음박질이 그리며 기다린다는 것의 의미이다. 나이가 멈추게 하지 않는다. 위신이 멈추게 하지 않는다.

돌아온 탕자를 맞이하는 부모를 닮으라. 하느님을 닮아 달리라. 의를 향하여. 사랑을 향하여. 이것이 그리며 기다린다는 것의 의미이다. 예수 께서는 하느님이 일하시니 자신도 일한다고 말씀한 적이 있는데, 저 아버지가 달리시니, 우리도 달린다. 그럴 때만이 기림이 아름다워질 뿐이다. 다시 말하자면, 의를 향하여, 사랑을 위하여 정진할 줄 모르는 한, 그런 사람들에게서는 진정한 기림은 발생하지 않는다. 그들에게서 도모되는 일체의 기림은 부패를, 추함을 낳을 뿐이다.

그렇듯이 안중근의 신앙과 민족애의 통합을 기린다는 것은 그의 공적을 예찬하고 기념식을 거행하고 하는 수준에서 말 수 있는 것이 아니다. 그것은 기만이다. 누리는 자들의 오만과 폭력의 산물일 수 있다. 안중근을 말하면서 도도하고 교만하며 나태한 사람들은 안중근을 왜곡하는 것이고 이용하는 것이고 팔아먹는 것일 수 있다. 안중근이 바라는 것은 그를 높이는 것이 아니라, 그의 정신을 자기의 삶의 자리에서 다시 육화시켜 가는 것이다. 이 일을 할 수 없으면, 할 수 없다고 말하는 정직함이 필요하다. 그렇지 않을 때, 그런 집단이나 그런 인물들은 안중근을 팔고 말 것이고, 종국에는 안중근을 다시 목 조르게 될 것이다.

우리는 안중근을 기리기 위하여 이 학술 모임을 나누고 있다. 그런 우리에게 제기되는 물음은 매우 단순하다. 안중근이 바랐던 그 의의 세계, 하느님의 정의와 평화의 세계를 향하여 우리는 정진하고 있는가? 이 것이 그것이다. 이에 나는 안중근과 같은 신앙을 이어 살고 있는 한 그리스도인으로서 오늘 한국 교회가 직면한 사명을 돌아보면서 이 나눔을 마무리하고자 한다.

오늘 한국 교회가 직면한 과제는 크게 다섯으로 집약할 수 있을 것으로 본다.

첫째는 교회의 자기 쇄신이다. 진정한 하느님의 정의를 이루는 과정에서 교회의 자기 복음화를 통하여 끊임없이 교회 내의 정의를 신장시켜 가야 할 것이다.

둘째, 우리 교회는 그리스도 영성 전통과 동아시아의 삶과 사상 전통을 통합하여 이 시대에 부합하는 형태로 생태 영성을 익혀서 체화하며 그것을 일상에 육화시킬 사명이 있다. 이 과정에서 안중근 당대에는 아직 주제화되지 못한 측면이 있는 자연과 우주의 복음화 차원, 지구와 태양계, 우주를 하느님의 정의의 주체요 대상으로 확장하면서 이것들을 하느님의 집안으로 포용하는 새로운 지평 형성이 요청된다.

뿐만 아니라, 과거 안중근이 돈의와 삼흥 학교를 통하여 그렇게 하였던 것처럼 하느님의 집안의 바른 미래를 위하여, 그리고 사회 복음화의 참기초와 사회의 바른 경영의 토대를 구축하기 위하여 교육을 정상화하는 데 헌신할 과제가 있다.

이와 더불어 참독립의 미완성 상태에 있는 분단의 현실에서 민족의 화해와 일치를 위하여 참 중개자 그리스도의 역할을 닮아 헌신할 수 있어야 할 것이다. 이것이야말로 안중근이 가슴에 품었던 독립의 꿈을 바르게 구현하는 正道가 될 것이다.

마지막으로 우리 교회는 하느님의 집안의 일치를 민족적 연대를 통하여 구현하는 가운데, 동아시아 사회와 세계의 평화를 하느님의 정의에 뿌리를 둔 진정한 복음화와 통합하여 구현해 갈 과제를 갖는다. 또 이때에야 비로소 안중근이 이미 내다보았던 것처럼 우리 조국의 진정한 독립도 보다 더 확고하게 실현할 수 있게 될 것이다.

이런 과제들 앞에서 우리는 안중근에게서 무엇보다도 신앙과 민족애, 세계애를 배울 수 있을 것이다. 그의 신앙과 민족 의식의 통합과 아시아의 평화 정신을 계승하고 발전시켜 가는 흐름이야말로 이 시대 한국 가톨릭 교회의 신앙 살이 방식을 보다 더 건강하게 구축해 가는 데 기여할 것으로 믿는다. 이 과정에서 특히 평신도 사도직의 전망을 새롭게 열어 젖힌 선구자로서 그의 신앙 실천과 민중, 민족 사랑은 시민인 동시에 그리스도인으로 오늘을 살아가는 모든 이들에게 소중한 자산이 되어 주리라고 확신한다. 안중근의 선포 진술에 나타난 실천적 구원 중심의 신-인-세계 이해를 돌아본 이 연구가 그러한 신앙 실천을 기획하고 구현해 가는 데 일조할 수 있다면, 그보다 더 큰 보람이 없을 것이다.

마지막으로, 나는 기억한다. 실패에도 불구하고 세상에 내려와 소리도 없이 냄새도 없이 언제나 어디서나 예외없이 살피고 계시는 하느님에 대한 믿음을 지켜간 정약용을. 또한 오늘의 주인공으로서, 고독하게 형장에서 죽어가면서도 하느님의 정의의 날을 대한 독립의 그날로 희망했던 안중근을 나는 기억한다. 이들이 저 믿음과 희망을 지탱해 갈 수 있게 한 것은 이들이 민족 생명의 길로 가슴에 품었던 천주신앙이었다.

이들이 실패한 까닭은 민중과 연대를 형성하는 데 실패하였다는 데에서 찾을 수 있을 것이다. 그러나 후대에, 우리 시대에 마침내 저들의 믿음과 희망의 바탕인 천주신앙이 민중과 만나서 새롭게 작용하기 시작하였다. 그 작용의 단서를 제공한 주체들이 지학순 주교와 그를 사랑하는 신도와 민중이었다. 정의구현전국사제단은 1974년 지학순 주교 사건을 계기로 안중근이 품었던 신앙과 민족애의 통합 전망을 민중과 함께, 민족의 역사 안에서 구현해 가기 시작하였다.

이들의 운동 그 바탕에 정의이신 하느님에 대한 믿음과 희망과 사랑이 자리잡고 있다. 사랑이신 하느님의 증거자 예수 그리스도의 인류 섬김과 사랑에 대한 추종이 자리잡고 있다. 안중근의 통합적 신앙 비전과 실천을 계기로 하느님의 저 정의의 물결이 교회와 민족 사회 안에서 민족과 함께 민중과 함께 민주의 정신으로 보다 더 역동적으로 구현되어 갈 수 있게 되기를 기원한다.

참고문헌

마테오 리치, 『천주실의』, 송영배 외 역, 서울대학교출판부, 2000(1999).

마테오 리치, 기인십 편, 송영배 역, 『교우론 스물다섯 마디 잠언 기인십 편』, 서울대학교출판부, 2000.

서종태, 「정약종의 <주교요지>에 대한 문헌학적 검토」『주교요지』상, 국학자료원, 2003.

서종태 편, 『주교요지』 상·하, 국학자료원, 2003.

성교요리문답, 『한국교회사연구자료』 제15집 제2권, 1985.

성교요리(필사본), 『한국교회사연구자료』 제15집 제2권.

성교백문답, 『한국교회사연구자료』 제15집 제2권.

신성국역 편, 『의사안중근』, 지평, 1999.

신용하, 「안중근 사상과 국권회복운동」『안중근(도마)의사 추모자료집』, 천주교 정의구현전국사제단편, 1990.

안중근, 「동양평화론」『안중근유고집』, 신용하 편, 역민사, 1995.

안중근, 『안중근의사자서전』, 이은상 역, 안중근의사기념관, 1993(1990).

유길준, 『서유견문』, 채훈 역, 도서출판 신화사, 1983.

윤경로, 「안중근 사상연구─의병론과 동양평화론을 중심으로」『안중근(도마) 의사 추모자료집』.

윤병석 편, 『안중근 전기전집』, 국가보훈처, 1999.

이 전, 『안중근혈투기』, 안중근전기전집.

정하상, 『상재상서』, 윤민구 역, 성황석두루가서원, 1999.

조 광, 「안중근의 애국계몽운동과 독립전쟁」『교회사연구』 9, 한국교회사연구소, 1994.

차기진, 「안중근의 천주교 신앙과 그 영향」『교회사연구』 16, 2001.

최석우, 「안중근의 신앙과 애국심」『안중근(도마)의사 자료집』, 정의구현전국사제단편, 1990.

판토하, 『칠극』(1798년, 알렉산델 구베아 주교 감준판).

『한국독립운동사』 자료6, 국사편찬위원회, 1976.

『한국독립운동사』 자료7, 국사편찬위원회, 1978.

황종렬,『신앙과 민족의식이 만날 때-안중근 토마스의 이토 히로부미 저격에 관한 신학적 응답』, 분도출판사, 2000.

황종렬,「한국 초기 가톨릭 신앙인들의 '하느님의 집안' 체험: 역사와 조직신학의 대화」『한국천주교회사의 성찰』, 최석우신부 수품 50주년기념 논총 2집, 한국교회사연구소, 2000.

황종렬,「마테오 리치의 적응주의 선교의 신학적 의의와 한계」『교회사연구』20, 2003.

황종렬,「마테오 리치의 천-상제관에 대한 동아시아의 응답」『한국종교연구』6, 2004.

황종렬,「조선 후기 천주 신앙운동의 대안적 성격-정약용의 영명 존재관을 중심으로」『부산교회사보』44, 2004.

한국교회사연구소 편,『황해도천주교회사』, 1984.

안중근의 정치사상

오 영 섭*

1. 머리말

주지하듯이 안중근(1879~1910)은 근대화와 자주화를 시대적 과제로 삼았던 한국근대사를 상징하는 인물이다. 그는 조국이 일제의 식민지로 전락해가는 암울한 시대상황을 극복하고자 자신의 일신을 민족운동의 제단에 아낌없이 바쳤다. 그의 생애는 1907년 8월 해외 망명을 기준으로 크게 전기와 후기로 갈라진다. 전기에 그는 학교운영·학회활동·국채보상운동·회사운영 등 애국계몽운동을 통해 국권회복을 이루려 하였다. 후기에 그는 항일의병운동·하얼빈의거 등 직접적 무력 투쟁을 통해 일제에 타격을 입히려 하였고, 체포·투옥된 후에는 일제 관리들을 상대

* 연세대학교 연구교수

로 한국독립의 정당성을 역설한 이른바 공판투쟁을 펼쳤다. 또한 그는 여순감옥 안에서 자서전 『안응칠역사』와 자신의 평화사상이 집약되어 있는 「동양평화론」을 집필하였다. 이로써 안중근은 한국의 독립과 동양의 평화를 위해 분투했던 인물로 영원히 기억되고 있다.

한국민족운동사에서 점하는 위상에 걸맞게 이제까지 안중근의 생애와 사상에 대해서 상당한 연구가 쌓였다.[1] 그렇지만 기존 연구에는 여러 가지 중요 문제들이 아직 충분히 해명되지 못했거나 혹은 미해결의 상태로 남아있다. 그런 것들로는 황해도 신천 일대에서의 활동상, 뮈텔주교에게 거부당한 대학설립운동의 시기와 성격 문제, 『안응칠역사』에 나타난 천주교 신앙논리의 출처와 성격 문제, 망명 후 간도 일대에서의 활동상, 하얼빈의거와 관련하여 서북학회와의 연관성 문제, 참모중장이라는 직함을 내려준 金斗星의 실체 문제, 국권회복을 통해 건설하려던 정치체제의 형태 문제, 이른바 단지동맹의 공식 명칭과 참여자수 및 참여인물 문제, 하얼빈의거와 관련하여 대동공보사 임원들의 역할 문제, 『공립신보』를 통한 민주 정치사상의 수용 문제, 하얼빈의거에 미친 이진룡(李錫山)의 영향 문제 등등을 우선적으로 들 수 있다. 그런데 이중에서 가장 중요한 문제인 동시에 논쟁점으로 남아있는 문제는 바로 안중근의 정치체제 구상 문제이다.

안중근이 어떠한 형태의 국가를 구상했는가 하는 점은 그의 생애와 사상을 이해하는데 매우 중요하다. 다시 말해 정치체제 구상 문제는 안중근의 정치사상의 핵심적 사항이다. 이에 관해 현재 학계에서는 세 가지 주장이 엇갈리고 있다. 첫째는 대한제국의 고종황제를 상징체 이상으로 인식하고 있었음에도 불구하고 입헌적 정체사상을 지니고 있었다는

---

1) 이제까지의 안중근 연구에 대해서는 조광, 「안중근 연구의 현황과 과제」, 『한국근현대사연구』 12, 2000 ; 신운룡, 『안중근의 민족운동 연구』, 한국외국어대학교 사학과 박사학위논문, 2007.8, 참고문헌.

주장,[2] 둘째는 천주교에서 영향 받은 자유민권사상에 근거하여 대한제국의 군주제를 강하게 비판하고 민주공화제를 구상했다는 주장,[3] 셋째는 전제군주제와 독립을 유지하면서 세계사의 흐름에 뒤처지지 않기 위해 사회개혁을 추진해야 한다는 생각을 갖고 있었다는 주장[4] 등이 그것이다. 이런 주장들은 안중근의 정치체제 인식을 이해하는데 유익한 도움을 주고 있지만, 아직은 안중근의 정체 인식을 소상히 드러내지 못했다는 느낌을 주는 것도 사실이다.

아래에서는 안중근의 민족운동과 독립사상의 구조적 이해를 위한 선결적 과제인 정체인식 문제를 알아보려 한다. 안중근은 언설이나 저작에서 정치체제 문제를 논급한 적이 별로 없다. 게다가 드물게 남아있는 정치체제 관련 사료들조차 논리적 정합성과 일관성이 떨어지는 문제점이 있다. 이는 안중근 스스로가 정치체제 문제에 대해 확고한 주견을 갖지 못했음을 보여주는 것이다. 따라서 여기서는 안중근의 정치사상의 한계성을 감안하면서 그의 정체인식을 다각도로 살펴보려 한다. 이로써 안중근이 벌인 독립운동의 근저에 놓인 정치적 지향성의 실체가 밝혀지기를 기대한다. 다만 여기서는 안중근의 주장과 입장을 가급적 당대의 역사적 상황이나 조건과 결부시켜 이해함으로써 기존의 호의적인 안중근 연구와 차별성을 유지하려 한다.

---

2) 윤경로, 「사상가 안중근의 생애와 활동」『한국근대사의 기독교적 이해』, 역민사, 1992, 317~318쪽.
3) 한상권, 「안중근의 국권회복운동과 정치사상」『한국독립운동사연구』 21, 제3장, 2003, 66~83쪽.
4) 신운룡, 『안중근의 민족운동 연구』, 한국외국어대학교 박사학위논문, 2007.8, 115~119쪽.

2. 정체인식 형성에 영향을 미친 요인들

안중근의 정치체제 인식문제를 연구할 때에 가장 어려운 점은 대략 세 가지를 들 수 있다. 첫째, 안중근의 정치체제 인식을 알려주는 자료가 매우 부족하다는 점이다. 피체·투옥된 후에 안중근은 『안응칠역사』· 「동양평화론」과 공판기록(심문기록·재판기록) 등을 남겼으나 거기에는 정치체제 문제에 대한 직접적 언급은 거의 없는 편이다. 둘째, 시간과 사건의 흐름에 따라 안중근의 사상과 독립방략이 변화·발전의 과정을 겪었다는 점이다. 셋째, 현존하는 안중근 관련 자료들의 거의 대부분은 그의 사고수준이 최고조에 달했을 때에 생산된 것이라는 점이다. 이는 안중근이 자신의 활동과 사상을 설명할 때에 한층 진보된 인식체계를 동원하여 과거의 사건과 생각들을 윤색·가필했을 것이라는 추정이 자연스럽게 나온다. 따라서 안중근의 정치체제 인식의 전모를 제대로 파악하기 위해서는 그의 사상 형성에 영향을 미친 중요 요인들을 차근차근 따져보는 새로운 방법론을 동원할 필요가 있을 것이다.

동양 3국의 항구적인 평화를 역설한 「동양평화론」을 제외하면, 안중근은 자신의 사상이 집약된 체계적인 저작을 남기지 않았다. 바꾸어 말하면 이것은 안중근이 정치체제 문제에 대해 분명한 인식이나 생각을 지니지 못했던 것은 아닌가 하는 의문이 들기도 하는 대목이다. 그렇기 때문에 그의 정치론의 전모를 파악하는 것은 힘든 작업이다. 그럼에도 현재 남아있는 저술에는 안중근의 정체 인식의 형성을 알려주는 구절들이 담겨 있다. 그러한 대목으로서 비중 있게 거론할 만한 것으로는 ① 서적·잡지·신문의 영향, ② 서양선교사와 기독교의 영향, ③ 정치적 사건이나 국제전쟁의 목도 등을 꼽을 수 있다. 이러한 다양한 요인들이 복합적인 상승작용을 일으켜 안중근의 정체관이 형성되었던 것으로 보인다. 아래에서는 이상 3가지 요인들을 하나하나 따져보면서 안중근의 정체론관 정립문제를 다각도로 짚어보려 한다.

1) 서적 · 잡지 · 신문

서적 · 잡지 · 신문 등 활자의 영향이다. 안중근은 이론가형이 아니라 행동가형에 속하는 인물이기 때문에 평생 공부를 소홀히 하였다. 자서전에서 그는 "글은 이름이나 쓸 줄 알면 된다"고 말하며 무력을 중시했던 중국 고대의 영웅 항우의 고사를 매우 흠모하고 있었다.5) 또한 잘 알려진 것처럼 그는 자신이 평생에 걸쳐 즐겨한 것으로서 "친구와 의를 맺고, 술을 마시고 노래하고 춤추며, 총으로 사냥하고, 날랜 말을 타고 달리는 것"을 들었을 정도로 사냥 · 사격 · 음주 · 친교를 중시했던 호걸풍 내지 협객풍의 인걸이었다.6) 이처럼 학문에 소홀했던 안중근도 일반 민초들의 처지와 비교했을 때에는 지식인에 속한다고 볼 수 있다. 이는 그가 자서전을 비롯한 문적들을 다년간의 문장 수련이 필요한 한문으로 남겼다는 점, 당시에 유행하던 책이나 신문 · 잡지를 손에 잡히는 대로 읽었다는 점을 감안할 때에 그러한 결론이 나온다.

짧은 생애 동안 행동가로 일생을 살다간 안중근은 많은 문적을 섭렵하지는 못하였다. 그의 독서 수준은 당대의 지식인에 비해 한참 낮은 것이었다. 언설 · 저술 · 유묵을 통해 안중근이 읽은 것으로 확인되는 도서들로는 아동용 한문책인 『천자문』 · 『동몽선습』 · 『논어』를 비롯한 四書 정도의 초보적 유교경전, 당나라 시인들의 시문모음집 『唐音』, 중국 고대의 역사책인 『통감절요』의 앞부분, 『主敎要旨』 · 『七克』을 비롯한 조선인이 저술 · 번역한 천주교 서적, 갑오경장 이후 학부 편집국이 간행한 『조선역사』 · 『만국역사』 · 『태서신사』 등을 들 수 있다.7) 그리고 자서

---

5) 안중근, 『안중근의사자서전』, 안중근의사숭모회, 1979, 22~23쪽.

6) 『안중근의사자서전』, 36쪽.

7) 『한국독립운동사 자료』(이하 『독운 자료』로 줄임) 6, 국사편찬위원회, 1968, 55,

전과 공판 투쟁에서 자주 언급한 만국공법에 관한 책을 읽었는지는 분명치 않으나 안중근은 심문조서에서 "만국공법을 알고 있다"고 말하였다.[8] 이상의 책들은 크게 보아 전통적 한학 서적, 개화기에 나온 개화자강서, 종교 서적으로 구분된다. 이중에서 한문책들은 20세 이전에 배웠고, 갑오경장 이후에 나온 국한문이나 한문으로 쓰인 개화자강서와 천주교서적은 20세 직전 경부터 읽었다.

안중근이 읽은 책 중에서 정치체제 인식문제와 관련된 책은 한학서적과 개화자강서이다. 그런데 한학서적에는 두말할 것도 없이 군주제를 떠받치는 유교사상의 근왕논리를 당연시하는 입장이 나타나 있다. 이에 반해 개화자강서에는 만국의 역사와 정치체제를 설명하면서 입헌군주제나 공화정체를 택하고 있다는 설명이 부기되어 있다. 예컨대, 학부 편집국이『만국지리』와 한 쌍으로 출판한『만국역사』에는 구미 각국의 역사를 설명하면서 그 나라의 정치체제가 군주제인지 민주제인지를 곁들여 논급하였다.[9]『태서신사』의 제1권 제12절에는 미국 인민이 덕이 있는 자를 공천하여 인군을 삼아 민주국을 수립했고, 제26절에는 불란서 인민들이 국왕이 국회의 법률을 위반했다 하여 체포하여 사형을 집행했으며, 제6권 제1절에는 "지금 민주국은 그 나라를 창시할 때에 영·덕·미 제국인이 다 이르기를 백성은 나라의 근본이라. 백성이 편치 아니하고 나라가 편안함을 보지 못한다"고 기술하였다. 그리고 대한제국기에 유행한『공법회통』에는 범례에서 "군권이 무한한 나라는 군주국이며, 군권이 유한한 나라는 民政國이다"고 규정하여 군주국과 민주국의 구별을 분명히 하였다.[10] 따라서 안중근은 이러한 서책들을 훑어보며 군주제와 민주정

169쪽. 그는 또 일본근세사를 읽었다고 했는데, 단행본을 읽은 것인지『만국역사』의 일부분을 읽은 것인지 잘 알 수 없다.

8)『독운 자료』6, 170~171쪽.

9) 예컨대,『만국지지』에서 화란(네덜란드)의 경우 "정체는 立憲君主의 정치라"라 하였고, 불란서의 경우 "정체는 共和政治라"고 하였다.

체의 차이와 특성을 파악했을 것이다.

문헌을 통해서 볼 때에 안중근이 읽은 잡지는 『대한자강회월보』가 유일하다. 자서전에 의하면, 안중근은 을사조약 직전쯤에 "날마다 신문과 잡지와 각국 역사를 상고하며 읽으면서 이미 지나간 과거나 현재나 미래의 일을 추측했다"고 하였다.[11] 그런데 이때 읽은 잡지가 어떤 잡지인가는 분명히 알 수 없다. 1909년 11월 27일 일본 경시의 심문에 대해 안중근은 "대한협회에 입회한 일은 없다. 동회의 전신인 자강회 시대에 있어서 동회의 회보는 늘 열독하고 있었으나 입회한 일은 없다"고 하였다.[12] 이를 보면 안중근은 1906년 7월부터 1907년까지 발간된 『월보』를 '늘 열독하며' 많은 지식을 얻었음에 틀림없다.

정치체제 인식문제와 관련해 『대한자강회월보』는 안중근에게 상당한 영향을 미쳤을 것이다. 예컨대, 『월보』 제3호에서는 "황실의 흥망을 국가의 흥망으로 말하는 것은 국가 본의에 어두운 소치다. … 토지와 인민이 타국에 귀속되지 않는다면 황실 변역과 정체 변역만으로는 국가가 망한다고 말할 수 없다"며 황실과 국가를 분명히 구분할 것과 집권세력과 정치체제의 변혁을 국가 자체의 멸망으로 인식해서는 안 된다는 주장을 하였다.[13] 제5호에서는 전제정치와 입헌정치를 대비하면서 "입헌정치의 정수는 君民 同體와 상하 일치로 만기를 공의에 의하여 결행하는데 있으며 그 운용하는 기초는 국민 다수의 선량한 公黨 公會에 있는 반면, 전제정치의 특색은 군권 무한이며 민권 부진이며 상하 이반이며 專權 억압으로 그 운용하는 기관은 귀족관료가 군주를 둘러싸고 私黨에 있다"며 군

---

10) 학부 편집국, 「범례」『公法會通』, 1896 ; 학부 편집국 편, 『티서신스』 상, 제 1~6권, 1897.
11) 『안중근의사자서전』, 96쪽.
12) 『독운 자료』 7, 398쪽.
13) 海外 遊客(尹孝定), 「國家 及 皇室의 分別」『대한자강회월보』 3, 1906.9, 55~ 56쪽.

민이 일체하고 상하가 일치된 상태에서 애국심, 즉 국민적 사상이 발휘된다고 주장하였다. 나아가 일본이 입헌주의를 채택하고 러시아가 전제주의를 채택했기 때문에 러일전쟁에서 이미 승패가 갈렸다고 하였다.[14] 이와 같은 『월보』의 정치체제 관련 논설들은 안중근이 그러한 내용들을 수용했는가의 문제와는 별개로 그의 정체론 형성에 일정한 영향을 미쳤음에 틀림없다.

국내외에서 활동하는 동안 안중근은 신문을 부지런히 읽었다. 현실인식과 국제정세의 대부분을 당시 신문에서 흡수했다고 말해도 과언이 아닐 만큼 안중근은 신문을 주의 깊게 읽었다. 앞서 말한 것처럼, 안중근은 러일전쟁 막바지에 시대의 진운을 파악하기 위해 신문을 열독하였다. 또한 "그대는 한국의 과거·현재·장래에 대해 정치사상을 갖고 있는 것 같은데 그것은 타인으로부터 들은 것인가 또는 신문에 의하여 안 것인가?" 라는 일제검찰관의 심문에 대해, 안중근은 "타인으로부터 들은 것은 아니다. 한국에서 발행하는 『대한매일신보』·『황성신문』·『제국신문』, 미국에서 발행하는 『공립신보』, 또 블라디보스톡에서 발행하는 『대동공보』 등의 논설을 읽고 위와 같은 생각이 들었다. 내가 가장 많이 읽은 것은 『대한매일신보』·『황성신문』이며, 기타는 약간 보았다" 고 하였다. 또한 이상의 신문들을 언제부터 읽었는가 라는 물음에 대해 "5~6년 또는 3~4년 전부터 신문이 손에 들어옴에 따라 읽고 있었다. 계속 열독하고 있지는 않았다"고 하였다.[15]

위의 공술을 정리하면, 안중근은 ① 러일전쟁 전후부터 신문을 읽기 시작했으며, ② 국내에서 발행된 『대한매일신보』·『황성신문』·『제국신문』과 해외에서 발행된 『공립신보』·『대동공보』 등을 읽었으며, ③ 그중 가장 많이 읽은 신문은 『대한매일신보』·『황성신문』이며, ④ 이들

---

14) 尹孝定, 「專制國民은 無愛國思想論」 『대한자강회월보』 5, 1906.11, 18~22쪽.
15) 『독운 자료』 6, 5~6쪽.

신문들을 열독하지는 않고 입수되는 대로 읽었음을 알 수 있다. 이 중에 서 안중근의 현실인식 형성에 가장 큰 영향을 미친 신문은 『대한매일신 보』과 『황성신문』이며, 안중근의 정체 인식에 영향을 미쳤을 가능성이 큰 신문은 『공립신보』이다. 다시 말해 안중근의 사상에 엿보이는 사회진 화론·인종경쟁론과 러일전쟁 당시의 친일적 입장 등은 모두 국내의 애 국신문으로부터 영향을 받은 것이다. 그리고 일제검찰관의 심문에 대한 공술에서 대한제국의 군주제의 문제점을 약간 지적하는 정도의 정체 인 식을 보인 것은 역시 약간만 읽었다고 주장한 『공립신보』과 같은 신문의 영향 때문일 것이다.

안중근이 약간만 읽었다고 말한 『공립신보』은 국내외에서 발간된 여 러 신문 중에서 정체 인식 면에서 가장 앞서갔던 신문이었다. 이 신문은 미국에서 간행되었기 때문에 자연스럽게 민주주의 정치사상의 논리들을 반영할 수밖에 없었다. 예컨대, 1908년 12월 9일자 논설에는 국민이 나 라의 주인이라는 국민주권론을 명확히 설정하고, 국민이 국가 일에 몸 바쳐 국가의 독립과 자유를 회복하고 백성이 국가의 주인이 되어 헌법을 정하고 대의정체를 실행한 연후에야 참다운 국민이 될 수 있다고 하였 다.16) 또한 같은 일자의 논설에는 "18∼19세기에 권리와 의무의 관념이 평등하여 국민이 국가에 대한 권리 의무를 회복할 때에 전제정체를 파괴 하고, 어떤 나라는 입헌정체를 쓰며 어떤 나라는 공화정체를 건설하고, 국민의 권리 의무의 계한을 법률로 정하였으며, 각국에는 헌법이 있다" 고 하였다.17) 따라서 안중근은 『대한매일신보』나 『황성신문』에서 보지 못한 정체 변혁에 관련된 내용들을 『공립신보』를 통해 확인했을 것으로 보인다.

이상에서 살펴본 것처럼, 안중근이 읽었다고 말한 서적·잡지·신문

---

16) 『공립신보』 1908년 12월 9일자 논설, 「國民論」.
17) 『공립신보』 1908년 12월 9일자 논설, 「國民의 權利義務」.

에는 근대적 정치체제에 대한 구절이나 기사들이 나와 있었다. 그런데 과연 그 내용들이 안중근의 정체관 형성에 직접적 영향을 미쳤는가 하는 것은 단언하기 어려운 문제이다. 왜냐하면 안중근은 자신의 저술이나 공술에서 단 한 차례 군주제의 폐해를 언급하면서 '군주제'라는 용어를 사용했을 뿐이며, 입헌정체나 공화정체라는 용어는 물론 민주정체의 장점이나 특징을 전혀 언급한 적이 없기 때문이다. 이를 감안하면 안중근은 여러 활자매체를 통해 그 시대의 조류인 근대적 정치체제 도입운동을 분명히 알고는 있었지만, 그러한 정치체제를 한국에 도입하는 문제에 대해서는 생각이 달랐던 것이 아닌가 하는 느낌이 든다.

2) 천주교와 서양선교사

안중근은 부친 안태훈의 영향으로 천주교를 받아들였다. 황해도 신천군의 유력자인 안태훈은 안악군 마렴본당의 빌렘(Nicolas J. M. Wihelm, 洪錫九)신부를 자신의 거주지인 청계동으로 불러오기로 결정하고 그에게 공소의 개소를 요청하였다. 빌렘신부는 1897년 1월에 세례문답을 통과한 안태훈의 일족과 청계동 주민 33명에게 세례를 주었으며, 4월 중순 부활절에 다시 66명에게 세례를 주었다. 이렇게 영세를 받은 99명 가운데 어린이는 3명뿐이었고 나머지가 모두 가장들인 성인 남자들이었다.[18] 당시 안태훈가문은 조상의 제사 때문에 천주교 수용을 거부한 장자 安泰鎭과 몇몇 친지, 고용꾼 1인만을 제외한 거의 대부분의 인사들이 세례를 받았다. 이때 안중근도 세례를 받았다.[19]

천주교 입문한 후에 안중근은 독실한 신자로 거듭났다. 그는 "경문을 강습도 받고 도리를 토론도 하기를 여러 달을 지나 信德이 차츰 굳어지

---

18) 한국교회사연구소 편, 「1897년도 보고서」『서울교구년보』Ⅰ, 명동천주교회, 1984, 209쪽.
19) 「안중근의사의 고향 청계동①」『조선일보』1979년 9월 2일.

고 독실하게 믿어 의심치 않고 천주 예수그리스도를 숭배하며 날이 가고
달이 가고 몇 해가 지났다"며 자신의 신앙체험을 고백하였다.[20] 이는 유
교사상과 상무적 가풍에 젖어있던 안중근이 반복적인 교리 강습과 토론
을 통해 천주교를 그의 내면으로 받아들이고 있었음을 토로한 것이었다.
이후 안중근은 열렬한 신앙심에 따라 빌렘신부의 服事를 수행하여 해
주·옹진 등 여러 지방을 돌아다니며 전교활동에 종사하였다.[21] 이때 그
는 "지금 세계 문명국의 박사·학사·신사들로 천주 예수 그리스도를
믿지 않는 사람이 없다"며 천주교가 문명교화의 상징체임을 힘주어 강조
하였다.[22]

안중근은 인간은 천지간의 만물 가운데 가장 귀한 존재이며 인간을
존귀하게 만드는 것은 혼이 신령하기 때문이라고 하였다. 그는 혼에는
초목의 생장하는 生魂, 동물의 지각하는 覺魂, 인간의 생각하는 영혼이
있는데, 인간이 지니고 있는 영혼만이 능히 생각하고 지각하고 시비를
분별하고 도리를 토론하고 만물을 다스릴 수 있다고 보았다.[23] 이러한
논리는 조선후기의 천주교 사상가인 정약종이 지은 천주교 입문서『주
교요지』의 내용에 입각한 것이었다. 하여튼 안중근은 영혼을 지닌 인간
만이 가장 존귀하다는 인간 존귀론을 제기하였고, 이러한 인간 존귀론은
자연스럽게 모든 인간이 천주로부터 그러한 존귀함을 동등하게 부여받
았다고 하는 천부인권설의 수용으로 이어졌다.

청계동의 종교공동체에서 천주교를 수용하고 빌렘신부와 다년간 접
하면서 안중근은 긍정-부정의 이중적 영향을 받게 되었다. 먼저, 긍정
적인 영향으로는 안중근이 천주교를 받아들이면서 자연스럽게 천부인권
설에 기반한 만민평등설을 수용한 점이다. 그는 천주교 교리를 강습하고

---

20)『안중근의사자서전』, 40쪽.
21) 한국교회사연구소,『황해도천주교회사』, 1984, 196쪽.
22)『안중근의사자서전』, 54쪽.
23)『안중근의사자서전』, 41∼42쪽.

천주에 대한 숭배활동을 통해 유교사상의 차등적 신분관에서 벗어나 인
간의 평등성과 존엄성에 눈을 뜨게 되었다. 이런 의식변화에 따라 '民生'
의 중요성을 자각한 안중근은 적법한 탄원절차를 거쳐 관아에 호소함으
로써 옹진군민이 재판관 정명섭에게 재산을 갈취당한 사건과 이경주가
위관 한원교에게 아내와 재산을 빼앗기고 억울하게 살해당한 사건을 해
결해주기도 하였다.[24]

또한 궁벽한 시골마을인 청계동에서 생활하면서 프랑스 신부에게 근
대지식을 전수받은 결과 안중근은 천주교대학의 설립을 주장하게 되었
을 만큼 근대 교육의 중요성을 깨닫게 되었다. 그는 빌렘신부에게 몇 달
간 불어를 배우다가 학문에 어두운 인민들을 교육시켜 국가 대사에 유익
한 인재를 길러내기 위해서는 대학을 설립해야 한다는 보았다. 그리하여
그는 빌렘신부에게 서양 수사회 중에서 박학한 선비 몇 명을 불러다가
천주교대학을 설립한 후에 국내의 유능한 인재를 교육한다면 수십 년 안
에 반드시 성과를 거둘 것이라고 주장하였다. 양인은 서울로 올라가 대
학 설립안을 건의했으나 한국인의 지식증대로 인한 교계 이탈을 우려한
뮈텔주교는 냉정히 거절하였다. 이에 안중근은 불어를 배우다가는 프랑
스 종놈을 면치 못할 것이라며 프랑스 신부의 제국주의적 속성을 간파하
고 불어 학습을 중단하였다.[25] 그러나 이 유명한 일화에서 간과할 수 없
는 점은 안중근이 빌렘신부로부터 근대교육을 전수받고 나서 대학설립
을 주장하게 되었을 만큼 의식상의 진보를 보였다는 점이다.

다음, 부정적인 측면으로는 제국주의세력의 첨병인 천주교 신부들의
영향력에 기대어 활동하면서 지방사회에서 폐해를 일으킨 점을 들 수 있
다. 안중근 가문은 천주교를 수용한 다음에 빌렘신부를 비롯한 천주교
신부들의 위세와 자기 가문이 육성한 무력기반인 포군을 동원하여 신천

---

24) 『안중근의사자서전』, 67~80쪽.
25) 『독운 자료』 6, 233쪽 ; 『안중근의사자서전』, 55~57쪽.

군 일대에서 토호행세를 하였다. 이때 안중근 가문은 신천 관아의 행정
체계를 일시 무력화시켰을 정도로 초법적인 영향력을 행사하였다. 안중
근의 부친과 숙부는 범법행위로 인해 누차 투옥되었다가 그때마다 신부
들의 지원으로 풀려났으며, 황해도 각 군에서 벌어진 천주교도와 관리들
간의 갈등에 개입하여 천주교도의 입장만을 일방적으로 옹호하곤 하였
다. 또한 정부가 엄히 금하는 사행성이 매우 높은 萬人契를 신천군에 개
설하여 안중근이 사장을 맡아 인민들의 재산을 흡수하기도 하였다. 이러
한 행위들은 모두 프랑스 신부들의 위세를 등에 업고 벌였던 것으로서
천주교를 수용하면서 얻은 부산물이라고 할 수 있다.26)

또한 천주교의 전교논리를 체화하는 동안 안중근이 자신의 정치체제
인식수준을 중세적인 종교적 범주 내에 국한하게 되었다는 점을 들 수
있다. 안중근은 우주에서는 천주를 섬기고, 나라에서는 군주를 섬기고,
가내에서는 부친을 섬겨야 하는데, 이중에서 천주를 섬기는 것이 진정한
효라는 이른바 三父論에 입각한 천주관을 지니고 있었다.27) 그는 황해도
민에게 전교활동을 펼칠 때에 군주와 부모보다 상위에 위치하는 천주가
우주만물의 주재자임을 강조하였고, 나라 안에서는 천주의 아래에 위치
한 군주와 부모에게 충효를 다하는 것이 지극히 정당한 도리임을 강조하
였다. 따라서 그는 모든 인민들은 군주와 부모에게 충효의 도리를 다해
야 하며, 그렇게 함으로써 천주가 만민을 보살피는 은혜에 보답해야 한
다고 주장하였다.

> 이른바 天命의 본성이란 것은 바로 지극히 높으신 天主께서 사람의
> 태중으로부터 불어 넣어주신 것으로서 영원무궁하고 죽지도 않고 사라
> 지지도 않는 것입니다. 그러면 천주는 누구입니까? 한 집안에는 그 집

---

26) 오영섭, 「개화기 안태훈(1862~1905)의 생애와 활동」『한국근현대사연구』40,
   2007, 32~41쪽.
27) 신운룡, 『안중근의 민족운동 연구』, 112~113쪽.

주인이 있고 한 나라에는 임금이 있듯이 이 천지 위에는 천주가 계시니 시작도 없고 끝도 없는 三位一體로서 全能·全知·全善하고 至公·至義하여 천지만물·일월성신을 만들어 이루시고, 착하고 악한 것을 상주고 벌주시고 오직 하나요 둘이 없는 큰 주재자인 바로 그 분입니다.

만일 어떤 집안에 아버지가 집을 짓고 가업을 마련하여 그 아들에게 물려주어 아들이 재산을 지니고 잘 살게 되었다고 합시다. 그때 아들이 자기가 잘나 그렇게 되었다고 생각하여 어버이를 섬길 줄 몰라 불효가 막심하다면 그 죄가 무겁다 할 것입니다. 또 한 나라의 임금이 정치를 올바르게 하고 백성이 생업을 보호하여 모든 국민들이 태평성대를 누릴 수 있게 되었는데, 백성들이 그 명령에 복종할 줄을 모르고 전혀 忠君愛國하는 기색이 없다면 그 죄는 가장 중하다 할 것입니다. 하늘과 땅 사이의 큰 아버지요 큰 임금이신 천주께서 하늘을 만들어 우리를 덮어 주시고, 땅을 만들어 우리를 떠받쳐 주시고, 해와 달과 별을 만들어 우리를 비추어 주시고, 또 만물을 만들어 우리로 하여금 쓰게 하시니, 실로 그 크신 은혜가 끝이 없습니다. 만일 사람들이 제가 잘난 척 충효를 다하지 못하고 근본을 보답하는 의미를 잊어버린다면 그 죄는 비길 데 없이 클 것입니다.[28]

안중근은 천주-군주-가주의 삼부론에 기초한 천주관을 굳게 믿었다. 이러한 인식논리는 우주만물을 창조한 천주에게 정성을 다하는 것을 당연시하는 만큼, 국가와 가정 내에서 군주와 부모에 대한 절대적 충성과 효도를 선험적 차원에서 당연시하고 있었다. 이것을 깨트리는 것은 불충불효한 난신이나 적자와 다름없는 것이며, 따라서 토벌과 징치의 대상이 되는 것이다. 다시 말해 군주 아래의 신하들과 인민들은 창조주이자 절대자인 천주의 뜻을 받들어 모시듯이 군주의 뜻을 받들어 모셔야 한다는 것이었다. 이러한 논리를 종교적 진리로 받아들인 안중근은 현실적으로 조선국가의 빈약함과 식민지화를 막지 못한 군주와 그의 이익을 떠받드는 군주제를 전면적으로 거부하지 못하고 그대로 인정하는 문제점을 드러낼 수밖에 없었던 것이다. 이는 군주나 인민이니 모두 하늘로

---

28) 『안중근의사자서전』, 42~44쪽.

부터 동동한 인권을 받고 태어난 동일한 인간이라는 천부인권설을 바탕으로 과감히 새로운 지향하지 못하게 만드는 사상적 제약요인으로 작용하고 있었다고 판단된다.

3) 침략전쟁과 이등박문 및 일본 천황

안중근이 20대 중·후반을 보낸 1904~1907년까지의 시기는 전통 한국의 운명을 좌우한 중요 사건들과 국제적 침략전쟁이 연이어 일어난 시기이다. 당시 한국인들의 정세인식에 결정적 영향을 끼친 사건은 러일전쟁－(러일강화조약)－을사조약－고종퇴위·정미조약·군대해산 등이었다. 이때 안중근도 국내외에서 벌어진 사건들과 전쟁을 직접 목도하고 국권회복을 목표로 계몽운동에 적극 가담하는 한편, 일제를 한반도에서 축출하기 위한 반침략 논리를 새롭게 정립하여 나갔다. 이로써 안중근은 산야를 쏘다니던 평범한 청년에서 국내외 각지를 넘나들며 국권회복운동에 종사하는 민족지사로 거듭나는 과정을 거쳤다.

일제가 도발한 청일전쟁과 러일전쟁에 대해, 안중근은 비판적 시각을 견지하는 가운데 일본이 한국을 대신하여 불가피하게 전쟁을 시작하게 되었다는 일제의 침략논리를 그대로 받아들였다. 그는 동학군의 봉기를 계기로 한반도에 진주한 청군을 한국이 독자적으로 제지할 수 없었기 때문에 일본이 한국을 대신하여 출병했다는 일제검찰관의 주장을 인정하였다. 또한 러시아가 요동반도의 관동부를 조차하여 군대를 설치하고, 여순항 내에 군함을 배치하여 한국에 출병할 것을 위협했으나 한국이 자위력이 없었기 때문에 일본이 한국을 대신하여 러시아와 전쟁을 하게 되었다는 일제검찰관의 궤변을 받아들였다. 결국 그는 "한국이 자력으로 청국과 러시아에 대항할 수 없는 상황에서 만일 타국이 한국을 점령한다면 일본이 매우 불리한 지위에 서게 되므로 일본이 한국을 보호하고자

출병했다는 일제측의 주장을 그대로 인정하고 말았다.[29]

안중근이 청일전쟁과 러일전쟁 당시 일제의 출병을 인정한 것은 그때까지만 해도 일제에 대해 호의적인 생각을 품고 있었기 때문이었다. 그에 의하면, 러일전쟁 전까지 한국인들은 일본국을 친우로 좋아했고, 일본의 도움을 받는 것을 한국의 행복으로 믿고 있었으며, 배일사상 같은 것은 가지고 있지 않았다. 다만 러일전쟁 후에 일제의 입장이 변화되어 한국에 대한 침략의도가 노골화됨에 따라 그러한 침략정책의 원흉인 이등박문을 미워하게 되었다고 주장하였다.[30] 이는 안중근이 청일전쟁과 러일전쟁 초두에 일제가 동양의 평화를 유지할 것이며 한국의 영토를 보존하여 독립을 유지시킬 것이라는 구절들을 굳게 믿고 있었기 때문이었다. 따라서 러일전쟁이 종결될 때까지 안중근은 일제의 침략 의도를 제대로 간파하지 못하고 있었던 셈이다.

러일전쟁 종결 이후에 일제가 전후의 정책방향을 강구하는 가운데 한국의 조야는 일제의 대한정책의 추이를 예민하게 지켜보았다. 이때 안중근은 러일전쟁을 승리로 이끈 이등박문이 야심적인 책략을 자행할 것임을 간파하였다. 구체적으로 그는 이등이 먼저 강제로 한국에 조약을 강요하고, 다음으로 민족지사들을 체포하고, 이어 한국의 영토를 삼키는 수순을 밟을 것이라고 보았다.[31] 이런 인식에 따라 안중근은 1905년 11월 을사조약이 체결되자 "이등이 병력으로써 5개조의 조약을 체결하였는데, 그것은 모두 한국에 비상히 불이익한 조항이었다"고 설파하였다.[32] 이때 안중근은 의거를 일으켜 이등의 정책에 반대하더라도 효과가 없을 것이라는 판단에서 중국으로의 이주를 결심하였다.

안중근은 을사조약 이후에 조약 체결을 반대하면서도 일제의 보호정

---

29) 『독운 자료』 6, 171～172쪽.
30) 『독운 자료』 6, 243～244쪽.
31) 『안중근의사자서전』, 97～98쪽.
32) 『독운 자료』 6, 3쪽.

책이 순조롭게 이행되면 한국에 유리할 수도 있다며 정세를 낙관적으로 보았다.[33] 또한 그의 동생들이 솔직히 진술한 것처럼, 안중근은 황해도 진남포에 있을 때에 교육운동과 상업활동을 벌이며 정치 및 '국가사상' 문제에 비교적 등한한 태도를 보였다.[34] 이에 대해 안중근은 을사조약이 체결된 후에 "시기는 늦었으나 열심히 하면 다른 사람보다 앞설 수 있다고 생각하고 이래 분주하기 시작했다"고 하였다.[35] 그러나 그는 1907년 7월 한국의 국권을 탈취하는 정미조약이 체결되자 이등박문의 침략정책의 본질을 분명히 깨닫고 그때부터 제대로 반대하지 않으면 안 된다는 생각을 품게 되었다.[36] 이로써 안중근은 일제의 침략에 항거하는 확고한 논리를 갖추고 항일의 결의를 강화하게 되었다.

안중근은 정미조약과 군대해산을 목도한 후부터 이등박문이 한국과 동양의 평화를 교란하는 침략자임을 깨닫고 그를 처단할 생각을 품게 되었다. 이등처단 결의에 도달한 과정에 대해, 안중근은 "나는 3년 전부터 이등의 생명을 빼앗으려고 결심하고 있었다. 나는 처음에는 일본을 신뢰하고 있었는데 점점 한국이 이등으로 인하여 불리해지므로 나는 마음이 변하여 이등을 적으로 보기에 이르렀다. 그것은 나뿐만이 아니라 한국 2천만 동포 모두가 같은 마음이다"고 하였다.[37] 이처럼 안중근이 이등을 한국침략의 원흉으로 간주한 세부적 이유에 대해서는 그 유명한 '이등처단 사유 15개조'에 잘 나와 있다.[38]

안중근의 제기한 이등박문 처단논리에는 한 가지 특징적인 측면이 있다. 그것은 안중근이 일본제국주의의 한국침략을 비판하는 초점을 이등

---

33) 『독운 자료』 7, 405쪽.
34) 『독운 자료』 6, 225~227, 230~231쪽.
35) 『독운 자료』 6, 233쪽.
36) 『독운 자료』 7, 405쪽.
37) 『독운 자료』 6, 9쪽.
38) 『독운 자료』 6, 3~4쪽.

개인에게 맞추고 정작 침략정책의 최고 책임자인 일본 천황에 대해서는 우호적 태도를 보였다는 점이다. 그는 "이등을 죽였으므로 보호조약이 파기될 것이라고 생각하는가"라는 일제검찰관의 심문에 대해, "그러한 생각은 없다. 보호조약의 취지는 한국민이 전부 주지하고 있고 감사하는 바이다. 그런데 이등이 통감으로 임하자 그가 행하는 바는 거의 잘못하고 있기 때문에 많은 인명을 죽였는지 모른다. 그리고 이것을 호소하려 해도 길이 없고 곳이 없으므로 그것을 일본 황제를 비롯하여 세계 각국에 성명하는 수단으로 거행한 것이다"고 하였다.39) 또한 그는 이등이 한국 인민의 희망에 따라 한국을 보호하고 있다고 말하며 일본 황제를 비롯하여 일본 인민을 기만하고 있다"고 하였다.40)

일본 천황을 옹호하고 이등박문만을 비판하는 논리는 안중근의 자서전과 공술에서 누차 일관되게 나타나고 있다. 그러므로 이러한 사상논리가 단순히 공판투쟁 과정에서 자신의 일신을 구하기 위한 임시방편적 대응책이 아니라 안중근이 평소 지니고 있던 지론이라고 보아도 무방할 것이다. 이는 안중근의 독립사상에 나타난 사상적 한계점이라고 볼 수 있다. 바꾸어 말하면 안중근이 일본 천황에게 우호적 태도를 보이며 한국에 대한 시혜적 조치가 취하기를 기대하는 입장을 지녔기 때문에 순국 직전까지도 침략자 일본을 용서하고 동양평화를 주도할 국가로서 일본을 들었던 것으로 보인다. 이러한 안중근의 특유한 사상논리는 그가 연해주에서 의병을 모집할 때에 했던 연설에 자세히 나온다.

현재 우리 한국의 참상을 그대들은 아는가 모르는가. 일본과 러시아가 개전할 적에 전쟁 선언문 중에 "동양평화를 유지하고 한국의 독립을 굳건히 한다"고 하였다. 그러나 오늘에 이르러서는 이같이 무거운 의리

---

39) 『독운 자료』 6, 240~241쪽. 안중근은 한 달 전쯤의 심문에서는 이등박문을 죽이면 '보호정책 즉 통감정치'가 폐지될 것이라 주장하였다. 『독운 자료』 6, 176쪽.
40) 『독운 자료』 6, 176쪽.

를 지키지 아니하고 도리어 한국을 침략하여 5조약과 7조약을 강제로 맺었다. 그런 다음 정권을 손아귀에 쥐고서 황제를 폐하고 군대를 해산하고 철도·광산·川澤을 약탈하지 않은 것이 없다. … 한국에 대한 정략이 이같이 잔폭해진 근본을 논한다면 전혀 그것은 일본의 대정치가 늙은 도둑 이등박문의 폭행인 것입니다. 이등은 한국민족 2천만이 일본의 보호를 받고자 원하고, 그래서 지금 태평무사하며 평화롭게 날마다 발전하는 것처럼 핑계대고, 위로는 천황을 속이고 밖으로는 열강들의 눈과 귀를 가리어 제 멋대로 농간을 부리며 못하는 일이 없으니, 어찌 통분한 일이 아니겠습니까. 우리 한국 민족이 만일 이 도둑을 죽이지 못한다면 한국은 반드시 없어질 것이며 동양도 또한 망할 것입니다.[41]

안중근은 일본제국주의의 근저인 일본 천황에 대해 그의 본의가 한국의 독립을 공고케 하고 동양의 평화를 유지하는 것임을 믿어 의심치 않았다. 그는 "일본 천황의 뜻은 한국의 독립을 공고히 하고 동양의 평화를 유지한다는 것이지만, 이등이 통감으로 한국에 와서부터는 그의 하는 짓이 그것에 반하므로 한일 양국은 지금도 싸우고 있다"고 하였다.[42] 그렇기 때문에 그는 재판정에서 사형을 언도받은 후에 최후 진술에서 "나는 일본 사천만 한국 이천만 동포를 위해 또는 한국 황제폐하와 일본 천황에 충의를 다하기 위해 이번의 거사에 나왔다. 이제까지 이미 수차 말한 것처럼 나의 목적은 동양평화 문제에 있고 일본 천황의 선전조칙과 같이 한국으로 하여금 독립을 공고케 하는 것은 나의 終生의 목적이며 또 종생의 일이다"고 술회하였던 것이다.[43]

이상에서 살펴본 것처럼, 안중근은 식민지쟁탈을 위한 침략전쟁인 러일전쟁과 한국의 국권을 탈취한 을사조약을 한국을 보호해줄 사건들로 판단하고 있으며, 동시에 침략정책의 하수인인 이등박문을 비판하면서도 최종책임자인 일본 천황에게는 존모의 태도를 보이고 있었다. 나아가 그

---

41) 『안중근의사자서전』, 122~124쪽.
42) 『독운 자료』 6, 385쪽.
43) 『독운 자료』 6, 386쪽.

는 자신이 가담한 의병운동의 최종목표를 일본 천황과 연관시키고 있었
다. 이를테면, 그는 "간도에서 내지의 형세를 보니 날로 동포는 불행에
빠질 뿐이므로 부득이 의병을 일으켜 천하를 향해 伊藤이 한민을 압제하
는 것을 공표하고, 한편으로는 일본 황제에게 伊藤의 정략에 한민이 만
족하고 있지 않음을 알리고, 한민이 일본의 보호를 원한다는 것은 사실
이 아니라는 뜻을 호소하려는데 있었다"고 하였다.[44]

그런데 반침략 논리로서는 선명성이 떨어진다는 약점을 지닌 안중근
의 특유한 인식체계에는 간과할 수 없는 몇 가지 중요한 문제가 있다.
그것은 첫째, 안중근이 해외로 망명하기 이전에 국내의 애국신문을 읽으
면서 정립한 국제정세 인식을 연해주로 망명한 후에도 그대로 지니고 있
었다는 점이다. 따라서 그는 투쟁방략은 계몽운동－의병운동－의열투쟁
순으로 발전을 거듭했지만, 국제정세 인식은 답보상태에 머물러 있었던
것이다. 둘째, 안중근이 일제의 수뇌인 천황에게 경모의 태도를 나타내
는 한 한국의 지도자인 고종황제에게 추존하는 태도를 보일 수밖에 없었
다는 점이다. 셋째, 일본 천황에 대한 경모의 태도는 항일논리의 선면성
의 면에서는 문제가 되겠지만 안중근이 굳게 믿은 천주교의 三父論의 논
리에서는 전혀 문제시될 것이 없었다는 점이다. 바로 이러한 세 가지 측
면들이 안중근의 정체인식에 일정하게 영향을 미치고 있었음을 주목할
필요가 있을 것이다.

3. 정체인식의 논리와 구체적 모습

1) 대한제국과 고종황제에 대한 인식

한국에서 민주정체 도입운동은 개화파의 등장과 함께 시작되었다.

---

44) 『독운 자료』 7, 394쪽.

1880~1890년대 서구식 근대화를 추구한 개화파는 입헌정체의 도입을 고려하였고, 1900년 전후 박영효·유길준 등 일본망명 정객은 군주제의 대체 수단으로서 민주정체를 논의하였다. 이어 을사조약 전후 애국계몽 운동가들에 의해 그러한 운동이 활성화되었다. 당시 일부 계몽 단체와 학회의 회원들은 중국 근대사상가 양계초의 영향과 일본 명치정부를 모방하여 입헌제를 내걸었고, 국권수호를 위한 비밀단체인 신민회의 극소수 인사들이 미국식 공화제를 운위하였다. 이후 민주정체 도입운동은 전제군주제의 표상인 고종의 퇴위와 대통령제를 채택한 신해혁명의 영향으로 급속히 확산되었다. 이로써 1910년대 전반을 지나면서 한국독립운동의 정치적 지향성은 점차 공화제로 모아지고 있었다.[45]

한국에서 애국계몽운동가들에 의해 근대적 정치사상과 정치제도의 도입논의가 한창 진행되던 시기에 안중근은 교육운동과 학회활동을 벌였다. 당시 일반 지식인들은 국권상실의 책임론을 둘러싸고 군주제와 민주정체의 장단점이 비교되고, 천부인권설에 입각한 국민주권의 중요성이 언급되고, 국가의 기초인 국민의 권리와 의무가 강조되는 시대상황에 자연스럽게 사상적 영향을 받았다. 이는 안중근의 경우에도 마찬가지였다. 안중근의 공술이나 저작을 꼼꼼히 살펴보면 그가 당시에 유행하던 시대조류나 정치사상에 영향을 받았음이 확인되며, 정치체제의 변혁문제에 대해서도 다소의 정보와 지식을 얻었던 것을 쉽게 알 수 있다.

안중근은 활자매체를 통해 근대적 정치사상의 요체를 흡수했던 것으로 보인다. 그가 상해에서 방문한 상인 서상근에게 훈계한 말 속에 "만일 人民이 없다면 國家가 어디에 있을 것이오. 더구나 국가란 대관 몇 명의 국가가 아니라 당당한 2천만 民族의 국가인데, 만일 국민이 국민의 의무

---

45) 신용하, 「19세기 한국의 근대국가형성 문제와 입헌공화국 수립운동」, 『한국근대 사회사연구』, 일지사, 1987 ; 유영렬, 「한국에 있어서 근대적 정체론과 변화과정」, 『국사관논총』 103, 2003.

를 이행하지 않는다면 어찌 民權의 자유를 얻을 수 있으리요. 지금은 民族世界인데 어찌 홀로 韓國民族만이 편안히 남의 먹이가 되어 앉아서 멸망을 기다리는 것이 옳겠소"라고 하였다.[46] 여기서 안중근은 국민인 국가의 주인이며 국민이 국가의 주인이며 주권이 국민들에게 있다는 주권재민론을 당연시하였다. 또한 국민이 국민의 의무를 수행해야만 민권의 자유를 얻을 수 있다고 하였다. 나아가 당시대가 모든 국가가 민족의 독립을 추구하는 민족국가 시대라는 점을 분명히 하였다.[47] 이러한 주장들은 안중근이 서양의 정치제도에 대해서도 일정한 지식을 지니고 있었을 것이라는 점을 나타내 준다.

  안중근은 자신의 저작이나 공술에서 정치체제에 대해 자세히 언급한 적이 없다. 다만 일제검찰관의 심문에 응답하는 과정에서 정체인식에 대한 극히 간략한 소회를 몇 차례 토로했을 뿐이다. 게다가 그 간략한 구절들도 문맥 속에서 파악해야만 그 의미를 제대로 이해할 수 있는 실정이다. 따라서 기존의 일부 연구자들처럼 그 간략한 구절의 일부분만을 따다가 안중근의 정체인식을 논급하는 경우, 자칫 안중근의 본의를 곡해할 가능성이 있을 뿐만 아니라 그를 시대상황을 훌쩍 뛰어넘은 위인으로 미화해버리는 우를 범하게 된다. 이에 안중근의 정체인식을 살펴봄에 있어 가급적 몇 점 안되는 사료의 전문을 인용하는 방법을 택하였다. 먼저 안중근이 군주제를 부정한 내용이 나타난 사료들을 살펴보겠다.

<사료-A>
문: 그렇다면 統監政治를 분개할 이유가 없고 자국민의 무능함을
    회개하지 않으면 안 되는 것이 아닌가?
답: 나는 일본이 한국에 대해 야심이 있던 없건 그러한 일에는 착안
    하고 있지 않다. 다만 東洋平和라는 것을 안중에 두고 伊藤의

---

46) 『안중근의사자서전』, 101~102쪽.
47) 한상권, 「안중근의 국권회복운동과 정치사상」, 76~77쪽.

정책이 잘못되어 있는 것을 미워하는 것이다. **한국은 금일까지 진보하고 있으며, 다만 獨立 自衛가 되지 않는 것은 君主國인 결과에 기인하며,** 그 책임은 위에 있는지 밑에 있는지는 의문일 것이라고 믿는다.

문: 독립 자위가 되지 않는 것을 아는 이상 그것을 일본이 보호하는 것은 당연한 일이라 생각하는데 여하한가?

답: 그것은 당연하다. 그러나 그 하는 방법이 심히 잘못되어 있다. 그것은 朴泳孝와 같은 인물을 조약을 執奏하지 않았다 하여 제주도로 유배하고 현재 李完用·李址鎔·宋秉晙·李根澤·申箕善·趙重應·李秉武 따위 하등 쓸모없는 자를 내각에 두어 정치를 시키고 있다. 그것은 정치의 죄이므로 정부를 근저부터 타파하지 않으면 한국은 자위할 수 없는 것이다.

문: 한국 이조의 황실인 이씨는 서북에서 出身한 사람으로 그 유훈으로 서북 사람은 정치에 관여할 수 없다고 하는데 과연 그대로라고 하면 韓人은 자국의 皇室을 원망하는 이유가 된다고 생각하는데 여하한가?

답: 그러한 일이 있으므로 서북인은 불평을 말한다. 그러나 皇室에 대해서는 인민으로서 그러한 일을 말할 것이 아니다.

문: 그러면 일본이 皇室의 선언에 기초하여 보호정책을 시행하고 있으므로 이를 운위하는 것은 소위 인민이 皇室에 대해 불평을 호소하는 것이 되는데 그러한 일은 할 수 없는 것이 아닌가?

답: **황실에 대해 불경한 일은 할 수 없으나 자기의 의견을 말하는 것은 상관없는 것으로 믿고 있다. 또 정부에 대해 의견을 진술함은 권리이다.**[48]

<사료-B>

세계의 대세를 짐작하고 해외에서 신호흡을 하는 자가 어찌 무모하게 타인의 생명을 빼앗을 자가 있을 것인가. 伊藤의 정책이 동양평화에 지대한 해를 끼치는 일은 一身一家를 돌볼 여지가 없어 결행한 것이라 하겠다. 한인이 입을 열면 忠君愛國이라 한다. **나는 山河三千里 三千萬同胞를 위해 희생이 되려는 자이며, 황실을 위해 죽으려는 자가 아니다. 금일 한국의 쇠운을 불러온 것은 그 누구의 죄이냐.** 귀국인이 귀국황실에 대한 관념을 가지고 한국인을 파고들어서는 안된다는 것은 나

---

48) 『독운 자료』 6, 173쪽.

한 사람이 아닐 것이다. <u>고로 나는 ○○ 또는 본국 大官들과는 하등 관계가 없다.</u>[49]

위의 두 사료는 안중근의 공술과 저작에 나타난 군주제를 비판한 유일한 사료이다. 그런데 안중근의 정체관을 입헌제나 공화제로 간주하는 연구자들은 두 점의 사료 가운데 진한 글씨로 되어 있는 부분만을 따다가 자의적으로 해석하는 경향이 있다. 이를테면 그들은 진한 글씨의 부분을 가지고 "안중근은 한국이 獨立과 自衛가 이루어지지 못하는 것은 군주제를 택하고 있기 때문이라고 하였다. 나아가 그는 인민이 황실에 대해 불경한 말을 할 수는 없으나 자신의 의견을 개진하는 것을 인민의 당연한 권리로 보았다" "안중근은 국가와 민족을 위해 기꺼이 한 몸을 바쳐 거사한 것이지 황실을 위해 거사한 것은 아니다. 나아가 안중근은 한국의 쇠망을 초래한 것은 바로 황실이라는 입장을 보였다"고 하였다. 따라서 안중근은 군주제를 비판하였고, 황제가 아니라 한국 민족을 위해 이등박문 포살의거를 벌였다고 주장하였다.

그러나 이러한 사료읽기는 상당히 잘못된 것이다. 두 가지 사료를 전체적으로 꼼꼼히 읽는 가운데 밑줄친 부분을 유의하며 읽으면 다른 해석이 나올 수 있다. 이를테면, <사료-A>에서 한국이 독립과 자위가 되지 못하는 것은 군주제에 기인한다는 안중근의 발언은, 한국이 군주제를 택하기 때문이라는 것을 비판하기 위해서가 아니라 친일파들이 국정을 농단하기 때문임을 비판하기 위해서 거론한 것이다. 환언하면 한국이 군주제 아래에서 발전을 이룩하는 것을 인정하는 입장에서 안중근은 다만 한국의 독립과 자위를 해친 황실의 밑에 있는 친일파들을 처단해야 하며, 그러한 친일파들이 몸담고 있는 정부(내각)를 기초부터 타파해야 한다고 주장한 것이다.

---

49) 『독운 자료』 7, 443쪽.

<사료-B>에서 진한 글씨만을 가지고 해석하면 명백히 안중근은 민주정체론자로 분류된다. 그러나 마지막에 구절에서 안중근이 "나는 ○○ 또는 본국 大官들과는 하등 관계가 없다"라고 말한 부분까지 감안하면 사뭇 다른 해석이 나온다. 이 사료는 일제검찰관이 안중근이 황실이나 중앙 고관으로부터 지원을 받아서 하얼빈의거를 일으킨 것은 아닌가 하여 추궁한 것에 대해, 안중근이 그런 지원은 전혀 받지 않았다는 점을 강조하기 위해서 발언한 것이다.

그런데 안중근이 의병활동을 벌일 때에 고종의 측근 이범진이 아들 이위종에게 1만 루블을 주어서 연해주에서 의병을 조직하게 했던 사실, 안중근이 1908년 봄에 고종의 밀지를 가진 이범윤·유인석 등과 의병소모활동을 펼쳤던 사실, 안중근에게 1백 원을 건네준 李錫山(李鎭龍)이 고종의 밀지를 가지고 망명하여 의병활동을 벌였던 사실, 안중근 의병부대의 총대장인 金斗星이 중앙에서 내려온 인물일 가능성을 배제할 수 없다는 사실, 일제측은 안중근이 서북학회의 지원을 받아 하얼빈의거를 일으켰다고 파악했던 사실 등을 다각도로 고려할 때에, <사료-B>를 단순히 군주제를 부정하기 위한 사료라고 보는 것은 당시의 역사 상황을 고려하지 못한 단순한 해석이다.

이상에서 살펴본 것처럼, 기왕에 안중근이 군주제를 부정했음을 입증하기 위해 동원된 사료들은 엄밀히 말해 군주제를 부정한 사료로 보기에는 상당한 문제점을 안고 있다고 할 수 있다. 오히려 안중근은 <사료-A>에서 "황실에 대해 불경한 일은 할 수 없다"고 말한 것처럼 군주제를 철저히 부정하지도 못했고 오히려 황실에 대해 존모의 태도를 나타냈던 것이다. 하여튼 위의 두 점의 사료를 제외할 때 안중근의 공술과 저작에는 대한제국의 고종황제에 대해 절대적 충성심이 나타난 구절들이 더 많은 편이다. 그러한 대표적인 구절들을 인용해 보면 아래와 같다.

　　나는 일본 사천만, 한국 이천만 동포를 위해 또는 **한국 황제폐하와 일본 천황에 충의를 다하기 위해 이번의 거사에 나왔다.** 이제까지 이미 수차 말한 대로 나의 목적은 동양평화문제에 있고 일본 천황의 선전조칙과 같이 한국으로 하여금 독립을 공고케 하는 것은 나의 終生의 목적이며 또 종생의 일이다.[50]

　　이등이 통감으로서 한국에 와서부터 5개조와 7개조의 조약을 압박을 가해 강제로 체결케 하였다. 이등 그 사람은 한국의 신민으로 취급되어야 할 것인데 심하게도 황제를 억류하여 드디어 폐위했다. **원래 사회에서 가장 존귀한 것은 황제이므로 황제를 살해한다는 것은 할 수 없는 터인데도 이등은 황제를 침해한 것이다.** 그것은 신하로서는 있을 수 없는 행위이며 이 위에 더 있을 이 없는 불충한 자다. 그러하므로 한국에서는 지금도 오히려 의병이 각 처에서 일어나 싸우고 있는 것이다. 일본 천황의 뜻은 한국의 독립을 공고히 하고 동양의 평화를 유지한다는 것이지만 이등이 통감으로 한국에 와서부터는 그의 하는 짓이 그것에 반하므로 한일 양국은 지금도 싸우고 있는 것이다.[51]

　　나의 행동이 죄악이냐 혹은 국가에 공로를 다했느냐는 후일에 이르러 분명해질 것으로 나라에 싸움에 없으면 그 나라는 망하고 일가에 싸움이 없으면 그 집은 쇠한다는 격언도 있어 지금 황제폐하께옵서는 혹은 나의 행위에 대해 반대로 생각하고 계실지 모르나 나는 오로지 국가를 위해 진력한 것이다. 그리고 조칙도 통감부의 손을 거쳐 나오는 것이므로 과연 그것이 황제의 진의인지 아닌지도 믿어지지 않는다.[52]

　　이상의 사료에 보이듯이, 안중근은 자신이 한국의 황제폐하와 일본 천황에게 충성을 다하기 위해 황제와 천황을 속인 이등박문을 처단하는 하얼빈의거를 일으켰다고 하였고, 원래 황제는 사회에서 가장 존귀한 존재이므로 폐위시키거나 살해할 수 없다고 하였으며, 그리고 황제가 자신의 의거를 부정적으로 생각할지 모른다고 하면서도 황제에 대한 변치 않

---

50) 『독운 자료』 6, 386쪽.
51) 『독운 자료』 6, 385쪽.
51) 『독운 자료』 6, 240쪽. 또한 안중근은 일제가 "총명하신 전 한국황제를 폐하고 그 젊으신 헌 황제를 세워서 양호한 성적을 올리지 못하니, 한국에 대해서는 결코 진보가 아니다"고 하였다. 『독운 자료』 6, 4쪽.

는 충성심을 나타냈다. 이처럼 대한제국의 황제를 숭모한 일화들은 안중근의 정치성향이 강렬한 근왕성에 바탕을 두고 있음을 나타내 준다.

2) 민족운동가들에 대한 인물평

짧은 생애를 불꽃같이 살다간 안중근은 평생 국내외 각지를 돌아다녔다. 그의 족적이 많이 닿은 곳은 신천군 청계동—중국 상해 일대—진남포·평양 일대—서울—간도—연해주 각지—여순 등이다. 이들 지역에서 안중근은 전교활동·포군관리·교육활동·상업활동·의병활동·결사활동·의열투쟁·문필활동 등 다채로운 활동을 벌였다. 그런 사이에 그는 수많은 인사들과 교분을 나누었다. 당시 그와 인연을 맺은 인사들로는 서양선교사와 천주교도에서부터 항일의병장과 계몽운동가에 이르기까지 다양한 인사들이 망라되어 있었다. 이들 중에 유력인사들은 안중근이 민족운동을 전개하는데 유익한 역할을 수행하였다.

안중근이 여순감옥에 수감되어 있는 동안 일제 관리들은 안중근을 상대로 하얼빈의거의 공모자를 캐내고자 심혈을 기울였다. 또한 그들은 안중근을 통해 항일성향의 민족운동가들의 동향은 물론, 그들과 안중근과의 관계를 꼬치꼬치 캐물었다. 이는 항일운동자에 대한 정보를 최대한 확보하여 그들에 대한 검속을 강화하려는 의도에서 나온 것이었다. 이로인해 안중근 심문서에는 국내외 각지에서 안중근과 인연을 맺었거나 혹은 널리 알려진 인사들에 대해 안중근이 어떻게 생각하고 있었는가 하는 인물평이 실려 있다. 두말할 것도 없이 인물평은 안중근의 시각과 관점에서 나온 개인적 인상기에 가깝다. 따라서 그러한 인상기를 대략 분석해 보면 안중근의 정체인식을 파악하는데 다소의 도움을 얻을 수 있다고 판단한다.

안중근이 비중 있게 거론한 인사들에 대한 인물평[53]

인 명	직업 및 성향	만남 유무	인 물 평	비 고
김가진	개화파 (고관)	無	친일당 혹은 사회당이 되는 친일의 두목	
김달하	계몽운동가	有	만난 적은 있으나 성질은 모름	
김명준	계몽운동가	有	사회정당 조직에 열심한 인물	
김인수	군인	有	인사하지 않았으나 전 한국 참령	
김진성	밀정	有	해삼위 영사관의 고등 밀정	김홍륙의 생질
김학만	상인	有	해삼위의 상인	
김현토	교사	有	이용익 살해 도모자, 러시아 동양대학교 교사	
민긍호	의병장	無	군인으로서 당당한 의병을 일으킨 義士	
민영익	개화파 (고관)	有	국폐를 도적질하고 국가안위를 모르는 國賊	
민영환	관료(대신)	無	사후에 충신의 명성을 얻은 인물	
박영효	개화파 (고관)	無	개혁을 도모하여 성공하지 못했고, 7조약 성립에 반대하여 유배된 충신	
박정빈	의병장	有	문학에 깊은 진심충의의 志士	
박제순	관료(대신)	無	매국문서에 날인한 國賊	
박태암	의병	有	유인석의 제자	
배설 (E.T.B ethell)	언론인	無	한국을 위해 갈력한 은인	
서상근	상 인	有	국가안위를 모르는 인물	
송병준	관료(대신)		일본을 위해 생긴 인물	
안창호	계몽운동가	有	웅변의 연설가, 교육발달을 도모하고 국가의 기초를 굳게 하려는 有志家. 가장 사상이 견실한 인물. 별로 친한 사이는 아님	
양기탁	계몽운동가	無	신문사업에 열심하며 민지발달에 공헌한 有志家	
양성춘	어업가	有	해삼위의 원거류민장	
엄인섭	의병장	有	해삼위 방면에서 나(안중근)와 가장 친한 인임	안중근 의형제
유길준	개화파 (고관)	無	우리나라의 혁명을 생각해낸 사나이	
유인석	의병장	有	노쇠하고 일본인을 미워할 뿐이며 세계대세와 동양 국면을 몰라 금일의 형세에 통하지 않는 인물	
유진률	계몽운동가	有	러시아에 입적한 인물	
윤일병	계몽운동가	有	러시아 사관학교에 들어갔으나 무지이며 친교할 만한 인물이 아님	

53) 『독운 자료』 7, 396, 401~408, 415~419, 439, 464~467쪽.

이 갑	계몽운동가	無	교육에 열심하고 민지발달을 도모하는 義士	
이 강	대동공보 편집인	有	점진주의자로서 나(안중근)와 아무런 관련이 없음	안중근 의형제(?)
이강년	의병장	無	국가위난에 진충갈력하여 국민의 의무를 다한 충신	
이근택	관료(대신)	無	박제순과 동일한 국적	
이범윤	의병장	有	의견이 불합하여 의병활동을 달리함	
이범진	관료(공사)	無	국권을 회복하여 총리대신이 되려는 야심가	이위종 부친
이상설	계몽운동가 (고관)	有	법률과 數算에 밝은 재사, 외국어에 능통, 세계대세에 통하고 애국심이 강해 교육발달을 도모하고 국가 백년의 대계를 세우는 인물	
이석산	의병장	有	해삼위 방면에 평판이 있는 의병장	
이세직	황실세력	無	황실에 출입하며 외인과 관계가 있다는 협잡배	
이완용	관료(대신)	無	나라를 망하게 만든 國賊의 거괴	
이용익	관료(대신)	無	광부에서 입신한 인물	
이위종	관리 (공사관원)	有	연소하고 영리하나 일정한 생각이 없음. 장래 상당한 인물이 될 것이나 헌신적 사업은 어려움	
장 박	관료(대신)	無	유길준과 같은 인물	
장지연	언론인		문사, 애국지사(?)	
전명운	지사	有	아직 연소하여 일정한 생각은 없으나 心事가 강정함	
정순만	계몽운동가	有	대동공보사 기자	
조중응	관료(대신)	無	박제순·이근택과 동일 인물	
차석보	상인	有	대동공보사 사주	
최봉준	사업가	有	인사한 일은 있음	
최익현	의병장	無	고명한 士人, 격렬한 상서를 올린 국가를 우려한 인사, 5조약에 반대하여 의병을 일으킨 義士, 만고에 얻기 어려운 근세 제일의 인물	
최재학	계몽운동가		서북학회의 유지가이며 교육발달에 열심	
최재형	관리(연추 도헌)	有	러시아에 입적한 인사로 한국을 생각하는 지성은 한국인과 다름. 엄인섭처럼 친하지는 않음. 우리를 경시하고 상담에 불응하는 인물	
한형권	통역인	有	러시아 통역, 인사만 나누었음	
허 곤	유생	有	학자이며 村夫子	
허 위	의병장	無	진충갈력하고 용맹한 기상이 있는 고등충신	
헐벗 (H.B.H ulbert)	언론인	無	한국을 위해 진력한 은인	
홍범도	의병장		노동계에서 나와 국가의 위난을 구하려한 애국의 義 士 충신	

안중근이 비중 있게 거론한 인사들에 대한 인물평을 살펴보면 대략

다음과 같은 특징을 찾을 수 있다.

첫째, 안중근의 인물평에는 개별 인물들에 대한 보호 의식과 개인적 편견이 담겨 있다. 일제가 의형제를 맺었다고 지적했을 정도로 친밀한 관계를 유지한 이강에 대해 안중근은 자신과 관계없는 인물이라고 평하였다. 이는 이강을 보호하려는 의도된 평이었다. 또한 그는 자신과 성향이 같은 인사들에 대해서는 호평을, 자신과 불화하거나 소원했던 인사들에 대해 소극적인 평을 내렸다. 이는 안중근이 많은 이들을 만났음에도 불구하고 자신과 지향이 비슷한 인사들과 집중적인 교제를 나누었던 것이 아닌가 하는 느낌을 준다.

둘째, 안중근이 인물평에서 가장 호의적인 평가를 내린 인사들은 국내외에서 활동한 의병장들이었다. 그는 이들에 대해 충신·의사·지사 등의 표현을 써가며 높이 평가하고 있다. 그러한 인물로는 민긍호·박정빈·이강년·최익현·허위·홍범도 등을 들 수 있다. 이중 민긍호에 대해서는 "군인으로서 당당한 의병을 일으킨 의사"라고 하였고, 허위에 대해서는 "진충갈력하고 용맹한 기상이 있는 고등충신"이라고 하였다. 이에 반해 연해주에서 자신과 의병활동을 같이한 유인석·이범윤·엄인섭 등의 의병장에 대해서는 상대적으로 낮게 평가하였다. 이는 안중근이 연해주에서 활동할 때 이들과 자주 충돌하며 갈등을 벌였기 때문으로 보인다. 또한 그가 척사사상을 고수하고 있던 유인석과 같은 인사들과 생각이 달랐기 때문일 것이다. 하여튼 안중근이 수많은 인사들 중에서 국내 의병세력을 가장 호의적으로 평가한 점은 그의 정치 성향이 근대화를 도모한 개화-계몽세력보다는 자주독립을 강조한 의병세력에 모아져 있음을 나타내 주는 것이다.

셋째, 안중근은 전반적으로 개화파 인사들에 대해 비교적 인색한 평가를 내리고 있다. 이는 안중근이 의병운동에 높은 가치를 두고 상대적으로 개화운동에 낮은 점수를 주었기 때문으로 보인다. 안중근이 거론한 개화계열의 인사들로는 유길준·장박·김가진·박영효 등을 들 수 있다. 그는 개화기의 풍운아 유길준에 대해 "한국의 혁명을 생각해낸 사나이라"고 극히 짧게 평하였다. 그러나 그는 자신의 부친과 인연이 있는 박영효에 대해서만은 "개혁을 도모하여 성공하지 못했고, 7조약 성립에 반대하여 유배된 충신"이라는 매우 호의적 평가를 내렸다. 아울러 안중근은 개화계열에서 친일로 빠져나가 을사조약을 주도한 이완용·박제순 등에 대해서는 나라를 팔아먹는 문서에 날인한 도적이라는 표현을 써가며 강렬히 비판하였다.

넷째, 안중근은 연해주에 거주하는 재러한인들에 대해 대체로 낮은 평가를 내렸다. 그의 의병활동을 원거리에서 지원한 이범진에 대해서는 정치적 야심에서 의병을 지원하는 인물이라고 혹평하였고, 연해주의병의 최고 후원자인 최재형에 대해서는 러시아국민으로서 군자금 제공에 인색하며 한국인과 취향이 맞지 않는 인물이라고 하였다. 또한 해삼위 일대에서 사업을 통해 자산을 축적하고 이렇게 축적된 자산을 바탕으로 계몽운동에 가담하고 있던 최봉준·양성춘·차석보·김학만 등에 대해서는 냉담하리만큼 관심을 보여주지 않았다. 그가 이들에 대해 내린 평가는 한 줄을 넘지 못할 정도로 극히 간략한 편이다. 이는 안중근이 연추와 해삼위를 일대에서 의병활동을 벌이면서 이들 계몽운동세력과 갈등관계를 보였으며, 따라서 이들과 소원한 관계를 유지했기 때문으로 보인다.

다섯째, 안중근은 국내외에서 만난 애국계몽운동가들에 대해서도 단편적인 인상기를 남겼다. 그가 거론한 국내 인사들로는 김달하·김명준·안창호·양기탁·이갑·장지연·최재학 등이며, 국외인사들로는 연해주를 무대로 활동한 김현토·유진률·이강·이위종·정순만 등이다. 이들 중에서 안창호를 제외한 모든 이들에 대해, 안중근은 비교적 극히 간략한 평을 내리고 있다. 그런데 안중근은 1907년 5월에 안창호·이갑·유동열·노백린·이동휘·이종호 등과 함께 서울 동문밖 삼선평에

서 열린 서우학회 친목회에 참석했고,[54] 해외 망명 직전에 서울에서 김
종한·민형식·김세기 자 茉·이종건·유종모·안창호·강영기·이동
휘 등 서북학회 인사들 및 일부 전직 고관들과 교유하였다.[55] 그럼에도
이들에 대해 극히 간략하게 나온 것으로 미루어 이들의 교유관계가 친밀
한 정도는 아니었던 것으로 보인다.

　이상에서 살펴본 인물평에서 안중근이 가장 높은 평가를 내린 인물은
최익현과 이상설이다. 안중근의 정체의식의 형성에 다소 영향을 미쳤을
가능성이 있는 인물은 안창호와 이강이다. 많은 분량을 할애하여 평한
인물은 민영익·서상근·이범진·최익현·이상설·안창호·이갑·홍
범도·이위종·유인석 등이다. 이중 민영익·서상근·이범진·유인석
에 대해서는 혹평을, 이상설·안창호·이갑·홍범도·이위종에 대해서
는 호평을 하였다. 그런데 한 가지 재미있는 사실은 동문의 유학자인 최
익현과 유인석에 대해, 최익현에 대해서는 극단적 호평을 가한 반면 유
인석에 대해서는 극단적 악평을 내린 점이다. 이는 안중근이 강렬한 국
가사상을 지닌 인사로서 국가의식보다 문화보존의식을 중시한 유인석과
사상적 지향이 달랐기 때문으로 보인다.

　안중근이 이상설과 최익현에 대해 내린 극단적 호평을 양상을 알아보
겠다. 안중근은 자신이 만났거나 알고 있는 인물 가운데 이상설을 가장
존경하였다. 그는 실제로 이상설을 몇 차례 만나 담화를 나누기도 하였
다. 그는 이상설에 대해 시무에 해박하고, 언어에 능통하고, 국제정세에
밝고, 애국심과 교육사상이 강렬하며, 동양평화주의를 도모한다는 호평
을 내렸다.

　　이상설은 재사이며 법률에 밝고 數算에 통달하였다. 영어·불어·

---

54) 박은식, 『안중근』, 상해: 대동편역국, 1914, 8~9쪽.
55) 『독운 자료』 6, 58쪽 ; 『독운 자료』 7, 243~244쪽.

일어에 통한다. 사람은 지위에 따라 마음가짐을 바꾸는 것이므로 崔益
鉉·許蔿 등에 견주면 용맹한 기상은 혹 적겠으나 지위를 달리하므로
하는 수 없다. 세계대세에 통하고 애국심이 강해 교육발달을 도모하고
국가백년의 대계를 세우는 자는 이 분일 것이다. 또 동양평화주의를 가
지는 위에 있어 이 분과 같은 친절한 마음을 가진 자는 드물다.[56]

다음, 안중근은 최익현에 대해 "고명한 사인이다. 격렬한 상서를 하기
수차, 그가 도끼를 들고 대궐에 엎드려 신의 머리를 베라고 강요한 따위
는 참으로 국가를 우려한 인사이다. 또 5조약에 반대하여 상서하여 드디
어 뜻과 같이 행해지지 않아 의병을 일으키게 되었다. 일병이 그를 체포
했으나 나라의 義士라 하여 日本府間道로 보내 감금하였다. 그런데 그는
백이·숙제보다 그 이상의 인물이다. 백이·숙제는 주나라의 곡식을 먹
지 않겠다고 말했으나 최선생은 물도 마시지 않았다. 만고에 얻기 어려
운 제일의 인물이다"고 하였다.[57] 이러한 평가는 최익현 사후 한국의 언
론과 민간에 나돌던 최익현에 대해 가졌던 세평과 일치한다.

안중근이 가장 존경한 최익현은 안중근 생전에 이미 순국한 저명한
군주권론자이며, 이상설은 황제체제를 옹위하고자 왕성한 활동을 벌이던
보황론자였다. 따라서 양인은 대한제국과 고종황제를 위해 신명을 바친
인물이었다. 안중근이 수많은 인물들 중에서 이들 양인을 가장 존경하고
호평을 내렸다는 사실은 그의 정체인식의 방향과 성격이 어떠했는가의
문제와 직결되어 있다고 판단한다.

---

56) 『독운 자료』 7, 418쪽. 또한 안중근은 이상설에 대해 "금년 여름 블라디보스톡에
   서 처음으로 만났다. 이 분의 포부는 매우 크다. 세계대세에 통해 동양의 시국을
   간파하고 있었다. 李範允 따위는 만인이 모여도 相礪에는 미치지 못한다. … 수
   회 면회하여 그의 인물을 보니 기량이 크고 사리에 통하는 대인물로서 그릇이
   됨을 잃지 않았다"고 호평하였다. 『독운 자료』 7, 408, 418쪽.
57) 『독운 자료』 7, 417쪽.

4. 맺음말

대한제국기부터 순국 직전까지 안중근은 여러 경로를 통해 근대적 정치사상과 정치제도를 이해하였다. 그는 서적·신문·잡지 등 활자매체, 천주교와 서양선교사 등 종교집단을 통해 그러한 지식을 습득하였다. 그리하여 모든 인간은 하늘로부터 동등한 권리를 부여받았다는 천부인권설과 국가의 주인은 군주가 아니라 국민이라는 주권재민설을 받아들이게 되었다. 이는 안중근이 서양의 정치사상의 골자들을 수용했음을 의미하는 것이다. 그러나 그는 그러한 정치사상의 기초 위에서 운영되는 정치제도의 수용 문제에 대해서는 생각이 달랐던 것으로 보인다. 그는 여러 경로를 통해 입헌정체·공화정체 등 민주적 정치체제에 대한 지식을 얻었음에도 불구하고 그러한 정치체제를 한국사회에 도입하는 문제에 있어서는 당대의 급진적 민족운동가들과 생각을 달리했던 것으로 보인다.

안중근은 대한제국의 정치체제인 군주제의 폐단을 강하게 비판하지 않았다. 그가 유일하게 군주제를 비판한 대목은 "국가의 독립과 자위가 달성되지 않는 것은 군주제에 기인한다"는 것인데, 이 구절조차도 전체 문맥에 비추어 보면 군주제 자체의 문제점을 비판한 것이라기보다는 군주제를 운영하는 친일파 대신들의 매국성을 질타하는 것이었다. 이때도 그는 군주제 하에서 조선이 발전하고 있다는 말을 덧붙였다. 따라서 엄밀히 말해 그는 군주제에 대해 본격적인 비판을 가한 적이 없었던 것이다 이에 반해 안중근은 대한제국과 고종황제에 대해서는 극도의 존모의 태도를 나타냈다. 그는 신민이 황실에 대해 불경한 태도를 가져서는 안 된다고 했으며, 심지어는 자신이 하얼빈의거를 벌인 것은 황제를 위해서였다고 말하기까지 하였다. 이는 안중근의 정치적 지향성이 황제체제를 지지하는 단계에 머물렀음을 나타내는 것이다. 이런 점에서 안중근은 대한제국과 고종황제를 충실히 받들어 모신 충직한 근왕주의자였다고 말할 수 있다.

안중근이 가장 높이 평가한 인물들은 군권론자인 최익현과 보황론자인 이상설이었다. 안중근은 이들 양인 중에서도 이상설을 가장 신뢰하고 존경했는데, 주지하듯이 이상설은 고종중심의 황제체제를 옹위하기 위한 보황적 국권회복운동에 자신의 신명을 바친 인물이었다. 이상설과 몇 차례 만난 안중근이 이상설을 가장 극찬한 것은 이상설의 인물이 탁월했다는 점 외에도 그의 정치적 지향이 자신과 동일했기 때문이었다. 또한 이상설이 구상하고 있는 동양평화론의 취지가 자신의 그것과 맞아떨어지는 측면이 있기 때문이었다. 하여튼 안중근이 고종중심의 황제체제를 지지한 최익현이나 이상설을 가장 존경했던 사실은 안중근의 정체인식의 성격을 나타내 주는 것이라고 생각한다.

안중근과 동양평화

안중근 의사의 하얼빈 의거와 '동양평화론'

윤 병 석*

1. 하얼빈의거 96주년

금년 10월 26일로 안중근 의사의 하얼빈의거 96주년을 맞이한다. 안 의사는 젊은 인생을 조국에 바쳐 祖國의 獨立을 회복하고 東洋平和를 이룩하고자 하였다. 그러므로 안 의사는 조국 속에서 영원히 사는 이가 되어 조국과 민족을 길이 保佑하는 殉國先烈이 되었다. 안중근 의사는 1909년 10월 26일 하얼빈 역두에서 한국침략의 원흉이며 東洋平和의 교란자인 伊藤博文을 총살·응징하였다.

안 의사는 의거 후 침울한 旅順 감방에서 자신의 떳떳한 일생의 행적을 밝히는 자서전 『安應七歷史』를 저술하였다. 이어 의거의 뜻을 밝히는

---

* 인하대학교 명예교수

『東洋平和論』을 집필하기 시작하였다. 일제의 違約으로 미완인체 1910
년 3월 26일 사형이 집행되어 순국하였다.[1] 또한 안 의사는 의거 후 순
국까지 5개월에 걸친 혹독한 일제 신문에서 종시일관 의연하게 일제의
침략과 그 하수인 伊藤의 죄상을 數罪하면서 한국독립의 회복과 東洋平
和의 維持를 주장하였다. 그리고 안 의사는 生死에 임한 감방에서 '國家
安危勞心焦思'와 '爲國獻身軍人本分'을 비롯한 신품과 같은 遺墨을 현
재 알려진 것만 56여종을 썼다.[2] 여기에는 하나같이 '大韓國人安重根'의
斷指掌印이 찍혀있다.

한편 하얼빈 의거 후 국내에서는 물론, 의거현장에 속한 만주와 의거
책원지가 되었던 연해주 그리고 중국본토, 미주 하와이 등지에서 서로 잇
달아 안 의사의 傳記가 나왔다. 그것도 독립운동을 추진하던 각 지역 한인
사회에서 朴殷植, 桂奉瑀, 洪焉, 李建昇, 金澤榮, 鄭沅, 鄭淯 같은 한·중
인의 저명한 학자와 문인에 의해 논찬되어 독자의 심금을 울렸던 것이다.

그러나 안 의사 자신의 유고는 순국 즉시 일제에 의해 압수되어 나라
잃은 한국민에게는 물론 유족에게조차 알리지 않고 극비 속에 그들의 한
국식민통치 자료로만 이용되었다. 아울러 국내외에서 간행된 여러 문인
학자들에 의한 전기를 비롯한 관련 저술들도 예외 없이 탄압대상이 되어
압수되고 '不穩文書'로 유포가 금단되었다. 게다가 일제 당국이 작성한
조사 심문자료와 공판기록 조차도 오랫동안 일반이 접근할 수 없는 비밀

---

1) 윤병석, 「안중근의사 전기의 종합적 검토」 『韓國近現代史硏究』 9, 한국근현대
사연구회, 1998.
윤병석, 「안중근의사의 의병활동과 그 사상」 『안중근의사 연구의 어제와 오늘』,
제3회 국제학술회의보고서, 안중근의사기념관, 1993.
2) 안의사의 遺墨은 후에 상론할 바와 같이 한국의 보물로 지정된 <國家安危勞心
焦思>와 <爲國獻身軍人本分> 등 25점을 포함하여 한중일에서 현재까지 필
자가 실물 혹은 사진본으로 확인한 것이 56점이고 그밖에 <天地飜覆志士慨嘆
大廈將傾一木難支>와 같이 유물의 내용은 알 수 있으나 유묵으로는 확인 안
된 것이 4점이다.

문서로 취급되었다. 한편 안 의사가 망명 활동한 연해주와 하얼빈 및 여순 지역은 1980년대까지도 이념대립과 냉전체제로 왕래는 물론 자료 교류조차 어려웠다.

하지만 역사적 사실의 영구비밀이란 없는 법인지 일이십년 이래 이와 같은 문헌류가 점차 발현되기 시작하였다. 특히 근래 십년 내는 일본과 중국, 러시아 등지에서 주목할 문헌이 조사 수집되고 불완전하지만 현지 답사도 빈번하여졌다. 그에 따라 그동안 안 의사의 관련 자료의 조사수집과 연구 성과도 적지 않게 축적되었다. 그러나 안 의사의 헌신적 민족 운동과 하얼빈 의거를 결행한 萬古義烈은 미심한 대목도 허다히 남았다. 특히 안 의사의 한국독립과 동양평화를 위한 '탁월한 사상과 경륜 그리고 살신성인의 의열'의 역사적 의의의 정립은 이제부터 심화시켜야 될 중요 과제인 것이다.

2. 하얼빈과 여순을 중심한 러시아와 일본의 각축

안 의사가 북만주 흑룡강성 하얼빈에서 거의하고 이어 요녕성 여순에서 순국한 사정은 우연이라 하기보다는 러시아와 일본이 그곳들이 중심으로 남북만주와 한반도를 두고 서로 각축을 벌인 곳이라는 역사적 배경을 주목할 필요가 있다. 제정 러시아는 날쌘 까작꾸군을 앞세워 수 세기간에 걸친 東進經略 끝에 중국 黑龍江 북쪽 시베리아 전역을 점유하고 1858년 아이훈(愛琿) 조약을 맺어 領有를 합법화하였다. 아울러 흑룡강을 아무르(amur)강이라 개명하면서 아무르州 총독부를 두고 신영토 시베리아를 통치하기 시작하였다. 그 후 2년 뒤인 1860년에는 흑룡강 하류 남쪽이며 烏蘇里강 동쪽의 연해주까지 병합하는 北京조약을 맺었다.

그 후 러시아는 그 광막한 시베리아와 잇닿은 연해주를 개발하면서 태평양 방면으로 남진하는 남하정책을 추진하였다. 연해주 남단의 중요 항구인 블라디보스톡 군항을 건설하면서 그곳과 북쪽으로 연해주 그리고 시베리아를 관통하여 우랄산맥을 넘어 러시아 본국의 모스크바와 뻬 텔부르크까지 연결하는 대역사의 시베리아 철도를 부설하였다. 러시아는 여기에서 머물지 않고 남북만주와 한반도를 넘겨다 보면서 블라디보스 톡 다음 역인 우스리스크에서 갈리어 중국 흑룡강성을 관통하는 東淸 철 도를 부설, 흑룡강성의 수도인 하얼빈을 만주경략의 거점 도시로 건설하 였다. 우스리스크에서 갈리어 나온 동청철도는 국경도시 포그라니찌를 지나 중국의 穆陵 海林 등지를 거쳐 하얼빈으로 연결되고 다시 북쪽으로 滿洲里를 지나 시베리아 치타역에서 시베리아철도 본선과 합선되는 전 략 철도이다. 그 후 러시아는 다시 동청철도의 중심역인 하얼빈에서 남 쪽으로 長春 · 沈陽을 거쳐 遼東半島 남단인 大連과 旅順을 연결하며 남 북만주를 관통하는 동청철도의 南支線 설치에 호시탐탐하고 있었다.

한편 명치유신 후 대륙정책을 추진하던 일본은 1894년 청일전쟁을 도발, 한반도에서 청군을 구축하면서 더 나아가 압록강과 渤海만 너머의 旅順과 大連을 점령하고 북쪽으로 지금의 심양인 奉天까지 진출하여 남 만주의 요동반도를 차지하고 청과 1895년 下關조약에 의하여 그 영유를 합법화하려 했다. 그러나 남하정책을 추진하던 러시아가 이를 보고만 있 지 않았다.

중국진출을 노리던 독일과 프랑스를 끌어들여 3국 간섭을 통하여 일 본으로 하여금 요동반도를 청에게 고스란히 반납하도록 외교압력을 가 하여 일시 일본의 만주 침략을 좌절시켰다. 뿐만 아니라 러시아는 청의 義和團란을 핑게 삼아 만주지역에 출병하면서 여순과 대련을 租借라는 명목으로 차지하고 그곳에 부동항의 여순군항을 건설하여 그들 극동 해 군함대의 근거지를 삼고 그곳에서 대련 · 봉천 · 장춘을 거쳐 하얼빈에 이르는 동청철도의 남지선의 설치를 서둘렀다. 일본이 청일전쟁까지 치

루면서 경영하려던 요동반도를 포함하는 남만주 경영을 러시아는 3국
간섭을 계기로 기선을 잡은 것이다. 그리하여 러시아는 요동반도를 특히
대련의 도시건설과 여순 군항 경영에 골몰하였다.

3국 간섭 후 러시아의 이와 같은 남하정책 추진에 부심하던 일본은
러시아와의 전쟁준비를 서둘러 1904년 2월에 러일전쟁을 도발하였다.
仁川 앞바다에서의 해전에서 승리의 서전을 거둔 일본은 수만의 일본 육
해군병을 희생하면서 격전의 여순공방전을 감행하여 1905년 정초에는
난공불락의 여순군항을 함락시켜 승세를 굳히고 그해 9월에 미국 루스
벨트 대통령의 중재 하에 포오츠머드조약을 맺어 러·일강화를 이룩하
면서 요동반도와 여순항을 다시 일본이 차지하게 되었다. 일본은 그곳에
가장 정예군단인 關東軍을 기간으로 관동도독부를 설치하여 韓滿經略에
분주하게 되었다. 특히 러시아를 대신하여 여순군항 건설과 동청청도의
남지선 예정지에 남만주철도 부설에 박차를 가하여 만주 침략의 교두보
를 삼았던 것이다.

안중근 의사의 하얼빈의거의 표적물인 伊藤博文이 그곳에 출현하게
된 시기는 그동안 여순군항 건설도 마치고 남만주철도도 여순 대련에서
시작하여 심양·장춘을 거쳐 거의 하얼빈 인근까지 넓혀져 일본의 만주
경영이 실적을 올리던 무렵이었다. 마침 러시아의 대장성대신 코코프체
프가 블라디보스톡을 중심으로 한 러시아의 극동지방의 방비와 동청철
도 이남의 만주경영을 점검하기 위하여 극동 순시차 하얼빈 행차에 맞추
어 짜여진 것이다.

3. 안중근의 하얼빈 의거

국망을 목전에 둔 1909년 초에 망명지 연해주 煙秋에서 단지동맹을

맺어 同義斷指會의 회장이 된 안의사는 조국의 독립회복과 동양평화를 이룩하기 위해 "三(一二.)人同盟 報國血心 汎萬注一 斷石透金 結義同盟 保國安民 患難相救 死生同居"라는 信義之交를 토대로 회무를 주도하고 있었다.[3] 그해 10월 들어 마침 伊藤博文이 러시아 대장대신 코코프체프와 만나 동양침략정책을 협상하기 위해 북만주를 시찰한다는 소식을 듣게 되었다. 안 의사는 이때야말로 나라와 거레의 원수를 갚을 절호의 기회로 판단하고[4] 감연히 국내진공전 때의 전우인 禹德淳과 같이 10월 21일 블라디보스토크를 출발, 그 다음날 하얼빈에 도착하였다. 중도에 포그라니치나야에서 劉東夏를 통역으로 합류시켰다.

하얼빈에 도착한 안 의사 일행 3인은 그곳 國民會 회장 金成伯의 집에서 유숙하였다. 23일 아침 3인은 사진관을 찾아 의거결의 기념사진을 찍고 또한 동지로 曹道先을 찾아 합류하였다. 그날 밤 안 의사 일행은 심야까지 거사계획을 의논하고, 안 의사는 블라디보스토크의 大東共報 주필 李剛에게 거사계획과 자금조달에 관한 편지를 쓰고 우덕순과 연서하였다. 또한 안 의사는 의거결의를 읊은 <丈夫歌>를 짓고, 우덕순도 <義擧歌>를 지어 이에 응답하였다. 24일 아침 안 의사와 우덕순, 그리고 조도선은 의거 장소를 물색하기 위해 남행열차를 타고 蔡家溝에서 하차해 역구내 여관에서 숙박하였다. 25일 안 의사는 거사에 만전을 기하기 위해 채가구와 하얼빈 두 역에서의 거사계획을 세워 우덕순과 조도선이 채가구 거사를 맡기로 하고, 안 의사는 하얼빈으로 되돌아와 하얼빈

---

3) 혈서 취지서를 작성하고 同義斷指會의 會長이 된 안의사는 회무를 주도하였다. 동의단지회의 會友는 사생을 같이하기로 한 의병부대의 간부(李剛의 『내가 본 안중근의사』)라고도 하는 각지 의병의 대표를 뽑아 혈맹하였다. 단지동맹의 한사람인 趙應順의 "各地 各派로부터 揀拔하야 단지 同盟"이라 증언한 1921년 4월 2일자 『독립신문』 기사 기록도 보인다.

4) 안의사는 후일 역순옥에서 <天與不受反受其殃耳>(하늘이 주는 것을 받지 않으면 도리어 벌을 받게 된다)라고 휘호하였다. 안의사는 伊藤이 하얼빈에 올 것을 하늘이 준 기회로 확신하고 그를 포살 응징한 것이다 라고 해석된다.

거사를 준비하였다.

 김성백의 집에서 유동하와 그날 밤을 묵은 안 의사는 마침내 1909년 10월 26일 역사적인 거사일을 맞았다. 오전 7시경 유동하와 같이 하얼빈 역에 간 안 의사는 연소한 유동하를 타일러 돌려보내고 단신으로 역 구내 찻집으로 들어가 伊藤이 도착하기를 기다렸다. 그 동안 채가구역에서 먼저 거사를 계획했던 우덕순과 조도선은 러시아 경비병이 수상하다고 판단, 伊藤이 탄 열차가 지나가는 시간에 구내 여관방에 갇혀 있어 거사의 기회조차 빼앗기고 그 다음날 체포되고 말았다.

 아침 9시 무렵 미리 삼엄한 경계망을 편 하얼빈 역두에 한국침략의 원흉이며 동양평화의 교란자인 伊藤을 태운 특별열차가 멈춰섰다. 대기중이던 러시아 대장대신 코코프체프가 수행원을 거느리고 기내에 들어가 그를 영접하였다. 약 20분 뒤 伊藤이 수행원을 거느리고 코코프체프의 안내를 받으며 열차에서 내려 군악을 울리며 도열한 의장대를 사열하고 이어 각국 사절단 앞으로 나아가 인사를 받기 시작하였다.

 이때 안 의사는 러시아 의장대 뒤에서 기회를 노리고 있었다. 안 의사는 伊藤이 10여보 떨어진 지점에 이르렀을 찰나 전광석화같이 브로닝 권총을 꺼내들고 그를 향해 발사하였다. 제국주의 침략에 도전하는 正義의 義彈이었다.[5] 제1탄이 伊藤의 가슴을 명중시키고, 제2탄도 그의 흉부를 맞추었다. 또 제3탄도 그의 복부를 관통하자 伊藤은 그 자리에서 고꾸라졌다. 그래도 안 의사는 만약 쓰러진 자가 伊藤이 아닐지도 모른다는 생각에서 뒤따르던 일본인들을 향해 세 발을 더 쏘았다. 伊藤을 수행하던 하얼빈 일본총영사 川上俊彦과 궁내부 비서관 森泰二郎, 滿鐵이사 田中清太郎이 중경상을 입고 차례로 쓰러졌다. 절묘하게도 伊藤 일행과 뒤섞여 수행하던 코코프췌프 일행의 인사는 한사람도 다치지 않았다. 후일

---

 5) 안의사는 옥중에서 쓴 <東洋平和論>序말미에서 이 의거를 "東洋平和義戰"이라고 표현하였다.

안 의사는 의거시의 순간을 다음과 같이 술회하였다.

> 이등이 환영인 속을 인사하면서 통과하는 바 나는 신문 삽화에서 보
> 았을 뿐이므로 과연 이등에 틀림없느냐 아니냐고 주저하였으나, 러시
> 아 대신같은 자와 인사하는 폼을 보고 드디어 이등에 틀림없다고 인정
> 하고 발사하려 하였으나 러시아대신과 겹쳐 있는 까닭으로 발사할 수
> 가 없어 잠시 신체가 떨어지는 것을 기다렸더니 약 1척 가량 러시아인
> 과의 거리가 있음을 인정하는 순간 그를 향해 발사하였다.[6]

안 의사는 순식간에 침략자의 응징장으로 변한 현장에서 伊藤이 쓰러
진 것을 확인하고 '코리아후라'(대한국 만세)를 3창하고 태연자약하게 러
시아 헌병장교 미치올클로프에 의해 체포되었다. 이때를 안 의사는 9시
30분경으로 기억하고 있다.

치명상을 입은 伊藤은 열차로 옮겨져 응급치료를 받았으나 20여분
만에 절명하였다. 거사 직후 체포된 안 의사는 역 구내 러시아 헌병대
분소에서 러시아 검찰관의 심문을 받았다. 안 의사는 성명을 대한국인
安應七, 연령을 31세, 신분을 대한의군 참모중장 겸 특파독립대장으로
독립전쟁 중 적의 괴수를 처단 응징한 것이라고 밝혔다. 안 의사는 그날
저녁 8~9시경 일본영사관으로 넘겨져 영사관 지하 감방에 구금되었다.

4. '安應七歷史'와 '東洋平和論'

안중근 의사는 의거 후 여순감옥에서 1909년 12월 13일 기고하여
1910년 3월 15일 탈고한 자서전을 '安應七歷史'라고 표제하였다. 그는

---

6) 국사편찬위원회, 『韓國獨立運動史』 자료7, 424~425쪽(1909.12.3. 境경시신문
   에 대한 공술).

1907년 8월초 군대해산의 참상을 목도하고 북간도를 거쳐 러시아 연해주로 망명, 하얼빈의거시까지 3년 동안 '重根'이란 이름을 쓰지 않고 자인 '應七'로 대신 행세하였던 까닭에 이와 같이 표제한 것이다.[7] 이 자서전의 '畢書'[8]를 전후하여 <東洋平和論>을 기고하여 4월 18일경에는 서론을 마치고 각론을 쓰기 시작하였다. 안 의사는 이 사실을 고등법원장 平石氏人에게 사형언도 직후인 1910년 2월 17일 면담에서

> 나는 지금 옥중에서 <東洋政策>(東洋平和論)과 <傳記>를 쓰고 있다. 이를 완성하고 싶다.[9]

라고 밝히고 있다. 3월 25일로 예정된 사형집행을 15일 정도 연기해 줄 것을 요청하여 언약까지 받았으나 3월 26일 사형이 집행됨으로써 <동양평화론>은 미완으로 남게 되었던 것이다.

안 의사의 이러한 저술 상황은 典獄 栗原貞吉이 1910년 3월 18일자로 통감부 警視 境喜明에게 보낸 서한에서

> 안중근의 <전기>는 이제 막 탈고하여 목하 청사중인 바 완료 즉시 우송할 예정이지만 한편 <동양평화론>은 기고하여 현재 서론은 끝났으나 본론은 3, 4절로 나누어 쓰되, 각 절은 생각날 때 집필하고 있다. 도저히 그 완성은 死期까지 어렵다고 생각될 뿐 아니라, 각 절을 조리정연한 논문이라고 하기보다 雜感을 서술하려고 하기 때문에 수미일관한 논문이 되지 않을 것으로 생각된다. 그러나 본인은 철저히 <동양평화론>의 완성을 원하고 '사후에 빛을 볼 것'으로 생각하고 있기 때문에 얼마 전 논문의 서술을 이유로 사형의 집행을 15일 정도 연기될 수

7) 국사편찬위원회 편, 「公判始末」 『韓國獨立運動史資料』 6, 1910년 2월 7일, 308~310쪽.
8) 『安應七歷史』 말미에 "1910년 庚戌 음 2월 초5일 양 3월 15일 旅順獄中 大韓國人 安重根 畢書"라고 명기하였다.
9) 국가보훈처 편, 「殺人犯被告人安重根聽取書」 『亞洲第一義俠 安重根』 3, 633쪽.

있도록 탄원하였으나 허가되지 않을 것 같아 결국 『동양평화론』의 완
성은 바라기 어려울 것 같다.[10]

라고 보고한 내용을 통해서도 알 수 있다. 또한 안 의사의 공판 통역을
담당하였던 통감부 통역 園木吉喜의 1910년 3월 26일 안 의사 사형집행
결과 보고 전문에서

옥중에 있으면서 기고한 유고 중 <전기>(안응칠역사)는 이미 탈고
하였으나 <동양평화론>은 총론 및 각론의 일절에 그쳐 전체의 탈고
를 보지 못하였다.[11]

라고 밝힌 내용도 안 의사의 저술 상황을 명백히 입증하는 대목이다. 이
러한 안 의사의 유고는 안 의사 순국 후 극비로 취급되어 친족에게도 보
이지 않고 즉시 압수하여 한국통치 자료로만 활용하였다.

그러므로 안 의사의 유고가 다시 햇빛을 보게 되기까지는 60년이 걸
린 것이다. 그것도 처음에는 동경 국제한국연구원 崔書勉 원장이 1969년
4월 동경 고서점에서 입수한 『安重根自敍傳』이라 표제된 일역본이었
다.[12] 유고 그대로의 등사본은 그 후 다시 10년이 지난 1979년 9월 재일
교포 金正明 교수가 일본 국회도서관 헌정연구실 '七條淸美 문서' 중에
서 <安應七歷史>와 <東洋平和論>의 등사본을 합책한 『安重根傳記及
論說』이라 제명한 것을 발굴함으로써 세상에 나타났다.[13] 이것이 비록
안 의사의 친필본은 아니더라도 안 의사의 귀중한 유고 내용이 원문대로
全文이 '햇빛을 본 것'이다. 한편 우리는 안 의사의 친필 원본도 어디선
가 나타날 것이라는 기대도 해 보는 것이다.

---

10) 典獄 栗原貞吉의 서한(안중근의사기념관 소장).
11) 국가보훈처 편, 「安重根 刑執行에 관한 要領」 『亞洲第一義俠安重根』 3, 777쪽.
12) 崔書勉, 「安應七自傳」 『外交時報』 1970년 5월호, 東京: 外交時報社, 53~70쪽.
13) 『東亞日報』 1979년 9월 1일자 참조.

『안응칠역사』는 안 의사 순국 80주년이 되던 1990년 3월 26일 안중근의사숭모회에서 한문으로 된 원문 내용과 함께 국역본을 간행함으로써 안 의사의 행적과 사상, 그리고 의거를 이해하는 원전으로 활용되고 있다.[14] 특히 『안응칠역사』는 일반적 자서전이 갖는 한계를 넘어 안 의사의 "진실한 자기 심정을 표백해 놓은 글이라, 저절로 고상한 문학서가 되고 또 한말의 풍운 속에서 활약한 자기 사실을 숨김없이 적어 놓은 글이라 바로 그대로 중요한 사료가 되어진 것임을 봅니다"라고 소개한 바와 같이 '그대로 중요한 사료'인 것이다. 그러나 안 의사는 『안응칠역사』 서술에서 생존 동지들의 신변을 위하여 가능한 한 관련 인물들에 대한 언급을 자제하거나 아예 생략한 부분이 적지 않다. 특히 하얼빈의거 동지인 우덕순에 대해서는 1908년 여름 국내 6진지역 진공 의병활동 대목에서 언급을 피하였고, 1909년 2월 연주 카리에서 행한 단지동맹 부분에서는 그때 동맹으로 성립한 同義斷指會에 대하여 언급을 회피하고 있다.

안 의사가 남긴 50여 편의 유묵 중에 "동양대세 생각하매 아득하고 어둡도다. 뜻있는 남아가 어찌 잠을 이루리. 평화정국 못 이루었으니 한탄스럽기 그지없다. 침략정략 고치지 않으니 참으로 가련하다."(東洋大勢思査玄 有志男兒豈安眼 和局未成猶慷慨 政略不改眞可憐)라고 한 글귀가 있다. 그의 큰 뜻이 한국 독립수호에 머물지 않고 동양평화를 이룩하려는데 미치고 있음을 시사하고 있다.

안 의사는 <안응칠역사>를 저술하고 이어 <東洋平和論>을 기술하다가 일인의 위약으로 미완인 채 순국하였다. 이 저술은 그의 한국의 독립 뿐 아니라 나아가 동양평화를 위한 경륜과 사상을 밝히려는 것으로 생각된다. <동양평화론>은 序와 前鑑, 現狀, 伏線, 問答의 5편을 구성하였으나 기술한 것은 <서>와 <전감> 뿐이다. 그도 <전감>은 끝을

---

14) 안중근의사숭모회 편, 『안중근의사자서전』, 1990, 서문.

맺지 않은 것 같다.

이와 같은 미완성의 『동양평화론』과 그밖에 그가 남긴 언행을 통해 그의 독립사상과 동양평화론을 정리하면 그 골간이 한국과 중국 그리고 일본 3국이 각기 서로 침략하지 말고 독립을 견지하면서 단결하여 서세 동점의 서구제국주의를 막을 때 이룩될 수 있다는 것으로 요약된다.

그러나 이등을 비롯한 일제 침략자들이 내세우는 동양평화론은 겉으로는 같은 것 같으나 그 내용과 논리는 판이한 것으로 그들은 黃禍論을 빌미로 동양의 패권을 잡아 그들의 동양 각국에 대한 침략주의를 합리화시키려는 것으로 인식, 그를 정면 반대한 것이다. 그러므로 안 의사는 공판정에서 이등총살을 "동양평화를 지킨다"[15]는 정의의 응징으로 답변한 것이다. 그러므로 박은식은 『안중근전』의 서론에서 "안중근을 그의 역사에만 근거하여 논한다면 목숨을 바쳐 나라를 구한 '志士'일뿐 아니라 한국의 國仇를 갚은 烈俠가 된다. 그러나 나는 이러한 말(지사와 의사)은 안중근을 다 설명하기에 부족한 것으로 생각한다. 안중근은 세계적인 眼光(안목)을 갖고 스스로 '평화의 대표'를 자임한 것이다(據安重根歷史而論之 亦日舍身仇國之志士而已 爲韓報仇之烈俠而已 余以爲未足以盡重根也 重根具世界之眼光而自任平和之代表也)[16]라고 논찬하여 마지않았다.

또한 박은식은 『안중근전』의 결론을 이런 말로 맺었다. "안중근이 평시에 대성질호하여 우리 국민에게 고한 것은 團合主義이다. 우리 동포들은 이것을 잊지 않았는가. 아! 안중근이 손에 칼을 쥐고 좌우에 있다."(安重根 平日大聲疾呼告我國民者 團合主義也 我同胞 其無忘乎 嗚乎 重根 手握刀在左右)[17] 안중근의 애국애족의 독립정신과 동양평화를 위한 높

---

15) 만주일일신문사, 『안중근사건 공판속기록』, 175~183쪽.
16) 국가보훈처, 『安重根傳記全集』, 1999, 229쪽.
17) 위의 책, 248쪽.

은 뜻과 사상은 그가 주장한 "국민의 단합주의"의 구현으로부터 구현되
어야 한다는 것이다.

또한 안 의사의 미완성의 <東洋平和論>의 각론의 내용은 平石 고등
법원장과의 면담기록인 <聽取書>18) 등을 중심으로 종합하면 무엇보다
일본은 그들이 러일전쟁 때 占有한 旅順港을 청에 돌려주어 그 항구를
동양평화의 근거지로 만들어야 한다는 것이다. 서쪽으로 渤海, 동쪽으로
황해에 면하고 남쪽으로 산동반도를 지호지간의 거리를 두고 바라보는
旅順軍港은 중국 요녕성의 요동반도 최남단에 자리 잡고 현재 행정구획
상 대련시 여순구에 속에 있다. 이 여순항은 明代로부터 전략상 요충지
로 기록되어 일찍부터 중국 수군이 군항을 건설한 동양굴지의 부동항이
다. 청대에 들어와 중국 최대의 함대인 북양함대를 두고 군항을 확장하
고 조선소와 수리독 등도 건설하였다. 이와 같은 군항을 대륙정책을 추
진하던 일본이 청일·러일의 두 차례 전쟁 때 수만 군병의 희생을 무릅
쓰고 여러 차례 격전을 벌여 점유하고 만주침략의 주력군단인 關東軍의
근거지로 삼았다. 군항 뒤편의 安字山과 동서의 鷄冠山, 그리고 望台 二
龍山 松樹山에 철통같은 포대와 보첩을 수년에 걸쳐 쌓아 난공불락의 旅
順要塞를 완성하고 만주침략의 교두보로 삼았었다.

이와 같은 여순군항을 동양평화의 근거지로 만들려면 첫째, 한·
청·일 3국이 공동 관리하는 軍港을 만들어 3국 청년들로 군단을 편성
하여 지키게 하고, 그들에게는 2개국 이상의 어학을 배우게 하여 우방

---

18) 사형언도 직후인 1910년 2월17일 안 의사의 平石氏人 고등법원장 면담요지의
   기록을 <청취서>라고 표제하여 남겼다. 안 의사는 3시간에 걸쳐 "동양평화론"
   을 설파하였고 하얼빈 의거의 이유를 국제정세를 예증하면서 논리적으로 설명하
   였다. 앞의 국가보훈처의 『아주제일의협안중근』, 633쪽에 수록되었다. 이밖에
   안 의사의『東洋平和論』의 미완성 내용의 일부는 통역 園木本喜의 수기가 있다
   고 국제한국연구원 최서면 원장이 증언하고 있다(국가보훈처, 『21세기와 동양평
   화론』, 1995, 87쪽). 또한 중국인 鄭沅의「三國和會之大願」『安重根』, 20쪽에
   도 논급되고 있다.

또는 형제의 관념이 높아지게 우의를 다져가야 한다는 것이다. 그렇게 되면 일본의 군비는 여순항의 유지를 위하여 군함 5, 6척 정도만 정박시켜도 족할 것이라고 하였다.

둘째, 여순에 한·청·일이 먼저 동양평화회의를 조직하여 동양평화의 방략을 세우고 실천한다는 것이다. 그리고 이 평화회의는 장차 인도·태국·버마 등 동양제국이 다 참여하는 회의로 발전시키면 동양평화의 중심지가 될 것이라는 것이다. 셋째, 한·중·일 3국이 참여하는 공동금융기구를 설치 운영한다는 것이다. 그 방략의 하나는 한·중·일 각각 인민이 회원으로 가입하게 하고 회원 1인당 1원씩 회비를 모금하면 3국의 인민 수억이 가입할 것이고 그 자금으로 은행을 설립하고 각국이 공용하는 화폐도 발행하면 재정을 확보할 수 있게 될 것이라는 것이다. 더욱이 평화회의 각국 중 중요한 곳에 평화회의 지부와 은행의 지점을 두게 된다면 신용이 두터워져 동양평화가 두터워져 갈 것이라는 것이다. 그렇게 되면 일본의 당면 급선무인 재정정리도 충분히 할 수 있게 될 것이라고 판단하였다.

넷째, 서구에서 나폴레옹 이전시대까지 중요한 평화유지책이 되었던 3국이 로마법왕으로부터 王冠을 받아쓰는 古例를 원용한다면 동양평화 유지에 크게 유익할 것이라는 것이다. 천주교는 세계 종교 중에서도 3분지2 이상의 세력을 가졌고 로마법왕은 그들의 상징이므로 먼저 일본 천황이 동양평화 기구의 대표자로서 인준을 로마 법왕에게 요청한다면 세계 문명인은 이에 따르고 일본의 위상도 높아진다는 견해이다. 특히 안의사는 <동양평화론> 전감에서 일본 침략정책의 非를 논박하면서 말미에 "같은 인종인 이웃나라를 害하는 자는 마침내 獨夫되는 환난을 면하지 못할 것이다"라고 경고하였다.

5. 여순감옥에서의 遺墨

안중근 의사는 여순감옥에서 143일 동안 투옥생활 중, 저술면에서 자신의 떳떳한 생애와 사상을 밝히는 <安應七歷史>와 미완성의 <東洋平和論>을 저술하였다. 또한 神品과 같은 유묵을 현재까지 밝혀진 것만도 56폭을 남겼고, 그밖에 하얼빈의거 전후에 쓴 몇 가지 진귀한 필적도 남겼다.

특히 여러 필적 중에서도 각별한 것은 1909년 초 煙秋 下里에서 단지동맹시 12인의 혈맹동지들의 선혈을 모아 태극기에 안 의사가 '大韓獨立'이라 혈서한 필적인 것이다. '大韓獨立旗'라고도 부르는 이 혈서된 태극기의 원본은 중도에 산질되었는지 전래되지 않으나 엽서로 만든 사진이나 그밖에 보도사진 등으로 확인되는 것이다. 무엇보다 안 의사의 조국에 바친 뜨거운 獨立精神의 표상이라 할 수 있는 것이다. 다음은 하얼빈의거 직전에 작사 친필한 <丈夫歌>이다. 공판정의 증거물로 압수 제시된 이 장부가는 한문과 국문의 2종으로 안 의사의 결연한 의거결의를 그대로 실증한 작품인 것이다.

그밖에도 안 의사 일행이 블라디보스톡에서 하얼빈 도착 후 大東共報社 주필 李剛에게 보낸 간찰이 있다. 안 의사가 작성하고 禹德淳과 연명 날인까지 한 이 간찰은 현지에서의 의거계획 추진상황과 자금융통 등에 관한 내용을 담고 있다. 이것도 공판정의 증거물로 제시된 것으로 '大韓獨立 萬萬歲'라는 구절로 結尾된 작품이다.

안 의사의 또 다른 필적은 빌렘신부에게 보낸 2통의 엽서가 실물대로 전한다. 하나는 망명전인 1906년 1월 6일자의 것이고 다른 하나는 망명후인 1908년 10월 1일자의 것이다. 보낸 주소는 '진남포 敦義學校내 洪錫九 神父'라고 되어 있고, 문안 간찰이다. 그러나 앞의 것은 일부에서 친필 여부에 대한 논쟁을 제기하고 있는 것이고 뒤의 것은 안 의사가 연해주에서 마침 1908년 7월 300여명의 수하 의병을 거느리고 두만강을 건너 국내진공작전을 전개, 會寧 靈山에서 대회전까지 치룬 후 화급한 일로 고향에도 못 들른 채 국내 水原에까지 몰래 들어왔다가 돌아가는 길에 부친 것이다. 안 의사의 행적과 관련하여 주목되는 것이다.

무엇보다 1910년 2월과 3월에 걸쳐 여순 옥중에서 휘호한 안 의사 특유의 고귀한 유묵은 전하는 말로는 200여 폭이 작성되었다고도 한다.[19] 그러나 현재까지 한·중·일에 산재되어 필자가 확인할 수 있는 것은 실물 또는 사진본 등을 합하여 56편이다. 이밖에 '천지가 뒤집혀짐이며 지사가 개탄하도다. 큰집이 장차 무너짐이여 한 나무로 지탱하기 어렵다(天地飜覆 志士慨嘆 大廈將傾 一木難支)'와 '천지는 부모를 지으시고 해와 달은 밝은 빛을 비치다(天地作父母 日月爲明燭)', '사람의 마음은 위태하고 도의 마음은 미묘하다(人心惟危 道心惟微)', '나는 이등을 해치고 다시 살려하지 않고 나는 동양평화를 근본으로 하여 살았다(害我伊藤不復活 生我東洋平和本)' 등의 4폭은 기록상으로 휘호된 내용까지는 알 수 있으나 실물은 고사하고 사진으로도 확인할 수 없는 것이다. 안 의사의 이와 같은 유물은 남산 안의사기념관 등 국내 각처에 소장된 '국가의 안위를 애태우고 걱정한다(國家安危勞心焦思)'를 비롯한 25폭의 유묵만이 현재까지 문화재위원회의 심의를 거쳐 국가보물로 지정되었다. 나머지 '지사와 인자는 자기 몸을 죽여 인을 이룬다(志士仁人殺身成仁)'를 비롯하여 최근 알려진 '獨立' 등 30폭은 한·중·일에 산재되어 유묵, 혹은 유묵의 영인본으로만 알려져 국가보물로서의 심의절차를 마치지 못한 것이다.

이와 같이 전래된 안 의사의 고귀한 유묵들은 다음과 같은 두 가지 면이 주목된다. 하나는 모든 휘호 낙관 부분에는 '경술 3월 여순 옥중에서 대한국인 안중근(庚戌三月(혹은 二月) 於旅順獄中 大韓國人安重根)'

---

19) 박은식, 『한국통사』, 上海: 대동편집국, 1915, 165쪽.

이라 서명하고 반드시 단지동맹 시 약지를 자른 왼손의 掌印이 찍혀있
다. 그 때문인지 안 의사의 옥중유묵은 어느 것이든 아직까지 유명인의
것에 따르기 쉬운 위조시비가 없다. 다른 하나는 안 의사의 모든 유묵은
문구내용이 동일한 것이 하나도 없다는 것이다. 간혹 내용상 뜻이 유사
한 경우는 없지 않으나 안 의사는 같은 유묵을 한 폭 이상 휘호하지 않았
던 사실을 확인할 수 있다.

　안 의사의 유묵은 유묵 하나하나 마다 깊은 뜻과 우여곡절의 전래사
연을 담은 것이어서 쉽게 분류하기 어렵다. 군이 형식상이라도 분류하면,
첫째 안 의사의 높은 기개와 도덕 그리고 애국적 사상을 한 두 구절의
명구나 5언 내지 7언 절구로 표현한 시문들이라 할 수 있다. 예컨대 애국
심을 결집한 '국가안위를 애태우고 걱정한다(國家安危勞心焦思)'라든가
군인으로서의 애국본분을 명시한 '나라 위해 몸 바침은 군인의 본분이다
(爲國獻身軍人本分)' 등은 그러한 명구라 할 수 있다. 또한 '임 생각 천리
길에 바라보는 눈이 뚫어질듯 하오리다. 이로써 작은 정성을 바치오니
행여 정성을 저버리지 마소서(思君千里 望眼欲穿 以表寸誠 幸勿負情)'
같은 것은 鄭澈의 '思美人曲'을 월등하는 忠君愛國의 열정을 표현한 애
국시인 것이다. 그리고 '동양대세 생각하매 아득하고 어둡거니 뜻있는
사나이 편한 잠을 어이 자리. 평화시국 못 이룸이 이리도 슬픈지고 정략
(침략정책)을 고치지 않으니 참으로 가엽도다(東洋大勢思杳玄 有志男兒
豈安眠 和局未成猶慷慨 政略不改眞可憐)'이나 '동양을 보호하려면 먼저
정략(침략정책)을 고쳐야 한다. 때를 놓쳐 실기하면 후회한들 무엇 하리
(欲保東洋 先改政略 時過失機 追悔何及)', '나는 이등을 해치고 살려고
하지 않는다. 나는 동양평화를 근본으로 하여 살았다(害我伊藤不復活 生
我東洋平和本)' 등의 유묵은 안 의사의 東洋平和論을 결집한 시문이라
할 수 있는 것이다. 한편 '장부는 비록 죽을지라도 마음은 쇠와 같고 의
사는 위태로움에 이를지라도 기운이 구름 같도다(丈夫雖死心如鐵 義士

臨危氣似雲)', '지사와 인자는 자기 몸을 죽여 인을 이룬다(志士仁人 殺身成仁)' 등은 안 의사의 결연한 의지와 강인한 기개를 읊은 자율시구인 것이다.

둘째, 유교의 四書三經이나 성현의 명구를 본받아서 구국 교육관이나 애국사상을 표현한 유묵이다. 예컨대 '의를 보거든 정의를 생각하고 위태로움을 보거든 목숨을 바처라(見利思義 見危授命)'는 論語 憲問편 문구를 본떠 안 의사의 애국적 국가관을 실천한 殺身成仁의 정신을 결집한 것이라 할 수 있고, '글공부를 넓게 하고 예법으로 몸을 단속하라(博學於文 約之以禮)'나 '사람이 멀리 생각하지 못하면 큰일을 이루기 어렵다(人無遠慮 難成大業)', '하루라도 글을 읽지 않으면 입안에 가시가 생긴다(一日不讀書 口中生荊棘)' 등은 성현의 명구를 빌어 그의 구국교육사상을 표현한 것이라 볼 수 있다. 한편 '極樂'이나 '天堂之福 永遠之樂' 등은 성경의 가르침을 바탕으로 한 안의사의 돈독한 신앙심을 휘호한 유묵인 것이다. 이와 같은 안 의사의 유묵은 우선 '神品'이라고도 평론[20]되는 예술적 품격은 두고라도 거의가 다 한국을 침략한 적국 일본이며 그것도 자기를 무도하게 '사형'으로 몰아넣는데 협력한 제국주의 하수인들인 법원 刑吏나 감옥 獄吏들에게 정성을 다하여 작성하여 주었던 것들이다. 그 유묵 속에는 동양평화를 기원하며 殺身成仁한 안 의사의 깊은 뜻이 담겨있다. 겨레의 보물로 길이 보존하고, 아울러 미발견 유묵의 조사·수집에도 힘써야 할 것이다.

---

20) 계봉우, 「만고의사 안중근」 『안중근전기전집』, 517∼518쪽.

동아시아의 관점에서 본
안중근의 동양평화론

강 동 국*

1. 서 론

1978년에 "안응칠역사"가, 그리고 1979년에는 "동양평화론"이 발굴되는 등 안중근 사후 70년을 전후하여 연구를 위한 기초 자료가 갖추어짐에 따라[1] 안중근에 대한 학계의 연구가 본격화되었다.[2] 이에 따라 이

---

* 나고야대학

1) 동양평화론 등 안중근 관련 사료의 발견 과정에 대해서는 市川正明,『安重根と朝鮮獨立運動の源流』, 東京: 原書房, 2005, 13~17쪽을 참조.

2) 안중근 연구사에 대해서는 조광,「안중근 연구의 현황과 과제」『한국근현대사연구』제12호, 2000 ; 신운룡,『안중근의 민족운동 연구』, 한국외국어대학교대학원

전의 전기적인 연구에 집중된 연구 편향을 벗어나[3] 점차 전문적인 연구로 중점이 이동하였다. 그 과정에서 그의 사상에 대한 연구도 활발히 이루어지게 되었다. 이 들 연구를 통해 안중근이 남긴 자료라는 확고한 사실적 근거에 기초한 다양한 고찰이 이루어진 결과 항일과 관련된 측면만이 강조되던 종래의 안중근 사상의 연구 경향이 극복되기에 이르렀다. 그의 사상의 핵심이라고 할 수 있는 동양평화론에 대해서도 자료에 기초한 다양한 시각에서의 연구가 등장했는데 신용하, 윤경로의 연구가 선구적이다.[4] 특히 윤경로는 안중근의 동양평화론이 일본이 중심이 되어 주창한 아시아연대주의와 구조적 동일성을 가지면서도 반침략주의라는 대립적인 특징을 가지고 있다고 지적하여 동양평화론 연구의 기초를 제공하였다. 1990년대 중반 이후에는 해외에서의 새로운 자료의 발굴과 발맞추어 국제적인 차원에서 안중근과 그의 사상을 연구하는 경향이 대두되었다. 그 과정에서 안중근의 대외인식, 해외에서의 안중근과 그의 거사에 대한 인식 등이 주요한 연구주제로 등장하였고[5] 이에 발맞추어 동양

박사학위논문, 2007, 1~9쪽을 참조.

3) 사료 발굴 이전의 안중근 전기에 관해서는 윤병석 역편, 『안중근전기전집』(서울: 국가보훈처, 1999)을 참조. 사료 발굴 이후의 전기적 연구는 일본에서 활발하였는데, 市川正明, 「安重根小傳」『安重根と日韓關係史』, 東京: 原書房, 1979, 135~160쪽 ; 中野泰雄, 『安重根 日韓關係の原像』, 東京: 亞紀書房, 1984을 참조. 이러한 전기적 연구가 있음에도 불구하고 안중근의 일생의 정확한 재구성 작업은 여전히 숙제로 남아 있다. 자료에 기초한 안중근의 일생의 연대기적 재구성으로 참조가 되는 작업으로는 원재연 정리·작성, 「안중근연보」『교회사연구』 제9집, 1994, 135~173쪽이 있다.

4) 신용하, 「안중근의 사상과 국권회복운동」『한국사학』 2, 1979 ; 윤경로, 「사상가 안중근의 생애와 활동」『한국근대사의 기독교적 이해』, 서울: 역민사, 1992(초출은 1985년).

5) 신운용, 「노령한인을 중심으로 본 안중근」『21세기와 동양평화』, 서울: 국가보훈처, 1996 ; 이상일, 「안중근 의거에 대한 각 국의 동향과 신문논조」『한국민족운동사연구』 제30호, 2002 ; 한상권, 「안중근 의거에 대한 미주 한인의 인식」『한국근현대사연구』 제33호, 2005 ; 김춘선, 「안중근 의거에 대한 중국인의 인식」

평화론에 관해서도 국제적인 차원에서의 논의가 심화되어 왔다.6)

이와 같이 동양평화론을 둘러싼 연구가 방법의 면에서는 다양한 자료를 기초로 하고 범위의 면에 있어서는 민족과 국가를 뛰어넘어 국제적인 차원으로 전개되어온 것은 지극히 바람직한 연구사의 궤적이라고 생각된다. 그럼에도 불구하고 동아시아 지역이라는 관점을 충분히 구사한 동양평화론 연구의 부족은 문제점으로 지적되어야 할 것이다. 첫째, 안중근의 동양평화론은 한국과 함께 동아시아지역을 대상으로 하였다. 따라서 동양평화론에 대한 이해와 평가는 당시와 현재의 동아시아지역의 상황을 고려하면서 이루어져야 한다. 그럼에도 불구하고 연구자 자신이 명확한 동아시아적 관점에 서서 동양평화론에 접근한 연구는 거의 전무하다. 이러한 문제는 한국의 지식계가 동아시아를 본격적으로 논의하기 시작한 것이 1990년대 이후라는 여건이 주요한 원인이지만, 한편으로는 한국사와 동아시아론이 서로 다른 담론의 장에서 병존하고 있는 학계의 현실의 반영이기도 하다. 그 결과 동양평화론을 동아시아의 사상으로 어떻게 평가하고 재구성할 것인가라는 과제는 이제 겨우 논의의 출발점에 서있다. 둘째, 동양평화론을 핵심으로 하는 안중근의 사상은 당시 동아시아지역에서 국경을 넘나들며 유통되고 있던 지식과 정보를 재료로 하고 있었다. 따라서 그의 사상에 대한 올바른 재구성은 그의 사상의 전제가 되는 당시의 동아시아의 지식과 정보 네트워크에 대한 이해, 그리고 그 결과 나타나는 동양평화론과 관련된 담론의 지역차원의 유통에 대한 문

『한국근현대사연구』제33호, 2005 ; 中野泰雄,「日本人の觀た安重根」『亞細亞大學經濟學』第15卷, 第2號, 1990 등을 참조.

6) 이러한 경향의 최근의 연구로는 현광호,「안중근의 동양평화론과 그 성격」『아세아연구』46(2003)을 참조. 현광호의 작업에 선행하는 동양평화론에 대한 연구로는 홍순호,「안중근의 동양평화론」『교회사연구』제9집, 1994, 38〜60쪽, 그리고 김호일,「구한말 안중근의 '동양평화론' 연구」『중앙사론』제10·11합집, 1998, 145〜170쪽 등이 있다.

헌학적 고찰이라는 기초 작업 없이는 불가능하다. 동아시아의 지식과 정보 네트워크에 대해서는 미국과 일본 등에서 1990년대 이후에 본격적인 연구가 이루어지고 있으나[7] 이러한 연구 성과를 반영하면서 동양평화론을 재인식하려는 노력은 충분히 나타나지 않고 있다.

본 논문은 이와 같은 문제의식에서 동아시아의 관점을 적극적으로 적용하여 지역에서 본 안중근의 동양평화론의 의의와 한계를 고찰하는 시도이다. 그 과정에서 안중근의 동양평화론의 현재적 계승의 가능성과 전망이 자연히 드러날 것이다.

2. 동양평화론의 원리적 이해

주지하다시피 "동양평화론"은 안중근이 구상했던 서문과 4부분의 본문－前鑑, 現狀, 伏線, 問答－중에서 서문과 본문의 서두인 전감만 쓰인 채 미완성으로 전해진다. 하지만 선행연구에서 지적한 바와 같이 "동양평화론"의 서문과 전감과 함께 이토 암살 관련 재판과정에서 남겨진 심문조서, 법정 진술 등의 내용을 종합적으로 구성하면 그 대강의 상은 추론할 수 있다. 실제로 동양평화론의 내용에 대해서는 대부분의 연구자가 비슷한 상을 공유하고 있다. 따라서 동양평화론 이해의 핵심적 논쟁은 동양평화론의 내용의 확인이라는 실증의 차원이 아니라 확인된 내용을 어떻게 해석할 것인가라는 사상적 차원에서 전개되고 있다.

동양평화론에 대한 이해는 안중근이 제시한 동양평화론의 실현을 위한 구체적인 정책을 이해하는 부분과 동양평화론의 본질적인 원리를 이

---

7) 山室信一, 『思想課題としてのアジア』, 東京: 岩波書店, 2001 ; Lydia H. Liu, *The Clash of Empires: The Invention of China in Modern World Making*(Cambridge: Harvard University Press, 2004) 등을 참조.

해하는 부분으로 나눌 수 있다. 구체적인 정책이란 1910년 2월 14일의 히라이시 우지히토(平石氏人) 뤼순(旅順)고등법원장과의 면담내용인 "청취서"의 후반에 상세하게 보이는 바, 평화회의의 개최, 뤼순의 개방, 은행의 설립, 군단의 형성과 교육, 상공업의 발전, 로마교황을 통한 승인 등을 일컫는다.[8] 이와 같은 군사, 교육, 외교 등의 구체안은 동양평화론의 중요한 일부임에 틀림없다. 학계 일부에서는 동양평화론의 구체적인 정책이 가지는 현재적인 의미를 추구함을 통해 이 들 제안을 되살리려는 움직임을 보이고 있다. 이러한 접근은 동양평화론이 현재 동아시아가 당면한 문제를 생각함에 구체적인 전망을 제시할 수 있을 것이라는 전제에서 출발하는 듯 하다. 필자는 동양평화론이 이들의 기대처럼 현재의 사안에 새로운 전망을 제시해준다면 더할 나위 없이 좋은 일이라고 생각하지만, 혹 안중근이 구상한 구체적인 정책이 가지는 현재적인 의미가 크지 않다고 하여도 문제될 것은 없다고 생각한다. 안중근이 살았던 제국주의의 시대와 오늘날의 세계화의 시대라고 하는 국제정치의 현실은 물론, 근대국가의 체제도 완비하지 못했던 20세기 초의 대한제국의 역량과 민주화와 경제발전을 이루어낸 21세기 초의 대한민국의 역량도 너무나 다르다. 따라서 100년 전의 현실에 맞서 100년 전의 사상적 재료로 고민했던 안중근이 던진 당대에 대한 방책이 우리 시대와 불화하는 것은 20세기를 통하여 인류와 한반도가 경험한 거대한 변화를 고려한다면 어쩌면 당연한 것이다. 그럼에도 불구하고 동양평화론의 구체적 정책이 오늘날의 현실에 맞아야 한다는 강박관념에서 동양평화론에 대한 연구의 방향을 설정한다면 현재의 현실이나 유행하는 사상에 안중근의 사상을 파편화시켜 끼워 맞추는 결과를 초래할 가능성도 배제할 수 없다.

한편, 구체적이 정책론이 아닌 동양평화론의 핵심에 자리한 원리의 부분에서는 과거와 현재를 뛰어넘어 변치 않는 의미를 발견할 수 있어야

---

8) 안중근, 「청취서」 『21세기동양평화론』, 서울: 국가보훈처, 1996, 51~57쪽을 참조.

할 것이다. 역사는 당대를 살았던 사람들의 눈으로 이해해 주어야 하지만 그것이 가지는 가치는 언제나 오늘을 살아가는 우리의 눈으로 판단할 수밖에 없다. 따라서 동양평화론의 원리가 현재적 의미가 없다면 그것은 계승할 가치를 가지지 못하는 즉 시대에 뒤떨어진 사상이 될 것이기 때문이다.

그렇다면 동양평화론의 핵심이 되는 원리는 무엇인가? 이 질문에 대한 답은 동양평화론이 첫째, 동아시아지역의, 둘째, 협력을 위한 사상이었다는 상식적인 전제에서 출발할 수 있다. 우선 동양평화론은 동아시아지역을 대상으로 한 사상이다. 지역은 국가의 상위에 있고 세계의 하위에 있으며 타 지역과 동일한 위치에 존재한다. 그러므로 동양(=동아시아)이라는 지역은 하위로는 한국, 중국, 일본이라는 국가와, 상위로는 세계와, 또한 동등하게는 서양 등의 지역과 연결된다. 따라서 동아시아지역을 대상으로 하는 동양평화론은 하위의 국가와 상위의 세계, 그리고 공존하는 타 지역과 관계의 설정을 통해서 그 구조적인 성격을 드러낸다. 한편, 동양평화론은 협력의 사상이기도 하다. 다수의 행위자가 존재하는 상황에서의 협력은 그것을 추동하고 유지시키기 위한 정식적 기초, 즉 이념을 필요로 한다. 동아시아의 협력의 이념으로서의 동양평화론의 특징은 그 내용적 성격을 드러낸다.

결국, 지역차원의 협력의 사상으로서 동양평화론의 원리는 지역과 국가, 타지역, 세계와의 관계라는 구조적인 면과, 협력의 이념이라는 내용의 면에서 이해할 수 있을 것이다. 이어지는 두 장에서는 동아시아의 관점에서 동양평화론의 국가와 지역의 관계를 한 장에서 지역과 타지역·세계의 관계, 지역협력의 이념을 묶어서 한 장에서 검토하는 것을 통해서 안중근의 동양평화론의 의의와 한계를 지적하려 한다.

3. 동아시아의 관점에서 본 동양평화론의 의의

본 장에서는 동양평화론의 원리적 부분의 하나인 지역과 국가의 관계를 고찰한다. 또한 고찰의 결과를 동아시아의 사상사적 맥락에서 평가하는 작업을 통해 동양평화론의 의의를 명확히 하려 한다. 설명의 편의를 위하여 근세 이후의 지역주의와 관련된 담론의 역사를 간략히 서술하고 이어서 동양평화론의 원리적 이해와 역사적 평가를 덧붙일 것이다.

1) 동아시아 지역주의의 역사적 전제

근세의 동아시아 삼국은 서양제국에 대해서는 제한된 지역에서의 무역을 통해 이 들과의 관계를 관리하였고,[9] 지역 내 국가들과의 관계는 기본적으로 정부가 관리하여 민간의 사적인 국제교류는 원칙적으로 금지하였다. 이러한 지역질서가 가능했던 세계사적 요인은 유럽제국의 침략을 받았던 미 대륙, 동남아시아, 시베리아 등과는 달리 이 지역이 서양의 군사력을 방어할 수 있는 막강한 군사력을 유지하고 있었다는 점을 들 수 있다.[10] 또한 이러한 질서를 필요로 했던 가장 중요한 지역사적 원인은 왜구가 지역의 질서를 어지럽히는 것을 원천적으로 봉쇄해야 하였기 때문이었다. 이러한 근세의 국제관계가 남긴 가장 중요한 결과는 국제정치적인 것으로 17세기 중반부터 이어진 긴 평화였다.

---

9) 예를 들어, 비테를리는 19세기중엽까지의 중국과 서양의 관계를 통제된 관계(Controlled Relationship)로 규정하여 다른 지역과 서양과의 관계와 구별하였다. 이 점에 대해서는 Urs Bitterli. Trans. by Ritchie Robertson, *Cultures in Conflict: Encounters between European and Non-European Cultures, 1492~1800*(Stanford: Stanford University Press, 1989)을 참조.

10) Geoffery Parker, *The Military Revolution: Military Innovation and the Rise of the West, 1500~1800*(Cambridge: Cambridge University Press, 1989)을 참조.

한편, 이 평화는 국내정치에서 중대한 부산물을 남겼는데 그것은 각
국에서 나타난 정체성의 변화였다. 외부와 단절되었다고 느끼는 시간이
길어짐에 따라 다수의 동아시아인에게 자신이 살고 있는 국가, 즉 조선,
중국, 일본만이 의미 있는 완결된 세계로 인식되었기 시작했고 그들의
정체성도 이 단위에 집중되어갔다. 조선의 조선중화주의,[11] 청의 藩 지
역을 포함하는 道의 중화주의,[12] 그리고, 일본의 일본적 화이질서관과
국학의 등장은[13] 이러한 장기적 변화의 도달점이었다. 그 결과 근세말기
의 동아시아 삼국은 강력한 에쓰니(ethnie)를 가진다는 특징을 공유하게
되었는데,[14] 지역 내 모든 행위자(actor)의 강력한 에쓰니의 공유라는 현
상은 세계사적으로 무척 예외적인 것이었다. 이러한 에쓰니는 물론 서양
의 민족국가 모델의 수용 과정에서 쉽게 민족주의로 전화될 가능성을 내
포하고 있었다. 더하여 이 들 에쓰니가 가지는 자민족중심주의와 차별적
타자인식으로 인해 에쓰니에서 발원한 한중일의 민족주의는 지역이라는

11) 조선중화주의에 관해서는 정옥자의 일련의 연구를 참조. 정옥자, 『조선후기 역사
의 이해』, 서울: 일지사, 1993 ; 정옥자, 『조선후기 조선중화사상 연구』, 서울:
일지사, 1998.
12) 平野聰, 『清帝國とチベット問題: 多民族統合の成立と瓦解』, 東京: 東京大
學出版會, 2004.
13) 일본형화이질서에 대해서는 아라노 야스노리의 일련의 저작을 참조. 荒野泰典,
「日本型華夷秩序の形成」 網野善彦他編, 『日本の社會史(1) 列島內外の交通
と國家』, 東京: 岩波書店, 1987 ; 荒野泰典, 『近世日本とアジア』, 東京: 東京
大學出版會, 1988 등. 화이사상에서 국학으로의 변환과정에 대해서는 桂島宣
弘, 「「華夷」思想の解体と國學的「自己」像の生成」 『思想史の19世紀－他者
としての德川日本－』, 東京: ぺりかん社, 1999을 참조.
14) 에쓰니(ethnie)는 앤서니 스미스(Anthony D. Smith)의 조어이다. 그는 민족과 민
족주의를 둘러싸고 대립하는 두 입장, 즉, 민족을 고대에서부터 존재했던 것으로
보는 원초주의자의 입장과 이를 근대의 산물이라고 주장하는 근대주의자의 입장
모두를 비판하고, 민족의 완성은 근대에 의한 것이지만 그 기체가 되는 존재는
이전부터 존재한 것으로 보는 입장을 취한다. 에쓰니는 바로 민족의 기체가 되는
원형적 공동체를 가리키는 개념이다. Anthony D. Smith, *The Ethnic Origins of
Nations*(Oxford: Blackwell Publishers, 1986)을 참조.

단위를 아예 상정하지 않거나 상정하더라도 지역의 타자와의 관계를 차별적으로 구상할 가능성이 고조되었다. 결국, 동아시아에 근대가 시작되는 19세기 중엽 이후 이 지역의 각 국에는 자민족을 중심으로 하는 민족주의가 나타날 가능성은 높았던 반면 동아시아 지역 전체를 아우르는 협력의 사상이 나타날 가능성은 무척 낮았다고 볼 수 있다.

2) 근대 동아시아의 국가와 지역 관계 인식의 전개

19세기 중엽 이후의 동아시아의 역사의 주선율은 앞에서 살펴본 강력한 에스니의 자기전개 과정이었다. 서양의 충격과 함께 동아시아에는 새로운 국제정치적 현실이 나타났다. 우선 서양의 충격이라는 현상을 불러온 제국주의가 국제정치의 주된 추동력으로 등장하였다. 더하여 국제정치의 행위자로서 민족국가가 소개되어 세 나라 모두에 모델로 받아들여지기에 이르렀다. 그리고 서양과의 대비를 통해서 동아시아의 지역적 정체성이 인식됨에 따라 동아시아 지역이 국제정치의 장, 혹은 행위자로서 상정되기 시작했다. 즉 서양의 충격으로 인하여 동아시아에 제국주의, 민족국가 그리고 지역주의가 대두되었고 그 결과 이들 요인의 새로운 관계설정이 동아시아지역에 주요한 국제정치적 숙제로서 새롭게 부과되었던 것이다.

필자는 이 과제의 이상적인 해결방안이 제국주의에 반대하는 입장에서의 지역주의와 민족주의의 결합이었다고 생각한다. 인류사의 거대한 비극인 제국주의에 대항함에 있어서 동아시아의 독립된 각 국이 협력한다는 것이야말로 당시의 이상적인 관계설정이었다. 하지만 동아시아가 걸어온 역사는 이러한 관계설정의 곤란을 확인하는 역사에 다름 아니었다.

우선 일본은 서양의 충격에 대응하여 기존의 사회적 자원을 효율적으로 동원하는 것을 통해서 새로운 세계에 적응하려고 시도하였다. 그 대

표적인 움직임이 메이지 유신을 통해 에쓰니의 내용을 막말에 고조된 천
황에 대한 관심을 중심으로 재조직하는 것이었다. 일본은 이러한 정치사
적 전제 위에 19세기 말부터 제국주의론을 긍정적으로 받아들여 제국주
의와 민족주의 사이에 정합적인 관계를 설정하였다. 한편 동아시아지역
은 민족주의에 기초를 둔 제국주의 침략의 대상으로 상정되었다. 그 결
과, 일본의 대표적인 지역협력론인 아시아연대론은 그 시발에 있어서의
다양성과 가능성에도 불구하고 궁극적으로는 일본의 제국주의적 침략의
정당화의 논리로 타락하였고 말았다.15) 결국 근대 일본에서는 제국주의
와 민족주의가 결합하고 지역주의를 침략의 수단으로 이용한다는 관계
가 설정됨에 이르렀다.

　일본의 실패로 인해 제국주의에 반대하는 입장에서의 지역주의와 민
족주의의 결합이라는 과제는 제국주의에 대항했던 중국과 한국에 넘겨
졌다. 19세기 후반의 중국에서의 양무운동과 변법운동을 통한 부국강병
의 노력은 실패로 돌아갔다. 이어 20세기 초반의 개혁과 혁명의 대립의
과정을 거치면서 중국은 한족의 에쓰니의 연장선상에 민족주의를 추구
하면서 제국주의에 대항해 나가는 길을 택하였다. 즉 반제국주의적 민족
주의를 설정했던 것이다. 그러나 주요한 사상적 흐름 중에 민족국가의
상위에 동아시아 지역을 설정하는 경우는 거의 전무하였다. 예외적인 것

---

15) 이러한 과정에는 민족주의의 중요성을 강조하고 그 연장선상에서 제국주의를 민
　　족제국주의로 이해한 라인시의 논의가 결정적인 역할을 하였다. 이에 대해서는
　　Paul S. Reinsch, *World Politics at the End of the Nineteenth Century: As Influenced
　　by the Oriental Situation*, New York: The Macmillian Company, 1900 ; 高田早苗
　　譯『レイニッシュ氏十九世紀末世界之政治』, 東京: 東京專門學校出版部, 1900～
　　1901 ; 高田早苗抄譯, 『帝國主義論』, 東京: 東京專門學校出版部, 1901 등을
　　참조. 더하여 결국 제국주의와 결합하는 일본의 아시아연대론의 제 측면에 관해
　　서는 古屋哲夫編, 『近代日本のアジア認識』, 京都: 京都大學人文科學硏究所,
　　1994 ; 日本政治學會編, 『年報政治學1998 日本外交におけるアジア主義』,
　　東京: 岩波書店, 1998 등을 참조.

으로 쑨원(孫文)의 대아시아주의를 주목하는 주장이 있기는 하다. 하지만 쑨원의 대아시아주의는 국내 정치세력 판도에서 열세에 처한 그가 일본의 지원을 얻기 위하여 정략적으로 내세운 정치적 방책의 성격이 강했다.[16] 그 결과 정치적 상황이 바뀌자 대아시아주의는 국민당의 주요한 사상으로 자리 잡지 못한 채 잊혀져 갔다. 이후 대아시아주의는 중일전쟁으로 일본의 침략이 강력하게 전개되자 일본의 제국주의와 지역주의의 결합의 논리에 투항하는 사상으로서 부활하였다. 1938년 11월 고노에 후미마로(近衛文麿)수상에 의해 제기된 東亞新秩序論을 비롯한 일련의 논의를 통해서 일본제국주의는 20세기 초기 이래 다시 지역주의를 제국주의의 수단으로 적극 이용하기 시작하였다. 당시 국민당의 유력한 지도자의 한 사람이었던 왕징웨이(汪精衛)는 쑨원의 대아시아주의가 동아신질서론과 호응하는 사상이었음을 주장하면서 자신이 쑨원의 정통성을 계승한다는 정당화의 논리에 기초하여 친일적인 정권을 설립하기에 이르렀다.[17]

결국, 근대 이후 중국에서 발견되는 제국주의, 지역주의, 민족주의의 관계설정은 제국주의와의 투쟁을 중심으로 한 민족주의 - 예를 들어 장제스(蔣介石) - 와 제국주의에의 투항을 의미하는 지역주의 - 예를 들어 왕징웨이 - 가 대립적으로 병존하고 있었다고 할 수 있다.

20세기의 한국의 상황도 중국과 그리 다르지 않았다. 러일전쟁을 전후하여 정점을 이루었던 한중일 삼국의 연대를 통한 서양제국주의에의 저항이라는 광범한 합의는 1905년 제2차 한일협약 이후 일본의 제국주의적 침략정책이 명확해지자 붕괴되었다. 이어지는 애국계몽기의 대한제

---

16) 백영서, 「중국에 아시아가 있는가」『동아시아의 귀환』, 서울: 창작과 비평사, 2000, 57~58쪽.

17) 蘇維初, 「王精衛と大アジア主義」松浦正孝, 『昭和・アジア主義の實像』, 京都: ミネルヴァ書房, 2007, 182~189쪽 ; 土屋光芳, 「王精衛の國際政治觀」『王精衛と民主化の企て』, 東京: 人間の科學社, 2000, 109~149쪽을 참조.

국에서는 이전과는 다른 국가와 지역의 관계설정을 둘러싼 논의가 치열
하게 전개되었다.[18] 민족을 강조하는 입장에서는 일본의 침략적 행위를
통해서 지역주의가 제국주의와 결합했다고 파악하고 이와 대결하기 위
한 민족주의에의 집중을 주장하였다. 한편 제국주의에 투항하는 입장에
서는 지역주의를 중시하며 일본에의 협력을 주장하였다. 전자의 대표는
申采浩이고 후자의 대표는 一進會였다. 이러한 논의의 전개는 시대적인
차이는 있지만 중국의 논의와 구조적으로 흡사하다. 즉 전자는 제국주의
와 지역주의가 결합되었다고 보고 이에 대항하기 위하여 민족주의를 주
장한다는 점에서 장제스의 논리와 동일하고, 한편으로 후자는 지역주의
와 민족주의의 결합을 중시하며 제국주의에 투항하였다는 의미에서 왕
징웨이와 관계의 상을 공유하고 있었던 것이다.

결국, 근대의 동아시아에서는 근세로부터 이어지는 강력한 에쓰니에
기초한 민족주의가 한편으로는 일본에서 지역주의를 이용하는 제국주의
로 나타나고 한편으로는 한국과 중국에서 지역주의와 제국주의에 저항
하는 민족주의로 전개되는 이항대립이 국제정치사의 주선율을 구성했다.
이 주선율에 민족주의를 포기하는 것을 통해 제국주의와 지역주의를 결
합하는 움직임이 역사의 對旋律이 첨가되었다. 반제국주의 입장에서 국
민국가와 지역주의의 정합적으로 관계 설정한다는 역사적 과제는 이와
같이 어느 선율에서도 배제된 결과 근대 동아시아의 어떤 유력한 사상적
흐름에서도 찾아 볼 수 없었다.

---

18) 이 과정에 대해서는 백동현, 「러일전쟁전후 '민족' 용어의 등장과 민족인식 ─『황
   성신문』과 『대한매일신보』를 중심으로」, 『한국사학보』 제10호, 2001 ; 강동국,
   「근대 한국의 국민·인종·민족 개념」 『동양정치사상사』 제5권 1호, 2006 등을
   참조.

3) 동양평화론의 의의: 민족주의와 연계하는 반제국주의적 지역주의

　동아시아의 관점에서 본 안중근의 동양평화론의 의의는 이 난해한 역사적 과제를 이루어낸 유일한 사상이라는 점에 있다. 동양평화론의 제국주의, 지역주의, 그리고 민족주의의 관계 설정은 명확하다. "동양평화론"에서 안중근은 우선 "도덕을 까맣게 잊고 날로 무력을 일삼으며 경쟁하는 마음을 양성해서 조금도 기탄하는 바가 없다"고 서구의 제국주의를 비판하고 있다.19) 이어 이 제국주의에 대항한 예로서 러일전쟁 당시의 "일본천황의 선전포고하는 글에서 동양평화를 유지하고 대한독립을 공고히 한다 라고 했다. 이와 같은 대의가 청천백일의 빛보다 더 밝았기 때문에 한·청 인사는 지혜로운 이나 어리석은 이를 막론하고 일치동심해서 복종했음"을 들고 있다.20) 즉 안중근은 러일전쟁을 지역주의와 민족주의의 결합을 통해서 제국주의에 대항한 사건으로 높이 평가했던 것이었다. 이러한 반제국주의 입장에서의 민족국가와 지역의 정합적 관계의 설정은 동양평화론의 기본적인 틀로서 작용했다.

　그런데 이러한 동양평화론의 관계설정은 1905년 이후의 한반도의 현실과 대립되는 성격을 띤다. 제2차 한일협약 이후 일본의 침략이 본격화되면서 일본의 지역주의는 제국주의와 일체화되어 한반도에 침투해오고 있었다. 이러한 현실을 전제로 한다면 일본이 전개하는 지역주의와 제국주의에 반대하는 입장—상술한 신채호의 입장—을 취하던가, 지역주의와 제국주의를 지지하는 입장—상술한 일진회의 입장—중에 양자택일의 선택만이 남게 된다. 이러한 선택이 역사의 주류였지만 안중근의 선택은 이러한 전제를 거부하는 것이었다. 즉 안중근은 제국주의와 지역주의의

---

19) 「동양평화론」, 192쪽.
20) 위의 논문, 193쪽.

결합이라는 현실을 인정하는 대신 잘못된 현실을 고쳐서 그가 생각하는 이상인 동양평화론을 현실화하는 길을 선택함으로써 양자택일의 선택으로부터 벗어날 수 있었다. 이토 히로부미 암살이야말로 제국주의와 지역주의가 결합된 현실에 대한 절박한 저항이며 제국주의에 반대하는 입장에서의 지역주의와 민족주의의 결합이라는 이상을 위한 영웅적 실천이었던 것이다.

이러한 안중근의 선택과 행동으로 인하여 동양평화론은 근대 동아시아의 민족주의와 지역주의의 흐름에서 독보적인 위치를 차지하게 되었다. 즉, 민족주의가 제국주의와 결합하여 지역주의를 침략의 도구로 사용했다는 일본의 주된 흐름, 민족주의가 제국주의와 지역주의에 대항하거나, 혹은 민족주의가 지역주의 결합된 제국주의에 투항했다는 한국과 중국의 주된 두 가지 흐름과 달리 민족주의와 지역주의를 결합시키면서 제국주의에 대항하는 유일한 사상으로 등장한 것이다. 이로 인해 안중근의 동양평화론은 중국 등에서 비슷한 구조의 사상을 발견할 수 있는 신채호류의 민족주의와는 달리 동아시아 전체에서 유일하다는 의미에서 역사적 의의를 가지게 되었다.

그런데 이와 같은 동양평화론의 의의는 오랜 동안 인식되지 못하였다. 이러한 몰이해의 중요한 원인은 거사 직후부터 동양평화론의 내용 자체가 오해되어 왔다는 점에서 찾을 수 있다. 안중근의 거사가 알려진 후, 黃玹이 "이 소식은 서울까지 알려졌다. 사람들은 감히 통쾌하다는 말을 함부로 하지는 못하였으나 모든 사람이 어깨가 들썩 올라갔으며, 깊은 방에서 앉아서 술을 마시며 서로 경하해 마지않았다"라고 쓴 것에 잘 드러나듯이 최초부터 안중근의 행동에 대한 국내의 이해는 정확한 정보에 의한 것이 아니라 이심전심에 의한 것이었다.[21] 문제는 안중근의 사상, 특히 동양평화론의 원리적 측면은 당시의 대한제국의 일반적인 인식

---

21) 황현 저 · 김준 역, 『매천야록』, 서울: 교문사, 1994, 861쪽.

과 적지 않은 거리가 있었기 때문에 그의 동양평화론의 내용이 전해지지 않는 한 이심전심은 오해로 이어지게 된다는 점에 있었다. 1910년 4월 안중근의 전기로서 국내에서 최초로 간행된『근세역사』에서 저자는 "동양평화론과 자서전을 저술하여 장래의 형세와 웅대한 포부를 담은 것이 었는데 일본인들이 압수하여 한국인들이 그 고매한 논리에 접할 수 없게 되었다. 애석한 일이 아닐 수 없다"라고 자료적 제약을 한탄하고 있다.22) 이러한 제약은 안중근 전기 중 가장 저명한 것으로 평가되는 朴殷植의 『안중근』에서 개선되기는커녕 "동양평화론"이라는 서명마저도 누락되 어 더욱 애매한 것이 되고 말았다.23) 이러한 사료적 제약 속에서 안중근 에 대한 이해는 안중근 자신의 의사가 아니라 그에 대해서 평가하는 저 자들의 주관적인 판단에 의해 이루어지게 되었다. 그 중에 대표적인 것 이 신채호의 이해였다.

> 신문기자: 통곡의 붓은 이등통감에게 哀籲하며, 조야지사 청원의 글 을 일본 천황에게 亂投하여, 오직 동양평화의 맹주 되는 일본의 실책을 諷諫하는 이는 있었으나, 조국 수천 년의 惡敵 되는 일본의 凶悖를 도 전하는 이는 없었도다. 무릇 國仇 된 이상에는 비록 공자·야소라도 이를 성인으로 보지 않고 凶寇로 보며, 천신으로 알지 말고 악마로 알 며 피아가 병립치 않으리라는 血憤을 가져야 갚을 날이 있을지어늘, 이 제 망국 말일에 대한 인사는 이런 언설이 없을 뿐 아니라 곧 이런 심리 까지 없었도다. 만일 있다 하면 안응칠(안중근) 하나뿐이리라.24)

---

22) 작자미상, 「근세역사」 윤병석 편역, 『안중근전기전집』, 440쪽.
23) 박은식은 "형제가 만날 때마다 감시가 엄밀하여 중요한 말을 할 수 없었다. 그의 최후의 유언은 그의 "감옥서적 속에 가만히 밀서한 것이 있다"고 한 것이었다. 하지만 일인들이 가져다 숨겨두었다. 두 동생이 수차 요구하였지만 얻지 못했다" 고 썼다. 박은식, 「안중근」 앞의 책, 310쪽.
24) 신채호, 「이해」『단재신채호전집(증보판) 하』, 서울: 단재신채호선생기념사업회, 1998, 149쪽.

신채호는 안중근의 이토 암살 의거의 사상적 배경에 대해서 일본이 대한제국의 원수이므로 일본을 악마로 파악한 것으로 이해했다. 그러나 안중근은 일본을 악마가 아니라 길을 잘못 든 잠재적 동지로 보고 있었고 그의 이토 암살은 잠재적 동지를 현실적 동지로 바로 세우려는 충격요법에 다름 아니었다. 이와 같이 안중근의 동양평화론은 그것이 당대의 일반적인 인식과 구별되는 사상적 의의가 있었다는 그 이유로 인해 주류의 사상에 의해 곡해되어 전해지게 되었던 것이다.

이러한 동양평화론의 내용에 대한 몰이해의 문제는 안중근의 저술이 발견된 1970년대 후반부터는 기본적으로 해결되었다고 보인다. 그럼에도 불구하고 여전히 동양평화론이 가지는 동아시아적 의의가 이해되고 공유되고 있다고는 생각되지 않는다. 동양평화론의 내용의 이해의 면뿐만 아니라 인식의 틀의 면에서도 문제가 있었기 때문이다. 즉 안중근을, 그리고 그의 동양평화론을 一國史의 틀에 가두어서 이해해 온 학계의 편향은 완전히 불식되지 않고 있다. 물론 서론에서 소개했듯이 동양평화론에 대한 국제적 차원의 이해의 시도는 지속적으로 이루어져 왔다. 하지만 이들 연구는 주로 서로 다른 국가의 시각 — 예를 들어 일본, 중국, 러시아의 시각 — 에서 안중근의 의거나 동양평화론을 본다는 의미에서의 국제적인 차원에 머물렀기 때문에 여러 일국사의 수평적 나열을 넘어서지 못하는 경우가 대부분이었다. 이러한 일국사의 틀을 깨고 동아시아 지역사의 관점에서 동양평화론을 인식하는 작업은 여전히 충분히 이루어지지 않고 있다. 이러한 상황을 고려할 때 1990년대 이후에 동아시아에서 특히 한국에서 활발하게 전개되고 있는 동아시아론의 지역적 관점에서의 동양평화론의 이해의 시도는 어쩌면 동양평화론의 올바른 위치설정이라는 100년의 역사를 가진 중차대한 문제를 해결함에 있어서 핵심적인 작업이 될 것으로 기대된다. 이 점에 대해서는 결론에서 재론하기로 한다.

4. 동아시아의 관점에서 본 동양평화론의 한계

상술한 바와 같이 동아시아의 관점에서 안중근 사상에 접근하는 작업을 통해 국가와 지역의 관계에서 동양평화론의 가지는 독보적인 의의를 확인할 수 있었다. 이러한 발견은 다른 한편으로 동아시아의 관점에서 동양평화론의 새로운 한계를 발견할 가능성이 있음을 암시한다. 동아시아의 관점에서 동양평화론의 한계를 확인하고 그 극복을 전망하는 것은 동양평화론의 의의에 대한 확인과 함께 동양평화론의 현재적 재생을 위하여 불가결한 또 하나의 작업일 것이다. 본 장에서는 동아시아의 관점에서 동양평화론이 구조적인 측면 중 지역과 타지역·세계와의 관계에서, 그리고 이념적인 측면에서 나타나는 한계를 지적하고 그 한계의 원인과 극복의 가능성을 고찰한다.[25]

---

25) 안중근 사상이 가지는 한계에 대한 지적은 주로 그의 일본에 대한 긍정적인 인식이 존재했다는 점에 주목하여 그 원인으로 삼국제휴론과 인종론의 수용 등을 제기하였다. 이 문제를 정면으로 다룬 연구성과로는 장석흥, 「안중근의 대일본 인식과 하얼빈 의거」(『교회사연구』 제16집, 2001)과 최기영, 「안중근의 『동양평화론』」(『한국근대계몽사상연구』, 서울: 일조각, 2003)가 대표적이다. 이 두 논자의 인식은 대체로 일치하나 동양평화론을 썼던 시기의 안중근 사상의 한계의 극복에 대한 평가는 미묘한 차이를 보인다. 즉, 장석흥은 안중근의 대일본 인식을 단계별로 구분하여 러일전쟁 이전의 한계를 국권회복운동의 전개과정에서 극복하였고 동양평화론은 이러한 극복 위에서 구상되었기 때문에 일본의 아시아 연대주의와는 구별된다는 점을 강조하였다. 한편, 최기영은 동양평화론의 시기를 다루면서도 안중근의 사상에 인종적 단합론이 여전히 남아 있음을 강조하고 있다. 두 논자의 논의는 차이는 주로 주된 초점의 차이에서 나타는 듯 하다. 즉 장석흥은 대일본인식을 중심으로 논의하였고 최기영은 동양평화론의 사상적 배경을 주로 논의하였기 때문에 전자의 논의에서는 러일전쟁을 경계로 단절이, 후자의 경우에서는 동양평화론을 저술할 시기까지의 연속이 강조되었던 것이다. 본고에서는 전자의 부분은 주로 제3장에서 다루었으므로 본 장에서는 후자의 부분을 집중적으로 다룰 것이다.

1) 지역와 타지역·세계와의 관계: 닫힌 지역주의

동양평화론의 의의가 반제국주의 입장에서 민족국가와 지역주의의 정합적 관계를 설정한 것이었다면, 그의 동양평화론의 한계는 같은 구조적인 측면의 일부인 지역과 타지역·세계와의 관계의 설정에서 우선 나타난다. 안중근의 동양평화론에는 서양에 대한 반감이 반복적으로 나타난다.

> 구주의 여러 나라들은 가까이 수백 년 이래로 道德을 까맣게 잊고 날로 무력을 일삼으며 경쟁하는 마음을 양성해서 조금도 기탄하는 바가 없다. 그 중 '러시아'가 더욱 심하다. 그 폭행과 殘害함이 西歐나 東亞에 어느 곳이고 미치지 않음이 없다. 악이 차고 죄과 넘쳐 神과 사람이 다같이 성낸 까닭에 하늘이 한 매듭(一期)을 내려 동해 한가운데 조그만 섬나라인 일본으로 하여금 이와 같은 강대국인 러시아를 만주대륙에서 한 주먹으로 때려눕히게 하였다. 누가 능히 이런 일을 헤아렸겠는가. 이것은 하늘에 순하고 땅의 배려를 얻은 것이며 사람의 정에 응하는 이치이다.26)

16세기 이래 내부에서 지속적으로 전쟁을 일삼고 이 후 타 지역에 침략을 일삼은 유럽 각 국에 대한 비판은 그것이 역사적 사실에 근거하는 한 정당하다. 그러나 수백 년 이래로 도덕을 잊었다는 표현에서 드러나듯이 유럽 각 국이 근세 이래 완전히 비도덕적이라는 평가는 확연한 논리의 비약이다. 근대의 서양에도 안중근 자신이 오랫동안 인정하고 따랐던 만국공법, 즉 국제법(international law)이라는 법규범이 존재했다. 웨스트팔리아 체제에는 한편으로는 세력균형을 원리로 하는 힘의 논리를 통해 다른 한편으로는 국제법이라는 도덕의 논리를 통해 유지되었던 것이

---

26) 안중근, 「동양평화론」 윤병석 역편, 『안중근전기전집』, 서울: 국가보훈처, 1999, 192~193쪽.

다. 혹 19세가 말과 20세기 초의 비유럽지역에서 국제법의 도덕적 역할은 허울뿐이었고 오히려 제국주의의 침략의 도구 역할을 했다는 반론이 있을 지도 모르겠다. 이러한 사실을 전면적으로 인정한다고 하더라도 서양에는 또한 국제법을 넘어서는 도덕적 측면도 존재했음을 기억해야 할 것이다. 서양의 충격 이후에 서양 근대에 대한 지식이 늘어남과 함께 적지 않은 동아시아의 유학자들이 유럽 각 국의 구빈원, 학교 제도 등에서 하·은·주 三代의 이상의 현실화를 보았던 것에서 알 수 있듯이,[27] 근대의 서양에는 지역적 차이를 뛰어넘을 만한 보편적 도덕이 존재했고 실행되고 있었다. 이러한 서양의 도덕적 측면에 대하여 이해했다면 제국주의에 대한 비판을 넘어 유럽 전반을 타자화시켜 동양에 대비되는 비도덕적인 존재로 규정해버리는 비약은 나타나지 않았을 것이다. 이렇게 서양을 비도덕적인 존재로 정의해 버린 이상 서양과의 관계는 기본적으로 적대적일 수밖에 없다.

이러한 안중근의 서양에 대한 타자화의 현실적인 원인은 인용문의 후반에 명확하게 드러나는 러시아에 대한 반발에서 찾을 수 있다. 대한제국의 안위를 직접적으로 위협할 있는 서양 세력인 러시아는 대한제국의 더 나아가 동양의 적으로 설정되었고 이 러시아의 행태가 서양 일반으로 등치되었던 것이다. 그 결과 러시아는 비도덕적 서양의 대표로 제시되었고 동양이 단결하여 적인 서양의 강대국을 무찌른다는 논리가 러일전쟁의 해석의 틀이 되었던 것이다. 이에 따라 안중근의 동양평화론에 있어서 동양이라는 지역과 서양이라는 지역, 그리고 서양을 포함한 세계와의 관계는 정합적일 수 없는 것이었다. 그 결과 동양평화론의 원리의 구조적인 측면의 일부인 지역과 타지역·세계와의 관계의 설정에서 동양평화론은 닫힌 지역주의의 측면을 가지고 있었다는 한계를 보이고 있었다.

---

27) 渡辺浩, 「西洋の[近代]と儒學」 『東アジアの王權と思想』, 東京: 東京大學出版會, 1997을 참조.

2) 지역협력의 이념: 인종론

　이어서, 동양평화론의 원리의 두 번째 측면인 협력의 이념에서 드러나는 한계를 고찰해 보자. "동양평화론"의 모두는 "대저 합하면 성공하고 흩어지면 패망한다는 것은 만고의 분명히 정해져 있는 이치이다. 지금 세계는 동서로 나뉘어져 있고 인종도 각각 달라 서로 경쟁하고 있다"[28]라는 문장으로 시작하고 있다. 전절에서 살펴 본 서양과 동양이라는 지역과 함께 인종이 세계를 구별의 또 하나의 기준임을 알 수 있다.

　동양평화론에 있어서 인종의 구별은 압도적인 중요성을 가지는데 이점은 이어지는 러일전쟁에 대한 평가에서 볼 수 있다. 안중근은 러일전쟁을 황백인종의 경쟁으로 파악하고, 한국과 중국이 이 전쟁에서 일본에 협력한 것에 대해서는 "하나의 큰 인종 사랑하는 무리(一大愛種黨)"를 이룬 것으로, 그리고 일본의 승리에 대해서는 "수 백년래 행악하던 백인종의 선봉을" 부순 것으로 높이 평가하였다.[29] 러일전쟁을 이해하고 평가함에 있어서 인종의 원리를 기초로 한 동양주의가 핵심이었던 것이다. 이러한 인종론은 러일전쟁의 평가에 한정된 것이 아니었다. 안중근은 중국의 義和團 사건의 역사적 예에서 보이듯이 백인종과 황인종의 분열경쟁은 그치지 않을 것이라 판단하였다.[30] 또한 이토 암살 후의 심문 중에서도 "그(이토 히로부미 ─ 필자)가 잡은 바 방침을 고치지 않고 이대로 추이하면 우리 동양은 삼국이 다같이 쓰러지고 백색인종의 유린에 맡기지 않으면 안 된다"[31]고 주장하였다. 즉 인종의 원리를 통해 이토 암살을 정당화하는 논리를 구사하였던 것이다. 더 나아가 안중근은 동아시아 삼국의 관계를 종종 피를 나눈 삼형제에 비유하였고,[32] 같은 인종 이웃

---

28) 「동양평화론」, 192쪽.
29) 「동양평화론」, 193쪽.
30) 「동양평화론」, 196쪽.
31) 국사편찬위원회, 『한국독립운동사』 자료7, 서울: 국사편찬위원회, 1978, 421쪽.

나라를 해치는 獨夫라고 일본을 비판하기도 하였다.[33]

즉, 안중근이 상정한 지역협력에 있어서 지역의 규정, 내부관계의 설정 그리고 정치적 행위의 가치판단의 기준에 이르기까지 인종론이라는 통합의 이념이 일관되게 적용되고 있음을 알 수 있다. 하지만 이러한 인종론은 첫째, 같은 인종 내부의 문제에 대한 무시의 가능성과 함께, 둘째, 타인종과의 대립의 가능성을 내포한다는 점에서 지역협력의 이념으로서 적지 않은 한계를 가지는 것이었다.

3) 동양평화론의 한계의 동아시아적 원인

동아시아적 시각에서 보면 안중근의 위의 두 한계는 결코 낯선 것이 아니다. 즉, 두 한계의 주요한 원인인 러시아에 대한 반발과 인종을 중심으로 한 국제정치의 인식은 당대의 동아시아에 있어서 다수의 논자에게서 공통적으로 나타난다. 그렇다면 동양평화론의 상술한 두 한계는 안중근이 자신의 사상을 능동적으로 만드는 과정이 아니라 타인의 사상을 수동적으로 받아들이는 과정을 거쳐 나타났을 가능성을 상정할 수 있다. 즉, 동양평화론의 한계의 원인은 안중근이 무엇을 생각했는가 하는 철학의 부분이 아니라, 그가 당시의 동아시아에 떠돌고 있던 지식과 정보 중에서 어떠한 것을 접했는가하는 문헌학의 부분에 있는 것이 아닐까?

이 가설의 확인을 위해서는 우선 안중근이 어떤 경로를 통해서 지식과 정보를 받아들였는가를 확인해야만 한다. 먼저 안중근이 어떤 언어를 사용할 수 있었는가를 확인함으로써 경로의 언어적인 측면을 파악해 보자. 알지 못하는 언어로 유통되는 지식과 정보는 안중근에게 아무런 의미도 없는 것이기 때문이다.

---

32) 국사편찬위원회, 『한국독립운동사』 자료6, 서울: 국사편찬위원회, 1976, 174~5·177쪽.
33) 「동양평화론」, 199쪽.

당시 한반도에는 한글뿐만 아니라 중국어와 일본어로 쓰인 서물 들이 범람하고 있었다. 또한 안중근은 고향인 황해도에서 프랑스 신부와 밀접한 관계를 지속했으며 한반도 이외에 중국과 러시아에서 체류한 해외경험을 가지고 있었다. 즉, 안중근이 살았던 시대에는 한반도에 다양한 언어로 쓰인 지식·정보가 유통되고 있었고 안중근은 예외적으로 외국어를 접할 기회를 많이 가진 편에 속하는 인물이었다. 하지만, 의외로 안중근은 스스로의 외국어에 대해 소극적인 발언을 반복하고 있다. 미조부치 타카오(溝淵孝雄) 검사와의 심문 중에서 이 점에 대해서 언급한 부분을 확인해 보자.

> 문: 그대는 로어 영어 청어 기타 외국어를 통하고 또는 문자를 읽을 수 있는가
> 답: 읽을 수 없다 그러나 일본어와 중국어는 약간 알고 있으므로 말 하는 경우도 있다 또 로어는 한 두 마디 정도는 알고 있다[34]

> 문: 그러면 일본신문도 읽을 수 있는가
> 답: 일본신문은 한자를 줏어 읽어서 뜻이 통한다[35]

> 신천에서 천주교의 선교사 불국인 홍(빌렘-필자)신부로부터 불란 서어를 수개월간 배웠으나 일본어와 로어 기타 외국어는 알지 못 한 다[36]

안중근은 기본적으로 외국어를 읽지 못한다고 하였으나 한자를 알았기 때문에 일본어는-아마도 중국어도-기초적인 독해까지는 가능했던 듯 하고 이 두 언어는 어느 정도의 회화가 가능했던 듯 하다. 또한, 수개월간의 프랑스어 공부의 결과 프랑스어도 어느 정도 습득한 것으로 보이

---

34) 『한국독립운동사』 자료6, 67쪽.
35) 위의 책, 9쪽.
36) 위의 책, 310쪽.

지만 활용할 정도까지는 이르지 못한 듯 하다.[37] 러시아어는 말하지 못한 것은 이토의 암살과정에서도 지속적으로 번역과 통역에 의지하고 있는 것에도 확인된다.[38] 결국, 안중근은 그의 배경에서 판단하자면 의외로 모국어 이외의 언어를 지식정보의 획득의 수단으로 적극적으로 이용할 정도로 습득하지 못하고 있었다.

외국어를 습득할 여건이 존재했음에도 발생한 이러한 부자유는 안중근의 의도적인 선택의 결과였다. 안중근의 외국어에 대한 경시는, 학문을 권하는 벗에게 "옛날 초패왕 항우가 말하기를 글은 이름이나 적을 줄 알면 그만이다 라고 했는데 만고의 영웅 초패왕의 명예가 오히려 천하에 남아 전한다. 나도 학문을 가지고 세상에 이름을 드러내고 싶지는 않다. 저도 장부고 나도 장부다"[39]라고 호언한 것에서 드러나듯이 한편으로는 학문의 가치를 상대적인 것으로 파악하는 성향의 결과이다. 이러한 성향에 더하여 외국어에 대한 경시는 당대의 대한제국에서 외국어가 가지는 문화제국주의적 경향에 대한 안중근의 의식적인 비판의 결과이기도 하였다. 안중근은 빌렘(J. Wilhelm, 한국명 홍석구)신부와 함께, 한국 교인들이 무지하여 교리 전도에 손해가 많을 뿐만 아니라 국가 대세에도 나쁜 영향이 나타남을 개탄하고, 서울의 뮈텔(Gustave Charles Marie Mutel, 한국명 민덕효)주교에게 건의하여 대학을 세울 것을 논의한 적이 있다. 이 들의 건의에 대한 뮈텔주교의 대답은 "한국인이 만일 학문이 있게 되면 교 믿는 일에 좋지 않을 것이니, 다시는 그런 의논을 꺼내지 말라"는 것이었다.[40] 안중근은 이 말에 분개하여 "교의 진리는 믿을지언정 외국

---

37) 안중근의 동생 안정근은 1909년 11월 19일의 검찰신문에서 안중근이 불어를 말하는가에 대한 질문에 "불국인에게 수개월 배운 것 같으나 불어를 말한다고는 말하기 어렵다"라고 대답하였다. 앞의 책, 224쪽.
38) 이에 대한 구체적인 정황에 대해서는 위의 책, 64, 66, 67, 79, 128, 344쪽을 참조.
39) 「안응칠역사」, 133쪽.
40) 위의 책, 141쪽.

인의 심정은 믿을 것이 못 된다"라고 생각하고 프랑스어를 배우던 것을
폐하였다. 이 결정에 대하여 묻는 벗에게 안중근은 다음과 같이 말했다.

> 일본말을 배우는 자는 일본의 종놈이 되고 영어를 배우는 자는 영국
> 의 종놈이 된다. 내가 만일 프랑스 말을 배우다가는 프랑스 종놈을 면
> 치 못할 것이, 그래서 폐한 것이다. 만일 우리 한국이 세계에 위력을
> 떨친다면 세계 사람들이 한국말을 통용할 것이니 그대는 조금도 걱정
> 하지 말게 했더니, 그는 할말이 없어 물러가고 말았다.[41]

제국주의 국가들과 대한제국 사이에 차별적인 관계가 엄존하는 상황
에서 제국의 언어 습득은 특정 제국의 하수인이 되는 지름길이었고, 이
는 곧 제국의 세력을 업는 것을 통해 권력을 획득하는 길이기도 하였다.
일진회의 영수였던 宋秉畯이 일본군의 통역을 거치면서 출세가도를 달
린 것에서 드러나듯 안중근의 비판은 당시의 한반도를 둘러싼 언어와 제
국주의의 관계의 현실의 일면을 정확하게 파악한 것이었다. 이러한 기회
주의적 행태에 반발한 그의 선택은 자신의 학습이나 三興學校에서의 교
육활동에서 드러나듯이 외국어가 아닌 한글과 한문으로 지식을 습득하
고 전파하는 것이었다.

이러한 외국어 습득의 거부는 안중근의 주장대로 제국주의에 대한 저
항임에는 틀림없다. 그러나 이러한 저항은 제국을 무너뜨리기 위한 적극
적인 저항이 아닌 자기보호를 위한 소극적인 저항에 지나지 않았다는 것
은 유념할 필요가 있다. 세계를 대상으로 한 지식과 정보로 무장한 제국
주의에 대항함에 있어서 그들이 가진 것 이상의 지식과 정보를 가지지
못한 채 싸워서 궁극적인 승리를 기대할 수 없다. 즉, 제국의 언어를 통
하여 제국이 제공하는 지식과 정보를 빠르고 정확하게 습득하면서도 제
국에 대한 저항의 정신을 잃지 않는 것이야말로 가장 적극적인 저항의

---

41) 앞의 책, 142쪽.

길이었던 것이다. 하지만, 안중근은 이 길을 선택하지 않았다.

이어서 안중근이 한글과 한문으로 쓰인 어떠한 매체를 통해서 지식과 정보를 흡수해 왔던가를 확인해 보자. 유년기부터 "동양평화론"을 저술한 1910년에 이르기까지 안중근이 읽었던 서물 들은 개화파의 전형적인 읽을거리인 유학경전 - 예를 들면 『맹자』[42] - 과 『자치통감』, 『조선사』, 『만국역사』[43] 등과 천주교도로서 읽은 『성서』 등의 기독교 관련 서적,[44] 대한제국과 해외에서 우리말로 발간되던 신문 - 『대한매일신보』, 『황성신문』, 『제국신문』, 『공립신문』, 『대동공보』[45] - 등이었다. 특히, 그가 교육사업, 의병, 의거로 이어지는 본격적인 행보에 나선 때인 을사조약 이후의 시기에는 "날마다 신문과 잡지와 각 국 역사를 상고하면서 읽었고 있어서 이미 지나간 과거와 현재와 미래의 일들을 추측했었다"[46]라고 자서전에서 회고하고 있다.

이들 읽을거리 중에서 지식과 정보의 원천으로서 신문이 압도적이었다는 것은 다음의 미조부치와의 대화에서 잘 드러난다.

> 문: 그대는 한국의 과거 현재 장래에 관하여 정치상의 사상을 갖고 있는 것 같은데 그 것은 타인으로부터 들은 것인가 또는 신문에 의하여 안 것인가
> 답: 타인으로부터 들은 것은 아니다 한국에서 발행하는 대한매일신보 황성신문 제국신문 미국에서 발행하는 공립신문 또 포조에서 발행하는 대동공보 등의 논설을 읽고 위와 같은 생각이 들었다 내가 가장 많이 읽은 것은 대한매일신문 황성신문으로 기타 약간 보았다
> 문: 우 신문은 어느 때부터 읽고 있는가

---

42) 『한국독립운동사』 자료6, 310쪽.
43) 위의 책, 55쪽.
44) 「안응칠역사」, 136쪽.
45) 『한국독립운동사』 자료6, 5~6쪽.
46) 「안응칠역사」, 152쪽.

답: 5, 6년 전 또는 3, 4년 전부터 신문이 손에 들어옴에 따라 읽고
있었다. 계속 열독하고 있지는 않았다[47]

문: 그대는 사회의 상황 자국의 역사도 모르고 단지 신문지만을 보
고 생각을 일으킨다는 것은 사실에 반한 것이다
답: 신문지만은 아니다 사람의 말도 듣고 사실도 관찰한 뒤 생각한
것이다[48]

답: 세계의 대신문인 런던타임즈 같은 것에도 틀림이 없다고 보장하
기는 어려운 것이다. 그 점은 알고 있지만 금일 한국인이 신문을
믿음은 곧 일본이 신문을 믿어야 할 것으로 가르쳤기 때문이다.
금일 발행한 신문은 믿고 명일 발행한 신문은 믿지 말라고 하는
따위는 나는 요해하기 어려운 점이다[49]

이들 대화를 통해 신문을 가장 중요한 원천으로 하면서 다른 사람과
의 대화 그리고 스스로의 관찰 등을 통해 지식과 정보를 습득하고 자신
의 사상을 정리했다는 안중근 사상의 구체화 과정을 알 수 있다. 위와
같이 그는 주로 한문과 한글로 쓰인 신문을 통해 지식과 정보의 습득하
여 그의 사상을 형성했기 때문에 이들 매체의 지식과 정보는 안중근 사
상의 출발점으로서 중요한 위치를 차치하게 된다.

그렇다면 이들 매체의 지식과 정보는 어떠한 특징을 가지고 있었을
까? 우선 이들 매체의 언어인 한글과 한문은 19세가 말과 20세기 초의
동아시아의 지식정보 네트워크의 말단에 위치하고 있었다는 점에 주목
할 필요가 있다. 당시 동아시아의 근대의 지식정보의 주된 루트는 서양
언어-일본어-한문(-한글), 서양언어-일본어-한글, 서양언어-한문
(-한글), 서양언어-한글 등이었다. 첫 번째 루트는 영국, 독일, 프랑스

---

47) 『한국독립운동사』 자료6, 5~6쪽.
48) 위의 책, 240쪽.
49) 위의 책, 244~245쪽.

등의 지식정보가 메이지 일본에서 일본어로 번역되면 그것을 중국인들
이 다시 한문으로 번역한 후 이 한문본이 한반도에 수입되어 그대로 읽
히거나 혹은 한글로 번역되는 과정을 통해서 지식과 정보를 유통시켰다.
량치차오(梁啓超)의 언론활동을 통한 서양에 대한 지식과 정보의 전파가
그 대표적인 예였다. 두 번째는 일본어가 가능하고 일본의 담론을 접할
통로를 가졌던 한국인의 번역과 저술 작업을 통한 루트인데 주로 일본
유학 1세대인 兪吉濬과 청일전쟁 이후의 일본 유학 2세대들의 작업에 의
한 것이었다. 『서유견문』은 이 루트를 통해 유통된 대표적인 저작이다.
이 첫 번째와 두 번째 루트는 일본이 지식 정보의 주요 결절점이 되고
있다는 공통점을 가지는데, 이 두 루트가 애국계몽기의 지식과 정보의
주된 공급원이었다. 이 두 루트의 역사적 중요성은 安昌浩가 애국계몽운
동의 지도사상을 대변하는 언론인들의 경전으로 朴趾源의 『열하일기』와
함께 량치차오의 『飮氷室文集』과 유길준의 『서유견문』을 들고 있는 점
이나[50] 현재의 한국어 학술 용어의 다수가 이 루트를 통해서 들어온 것
이라는 점에서 확인할 수 있다. 세 번째 루트는 서양언어를 이해하는 중
국인이나 중국어를 이해하는 서양인의 번역과 저술 작업에 의해 유지되
었는데 『만국공법』 등 주로 양무운동기에 번역된 국제법과 군사기술 중
심의 서적, 청일전쟁 이후에는 주로 옌푸(嚴復)의 번역과 저술 등이 유통
되었다. 네 번째 루트를 통해서는 徐載弼 등 서양언어를 알고 있는 한국
인이나 한국어를 알고 있는 서양 선교사 등의 번역과 저술 작업이 유통
되었는데 『독립신문』에 보이는 서양에 대한 다양한 소개가 대표적인 것
이다. 하지만, 근대 전체를 통해서는 물론이고 동양평화론의 구성에 있
어서 결정적인 중요성을 가지는 애국계몽기에 이 두 루트가 가진 영향력
은 앞의 두 루트에 비해 현격하게 뒤졌다.

　이상과 같은 안중근의 지식과 정보의 수용의 특징, 그리고 당시의 동

---

50) 姜在彦, 『姜在彦著作選 第5卷 近代朝鮮の思想』, 東京: 明石書店, 1996, 270쪽.

아시아의 지식정보 네트워크의 실상에 기초하여 앞서 보았던 안중근의 두 가지 한계의 원인에 대하여 고찰해 보자.51)

먼저, 지역과 타 지역과의 관계를 규정하는 핵심요인인 러시아에 대한 혐오는 어떠한 과정을 거쳐서 안중근에게 도달되었을까? 동아시아의 러시아에 대한 위협인식은 19세기 전체를 걸쳐서 일본과 중국에서 이어졌다. 청이 1877년 도쿄에 상주사절을 파견한 것을 통해서 이 두 나라의 恐露論은 합류하게 되어 더욱 강력한 담론으로 거듭났다. 이 두 나라의 러시아 위협론이 『朝鮮策略』(1880)을 통해서 한반도에 전래되었다. 『조선책략』이 조선 내부에 빠르게 그리고 널리 전파됨에 따라 당시까지 변경의 문제로서의 러시아의 위협과 구별되는 국제정치 문제로서의 러시아의 위협에 관한 지식・정보가 조선에 급속하게 퍼져나갔다. 당시 조선의 사상연쇄의 루트를 장악하고 있던 일본과 중국이 러시아의 공포라는 공통된 지식・정보를 보내고 있었으므로, 위정척사파의 일부처럼 이 두 세력을 완전히 부정하는 입장에 서지 않는 이상 공러론에 대하여 의심하는 것조차 용이한 일이 아니었다. 이어 1885년의 天津條約 체결 이후에는 일본의 청에 대한 열세의 인정과 거문도사건 이후의 영국의 동아시아에 있어서의 청의 주도권 인정으로 인하여, 영국의 지원을 받는 청 위주의 동아시아질서가 유지되었다. 이 질서의 형성과 유지를 주도한 영국・청・일본이 러시아에 대한 대항이라는 전략적 목표를 공유하고 있었기 때문에 그들이 발신하는 러시아에 대한 지식・정보는 기본적으로 러시아를 적으로 규정한 위에 구성된 것이었다. 그 결과 이 시기에도 한반도에는 공러론이 지속적으로 유입되었다. 이어 청일전쟁 이후에 일본과 러시아의 경쟁이 치열해 지는 상황에서 러시아는 한반도에 자신들의 주장

---

51) 이어지는 19세기말과 20세기 초의 공러론과 인종중심의 국제정치론에 대한 서술은 강동국, 「조선을 둘러싼 러・일의 각축과 조선인의 국제정치인식 ― '공아론'과 '인종중심의 국제정치론'의 사상연쇄」『일본연구논총』제20호, 2004을 참조.

을 유입시킬 수 있는 루트를 가지지 못한 가운데 일본의 러시아에 대한 이미지가 전자의 두 루트를 통해서 유입되어 범람하게 되었다.

이러한 지식과 정보의 유통의 결과 안중근의 주요한 지식정보의 원천이던 당대의 신문들에도 공러론이 반복되어 나타났다. 안중근이 가장 많이 읽었다고 진술한 『대한매일신보』와 『황성신문』의 경우를 보면 전자는 러일전쟁기에 "포학한 俄國"52)이라는 러시아 인식을 퍼트리고 있었고 후자는 1909년에 들어서도 여전히 동양평화를 위해서는 러시아의 위협을 제거해야 한다는 점을 강조할 정도였다.53) 러일전쟁 당시 이승만은 "자래로 러시아 사람의 정치주의가 전현 남의 토지를 빼앗기를 위주하매 혹 기회를 타서 계책을 부리거나, 혹 은혜를 베풀어 국권 잡은 이를 장악에 넣거나, 혹 다른 여러 가지 수단을 부려 한 조각 땅이라도 저의 세력에 넣으면 영원히 제 것을 만들어 장차 온 세상을 다 통일하고자 하는 마음이 은근히 커지나니 이는 각 국 사기를 보면 소상히 알지라"54)라고 쓰고 있는데, 그의 논의가 출발한 '역사의 기록(史記)'은, 영·청·일이 장악한 회로를 통한 사상연쇄의 결과물에 다름 아니었다. 이러한 사상연쇄의 결과로서의 공러론의 수용은 동시대를 살았던 안중근도 마찬가지였고 이 수용이 동양평화론의 동아시아지역과 타지역·세계와의 관계설정에 있어서 닫힌 지역주의라는 한계의 주요한 원인이 되었던 것이다.

지역협력의 이념으로서의 인종론과 관련된 지식과 정보의 상황도 공러론의 경우와 크게 다르지 않았다. 한반도에서 인종을 단위로 한 국제정치 이해는 청일전쟁을 전후해서 퍼지기 시작했다. 유교적인 국제질서

---

52) 『대한매일신보』 1904년 9월 7일자.
53) 『황성신문』 1909년 5월 27일자. 동양평화론의 구성에 있어서 『황성신문』의 역할의 중대성은 동양평화라는 개념의 주요한 제창자가 『황성신문』이었다는 사실에도 드러난다. 이에 대해서는 Andre Schmid, *Korea between Empires, 1895~1919*, New York: Colombia University Press, 2002, pp.99~100을 참조.
54) 이승만, 『독립정신』, 서울: 정동문화사, 1993, 195쪽(원저는 1904년).

이해가 붕괴한 공백에 일본발 인종중심의 국제정치 이해가 침투해 들어
왔던 것이다. 이 침투와 그에 이은 확산의 일등공신은 량치차오였다.
1902년 량치차오는 「新史學」・「新民論」을 연달아 발표하였다. 「신사학」
의 '역사와 인종의 관계'라는 절에서, 그는 "역사란 무엇인가? 인종의 발
전과 경쟁을 서술한 것일 뿐이다. 인종을 버리면 역사도 없다."라고 하여
인종을 역사의 주체로 서술하였다.[55] 이어 다섯 인종을 역사적 인종과
비역사적 인종으로 구별하여 서술하고 있는데 역사적 인종은 황인종(黃
族)과 백인종(白種)이라고 주장하여 당대사를 두 인종의 대결로서 파악
하는 시각을 보이고 있다.[56] 이러한 인종을 중심으로 한 세계사와 국제
정치에 대한 이해는 우키다 카즈타미(浮田和民)의 『史學通論』 등의 영
향, 즉 메이지 일본의 인종과 역사 이해의 영향에 의한 것이었다.[57] 이러
한 량치차오의 논설은 신속하게 한반도에 소개되었다. 『황성신문』을 필
두로 하여 국내신문은 량치차오의 글을 앞 다투어 소개했고 량치차오가
주재했던 『청의보』는 서울과 인천에서 직접 판매・보급되었으며 1903
년에 간행된 그의 저서 『飮氷室文集』은 간행 즉시 조선에 반입되었을
정도였다.

　대한제국에서 막대한 영향력을 가지고 있던 량치차오의 반복적인 논
의 등에 의해 인종론에 기초한 국제정치론은 다양한 한글과 한문 매체를
통해서 전파되었다. 예를 들어 안중근이 애독했던 『황성신문』의 경우에
는 1903년 10월 1일자에 "동양의 황종 전족이 장차 섬멸 당할 지경에
이르렀으니 일본이 어쩔 수 없이 러시아와 싸울 수밖에 없다는 것도 또
한 이러하다"[58]라고 써서 황인종과 백인종의 대결을 피할 수 없는 과정

---

55) 梁啓超, 『梁啓超全集 第二册』, 北京: 北京出版社, 1999, 741쪽.
56) 위의 책, 742~743쪽.
57) 石川禎浩, 「近代アジア『文明圏』成立とその共通言語: 梁啓超における『人
　　種』を中心に」 狹間直樹編, 『西洋近代文明と中華世界』, 京都: 京都大學出版
　　會, 2001, 34~35쪽.

으로 파악하고 일본을 황인종의 대표로 소개하고 있다. 20세기 초의 조선에 있어서 문명개화론자, 실학계승론자, 위정척사파 등 서로 다른 철학적 입장을 가진 논자들이 모두 인종을 단위로 국제정치를 보기에 이르렀으니 '인종중심의 국제정치론'은 논쟁의 대상이라기보다는 전제가 되어 있었다. 안중근도 이 전제를 공유하였고 그 것이 인종 내부의 문제를 경시하고 타인종과의 대립의 가능성을 내포한다는 동양평화론의 이념적 차원의 한계의 주요한 원인이 되었다.

결국, 안중근은 당시의 동아시아의 지식정보 네트워크의 최말단의 재료를 입수하고 가공하여 동양평화론을 구성하였다. 이 네트워크에 의해서 제공되는 지식정보는 네트워크의 상부를 장악한 언어－특히 서양과 동아시아를 연결하는 일본어－에 의해서 적지 않게 왜곡된 것이었다. 동양평화론의 동아시아와 타 지역－특히 러시아를 필두로 한 서양－과의 적대적 관계의 설정, 그리고 지역협력의 이념으로서 인종론의 설정이라는 두 가지 원리적인 문제점의 근본적인 원인은 안중근의 네트워크에서의 위치에서 기인하며 그렇기 때문에 이는 안중근의 철학이 아닌 문헌학적 문제, 즉 지적 세계에서 제공받은 지식과 정보의 문제에 기인하고 있는 듯이 보인다.

안중근은 1909년 12월의 공술에서 李相卨에 대해 다음과 같이 평가하고 있다.

> 재사이며 법률에 밝고 산술에 능하다. 영어·불어·일어에 통한다. 사람은 지위에 따라 마음가짐을 바꾸는 것이므로 최익현, 허위 등에 견주면 용맹한 기상은 혹 적겠으나 지위를 달리하므로 하는 수 없다. 세계의 대세에 통하고 애국심이 강해 교육 발달을 도모하고 국가 백년의 대계를 세우는 자는 동인일 것이다[59](밑줄은 필자).

---

58) 『황성신문』 1903년 10월 1일자.
59) 『한국독립운동사』 자료7, 418쪽.

안중근은 자신이 의도적으로 버렸던 외국어를 당시의 기준으로는 극히 예외적으로 다수 구사하던 이상설을 위와 같이 높게 평가했다. 스스로의 선택과 대비되는 선택을 한, 더하여 몇 차례의 만남이 직접적 접촉의 전부였던 이상설에 대한 이와 같은 높은 평가는 안중근의 일련의 인물평에서 볼 때 극히 예외적이다. 어쩌면 안중근의 이상설 평가는 자국어에 의한 지식만을 통한 제국주의와의 싸움이라는 자신의 선택의 한계에 대한 뒤늦은 자각이 불러일으킨 회한의 표현은 아니었을까?

4) 동양평화론의 한계극복의 두 가지 계기

동양평화론에는 전술한 두 가지 한계가 존재했지만 한편으로 안중근의 사상의 궤적에서 이 들 한계가 극복되어 가고 있었다는 점은 지적해야 할 필요가 있을 것이다. 안중근은 청취서에서 다음과 같이 말하고 있다.

> 일본이 앞서 말한 것 같은 (평화적인 의미의) 패권을 얻은 뒤 일, 청, 한 세 나라의 황제가 로마교황을 만나 서로 맹세하고 관을 쓴다면 세계는 이 소식에 놀랄 것이다.
> 오늘날 존재하는 종교 가운데 3분의 2는 천주교이다. 로마교황을 통해 세계 3분의 2의 민중으로부터 신용을 얻게 된다면 그것은 대단한 힘이 된다.[60]

동양평화론의 전망을 제시함에 있어서 안중근은 동양평화를 보증하는 존재로서 서양에서 출발한 종교인 천주교의 교황과 그 교황을 통해서 연결되는 세계의 민중을 상정하였다. 앞서 살펴본 바대로, 안중근은 서양에 대해 동양과 대립되는 비도덕적 존재로 보았고 동양과 서양 사이에는 뛰어넘을 수 없는 인종의 벽이 존재한다고 인식하고 있었음도 불구하

---

60) 「청취서」, 56~57쪽.

고, 동양평화의 미래에 대한 전망에서는 이러한 구별을 극복하고 서양과 그리고 세계와 연결되고 있었다. 즉, 앞서 보았던 동양평화론의 두 가지 한계는 부분적으로나마 극복되고 있었던 것이다.

이러한 극복이 가능했던 계기는 무엇일까? 첫째, 안중근의 사상적 기반으로서의 보편적인 종교의 존재를 들 수 있다. 안중근에게 있어서 서양의 침략의 부도덕성과 서양에서 시작된 보편적 종교와의 구별은 명확한 것이었다. 앞서 설명한 바, 그가 프랑스어 공부를 그만 둘 때의 맹세는 "교의 진리는 믿을지언정 외국인의 심정은 믿을 것이 못 된다"라는 것이었다. 안중근은 다양한 가치를 제국주의와의 관련이라는 하나의 기준으로 재단하지 않았기 때문에 천주교라는 보편적인 종교의 가치를 매개로 동서양을 뛰어넘을 수 있었다. 이처럼 안중근의 사상체계의 근저에는 보편성에의 지향이 잠재해 있었고 이러한 지향은 서양과 동양의 구별이나 인종의 구별이라는 특수성에 매몰된 지식과 정보가 들어왔을 때 그것을 완화시키는 작용을 했던 것이다. 그 결과 교황은 서양인임에도 불구하고 보편적 종교의 상징으로서 동양평화론에서 중요한 위치를 차지하게 되었다.

둘째, 안중근이 민중의 시각을 체현하고 있었다는 점이다. 안중근은 당시의 민중의 삶을 체험한 사상가이다. 그는 10대 후반부터 빌렘 신부를 도와 여러 고을을 다니며 사람들을 권면하고 전도하면서 군중들에게 연설하는 등 전교활동에 종사하였다.[61] 이후 서울, 평양, 부산, 원산, 함경도 등 국내뿐만 아니라 상하이, 간도, 연해주 등 해외에서도 다양한 민중들과 조우하였다. 더 나아가 안중근은 스스로가 민중으로서의 삶을 살았다. 그는 萬人契의 사장으로, 혹은 석탄회사의 설립 등을 통해 경제활동에 투신하고 여러 차례 좌절을 맛보기도 했다. 이러한 과정을 거치면서 안중근은 자연히 민중의 삶을 이해하고 그들의 편에서 사고하게 되었

---

61) 「안응칠역사」, 137쪽.

다. 예를 들어 甕津군의 백성들이 전직 고관 金伸煥에게 오천 냥을 빼앗겼을 때 그는 총대로 담판하면서 "예로부터 지금까지 어진 임금과 훌륭한 재상은 백성을 하늘처럼 알았고, 어두운 임금과 탐관들은 백성을 밥으로 알았소"라고 말하였다.[62] 이러한 민중의 입장에서의 사고가 이 사건에 한정된 것이 아니었다는 것은 그가 "각 지방에 있는 관리들은 학정을 함부로 써서 백성들의 피와 기름을 빨아 관리와 백성 사이가 서로 원수처럼 보고 도둑처럼 대했었다"[63]라고 하여 당시의 민중의 실상 일반을 명언하고 있는 것에서 확인할 수 있다.

더 나아가 안중근의 민중의 입장에서의 사고는 국내적인 것에 머물지 않았다. 안중근은 이토 암살 후 공판 중에 그가 일본인 군인, 농부, 상인과 나누었던 대화를 소개하며 일본인의 시각에서 보아도 이토의 암살의 거사가 정당함을 주장하였다.[64] 일본 민중의 시각에서 보는 것을 통해서 자신의 거사가 한국과 일본 사이의 국경을 뛰어넘는 의미를 가지고 있음을 주장했던 것이다. 근대한국의 사상가로서 기존의 전통을 지키는 사상가와 서양을 적극적으로 받아들인 사상가는 적지 않다. 그들은 대부분은 문필이나 교육활동에 전문적으로 종사하는 지식인이었고 그들의 사상과 실천은 지식으로 습득한 신념체계의 결과였다. 반면 사회의 격동을 몸소 체험하고 그 안에서 한국의 현실에서 출발한 민중의 경험을 사상으로 승화하는 사상가는 많지 않다. 근대 한국에서 다양한 곳에서 민중을 만나고 스스로 민중의 일원으로 살아가면서 자신의 사상을 완성해 간 사상가를 찾는다고 한다면 崔濟愚를 들 수 있을 것이다. 몰락한 양반가에서 태어난 최제우는 부친의 죽음을 계기로 고향인 龍潭을 떠나 장사를 하며 약 10년에 걸쳐 전국을 주유하였다. 이 시간은 민중의 삶에 대한

---

62) 앞의 책, 146쪽.
63) 『한국독립운동사』 자료6, 150쪽.
64) 위의 책, 394~395쪽.

관찰을 통해서 그리고 민중으로서의 삶을 경험하면서 그의 사상의 경험
적 기초를 쌓은 시기였다. 최제우에 있어서 이러한 민중의 삶에 대한 이
해는 주로 「하늘님」의 재해석을 통한 평등의 사상으로 승화되었다. 한편
안중근에 있어서의 민중의 삶에 대한 이해는 무미건조한 형태로 수용된
지식과 정보를 상대화시켜 파악할 수 있는 살아 숨쉬는 인식의 기준을
제공하였다. 그 결과 세계 민중과의 정서적 연결에의 지향을 통하여 그
가 접했던 지식과 정보가 제공하는 동서양과 인종의 대립을 뛰어 넘을
수 있었던 것이다.

결국, 안중근의 동양평화론은 문헌학적 상황에 강하게 제약받는 현실
파악의 면에 있어서는 지식정보의 성격에 기인한 한계의 측면이 두드러
지지만 한편으로 그의 철학이 상대적으로 자유롭게 반영될 수 있는 전망
의 제시 부분에 있어서는 보편적인 종교와 민중의 관점을 통해 한계들을
극복해 나가는 양상을 보였다고 할 수 있다. 하지만, 안중근의 한계 극복
은 완전한 것은 못 되었기 때문에 잘못된 지식 정보에 기초한 현실인식
-예를 들면, 이토를 암살하면 일본의 통감정치가 폐지될 것이라고 생각
했던 점[65] 등-은 완전히 극복되지 못했고 그의 전망도 결국은 현실화
되지 못하였다는 것은 부정할 수 없는 역사적 사실이다. 우리에게 남겨
진 커다란 과제는 도중에 끝난 그의 극복의 과정의 현재적 완성일 것이
다. 이어지는 결론에서 이 문제를 상술한다.

5. 결 론

이상과 같이 동아시아의 시각에서 안중근의 동양평화론을 고찰한 결

---

65) 앞의 책, 176쪽.

과, 동양평화론이 민족주의와 지역주의를 결합하면서 제국주의와 대결한 사상이었다는 독보적인 역사적 의의와 함께, 동양평화론이 제국에 의해 왜곡되어 있던 당시의 동아시아의 지식과 정보의 네트워크에 의해 영향을 받은 결과 타지역·세계와의 관계의 설정과 지역통합의 이념에 있어서 적지 않은 한계를 드러내고 있었다는 점을 확인할 수 있었다.

이러한 동양평화론의 의의와 한계는 현재의 우리에게 어떠한 의미를 가지는가? 동양평화론의 논의 대상인 동아시아에 있어서의 국가와 지역이라는 주제를 다루고 있는 대표적인 학문분야는 동아시아론이다. 1990년에 이후 동아시아론은 한반도가 처한 지정학적, 경제적인 상황을 배경으로 활발하게 전개되어 왔다. 동아시아라는 지역에 대한 인식이 약한 중국이나 제국주의의 유산으로 인하여 논의가 분산되어 있는 일본의 동아시아론과 비교해 볼 때 한국의 동아시아론은 독보적인 성과를 거두어왔다고 해도 과언이 아닐 것이다. 이러한 점에서 동아시아론이 안중근의 동양평화론을 결과적으로 계승하고 있다고 평가할 수 있는 면은 확실히 존재한다. 그러나 동아시아론자들이 얼마나 동양평화론의 이해하고 그 의의를 되새기고 한계를 극복하려는 노력을 경주하는 것을 통해 안중근 사상을 의식적으로 계승하고 있는가에 대해서는 적지 않은 의문이 남는다.

한국의 동아시아론을 대표하는『창작과 비평』을 중심으로 한 작업을 보면,『동아시아인의 동양인식』(1997년)에 "동양평화론"의 번역을 수록한 것에도 알 수 있듯이 안중근 사상을 전혀 도외시하고 있다고는 볼 수는 없다. 하지만 동양평화론에 대한 본격적인 평가를 하고 있는가는 단순한 소개와 전혀 다른 문제이다.『창작과 비평』그룹의 동아시아론을 둘러싼 일련의 작업은『동아시아: 문제와 시각』(1995년)에서의 문제제기,『동아시아인의 동양인식』(1997년)에서의 자료의 발굴과 공유,『발견으로서의 아시아』(2000년)를 통한 논의의 심화와 방법론의 제시,『동아시아의 비판적 지성(전6권)』(2003년)에서의 국제적인 소통과 연대 등으

로 체계적으로 진행되어 왔지만, 유독 동양평화론을 대표로 하는 한국에
서의 동아시아론의 역사에 대한 본격적인 논의는 이루어지지 않았다. 따
라서 21세기 한국에서 동아시아를 논함에 있어 동양평화론을 사상적 기
반으로 보아야 할 것인가 혹은 극복의 대상으로 보아야 할 것인가라는
문제는 의제로조차 설정되지 못하였다. 그 결과 동양평화론은 동아시아
를 대표하는 지역협력사상으로서의 정당한 위치를 차지하는 것은 고사
하고 한국에 있어서 선구적인 지역협력사상으로서의 의의조차 제대로
인정받지 못하여 왔다. 한국이 지난 10여 년 동안 실질적으로 동아시아
론을 이끌어 왔음에도 불구하고 자신의 역사 속에 존재하는 동양평화론
이라는 귀중한 정신적 자산을 어떻게 평가하여야 할 것인가에 대하여 성
찰하지 않아 온 것은 시급히 극복해야 할 과제가 아닐까?

　그렇다면, 동양평화론의 의식적 계승은 현재의 동아시아론에 어떠한
구체적 전망을 더해줄 것으로 기대되는가? 우선 동양평화론의 의의인 민
족주의와 연계하는 반제국주의적 지역주의는 오늘날 동아시아인이 동아
시아를 논의하는 가져야 할 기본적 자세를 제시한다. 즉, 역사인식문제
등에서 드러나는 동아시아의 제국주의적 움직임에는 단호하게 대응하면
서도 이것이 지역의 일원을 적으로 타도하기 위한 것이 아니라 협력의
대상으로 계도하기 위한 것임을 인식하여 지역주의와 민족주의를 연결
시키려는 노력을 지속적으로 전개하여야 한다는 태도가 자연스럽게 추
론된다. 이에 더하여 동양평화론 한계였던 타지역·세계와의 관계와 지
역협력의 이념의 문제는 안중근의 실패의 원인을 제거하는 동시에 그의
극복의 방법을 실천함으로써 현재적으로 지역협력의 원리를 재구성하는
숙제를 남겨주고 있다. 즉, 양질의 다양한 지식정보를 획득하고 그것을
세계 인류의 보편과 지역의 특수한 경험 속에서 재해석하는 작업을 통해
서 타 지역과 세계와의 열린 관계를 구축할 지역협력의 이념을 구성해내
어야 할 것이다.

안중근은 100년 전의 사상과 실천으로 여전히 생명력을 가지는 지역 협력의 기본적 자세와 해결해야 할 과제를 제시해 주었다. 그가 남긴 의의와 한계에 대한 우리의 대응은 얼마나 당당한, 혹은 부끄러운 것인가?

참 고 문 헌

桂島宣弘, 「「華夷」思想の解体と國學的「自己」像の生成」『思想史の19世紀: 他者としての德川日本-』, 東京: ぺりかん社, 1999.

강동국, 「조선을 둘러싼 러·일의 각축과 조선인의 국제정치인식: '공아론'과 '인종중심의 국제정치론'의 사상연쇄」『일본연구논총』 제20호, 2004.

강동국, 「근대 한국의 국민·인종·민족 개념」『동양정치사상사』 제5권 1호, 2006.

姜在彦, 『姜在彦著作選 第5卷 近代朝鮮の思想』, 東京: 明石書店, 1996.

국사편찬위원회, 『한국독립운동사』 자료6, 서울: 국사편찬위원회, 1976.

국사편찬위원회, 『한국독립운동사』 자료7, 서울: 국사편찬위원회, 1978.

김춘선, 「안중근 의거에 대한 중국인의 인식」『한국근현대사연구』 제33호, 2005.

中野泰雄, 『安重根 日韓關係の原像』, 東京: 亞紀書房, 1984.

中野泰雄, 「日本人の觀た安重根」『亞細亞大學經濟學』 第15卷 第2號, 1990.

日本政治學會編, 『年報政治學1998 日本外交におけるアジア主義』, 東京: 岩波書店, 1998.

『대한매일신보』

梁啓超, 『梁啓超全集 第二册』, 北京: 北京出版社, 1999.

백동현, 「러일전쟁전후 '민족'용어의 등장과 민족인식-『황성신문』과 『대한매일신보』를 중심으로」『한국사학보』 제10호, 2001.

백영서, 「중국에 아시아가 있는가」『동아시아의 귀환』, 서울: 창작과 비평사, 2000.

蘇維初, 「汪精衛と大アジア主義」松浦正孝, 『昭和·アジア主義の實像』, 京都: ミネルヴァ書房, 2007.

土屋光芳, 「汪精衛の國際政治觀」『汪精衛と民主化の企て』, 東京: 人間の科學社, 2000.

신용하, 「안중근의 사상과 국권회복운동」『한국사학』 2, 1979.

신운용, 「노령한인을 중심으로 본 안중근」『21세기와 동양평화』, 서울: 국가보훈처, 1996.

신운용, 「안중근의 민족운동 연구」, 한국외국어대학교대학원 박사학위논문,

2007.

신채호, 「이해」『단재신채호전집(증보판) 하』, 서울: 단재신채호선생기념사업회, 1998.

荒野泰典, 「日本型華夷秩序の形成」網野善彦他編, 『日本の社會史(1) 列島內外の交通と國家』, 東京: 岩波書店, 1987.

荒野泰典, 『近世日本とアジア』, 東京: 東京大學出版會, 1988.

안중근, 「청취서」『21세기동양평화론』, 서울: 국가보훈처, 1996.

山室信一, 『思想課題としてのアジア』, 東京: 岩波書店, 2001.

渡辺浩, 「西洋の[近代]と儒學」『東アジアの王權と思想』, 東京: 東京大學出版會, 1997.

원재연 정리·작성, 「안중근연보」『교회사연구』 제9집, 1994.

윤경로, 「사상가 안중근의 생애와 활동」『한국근대사의 기독교적 이해』, 서울: 역민사, 1992(초출은 1985년).

윤병석 역편, 『안중근전기전집』, 서울: 국가보훈처, 1999.

이상일, 「안중근 의거에 대한 각 국의 동향과 신문논조」『한국민족운동사연구』 제30호, 2002.

이승만, 『독립정신』, 서울: 정동문화사, 1993(원저는 1904년).

市川正明, 「安重根小傳」『安重根と日韓關係史』, 東京: 原書房, 1979.

市川正明, 『安重根と朝鮮獨立運動の源流』, 東京: 原書房, 2005.

石川禎浩, 「近代アジア≪文明圈≫成立とその共通言語: 梁啓超における≪人種≫を中心に」狹間直樹編, 『西洋近代文明と中華世界』, 京都: 京都大學出版會, 2001.

장석흥, 「안중근의 대일본 인식과 하얼빈 의거」『교회사연구』 제16집, 2001.

정옥자, 『조선후기 역사의 이해』, 서울: 일지사, 1993.

정옥자, 『조선후기 조선중화사상 연구』, 서울: 일지사, 1998.

조 광, 「안중근 연구의 현황과 과제」『한국근현대사연구』 제12호, 2000.

최기영, 「안중근의 『동양평화론』」『한국근대계몽사상연구』, 서울: 일조각, 2003.

高田早苗譯, 『レイニッシュ氏十九世紀末世界之政治』, 東京: 東京專門學校出版部, 1900～1901.

高田早苗抄譯, 『帝國主義論』, 東京: 東京專門學校出版部, 1901.

한상권, 「안중근 의거에 대한 미주 한인의 인식」『한국근현대사연구』 제33호, 2005.

『황성신문』

황현 저, 김준 역, 『매천야록』, 서울: 교문사, 1994.

古屋哲夫編,『近代日本のアジア認識』, 京都: 京都大學人文科學硏究所, 1994.
平野聰,『清帝國とチベット問題: 多民族統合の成立と瓦解』, 東京: 東京大學
　　出版會, 2004.

Bitterli, Urs Trans. by Ritchie Robertson, *Cultures in Conflict: Encounters between European and Non-European Cultures, 1492~1800*, Stanford: Stanford University Press, 1989.

Liu, Lydia H., *The Clash of Empires: The Invention of China in Modern World Making*, Cambridge: Harvard University Press, 2004.

Parker, Geoffery, *The Military Revolution: Military Innovation and the Rise of the West, 1500~1800*, Cambridge: Cambridge University Press, 1989.

Paul S. Reinsch, *World Politics at the End of the Nineteenth Century: As Influenced by the Oriental Situation*, New York: The Macmillian Company, 1900.

Schmid, Andre, *Korea between Empires, 1895~1919*, New York: Colombia University Press, 2002.

Smith, Anthony D., *The Ethnic Origins of Nations*, Oxford: Blackwell Publishers, 1986.

20세기초 한국인의 대외관과 안중근의 『동양평화론』

김 현 철*

1. 머리말

며칠 후인 10월 26일은 1909년 안중근의 하얼빈 의거 99주년이 되는 뜻깊은 날이다. 그 날은 하얼빈에서 우리 민족의 독립에 대한 열망과 동양평화에 대한 숭고한 의지가 일본을 비롯한 전세계에 드러난 날이기도 하다. 더구나 내년 안중근 의거 100주년을 기념하여 국내외에서는 여러 행사들이 진행되고 기획되고 있다.[1]

* 동북아역사재단
1) 최근 이와 관련된 학술행사중의 하나로서, 안중근 · 하얼빈학회와 동북아역사재단이 주최한, 『안중근 의거 99주년 기념 국제학술회의: "동북아 평화와 안중근

　　그동안 안중근은 1905년 을사늑약 체결을 강제하고 초대 통감으로서 우리 민족에 식민지배를 가져오는데 커다란 역할을 한 이토 히로부미(伊藤博文)를 사살한 독립운동가로서 널리 알려져 왔으며, 그의 국권수호 운동에 대해 역사학계 등에서 많은 연구가 진행되어 왔다.[2] 최근에는 동북아의 평화구축과 공동체의 방향 모색과 관련, 그의 '동양평화론(1910)' 이 새롭게 주목받고 있으며, 100년전에 한중일의 협력 방향과 공동체 구축의 구체적 방안을 제시한 것으로 높이 평가받고 있다.[3]

　　그러나 안중근의 '동양평화론'이 미완성 논문이며, 그의 자서전적 옥중수기인『安應七歷史』와 공판기록 및 논설 등 매우 제한된 분량이 현재 전해져 오고 있을 뿐이다. 더구나 안중근은 당시 많은 글들을 기고하거나 남긴 한국의 애국계몽운동가 등 일반적인 지식인 또는 언론인들과 달리, 해외에서 무장투쟁 및 의병활동을 전개해온 활동가로서의 측면을 강하게 띠고 있다. 따라서 근대 동북아의 평화 및 공동체 관련 논의에서 중요한 위치를 차지하는 그의 국제정치적, 사상사적 측면을 충분히 재조명하기 위해서는 현존하는 그의 유고 자체에 대한 분석뿐만 아니라, 동시대 한국인들의 사상과 활동속에서 비교하는 것이 필요하다.

　　의거 재조명"』, 2008.10.17∼18(서울)을 들 수 있음.

2) 역사학계의 최근 관련 연구로서 다음 몇 가지를 들 수 있다. 한상권, 「안중근의 국권 회복운동과 정치사상」『한국독립운동사연구』제21집, 독립기념관 한국독립운동사연구소, 2003.12 ; 신운용, 「안중근의거에 대한 국외 한인사회의 인식과 반응」『한국독립운동사연구』제28집, 독립기념관 한국독립운동사연구소, 2007.6 ; 한상권, 「안중근의 하얼빈거사와 공판 투쟁(1)」『역사와 현실』제54호, 한국역사연구회, 2004.12 ; 오영섭, 「안중근의 옥중 문필 활동」『한국민족운동사연구』제55호, 한국민족운동사학회, 2008.6 ; 신운용, 「안중근 의거의 사상적 배경」『안중근의 신앙과 사상』, 안중근의사 기념사업회 주최, 안중근의사 의거 96주년 기념학술대회, 2005.10.26, 서울.

3) 이와 관련, 국내 언론에서 안중근에 주목한 측면에 대해서는『조선일보』2008.3.13 자 대담기사, "한·중·일 평화공동체 제시. 100년을 앞서간 안목 놀라워"를 참조하기 바람.

이에 본 논문은 안중근과 동 시대의 한국인들의 국제질서관, 대일관 및 평화에 관한 논의들의 맥락하에서 안중근의 동양평화론이 보여주는 특성을 살펴보고자 한다. 이러한 시도가 당시 수많은 한국 지식인들의 다양한 대외관의 일부만을, 그것도 매우 개괄적으로 살펴본다는 한계가 있지만, 안중근의 동양평화론에서 보여주는 대외인식과 유사한 점 또는 차이점을 살펴볼 수 있는 하나의 시론적 성격을 띠게 될 것으로 보인다.[4]

이를 위해 본문에서는 안중근 및 동시대 한국 지식인들이 첫째, 당시 국제정세와 러일전쟁 등을 어떻게 바라보았으며, 이러한 전쟁이 한반도를 둘러싼 동북아의 국제관계의 변화에 어떠한 영향을 끼칠 것으로 파악하였는가? 둘째, 한국의 생존과 독립을 위해 국제정세의 변화에 어떻게 대응하려고 생각하였는가? 그리고 셋째, 한국과 일본 등 주변국가와의 관계에 대해 어떻게 생각하였으며, 동양 평화의 전제조건과 그 가능성에 대해 어떻게 바라보았는가? 등의 측면을 파악하고자 한다.

2. 20세기초 동북아 국제질서像 인식의 접근 방식

20세기초 한국인들이 당시 국제관계의 일반적인 전개양상과 동북아

---

4) 그동안 안중근의 사상과 활동에 대해 국내외의 많은 연구가 있었으나, 그중 안중근이 '동양평화론'을 주창하게 된 배경과 의의에 주목한 연구를 들면 다음과 같은 연구가 있음. 洪淳鎬, 「安重根의 國際思想과 「東洋平和論」」『梨花女大社會科學論集』13, 1993.12 ; 김호일, 「안중근 의사의 <동양평화론>」『한국근현대이행기민족운동』, 서울: 도서출판, 2000 ; 현광호, 「안중근의 동양평화론과 그성격」『아세아연구』46권 3호, 고려대 아세아문제연구소, 2003.10.
기존 연구에서는 20세기초 안중근의 '동양평화론'의 형성과정에서도 조선에 체류중인 프랑스 신부 등으로부터 지적 자극과 영향을 받아서 유교사상, 개화사상 및 기독교 사상이 복합되어 자신의 동양평화론을 전개한 것으로 설명하고 있다. 홍순호, 1993 ; 김홍수, 「안중근의 생애와 동양평화론」『공사논문집』제46호, 공군사관학교, 2000.7 ; 김호일, 2000, 301~313쪽.

국제질서의 변동양상을 어떻게 바라보았는가는 각 개인의 지적, 사상적 배경과 정치적 입지 및 지향점 등의 차이에 따라 매우 다양한 양상을 보여주고 있다. 이러한 다양한 인식의 틀을 본 논문에서는 (국제)정치학에서 언급하는 현실주의적 접근과 이상주의적 접근의 2가지 틀로서 일단 분류하고자 한다. 이러한 구분은 당시 한국 지식인들의 대외인식이 당시 한국이 처한 현실에 대한 평가와 관련되며, 결과적으로 한국의 주권수호를 위한 구체적 대응 방법론과 연계된 점을 고려한 것과도 관련된다.

1) 現實主義的 접근과 독립의 과제

(국제)정치학에서 이야기하는 (고전적) 政治的 現實主義(Political Realism)의 경우, 국제정치에 있어 하나의 결정인자로서 '힘(power)'를 중시하며, 국내정치뿐만 아니라 국제정치를 '권력을 위한 투쟁(struggle for power)'으로 규정하고 있다. E.H. Carr의 정의에 의하면, 사고의 면에 있어 정치적 현실주의는 사실의 수용과 그 원인 및 결과의 분석에 역점을 둔다. 그리고 행동의 면에 있어 현실주의는 기존의 세력들이 지닌 힘에 저항하거나 기존 추세에 거역한다는 것이 불가능함을 강조한다. 현실주의에서 최상의 지혜는 그러한 힘과 추세를 받아들이고 또 스스로 그것들에 순응하는데 있다고 주장하는 경향이 있다.[5]

또한 국제관계에서의 정치권력은 편의상 군사적 힘, 경제적 힘 및 여론에 대한 힘으로 구분되어 접근되어질 수 있다. 먼저 군사적 힘에 주목할 경우, 군사적 도구의 절대적 중요성은 국제관계에 있어서 힘의 최후의 수단이 전쟁이란 사실에 기인한다. 국제정치에 있어서 전쟁의 가능성이 지배적 요소가 됨으로써, 군사적 힘이 공인된 정치적 기준이 되어가

---

5) E.H. Carr, *The Twenty Years's Crisis, 1919~1939: An Introduction to the Study of International Relations*(London: Macmillan, 1939 ; rev. ed. 1946), p.10.

고 있다. 실제로 국제정치사에서 가장 중요한 전쟁들은 자국을 군사적 강하게 만들기 위해서나, 아니면 타국이 군사적으로 보다 강성해지는 것을 막기 위해 일어난 예방적인 성격을 지니고 있다.[6]

전반적으로 20세기초 한국에서는 서구 근대국제질서체제에의 편입이 불가피하다고 판단하면서 당시 국제정치의 현실을 '춘추전국시대'의 혼란상에 비유하거나 '동·서 인종간의 전쟁', '약육강식의 시대' 등으로 비유하면서 국가간 '전쟁상태'로 파악하였다. 그리고 20세기초에 한국인들은 국제정치의 현실을 백인종 대 황인종의 대결구도 내지 경쟁 상태로서 러일전쟁을 파악하였다. 특히 1905년 러일전쟁과 을사조약이후 한국의 많은 지식인들이 민족주의적 의식을 고취시키고 제국주의에 대한 대처방안을 논의하는 과정에서 사회진화론이 원용되는 경우가 많았다. 장지연의 경우 서구의 사회진화론의 영향을 받아 당시 국가간 生存競爭을 '天演'으로, 弱肉强食을 '公例'로 명명하면서, 이러한 국가간의 경쟁 상태에 주목하였다."[7] 이러한 약육강식의 세계상하에서 국제질서의 일반적 양상은 강대국이 약소국을 침략하고, 약소국이 식민지로 전락하는 것으로 파악되었다.[8] 따라서 한국으로서는 '적자생존'과 '약육강식'의 근대 국제정치의 현실하에서 조선이 국가적 독립을 보전할 수 있는 국력이 뒷받침되지 못하면 일본 등 타국의 식민지를 면할 수 없다고 보았다.

그리고 각국의 전쟁상 및 군비증강 양상이 신문 보도를 통해 소개되었다. 그 예로서 점차 서구에서 공중비행기와 공중비행선이 발명되어 실

---

6) Carr, 1946, pp.109~113.

7) 張志淵, 「自强主義(續)」『大韓自强會月報』4, 大韓自强會, 1906.10. 단국대학교부설 동양학연구소, 『張志淵全書』八, 단대출판부, 1987, 465~466쪽.

8) "오호라! 지난 시대의 문명이란 인류가 상호 다툼에 이용하였지, 결코 人道와 평화를 위한 사업은 아니었다. 적자생존의 논법만이 유일한 진리였었고, 우세한 자가 이기고 열세한 자는 패한다는 약육강식이 세계의 일반적인 관례였으며, 군국주의 침략정책이 생존의 목적이 되었다." 朴殷植,『韓國獨立運動之血史』, 1920, "우리 獨立運動을 促進시킨 世界改造의 新文化" 중에서.

용화되는 추세를 볼 때, 空中戰爭이 실현될 것으로 전망하였다.[9] 그리고 『대한학회월보』 제9호(1908.11.25)자 "世界 海軍力 比較"라는 기사에서는 당시 열강의 경쟁이 극에 달하여 군비확정을 요구하는 시대이며 육군력보다는 해군력이 우열을 가르는데 중요하다고 설명하였다.[10]

이러한 현실주의적 접근으로서 힘의 논리를 중시하는 國際政治觀은 당시의 한국인들에게 많은 영향을 끼쳤다. 이러한 현실주의적 인식의 수용은 크게 다음 4가지로 분류되며, 각각의 다양한 대외인식의 구체적 사례를 들면 다음과 같다.[11]

첫째, 소위 친일파의 경우, 한민족의 망국을 어찌할 수 없는 운명으로 받아들이면서, 생존경쟁에서 이긴 적자인 일본제국주의에 협력 또는 병합함이 한국인의 장래에 이익이 될 것으로 보았다.[12]

둘째, 국권상실의 위기에 처하여 장지연과 박은식 등 계몽운동가 또는 실력양성론자(자강론자)의 경우, '약육강식'과 '생존경쟁'이라는 근대 국제질서의 특성에 비추어 보아 조선의 경우처럼 자국의 독립을 유지할 만한 능력을 갖추지 못한 국가가 서구 열강의 식민지로 전락함은 어쩔 수 없는 현실이라고 받아들이고 있다. 이들 자강론자들은 서양문명의 우월성을 인정하면서, 조선이 문명국가에 이르는 길은 교육과 실력양성임을 강조하였다. 그리하여 장차 조선인들이 노예신세를 면하고 자유와 독

---

9) 『皇城新聞』 1909.6.24자, "世界將來에 空中生活과 空中戰爭".

10) 이러한 인식하에 동 기사에서는 최근 4년간 영국, 독일의 군함제조비를 도표로 제시하는 한편, 일본의 경우, 전투함 11척, 장갑순양함 11척, 구축함 58척을 갖추어 영국, 미국, 독일, 프랑스에 이은 해군강국이 되었다고 설명되었다.

11) 당시 대외관의 유형 분류에 대해서는 이호재, 『한국인의 국제정치관』, 법문사, 1994, 173~175쪽을 참조.

12) 다루이 도키치(樽井藤吉)의 '大東合邦論'에서 많은 영향을 받은 일진회의 李容九는 일본에 정치적 행사권의 이양을 주장한 반면, 宋秉畯은 통치권 전부의 이양, 즉 일본에의 완전한 병합을 주장하였다. 그리고 이완용은 일본과의 철저한 연대를 통한 공통이익론을 주장하였다. 한명근, 『한말 한일합방론 연구』, 국학자료원, 2002의 "V. 一進會의 對日認識과 '政合邦'論"를 참조.

립을 회복하기 위해서는 시급히 학교를 설립하여 교육을 진흥시킬 것이 주창되었으며, 이러한 저항적 민족주의적 의식을 고취시키는 요소로서 '大韓精神', '國魂' 등이 강조되었다.[13]

셋째, 外交論者의 경우, 한국 독립의 상실과 회복은 약소국 한민족의 능력과는 상관없이 강대국간 권력투쟁의 부산물로서 바라보았다.[14] 그 예로서 이승만이 바라본 20세기초 동북아 국제정세는 그동안 아세아 동방 3국의 집안끼리의 싸움이었으나, 동서양이 통하며 6대주가 연락하여 5색 인종이 섞여 살며 만국이 경쟁하여 세력을 확장하며 문명을 다투면서 동쪽으로 진출하는 형세가 되었다.[15] 이러한 위기에 대응하는 방안의 하나로서 이승만은 "외교를 잘 함으로써 다른 나라의 침탈을 면하도록 해야 한다"고 주장하였다. 즉 내가 먼저 공법의 뜻을 어기지 말고 공평정대하게 행세하며 각국들과 친밀히 하여 정의가 돌아올 것이므로, 타국이 의리상 친구로 알아 언제든지 내가 남에게 억울함을 당할 때에는 힘껏 도와줄 것이라고 기대하였다.[16]

그리고 안중근이 자주 읽어서 영향을 받은 것으로 보이는 당시 『皇城新聞』의 경우에도 1909년 8월 8일자 "韓國民族의 外交를 論함"에서 한국이 쇠망한 원인으로서 내정의 부패와 교육의 부진뿐만 아니라 國民의 外交思想이 몽매하여 외국과 대치시 그들의 책략과 목적 여하를 알지 못하고, 단순한 사상으로 교제하다가 그 책략에 빠져 자국의 운명을 위태롭게 한 지경에 이르렀다고 분석하였다. 이후 한민족은 社會的 外交, 즉 民族的 外交를 펼쳐나가야 한다고 주장하였다. 즉 20세기에 처하여 자국의 독립을 보전하는 국민은 外交思想이 선결문제이므로, 時勢를 방관하

---

13) 朴殷植, 「大韓精神」『西北學會月報』제4호, 1906 ; 「大韓精神의 血書」『大韓每日申報』622~623호, 隆熙 원년 9월 25~26일.
14) 이호재, 1994, 173~175쪽.
15) 이승만, 『독립정신』1904, 서울: 정동출판사, 1993, 42~45쪽.
16) 『독립정신』, 260~261쪽.

지 말고 이를 이용할 自覺心을 환기할 것을 강조하였다.

　그리고 넷째, 武力鬪爭論으로서, 적자생존원리가 지배하는 국제정치의 현실을 인정하면서도, 저항의 수단으로 무력에 의존하는 것이 필요하다고 보았다. 이와 관련, 蔡其斗는 19세기이래 國民主義의 鬪爭時代가 도래하였으며, 각국이 세계에 많은 토지를 할거하여 점령하려는 기도가 국제적 경쟁으로 표현되었던 결과, 國民主義가 변하여 식민주의가 되었으며, 다시 帝國主義로 변하였음을 지적하였다. 즉 식민주의와 제국주의는 표면상으로는 각기 그 명칭의 차이를 보이나, 그 실제내용은 동일한 수단, 즉 平和的 戰爭에 불과한 것으로 파악하였다. 그리고 각국의 제국주의적 정책의 실행은 急激主義와 緩和主義로 구분되며, 緩和政策을 바로 平和的 戰爭의 初步로 파악하였다. 그리하여 채기두는 우등민족이 다른 렬등민족을 지휘감독하여 생산을 증진시키는 방법을 강구하는 추세를 비판하면서, 열강의 진출수단인 평화적 전쟁에 대항하는 방법은 武裝的 戰爭 준비밖에 없다고 보았다.[17]

　당시 국가간 관계를 군비경쟁의 추세와 전쟁으로 파악하는 접근은 안중근의 『東洋平和論』에서도 부분적으로 엿보이고 있다. 우선 안중근은 『동양평화론』의 "序文" 첫 머리에서 "지금 세계는 동서로 나뉘어져 있고 인종도 각기 달라 서로 경쟁을 하고 있다"고 바라보았다. 그리고 각국이 끊임없는 전쟁으로 인해 기관총, 비행선, 잠수함 등 새로운 전쟁무기의 발명에 몰두하고 자국의 청년들을 훈련시켜 전쟁터로 몰아넣은 결과, 전쟁터에서 동서양 각국의 많은 인명이 희생되고 있다고 비판하였다. 그리고 최근 수백년 사이에 유럽 국가들이 도덕을 잊고 나날이 무력을 일삼으며, 경쟁심을 끼워 조금도 거리끼는 바가 없다고 지적하였다.[18] 이러한 언급들은 국제정치에서 국가간 전쟁 양상과 전쟁의 피해를 잘 지적

---

17) 蔡其斗, 「平和的 戰爭」『대한학회월보』제6호, 1908.7.25, 16~20쪽.
18) 신용하 편,『안중근 유고집』, 서울: 역민사, 1995, 169~170쪽.

하였다.

이러한 현실하에서 안중근은 해외로 건너간 후 3년동안 두 가지 일을 매일 일과의 목적으로 삼았다. 즉 하나는 한국의 교육을 도모함이고, 다른 하나는 본국의 義兵으로 나라 일을 위하여 유세하는 것이었다.[19] 이를 위해 당시 해외에서 안중근은 국가 사상을 고취하기 위하여 각 지방을 유세했으며, 국권을 회복할 때까지 농업이든 상업이든 각기 천부의 직업에 精勵하여 어떠한 고통이라도 참고 국가를 위해 힘쓰지 않으면 안되며, 또 때가 오면 전쟁도 하지 않으면 안 된다는 것을 강조하였다.[20]

2) 理想主義的 접근: 권력정치의 부정과 '道德'의 강조

정치적 현실주의자들은 국가들의 관계가 전적으로 힘에 의해 좌우되며, 거기서 도덕은 아무런 역할도 하지 못한다고 보고 있다. 반면, 理想主義者들은 하나의 도덕률이 개인들과 더불어 국가들에 대해서도 똑같이 적용될 수 있다고 본다.[21]

이러한 시각에서 볼 때, 구한말 衛正斥邪 · 抗倭의 깃발아래 무력항쟁을 계속한 의병들의 주장과 입장을 국제정치학에서 말하는 理想主義의 범주에 포함되는 것으로 볼 수 있다.[22] 그 예로서 안중근이 당시 대표적 의병운동가로 언급한 崔益鉉의 경우, 1906년 의병 기병시 "寄日本政府"에서 한 개인에게서 충성, 사랑, 믿음을 통해 의리를 밝히는 것을 '道'라고 한다면, 국가에 이러한 도가 없으면 망할 것이라고 강조하였다. 그리고 그는 당시 일본측이 강제로 조선의 外交權을 박탈하고 조선의 자주

---

19) 「안중근 공판기록」, "제1회 공판－재판장 심리－", 1910.2.7자 중에서. 『안중근 유고집』, 189쪽.
20) 「안중근 공판기록」, "제1회 공판－재판장 심리－", 1910.2.7자 중에서. 『안중근 유고집』, 192쪽.
21) Carr, 1946, pp.153～156.
22) 이호재, 1994, 75～76쪽.

독립의 권리를 상실토록 한 것을 거론하면서, 일본이 조선에 대해 국가적 신의를 저버렸음을 통박하였다.[23]

그리고 20세기초 유학자 출신 의병운동가인 유인석은 당시 서구근대 국제질서의 약육강식과 국가간 경쟁 양상을 과거 중국의 춘추전국시대에 비교하였다. 그는 두 시대 싸우는 모습은 유사하지만, 춘추전국시대에는 문명과 성인이 존재한 데 비하여 현재 서구 근대국제질서는 그렇지 못한 것으로 보았다.[24] 유인석은 국제정치의 권력정치 현실 자체를 부정하였으며, 이상적인 국제질서로서 과거 중화질서로의 회귀를 희망하였다. 그는 일본의 강병 정책은 서양을 모델로 하였지만 일본에 적합하지 않은 것으로서, 일본의 강함이 오래 지속되지 못할 것이라고 전망되었다.[25] 의병장으로서 유인석은 일본에 항거하기 위해서는 군사력의 양성이 시급함을 인정하면서도, 명치유신시기 일본이 추구한 강병정책에 반대하였다. 즉 서양이 병기를 사용하는 추세로 인해 어쩔 수 없이 조선도 무장하여야 하나, 強國의 지나친 추구가 전쟁터에서 살상행위를 부추김으로써 결국에는 인류가 망할 것이라고 우려하였다.[26]

안중근은 재판과정에서 자신이 어려서부터 한문 공부를 해왔으며, 『童蒙先習』, 『通監』, 『四書』 등을 읽은 바 있다고 밝혔듯이, 어느 정도 유교적 소양에 익숙해 있었다.[27] 더구나 의병장으로 활동한 그는 당시 한국내 의병투쟁과 연계성을 강조하였기 때문에, 최익현 등 당시 유학자 출신 의병장의 사고와도 유사성을 보이는 측면이 있다. 특히 안중근이

---

23) 최익현, 「寄日本政府」 『勉菴集』, 雜著 ; 민족문화추진위원회 편, 『국역 면암집』 제2권, 서울: 솔출판사, 1997, 223~235쪽.

24) 柳麟錫, 『宇宙問答』, 1913 ; 서준섭 외 공역, 『毅菴 柳麟錫의 思想－宇宙問答』, 서울: 종로서적, 1984, 35쪽.

25) 『宇宙問答』, 90~92, 97~98쪽.

26) 『宇宙問答』, 75~76쪽.

27) 「안중근 공판기록」, "제1회 공판－재판장 심리－", 1910.2.7자 중에서. 『안중근 유고집』, 187~188쪽.

국가간 신뢰를 강조한 점이나, 나중에 동양평화회의체 구성을 제시한 점 등은 현실주의적 입장보다는 이상주의적 접근으로 바라볼 수 있다.

이상 살펴본 바와 같이 당시 안중근은 자신이 처한 시대적 상황하에 서는 약육강식과 제국주의적 전쟁이 불가피한 시대라고 생각했다. 그렇기 때문에 한국이 취할 수 있는 독립운동의 방법은 학교를 세우는 것 같은 실력 양성운동과 함께 무장 독립운동이 필요하다고 보았다. 그는 초기에 학교 설립 등 실력양성을 추진하다가 점차 해외에서 무력투쟁으로 선회했다. 그리고 자신의 거사를 만국공법(국제법)에 의해 적국과 교전을 치르는 것이라고 했고, 일본 법정에서 일본법에 의해 재판을 받는 것은 마땅치 않다고 했다. 국제법에 따라 자신을 교전단체로 인정하고, 전쟁 포로로 대접할 것을 요구하였다.[28] 동양평화론과 공판기록에서 엿보이는 이러한 그의 구상들은 당시 한국인들의 대외관의 여러 측면 중 아래와 같은 양상을 반영한 것으로 볼 수 있다.

3. 20세기초 한국인의 대외관의 주요 양상

1) 러시아에 대한 경계와 일본에 대한 기대

구한말 한국의 일부 지식인들은 당시 국제정치현실을 백인종과 황인 종간의 대결 상황으로 파악하고 백인종들의 침략으로부터 아시아를 방어하기 위해 황인종들의 단결을 주장하는 '아시아연대론'에 상당한 정도로 공감하였다.[29] 1890년대에 들어 이를 보여주는 예로서, 『독립신문』

---

28) 「안중근 공판기록」, "제1회 공판-재판장 심리-", 1910.2.7자 중에서. 『안중근 유고집』, 189~194쪽.
29) 전복희, 「19세기말 진보적 지식인의 인종주의적 특성: 『독립신문』과 『윤치호 일 기』를 중심으로」, 『한국정치학회보』 제29집 1호, 한국정치학회, 1995, 127쪽.

1898년 4월 7일자 논설에서는 서구 열강과 백인종의 진출과 위협에 공동대응하며 자주독립을 보전하기 위해서는 같은 아시아 대륙에서 지리적 근접성, 같은 인종, 문화적 유사성을 보이는 한·중·일 3국간에 상호 교류와 원조가 필요함을 다음과 같이 거론하였다.

이와 더불어 『독립신문』에서는 유럽인과 미국인이 국적은 다르더라도 아시아를 침탈하기 위해 뭉치고 있는 상황에서 아시아인들이 뭉치지 않고 오히려 서양인들에 의해 교란당하고 있다고 보면서, 아시아에 대한 백인종의 침탈에 대항하고 아시아의 평화를 위해 황인종의 단결을 주창하였다.30) 이와 같이 조선에서 당시 아시아의 단결 필요성에 공감한 데에는 서양 백인종에 대한 대항의식의 측면이 고조되는 분위기도 작용하였다.31)

이러한 측면에서 안중근의 『東洋平和論』에서도 러·일 전쟁이 黃白人種의 경쟁의 성격을 띤 것으로 다음과 같이 파악하였다. "또 하나의 이유는 일본과 러시아의 싸움이 황색 인종과 백색 인종의 경쟁이라 할 수 있으므로, 지난 날의 원수 같던 감정이 하루 아침에 사라지고 오히려 하나의 커다란 인종 사랑으로 바뀌었으니, 이것 또한 인정의 순리이며 합리적인 이유의 하나라고 할 수 있다."32)

러일전쟁의 개전당시 한국의 지식인들은 동·서양 인종의 대결구도

---

30) "(생략) 어찌하여 동양에 황인종들은 한뭉텅이가 되지 않고 서양 사람들의 반간질 하는데만 빠지며 농락질 하는 수중에만 쓰러지며…"『독립신문』 1899년 11월 9일자 논설, 『독립신문 논설집』, 891∼892쪽.

31) 조선과 중국내 이러한 위기의식의 고조에는 당시 일본인 森本丹芳과 당시 조선과 중국에 전파된 다루이 도키치(樽井藤吉)의 『大東合邦論』(1893년 간행)이 영향을 끼쳤을 것으로 추측되고 있다. 특히 20세기초 소위 대표적 친일세력에 속하는 일진회의 이용구와 송병준의 한일합방구상은 다루이 도키치(樽井藤吉)의 『大東合邦論』으로부터 영향을 받은 것으로 알려져 있다. 장인성, 「'인종'과 '민족' 사이: 동아시아연대론의 지역적 정체성과 '인종'」『국제정치논총』 제40집 4호, 한국제정치학회, 2000.12, 121∼122쪽.

32) 『안중근 유고집』, 170쪽.

속에 일본이 동양을 대표하여 서양세력인 러시아를 격퇴시켜 주며, 러일 전쟁 당시 일본이 내세웠던 전쟁의 명분인, '동양 3국의 공영과 평화'가 실현되기를 희망하였다. 이는 러일전쟁의 개전 당시, 일본 천황의 선전 포고문에서 "동양평화를 유지하고 대한 독립을 공고히 한다"고 밝혀서 한국인들이 이에 대해 많은 기대를 갖게 되었던 것과 관련된다. 안중근 역시 이 점을 동양평화론에서 밝히고 있다.[33]

이와 같이 당시 일본의 승전을 기원하게 된 배경에는 19세기말 이후 한국내 널리 퍼졌던 러시아의 남하에 대한 두려움이 크게 작용하였다. 그리고 20세기초 러일간 대립이 격화됨에 따라 한·중·일이 단결하여 러시아를 포함한 서양 세력을 격퇴시켜야 하며, 조선과 중국이 일본을 포용하고 일본이 사죄함으로써 동양 3국의 공영과 평화를 모색해야 한 다는 주장이 확산되어갔다.[34]

안중근이 자주 읽었다는 『대한매일신보』의 사설을 분석한 연구에 의 하면, 한국내에서 러시아에 대항하여 일본의 선의와 지원을 통해 한국의 독립을 유지하고자 하는 기대가 있었으나, 러일전쟁의 결과 일본이 승리 하자 한국인의 대외인식은 일부 친일파 인사를 제외하고는 대체적으로 반일적 경향으로 기울어졌다.[35]

2) 러일전쟁의 전후 처리 및 한국의 지위에 대한 인식

러일전쟁의 전후 처리 결과, 한국인들의 기대와 달리 '동양평화'가 러 시아 등 백인종의 진출을 막는다는 명분하에 일본 지배하의 새로운 동북

33) 안중근, 『東洋平和論』의 서문에서, 『안중근 유고집』, 170쪽.
34) 이 시기 동양평화론과 한·중·일 3국 협력론 등에 대한 한국인의 반응에 대해 서는 김현철, 「개화기 한국인의 대외인식과 '동양평화' 구상」 강성학 편, 『동북 아의 평화사상과 평화체제』, 리북, 2004, 155~188쪽 참조.
35) 이호재, 1994, 105~149쪽 참조.

아 국제질서의 형성을 묵인하는 슬로건임이 밝혀지자, 이에 대한 한국인
들의 분노와 비판들이 지속적으로 표명되었다.

특히 을사늑약의 체결직후인 1905년 11월 20일자『皇城新聞』에 게
재된「是日也放聲大哭」에서 장지연은 이토 히로부미(伊藤博文)가 주장
하는 '동양평화론'이 일본이 동양 3국의 鼎足하는 안녕을 스스로 주선하
고 조선의 독립을 견고히 부식할 방략을 권고하겠다고 주장하였으나, 실
제로는 조선의 국권 침탈 명분에 불과하였다고 통렬히 비판하였다.[36] 장
지연이 을사조약 이후 일본을 비판하는 논설에서는 일본 정부, 특히 이
토 히로부미가 러일전쟁 당시 조선의 독립을 보장하겠다는 약속을 저버
렸다는, 즉 국가간 신의를 저버린 행위에 대해 크게 비판하였다.[37]

이후 한국의 신문들은 러일전쟁당시 한국이 엄정중립을 성명으로 표
명하였음에도 일본의 강압에 의해 韓日議定書에 조인했음을 상기시켰
다. 당시 체결된 한일협약은 일본의 위협에 의해 성립된 것으로써 모든
이익이 일본측에게만 유리하게 돌아가게끔 되었다고 비판되었다.[38] 그
리고 러일전쟁당시 일본이 세계에 한청 양국의 독립과 강토를 보전하고
동양평화를 유지한다고 성명하였으나, 실제로는 조선의 독립을 침해하였
음을 널리 알릴 것을 호소하였다.[39]『大韓每日申報』1906년 6월 7일자
"露國反對說"를 보더라도, 일본이 한국에 대한 보호권과 군사적 점령사

---

36) 張志淵,「是日也放聲大哭」,『皇城新聞』, 1905.11.20.『張志淵全書』八, 443~
444쪽.

37) 한편, 러일전쟁이후 조선에 대해 保護國 체제를 유지할 구상하에 이토 히로부미
는 서구 열강의 동양 진출에 따른 양국의 '공동운명론'과 '공통이익론'을 내세워
서 '日韓一家說', '聯邦說'을 주장하였다. 결국 일본은 人種主義에 입각한 '동
양평화론'과 '同種同文論' 및 한국의 '獨立不能論' 등으로 병합을 합리화하였
다. 이에 관한 자세한 설명은 한명근(2002)의 "III. 李完用의 對日認識과 親日政
治"과 "IV. 國是遊說團의 一進會 反對運動"을 참조하기 바람.

38)『大韓每日申報』1906.8.26자 "韓俄日 三國關係".

39)『大東共報』1909.1.17자, "勃牙利獨立會議에 對하야 我韓問題를 提出할 事."

실을 러시아가 승인하지 않아서, 다시 러일간 전쟁의 조짐이 보인다고 보도하였다. 그 결과 일본이 한국을 영유하는 것은 탐욕에서 나온 것으로서 열강의 公議와 러시아의 반대를 면치 못할 것이니, 일본으로서는 한국의 독립을 이전처럼 유지하고 東洋平和를 도모하는 것이 최선의 방침이 될 것이라는 의견을 표명하였다.

이와 같은 맥락에서 당시 일본측이 주장한 '동양평화론'에 대한 조선의 비판과 일본의 각성 촉구는 안중근의 경우에도 잘 나타난다. 안중근은 『東洋平和論』 및 1910년 2월 9일 뤼쑨(旅順) 일본 관동도독부 법정에서의 진술에서 일본이 러 · 일전쟁의 개전 명분으로서 한국의 독립을 굳건히 하기 위함이라고 언급한 점을 상기시키면서, 조선에 대한 이토 히로부미의 시정방침이 개선되지 않는 한 한국의 독립은 요원하며 전쟁은 계속될 것이라고 보았다. 안중근은 조선이 러일전쟁의 직접 참전국이 아닌데도 불구하고 일본이 전후 강화조약에서 조선의 지위에 대한 변경조항을 삽입하여 보호국화하려는 조치에 대해 납득할 수 없음을 환기시켰다.[40]

3) 국제법과 만국평화회의에 대한 기대와 좌절

을사늑약 등의 체결 등 조선의 국권상실 위기에 대처하는 과정에서, 의병운동을 주도한 일부 유학자들이 국제법에 의거하여 일본의 불법행위를 무효화시키고 세계 각국의 여론을 환기시키려고 하였다. 반면 계몽운동가들은 국제법에 의존하는 것에 비관적이었다.[41] 이들 계몽운동가의 설명에 의하면, 당시의 국제정세를 국력의 강약에 따라 국가의 승패

---

40) 『東洋平和論』의 '前鑑'. 『안중근 유고집』, 178~179쪽 및 「안중근 공판기록」, "제3회 공판-재판장 심리-", 1910.2.9자 중에서. 『안중근 유고집』, 256~258쪽.
41) 朴殷植, 「自强能否의 問答」『大韓自强會月報』 제4호, 1906.10, 이만열 편, 『朴殷植』, 한길사, 1980, 32쪽.

가 정해지며, 만국공법(국제법)이 실현되지 않는 시대로 파악하였기 때문에, 외교운동에도 커다란 기대를 걸지 않았다. 이와 마찬가지로 안중근도 "만국공법이나 엄정 중립이나 하는 말들은 모두 최근에 외교가들이 사용하는 교활한 술수이니 말할 것도 못 된다"라고 평가하였다.[42]

한편, 이 시기에 유럽에서 국제평화회의 개최 소식은 한국인들에게 기대감을 갖게 하였다. 특히 1907년 헤이그에서 개최된 만국평화회의는 조선의 독립을 위한 국제적 여론과 관심을 환기시킬 수 있는 기회로서 여겨졌다.

이러한 기대감을 반영하듯, 한국내 일부 잡지에서 서구의 세계정부 및 영구평화에 관한 논의들이 소개되었다. 『西友』제13호(1907.12.1)에서는 영국 스단리, 제우온스 박사가 간행한 『時代評論』에 게재된 "國際會議의 發展" 제목하의 논설을 소개하면서, 世界大聯邦을 조직하는 것이 불가능한 것만은 아니라고 설명하고 있다. 그 내용을 요약하면, 世界萬國이 일대 연방을 조직하고 각국이 그 대의원을 선출하여 헤이그(海牙)에 '국제회의'를 개설하여 이를 國際立法府라고 하며, 여기서 國際行政長官을 선출하고 각국에서 파견된 군대로 상비군을 조직한다는 구상을 소개하면서도, 실현되기 어려운 과업이라고 설명하였다. 그렇지만, 현재 각국이 서로 협약을 체결하여 현상유지와 기회균등을 國際의 通義라고 하며, 좀 더 진전된 형태로서 세계대연방을 조성하는 것이 반드시 불가능한 일이라고 하기 어렵다는 견해를 피력하였다.[43] 동 잡지 『西友』제13호(1907.12.1)에서는 헤이그 제2차 만국평화회의의 개최 목적이 각국의 군비를 축소하여 전쟁기회를 줄이며, 고통받는 인민의 노고를 경감시킬 목적으로 약 8년전 개최된 제1회 헤이그평화회의와 같은 목적으로 개최된 것으로 설명되었다.[44]

---

42) 『東洋平和論』"序文", 『안중근 유고집』, 174쪽.
43) 『西友』제13호(1907.12.1), "世界平和의 理想", 14~15쪽.

　네덜란드 헤이그에서 제2차 平和會議가 개최된다는 소식이 전해지면
서, 이에 대한 한국내 관심이 고조되었다. 그 논조를 보면, 평화회의는
그 名義는 아름다워 세계로 하여금 탄복케 하지만, 그 실제는 滅國新法
을 발명하기 위하여 소집된 회의라고 비판하였다. 역설적으로 국제공법
이 발발되도록 不仁不義한 침략행위가 각국간에 점차 증가추세에 있으
며, 平和主義가 널리 전파되도록 잔인포악한 약육강식의 정략이 날이 갈
수록 늘어가고 있다고 지적하였다. 최석하는 이러한 원리원칙을 이용하
는 자는 이 시대에서 능히 생존을 보전하지만, 이용하지 못하고 한갓 시
세를 탓하는 자는 자연히 도태됨을 면치 못할 것이라고 경고하였다. 그
는 한국도 이 평화회의에 뛰어난 外交家 내지 愛國家가 나서서 조선의
사정을 설명하고 유럽의 여론을 환기시킬 것을 호소하였다.[45] 또한 불가
리아의 독립문제를 해결하기 위해 구주 열강이 평화회의를 개최하는 자
리에 조선도 대표자를 파견하여 한국 민족을 보존할 일과 독립을 회복할
일을 도모하고 동양 평화를 구주평화와 같이 유지하기 위해 노력할 것을
주장하였다.[46]

　그러나 한국인의 기대와 달리, 제2차 헤이그 만국평화회의의 결과는
비관적이었다. 즉 헤이그에서 개최된 만국평화회의가 그 명칭과 같다면
가히 전쟁을 해소시키거나 종식시켜 강권의 횡포를 견제하며 약자의 원
통함을 풀어주어 지구상에 和氣를 불어넣어주고 중심을 행복과 즐거움
으로 충만시켜 줄 것으로 기대되었다. 그러나 현실이 그렇지 않자, 한국
의 지식인들은 평화주의로써 어찌 약소국을 구휼하여 횡포를 억제하여

---

44) 약 3개월간에 걸친 동 회의에서 논의된 주요 사항은 중립국의 권리와 의무, 교전
　　국의 전쟁수행에 대한 제한, 적십자조약의 해전적용, 방어시설이 없는 연안도시
　　의 해상으로의 포격금지, 부설수뢰에 관한 법칙개전통고 등으로서, 처음에 제시
　　된 군비축소 및 전쟁방지 안건에 첨부하여 평화유지 방법을 의논하였다고 자세
　　히 소개되었다. 『西友』 제13호(1907.12.1), "平和會議의 成績", 31～33쪽.
45) 崔錫夏, 「平和會議에 對한 余의 感念」 『太極學報』 제9호, 1907.4.24, 24～25쪽.
46) 『大東共報』 1909.1.17, "勃牙利獨立會議에 對하야 我韓問題를 提出할 事."

멸망하는 것을 부흥시켜주며, 절단되는 것을 계승시켜 공법을 밝혀주고 正道를 유지시켜 줄 것인가라고 한탄하였다.[47]

당시 이와 같은 한국내 국제법과 국제평화회의에 대한 소개와 이해를 바탕으로 아마도 안중근은 동양평화회의에 대한 필요성을 인식하고, 이를 구체화하는 방안을 모색하였을 것으로 추정된다.

실제로 안중근은 정미 7조약의 체결이후 간도에 진출해서 동포를 모아 무장한 뒤, 1908년 함경북도에서 일본군과 전투를 벌여 일본군들을 사로잡았다. 그렇지만, 그는 너희들(일본군)도 똑같은 백성인데 이토 같은 정치가의 잘못으로 전쟁터에 나왔다고 하면서 석방하였다. 안중근 자신이 먼저 만국공법(국제법)에 따라 사로잡은 적병은 죽이지 않는다는 것을 보여주었다. 안중근은 열강에 호응을 얻고 국권을 회복하려면 일본이 하는 방식대로 야만적으로 대응해서는 안 된다고 보았다. 그는 국제법의 실효성에 대해서는 믿지 않았으면서도, 먼저 일본과의 전쟁에서는 포로에 대한 국제법적 기준과 절차를 적용하였다. 따라서 이러한 생각하에 그는 나중에 일본 법정에서 자신에게도 국제공법을 적용해줄 것을 요청하였던 것이다.[48]

4) 서구 근대 평화관념의 소개

안중근의 '동양평화론'에서 '평화'라는 단어가 사용된 측면을 주목할 필요가 있다.

'평화(peace)'에 관해 고대로부터 현재까지 수많은 정치가와 학자들에 의해 매우 다양한 정의가 내려졌지만, 본 논문에서는 '평화'의 일반적 상

---

47) 朴殷植, 1915, 『韓國痛史』백암박은식선쟁전집편찬위원회 편, 『白巖朴殷植全集』제1권, 서울: 동방미디어, 2002, 1010~1012쪽.
48) 「안중근 공판기록」, "제5회 공판-변론 및 최후 진술-", 1910.2.12자 중에서. 『안중근 유고집』, 289~292쪽.

태를 주로 전쟁의 반대개념으로서 국가간의 갈등과 분쟁이 없는 평화, 즉 '戰爭없는 상태'로 바라보고자 한다. 이러한 평화 개념을 구한말 한국이 처한 상황에 원용할 경우 당시 한반도를 비롯한 동북아에서 발발한 일련의 전쟁과 외세의 간섭으로부터의 해방을 의미하며, 이를 위해 청일전쟁, 러일전쟁시기에 걸쳐 한반도의 전쟁발발과 국권상실 및 식민지화를 방지하기 위한 노력으로서 외국에의 중재요청 및 자주독립 국가 건설 노력 등이 그 범주에 포함된다.

한편, 전통적 유학에서는 평화를 "국제간에 있어서 전쟁 없는 화해로운 交隣 관계를 유지하며, 기존 정부에 대한 반역 형식의 쟁투(혁명, 민란)없이 국민 화합을 이룬 상태"를 의미하는 것으로 이해되어졌다. 서구의 '평화(peace)'에 상응하는 용어로서 유학에서는 '和平'을 사용하며, 여기에는 국민의 화합(和)을 평화의 조건으로 중시하는 측면을 반영한다. 또한 유학에서 바라보는 평화로운 세계상, 즉 '大同'의 구체적 모습 중 일부분을 묘사하면, '전세계 인류 전체(天下)가 公의 기준으로 간주되어, 어느 누구도 사리사욕을 도모치 않으며, 賢人들에게 정치가 맡겨지고 인민들에게 信義와 和睦을 가리켜 익히도록 함으로써, 인간들이 상호간에 親愛를 나누며, 그 親愛를 바탕으로 病苦貧窮이 사회 및 국가차원에서 구제되어 복지와 도의가 충분히 구현되는 것'으로 상정되었다.[49]

이러한 유교적 '태평' 내지 '대동' 개념 등 전통적 사유를 기반으로 하는 평화구상은 20세기초에도 보여지고 있다. 그 예로서 金光濟는 다음과 같은 평화관을 전개하였다. 즉 和平은 국가가 각기 취하고 安樂은 개인이 각기 원하는 것이며, 현재 한국은 國人特性이 和平을 가장 사랑하고 安樂을 가장 좋아한다. 戰勝을 좋아하는 것이 軍制를 연마하고 兵器를 갖추는 것이라면, 和平을 좋아하는 것은 능히 奮發하고 冒險에 나가

---

49) 윤사순, 「한국 유학의 평화사상」 이호재 편, 『한반도평화론』, 서울: 법문사, 1989, 25~28쪽.

는 것이라고 설명하고 있다. 즉 奮發冒險은 和平에 資本이 되며, 危難辛苦는 安樂의 基因이 된다. 따라서 奮發한 가운데에서 和平을 구한다면 이것이 바로 永久平和가 된다고 설명하였다.[50]

한편, 19세기말 조선에 서구의 국제법(만국공법)이 전래됨에 따라, 세계 각국이 국제법을 준수함으로써 국가간 전쟁을 예방할 수 있을 것이라는 사고도 소개되어졌다. 그 예로서, 『漢城旬報』 1883년 12월 20일자(6호)에는 평화유지의 구체적 방안으로 일종의 세계정부와 국제평화군의 창설을 언급하였다. 또한 『漢城旬報』 1883년 12월 20일자(6호)에서는 세계 평화를 유지하는 구체적 방안으로서, 大議院 등 국제적인 상설협의 기구의 설치, 세계 군대의 창설, 각국의 군비축소 등을 소개하였다. 그리고 『독립신문』 1899년 7월 22일자 "평화론" 논설에서 세계 평화유지를 위해 일종의 국제적 군대의 창설과 淸의 북경에서 만국평화회의를 개최할 것을 제의하였다.[51]

그리고 좀 더 시간이 지나서 칸트의 영구평화론의 개괄적 내용이 소개되고 있다. 그 예로서 새봄, "『칸트』의 永遠平和論을 讀함"에서는 칸트의 영구평화론의 제1장 "國際間의 永遠平和에 至할 豫備的 條項" 6개조와 제2장 "國際間의 永遠平和에 至할 決定的 條項" 3개조가 설명되었다. 위 잡지에 따르면, 독일의 칸트는 루소가 완성한 평화론의 발췌를 읽고 다시 '싼·펠'의 평화주의에 접근하여 1795년 위 영원평화론의 초고를 집필하였다고 설명되고 있다.[52]

이상 살펴본 바와 같이, 안중근의 『동양평화론』에는 당시 한국 지식

---

50) 金光濟, 「和平과 安樂의 原由」 『大韓協會會報』 제10호, 1909.1.25, 12~13쪽.
51) 개화기 한국에서 서구 평화관념의 도입과정에 대한 설명은 하영선, 「근대 한국의 평화 개념의 도입사」 하영선 편, 『21세기 평화학』, 서울: 풀빛, 2002 ; 김현철, 「개화기 한국인의 대외인식과 '동양평화' 구상」 『平和研究』 제11권 1호, 고려대 평화연구소, 2003.1, 25~29쪽을 참조하기 바람.
52) 『개벽』 제4호, 1920.9.25, 77~81쪽.

인들의 여러 대외인식과 국제법, 평화회의 및 평화론 등 서구의 근대적 정치사상 및 관련 지식과 논의들에 대한 소개 및 이해를 반영하고 있다. 이러한 이해를 바탕으로 안중근은 한국의 자주독립이 동북아 및 세계의 평화에 긴요함을 인식하고, 동북아의 평화로 나가기 위한 미래의 비전을 제시하기에 이른다.

4. 『동양평화론』의 의의와 과제

1) '동양평화'의 실현 가능성과 일본의 역할

20세기 국제정치에 있어 국가적 위선(hypocrisy)의 예로서, 일부 국가가 보편성을 내세우는 용어(예를 들면, 평화)의 주장밑에 각 국가의 자기 이익 및 현상유지정책을 옹호하는 도덕들이 감추어져 있다. 당시 절대적이고 추상적인 원칙이라고 믿겨졌던 이러한 것들이 전혀 원칙에 해당되는 것이 아니었으며, 단지 특정한 시기의 국가이익에 대한 특수한 해석을 근거로 한, 국가정책의 무의식적 반영이었다. 마찬가지로 국제평화는 유력한 강대국들의 특수한 기득이익이 되었다. 역사상 그 예로서 과거에 로마 및 영국의 제국주의가 '로마의 평화(Pax Roman)'나 '영국의 평화(Pax Britanica)'라는 이름하에 찬양받았던 점을 들 수 있다.[53]

이에 비추어 볼 때, 20세기초 일본 정부가 전쟁과 동맹체결시 주창한 '동양평화' 구상은 다음과 같이 강대국의 이익을 대변하였다. 1902년 영일동맹의 조약문중 영국과 일본정부가 동양에 평화를 유지하며, 대한(한국)과 청국의 자유권리와 토지를 보전한다는 취지의 내용을 명기하였다. 그리고 러일전쟁시기 일본 천황의 대러 선전포고문에 "동양에 편안함을

---

53) Carr, 1946, pp.82~87.

영원히 보존하며 각국의 권리와 이익을 해치지 않기 위해 개전한다"는 문귀가 한국인들에게 커다란 주목을 받게 되었다.[54]

그렇지만, 당시 안중근을 포함한 일부 지식인들은 동서양의 대결 구도속에 일본이 동양을 대표하여 서양세력인 러시아를 격퇴시켜 주기를, 그리고 당시 일본이 내세웠던 동양 3국의 공영과 평화가 진정한 의미에서 실현되기를 희망하였다. 이러한 동양 3국의 안정과 평화에 대한 기대는 다음과 같은 논설에 잘 나타나 있다. 그 예로서 러일간 개전직후 장지연은 1904년 5월 6일 『황성신문』에 실린 「亞實先生問答」이라는 논설을 통해, 러일전쟁시 만주에서 치열한 전투가 전개됨에도 중국 정부는 국외중립을 선포하고 수수방관하는 모습을 설명하면서, 장차 중국의 분열이 임박하였음을 우려하였다. 장지연은 당시 동양이 분열된 상황하에서 장차 동양 각국이 연합하여 평화를 유지해야만, 동양의 여러 국가들의 안전을 보존할 수 있을 것으로 전망하였다.[55] 이규영도 韓清日 3國은 인족이 同種이며 脣齒輔車의 關係가 긴밀하므로, 각 개인마다 애국정신을 분기하여 학문과 지식 습득에 전력하여 平等함에 도달해야 동양3국의 안정이 이루어질 것으로 전망하였다.[56]

그리고 블라디보스톡의 한국어 신문으로서 안중근이 읽은 바 있는 『大東共報』의 경우에도, 1909년 1월 17일자, "勃牙利獨立會議에 對하야 我韓問題를 提出할 事"에서는 1904년 러일전쟁당시 일본이 세계에 한청양국의 독립과 강토를 보전하고 동양 평화를 유지한다고 성명하였으나, 실제로는 조선의 독립을 침해하였음을 널리 알려야 한다고 호소하였다. 『皇城新聞』의 경우 한국측으로서는 일본에 대해서 東洋平和라 同種相愛라 하면서 구두로 외치지만 말고, 相愛의 실상을 발표하고 목전의 작

---

54) 이승만, 『독립정신』, 201~215쪽.
55) 『張志淵全書』 八, 438~439쪽.
56) 李圭濚, 「東洋平和도 亦智識平等에 在홈」 『시우』 제15호, 1908.2.1, 35~37쪽.

은 이익을 탐하여 백년대계를 그르치는 잘못이 없기를 촉구하였다.57) 그리고 朴殷植은 동양의 진정한 평화가 일본에 의한 한일 양국의 병합에 의해 이루어지는 것이 아니고, 共存主義에 입각하여 韓半島의 獨立이 보장될 때만 가능하다고 보았다. 그는 한국의 독립이 바로 東洋平和의 열쇠이며, 世界平和에 기여하는 길이라고 밝혔다.58)

이와 유사한 맥락에서 안중근은 당시 일본의 태도를 크게 비난하였다.

> (생략) "지금 서양 세력이 동양으로 뻗쳐오는 환난은 동양 사람이 일치단결해서 극력 방어하는 것이 최상책이라는 것은 어린 아이도 알고 있는 사실이다. 그런데 일본은 무슨 이유로 당연한 대세를 파악하지 못하고, 같은 인종의 이웃 나라를 치고 우의를 끊어 蚌鷸之勢를 만들어 어부에게만 좋은 일을 시켜 주려고 하는가? 이로써 한청 양국인의 소망은 크게 깨져 버리고 만 것이다."59)

나아가 안중근은 일본이 러·일전쟁의 개전 명분으로서 한국의 독립을 굳건히 하기 위함이라고 언급한 점을 상기시키면서, 조선에 대한 이토 히로부미의 시정방침이 개선되지 않는 한 한국의 독립은 요원하며 전쟁은 계속될 것이라고 보았다. 그럼에도 그는 한국에 대한 일본의 방침이 개선되어, 일본 천황이 의도한 동양평화가 한일 양국간에 유지되기를 희망한다고 밝혔다.60)

안중근은 이토 히로부미를 처단한 이유로서 명성황후 시해, 고종황제 폐위, 을사조약과 정미조약 강제체결, 군대 해산, 한국이 일본의 보호를 원한다고 세계를 속이고 결국은 동양 평화를 방해한 것 등의 이유를 들

57) 『皇城新聞』, 1909.5.27, "宇內大勢觀".
58) 朴殷植, 「通告 日本書」 『韓國獨立運動之血史』, 이호재, 1994, 186쪽에서 재인용.
59) 『東洋平和論』 "序文", 『안중근 유고집』, 170～171쪽.
60) 「안중근 공판기록」, "제5회 공판－변론 및 최후진술－", 1910.2.12자 중에서. 『안중근 유고집』, 285～291쪽.

었다. 일본은 러·일전쟁 개전 당시 일왕의 선전포고문에서 "동양 평화를 유지하고 대한 독립을 공고히 한다"는 명분을 내세워 서양세력에 맞서 황인종인 동양 삼국이 힘을 합쳐 아시아를 지켜야 한다고 강조했다. 그러나 전쟁이 끝나자 일본은 을사늑약을 강제 체결하고 한국의 외교권을 박탈했다. 안중근은 이를 계기로 일본이 말로는 동양평화를 외치지만 실제로는 한국을 식민지화 하려는 과정이라고 인식했다. 안중근은 을사늑약을 체결한 이토 히로부미가 한국을 강점하는데 앞장섰고, 이러한 잘못이 저질러진 데에는 이토 히로부미의 역할과 책임이 크다고 보았다. 안중근은 이토 히로부미가 일왕을 속이고 있으나, 일왕과 일본 정부가 현실을 제대로 알면 일본의 태도가 바뀔 것이라고 기대했으며, 그를 제거하는 것이 동양 평화에 기여한다고 보았다.[61]

이러한 고려 하에 안중근은 한국이 역사의 피해자로서 단순하게 일본에 저항한다는 것을 뛰어넘어 동아시아 미래를 어떻게 만들 것인가 하는 것을 국제사회에 제시하고자 했고, 이것이 하얼빈 의거로 나타났다.

2) 한·중·일 3국의 협력과 동북아 공동체 구상의 제시

구한말이후 한반도의 전쟁발발과 국권상실의 위기에 처하여 한반도의 평화와 안정을 희구하는 한국 지식인들의 관심과 우려는 저술 내지 신문기고 등을 통해 '동양삼국 정족론', '동양삼국 공영론', 또는 '아시아 연대론'등 그 명칭은 달랐지만 일종의 '동양평화'에 관련된 구상으로 표명되었으며, 이를 기반으로 아래에서 살펴보는 바와 같이 한·중·일 3국간 유대와 협력이 필요하다고 보았다.[62] 특히 러일전쟁의 종전후 한국

---

61) 「안중근 공판기록」, "제3회 공판－재판장 심리－", 1910.2.9자 중에서. 『안중근 유고집』, 256~258쪽.
62) '東洋三國 鼎足論'의 경우 한·중·일 3국간의 문화적 유사성, 인종적 동질성, 그리고 지정학적 상호의존성에 기초하여 백인종에 대항하고 '동종(황인종)'간의

의 일부 지식인들은 동양 3국의 공영과 평화가 진정한 의미에서 실현되기를 희망하면서, 일본의 역할을 촉구하였다. 여기에는 계몽운동가들뿐만 의병운동에 참여한 유학자들도 포함되었다. 장지연의 경우, 중장기적으로 사회가 진보하고 국민사상이 점차 변함으로써 주권회복의 기회가 싹트며, 동양의 평화가 다시 회복되고 동북아 국제정세도 한·중·일간 鼎足하는 형세가 공고화될 것으로 전망하였다. 그는 한·중·일간 협력을 기대하면서, 일본이 야심을 억제하고 동양의 형세를 보전하기를 간절히 희망하였다.[63]

이러한 한중일 협력의 당위와 필요성을 강조하는 것에서 나아가 안중근 동아시아 질서가 어떻게 나아가야 하는지를 염두에 두었다. 동북아에서 러일 등 열강간의 각축이 전개되는 상황하에서, 그는 1910년 재판과정 중 고등법원 청취서를 통해 동북아에서 평화와 전쟁방지를 위해 한·중·일 3국간 협력의 구체적 방안들을 다음과 같이 제시하였다.

> 첫째, 뤼순(旅順)을 영세중립지로 개방하여 일·청·한 3국 대표에 의한 상설위원회를 설치하는 등 동양평화회의체를 구성한다. 이를 위해 3국 인민중에서 회원을 모집하고 재정확보는 1인당 회비 1원씩을 모금하여 운영한다.
> 둘째, 동북아 3국이 공동으로 뤼순에 은행을 설립하고 각국 공용화폐를 발행하여 금융, 경제적 측면에서의 공동 발전을 도모한다.
> 셋째, 각국의 중요한 지역에 평화회의 지부와 은행지점을 개설하여 재정적 안정을 도모한다.
> 넷째, 영세중립지 뤼순을 보호하기 위해 일본 군함 5~6척을 정박시

균형을 꾀함으로써 한·중·일 3국간의 안정과 독립 보존을 목표로 삼았다. 반면, '동양삼국 공영론'의 경우 구성국가간 관계에 있어 일본 민족의 우월성이 전제되는 등 일본의 맹주적 역할을 강조하고 있다. 전복희, 1995, 127쪽 ; 장인성, 2000, 127~130쪽.

63) 張志淵,「現在의 情形」『大韓自强會月報』12, 大韓自强會, 1907.6,『張志淵全書』八, 502~505쪽.

켜 놓는다.

다섯째, 동북아 3국의 청년들로 하여금 군단을 편성하여 최소한 2개 국어로 교육시켜 평화군을 양성하도록 한다.

여섯째, 한국과 중국은 일본의 지도아래 상공업을 발전시켜 공동으로 경제발전에 노력한다.

일곱째, 한·청·일 동북아 3국의 황제가 국제적으로 신임을 얻기 위하여 로마 교황으로부터 대관을 받는다.[64]

즉 그는 한·중·일 삼국이 동양 평화회의체를 구성하고 삼국이 뤼순에 은행을 설립하고 공용 화폐를 발행하고 삼국의 청년으로 구성된 공동 군대 창설 등 한·중·일이 협력하는 공동체를 제시했다. 이중 주목할 만한 사항은 첫 번째와 관련되어, 뤼순에서 동북아 평화문제를 논의하기 위해 한·중·일 3국간 평화회의의 개최를 다음과 같이 제안한 점이다.

"따라서 나는 동양평화를 위한 義戰을 하얼빈에서 개전하고, 談判하는 자리를 旅順으로 정했으며, 이어 동양 평화문제에 관한 의견을 다음과 같이 제출하니 여러분은 깊이 살펴보아 주기 바란다."[65]

특히 뤼순을 중심으로 한·중·일 3국간 평화회의를 구성하자는 안중근의 제안은 한·중·일 등 동북아 다자간 협의기구를 구성하는 것을 의미한다. 이러한 지역협력 방안들은 비록 하나의 선언적 성격을 띠었지만 20세기 후반 동북아에서 논의되는 다자간 지역협력체 구상의 하나의 맹아적 요소로 볼 수 있다.

---

64) 이상의 내용은 안중근이 1910년 2월 17일 관동도독부 고등법원장과의 면담내용인 '청취서'에 실린 것으로서 김호일, 2000, 327~328쪽 ; 김홍수, 「안중근의 생애와 동양평화론」『공사논문집』제46호, 2000.7, 24쪽에서 재인용함.
65) 『東洋平和論』 "序文", 『안중근 유고집』, 172쪽.

5. 맺음말

이상 본문에서 살펴본 바와 같이 20세기초 망국의 위기에 처하여 안중근을 비롯한 한국의 지식인이 처한 딜레마는 국력의 열세를 어떤 방식으로 극복하여 한반도의 평화와 안정을 유지하느냐의 문제였다. 러시아로 대표되는 서양인종에 대항하여 한중일 등 동양인종의 단결과 협력이 필요하다고 인식되는 상황하에서 이토 히로부미가 주도하는 일본의 한국 침략은 한중일 협력의 기반을 붕괴시키고, 한일간 전쟁상태로 나아가게 하는 평화의 파괴였다. 따라서 안중근으로서는 이토 히로부미 사살이 단순히 한국의 독립만을 위하는 것이 아니라, 한중일 등 동양의 평화와 번영을 위한 조치이자, 일본의 반성과 각성을 촉구하는 거사였다.

마치 E.H.카가 제1차 대전이후 유럽의 이상주의적 분위기를 비판한 것과 유사하게, 안중근은 일본의 '동양평화' 주장의 허구성을 비판하면서, 당시 한국이 처한 국제정치의 현실을 냉철하게 인식하였으며, 미래의 동북아가 나아갈 방향에 대해 일종의 유토피아를 제시한 것으로 볼 수도 있을 것이다.

특히 한중일간의 평화회의의 개최 등 공동체 구성을 위한 안중근의 인식에서 21세기 미래의 동아시아를 어떻게 만들어 나갈 것인지에 대한 아이디어를 얻을 수 있다고 본다. 당시 국가간 전쟁과 식민주의의 소용돌이 속에서 안중근의 '동양평화론'은 동북아 평화를 위한 선언적 의미를 띠었으며, 이상주의적 측면이 강하였다. 그럼에도 100년이 지난 현재의 동북아 현실을 돌이켜 볼 때, 그의 구상은 한중일 모두에게 여전히 하나의 지역적 과제로 남아 있는 동북아 평화구축을 위한 사상적 기초를 제공했다고 볼 수 있다. 당시 현실적 여건 때문에 안중근의 동양평화론은 미완의 논문이었기에, 이를 현재의 동북아 현실에 비추어 미래의 동북아 평화체제 구축과 지역국가간 화해와 교류협력의 확대를 위한 비전으로 연결시키는 작업이 100년이 지난 우리에게 남겨진 과제라 하겠다.

　이상 본문에서 살펴보았듯이, 그의 대외관과 구상들은 당시 한국인의 사유과 고민을 상당 부분 반영한 것이며, 해외에서의 무장투쟁의 경험을 바탕으로 한 것이라 볼 수 있다. 본 논문에서 미처 제대로 설명하지 못한, 당시 한국인의 국권수호를 위한 방법론과 평화에 대한 열망 중 어떠한 측면이 안중근의 동양평화론에 구체적으로 어떻게 영향을 끼쳤는지에 대해서는 향후 연구과제로 좀더 자세한 분석이 요구된다. 이와 더불어 당시 안중근의 활동과 사상을 엿볼 수 있는 관련된 국내외 자료의 발굴 작업과 더불어, 그의 동양평화론을 현재적 시각에서 어떻게 계승할 것인가에 대한 사회과학적 접근과 학제간 연구의 확대가 필요하다.

러일전쟁 이후 동아시아 질서구상
-야마가타 아리토모(山縣有朋)의 전후경영론과 안중근의 동양평화론 비교-

박 영 준*

1. 머리말

21세기 접어들어 우리의 동아시아 지역질서에 대한 인식과 질서구상이 과연 무엇인가에 대한 문제가 제기되고 있다. 동북아균형자론 혹은 이와 결부되어 제기된 한미동맹 강화론이나 중국과의 연대강화론 등이 그것이다. 이러한 문제제기는 동아시아 질서가 중국의 경제적 부상이나 미국의 단독행동주의 강화 등으로 인해 구조적인 변화를 보이고 있는 현실을 한편으로는 반영하면서, 다른 한편으로는 강화된 한국의 국제적 위

---

* 국방대학교

상이나 국력 수준을 바탕으로 무언가 국내 수준을 벗어나 지역질서나 글로벌 질서에서 역할을 해야 한다는 문제의식의 발로로도 생각된다. 그런 과정에서 우리가 갖고 있던 지역질서 인식의 원류를 근대사를 거슬러 올라가면서 찾는 작업도 활발하게 진행되고 있는 것으로 보인다.[1]

1909년 안중근이 옥중에서 저술한 『동양평화론』도 러일전쟁 이후 망국의 과정을 겪고 있던 조선의 행동파 식자가 피력한 동아시아 지역질서 구상의 하나로 재해석될 수 있을 것이다. 다만 『동양평화론』은 안중근이 1909년 사형선고를 받고 저술에 착수하여 미처 완성을 보지 못한 초고 단계의 저술이기 때문에, 그 진정한 평가를 위해서는 몇 가지 작업이 필요할 듯 하다.

첫째, 동양평화론 자체가 미완성의 원고이기 때문에, 안중근의 동양평화구상을 보다 정확히 파악하기 위해서는 안중근 관련 여타의 자료, 즉 그의 자서전이나 공판 속기록 등에 나온 피고인 진술 등을 종합할 필요가 있다. 아울러 이를 박은식, 신채호, 안창호 등 1910년대 조선 지식인들의 국제질서관과 연계하여 그 의미를 조감할 필요가 있을 듯 하다.

둘째, 안중근의 『동양평화론』은 伊藤博文 등이 표방한 동양평화론을 반박하고 대안적인 동아시아 질서론을 모색하기 위한 것이었다. 伊藤博文의 동양평화론은 러일전쟁 이후 전승국으로 부상한 일본이 동아시아 지역질서에 대해 모색한 질서구상의 일환이다. 그렇다면 안중근의 동양평화론을 러일전쟁 이후 일본 지도자들에 의해 제시된 지역 질서구상과 전체적으로 비교하는 것이 그의 구상이 지닌 의미를 보다 분명하게 부각시킬 수 있는 방법이라고 생각된다.

그렇다면 단편적으로 발언된 伊藤博文의 동양평화론보다는 러일전쟁

---

1) 이러한 시도로써 정용화, 「근대 한국의 동아시아 지역인식과 지역질서 구상」『국제정치논총』제46집 1호, 한국국제정치학회, 2006, 혹은 『역사비평』2006년 가을호에 실린 박진희, 「이승만의 대일인식과 태평양동맹 구상」; 박태균, 「박정희의 동아시아 인식과 아시아태평양 공동사회 구상」등을 참조.

이후 일본의 대외관계 및 군사정책 결정에 더 큰 영향을 끼쳤다고 생각
되는 야마가타 아리토모(山縣有朋)의 일련의 전후경영론과 비교하는 것
이 보다 의미가 있을 것으로 생각된다. 야마가타는 후술하듯이 이토 히
로부미와 더불어 명치 일본의 국가형성에 중추적 역할을 담당한 인물이
다. 특히 야마가타는 러일전쟁을 전후하여 일련의 정책보고서를 통해 일
본의 전후 질서 구상을 제언하고 있는데, 필자는 이를 안중근의 동양평
화론과 대치시켜 분석하고자 한다.2)

　　논의의 순서는 우선 러일전쟁 이후 야마가타의 전후 경영론, 이토의
동양평화론 등 일본 지도자들의 전후 구상을 검토하고, 이어서 안중근의
동양평화론 재구성하도록 하겠다. 이 같은 분석을 통해 안중근의 동양평
화론을 러일전쟁 이후 승전국으로 부상한 일본의 지역질서 구상에 대항
하여 쇠망해 가던 약소국이 제안한 대안적 질서 구상의 하나로 부각시키
는 것이 가능해질 것이라고 기대한다.

2. 야마가타 아리토모(山縣有朋)의 戰後經營論

1) 러일전쟁 이전 야마가타 아리토모의 국제질서관과 국가구상

　　야마가타 아리토모와 이토 히로부미는 명치국가 건설의 공로자들이
다. 이들은 조슈(長州)번 출신의 하급 사무라이로서 요시다 쇼인(吉田松

---

2) 일본 학계에서는 한일병합에 관한한 伊藤博文과 井上馨을 소극적 文治派, 山縣
　有朋과 桂太郎을 무단파로 나누어 보는 시각이 통설이었다. 森山茂德,『近代日
　韓關係史硏究:朝鮮植民地化と國際關係』, 東京大學出版會, 1987, 197쪽 ; 千
　葉功,「列强への道をたどる日本と東アジア情勢」, 川島眞, 服部龍二 編,『東
　アジア國際政治史』, 名古屋大學出版會, 2007, 77～78쪽.

陰)의 사숙에서 동문수학하였다. 1868년 왕정복고 과정에서는 같은 조슈 번 출신의 기도 다카요시(木戸孝允), 그리고 사츠마(薩摩)번 출신의 오쿠보 도시미치(大久保利通), 사이고 다카모리(西鄉隆盛) 등 선배 세대들의 주도에 따라 하급 지휘관으로 참가하였다. 이후 이토는 이와쿠라 사절단의 일원으로 구미 세계를 순방하였고, 야마가타도 개인적으로 유럽 지역을 시찰한 이후에 병부대보 등의 보직을 거치면서 순탄하게 신생 정부의 실력자로서 실적을 쌓기 시작하였다. 1870년대 말 이후 기도, 오쿠보, 사이고 등 왕정복고 과정의 선배 지도자들이 사망하면서 1880년대 이후 이토와 야마가타 등 후배세대들이 명치정부의 명실상부한 실력자로 부상하였다. 다음 표는 이토와 야마가타가 1880년대 이후 담당한 주요 역직을 비교한 것이다.

〈표 1〉 伊藤博文과 山縣有朋의 주요 직력 비교

伊藤博文	山縣有朋
1885 이등박문 제1차 내각 1888 추밀원의장 1892~1896 제2차 내각 조직, 청일전쟁 후 후작 서훈 1898 제3차 내각 조직, 수상 1900 政友會 총재 취임 1900.10~1901.5 제4차 내각 조직, 수상 1905 러일전쟁후 공작 서훈 1906~1909.6 한국 통감 1909.6 추밀원 의장	1871 병부대보, 육군대보 1885 이등박문 내각의 內相 1889~1891 제1차 산현 내각 조직, 수상 1890 육군 대장 승진 1892~1893 이등박문 내각의 법상 1893~1894 추밀원 의장 1894~제1군 사령관 1894~監軍 1895~육군대신, 청일전쟁 이후 후작 서훈 1896 특명전권대신, 러시아 파견 1898 원수 임명 1898.11~1900.9 제2차 산현 내각 조직 1904 러일전쟁 중 육군참모총장 1905 러일전쟁 후 공작 서훈

이토와 야마가타는 경력상 공통점이 적지 않다. 이토 히로부미는 명치시대 4차례의 수상을 역임하였는데, 이에 못지않게 야마가타도 2번에 걸쳐 수상으로 임명되어 내각을 조직하였다. 청일전쟁 종전 이후 공적을

인정받아 수상으로 전쟁을 지도한 이토와 제1군 사령관으로 전선에 직접 파견된 야마가타 모두 후작에 서훈되었다. 러일전쟁 이후에는 양인이 다같이 전쟁지도에 기여한 공로로 公爵에 서훈되었다. 양자 공히 元老의 자격으로 명치천황에 대한 중요 국정자문의 역할을 수행하였다.

다만 양인의 전공분야는 다소 상이하였다. 이토가 명치헌법 제정, 정당 조직 창설, 한국 통감 부임 등을 통해 제국으로 성장하던 일본의 새로운 정치제도의 창설에 깊이 관여한 문민 정치가의 성격이 강했다고 한다면, 야마가타는 육군 창설, 내무 관료제도 확립, 청일전쟁과 러일전쟁시 야전군 사령관으로서의 전쟁지도, 러일전쟁 이후 대외정책 구상 등에 공적을 남긴 군인형 전략가였다. 그렇다면 야마가타는 러일전쟁 개전 이전 한반도와 동아시아에 대해 어떤 전략적 구상을 갖고 있었던 것일까.[3]

야마가타는 일찍부터 일본의 주권과 안전확보를 위해 조선의 전략적 중요성이 매우 중요하다고 보았다. 1890년 3월, 내각총리대신으로 내각에 회람한 의견서에서 그는 국가의 독립과 자위를 확보하려면 주권선과 이익선을 확보해야 하는데, 일본 이익선의 초점은 조선에 있다고 주장하였다. 따라서 이홍장 등이 추진하는 조선에 대한 항구중립, 공동보호의 방책에 대항하여 영국, 청국, 독일 등과 협력하는 연합보호의 방책을 취하면서 조선으로 하여금 항구 중립의 위치를 점하게 해야 한다고 하였다.[4]

그러했던 야마가타의 조선정책론은 1894년 청일전쟁 발발 이후 그가 직접 제1군 사령관으로 조선에 파견되어 청국에 대해 연전연승을 거두고, 또한 직접 조선의 실정을 견문하면서 변화되기 시작했다. 1894년 11

---

3) 이하에 대해서는 박영준, 「청일전쟁 이후 일본의 대외정책론, 1895~1904: 야마가타 아리토모의 전략론과 대항 담론들」『일본연구논총』제27호, 현대일본학회, 2008년 6월 참조.
4) 山縣有朋, 「外交政略論」(1890년 3월) 大山梓 編, 『山縣有朋意見書』, 原書房, 1966 참조.

월, 九連城에서 천황에게 보고한 서류에서 그는 청일전쟁의 애초 목적이
한국의 독립을 지원하는 것이었으나, 직접 견문해 보니, 인민이 暗愚하
여 산업에 힘쓰지 않고 순박한 기풍이 결여되어 조선을 직접 독립시키는
것이 정말 곤란한 과제라고 지적하였다. 따라서 일본으로서 요구되는 대
책은 우선 평양 이북에 일본으로부터의 이주민을 이주시켜 이 지역의 상
업과 농업 관련 실권을 장악하면서, 청국의 영향력을 차단시키고, 그리
고 부산에서 경성을 경유하여 의주로 이어지는 철도를 부설하는 것이라
고 하였다. 특히 야마가타는 부산 - 의주간 철도가 일본의 패권을 동양에
서 떨치고, 列國을 雄視하면서 인도에 통하는 大道가 될 것이라고 하여
제국팽창의 야망을 숨기지 않았다.5)

청일전쟁 승전 이후 야마가타의 제국 팽창 야망은 삼국간섭과 의화단
사변 이후 러시아의 만주 남하라는 심각한 위기에 직면하였다. 이토 히로
부미는 러시아의 남하에 직면하여 협상을 통해 만주와 한반도를 각각 러
시아 및 일본의 관할구역으로 협의하자는 滿韓교환론과 대러협상론을 제
기하여 위기를 수습하고자 하였다. 그러나 야마가타는 러시아가 마산포
등을 조차하여 군항으로 만들려고 하는 움직임을 "제국의 존망과 흥폐에
관한 중요문제"로 받아들이면서, 대러 대결론의 입장으로 선회하였다.

朝鮮을 우리의 세력구역에 흡수하기 위해서는, 우선 러시아와 전쟁
을 개전할 결심 없어서는 안 된다. 오로지 이 결심 있다면 능히 북방경
영의 목적으로 온전히 할 수 있다.6)

그리고 그는 러시아의 전쟁에 대비하기 위하여 영국과, 가능하다면
독일과도 동맹을 체결하는 것이 필요하다고 주장하였다.7) 이상에서 살

5) 岡義武,『山縣有朋』, 岩波書店, 1958, 61~62쪽에서 재인용.
6) 1900년 8월 20일의 문서에서. 横手愼二,『日露戰爭史』, 中公新書, 2005에서
재인용.

펴본 바와 같이 야마가타는 애초에는 조선의 독립을 지원하는 입장을 갖고 있었다. 그러나 청일전쟁의 승전 이후 아시아 대륙에 팽창하는 일본 제국의 모습을 그리면서, 조선 지배론과 대러 결전론으로 변화되고 있었던 것이다. 이후 전개된 일본의 대외정책이 일영동맹 체결, 대러시아 개전 등 야마가타의 구상에 따라 전개되었음은 주지의 사실이다.

2) 러일전쟁 이후 山縣有朋의 전후경영론

1904년부터 1905년까지 전개된 러일전쟁 승전으로 인해 일본의 판도는 확대되고 국제적 위상은 높아졌다. 전쟁 중이었던 1904년 8월, 대한제국 정부에 강요한 제1차 한일협약을 통해 재정 및 외교고문을 일본 정부가 임용하는 등 대한제국의 외교주권을 침탈하였고, 전쟁 직후인 1905년 11월에는 제2차 한일협약 체결을 통해 조선에 대한 외교권을 박탈하여 보호국화하기에 이르렀다. 러시아와 체결한 포츠머스 강화조약을 통해서는 격전지였던 요동반도와 남만주 지역의 여순, 대련을 조차하였으며, 동청철도를 관할하고, 북위 50도 이남의 사할린섬을 영유하게 되었다. 일본 정부는 청일전쟁 직후 삼국간섭으로 요동반도를 還付당한 전철을 밟지 않기 위해 1905년 7월, 미국과의 카스라－태프트 밀약을 체결하고, 1907년에는 영일동맹 개정, 일본－프랑스 협약, 일본－러시아 비밀협정 등을 통해 전쟁으로 얻은 권리를 열강들에게 승인시키는 외교적 조치도 주도면밀하게 취하였다.

야마가타와 같은 일본 정국의 원로, 그리고 육해군 중견장교들과 엘리트 관료들은 세력권이 확대되어 바야흐로 제국의 면모를 갖게 일본의

---

7) 당시 伊藤博文 수상에게 제출한 의견서에서 그는 이 동맹을 통해 동아의 평화를 유지할 수 있고, 통상과 공업을 진작시킬 수 있으며, 후일 복건과 浙江에 세력구역을 정할 수 있는 기초가 될 수 있다고 주장하였다. 山縣有朋, 「東洋同盟論」 (1901년 4월 24일) 大山梓 編, 『山縣有朋意見書』, 原書房, 1966, 264～266쪽.

국가운영 및 식민지 운영을 어떻게 할 것인가의 과제에 직면하게 되었다. 야마가타는 1905년 이후에도 여러 차례 의견서를 정부에 제출하여 자신의 제국구상을 피력하고 있다.[8]

이들 문서에서 야마가타는 러일전쟁 승전 이후에도 여전히 러시아가 일본의 안전보장 및 국제적 위상에 대한 가장 큰 위협이 될 것이라고 보았다. 1905년 8월에 작성하여 내각에 제출한 의견서에서 그는 다음과 같이 말하고 있다.

> (러시아가) 일단 패전의 결과에 의해 후방에 철퇴하게 된다 해도 만주에 대한 뜻을 끊겠는가, 부동의 항구를 획득하려는 것은 러시아의 오랜 國是로서 금후라 해도 그 변경을 볼 수 없을 것이다. 금후 10년 혹은 20년 간에 그들은 크게 회복의 운동을 시도하면서 우리에게 복수를 기획하기에 이를 것은 의심의 여지가 없는 바이다. 우리들은 지금부터 이에 대한 각오를 하지 않으면 안 된다.[9]

러시아의 대일 복수전 가능성에 대한 우려는 러일전쟁 직후 육해군이 공동으로 합동작전계획을 구상하던 1906년 10월, 그가 초안으로 작성한 문서에서도 표명되고 있다.

> 우리나라의 작전계획을 정함에 있어 제일의 적으로 眼中에 두지 않으면 안 되는 것은 의연하게 러시아임을 알아야 한다. 러시아는 부동항으로 나오려고 하는 것이 하루 이틀이 아니었다. 우리나라는 스스로 러시아를 적으로 삼아 작전계획을 수립할 필요가 있을 뿐만 아니라, 영국

---

8) 주로 분석할 문서는 「戰後經營意見書」(1905년 8월), 「帝國國防方針私案」(1906년 10월), 「對淸政策所見」(1907년 1월25일), 山縣有朋, 「第二對淸政策」(1909년 4월 29일) 등이다. 이들 문서들은 大山梓 編, 『山縣有朋意見書』, 原書房, 1966에 실려있다.
9) 山縣有朋, 「戰後經營意見書」(1905년 8월) 大山梓 編, 『山縣有朋意見書』, 原書房, 1966, 277∼278쪽.

과도 공동의 적으로 삼아 작전계획을 수립할 필요도 있다.[10]

　따라서 야마가타는 전쟁의 결과 장악하게 된 한반도와 만주에서 일본의 군사적 대비를 견고히 해야 함을 우선적인 과제로 제기하고 있다. 그는 1905년 8월에 작성한 문서에서 대한제국 국방재정의 실권을 장악하고, 외교 감독 하에 두어 조약체결의 권한을 제한하게 된 것은 일대 성공이라고 평가하고 있다.[11] 이러한 성과를 바탕으로 향후 일본이 취해야 할 대한반도 정책으로서는 ①러시아와의 강화 조약이 체결되기를 기다려 한국에 대한 보호권을 확립하고, 한국의 대외관계를 일본 수중에 장악할 것, ②영구히 한국의 요지에 영구히 군대를 주둔시켜 한국의 안녕질서를 유지할 뿐 아니라, 러시아의 남하에 대비하며, ③철도, 통신과 같이 군사 혹은 상업에 필요한 시설물의 안전을 도모하고, ④한국의 군주와 신하들이 일본에 대해 猜疑心을 갖지 않도록 할 것 등을 제기하고 있다. 그는 이러한 대한반도 정책 성공이 동양의 장래 평화에 기여하게 될 것이라고 보았다.

　야마가타는 전리품으로 획득한 남만주 일대의 전후 경영에 관해서도 구체적인 구상을 제시하고 있다. 그런데 1905년에 작성된 의견서와 1909년에 작성된 의견서에서 그가 주장하는 만주정책의 내용은 달라지고 있다. 1905년 8월의 의견서에서 그는 조차받은 지역인 만주의 하얼빈 이남에 군대를 주둔시켜 러시아의 남하 가능성에 대비하고 동시에 이 지역을 개방하여 각국의 互市를 열고, 이를 통해 러시아의 야심을 견제할 것을 제안하고 있다.[12] 또한 청국과의 조약을 체결하여 만주 지방 무순

10) 山縣有朋, 「帝國國防方針私案」(1906년 10월) 大山梓 編, 『山縣有朋意見書』, 原書房, 1966, 292~293쪽.
11) 山縣有朋, 「戰後經營意見書」(1905년 8월) 大山梓 編, 『山縣有朋意見書』, 原書房, 1966, 282~285쪽.
12) 山縣有朋, 「戰後經營意見書」(1905년 8월) 大山梓 編, 『山縣有朋意見書』, 原

탄광을 채굴하여 만주 주둔군의 경비를 조달하고, 여순-하얼빈간 동청철도는 러시아의 남하를 견제하기 위한 군용철도로 활용하고, 여순을 군항으로, 대련을 개항장으로 삼을 것을 제안하고 있다. 그러나 조차기한 종료 이후에 청국에 만주 땅을 환부하는 것은 列國에 대한 공약이기도 하며, 신의에 따라 당연히 준수해야 한다고 명언하고 있다.

그러나 4년 후인 1909년 작성한 의견서에서 야마가타의 만주정책 방향은 달라지고 있다.[13] 그는 관동반도 조차기한 만료를 기다려 이를 즉각 환부하는 것은 실제로 행할 수 없는 것이며, 이러한 조치를 행한다면 보호국인 한국의 민심에도 악영향을 주게 될 것으로 우려를 표명하고 있다. 그래서 남만주 일대에서 대대적 경영을 진행하여 만주에서 도저히 철퇴할 수 없는 형세를 조성하는 것이 필요하다고 주장한다. 구체적 과제로서는 한반도의 부산과 봉천을 연결하는 철도를 개축하여, 장차 대륙 파병을 위한 수송로로 활용하고, 함경북도의 청진과 吉林간, 그리고 길림-長春간 철도를 부설하여 이 역시 군사상, 경제상으로 활용해야 한다고 말한다. 또한 마산포의 군항이 개항되면 군항으로 활용중인 여순항의 일부는 商港으로 전용하며, 만주 지방에 대해 일본인을 대거 이주시키고 금융기관을 설치하여 만주에 대한 실효적 지배를 강화할 것을 제안하고 있다. 이를 통해 청국이 만주 환부 요구를 한다 하여도 보상금 과다로 쉽게 환부되지 않을 수 없는 여건을 조성하는 것이 필요하다는 것이다.

야마가타는 이와 같은 대륙경영, 즉 한반도와 만주에 대한 식민통치를 원활하게 수행하기 위해서는 외교적으로 청국에 대한 慰撫 정책이 필요하다고 보았다. 청국과의 교제를 신중히 진행하고 그들의 마음을 일본에게 기울이게 하고, 가능한 한 평화수단에 의해 청국으로부터의 오해를

書房, 1966, 278~280쪽.
13) 山縣有朋, 「第二對淸政策」(1909년 4월 29일) 大山梓 編, 『山縣有朋意見書』, 原書房, 1966.

사지 않도록 하는 주의가 필요하다고 보았다.[14]

아울러 야마가타는 대륙경영의 성공을 위해 군사적인 대비가 불가결하다고 보았다. 야마가타가 참모본부의 중견장교였던 다나카 기이치(田中義一) 등의 건의를 받아들여 제국 육해군의 합동전략지침서인 제국국방방침의 초안을 작성한 것은 이러한 문제의식을 나타낸 것이다. 1906년 작성된「帝國國防方針私案」에서 야마가타는 러시아를 제일의 적으로 상정하면서 방어가 아닌 공세작전을 기조로 육해군 협동의 작전계획과 역할 분담을 정하는 것이 군사적인 급무임을 밝히고 있다.[15] 야마가타에 의하면 육군은 한국을 주 근거지, 관동주를 보조 근거지로 해서, 러시아에 대해 주작전을 북만주 방면에서, 지원작전을 한국의 함경도와 길림성 동북부, 연해주 남부지역에서 전개하는 작전계획이 필요하다고 하였다. 해군은 쓰시마 해협의 영유를 확고하게 하면서 블라디보스톡 주류의 러시아 함대를 격파 혹은 봉쇄하는 계획이 필요하다고 하였고, 필요에 따라 타이완 해협이나 타이완과 필리핀 간의 반스 해협을 경계하는 작전이 요구된다고 하였다. 동맹국인 영국이 중앙아시아에서 대러 개전을 하게 될 경우, 일본은 동맹의 정신에 따라 북만주 등지에서 러시아를 견제하여야 하며, 중앙아시아에까지 병력을 파견할 필요는 없다고 보았다.

이상에서 살펴본 바와 같이 러일전쟁 이후의 야마가타는 전쟁 결과 획득한 한반도와 남만주에 군대를 주둔시키고, 경제활동과 철도부설로 이를 지원하면서 일본의 군사적, 경제적 이권을 공고히 하는 것이 일본의 국가이익 뿐만 아니라 동양평화에 이어지는 길이 된다고 생각했다. 그리고 이를 위해 러시아를 제1의 가상적으로 한 일본의 군비증강과 우호적인 대청 외교, 그리고 일영동맹 강화가 요구된다고 보았다.

---

14) 山縣有朋,「對淸政策所見」(1907년 1월 25일) 大山梓 編,『山縣有朋意見書』, 原書房, 1966.

15) 이하는 山縣有朋,「帝國國防方針私案」(1906년 10월) 大山梓 編,『山縣有朋意見書』, 原書房, 1966 참조.

3) 반대 담론과 伊藤博文의 조선정책

일본 내에서는 야마가타가 그려 보인 제국의 비전과 일치하지 않는 제국의 국가구상도 제기되었다. 예컨대 해군대학의 교관이었던 사토 테츠타로는 1908년에 저술한 『帝國國防史論』이라는 책을 통해 판도가 확장된 일본이 영국의 모델에 따라 오히려 대륙에서 획득한 식민지를 방기하고, 공세적인 군사전략도 "防守自衛"의 전략으로 바꾸며, 본토의 해양 방어 위주로 전환해야 한다고 주장하였다.[16] 1910년대 『동양경제신보』를 무대로 활동한 언론인이었던 이시바시 탄잔(石橋湛山)도 일본이 대일본주의의 길을 벗어나, 조선과 대만 등의 식민지를 해방하고, 중국과 러시아에 대해 평화주의를 취하는 소일본주의의 길을 선택해야 한다고 지속적으로 주장하였다.[17] 그러나 제국 팽창 이후의 일본에서 이 같은 "防守自衛"나 "小일본주의"의 국가전략은 용이하게 수용되질 않았다.

국권확대의 기운 속에서 야마가타가 주장한 바와 같은 전후경영론이 러일전쟁 이후 일본의 대외 정책에 주류의 움직임으로 자리잡게 되었다. 1904년 조선에 駐箚軍사령부가 설치되었고, 1905년에는 통감부가 설치되어 보호정치의 임무를 맡게 되었다.[18] 여순과 대련에도 관동총독부 및 남만주철도회사가 설립되었고, 철도를 보호하기 위한 철도수비병력의 명목 하에 관동총독부 산하에 군대가 배치되었다.[19] 1907년에는 육해군 합

---

16) 이에 대해서는 佐藤鐵太郎, 『帝國國防史論』(1908: 原書房, 1979) 및 박영준, 「러일전쟁 직후 일본 해군의 국가구상과 군사전략론: 사토 테츠타로의 『제국국방사론(1908)』을 중심으로」 『한국정치외교사논총』 제26집 1호, 한국정치외교사학회, 2004년 8월 참조.

17) 石橋湛山, 『石橋湛山評論選集』, 東洋經濟新報社, 1990 및 박영준, 「전전 일본 자유주의자의 국가구상과 동아시아: 石橋湛山의 소일본주의를 중심으로」 『한국정치학회보』 제39집 2호, 한국정치학회, 2005년 여름 참조.

18) 大江志乃夫, 「植民地戰爭と總督府の成立」 『岩波講座近代日本と植民地2: 帝國統治の構造』, 岩波書店, 1992, 11~17쪽.

19) 이 군대가 1919년 관동군으로 독립하게 되었다. 江口圭一, 「帝國日本日本の東

동의 제국국방방침이 결정되었다.

　그렇다면 1905년 12월, 조선통감으로 부임한 伊藤博文은 보호국인 조선에 대해 어떠한 정책을 취하였던 것일까. 일본 학계에서는 伊藤博文이 부임 직후 조선에 대한 문화정책, 혹은 자치육성정책을 실시했다고 평가한다.[20] 모리야마(森山茂德)는 이등박문이 법전편찬, 법관양성, 재판소와 감옥의 신설 등을 통해 사법제도를 정비하려 하였고, 공립보통학교를 설치하고, 동양척식회사 및 한국은행 설치, 광업법 개정 등을 통해 농림업 및 상공업을 진흥하려 하였다고 소개한다.[21] 이노우에(井上壽一)는 伊藤博文이 치외법권 철폐를 위해 한국 국내제도를 정비하려 하였고, 한국 왕족과 일본 황실을 동격으로 취급하여 양 왕실간의 교류와 통혼을 추진하려 하였다고 소개한다.[22] 치바(千葉功)는 伊藤博文이 통감 취임 직후 보호정치가 한국 문명화에 공헌한다는 평가를 확립하기 위하여 다액의 자금을 한국에 공여하여 산업기반을 정비하고 교육진흥을 실현하려 하였다고 평가한다.[23]

　伊藤博文은 대한제국의 지도적 인사들에 대해 일본의 진의는 일본, 한국, 청국간 삼국 정립과 친선강화를 도모하는 것이며, 동양인들끼리 힘을 합해서 백인들로 인한 禍를 모면하는 것이라고 하였다. 자신의 목표는 우선 일본을 현대적인 국가로 만드는 것이며, 이어 한국과 청국을

アジア支配」『岩波講座近代日本と植民地1: 植民地帝國日本』, 岩波書店, 1992, 169쪽.
20) 森山茂德은 伊藤博文의 조선정책이 1907년을 경계로 그 이전의 문화정책, 그 이후의 자치육성정책으로 나뉘어 진다고 분석한다. 井上壽一, 千葉功은 그러한 구분없이 문화정책, 자치육성정책을 혼용하고 있는 것으로 보인다.
21) 森山茂德, 『近代日韓關係史研究: 朝鮮植民地化と國際關係』, 東京大學出版會, 1987, 225쪽.
22) 井上壽一, 『日本外交史講義』, 岩波書店, 2003, 43쪽.
23) 千葉功, 「列强への道をたどる日本と東アジア情勢」, 川島眞, 服部龍二 編, 『東アジア國際政治史』, 名古屋大學出版會, 2007, 78~81쪽.

그렇게 하는 것이라고도 하였다. 그는 일본, 한국, 청국의 근대화와 상호
선린 우호를 통해 동양의 영원한 평화가 확립될 수 있다고 하였다.[24]

伊藤博文의 언설은 문언만으로는 야마가타가 주도한 만주와 한반도
식민지화론 및 공세적 군사전략론과 다른 느낌을 준다. 야마가타가 보다
공세적, 팽창적으로 하드 파워에 기반한 일본의 전후구상을 추진하려 했
다면, 伊藤博文은 소프트파워에 입각한 대아시아 평화전략을 강구하였
다는 인상마저 준다. 그러나 실제 정책을 보면 伊藤博文 통감 재임시기
인 1907년 7월19일, 헤이그 밀사 사건을 계기로 고종 황제가 폐위되었
고, 이어 7월24일에는 제3차 한일협약이 체결되어 군대가 해산되는 사태
가 발생하였다. 이러한 조치가 러일전쟁 직후 보호권 박탈로 국권 상실
의 불안감에 빠져있던 대한제국 내외의 식자들에게 던진 위기의식은 적
지 않았던 것으로 보여진다. 통감으로 부임한 伊藤博文은 자신의 평화주
의를 현지인들에게 어필하려 하였으나, 한국의 행동파 식자들은 야마가
타 아리토모의 그랜드 디자인에 의해 추동되는 일본의 제국주의 정책의
본질을 놓치지 않고 있던 것이다.

3. 안중근의 동양평화론

안중근의 31년에 걸친 짧은 생애 기간에 안중근이 동아시아에 대한
국제질서인식과 동양평화론을 상세하게 개진한 본격적인 저술은 없다.
사형선고 이후인 1910년 2월에 저술된 『동양평화론』은 미처 완성되지
못한 초고이다. 따라서 그의 국제질서 인식과 동양평화론을 구성하기 위
해서는 그의 미완성 『동양평화론』에 더해 옥중에서 남긴 자서전인 「安

---

24) 이호재, 『한국인의 국제정치관: 개항후 100년의 외교논쟁과 반성』, 법문사,
　　1994, 181쪽에서 재인용.

應七 歷史」(1910.2.15), 그리고 피고인 진술서 등에서 단편적으로 언급된 관계 발언 등을 폭넓게 재구성할 수밖에 없다. 이하에서는 이들 자료들을 토대로 그의 동양평화론 형성과정, 동양평화론의 내용 등을 재구성하기로 하겠다.

1) 러일전쟁 전후 대일인식의 변화: <동양평화론>의 형성 배경

1879년 안중근은 조부가 진해현감을 역임하고 부친이 진사시험에 합격한 경력을 갖고 있던 전통의 양반 가문에서 태어났다. 청년시절의 그는 학문에 몰두하기 보다는 친구들과 어울려 날랜 말을 타고 사냥을 즐기던 청년이었다.[25]

그런 그가 동아시아의 정세와 국가의 흥망에 대해 관심을 가지게 된 계기는 그의 나이 25~6세에 발발한 러일전쟁이 중요한 계기가 되었다. 그에게 영세를 주었던 프랑스인 선교사 요셉 홍신부는 러일전쟁 발발 이후 한탄하면서, 이 전쟁에서 러시아가 이기면 한국에 대한 지배권을 주장할 것이고, 일본이 이기면 역시 한국에 대한 관할권을 주장하려 할 것이라고 하였다고 한다. 이를 계기로 안중근은 날마다 신문과 잡지를 읽고, 각국 역사를 고찰하게 되었다고 한다.[26]

그런데 안중근은 러일전쟁 개전 초기에는 오히려 러시아를 비판하고 일본에 대한 지지의 의사를 강하게 갖고 있었다. 그의 『동양평화론』 서두에는 유럽의 여러 나라들이 수백년 이래 도덕도 까맣게 잊고 날로 무력을 일삼아왔는데, 그 가운데에서도 러시아가 더욱 심하다는 비판적 견

---

25) 「安應七 歷史」(1910.2.15) 최이권 편역, 『애국충정 안중근의사』, 법경출판사, 2007, 87쪽.
26) 「安應七 歷史」(1910.2.15) 최이권 편역, 『애국충정 안중근의사』, 법경출판사, 2007, 147쪽.

해를 피력하고 있다.[27] 이러한 러시아에 대해 일본이 승전을 거둔 것은
하늘의 순리라고 보고 있다.

> 조그만한 섬나라인 일본으로 하여금 강대국인 러시아를 만주대륙에
> 서 한 주먹으로 때러눕히게 하였다. … 이것은 하늘에 순하고 땅의 배
> 려를 얻은 것이며, 사람의 정에 응하는 이치이다. … 수백년래 행악하
> 던 백인종의 선봉을 한 북소리로 크게 부수었다. 가히 천고의 희한한
> 일이며 만방이 기념할 자취이다.[28]

안중근은 자신 만이 아니라 한반도의 일반 백성들이 러일전쟁 개전에
임해 러시아보다는 일본 군대를 환영하고 일본의 전쟁지원에 노력을 아
끼지 않았다고 소개한다. 그 이유는 일본 천황의 전쟁詔勅에 대한의 독
립을 약속한 것, 그리고 같은 황인종으로서의 情理가 있었기 때문이라고
설명한다.

> 한청 양국 인민은 … 도리어 일본 군대를 환영하고 운수, 治道, 정
> 탐 등 일에 수고로움을 잊고 힘을 기울였다. 이것은 무슨 이유인가. 두
> 가지 큰 사유가 있었다. 일본과 러시아가 개전할 때 일본 천황의 선전
> 포고하는 글에 동양평화를 유지하고 대한독립을 공고히 한다 라고 했
> 다. … 일본과 러시아의 다툼이 황백인종의 경쟁이라 할 수 있으므로
> 지난 날의 원수진 심정이 하루아침에 사라져버리고 도리어 하나의 큰
> 인종 사랑하는 무리를 이루었으니 이도 또한 인정의 순서라 가히 합리
> 적인 이유의 다른 하나이다.[29]

---

27) 그는 "러시아의 폭행과 殘害함이 서구나 동아 어느 곳이고 미치지 않는 곳이 없
   다"고 지적한다. 안중근, 「동양평화론(1910.2)」윤병석 편, 『安重根傳記全集』,
   국가보훈처, 1999, 192쪽.
28) 안중근, 「동양평화론(1910.2)」윤병석 편, 『安重根傳記全集』, 국가보훈처, 1999,
   192~193쪽.
29) 안중근, 「동양평화론(1910.2)」윤병석 편, 『安重根傳記全集』, 국가보훈처, 1999,
   193쪽.

이러한 안중근의 설명은 대체로 당대 한국인들의 정서를 반영하는 보인다. 러일전쟁 개전 중 영국인 베델과 양기탁이 발행하던 『대한매일신보』는 1904년 8월9일의 논설에서, "만주철병사건에 대하여 아라사이 누차 정약한 바를 어긴 것과 마산포 地界를 억지로 취하려다가 되지 못한 일과, 용암포를 개방하여 포대를 설치한 까닭으로 인하야 세계상에 불신한 바 되었고 또 동양에 토지를 징대함과 자기 유의하는 목적에 조금치도 꺼리끼미 없서는 행함이 분명 … 일본은 법제가 매오 있고 또 일본은 대한독립과 상업보전함을 자기가 주장하야 만주사건에 구애함이 없슬거슬…"[30]이라고 하여, 러일전쟁 개전에 임해 일본측 지지의 입장을 밝히고 있다. 당시 한국정부도 지방정부에 발송한 훈령을 통해 일본이 "동양의 평화를 보전하고 대한의 독립기초를 호위하기 위해", "백만의 무리를 일으키고 억만의 재정을 허비하여" "포악한 俄國을 공격하니" 국민된 자로서 일본의 군사물자를 운송하는 수고를 다해줄 것을 포고하고 있다.[31]

그러나 이러한 대일 기대감은 곧 배신감과 대일 적대감으로 변화되기에 이른다. 그 이유는 일본이 宣傳의 詔勅과 달리 1905년 11월, 을사보호조약을 체결하여 조선의 외교권을 박탈하고, 다시 1907년 7월에는 제3차 한일협약을 체결하여 군대를 해산시키는 노골적인 침탈정책을 개시했기 때문이다. 안중근은 이러한 일본의 정책변화에 대해 자신의 부친과 상의하면서, 이것은 일본이 선전조칙에서 표명한 동양평화 유지와 한국독립 보장의 대의를 지키지 않은 것이라고 하여, 대일 배신감과 적대의식을 갖게 되기에 이른다. 안중근은 일본의 속셈이 강제로 조약을 정하고, 조선의 뜻있는 인사(有志黨)들을 없앤 뒤에, 강토를 삼키려는 것이라고 비판하고, 이러한 정책이 정치가인 伊藤博文의 정략이라고 생각하게 되었다.[32]

---

30) 이호재, 앞의 책, 107쪽에서 재인용.
31) 『대한매일신보』 1904.9.4. 이호재, 앞의 책, 108쪽에서 재인용.

『동양평화론』에서는 일본이 같은 인종인 한국을 억압하여 조약을 맺고, 만주의 長春 이남을 조차하여 점거함으로써, 오히려 일본이 러시아보다 심한 만행을 자행하는 결과가 되었고, 이로써 한국 및 중국인의 소망이 좌절되었다고 개탄하였다.

> 슬프다. 천신만만 의외로 승리하고 개선한 후로 가장 가깝고 가장 친하며 어질고 약한 같은 인종인 한국을 억압하여 조약을 맺고, 만주 장춘 이남을 租借를 빙자하여 점거하였다. 세계 일반인의 머리 속에 의심이 홀연히 일어나서 일본의 위대한 聲名과 정대한 공훈이 하루아침에 바뀌어 만행을 일삼는 러시아보다 더 심하게 보게 되었다. … 무슨 이유로 일본은 이러한 順然한 형세를 돌아보지 않고 같은 인종인 이웃 나라를 깎고 우의를 끊어 스스로 조개와 도요새가 서로 싸우는 형세(蚌鷸之勢)를 만들어 漁夫를 기다리는 듯 하는가. 한 청 양국인의 소망이 크게 절단되어 버렸다.[33]

당시의 국내 여론도 러일전쟁을 치루어 나가면서 안중근과 마찬가지로 점차 대일 불신감을 갖게 되는 모습을 보이고 있다. 『대한매일신보』가 발행하던 영자지 The Korea Daily는 1904년 11월1일의 논설에서, "우리는 현재 일본의 대한정책이 개전초 양국간에 체결된 협정에 약속된 호의적 성격과는 동떨어진 하나의 반개혁적인 것일 뿐 아니라 퇴보를 조장하는 것이라고 결론을 내린다"라고 하여 대일 경계심을 감추지 않았다.[34] 『대한매일신보』도 1905년 10월6일의 논설에서 러일전쟁 이후 일

---

32) 「安應七 歷史」(1910.2.15) 최이권 편역, 『애국충정 안중근의사』, 법경출판사, 2007, 148~149쪽.
33) 안중근, 「동양평화론(1910.2)」윤병석 편, 『安重根傳記全集』, 국가보훈처, 1999, 193~194쪽. 1905년 을사보호조약과 1907년 7개조 조약 체결로 일본이 조선독립과 동양평화의 목적을 저버렸다는 지적은 1910년 2월의 공판과정에서, 1910년 2월 12일의 최후 진술에서, 그리고 이후 저술하게 된 것으로 보이는 동양평화론에서 안중근이 일관되게 개진하고 있다.
34) 이호재, 앞의 책, 125~126쪽에서 재인용.

본의 대한 정책이 倂呑, 보호, 동맹의 3가지 가운데 하나일 것이라고 하면서, 병탄과 보호정책에 대한 우려를 표명하고 있다.[35]

2) 동양평화의 방법론: 교육사업에서 무력투쟁으로

일본의 배신으로 인한 조선독립의 위기, 그리고 동양평화의 교란 가능성에 직면한 안중근은 나름의 방책을 도모하기 위해 노력을 기울인다. 우선 그는 亡國의 위기에 직면한 한반도를 떠나 청국의 산동이나 상해로 거주지를 옮길 것을 고려해 현지 방문을 결행한다. 그러나 우연히 상해에서 프랑스인 곽신부를 만나 보불전쟁 이후 상실한 알사스－로렌이 국권을 회복하지 못하는 것은 국내에 체재하고 있는 뜻있는 인사들이 다 조국을 떠나 있기 때문이며, 독립을 위해서는 무엇보다 국내에서 교육의 진흥을 통한 실력의 양성이 필요하다는 조언을 듣게 된다.[36] 이 같은 조언에 힘입어 그는 다시 귀국하면서 1906년 3월 이후 가산을 털어 진남포에 三興학교와 敦義학교를 세워 교육사업에 노력을 기울인다. 교육사업을 통한 인재의 양성은 후일 안창호 등에 의해 주장된 독립운동의 한 방법론으로서의 실력양성론의 핵심이었다. 1906년 시점의 안중근은 교육을 통한 인재양성을 통해 장기적으로 민족의 실력을 기르고 이를 통해 조선의 독립과 동양의 평화를 달성하려는 구상을 갖고 있었던 것으로 보인다.

그러나 안중근은 교육사업보다는 보다 직접적인 조선독립의 방법론에 매료되었던 것으로 보인다. 특히 1907년 제3차 한일협약(정미 7조약) 체결에 의해 대한제국의 군대가 해산당하고 고종이 폐위되면서 한반도의 현실은 더욱 암울해 졌다. 그리하여 그는 부친의 친구였던 김진사의

---

35) 이호재, 앞의 책, 127쪽에서 재인용.
36) 「安應七 歷史」(1910.2.15) 최이권 편역, 『애국충정 안중근의사』, 법경출판사, 2007, 157～159쪽.

조언에 따라 한반도를 벗어나 일본의 보호권이 미치지 않았던 블라디보스톡 방면으로 활동의 무대를 옮겨, 새로운 조선독립과 동양평화의 방법론을 강구하게 된다.

블라디보스톡에서 그는 金斗星, 李範允 등과 의병조직을 결성하고 스스로 참모중장의 직책을 맡게 되었다. 그는 간도와 블라디보스톡 일대를 순시하며, 伊藤博文의 난폭한 정략으로 러일전쟁 개전시 공약으로 제기되었던 조선독립과 동양평화는 무산되었다고 주장했다. 그리고 지금 이 시점에서 伊藤博文을 제거하지 않는다면, 한국의 독립과 동양평화는 더욱 요원해 질 것이라고 하였다. 또한 안중근은 5년 이내 일본이 러시아, 청국, 미국과 개전하게 될 것으로 전망하면서, 이때를 대비해서라도 한국이 군사적 준비를 해야 한다고 하였다.[37] 요컨대 안중근은 실력양성의 방법으로는 일본의 제국주의적 정략을 제어할 수 없으며, 가까운 장래에 예상되는 일본, 러시아, 미국, 청국간의 전쟁 발발 가능성에 대비하기 위해서라도 伊藤博文 및 일본에 대한 의병봉기와 무력투쟁이 필연적인 선택이라고 생각했던 것이다.

이러한 무력투쟁의 방법론에 입각하여 안중근과 그가 지휘하는 의병부대는 1908년 6월, 함경북도에 잠입하여 일본군대를 상대로 한 무력투쟁을 전개하였다. 그리고 드디어 伊藤博文이 하얼빈을 방문한다는 뉴스를 접하고는 우덕순 등 그와 뜻을 같이하는 소인의 동지들을 규합하여 하얼빈에 와서 伊藤博文을 암살하기에 이른 것이다. 그의 무력투쟁론에 입각할 때 伊藤博文에 대한 저격은 러일전쟁 이래 교란되기 시작한 조선독립의 가야할 길을 바로잡는 것이었고, 나아가 그러한 조선독립을 통해 조선, 일본, 청국이 평등한 관계에서 동양평화를 바로잡는 첫걸음이었던 것이다. 그가 1910년 2월12일의 최후 진술에서 伊藤博文으로 인해 한일

---

37) 「安應七 歷史」(1910.2.15) 최이권 편역, 『애국충정 안중근의사』, 법경출판사, 2007, 173~179쪽.

양국의 친선이 저해되고, 동양평화가 교란되었으며,[38] 2월 7일의 검찰관 심문과정에서, 伊藤博文을 살해한 것이 한국독립과 동양평화의 기회를 얻기 위한 것이라고 발언한 것은,[39] 무력투쟁의 방법에 입각한 동양평화론의 당연한 귀결이었던 것이다.

3) 무력투쟁의 계보

1905년 을사보호조약 체결, 그리고 1907년 제3차 한일협약 체결을 거치면서 외교와 군사에 관한 주권이 상실되는 과정을 지켜보던 대한제국의 식자들은 조선 독립의 상실이 동양평화의 중요한 교란요인이 될 것이라는 점을 우려하였다. 이러한 우려는 동양평화를 구실로 조선의 보호국화와 합병을 추진하던 일본 정략가들에 대한 약소국 지식인들의 울분에 찬 抗言이기도 하였다. 을사보호조약 체결을 목전에 두었던 1905년 10월 6일, 『대한매일신보』는 논설을 통해, "세계 열강의 형국과금일 我韓의 위치를 관찰하더라도 我韓을 일 强國의 보호에 任하는 것보담 독립 기초를 공고케 하여야 구미 열국이 亞東에 대하는 勢力均一관계와 이익 균등주의에 중대한 보장이 될 줄로 정하노라"[40]라고 하여, 조선의 독립 유지가 오히려 국제질서의 안정과 일본의 이익에 도움이 될 수 있음을 지적하였다. 동 신문은 1907년 1월 13일의 논설에서는 보다 분명하게 조선의 독립을 통한 동양평화의 방책을 제안하였다.

"일본은 … 마땅히 分義를 守하야 각국에 공포한 일본 황제의 조칙 대로 한국에 독립을 實心으로 찬조하며, 만주를 청국에 還附하고, 三

---

38) 「안중근 최후 진술(1910.2.12)」 최이권 편역, 『애국충정 안중근의사』, 법경출판사, 2007, 193쪽.
39) 「안중근 의사 공판속기록(1910.2.7~2.9)」 최이권 편역, 『애국충정 안중근의사』, 법경출판사, 2007, 37쪽.
40) 이호재, 앞의 책, 130쪽에서 재인용.

國에 동맹을 체결하여 鼎足之勢를 成할 則 동양에 평화를 유지하고 일
본에 무궁한 이익이 自由하겠거늘…"[41]

즉 진정한 동양평화의 방법은 한국의 독립 보장, 러일전쟁으로 조차
한 만주의 청국 還付, 한일청 3국간 동맹 체결에 있는 것이고, 이것이
오히려 일본의 이익이 될 수 있다는 것이다. 일본에 의한 한국 병합 이후
에도 조선 민족의 독립자결이 동양평화를 위해 중요한 요건이라는 지적
은 한반도의 식자들에 의해 부단히 제기되었다. 만해 한용운은 삼일운동
즈음에 집필한 저술에서 다음과 같이 논하고 있다.

"조선 민족의 독립자결은 세계평화를 위함이요 동양평화에 대해서
는 실로 중요한 관건이 되나니 일본이 조선을 합병함은 조선 자체에
대한 이익 즉 조선 민족을 放逐하고 일본 민족을 이식코자 할 뿐 아니
라 滿蒙에 指를 梁하고 일보를 進하여 지나 대륙을 몽상함이니 일본의
야심은 路人 皆見이나 支那를 경영함에는 조선을 捨하고 他의 途를
假할 處가 無한 故로 侵掠정책상 조선을 유일한 생명으로 認함이니 조
선의 독립은 곧 동양의 평화가 될 지라."[42]

조선 독립이 동양평화의 기초를 이루는 조건이 됨을 역설한 안중근의
동양평화론은 이와 같이 당대의 『대한매일신보』나 10여년 후의 만해 한
용운 등에 의해 표명된 동양평화론과 같은 인식을 공유하는 평화론이었
다고 해야 할 것이다.

다만 한일합방 전후의 시점에서 조선 독립의 방법론에 대해 한반도의
식자들 간에는 방법론상의 차이가 존재했음을 지적할 필요가 있다. 조선
독립의 궁극적 목적에는 다수가 동의하면서도, 그 방법론에 대해 이 시
기에는 외교론, 실력양성론, 무력투쟁론 등의 분화가 있었다고 지적된다.

41) 이호재, 앞의 책, 138쪽에서 재인용.
42) 한용운, 『조선독립의 書』(1919~1920), 이호재, 위의 책, 185쪽에서 재인용.

이승만이 대표한 외교론은 국제연맹의 위임통치를 통해서라도 장래 한국의 독립이 보장될 수 있다고 믿었고, 안중근이 수행한 伊藤博文 암살은 오히려 일본인들에게 역선전의 빌미를 제공할 수 있을 것이라고 부정적으로 평가하였다.[43]

박은식과 안창호는 일본이 주장하는 동양평화론은 독립적 3국의 공존을 전제로 하지 않고, 오히려 한국과 만주에 대한 지배권 확장을 도모하는 제국주의의 다른 표현에 지나지 않는다고 비판하고 있다. 일본식 동양평화론에 대한 대안으로 안창호는 한국, 중국, 일본이 독립국으로 발전하여 상호공존하는 것이 동양평화의 요체가 될 수 있으며, 이를 위해서는 한국이 실력을 양성할 필요가 있다고 하였다. 박은식도 공존주의에 입각하여 한반도의 독립이 보장될 때 동양평화가 가능하며, 이를 위해서는 한국으로서 항해 장려와 상업 확장, 육군대학교 및 해군대학교 설립을 통한 군사력 강화가 요구된다고 보았다.[44]

신채호는 1923년에 저술한 『조선혁명선언』에서 일본의 동양평화론은 한민족의 생존권을 박탈하는 것에 다름아니며, 이러한 상황에 직면하여 한민족은 암살, 파괴, 폭동 등 모든 혁명적 수단과 방법을 동원하여 일본을 殺伐하는 의무를 갖게 된다고 하였다.[45] 나아가 신채호는 일본 제국주의 침략에 대항하기 위하여 중국과의 군사동맹, 즉 한중 항일연합전선 결성의 필요성도 제기하고 있다.

이같이 볼 때 안중근의 동양평화론은 1906년 시점에서 교육운동에 종사하던 시기는 실력양성론의 경향을 보였으나, 1907년 이후에는 후일 신채호에 의해서 의미가 다시 부각된 무력투쟁론으로 선회하였다고 보여진다. 어떤 의미에서 신채호는 자신의 무력투쟁론 정당화의 근거로 안

---

43) 이호재, 앞의 책, 187쪽.
44) 이호재, 위의 책, 181~189쪽.
45) 신채호, 「조선혁명선언」(1923) 안병직 편, 『신채호』, 서울: 한길사, 1979.

중근의 하얼빈 의거를 재해석하고 있는지도 모르겠다.

4. 맺음말

본고는 안중근의 동양평화론을 당대 조선독립론의 맥락에서 재해석하면서, 이를 일본의 러일전쟁 이후 지역질서 구상과 대비하려는 의도에서 집필되었다. 본고의 서술을 통해 발견한 사실은 다음과 같다.

첫째, 안중근의 동양평화론은 을사보호조약과 정미7조약을 통해 조선의 외교권과 군사권을 박탈하려 한 일본의 식민정책에 반발하여 조선의 독립을 동양평화의 유력한 조건의 하나로 설정한다는 점에서, 당대『대한매일신보』나 한용운 등에 의해 표명된 동양평화론과 궤를 같이 하고 있다.

둘째, 안중근은 조선의 독립을 위해 1906년 시점에서는 진남포에서 교육사업을 일으켰으나, 1907년 이후에는 블라디보스톡과 하얼빈 등을 무대로 무력투쟁을 전개하였다. 伊藤博文에 대한 암살은 이 같은 그의 조선독립운동 방법론의 필연적인 귀결이었다. 이승만 등의 외교론자는 안중근의 선택을 부정적으로 평가하였으나, 신채호는 이 길만이 독립을 쟁취하고, 나아가 한국, 일본, 중국의 공존적 평화관계를 이룩할 수 있는 기초라고 생각하였다. 안중근의 선택을 둘러싼 해석에서 신채호의 정치사상이 유용한 지표기준이 될 수 있음을 본고는 지적해 두고 싶다. 다만 1945년 해방을 가져다 준 것이 과연 무력투쟁론의 결과였는가 하는 점에 대해서는 유보해 두고 싶다. 결과적으로 외교론, 실력양성론, 무력투쟁론 등의 복합적 선택이 국권상실기에는 종합적으로 필요하였던 것은 아닐까 생각한다.

셋째, 안중근의 조선독립론과 동양평화론은 표면적으로는 伊藤博文

의 대한 정책과 식민정책에 저항하는 노선이었다. 그러나 실제적으로 러일전쟁 전후 일본의 대외정책과 식민정책을 주도한 것은 야마가타 아리토모의 대외구상이었다. 안중근의 동양평화론은 伊藤博文을 넘어 일본 제국의 심장부를 움직이고 있던 야마가타 아리토모와 그의 군벌을 겨냥하고 있었던 것으로 볼 수 있다. 방법론상의 차이는 있을 수 있지만, 그런 점에서 안중근의 동양평화론은 당대 일본의 식민지 정책 및 대외정책을 비판하고 있던 일본 내 양심적 자유주의자들과의 평화질서 구상과도 공명할 수 있는 점이 발견된다고 할 수 있다.

참고문헌

〈1차 자료〉

신채호, 「조선혁명선언」(1923), 안병직 편, 『신채호』, 서울: 한길사, 1979.
안중근, 「安應七 歷史」(1910.2.15), 최이권 편역, 『애국충정 안중근의사』, 법경출
　　　　판사, 2007.
「안중근 의사 공판속기록(1910.2.7～2.9)」, 최이권 편역, 『애국충정 안중근의사』,
　　　　법경출판사, 2007.
「안중근 최후 진술(1901.2.12)」, 최이권 편역, 『애국충정 안중근의사』, 법경출판사.
「우덕순 최후 진술(1910.2.12)」, 최이권 편역, 『애국충정 안중근의사』, 법경출판사.
안중근, 「동양평화론(1910.2)」, 윤병석 편, 『安重根傳記全集』, 국가보훈처, 1999.

山縣有朋, 「外交政略論」(1890년 3월), 大山梓 編, 『山縣有朋意見書』, 原書房,
　　　　1966.
山縣有朋, 「東洋同盟論」(1901년 4월 24일, 大山梓 編, 『山縣有朋意見書』, 原
　　　　書房, 1966.
山縣有朋, 「政戰兩略槪論」(1905년 3월 23일), 大山梓 編, 『山縣有朋意見書』.
山縣有朋, 「戰後經營意見書」(1905년 8월), 大山梓 編, 『山縣有朋意見書』, 原書
　　　　房, 1966.
山縣有朋, 「帝國國防方針私案」(1906년 10월), 大山梓 編, 『山縣有朋意見書』,
　　　　原書房, 1966.
山縣有朋, 「對淸政策所見」(1907년 1월 25일), 大山梓 編, 『山縣有朋意見書』,
　　　　原書房, 1966.
山縣有朋, 「第二對淸政策」(1909년 4월 29일), 大山梓 編, 『山縣有朋意見書』,
　　　　原書房, 1966.
佐藤鐵太郞, 『帝國國防史論』, 1908: 原書房, 1979.
石橋湛山, 『石橋湛山評論選集』, 東洋經濟新報社, 1990.

〈2차 자료〉

박영준, 「청일전쟁 이후 일본의 대외정책론, 1895~1904: 야마가타 아리토모의 전략론과 대항 담론들」 『일본연구논총』 제27호, 현대일본학회, 2008년 6월.

박영준, 「러일전쟁 직후 일본 해군의 국가구상과 군사전략론: 사토 테츠타로의 『제국국방사론(1908)』을 중심으로」 『한국정치외교사논총』 제26집 1호, 한국정치외교사학회, 2004년 8월.

박영준, 「전전 일본자유주의자의 국가구상과 동아시아: 石橋湛山의 소일본주의를 중심으로」 『한국정치학회보』 제39집 2호, 한국정치학회, 2005년 여름.

박진희, 「이승만의 대일인식과 태평양동맹 구상」 『역사비평』 2006년 가을호.

박태균, 「박정희의 동아시아 인식과 아시아태평양 공동사회 구상」 『역사비평』 2006년 가을호.

이호재, 『한국인의 국제정치관: 개항후 100년의 외교논쟁과 반성』, 법문사, 1994.

정용화, 「근대 한국의 동아시아 지역인식과 지역질서 구상」 『국제정치논총』 제46집 1호, 한국국제정치학회, 2006.

井上壽一, 『日本外交史講義』, 岩波書店, 2003.

江口圭一, 「帝國日本日本の東アジア支配」 『岩波講座近代日本と植民地1: 植民地帝國日本』, 岩波書店, 1992.

大江志乃夫, 「植民地戰爭と總督府の成立」 『岩波講座近代日本と植民地2: 帝國統治の構造, 岩波書店, 1992.

岡義武, 『山縣有朋』, 岩波書店, 1958.

森山茂德, 『近代日韓關係史硏究: 朝鮮植民地化と國際關係』, 東京大學出版會, 1987.

千葉功, 「列强への道をたどる日本と東アジア情勢」, 川島眞, 服部龍二 編, 『東アジア國際政治史』, 名古屋大學出版會, 2007.

横手愼二, 『日露戰爭史』, 中公新書, 2005.

안중근의 『동양평화론』 연구와 실천을 위한 방안

신 운 용*

1. 들어가는 말: 안중근의 동양평화론 연구의 의미

모든 역사는 현대사이라는 말이 있다. 역사연구는 현실의 문제를 풀어나가는 원동력이자 새로운 미래를 건설할 추진력으로 작동되어야 한다고 필자는 생각한다. 아울러 정치학은 역사연구 성과를 현실에 구체적으로 구현하는 방법론을 제시하고 그것을 바탕으로 현실을 개조하는 힘으로 작용할 때 그 의미가 있다고 본다.

세계는 지금 미국의 금융사태로 야기된 최대의 위기에 직면하고 있

---

* 안중근의사기념사업회 책임연구원

다. 미국 금융사태는 인류발전의 본질적인 의문을 던지고 있다. 또한 문제를 해결할 이론의 부재를 지적하지 않을 수 없다는 점에서 과거 어느 시기보다 심각한 위기의식을 갖게 된다.

이번 미국사태를 통하여 외국의 이론에 의지하여 삶을 영위하는 것이 얼마나 위험한 것인지 필자는 실감하고 있다. 동시에 우리와 세계의 문제를 풀려면 우리의 의론이 있어야 한다는 진리를 절감하고 있다.

이러한 맥락에서 안중근의 동양평화론은 우리의 문제와 세계의 문제를 풀 수 있는 열쇠를 제공하고 있다는 측면에서 '시대적 의미'를 갖고 있다. 말하자면 안중근이 목숨과 바꾸었던 동양평화론을 우리가 진지하게 연구하고 그 구현에 민족적 사활을 걸었더라면 아이엠에프와 같은 사태를 미래 막을 수 있었을 것이고, 민족내부의 군사적 충동도 일정하게 방지할 수 있었을 것이다.

그러나 우리는 아이엠에프의 충격을 겪고도 안중근의 동양평화론 연구와 그 실현을 진지하게 고민하지 않았다. 또한 민족내부의 갈등을 해소하는데도 성공하지 못하였다. 이러한 때에 미국의 금융위기로 한국경제는 직격탄을 맞고 있고 민족내부의 문제는 외세에 장악되고 있는 현실이다.

이 시점에서도 오늘 안중근의사기념사회 함세웅 이사장님과 한국정치학회 이정희 교수님의 배려로 이 자리를 마련하였다는 것은 매우 뜻깊은 일이다. 또한 이 자리가 한국의 역사를 새롭게 만드는 촉진제가 될 것이라는 사실을 굳게 믿는다.

2. 동양평화론의 내용과 특징

1) 내용

안중근은 무력투쟁을 상정한 해외이주계획, 교육을 중심으로 계몽운

동, 하야시대리공사 처단시도, 국채보상운동 참여, 국내진입작전, 단지동
맹결성, 이또 히로부미처단 등 시대의 문제 해결을 위해 진력하였다.

안중근은 1909년 12월 13일 『안응칠역사』를 쓰기 시작하여 1910년
3월 15일 탈고하기에 이른다. 그가 몇 해 동안 구상한 『동양평화론』을
집필하기 시작한 시점은 정확히 알 수 없다.[1] 그러나 그가 2월 17일 히
라이시(平石)고등법원장에게 "나는 지금 옥중에서 동양정책과 전기를 쓰
고 있는데 이것을 완성하고 싶다"[2]고 하였다. 이로 보건대, 그가 이미
2월 17일 이전에 『동양평화론』 집필을 시작한 것은 분명하다. 1910년 3
월 15일 『안응칠역사』를 탈고한 그는 죽음을 준비하면서 동양평화론 집
필에 박차를 가해 3월 18일 서문을 완성하였다. 그는 『동양평화론』의 완
성을 위해 자신이 사형집행일로 자청한 예수의 승천일인 3월 25일로부
터 15일정도 사형집행의 연기를 주선해달라고 소노키통역관에게 청하였
다.[3] 그러나 일제는 이를 묵살하고 3월 26일 사형을 집행하여 결국 『동
양평화론』은 완성되지 못하였다.[4]

안중근은 동양평화론의 체제를 序文·前鑑·現狀·伏線·問答으로
잡았다. 안중근이 1910년 3월 26일 순국하였기 때문에 현상·복선·문
답은 완성되지 못하였다.

「서문」에서 안중근은 동양평화론의 서술의 목적을 다음과 같이 밝히
고 있다. ① 물질문명의 발달이 인간을 파괴로 이끌어 도덕을 잊고 무력

---

1) 국가보훈처·광복회, 「청취서」 『21세기와 동양평화론』, 1996, 54쪽. 김호일은
안중근이 「동양평화론」 저술에 착수한 시점에 대해 3월 15일 이후로 보고 있다
(김호일, 「舊韓末 安重根의 '東洋平和論' 연구」 『중앙사론』 제10·11합집, 1998,
55쪽). 김옥희는 3월 24일로 보고 있다(김옥희, 「안중근의 자주독립운동과 동양
평화사상」 『安重根과 東洋平和論』, 安重根義士殉國87周年記念國際學術會議,
여순순국선열기념재단, 1997, 33쪽).
2) 국가보훈처·광복회, 「청취서」 『21세기와 동양평화론』, 57쪽.
3) 「執行猶豫を乞す」 『滿洲日日新聞』 1910年 3月 17日字.
4) 윤병석, 「해제 안중근전기전집」 『안중근전기전집』, 국가보훈처, 1999, 36쪽.

만 일삼는 서양 특히 러시아의 침략을 막기 위해 동양 삼국의 단합이 급선무이다. ② 서세동점이라는 시대 속에서 러시아 세력의 침략을 저지하기 위한 방법을 강구해야 한다. ③ 한 때 천명이 일본에 있었지만 동양평화를 유린하는 이토를 상대로 하얼빈에서 義戰을 행하였으며 동양평화의 당위성을 알리기 위한 장으로 여순을 선택하였다.5) 결국 안중근은 동양평화론 서술의 목적을 도덕세계를 구현하기 위해 일제의 대외침략 정책을 수정하도록 하는데 두었던 것이다.6)

「전감」에서 안중근은 청일전쟁부터 러일전쟁까지 국제정세를 소개하면서 청국의 청일전쟁 패배 이유를 '중화대국'이라는 교만과 권신척족의 擅弄 때문이라고 진단하였다. 반면, 일본 승리의 주된 원인을 러일전쟁에서 한청양국이 동양평화를 위해 일본을 도왔기 때문이라고 분석했다.7)

또한 그는 의화단 사건을 전후한 러시아를 필두로 한 서양세력의 중국침략은 역사에 보기 드문 참극이자 동양의 일대 수치이며 황인종과 백인종간의 분쟁 징조라고 분석하였다. 특히 러시아에 대한 극도의 경계의식을 보이면서 러일전쟁에서 일본의 승리는 영국·프랑스 등 서양세력이 동양을 호시탐탐 노리고 있는 상황을 감안하여 대국적 견지에서 한국과 중국이 지난날의 원한을 잊고 도왔기에 가능했음을 상기시켰다.

그러면서 그는 동양평화가 깨진 원인을 동양평화를 소망하는 韓淸 양국 有志人士의 뜻을 저버렸으며, 러일강화조약에 러·일 양국과 아무런 관계가 없는 한국문제를 조약문에 포함시키는 등 같은 인종을 배신한 일본의 행위에서 찾았다.8) 아울러 그는 일본의 중국침탈을 동양평화가 유

---

5) 안중근, 「동양평화론」 윤병석 역편, 『안중근전기전집』, 국가보훈처, 1999, 192~194쪽.

6) 같은 맥락에서 1910년 1월 9일자 『皇城新聞』의 「時局에 對하여 猛省함이 可함」과 1910년 1월 15일자 「人種의 關係」에서도 일본에 대해 황인종의 상호보호 방침 강구와 한국 침략정책의 근본적인 수정을 요구하였다.

7) 안중근, 「동양평화론」, 195쪽.

8) 안중근, 「동양평화론」, 198쪽.

지되지 못한 또 다른 이유라고 지목하였다. 즉,

> 그러나 그 이유를 따져본다면 이 모두가 일본의 과실이다. 이것이
> 이른바 구멍이 있으면 바람이 생기는 법이요, 자기가 치니까 남도 친다
> 는 격이다. 만일 일본이 먼저 청국을 침범하지 않았다면 '러시아'가 어
> 찌 감히 이와 같이 행동했겠는가. 가위 제 도끼에 제발 찍힌 격이다.9)

이러한 분석은 동양평화가 동양전체의 노력이 경주될 때만이 가능하
다는 인식을 바탕으로 한 것으로 해석된다.

무엇보다 「전감」에서 주목할 대목은 만국공법에 대한 그의 태도이다.
조선의 만국공법 수용은 왕조와 국가의 생존과 발전을 도모하기 위한 방
책이었다.10) 유교적으로 변용된 마틴의 한역본 공법서들을 통하여 조선
인은 만국공법을 수용하였다. 을미사변, 을사늑약 등에서 보듯이 만국공
법은 외세의 침략에 대한 대응논리로 애용되어왔다. 안중근의 경우도 만
국공법에 입각하여 1908년 국내 진공작전 중에 체포한 포로 석방 및 의
거의 정당성과 공판의 불법성을 주장하였다.11) 이러한 측면에서 안중근
이 만국공법을 상당히 신뢰한 것처럼 보인다.12)

그러나 적어도 『동양평화론』을 쓸 무렵의 그는 만국공법을 불신하고
있었던 것은 확실하다. 이는 "만국공법이라느니 엄중중립이라느니 하는
말은 모두 근래 외교가의 교활한 誣術이니 족히 믿을 바가 못 된다"13)라
고 한 그의 주장에서 확인된다. '만국공법'과 '엄중중립'은 제국주의의

---

9) 안중근, 「동양평화론」, 195~196쪽.
10) 만국공법에 대한 전반적인 내용은 오영섭, 「개항 후 만국공법 인식의 추이」『동
    방학지』 124, 2004 참조.
11) 안중근, 「안응칠역사」, 163쪽 ; 滿洲日日新聞社, 『安重根事件公判速記錄』,
    1910, 177쪽.
12) 조광은 안중근이 만국공법을 신뢰하고 있다고 보고 있다(조광, 「安重根의 愛國
    啓蒙運動과 獨立戰爭」『교회사연구』 9, 1994, 86쪽).
13) 안중근, 「동양평화론」, 197쪽.

침략논리이었다. 이를 그는 정확히 지적하고 있는 것이다. 이러한 인식은 만국공법에 대한 신뢰와 불신이 반복되는 일련의 과정에서 을사늑약과 한일신협약을 경험하면서 신채호 등에서 보듯이 만국공법의 허구성에 대한 비판이 강화되는 경향성을 반영하고 있다고 볼 수 있다.

또한 그는 "일본이 한국에 대해 우월권을 갖는다"는 러일강화조약 제2조의 불합리성을 비판하였다. 결국 "자연의 형세를 돌아보지 않고 같은 인종인 이웃나라를 해치는 자는 마침내 獨夫의 판단을 기필코 면하지 못할 것"14)이라고 한 그의 주장에서 알 수 있듯이, 안중근이 전감에서 말하고자 하는 바는 일본의 동양정책의 실패로 인해 동양평화가 유지되지 못하였다는 것이었다.

동양평화론은 완성되지 못하였으므로 현상·복선·문답 편에서 안중근이 무엇을 말하려고 하였는지 정확히 알 수 없다. 그러나 동양평화론의 내용은 대체적으로 알려져 있기 때문에 그가 말하고자 하는 바를 짐작할 수 있다.15)

「현상」에서는 일제의 한국과 아시아침략의 실상을 다루려고 했던 것으로 추정된다. 안중근의 '伊藤博文罪狀' 15개조 이유가 이에 해당할 것으로 보인다.16) 여기에서 그는 정치·사회·경제·문화·군사 등의 여러 방면에서 벌어진 일제의 한국침략의 실상과 의거의 근거를 일목요연하게 정리하여 제시하였다. 특히 그는 '伊藤博文罪狀' 15개조의 제14조에서 동양평화 파괴를 이토 처단 이유로 들고 있다. 이는 그의 동양평화

---

14) 안중근, 「동양평화론」, 199쪽.
15) 안중근의 동양평화론의 대체적인 내용은 게재지 미상의 「安重根 原木通譯生の 談東洋平和論」을 소노키(園木)통역관의 딸이 최서면에게 제공함으로써 알려졌다. 이후 그의 동양평화론의 구체적인 내용은 「청취서」(1901.2.17) 국가보훈처, 『아주제일의협 안중근』3, 1995, 621~633쪽에서 확인된다. 그리고 국가보훈처·광복회는 이를 번역하여 발행하였다(국가보훈처·광복회, 「청취서」, 51~57쪽).
16) 안중근, 「안응칠역사」, 174~175쪽.

론이 의거의 배경이었음을 의미하는 것이다. 그만큼 동양평화는 안중근에게 목숨과도 바꿀 수 있는 절대적 목적이었다.[17]

복선의 사전적인 의미는 "뒷일의 준비로서 암암리에 마련해 둔다"는 것이다. 그러므로 「복선」에서는 동양평화를 지키기 위한 방책을 서술하려고 하였던 것으로 볼 수 있다. 안중근은 일제의 속성에 대해

> 종래 외국에서 써오던 수법을 흉내 내고 있는 것으로 약한 나라를 병탄하는 수법이다. 이런 생각으로는 패권을 잡지 못한다. 아직 다른 강한 나라가 하지 않으면 안 된다. 이제 일본은 일등국으로서 세계열강과 나란히 하고 있지만 일본의 성질이 급해서 빨리 망하는 결함이 있다. 일본을 위해서는 애석한 일이다.[18]

라고 평가하였다. 그는 일본이 망하지 않기 위해서는 서양침략세력의 정책을 모방해서는 안 되며 새로운 방법론을 취해야 한다고 주장하였다.

그럼 그가 『동양평화론』에서 일본에 제시한 '새로운' 방책이란 무엇일까? 이는 1910년 2월 14일 안중근과 고등법원장 히라이시의 면담내용이 담겨져 있는 「청취서」에 제시되어 있다.[19] 이를 구체적으로 살펴보면 아래와 같다. 첫째, "세계 각국의 신용을 얻는 일이다"는 것이다. 안중근은 일본이 대외정책의 신용을 이미 잃었기 때문에 이를 회복하기 위해서는 이토가 추진하던 침략정책을 고쳐야 한다고 주장하였다. 더 나아가 그는 일본이 신용을 회복할 수 있는 방법으로 우선 일본이 강점한 여순항을 청국에 돌려주고 한·청·일이 공동으로 관리하는 군항으로 만들어야 한다는 제안을 하였다. 그러면서 그는 여순항에 삼국의 대표가 참여하는 '평화회의'를 조직하고 이를 발표한다면 세계가 일본을 신뢰하게

---

17) 이는 '동양평화'를 삼창하고 죽음을 맞이하려고 한 그의 의지를 보아도 자명하다 (국사편찬위원회, 「복명서」(1910.3.26) 『한국독립운동사』 자료7, 515쪽).
18) 국가보훈처·광복회, 「청취서」, 54~55쪽.
19) 국가보훈처·광복회, 「청취서」, 51~71쪽.

될 것이라고 하였다.[20] 그런데『한성순보』는 1883년 12월 20일자의「銷兵議」에서 세계정부와 국제평화군의 창설을 언급하였다. 또한『독립신문』은 1899년 7월 22일자「평화론」이라는 논설을 통하여 세계평화 유지를 위해 국제군대의 창설과 북경에서 만국평화회의 개최를 주장하기도 하였다.[21] 안중근의 구상은 이러한 史的 궤적 위에 형성된 것으로 볼 수 있다.

둘째, "일본이 직면한 급선무는 현재의 재정을 정리하는 것이다"는 것이다. 안중근은 평화회의가 조직되면 동양 삼국의 국민 수억 명으로부터 회비 1원씩 모금하여 '은행'을 설립하자고 제안하였다. 이 은행을 통해 공통의 화폐를 발행하고 지점을 병설하며, 중요한 곳에 평화회의 지부를 둔다면 재정문제는 완전히 해결될 것으로 보았다.[22] 이는 일본의 동양침략 원인이 경제적 궁핍에 있다고 본 그의 진단에 따른 것이다. 그러므로 경제적 문제가 해결되면 일본의 침략성을 완화시킬 수 있다고 판단한 것으로 보인다.

안중근의 동양평화론 구조와 비슷한 논리는 안경수의 '한청일동맹론'에서도 엿볼 수 있다. 안경수는 일본의 중심적 역할을 인정하면서 한국과 청국이 근대화를 이루는 가운데 군사동맹과 상업동맹을 통하여 국민적 동맹으로 발전시켜야 한다고 주장하였다. 군사동맹은 유학생을 통한 장교 양성 등 간접적인 방식으로 하고, 상업동맹은 조선은행을 설립하고 그 대가를 일본에게 주어야 한다는 것이다. 그러나 이러한 안경수의 주장은 일제의 한국병탄을 합리화시키는데 불과한 논리였다.[23] 이러한 면

20) 국가보훈처·광복회,「청취서」, 55쪽 ; 김현철,「개화기 한국인의 대외인식과 '동양평화구상'」『평화연구』11, 2002, 25~26쪽.
21) 김현철, 위의 논문, 27~28쪽.
22) 국가보훈처·광복회,「청취서」, 55~56쪽.
23) 조재곤,「한말 조선지식인의 동아시아 삼국제휴 인식과 논리」『역사와 현실』제37호, 2000, 171쪽.

에서 안중근의 동양평화론은 안경수의 그것과 차원이 다르다.

셋째, "평화회의를 정착시키는 방법을 강구해야 한다"는 것이다. 안중근은 이상의 방법을 일본이 수용한다고 하더라도 서양열강이 일본을 노리고 있는 이상 동양평화는 유지될 수 없다고 보았다. 따라서 이 문제의 해결방법으로 그는 동양 삼국의 청년들을 모아 군단을 편성하고 이들에게 2개 이상의 어학을 배우게 하고 우방 또는 형제의 관념을 갖도록 하자는 방안을 제시하였다.[24] 그는 이러한 과정을 통해 인도・태국・베트남 등의 아시아 각국이 참여하면 동양의 상공업은 발전할 것이고, 결국 패권이라는 말부터 의미가 없어지고 滿鐵문제로 야기되는 분쟁도 사라질 것이라는 동양의 미래상을 제시하고 있다.

넷째, "세계 각국의 지지를 얻는 일이다"는 것이다. 이와 같은 방법론을 구현하기 위해서 가장 중요한 요소로 안중근은 세계 각국의 지지를 내세웠다. 이를 위해 동양 삼국의 최고 통치자가 세계 인구의 2/3를 차지하는 천주교신자들의 왕인 로마교황을 만나 함께 맹세하고 관을 쓴다면 이 문제를 해결될 것이라고 그는 보았다. 이러한 측면에서 그가 인종론에만 집착하여 현실을 인식하지 못하였다는 주장은 재고할 필요가 있다.[25] 다시 말해 안중근은 대체로 서양을 침략세력으로 동양을 평화세력으로 구분하는 이분법적 사고의 소유자는 아니었다. 이러한 맥락에서 안중근의 서양인식은 일본을 이토를 중심으로 한 침략세력과 이에 반대하는 일본국민으로 구분하여 파악한 그의 대일인식과도 일맥상통하는 것이다.[26]

「問答」에서는 일제의 한국 및 아시아침략을 정당화하는 논법, 즉 아시아주의로 무장한 미조부치검찰관과 같은 일본인을 등장시키고, 이에 대한 대항이론으로 자신의 동양평화론을 내세워 상호 논쟁을 하는 방식

---

24) 국가보훈처・광복회, 「청취서」, 56쪽.
25) 최기영, 앞의 논문, 101쪽.
26) 안중근, 「안응칠역사」, 162~163쪽.

을 취하려고 했던 것 같다. 안중근은 그 결말을 일본인들이 그의 동양평화론에 설복당하는 내용으로 구성하려고 하였던 것으로 보인다.

2) 특징

한편, 안중근의 동양평화론이 갖는 특징은 다음과 같이 정리될 수 있다.

첫째, "종교적 평화 지향성과 도덕성을 바탕으로 하고 있다"는 것이다. 즉, 안중근의 동양평화론은 천주교의 '천명론'을 근간으로 한 것이다. 말하자면 이는 한국의 독립과 동양평화의 유지라는 천명을 구체적으로 실천하기 위한 방법론이었던 것이다. 이러한 면에서 그는 현실의 모순을 물질문명에 따른 것으로 보고 도덕세계가 구축될 때만이 평화가 이루어진다고 보았던 것이다.[27]

둘째, "그 당시 시대인식의 한계인 인종론을 넘어서고 있다"는 것이다. 즉, 안중근이 서양(러시아)의 침략세력에 대해 적대적 태도를 취한 근본적인 원인은 인종문제라기보다 동양 침략이라는 도덕성의 결여에 있었다. 아울러 그가 동양평화론의 대상을 동남아시아까지 확대시킨 것은 삼국동맹론자들이 동양삼국만을 고려한 것과 대조를 이룬다.[28] 이는 민에 대한 그의 인식확대에 따른 것이다. 상대적으로 열약한 동남아시아까지 동양평화론의 범주에 포함시킨 것은 한국인과 같은 인권이 동남아인

---

27) 안중근은 문명개화의 부정적인 측면에 대해 다음과 같이 경고하고 있다. 즉, "지금 세계는 동서로 나뉘어져 있고 인종도 각각 달라 서로 경쟁하고 있다. 일상생활에 있어서의 利器 연구 같은 것을 보더라도 농업이 상업보다 대단하며 새발명인 電氣砲, 飛行船, 浸水艇은 모두 사람을 상하게 하고 物을 해치는 기계이다. 청년들을 훈련하여 전쟁터로 몰아넣어 수많은 귀중한 생령들을 犧牲처럼 버리고 피가 냇물을 이루고 고기가 질펀히 널려짐이 날마다 그치질 않는다. 삶을 좋아하고 죽음을 싫어하는 것은 모든 사람의 상정이거늘 밝은 세계에 이 무슨 광경이란 말인가. 말과 생각이 이에 미치면 뼈가 시리고 마음이 서늘해진다."(안중근, 「동양평화론」, 192쪽).

28) 현광호, 앞의 논문, 188쪽.

도에게도 있음을 인식한 결과로 보인다.[29]

셋째, "주체적이다"는 것이다. 즉, 안중근은 삼국공영론・삼국동맹론자들처럼 일본맹주론을 주장하지만 이는 어디까지나 한국의 독립과 동양의 평화를 담보하는 위에 일본의 침략을 저지하는데 그 목적을 둔 것이다. 따라서 일본의 침략을 일면 외면한 문명개화론자들의 그것과는 성격을 달리하는 것이다.

넷째, "구체적이다"는 것이다. 즉, 안중근은 근대한국 사상사의 궤적 위에서 형성된 삼국공영론・삼국동맹론의 관념적 한계를 넘어 민족주의와 연결된 실천성을 담보로 하면서도 공동의 은행과 군대창설이라는 구체적 방안을 제시했다

3. 연구과제와 실현방안

1) 안중근의 동양평화론에 대한 시각의 다양화

안중근의 동양평화론을 규명하기 위해서는 우선 안중근의 사상적 추동력인 천주교에 대한 안중근의 인식과 그 방식을 이해할 필요가 있다. 안중근의 동양평화론의 이론적 근거는 그의 神觀에서 말미암은 것이기 때문이다. 그의 동양평화 유지는 신의 명령으로 이를 신천하는 것 또한 천명으로 표현되는 '하느님'의 뜻이었다. 이러한 면에서 안중근의 동양평화론은 종교적 절대성을 함축하고 있다고 할 수 있다.

---

29) 그럼에도 불구하고 안중근의 동양평화론은 일정한 한계성을 드러내고 있다. 예컨대, 일본 천황을 신뢰하고 있었다는 점, 동양평화를 구현하고 이끌고나갈 주체를 일본으로 설정하였다는 점을 그 한계성으로 볼 수 있다. 무엇보다도 당시의 상황과는 괴리된 이론이었다는 점도 지적되어야 할 것이다.

또한 그는 평화가 무엇인가 하는 평화에 대한 개념을 종교관을 바탕
으로 새롭게 제시하고 있다는 면도 높이 평가되어야 할 것이다.

2) 안중근의 동양평화론의 현대적 구현을 위한 이론의 개발

안중근의 동양평화론을 구체화하기 위해서는 보다 정교한 이론이 필
요하다. 이를 위해서 안중근이 동양평화론에서 제시한 경제, 군사, 교육,
문화 등 여러 방면에서 구체적인 이론의 개발이 필요하다. 예컨대 아시
아 은행의 성격과 운용방법은 물론이고 아시아의 미래를 이끌 경제이론
연구에 집중할 필요가 있다.

3) 안중근의 동양평화론의 실천방안

이를 바탕으로 다음과 같이 그 실천방안을 제시할 수 있다.

(1) 경제적 안정과 번영 체제 구축

아시아은행의 설립을 구체적으로 추진해야 할 것이다. 최근 정부는
국제적인 금융안정망을 구축하기 위해 800억 달러 규모의 아시아공동기
금 설립을 추진하고 있는 것으로 보도되고 있다. 이러한 정부의 정책이
안중근의 동양평화론에 근거한 것이라는 설명을 덧붙인다면 국민과 주
변국의 이해를 얻는데 효과를 발휘할 것으로 보인다.

(2) 정치군사적 안전보장체제 구축

유럽의 나토와 같은 역내 안보체제의 확립을 추구해야 한다. 이는 중
국과 일본이 아시아에서 패권을 차지하기 위해 군사력을 현저하게 증강
시켜 아시아의 미래를 위협하는 현실을 통제하는 중요한 수단으로 작동

될 수 있다. 이러한 논의의 이론적 근거를 안중근의 동양평화론이 제공하고 있다는 것은 주목할 만하다.

(3) 사회문화와 교육발전 구축

유럽은 국가간의 이해증진을 위해 유럽대학을 설립하고 역사인식을 공유하고 있다. 아시아에서도 유럽대학과 같은 성격의 '아시아대학'을 만들어 안중근의 주장처럼 아시아인의 미래를 담보할 수 있는 의론과 그 실천을 이끌어내어야 한다는 것이다. 아울러 아시아대학의 이론적 근거를 안중근의 동양평화론에 두는 것도 좋은 방안일 것이다.

(4) 통일기반 구축

안중근의 동양평화론은 남북통일의 밑바탕을 구축하는데 중요한 이론을 작동될 수 있다. 안중근은 남북한에서 동시에 존경받고 있는 인물이다. 안중근의 의론은 민족의 미래를 여는 사상적 징검다리가 될 수 있다. 이를 위해 남북한은 우선 공동으로 언젠가는 반드시 '안중근의 날'이 선포될 것이라는 안중근의 희망을 실현할 필요가 있다. 이를 통하여 민족의식의 공유를 다시금 되새길 수 있을 것이다. 무엇보다 남북은 안중근의 사상을 근간으로 '안중근대학의 설립'을 추진할 필요가 있다. 이는 민족의 미래를 담보할 수 있는 다양한 경험을 바탕으로 한 민족공통의 이론을 토론하고 실현방안을 연구하는 산실이 될 것이다.

4. 맺음말

이상에서 안중근의 동양평화의 연구의 의의, 그 내용과 특징, 연구과제와 실천방안을 살펴보았다.

인류의 발전은 가치의 새로운 발견으로 촉진되었다. 동양의 역사는 부처가 '空'사상을 공자가 '仁'사상, 노자가 '無爲'사상을 발견하였고 그 것을 그 후대의 인물들이 현실에 구체화시켰다. 서양에서도 예수와 마르 크스도 그러한 존재이다.

필자 안중근이 '평화'사상을 새로이 발견하였다고 생각한다. 이러한 측면에서 인류의 문제를 해결할 이론부제의 시대에 살면서 안중근의 동 양평화론은 우리가 다음 시대로 넘어갈 수 있는 이론을 제공하고 있다는 측면에서 시대적 의미가 있다고 주장하는 것이다. 그의 사상을 구체화하 는 것은 이제 우리의 몫으로 남아 있다. 부처에게는 달마가 있고, 공자에 게는 맹자가 있다. 예수에게는 바울이 있으며 마르크스에게는 엥겔스가 있다. 안중근에게는 누가 있는지 지금 그 대답을 해야 할 시점이다.

安重根의 '東洋平和論'과 伊藤博文의 '極東平和論'

신 운 용*

1. 들어가는 말

19세기～20세기 전반기는 세계적 범위에서 서양세력의 동양침략으로 점철된 시대였다. 조선은 변화하는 세계의 조류에 적응하기 위해 1876년 강화도조약으로 문호를 개방하였으나 결국 일제의 식민지로 전락하고 말았다. 일본은 1853년 미국의 패리함대의 압력에 굴복하여 불평등한 조약을 체결한 후, 1868년 명치유신으로 국가체제를 일신하였으나 서구열강과 같은 제국주의의 길을 걷게 되었다.

---

* 안중근의사기념사업회 책임연구원

19세기 서세동점에 대한 한・일의 반응은 다양한 양상으로 전개되었다. 각국의 서세에 대한 대응논리는 각론에서 차이를 보이지만, 총론에서는 대동소이한 양상을 노출하고 있다. 요컨대, 한일양국은 같은 유교문화권이라는 토대 위에 同文同族의식을 기반으로 하여 한국에서는 '동양평화론'으로, 일본에서는 '아시아주의'로 서양세력에 대한 대응논리를 구축하였던 것이다.[1] 하지만 각론에 들어가면 각국의 상황과 시대인식에 따라 이질성을 드러내고 있다. 이는 총론의 의미가 변질되는 경우, 각론의 내용과 의미도 또한 질적 변용이 초래될 수밖에 없음을 의미하는 것이다. 말하자면 서양세력의 침략에 대한 한일양국의 대응논리는 양국의 이해관계, 국제적 역학관계, 시대의 변화에 따라 다양한 양상을 보이고 있다는 말이다. 이와 같은 의미를 내포하고 있는 동양평화론과 아시아주의에 대한 개별 국가의 연구 성과는 어느 정도 진척되어 있는 상황이라고 하겠다.

그러나 서양의 침략에 대한 대항이론인 '동양평화론', 또는 '아시아주의'가 한일양국에서 어떠한 상호관계와 양상 속에서 전개되어 왔는지에 대한 구체적인 연구는 충분히 축적되었다고 단언할 수는 없을 것이다. 말하자면 한국의 동양평화론과 일제의 아시아주의의 성격, 특히 안중근의 동양평화론과 이등박문의 극동평화론[2]을 일정한 연관관계 속에서 파

---

1) 竹内 好 編集・解說, 『アジア主義』(現代日本思想大系 9), 筑麻書房, 1963년 8월 참고.

2) 서세동점에 대한 대응논리로 일본에서는 아시아주의가 등장하였는데, 그 전개과정과 명칭도 복잡한 양상을 띠고 있다. 특히 명칭에 있어 아시아연대론・흥아론 등이 있으나, 대체적으로 일제의 대외침략을 합리화하기 위한 이론으로 아시아주의의 異名同意로 판단된다. 이등박문의 경우도 어디까지나 아시아주의 선상에서 대외정책을 추진하였던 것이다. 그런데, 이등이 까깝쵸프와 회견을 하기 위해 만주로 갔을 때의 상황을 보도한 1909년 11월 4일자 『만주일일신문』의 「極東平和論」에서 이등의 對韓・中정책을 '극동평화론'이라고 명명하고 있다. 즉, "公의 연설은 요컨대, 極東平和論인 것이다. 公은 만주가 극동의 평화에 밀접한 관계가 있다고 말하고(중략) 公은 또 문명의 途上에 있어서 一日의 長인 자는 好意

악한 연구는 어느 정도 이루어지고 있으나[3] 충분하다고는 할 수 없을 것이다. 이러한 측면에서 구체적으로 아시아주의와 같은 궤도에 있는 이등박문의 한국침략 논리인 '극동평화론'의 실체와 그에 대한 대항논리인 안중근의 '동양평화론'의 내용과 특성을 밝히려고 한다. 본고에서는 우선 이등박문의 '극동평화론'의 본질을 규명하기 위해 이등의 對韓침략논리를 추적하려고 한다. 이를 통하여 구체적으로 이등의 '극동평화론'이 지향하는 바와 그 의미가 규명될 것이다.

로써 후진국 국민을 誘導開發할 의무가 있다고 논하고, 그래서 당연히 청국에서의 각종 개혁의 성공을 희망하였다. 또한 일본정부는 개혁을 성공시키는데 있어서, 직접 간접으로 원조해야 할 것이라고 믿는다고 하였다. 그 滿洲 在留국민이 청국인에 대해 언제나 親睦을 旨로 하고 共히 문명의 恩澤을 입을 것을 희망한다고 한 바, 역시 그 취지를 같이 하고 있다. 생각건대, 이것은 日淸 國交의 大方針으로써, 극동평화의 기초가 역시 여기에 있으며, 兩國民이 잘 服膺해야 할 바이다" 이처럼, 일본인들은 이등의 극동평화론이란 선진국인 일본이 극동의 후진국을 지원, 개혁하여 문명의 은택을 입도록 하는 것이라고 주장하고 있다. 그러나 이 말은 표면적으로는 그럴 듯하나, 핵심은 아시아주의와 같은 의미로 아시아의 침략을 뜻하는데 있다. 이러한 맥락에서 필자는 본고에서 이등박문의 침략적 對韓·中정책을 '이등박문의 극동평화론'라는 표현을 사용하고 있는 것이다. 결국 안중근과 이등의 대립은 동양평화론과 극동평화론의 이론적 상극에서 초래된 것이라고 할 수 있을 것이다.

3) 안중근의 동양평화론에 대한 연구의 대표적 성과는 다음과 같다.
홍순호, 「安重根의 『東洋平和論』」『교회사연구』 제9집, 한국교회사연구소, 1994 ; 김호일, 「舊韓末 安重根의 '東洋平和論' 연구」『중앙사론』 제10·11합집, 1998년 12월, 55쪽 ; 김옥희, 「안중근의 자주독립사상과 동양평화사상」『安重根과 東洋平和』(안중근의사순국제87주년기념국제학술회의), 순국선열기념재단, 1997 ; 최기영, 「안중근의 『동양평화론』」『한국근대계몽사상연구』, 일조각, 2003년 7월 ; 김현철, 「개화기 한국인의 대외인식과 '동양평화구상'」『평화연구』 제11권, 고려대학교 평화연구소, 2002년 12월 ; 현광호, 「안중근의 동양평화론과 그 성격」『아세아연구』 제46권, 고려대학교아세아문제연구소, 2003년 10월 ; 김홍수, 「안중근의 생애와 동양평화론」『논문집』, 공군사관학교, 2002년 7월 ; 김길룡, 「동양평화론에 나타난 안중근 의사의 미래지향 정신」『순국』 통권139호, 순국선열유족회, 2002년 8월 ; 윤병석, 「안중근 의사의 하얼빈 의거와 '동양평화론'」(1)·(2)『순국』 통권166·7호, 순국선열유족회, 2004년 11월·12월.

안중근은 1910년 3월 26일 오전 10시경 사형이 집행되기 직전, 典獄 栗原이 안중근에게 '최후의 유언을 하라'고 하자 안중근은 '동양평화 삼 창을 하고 싶다'고 하였다.[4] 물론 일제가 이를 거절하여 안중근은 이 생 에서의 마지막 소망을 이루지 못하였다. 이처럼 안중근은 일생 동안 授 命할 가치가 있다고 여긴 동양평화와 한국의 독립을 위해 살았던 것이 다. 따라서 안중근에게 이와 같은 의미가 있는 동양평화론을 구체적으로 살펴보기 위해서는 안중근이 『동양평화론』을 저술하게 된 배경을 살펴 보아야 할 것이다. 동양평화론의 배경을 밝히는데 있어 삼국공영론·삼 국동맹론 등 당시 등장했던 반침략이론을 살펴보는 것이 중요한 과제일 것이다. 때문에 안중근이 주창한 동양평화론의 배경으로써 '삼국공영론' 과 '삼국동맹론'을 개괄적으로 살펴보고자 한다. 이를 바탕으로 필자는 안중근이 제기한 동양평화론의 내용을 기술하고 나서 그 특징을 살펴보 려고 한다. 그리고 또 다른 측면에서 안중근이 제시한 동양평화론의 형 성배경을 논할 시, 천주교와의 관련성을 언급하지 않을 수 없을 것이다. 왜냐하면 안중근은 그에게 부여된 天命을 '한국의 독립'과 '동양평화의 유지'라고 생각하였기 때문이다. 이에 대해서는 필자가 이미 설명한 바 가 있기 때문에 여기에서는 구체적으로 언급하지 않겠다.[5]

이러한 필자의 작업을 통하여 안중근의 동양평화론이 어떠한 의미를 갖는지, 또한 이등박문의 극동평화론이 지향하는 바가 무엇인가 하는 문 제가 극명하게 드러날 것이다. 이러한 의미에서 필자는 본고가 안중근의 동양평화론이 갖는 의미를 규명함으로써 폭넓은 '安重根學'를 발전시키 는데 기여하고, 더 나아가 안중근의 동양평화론의 현재적 의미를 규정하 는데 일조하였으면 하는 바람이다.

---

4) 국사편찬위원회(이하 국편), 「報告書」 『한국독립운동사』 자료7, 515쪽.
5) 신운용, 「안중근 의거의 사상적 배경」 『안중근의 신앙과 사상』(안중근의사의거 96주년기념학술대회), 안중근의사기념사업회, 2005년 10월 26일 참고.

2. 일제의 침략논리와 이등박문의 ‘극동평화론’ 실체

일본 명치정부가 福澤諭吉 등과 같은 아시아주의자들과 밀접한 관계를 맺으면서 대한정책을 추진하였던 것은 주지하는 바이다. 특히 伊藤博文은 아시아주의로 포장된 일제의 대외침략정책을 진두지휘하며 일제의 외교를 사실상 이끌었던 인물이다. 이등은 통감부의 통감으로서 조선을 일제의 식민지로 만드는데 결정적인 역할을 하였다. 결국 조선이 일제의 식민지로 전락한 하나의 원인으로 이등의 아시아주의의 한 형태인 ‘시정개선’이라는 용어의 본질을 꿰뚫는 통찰력과 비판정신의 결여를 들 수 있을 것이다. 이러한 의미에서 이등박문이 조선을 식민지화하는데 동원한 논리가 어떤 것인지 살펴보는 것은 의미 있는 작업일 것이다.

일본 명치정부는 1873년 정한론자들을 제거한 후, 1876년 조선과 강화도조약을 맺으면서 ‘朝鮮國은 自國의 邦으로 日本과 平等한 權을 保有한다’[6]고 선언하였다. 그 후 동양의 평화와 한국의 독립을 명분으로 1894년 청일전쟁과 1904년 노일전쟁을 도발하였던 것이다. 이러한 일제의 대외침략을 선두에서 이끈 대표적인 인물이 이등이었다. 그는 1895년 청일간의 강화조약 체결을 주도하였으며, 노일전쟁의 단계적 목표인 을사늑약의 체결을 총지휘한 인물이다. 일본정부는 한국에 대해 청일·노일전쟁이 한국의 독립을 확고히 하기 위한 수단이라는 논법으로 일진회와 같이 부일성향을 보이는 일부 한국인의 동의를 바탕으로 한국을 침략하였다. 특히, 일제가 한국을 침략하기 위해 내세운 논리는 ‘한국의 독립’과 ‘동양의 평화유지’였다는 것은 주지하는 바이다. 이러한 일제의 논리에 편승하여 당시 많은 한국인들은 일본의 승리를 기원하였고 심지어 일제의 전쟁수행에 참여하기도 하였다. 한국인들이 이러한 양상을 보인

---

6) 日本外務省 編纂,「日韓修好條規」『日本外交年表竝主要文書』上, 原書房, 1965년 11월, 65쪽.

이유를 인종론에 입각한 삼국동맹론에서 엿볼 수 있을 것이다. 그렇다고 당시 한국인들이 일제의 침략성을 전연 의식하지 못한 결과로 일제의 아시아주의에 매몰되어 노일전쟁에서 일제를 지지하였다고는 단정할 수 없을 것이다.7) 예컨대, 안중근도 이기 등과 같이 일제의 침략성을 인식하면서도 서양세력의 침탈로부터 조선을 보호하기 위한 수단으로써 일본의 승리를 기대하였던 것으로 보인다.8) 하여튼 일제는 아시아주의의 또 다른 형태인 한국의 독립과 동양의 평화유지라는 위장된 명분을 내세워 반일세력을 제압하는 동시에 부일세력의 활동력을 강화시키는데 주력하였다.

청일·노일전쟁의 목적이 한국의 독립에 있다고 억지 주장을 하던 일제는 한국에서 청국과 노국세력이 제거되자 그 마각을 드러냈다. 즉, 1905년 4월 8일 일제의 내각은 '東洋의 禍源을 없애어 일본의 자위를 保存하기 위해서 한국에 대한 保護權을 確立하고 該國의 對外關係를 我國의 手中에 넣어야 한다'라는 소위 「한국 보호권 확립의 건」을 결정하였다.9) 그 후 일제는 한국의 외교권을 박탈하기 위한 구체적 계획으로 동년 10월 27일 각의에서 '韓國保護權確立'을 實行에 옮기기로 결정하기에 이른다.10) 이처럼 일제는 한국이 동양의 화근이라고 주장하면서 이 화근을 제거하기 위해 한국을 식민지로 삼지 않으면 안 된다는 논리를 내세웠던 것이다. 이러한 흐름에서 이등은 을사늑약의 사전 정지작업을 위해 1905년 11월 9일 서울에 도착한 후, 15일 고종을 알현하였다. 이때 이등은 한편으로 "我 황제폐하는 일한양국 특수 관계에 비추어 동양의 평화를 영구히 유지하도록 하는 것을 軫念하신 결과 특히, 博文에게

---

7) 신운용, 「안중근의 對日인식」(2005년 12월 10일 한국근현대사학회 발표문) 참고.
8) 『皇城新聞』 1903년 10월 1일자, 「日不得不戰」.
9) 日本外務省 編纂, 「韓國保護權確立の件」 『日本外交年表竝主要文書』 上, 233쪽.
10) 金正明 編, 「韓國保護權確立實行ニ關スル閣議決定の件」 『日韓外交資料集成』 6 上, 1964년 11월, 10~12쪽.

大命을 내시어 친히 폐하에게 전달하도록 한 바"11)라고 하며 동양평화를 들먹이고 있다. 다른 한편으로 "한국은 어떻게 하여 오늘날에 생존할 수 있겠는가 장차 또한 한국의 독립은 何人의 덕택인가"12)라고 하여 이등은 고종을 협박하는 언사도 서슴지 않았다. 더욱이, 이등은 고종에게 한국을 병탄하려는 청국과 노국 세력에 맞서 일본은 한국의 독립을 위해 이들 국가를 축출하였다는 궤변을 늘어놓기도 하였다.13) 한걸음 더 나아가 이등은 을사늑약 체결 이틀 전인 1905년 11월 15일 고종황제를 알현하면서

> 그 戰勝의 결과 貴國의 領土를 보전한 것은 사실이 증명하는 바이고 또한 天下의 公論이 모두 인정하는 바로 (중략) 한국의 영토는 이로 인해 보전될 수 있었고 동양평화는 이제 극복되었다. 비록 그렇다고 할지라도 나아가 平和를 恒久히 유지하고 東亞將來의 滋端을 杜絶하기 위해서는 양국간의 결합을 일층 견고히 하는 것이 극히 긴요하다고 인정된다.14)

라는 망언을 하였다. 요컨대 이등은 일본의 한국지배는 세계가 인정하는 바15)라고 하면서 한국에서 노국과 청국 세력이 제거된 이후 일본이 독점적으로 한국을 강점한 상태를 '동양평화'라고 표현하고 있다. 여기에서 이등이 말하는 동양평화라는 것은 일제의 한국점령을 의미한다는 사실이 분명히 드러난다고 하겠다. 다시 말해 청일전쟁의 이유로 내세웠던

---

11) 金正明 編, 「伊藤特派大使御親翰奉呈始末」 『日韓外交資料集成』 6 上, 15쪽.
12) 金正明 編, 「伊藤特派大使內謁見始末」 『日韓外交資料集成』 6 上, 21쪽.
13) 金正明 編, 「伊藤特派大使內謁見始末」 『日韓外交資料集成』 6 上, 22쪽.
14) 金正明 編, 「伊藤特派大使內謁見始末」 『日韓外交資料集成』 6 上, 23쪽.
15) 이러한 일제의 대한정책의 연장선에서 이등박문은 1905년 1월 25일 美대통령에게 서한을 보내어 대한제국을 식민지화하겠다는 의지를 국제적으로 표출하기도 하였다(日本外務省 編纂, 「平和克復後における滿韓, 旅順に關する我政府の意思並びに希望の件」 『日本外交年表竝主要文書』 上, 232쪽).

'한국의 독립'과 '동양의 평화'라는 것이 한국과 동양에 대한 침략을 뜻한다는 사실을 이등은 실토하였던 것이다.

결국 일제는 1905년 11월 17일 을사늑약을 조선과 강제로 체결하였다. 일제가 을사늑약을 한국에 강제한 논법은 위에서 보았듯이, '동양장래의 滋端을 두절하기 위해서'라는 논리의 연장선에서 이루어진 것으로 한국과 동양의 평화를 유지하기 위한 방편이라는 것이다.[16] 이처럼 침략성이 완전히 드러난 상황 속에서도 여전히 일제는 한국침략을 '동양평화'로 위장하는 전술을 구사하고 있음을 주목할 필요가 있다.

이와 같은 상황 속에서 일진회는 을사늑약 직전인 1905년 11월 5일 「宣言書」를 발표하였다. 요컨대, 일본이 '청일전쟁과 노일전쟁을 평화를 위한 의협심에서 행한 것이라고 주장하면서, 외교는 선진문명국 일본에 위임하고 내치는 한국정부가 맡되 선진고문관을 고빙하여 弊政을 제거하는 것이 민복을 증진시키는 길이다'라는 허황된 주장을 「宣言書」에서 하였다.[17] 이처럼 일진회는 일제의 논리를 적극적으로 받아들여 을사늑약을 찬성하였던 것이다. 이에 반대하여 장지연은 「시일야방성대곡」에서 일제의 침략을 폭로하였으며[18] 전국적으로 의병이 봉기하였던 것이다.

을사늑약 이후 한국을 대부분 장악한 일제는 한국에 대해 즐겨 사용했던 '한국독립'·'동양평화'라는 용어를 이제 적극적으로 강조하지 않아도 되었다. 오히려 이등이 한국통감으로 온 이후, 한국인들의 저항을 무력화시키는 용어로 전부터 사용되던 '시정개선'이라는 구호의 사용빈도를 전에 비해 더욱 높여 한국을 장악하려고 하였다. 그러나 일제의 대한 정책은 한국인들의 전국적인 저항을 초래하였다. 예컨대, 을사의병이

---

16) 金正明 編, 「韓國外交委託 ノ協約締結 ノ必要ニ付キ大臣ト交涉 ノ件」『日韓外交資料集成』6 上, 35쪽.
17) 金正柱, 「韓國一進會日誌」『朝鮮統治史料』제4권, 韓國史料硏究所, 1970년 7월, 514~515쪽.
18) 『皇城新聞』1905년 11월 20일자, 「是日也放聲大哭」.

전국적으로 번져가고 있는 가운데, 1907년 2월 이후 국채보상운동이 전국적으로 일어났으며, 1907년 3월 나철·오기호 등의 을사오적 처단시도사건이 발생하는 등 한국인의 반일투쟁열기가 고조되어 갔다.

이러한 상황을 타개하기 위해 이등은 1907년 5월 22일 이완용내각을 출범시켰다. 이후, 1907년 5월 30일에 개최된 소위 '제16회 한국시정개선에 관한 협의회'에서 이등은 한걸음 더나가 한국을 완전히 장악하기 위한 구체적인 논법을 제시하였다. 요컨대, 이등은 한국의 급무는 정치개선에 있다고 주장하면서 한국을 세계문명국의 반열에 올려놓기 위해 한국과 일본이 제휴해야 한다는 궤변[19]을 늘어놓았다. 더욱이 이등은 시정개선이라는 명목 하에 이루어지고 있던 '교육의 보급', '산업의 발달'을 한국·일본 나아가 세계를 위한 것이라며 일제의 한국침략상황을 교묘하게 위장하여 한국인들을 기만하였다. 그러나 이러한 이등의 주장은 전국적으로 전개되던 반일투쟁을 희석하기 위한 수단에 지나지 않는 것이었다. 한국의 외교권을 장악하고서 한국을 세계문명국의 반열에 올려놓겠다는 주장은 그야말로 표리부동한 행동임을 이등 자신이 잘 알고 있었을 것이다. 이와 같은 이등의 망언에 대해 이완용은 "각하의 훈시를 듣고 행복을 이길 수 없다"[20]며 부일성향을 드러냈다. 이는 부일배도 이등의 시각에 동의하고 있는 것으로 보아도 무리가 없다는 의미인 것이다.

을사늑약을 인정할 수 없었던 고종은 1905년 12월 11일 루즈벨트 미대통령에게 「친서」를 보내어 일본의 침략을 폭로하면서 미국의 지원을 요청하였으나 미국은 이에 응하지 않았다. 또한 고종은 1907년 6월 헤이그 평화회의에 이상설·이위종·헐버트를 파견하여 일제의 만행을 세계 각국에 호소하려고 하였다. 그러나 1907년 7월 2일 헤이그 밀사파견사건

---

19) 金正明 編,「韓國施政改善ニ關スル協議會第十六回」『日韓外交資料集成』6
   上, 481쪽.
20) 金正明 編,「韓國施政改善ニ關スル協議會第十六回」『日韓外交資料集成』6
   上, 481쪽.

이 발각되자,[21] 이등은 '모든 책임이 고종에게 있고 일본에 대해 공연히 적의를 표하는 것은 협약위반이므로 한국에 宣戰布告를 할 권리가 있다'고 고종을 협박하였다.[22] 이후, 이등은 고종을 퇴위시키고 한국의 외교권에 이어 내정권마저 장악하려고 획책하였다. 요컨대, 일제는 한국병탄이라는 흉계를 합리화하기 위한 논리로 '한국의 독립을 위해 한국을 장악해야 한다'는 궤변을 내세우고 있다. 이는 다음의 林 외상과 이즈볼스끼 노국 외상간의 대화내용에서도 엿볼 수 있다. 요컨대, 제3차 한일협약이 있기 3일 전인 1907년 7월 21일 일제의 林 外相이 한국의 공법상의 자격 변경여부에 대해 질문한 노국 외상 이즈볼스끼에게

> 일본이 非常한 위험에도 두 번이나 大戰爭을 한 것은 영구히 한국의 독립을 유지하기 위한 목적에서 나온 것이므로 조만간에 그 공법상의 자격의 변경이 초래될 것은 이제 豫期될 것이다. 본관이 알고 있는 바에 따르면 구주의 여론도 이에 대해 이의가 없는 것 같다.[23]

라고 답하였다. 이처럼 일제는 한국을 식민지화하려는 야욕을 숨기지 않고 드러내었다. 이즈볼스끼도 이에 대해 '노국은 새로 할 말이 없다'고 하여 일제의 한국지배를 사실상 인정하였다.

노국의 묵인과 고종의 헤이그밀사파견 사건을 악용하여 일제는 결국 1907년 7월 24일 「한일신협약」을 강제로 체결하였다. 특히 일제는 "日本政府 및 韓國政府는 신속하게 한국의 富強을 꾀하고 한국민의 幸福을 증진시킬 目的으로 다음의 條款을 約定한다" 라고 하여 「한일신협약」의

---

21) 국편, 「韓帝派遣密事에 대한 露國外相의 談話保報 件」『統監府文書』 5, 1999
   년 9월, 1쪽.
22) 국편, 「密使 海牙派遣에 대한 韓帝에의 嚴重警告 및 對韓政策에 관한 廟議決
   定 稟申件」『統監府文書』 5, 5쪽.
23) 국편, 「韓國問題에 관한 露國外相과의 會談要旨 및 露國新聞論調 移牒 件」
   『統監府文書』 5, 31쪽.

체결목적을 한국을 위한 것이라고 강조하고 있다. 그러나 일제는 「한일
신협약」 제1조에서 "韓國政府는 施政改善에 관해 統監의 指揮를 받을
것"이라고 하여 한국을 병탄하려는 의지를 노출시켰다. 결국 한국은 이
협약으로 외교권에 이어 내정권마저 일제에 빼앗기게 되어 사실상 일제
의 식민지로 전락하였다. 이처럼 일제는 한국의 내정권을 강탈하면서도
한국민의 행복을 증진시킬 목적이라고 운운하고 있었던 것이다. 이러한
의미에서 일제가 말하는 시정개선이란 한국을 일제의 식민지로 만드는
데 방해가 되는 걸림돌을 제거하는 행위를 뜻하는 것이라고 하겠다. 이
와 같은 사실을 일제도 "日露戰役開始 以來 韓國에 대한 我勸力은 점차
커져 특히 재작년 日韓條約의 체결과 함께 同國에 있어 시정은 크게 그
면목을 개선시켰다"고[24] 하여 실토하고 있는 것이다.

이처럼 이등박문은 아시아주의의 한 형태인 시정개선이라는 이론을
동원하여 한편으로 한국인의 독립에 대한 열의와 자신감을 잃도록 조장
하고, 다른 한편으로 협박을 가하는 양동작전을 펼치고 있었다. 이를 간
파하고 있었기 때문에 안중근은 "나는 伊藤統監의 시정방침은 어떻게
하든지 파괴하지 않으면 안 된다고 판단되었기 때문에 그 일을 위하여
무엇이라도 해야만 한다"[25]라고 하였던 것이다.

1909년 6월 이등박문은 조선 통감직을 사직하고 추밀원의장으로 자
리를 옮기었다. 일제는 이미 1907년 7월 24일 한일신협약, 1907년 8월
1일 한국군대 해산, 1908년 11월 30일 루우트─다카히라협정[26] 등으로
조선을 식민지화할 만반의 준비를 마친 상태였기 때문에 한국에서 이등
의 역할은 끝났다고 보아야 할 것이다. 이제 이등은 한국을 넘어 만주로
눈을 돌릴 수 있는 여력이 생겼던 것이다. 즉, 일제는 1909년 9월 청국과

---

24) 日本外務省 編纂, 「韓國併合ニ關スル件」 『日本外交年表並主要文書』 上, 315쪽.
25) 최이권 편역, 『愛國哀情 安重根 義士』, 법경출판사, 1992년 3월, 10쪽.
26) 日本外務省 編纂, 「太平洋方面に關する日米交換公文」 『日本外交年表並主
要文書』 上, 312～313쪽.

일본 사이에 체결된 「간도협약」으로 만주 침략의 구체적인 교두보를 확보하였다. 그러나 미국이 만주의 문호개방을 요구하고, 노국은 간도협약에 의구심을 갖고 있던 상황에서 노일간의 전쟁이 임박하였다는 소문도 무성하였다. 이에 일제는 국제적인 압력을 피하면서 만주침략을 강화하기 위한 조치로써 이등과 까깝쵸프간의 회담을 제안하였다. 그러나 안중근이 이등을 처단함으로써 노일간의 접근은 일시 무산되었다.

이상에서 살펴본 이등박문의 침략적 '극동평화론'은 일제의 대외침략 노선 위에서 형성된 것으로 당시 일본인의 대아시아 인식과도 같은 궤도 상에 있었다. 요컨대, 한국에 있던 대부분의 일본인들은 일본이 한국을 보호하고 문명화시키는 후견인이라는 인식을 갖고 있었으며, 재한 일본인들은 한국침략을 당연시하였고 동시에 우월의식으로 가득 차있었다. 게다가 이들은 일본이 한국을 보호하고 문명화시키고 있다고 허위선전을 하고 있던 이등박문의 침략적 대한정책을 적극적으로 지지하였다. 그렇기 때문에 안중근이 이등을 제거한 이후 당시 學部次官 俵는

그리고 日本은 地理上으로 一衣帶水의 隣國이므로써 韓國으로 하여금 오래 此 狀態로 둔다는 것은 東洋의 平和를 破하고 延하여 自國의 存立을 危殆롭게 하는 所以이므로 日·淸 日·露의 大戰에 幾多의 生命과 財産을 犧牲에 供하고도 不辭한다. 要컨대 日本의 眞意는 外로 韓國에 對한 他國의 抑壓을 排除하고 內로 韓國의 擾亂을 治하여 此를 扶植하며 此를 輔導하여 文明의 域에 나아가게 하여 永久히 東洋平和의 禍根을 絶함에 있다. 그리하여 伊藤公爵 閣下는 明治三十八年(一九〇五) 十一月 親히 渡韓하여 日韓協約을 締結하고 이어 同三十九年(一九〇六) 二月 統監府를 設置하자, 統監으로 老軀를 이끌고 此地에 在任하여 誠意誠心 韓國을 指導開發하여 文明에 浴케 하는데 努力하였다.[27]

27) 국편, 「伊藤公爵 薨去에 關하여 官立學校 職員에 對한 俵 學部次官의 訓示要領」 『한국독립운동사』 자료7, 1976년 12월, 78~79쪽.

라는 對韓인식을 드러내면서 이등을 한국을 문명화시킨 존재라고 망언하였던 것이다.

안중근을 訊問한 溝淵 검찰관도 이등과 동일한 對韓인식을 갖고 있었다. 따라서 訊問과정에서 이등처단을 계기로 旅順을 일제의 대한정책의 침략성과 허구성을 폭로하는 장으로 삼으려고 했던 안중근[28]과, 이등의 대한정책의 정당성을 내세웠던 溝淵간의 대립은 역사적 필연성을 내포하고 있었던 것이다. 요컨대, 구연 검찰관은 안중근의 이등처단이 오해에서 생긴 결과라는 논리를 내세우기 위해

　　만약 中國은 말할 것 없고 露國에 對抗할 힘이 없는 韓國을 그대로 放置하면 滅亡하는 수밖에 없다. 이것은 곧 東洋平和에 害가 있으므로 日本이 保護하고 있는 것이다. 그대는 그 事理를 알고 있지 않다고 생각하는데 如何한가.[29]

라며 ‘동양평화’라는 논법을 구사하였던 것이다. 이에 대해 안중근은

　　結局 伊藤의 하는 方法이 나빴기 때문에 韓國이 今日과 같은 狀態에 이르른 것으로 만약 奸策 强判을 加하지 않았다면 말할 것 없이 東洋은 至極히 平和롭게 되어 있을 것으로 생각된다.[30]

라고 하여 동양평화가 유지되지 못한 원인을 밝히면서, 한국의 비참한 현실은 이등의 對아시아 정책이 실패한 결과라고 반격을 가하였다. 이에 대해, 구연은 일본이 청국과 노국의 침략으로부터 한국을 보호하고 문명개화를 돕고 있다는 논리를 내세웠다.[31] 그러자 안중근은 일본의 대한정

---

28) 『동아일보』 1979년 9월 19일자, 「安重根의사 東洋平和論」.
29) 국편, 「被告人 2第六回 訊問調書 被告人 安應七」 『한국독립운동사』 자료6, 176쪽.
30) 국편, 「被告人 第六回 訊問調書 被告人 安應七」 『한국독립운동사』 자료6, 176~177쪽.

책은 같은 인종인 한국을 먹이로 삼는 것에 지나지 않고[32] 이등이 내세운 시정개선은 한국의 진보를 오히려 방해하고 있다[33]는 논법으로 구연의 주장을 혁파해 나갔다. 이러한 안중근의 대일인식은 사회진화론의 입장에서 일제의 대한정책을 지지하는 경향을 보이던 당시의 많은 한국지식인들[34]과는 궤도를 달리하고 있다는 사실에 주목할 필요가 있다.[35]

이처럼 안중근은 일제의 침략논리를 무력화시키면서 한국의 독립과 동양의 평화를 유지하기 위한 논법으로써 '동양평화론'을 또 하나의 대일전쟁 이론으로 상정하여 일제의 대한침략이론에 맞서고 있었다.

하지만 한국 국내에서는 오히려 안중근을 성토하는 목소리가 높았던 것이 사실이다.[36] 물론 대부분의 한국인들은 안중근의 이등처단을 역사적 의미가 있는 일로 여겼지만, 부일세력은 "嗚呼 東洋平和에 있어서 다시 公(伊藤; 필자)과 如한 者 그 누구인가"[37]라고 하여 이등을 찬양하였던 것이다. 요컨대 민간 부일세력은 이등을 '동양평화를 유지한 위인'이라는 궤변으로 일관하였다.[38] 민간 부일배 뿐만 아니라, 조선황실과 정부도 이등박문에 대해 민간 부일배와 같은 인식을 갖고 있었던 것으로 보인다. 즉, 순종의 예에서 보듯이[39] 안중근이 이등을 동양평화의 파괴자로 한국을 식민지화시킨 원흉으로 보는 것과는 정반대로, 조선의 지배

---

31) 국편, 「被告人 第六回 訊問調書 被告人 安應七」 『한국독립운동사』 자료6, 177쪽.
32) 국편, 「被告人 第六回 訊問調書 被告人 安應七」 『한국독립운동사』 자료6, 177쪽.
33) 국편, 「被告人 第六回 訊問調書 被告人 安應七」 『한국독립운동사』 자료6, 178쪽.
34) 최기영, 「한말 사회진화론의 수용」 『한국근대계몽사상연구』, 일조각, 2003년 7월, 28쪽.
35) 신운용, 「안중근의 對日인식」(2005년 12월 10일 한국근현대사학회 발표문) 참고.
36) 신운용, 「안중근의거에 대한 국내의 인식과 반응」 『한국근현대사연구』 제33집, 2005년 3월, 27~46쪽.
37) 국편, 「高秘發 第三五九號」 『한국독립운동사』 자료7, 1977년 12월, 47쪽.
38) 신운용, 「안중근 의거에 대한 국내의 인식과 반응」 『한국근현대사연구』 제33집, 44~45쪽.
39) 국편, 「高秘發 第三五九號」 『한국독립운동사』 자료7, 83~85쪽.

층들은 동양평화의 보호자이자 한국개발의 大恩人이라고 여기는 도착된 현상을 보이고 있다.40)

한국인의 독립의지를 무력화하기 위한 논리로 '동양평화'를 내세우는 일제의 행태는 일제강점기에도 계속 이어졌다. 즉, 1910년 9월 한일병탄 때, '병탄선언서'에서 일제는 "조선인의 그 복리를 증진시키고 한일양국이 一家가 되어 영원히 동양평화의 慶을 향유하는 것을 절망해 마지않는 것이다"이라고 하였다.41) 또한 1919년 3·1 독립운동이 전국적으로 일어나자, 朝鮮總督 長谷川好道는 "韓國에서 3·1獨立運動이 繼續됨에 日本의 韓國統治는「東洋平和의 基礎確立」과 所謂「一視同仁의 大義」에 準한 것으로 偏私가 없는 것"이라고42) 하였다. 이처럼 일제는 한국을 식민지화하기 위한 논리에 머물지 않고 한국을 통치하기 위한 방법론으로 '동양평화'를 내세우고 있었던 것이다. 이러한 일제의 주장에 대해서 한국인들은 신규식의 예에서 보듯이, 안중근의 동양평화론이라는 궤도 위에서 '동양평화론'으로 일제의 허위선전에 맞서고 있었다는 사실에 주목해야 할 것이다.43)

이상에서 살펴보았듯이, 이등박문의 '극동평화론'은 일제의 대외침략

---

40) 신운용,「안중근 의거에 대한 국내의 인식과 반응」『한국근현대사연구』제33집, 33쪽.
41) 金正柱,「韓國併合ニ關スル宣言」『朝鮮統治史料』제4권, 481쪽.
42) 조선총독부,『朝鮮總督府官報』1919년 7월 1일자.
43) 임시정부의 國務總理代理 法務總長 申圭植이 1921년 7월 12일 英國 外務省·英國 上下議院에게 보낸 抗議 電報에서 다음과 같이 일제의 침략논리를 '동양평화'라는 측면에서 반박하고 있다. 즉, "13日은 英日同盟의 滿了期이다. 듣건대 貴國에서는 將次 續約을 改訂하려 한다고. 政府는 國民 全體의 公意를 代表하여 懇告한다. 今後의 續約은 日本의 侵略政策을 助長하며 我國의 國際人格을 侵害하는 字句는 一切 이를 削除하고 또 韓英舊約을 잊지 말고 吾國의 獨立을 尊重하고 人道의 正義를 主張하여 東洋平和의 實現을 援助하기를 切望한다. 이는 我韓의 幸일 뿐 아니라 世界의 福이 되는 所以이다. 云云(국편,『日帝下三十六年史』六, 1971년 12월, 291쪽)

정책을 뒷받침하는 논리로 침략을 평화로 위장하고 정당화하기 위한 위장술에 지나지 않았던 것이다.[44] 따라서 이등의 극동평화론의 본질은 '한국과 아시아 침탈'이었던 것이다.

3. 안중근의 '동양평화론' 형성배경

18세기 천주교의 전래로 인한 문화충돌, 병인양요(1866년), 신미양요(1871년), 영국과 청국간의 아편전쟁(1840년~1842년) 등으로 인해 조선인의 斥洋의식이 고착화되어, 조선은 1876년 강화도 조약이 체결되기 이전까지는 쇄국정책으로 일관하였다. 그러나 1876년 강화도조약 이후, 조선은 서양제국과 국교를 맺고 국제사회에 등장하게 되었다.

강화도조약 이후 노국 등 서양 제국주의 세력의 동양 침략이 점증하는 상황에 직면하여, 인종적 문화적으로 비슷한 기반위에 있던 동양 삼국은 일정한 공영 내지 동맹의 필요성을 인식하게 되었던 것이다. 이러한 삼국공영론 또는 삼국동맹론이라는 시대적 담론은 주로 당시의 신문을 매개로 전개되었다. 이러한 맥락에서 안중근의 정치사상은 『大韓每日新聞』·『皇城新聞』·『帝國新聞』·『共立新聞』·『大東共報』 등 당시의 신문에 큰 영향을 받으며 형성되었던 것 같다.[45] 따라서 안중근의 동양평화론을 살펴보기 위해서는 당시 신문지상에서 논의되던 삼국공영론·삼국동맹론·동양평화론 등의 담론을 우선 살펴보아야할 것이다.

강화도조약에 따라 1880년 김홍집은 수신사로 일본을 방문하게 된다. 일본에서 김홍집은 황준헌으로부터 『私擬朝鮮策略』을 받아 귀국하였다.

---

44) 유재곤,『일제의 한국침략논리와 만국공법』, 정신문화연구원 한국학대학원 박사학위 논문, 1996 참고.
45) 국편, 「被告人 訊問調書 被告人 安應七」『한국독립운동사』 자료6, 5~6쪽.

주지하다시피, 조선책략은 1860년 11월 노국과 북경조약을 체결하여 우수리강 以東의 연해주를 노국에 양도하는 등 노국의 청국에 대한 압력을 배경으로 서술되었던 것이다. 황준헌이 『사의조선책략』에서 노국을 견제하기 위해 서양문물을 받아들이고 기독교의 포교를 인정해야 하며, '親中國結日本連美'해야 한다는 내용을 담고 있다. 말하자면 親中이란 청국의 지도를 받아 대외정책을 취하는 속방 체제의 강화를 뜻하고, 結日은 근대화의 모델로 일본을 본받아야 한다는 것이며, 結美는 미국이 조선을 保護할 것이라는 의미이다. 결국 황준헌의 『사의조선책략』은 청국의 입장에서 노국을 견제하기 위해 조선과 일본·미국을 대항세력으로 끌어들이려는 술책이었던 것이다. 조선의 개화정책이 청국의 영향력 하에서 이루어지고 있는 상황에서 『사의조선책략』은 조선의 대외정책에 큰 영향을 끼쳤다는 것은 짐작하고도 남음이 있다.

'동양삼국이 동심협력하여 서양으로부터의 굴욕을 막자'라는 허울 좋은 슬로건을 내세우며 1880년 3월 홍아회가 창단되었다. 1880년 9월 5일 홍아회의 월례회에 이조연·윤웅렬·강위 등이 참석하였던 것으로 미루어 보아, 이들은 홍아회의 주장을 경청하였던 것으로 보인다.[46] 1881년 6월 23일 조사시찰단의 일원인 홍영식은 홍아회에 참석하여 "同生斯世又同洲三國衣冠共一樓"라는 시를 지어 화답하기도 하였다. 1882년 6월 김옥균 서광범·유길준 등이 홍아회에 참석하였고,[47] 이들은 1883년 1월 27일 아세아협회에도 참석하였다.

개화세력이 홍아회·아세아협회에 참석하여 일제의 논리에 일정하게 노출되었을 것이다. 이는 1884년 7월 3일자 『한성순보』가 아세아협회를 "協心同力하여 피차가 서로 유익하게 하여 부강의 위치에 나아가 힘써

---

46) 이광린, 「開化期 韓國人의 아시아連帶論」 『開化派와 開化思想의 硏究』, 일조각, 1989, 140~144쪽.
47) 이광린, 「開化期 韓國人의 아시아連帶論」, 140~142쪽.

아시아 全洲의 대세를 진작하려고 하는 것이다"⁴⁸⁾라고 평가하는 등 일제의 아시아주의자들의 주장에 동조하는 듯한 논조에서 엿볼 수 있다.⁴⁹⁾

그러나 김홍집⁵⁰⁾·홍영식·어윤중⁵¹⁾ 등의 집권세력은 여전히 청국 중심의 외교정책으로 일관하였기 때문에, 청국을 중심으로 일본을 서세의 방어망으로 이용하겠다는 서세에 대한 대항논리를 구축하려고 하였을 것이다. 말하자면 당시 조선의 위정자들은 중국을 주변수로, 일본을 종속변수로 여겼던 것으로 보인다.

하지만 1882년 10월 17일 「朝中商民水陸貿易章程」이 체결된 이후, 청국의 조선 속방화와, 청일전쟁 이후 구습에 빠져 있어 국가의 유지도 곤란하다는⁵²⁾ 청국에 대한 부정적인 인식 등으로 삼국공영론이 약화되는 현상을 보이기도 하였다. 이에 따라, '한일공영론'이 강화되는 현상마저 보이게 된다. 물론 이는 청일전쟁으로 청국세력의 몰락과 일본세력의 부상이라는 현실을 반영하는 것으로 보인다.⁵³⁾

---

48) 『漢城旬報』 1884년 7월 3일자, 「隣交論」.
49) 이러한 측면에서 이광린 교수와 조재권은 흥아회 등과의 교류를 통하여 삼국공영론·삼국동맹론이 형성되었다는 주장을 한다(이광린, 「開化期 韓國人의 아시아 連帶論」, 140~144쪽 ; 조재권, 「한말 조선지식인의 동아시아 삼국제휴 인식과 논리」 『역사와 현실』 37, 2000, 156~157쪽).
50) 1880년 7월 15일 황준헌과 김홍집의 대화 속에서 김홍집의 청국에 대한 인식의 일단을 엿볼 수 있다. 즉, "중국에 대한 저희나라의 義理는 屬邦과 같았으니 近日 바깥일이 어지러운 만큼 구하고자하는 바가 더욱 간절합니다"(황준헌 원서, 조일문 역주, 「金弘集과 駐日淸國外交官과의 筆談」 『조선책략』, 건국대학교출판부, 42쪽).
51) 어윤중은 청의 周馥과의 나눈 대화에서 다음과 같은 청국에 대한 인식을 드러내고 있다.
왕년에 일본 유람하였는데. 일인이 독립으로서 일본의 지표로 삼는다고 하므로 중간에 큰소리로 그 말을 막고서 自主라면 가하나 獨立이라면 안 된다. 왜냐하면 청이 있기 때문이다. 自來로 正朔을 받들고 侯度를 닦았는데 어찌 독립을 말하는 것이 가하겠는가(中央研究院近代史研究所, 『淸溪中日韓關係史料』第二卷, 1979, 59쪽).
52) 『皇城新聞』 1899년 5월 13일자, 「論說」.

이러한 경향은 1898년 4월 7일자『독립신문』의 「논설」에서도 엿볼
수 있다. 즉, 청국은 '均勢論的 현실을 이해하지 못하고, 自殺之計만 세
우고 있으므로 삼국의 보존을 위해서는 한일 양국이 억지로라도 청국을
개화시켜야 한다'고『독립신문』에서 주장되었던 것이다. 더 나아가『독
립신문』은 한국의 독립과 동양의 보전을 위한 일본의 조치가 불가피한
것이었다고 주장하면서,54) 일본을 동양삼국의 맹주로 받아들여야 한다
고 강조하였다.55) 특히 독립신문은 대한독립에 큰 공이 있는 사람으로
이등박문을 지목하기도 하였다.56)

그렇다고 전적으로 조선의 지식인들이 일본의 논리에 경도되어 일본
의 침략성을 인식하지 못한 것은 아니다. 예컨대, 1896년 5월 16일자
『독립신문』의 「논설」에서 노·일의 조선 보호국화 논의를 비판하면서
조선인의 각성과 국익을 우선시할 것을 촉구하며 일본의 침략성을 경계
하기도 하였다.

이처럼 독립신문에 나타난 일본관은 한편으로는 조선독립과 개화의
은인으로, 다른 한편으로는 한국을 침략하는 세력으로 보는 이중적 구조
를 띠고 있었던 것이다. 이는 독립과 문명개화라는 당시의 시대적 문제
가 독립신문에 투영되어 나타나는 현상에서 기인하는 것으로 보인다.

한편, 청일전쟁을 전후로 반일세력이 급성장하였다는 사실에 주목할
필요가 있다. 말하자면 부일세력이 성장하고 있는 반면에 위정척사파·
동학농민세력으로 대표되는 반일세력도 그에 비례하여 강화되었다는 의
미이다. 아울러 일제의 침략논리인 아시아주의가 부일세력 사이에서 형
성됨에 따라, 이에 대한 반일세력의 대항논리가 출현하리라는 역사적 필
연성을 내포하고 있었다고 하겠다.

53) 조재곤,「獨立新聞」에 나타난 '三國共榮論'의 性格」, 168쪽.
54)『독립신문』1898년 11월 9일자, 「논설」.
55)『皇城新聞』1899년 4월 12일자, 「論說」.
56)『독립신문』1898년 8월 27일자, 「잡보」.

주지하다시피, 서세동점이라는 상황을 극복하기 위해 동양삼국이 공동으로 대응해야 한다는 논리를 본격적으로 주장한 세력은 독립협회 세력이었다. 즉, 독립협회 세력은 『독립신문』을 통하여 당시대를 서세동점의 시대로 인식하면서 同種·同文이라는 시각에서 인종적 문화적 공동기반위에 있는 동양 삼국이 구라파의 학문과 교육을 본받아 협심동력으로 구라파 세력의 침략을 막아야 한다고 강조하고 있다.[57] 특히 1897년 후반 노국이 대련과 여순을 점령하는 급박한 상황 속에서 노국에 대한 독립협회세력의 인식은 삼국공영론을 강화시키는 계기가 되었음은 두말할 필요도 없다.[58]

이러한 독립협회세력의 현실인식은 『皇城新聞』에서도 엿볼 수 있다. 즉, 『皇城新聞』은 1899년 5월 24일자 「論說」에서 현실을 '약육강식'의 시대라고 규정하면서 동양이 약하고 서양이 강하다고 하여, 약한 동양이 강한 서양을 상대하려면 동양 삼국을 단결시켜야 한다는 논리를 구축하였다.[59] 그러면서도 『皇城新聞』은 일제의 침략정책에 대한 경계의식을

---

57) 『독립신문』 1898년 4월 7일자, 「논설」.
58) 주요 邦俄論적 내용이 담겨져 있는 사료는 다음과 같다.
　　『漢城旬報』 1884년 9월 24일자, 「申報俄孤立約論」 ; 『漢城週報』 1886년 2월 8일자, 「邦俄助法論」 ; 『漢城週報』 1886년 10월 11일자, 「俄人自辯」 ; 『漢城週報』 1887년 6월 13일자, 「續瀛海各國統考」 ; 『독립신문』 1899년 2월 27일자, 「논설」 ; 『독립신문』 1899년 3월 25일자, 「동양풍운」 ; 민홍기 편·이민수 역, 『민충정공유고(전)』, 일조각, 2000, 69〜70·106〜108쪽.
59) 『皇城新聞』 1899년 5월 24일자, 「論說」.
　　汎我含生氣類之居於天淵之間者-有黃白泓黑四種而已인데 紅黑兩種은 非所與論於歐亞大勢어니와 至若黃白兩種하야는 此弱則彼强하고 此强則彼弱하니 唯此大衆이 息食於弱肉强食之天下而不知其慈鬪身計則豈非冥頑無知하야 悍然不願者浩아 嗟 我同洲黃種之際에 甘爲奴隷于他洲白人之人者-豈其有人心云乎哉아 西勢東漸之勢에 誰能以一葦抗之好아 支那之四億萬과 大韓之二千萬과 日本之四千萬同胞가 繫是同洲同文之人而憂之如何오(중략) 吾난 以爲聯絡三國之英傑하야 萊會一社之文明則堅固我東亞하며 保護我人種이 自此爲始也라하노라

표출하기도 하였다.[60] 예컨대, 『皇城新聞』은 1900년 2월 8일자 「北京事變의 驚疑慟」라는 기사에서 청국에 대한 노국의 침략성을 성토하였다.

이처럼 삼국공영론이 강조된 배경은 1890년대의 열강의 청국분할[61]과 1900년 의화단 사건을 이용한 노국의 만주침략[62]이라는 시대상황을 들 수 있다. 이는 물론 인종론적 시각에서 그 당위성을 강화하는 수단이었으나, 다른 측면에서 보건대, 일본의 침략을 삼국동맹의 테두리 안에서 처리하려는 의도였다고 하겠다. 당시 한국인이 침략성격이 강한 일제를 통제하기 위한 수단으로 내세울 수 있는 이론은 집단안보체제라는 삼국공영론 이외에 현실적으로 없었을 것이다. 이러한 정황이 언론에 반영되어 나타난 것으로 여겨진다.[63] 따라서 인종론에 바탕을 둔 삼국공영론자들이 일제의 침략을 인식하지 못하였다는 주장은 일면 타당성이 결여된 것이라고 할 수 있을 것이다.[64] 요컨대, 1901년 노·일 사이에 소위 '滿韓交換論'이 부상하자, 『皇城新聞』은 노·일의 침략성을 성토하며 이들 국가로부터 한국을 보호하기 위한 방책으로써 '동양평화'를 내세우기도 하였다.[65] 더구나 일제의 경제침탈이 강화됨에 따라, 『皇城新聞』은 이를 적극적으로 보도하여 일제의 침략에 경종을 울리기도 하였다.[66]

---

60) 『皇城新聞』 1900년 8월 8일자, 「韓淸危機」.
61) 『皇城新聞』 1899년 6월 13일자, 「논설」.
62) 『皇城新聞』 1900년 2월 8일자, 「北京事變의 驚疑慟」 ; 『皇城新聞』 19001년 4월 17일, 「日我淸之滿洲密約」
63) 『독립신문』 1899년 11월 9일자, 「논설」.
64) 김신재, 「<獨立新聞>에 나타난 '三國共榮論'의 性格」, 135쪽.
    이는 노일전쟁 직전 일본보다 노국에 접근하려는 집권층의 태도(서영희, 『光武政權의 국정운영과 日帝의 국권침탈에 대한 대응』, 서울대 대학원 박사학위논문, 1998 참고)와 皇城新聞의 기사(『皇城新聞』, 「辨朝鮮新報辨妄之謬」, 1902년 1월 28일자)에서도 엿볼 수 있다.
65) 『皇城新聞』 1901년 2월 8일자, 「卞答滿韓交換說」.
66) 『皇城新聞』 1902년 1월 28일자, 「論日本政府移民法改正」 ; 『皇城新聞』 1903년 3월 2일자, 「警告政府」 ; 『皇城新聞』 1903년 3월 4일자, 「卞朝鮮新報銀行券性質」.

더욱이 1900년의 의화단 사건에 따른 노국의 만주침략과 1903년 4월 용암포 점령사건은 한국인에게 크나큰 위기의식을 불러일으켰다. 이에 따라 노일전쟁의 부득이함을 강조하면서[67] 동양삼국이 연합하여 정치 사회적 공영관계를 넘어 군사적 관계를 발전시켜 노국세력을 물리쳐야 한다는 여론이 한국사회내부에서 형성되었다.[68] 이러한 여론의 형성은 노일전쟁 직후 '삼국동맹론'이라는 형태로 등장하게 된다. 이러한 맥락 에서 『皇城新聞』 1904년 2월 12일자 「論說」에서 노국을 구축하기 위한 동양삼국의 단결을 호소하기도 하였던 것이다. 여기에서 노일전쟁을 전 후로 삼국공영론이 삼국동맹론·동양평화론으로 담론의 변화를 보이고 있다는데 주목할 필요가 있다. 왜냐하면 이는 한국인의 한일관계에 대한 인식의 질적 변화를 의미하기 때문이다. 말하자면 노일전쟁 이후 안중근 의 경우에서 보듯이, 일제의 침략이 본격적으로 노정됨에 따라, 동양평 화론은 일본을 견제하기 위한 이론으로 작동되었던 것이다.

한편, 삼국동맹론은 황성신문사 세력만의 인식이 아니었다. 요컨대, 위정척사파도 동양삼국의 협력을 강조하는 삼국동맹론적 입장에서 노국 을 견제해야 한다고 주장하였다. 즉, 위정척사파의 거두 최익현도 "韓· 日·淸 三國이 서로 緊密한 依存關係를 갖게 되어야 全東洋의 大局을 保全할 수 있다"고 하여 동양삼국 동맹의 필요성을 주장하였다.[69] 이처 럼 삼국동맹론은 정치적 배경을 불문하고 당시 급변하는 시대상황 속에

---

67) 『皇城新聞』 1903년 10월 1일자, 「日不得不戰」.
68) 『皇城新聞』 1903년 8월 13일자, 「論說」 ; 『皇城新聞』 1903년 6월 19일자, 「論說」 ; 유영렬, 「한말 애국계몽언론의 일본인식」 『한일관계의 미래지향적 인 식』, 국학자료원, 2000년 4월, 31쪽.
69) 박창희 편저, 「致日本政府大臣書」 『사료국사』, 580·582쪽. 허위도 일제가 명성황후를 시해한 원수이지만 동양평화를 구현하기 위해 협력해 야 할 대상으로 보았다(한국문헌연구소 편, 「排日檄文」 『(국역)허위전집』, 아세 아문화사, 1985년 1월, 64~65쪽 ; 박성진, 「許蔿의 現實認識과 國權回復運動」 『淸溪史學』 9, 1992, 247쪽).

서 한국인이 취할 수 있는 자위수단으로 제기되었던 외교방책이었던 것이다.70)

　그런데, 이처럼 삼국공영론에서 군사관계에 무게를 두는 삼국동맹론으로 전환되는데, 이는 삼국동맹론의 허상이 드러날 때 일제의 침략성에 맞설 이론의 등장을 예고함을 의미하는 것이다. 결국, 삼국동맹론은 노일전쟁 이후 다시 한 번 변화를 겪게 된다. 요컨대, 노일전쟁 이후 1904년 2월 한일의정서 체결, 6월 일제의 황무지 개간요구로 이어지는 일제의 대한정책은 한국지식인들이 일제의 침략을 재인식하는 계기가 되었다. 이에 따라 노일전쟁 전후로 형성되었던 삼국동맹론을 한국 지식인들은 회의적 시각으로 보게 되었던 것이다. 예컨대, 1904년 2월 23일 한일의정서가 체결된 후, 『皇城新聞』이 한일의정서 체결이야 말로 보호국의 실례라고 주장한데서71) 알 수 있듯, 황성신문사 계열의 인사들은 일제의 침략속성을 확실히 인식하게 되었다. 이처럼 삼국동맹론에 입각하여 西勢를 통제하려는 측면에서 삼국동맹론이 지속되는 경향을 보이기도 하지만, 상당수의 한국지식인들은 일본의 침략에 대해서는 대응태세를 분명히 하고 있었다는 점도 지적되어야 할 것이다.72)

　이러한 맥락에서 일본의 침략에 대한 대응책은 민족의식의 강화로 나타났던 것이다. 즉, 이는 1904년 11월 24일자 『皇城新聞』이 "將見四千年檀箕舊域이 屬在何人版圖하며 二千萬同胞民族이 淪爲誰家奴隸를 未

---

70) 삼국공영론은 문화, 정치, 경제적 측면에서 삼국의 발전을 추구하였다면, 삼국동맹론은 군사적 관계 강화를 통한 동양의 보존을 강조했다는 면에서 차이점을 발견할 수 있다.

71) 『皇城新聞』 1904년 3월 1일자, 「論韓日協商條約」.

72) 『대한매일신보』 1904년 9월 2일·6일·7일자, 「한국에 일본위력이라」 ; 『대한매일신보』 1904년 9월 14일자, 「영국과 일본을 비교함」 ; 『대한매일신보』 1904년 8월 9일자, 「명예를 유지함」 ; 『대한매일신보』 1904년 12월 3일자, 「일본서 붕우에게 하는 일」 ; 유영렬, 「한말 애국계몽언론의 일본일식」 『한일관계의 미래지향적 인식』, 국학자료원, 2000년 4월 20일, 32쪽.

可知也리니 오호 同胞여"[73]라고 보도한데서 엿볼 수 있다. 요컨대 노일 전쟁 발발 이후 일제를 통제하는 수단으로써의 삼국동맹론의 한계성이 드러나자,[74] 당시 한국인들은 일제에 대한 대응이론으로써 '民族간의 경쟁'이라는 현실인식론을 내세우게 되었다.[75] 이러한 분위기 속에서 『皇城新聞』은 현실을 民族競爭의 시대로 보았던 것이다.[76] 이와 같은 당시 지식인들의 民族에 대한 담론이 활성화되는 상황에서 안중근도 '민족'에 대한 일정한 인식을 드러냈던 것이다. 즉 안중근이 1905년 7월에서 12월 사이 해외이주를 준비하기 위해 상해에 갔다가 徐相根을 만났다. 이때 안중근은 서상근에게 "지금은 민족세계인데, 어째서 홀로 한국민족만이 남의 밥이 되어, 앉아서 멸망하기를 기다리는 것이 옳겠소"[77]라고 하였 다. 이처럼 안중근은 민족을 중심으로 국제정세를 인식하고 있었다고 하 겠다.

　　반침략논리로써의 민족에 대한 이러한 한국인들의 착목은 '민족주의' 를 반일투쟁의 주된 사상적 무기로 주창하는 배경이 되었던 것이다. 즉,

孕育於上古하고 長成於十六世紀하고 光輝活躍二十世紀之新天地

---

73) 『皇城新聞』 1904년 11월 24일자, 「警告同胞」.

74) 『대한매일신보』 1905년 11월 29일자, 「韓日交誼」 ; 『대한매일신보』 1905년 11 월 8일자, 「驅使韓人이 甚於牛馬」.

75) 백동현은 1904년 11월 24일자 『皇城新聞』의 「警告同胞」를 예로 들면서 이를 한국의 주민집단은 동양단위로부터 분리된 '韓人種族'으로 인식되기 시작하였 다고 주장하고 있다(백동현, 「대한제국기 언론에 나타난 동양주의 논리와 그 극 복」 『한국사상사학』 제17집, 539쪽).

76) 이는 다음에서 엿볼 수 있다. "或言 我韓이 雖 爲 被保護國이라도 其獨立二者 는 猶得保存이라하야 訛言이 紛紛에 猜推一萬端하니 此는 靡他라 皆其學識이 蒙陋하야 不知單體之何爲獨立하며 何爲保護하고 但以從前依賴之痼性으로 希望於他人之扶待我袒護我하니 迨此에 民族競爭之世하야 有何宋襄之人이 捨自己之利益關係하고 爲他人而謨其成立者哉아"(『皇城新聞』 1904년 10월 21일자, 「對日俄講和條約第二條 警告當局諸公」)

77) 안중근의사숭모회, 「安應七歷史」 『안중근의사자서전』, 101～102쪽.

하야 震撼宇宙하며 衝突東西하고 灑盡英雄之熱血하며 擲盡人民之肝
腦하야 知此者는 興하며 昧此者는 亡하고 得此者는 生하며 失此者는
死하나니 此果何物哉아 … 즉 右揭한 問題 民族主義라는 것이 是
라[78]

요컨대 황성신문 세력은 한국의 민족주의는 근대국가 형성과정에서
만들어진 서양민족주의와 달리 상고시대에 시작되어 16세기에 광범위하
게 확장되었으며[79] 20세기에 절정이 이른 것으로 파악하면서 민족주의
를 아는 자만이 흥한다는 논리를 펴고 있다. 말하자면, 황성신문사 인사
들은 한국의 민족주의를 20세기 일제의 침략에 대항하는 과정에서 처음
제시된 이론이 아니라, 한국사의 발전과정에서 민족의 최대 수난기인 20
세기에 절정을 이루었던 것으로 보았던 것이다. 결국 민족에 대한 인식
은 '國魂'[80]을 강조하거나 '國粹保全論'[81]의 대두로 이어졌던 것이다.
이러한 배경 하에 안중근은

世界의 大勢를 斟酌하고 海外에서 新呼吸을 하는 者 어찌 無謀하
게 他人의 生命을 빼앗을 者가 있을 것인가. 伊藤의 政策이 東洋平和
에 至大한 害를 끼치는 일은 一身 一家를 돌볼 餘地가 없어 決行한
것이라 하겠다.[82]

라고 주장하였다. 이처럼 안중근은 이등의 對韓정책이 동양평화에 지극
히 해를 끼쳤다고 이등을 비판하였다.

78)『皇城新聞』1907년 6월 10~11일자,「民族主義」.
79) 여기에서 16세기라 함은 임진왜란을 의미하는 것으로 보인다.
80)『皇城新聞』1907년 7월 31일자,「大呼國魂」;『대한매일신보』1908년 2월 15
일자,「韓國敎育界의 悲觀」.
81)『대한매일신보』1908년 8월 12일자,「國粹保全說」.
82) 국편,「境 警視의 訊問에 대한 安應七의 供述(第十一回)」『한국독립운동사』자
료7, 443쪽.

노일전쟁 발발을 전후하여 생겨난 삼국동맹론은 일제의 침략성이 드러나자, 일제의 침략논리에 대항하는 이론의 출현으로 이어져, '동양평화론'으로 발전하는 양상을 보였다. 요컨대, 당시 한국에서는 천황의 노일전쟁 선전조칙의 허구성을 비판하는 가운데 '民族競爭'이라는 용어가 출현하는 분위기 속에서 동양평화론이 일제의 침략성을 적극적으로 비판하는 논리로 등장하였던 것이다.[83] 예를 들면, 『皇城新聞』은 일제의 소위 '시정방침'과 '아시아주의'의 허구성을 폭로하면서 '동아평화론'(동양평화론)을 반침략 논리로 제시하고 있는 것이다.[84] 이는 이기·나인영·오기호가 1905년 7월 26일 도일하여 일본 천황에게 보낸 글에서도 엿볼 수 있다.[85]

이상과 같은 시대의 흐름 속에서 안중근은 '害我伊藤不復活生我東洋平和本'[86]라는 유묵에서 알 수 있듯이, 오직 동양평화를 위해 일생을 살았다. 이처럼 안중근은 동양평화론에 입각하여 일제의 침략에 대항하는 논리를 구축하였던 것이다. 말하자면, 안중근은 『동양평화론』에서 이기와 나인영의 경우와 같은 논법으로 일제의 棄義背信, 즉 천황이 청일전

---

83) 삼국공영론 또는 동맹론에서 보이는 인종적 시각의 한계성은 신채호에 의해 완전히 극복되었다고 평가되기도 한다. 이러한 맥락에서 현광호는 "신채호 같은 경우 국가주의·민족주의를 강조하고 동양평화론을 철저히 배격했다. 안중근은 민족주의적 애국사상을 소유하고 있었지만 동양평화론을 견지 했다"고 하여 안중근의 동양평화론의 한계성을 지적하고 있다(현광호, 「안중근의 동양평화론과 그 성격」, 189쪽). 그러나 신채호가 배척한 동양평화론은 '일제가 말하는 동양평화 즉, '滿肚男盜女娼'을 배격한 것으로(丹齋申采浩先生記念事業會, 『丹齋申采浩全集』, 1977, 252~253쪽) 안중근의 동양평화론과 같은 궤도 위에 있었다고 볼 수 있다. 즉, 신채호의 동양평화론의 핵심도 안중근과 마찬가지로 한국의 독립을 전제로 하는 것이었다(丹齋申采浩先生記念事業會, 『丹齋申采浩全集』, 252쪽). 이러한 맥락에서 1908년 12월 17일자 『대한매일신보』의 「奇奇怪怪한 會名」에서 일제의 동양(아시아)주의가 비판되었던 것이다.

84) 『皇城新聞』 1905년 4월 18일자, 「答示漢城報記者」.

85) 日本外交史料館, 『韓人李沂外二名より請願捧呈一件』(문서번호: 1.1.2-38).

86) 국편, 「機密受 第五號」 『한국독립운동사』 자료7, 425쪽.

쟁과 노일전쟁에서 한국의 독립을 보장하고 동양의 평화를 유지겠다고
천명한 조칙과 달리, 이등박문이 한국과 동양을 침략하였음을 지적하고
있다. 이러한 맥락에서 황성신문사는 1906년 9월 19일자 「告伊藤統監侯
閣下」에서 이등통감을 비판하는 논리로 동양평화를 내세우고 있는 점을
주목할 필요가 있다. 이는 한국에서 주장된 동양평화론이 일진회 등 일
부 부일세력이 주장하는 동양평화론과는 성격을 달리하는 것[87]으로, 일
제의 침략을 무력화시키기 위한 한국인의 논리로 정착되었음을 의미하
는 것이다.

이처럼 적어도 노일전쟁 전후로 일제의 침략성을 인식한 한국인들은
한편으로는 일제와 대결 논리를 '민족경쟁'에서 찾았고, 다른 한편으로
는 동양평화론을 일제에 대항하는 이론으로 내세웠던 것이다.[88] 안중근
도 이와 같은 당시의 사상적 조류 속에서 일제에 대한 대항논리로 민족
을 내세우면서 동시에 동양평화론을 주창하였던 것이다.

안중근의 동양평화론은 이처럼 당시 한국이 처한 시대문제를 해결하
기 위한 방법론을 모색하는 과정에서 만들어진 삼국공영론·삼국동맹론
등으로 불리는 이론이 배경이 되었던 것이다. 말하자면, 안중근의 동양
평화론은 당시 한국인들이 자위책으로 내세웠던 삼국공영론·삼국동맹
론에서 이어지는 반침략논리의 최종단계라고 볼 수 있다. 이러한 면에서
도 안중근의 동양평화론의 의미를 평가할 수 있을 것이다.

---

87) 유영렬, 「한말 애국계몽언론의 일본일식」, 48~49쪽. 또한 이는 다음에서도 엿
   볼 수 있다. 즉, "국가가 주요 동양은 객인데 금일 동양주의를 제창하는 자를 보
   건대, 동양이 주되고 국가가 객되어, 국가의 흥망은 天外에 붙이고 오직 동양을
   보호하려 한다"(『대한매일신보』 1908년 8월 10일자, 「東洋主義에 대한 批判」)
   "저 일본인들의 唱導하는 동양협회 동양척식회사도 동양주의가 아닌가. 일본인
   의 동양운운은 국가를 확장하여 동양을 병합함이요 한국인의 동양운운은 동양을
   주장하여 국가를 소멸코자 함이라"(『대한매일신보』 1908년 12월 17일자, 「奇奇
   怪怪한 會名」).
88) 유영렬, 「한말 애국계몽언론의 일본일식」, 56쪽.

그리고 안중근의 동양평화론 형성과 관련하여 이상설을 주목할 필요가 있다. 즉, 안중근은 이상설에 대해 "東洋平和主義를 가지는 위에 있어 同人과 같은 親切한 마음을 가진 者는 드물다."[89]라고 평가하고 있다. 이로 보건데, 안중근이 이상설과 어떠한 관계를 맺고 있었는지는 정확히 알 수 없으나 안중근의 동양평화론 형성에 큰 영향을 끼쳤음은 분명하다.[90]

이와 더불어 안중근의 동양평화론 형성에 결정적인 영향을 끼친 사상적 배경으로 천주교신앙을 지적하지 않을 수 없다. 즉, 안중근의 동양평화론은 필자가 이미 지적하였듯이,[91] 천주의 명인 天命, 즉 한국의 독립과 동양평화 유지라는 神의 명령을 구체적으로 실천할 수 있는 방법론을 기술한 것으로 볼 수 있다.

4. 안중근의 동양평화론

1) 안중근의 동양평화론 내용

안중근은 1909년 12월 13일 『안응칠역사』를 쓰기 시작하여 1910년 3월 15일 탈고하기에 이른다. 그리고 그가 몇 해 동안 다듬은[92] 『동양평화론』을 집필하기 시작한 시점은 정확한 것을 알 수 없으나 적어도 1910

---

89) 국편, 「境 警視의 訊問에 대한 安應七의 供述(第五回)」 『한국독립운동사』 자료 7, 418쪽.

90) 최기영 교수는 안중근의 동양평화론에 영향을 끼친 사람으로 안창호를 들고 있다 (최기영, 「안중근의 『동양평화론』」 『한국근대계몽사상연구』, 일조각, 2003년 7월, 111~112쪽).

91) 신운용, 「안중근 의거의 사상적 배경」, 55쪽.

92) 국가보훈처 · 광복회, 「청취서」 『21세기와 동양평화론』, 54쪽.

년 2월 17일 이전임에는 분명하다.[93] 요컨대, 안중근이 2월 17일 平石 고등법원장을 만나

> 나는 지금 옥중에서 동양정책과 전기를 쓰고 있는데 이것을 완성하고 싶다. 또한 나의 사형은 홍신부(프랑스인 洪錫九 신부)가 나를 만나기 위해 오게 되었다고 하나 그를 만날 기회를 얻은 뒤 내가 믿는 천주교의 기념스러운 날 즉 3월 25일에 집행해주기 바란다.

라고 한데서 알 수 있듯이, 이미 2월 17일 이전에 『동양평화론』을 집필하였던 것으로 보인다. 1910년 3월 15일 『안응칠역사』를 완성한 안중근은 죽음을 준비하면서 동양평화론 집필에 박차를 가해 3월 18일 서론을 완성하였다. 안중근은 3월 25일에 자신의 사형을 집행하도록 요구하였으나,[94] 『동양평화론』 집필이 끝나지 않아 15일정도 사형집행을 연기해 줄 것을 일제에 요구하였다. 그러나 일제는 안중근의 요구를 묵살하고 3월 26일에 사형을 집행하여[95] 결국 『동양평화론』은 완성되지 못하였다.

안중근은 동양평화론의 체제를 序文·前鑑·現狀·伏線·問答으로 잡았다. 안중근이 1910년 3월 26일 순국하였기 때문에 현상·복선·문답은 완성되지 못하였다.

안중근은 『동양평화론』을 저술하는 목적에 대해 그 서문에서 다음과 같이 주장하였다.

---

93) 김호일 교수는 안중근이 『동양평화론』 저술에 착수한 시점에 대해 3월 15일 이후로 보고 있다(김호일, 「舊韓末 安重根의 '東洋平和論' 연구」, 55쪽). 김옥희 교수는 3월 24일로 보고 있다(김옥희, 「안중근의 자주독립사상과 동양평화사상」, 33쪽).
94) 국가보훈처·광복회, 「청취서」, 57쪽.
95) 윤병석, 「해제 안중근전지전집(安重根傳記全集)」 『安重根傳記全集』, 국가보훈처, 1999년 12월, 36쪽.

지금 서양세력이 동양으로 뻗쳐오는 환난을 동양인종이 일치단결해서 극력 방어해야 함이 제일의 上策임은 비록 어린 아일지라도 익히 아는 일이다. 그런데도 무슨 이유로 일본은 이러한 순연한 형세를 돌아보지 않고 같은 인종인 이웃나라를 깎고 友誼를 끊어 스스로 蚌鷸(발휼)의 형세를 만들어 漁夫를 기리는 듯 하는가. 韓淸양국인의 소망이 크게 절단되어 버렸다. 만약 정략을 고치지 않고 핍박이 날로 심해진다면 부득이 차라리 다른 인종에게 망할지언정 차마 같은 인종에게 욕을 당하지 않겠다는 議論이 韓淸양국인의 肺腑에서 용솟음쳐서 상하 일체가 되어 스스로 백인의 앞잡이가 될 것이 명약관화한 형세이다. 그렇게 되면 동양의 몇 억 황인종 중의 허다한 '유지와 강개남아가 어찌 袖手傍觀하고 앉아서 동양전체의 까맣게 타죽은 참상을 기다릴 것이며 또 그것이 옳겠는가. 그래서 동양평화를 위한 義戰을 하얼빈에서 개전하고 談判하는 자리를 旅順口에 정했으며 이어 동양평화문제에 관한 의견을 제출하는 바이니 諸公은 눈으로 깊이 살필지어다.[96]

요컨대, 안중근은 서세동점이라는 시대 속에서 서양세력의 침략을 막을 방법을 강구하는데 『동양평화론』을 서술하는 목적이 있다고 밝히고 있다. 또한 그는 동양평화를 실천하기 위해 이등을 처단한 義戰을 哈爾賓에서 행하였으며 동양평화의 당위성을 알리기 위한 장으로써 여순을 선택하였다고 주장했다.[97] 결국 안중근은 동양평화론 서술의 목적을 일제로 하여금 對韓·滿 침략정책을 수정하도록 하는데 두었던 것이다.[98]

「前鑑」에서 안중근은 청일전쟁에서 청국의 패배 이유를 '중화대국'이라는 교만과 권신척족의 擅弄 때문이라고 진단한 반면, 일본의 승리 원인을 한 덩어리 애국당을 이루었기에 가능하였다고 분석하였다. 동시

---

96) 『동아일보』 1979년 9월 19일자, 「安重根의사 東洋平和論」.
97) 『동아일보』 1979년 9월 19일자, 「安重根의사 東洋平和論」.
98) 같은 맥락에서 1910년 1월 9일자 『皇城新聞』의 「時局에 對하여 猛省함이 可함」과 1910년 1월 15일자 『황선신문』의 「人種의 關係」에서도 일본은 황인종의 상호보호 방침을 강구해야 하며, 일제가 추진하고 있던 침략적 대한정책의 근본적인 수정을 요구하였다.

에 인종론적 입장에서 삼국간섭으로 요동반도를 차지한 노국의 침략정
책에 대해 주목해야 한다고도 주장하였다. 그러면서 동양평화가 유지되
지 못한 원인을

> 그러나 그 이유를 따져 보다면 이것은 전연 日本의 過失인 것이다.
> 이것이 이른바 「구멍이 있으니 바람이 생긴다」고 하듯이 자기가 정벌
> 한 뒤이기에 남이 정벌한 것이니, 만약 日本이 먼저 淸나라를 침범하
> 지 않았더라면 러시아가 어찌 감히 이와 같은 행동을 하였겠는가? 「제
> 도끼로 발등 찍는 것」 같다고 말할만 하겠다.[99]

라고 하여 일제의 對동양정책의 과실을 지적하였다.

노일전쟁에서 일본 승리의 원인은 안중근은 동양전체의 백년풍을 피
하기 위해 즉, 동양평화를 위해 일본을 한청양국이 도왔기 때문이라고
진단하면서도, ‘韓淸 양국 有志人士의 허다한 소망’을 절단하였다고 일
제를 책망하였다. 또한 노일강화조약에 한국이 노일 양국과 아무런 관계
가 없음에도 불구하고, 일제가 한국문제를 조약문에 넣은 것은 같은 인
종을 배신하는 행위라고 안중근은 일제를 질책하였다.

동양평화론을 완성하지 못하였으므로 현상·복선·문답 편에서 안중
근이 무엇을 말하려고 하였는지 정확히 알 수 없다. 그러나 안중근의 동
양평화론의 내용은 대체적으로 알려져 있기 때문에 이를 통하여 그 내용
을 짐작할 수 있을 것이다.[100]

안중근이 現狀에서 기술하고자 한 것은 일제의 한국침략의 실상이었

---

99) 『주간조선』 1979년 9월 30일자, 「安重根義士의 「東洋平和論」」, 35쪽.
100) 안중근의 동양평화론의 구체적인 내용은 園木 통역생이 게재지 미상의 「安重
　　根 原木通譯生의 談 東洋平和論」을 그의 딸이 최서면씨에게 제공함으로써 확
　　인되었다. 이후 대체적인 안중근 동양평화론의 내용을 담은 사료인 「청취서」가
　　1996년 최서면씨에 의해 『21세기와 동양평화론』(국가보훈처·광복회, 1996년
　　2월)에 소개되었다.

을 것으로 추정된다. 다시 말해 안중근이 이등박문을 처단한 15개조 이유가 이에 해당할 것으로 보인다. 즉,

一,   한국 민황후를 시해한 죄요.
二,   한국 황제를 폐위시킨 죄요.
三,   五조약과 七조약을 강제로 체결한 죄요.
四,   무고한 한국인들을 학살한 죄요.
五,   정권을 강제로 빼앗은 죄요.
六,   철도, 광산, 산림, 천택을 강제로 빼앗은 죄요.
七,   제일은행권 지폐를 강제로 사용한 죄요.
八,   군대를 해산시킨 죄요.
九,   교육을 방해한 죄요.
十,   한국인들의 외국유학을 금지시킨 죄요.
十一, 교과서를 압수하여 불태워 버린 죄요.
十二, 한국인이 일본인의 보호를 받고자 한다고 세계에 거짓말을 퍼뜨린 죄요.
十三, 현재 한국과 일본 사이에 경쟁이 쉬지 않고 살육이 끊이지 않는데, 한국이 태평무사한 것처럼 위로 천황을 속인 죄요.
十四, 동양평화를 깨뜨린 죄요.
十五, 일본 천황폐하의 아버지 태황제를 죽인 죄라고 했었다.[101]

　　伏線이라는 사전적인 의미는 '뒷일의 준비로서 암암리에 마련해 둔다는 의미이므로, 「복선」에서는 동양평화를 지키기 위한 방책에 대해 서술하려고 하였을 것이다. 이는 안중근이 1910년 2월 14일 平石 고등법원장과의 면담하였을 때의 상황을 일본 외무성이 남긴 「청취서」라는 기록에서 확인된다. 그 내용을 정리 해보면 다음과 같다. 즉, 안중근은 동양의 평화를 유지하는 방법론을 다음과 같이 제시하였다. 즉, ① 세계 각국의 신용을 얻는 일이다. ② 일본이 해야 할 급선무는 현재의 재정을 정리하는 것이다. ③ 평화회의를 정착시키는 방법을 강구해야한다. ④ 세계 각

---

101) 안중근의사숭모회, 『안중근의사자서전』, 1979년 9월, 179~180쪽.

국의 지지를 얻는 일이다.102) 여기에서 알 수 있듯이, 안중근의 동양평화론은 일본이 아시아에서 패권을 유지하기 위한 방책을 제시한 것이다. 다시 말해 안중근은 일본을 바로 잡음으로써 동양의 평화를 유지할 수 있다고 보았던 것이다. 일본이 대외정책을 시정하지 않는 한 동양의 평화와 한국의 독립은 보장되지 않을 것으로 보았던 것이다.

이러한 의미에서 안중근은 당시 일제가 취하고 있던 對韓·滿 정책에 대해

> 종래 외국에서 써오던 수법을 흉내 내고 있는 것으로 약한 나라를 병탄하는 수법이다. 이런 생각으로는 패권을 잡지 못한다. 아직 다른 강한 나라가 하지 않으면 안 된다. 이제 일본은 일등국으로서 세계열강과 나란히 하고 있지만 일본의 성질이 급해서 빨리 망하는 결함이 있다. 일본을 위해서는 애석한 일이다.103)

라고 평가하였던 것이다. 요컨대 안중근의 해법은 일본이 서양침략세력의 정책을 모방해서는 안 되며 새로운 방법론을 취해야 한다는 것이다.

그럼, 안중근이 『동양평화론』에서 제시한 '새로운' 방책이란 무엇일까. 이에 대해서는 다음에서 구체적으로 살펴보자.

① 세계 각국의 신용을 얻는 일이다.

일본의 대외정책은 이미 신용을 잃었기 때문에 신용을 회복하기 위해서 이등과 같은 침략 정책을 고쳐야 한다고 안중근은 주장하였다. 더 나아가 안중근은 일본이 신용을 회복할 수 있는 방법을 다음과 같이 제시하고 있다. 요컨대, 안중근은 우선 일본이 강점한 여순항을 청국에 돌려주는 동시에, 여순항을 한·청·일이 공동으로 관리하는 군항으로 만들

---

102) 국가보훈처·광복회, 「청취서」, 55쪽.
103) 국가보훈처·광복회, 「청취서」, 54~55쪽.

자고 제안을 하였다. 그러면서 그는 여순항에 삼국의 대표로 구성된 '평화회의'를 조직하고[104] 이를 발표한다면 세계가 놀라 일본을 신뢰하게 될 것으로 보았던 것 같다.[105]

② 일본이 직면한 급선무는 현재의 재정을 정리하는 것이다.

안중근은 평화회의가 조직되면 동양 삼국의 국민 수억 명으로부터 회비 1원씩 모금하여 은행을 설립하자는 것이다. 이 은행을 통해 공통의 화폐를 발행하고 중요한 곳에 평화회의 지부를 두고 은행의 지점을 병설한다면 재정문제는 완전히 해결될 것이라는 의견을 제시하였다.[106] 이는 일제가 동양을 침략하는 원인이 경제적 궁핍에 있다는 안중근의 진단에 따른 것으로 경제적 문제가 해결되면 일제가 결코 침략으로 나오지 않을 것이라는 전제를 기반으로 한 것으로 보인다.

③ 평화회의를 정착시키는 방법을 강구해야한다.

이상의 방법으로 동양평화가 지켜지나, 열강이 일본을 노리고 있으므로 무장은 필수적인 일이다고 안중근은 강조하였다. 그러면서 이 문제를 해결하기 위해 동양 삼국의 청년들을 모아 군단을 편성하고 이들에게 2개국 이상의 어학을 배우게 하고 우방 또는 형제의 관념을 갖도록 한다면 일본에 야심이 있는 나라도 감히 일본을 넘볼 수 없다는 논리를 안중근은 내세우고 있다.[107]

---

104) 1883년 12월 20일자 『한성순보』의 「銷兵議」에서 세계정부와 국제평화군의 창설을 언급하고 있는데, 안중근의 평화회의 창설론은 이러한 史的 궤적위에 형성되었을 것으로 보인다(김현철, 「개화기 한국인의 대외인식과 '동양평화구상'」, 25~26쪽 참고).
105) 국가보훈처·광복회, 「청취서」, 55쪽.
106) 국가보훈처·광복회, 「청취서」, 55~56쪽.
107) 국가보훈처·광복회, 「청취서」, 56쪽.

안중근은 이러한 과정을 통하여 인도·태국·베트남 등의 아시아 각국이 참여하게 될 것이고 동양의 상공업은 발전할 것이며, 결국 패권이라는 말부터 의미가 없어지고 滿鐵문제가 발생하는 분쟁도 사라질 것이라는 동양의 미래상을 제시하고 있다.

④ 세계 각국의 지지를 얻는 일이다.

안중근은 이와 같은 동양평화 체제를 확고히 하는 방법으로 세계 각국의 지지를 얻는 것이 필수적이라고 주장하였다. 이를 위해서 세계인구의 2/3를 차지하는 천주교신자들의 왕인 로마교황을 만나 함께 맹세하고 관을 쓴다면 이 문제는 해결될 것으로 안중근은 보았다.[108] 이러한 측면에서 안중근이 인종론에만 집착하여 현실을 인식하지 못하였다는 지적[109]에 대해 재고할 필요가 있다. 요컨대, 안중근은 대체로 서양을 침략세력으로 동양을 평화세력으로 구분하여 보았던 것은 추정되지만 서양인 전체를 침략세력으로 인식하였다고 볼 수는 없을 것이다. 이는 로마교환에게 평화회의를 추인 받도록 하자고 주장한 안중근의 발언에서도

---

108) 안중근의 동양평화론 구조와 비슷한 논리는 안경수의 '한청일동맹론'에서도 엿볼 수 있다. 즉, 안경수는 일제의 중심적 역할을 인정하면서 한국과 청국이 근대화를 이루는 가운데 군사동맹과 상업동맹을 통하여 국민적 동맹으로 발전시켜야 한다고 주장하였다. 군사동맹은 유학생을 통한 장교 양성 등 간접적인 방식으로 하고, 상업동맹은 조선은행을 설립하고 그 대가를 일본에게 주어야 한다는 것이다. 그러나 이러한 안경수의 한청일동맹론은 안중근의 동양평화론과는 달리, 일제의 한국병탄논리를 합리화시키는데 기여한 이론에 지나지 않다고 평가되기도 한다(조재곤, 「한말조선지식인의 동아시아 삼국제휴 인식과 논리」, 171쪽).
안경수의 한·청·일 삼국동맹론에 대해서는 다음의 논문과 사료가 참고 된다. 김윤희, 「침략주의 앞에 일그러진 100년 전 동북아시아 발전 플랜: 안경수의 『일청한동맹론』」『(내일을 여는)역사』제15호, 2004년 3월 ; 송경원, 「한말 안경수의 정치활동과 대외인식」『한국사상사학』8, 한국사상사학회 ; 안경수, 「일청한동맹론」『일본인』116호, 1900년 6월.
109) 최기영, 「안중근의 『동양평화론』」, 101쪽.

엿볼 수 있다. 이러한 맥락에서 안중근의 서양인식은 그 자신이 일본을 이등을 중심으로 한 침략세력과 이에 반대하는 천황과 일본국민으로 구분하는 분석적 시각을 보이고 있는 것과도 일맥상통한 것이라고 하겠다.[110]

「問答」은 일제의 對韓침략을 정당화하는 논법 즉 아시아주의로 무장한 구연 검찰관과 같은 일본인을 등장시키고, 이에 대한 대항이론으로써 안중근의 동양평화론을 내세워 상호 논쟁을 통하여 일본인이 안중근의 동양평화에 설복당하는 내용으로 구성되었을 것으로 추측된다.

2) 안중근의 동양평화론 특징

이상에서 살펴본 안중근의 동양평화론 특징은 다음과 같이 정리될 수 있다. ① 종교적 절대성을 근간으로 하고 있다. ② 물질문명(사회진화론)에 대한 경고를 하고 있다. ③ 구체적이고 실천적이다. ④ 개방적이다. ⑤ 평화 지향적이다. ⑥ 현재적이다.

이를 보다 구체적으로 살펴보면 다음과 같다.

① 종교적 절대성을 내포하고 있다.

안중근의 동양평화론이 종교성을 바탕으로 하고 있음은 다음에서 알 수 있다. 요컨대, 1910년 3월 26일 10시경 안중근의 순국 당시 상황을 다음과 같이 기술하고 있다.

> 元來 自己의 兇行이야 말로 오로지 東洋의 平和를 圖謀하려는 誠意에서 나온 것이므로 바라건대 本日 臨檢한 日本 官憲 各位에 있어서도 多幸히 나의 微衷을 諒察하고 彼我의 別이 없이 合心 協力하여 東洋의 平和를 期圖하기를 切望할 뿐이라고 陳述하고 또 이 機會에

---

110) 신운용, 「안중근의거의 사상적 배경」, 69쪽.

臨하여 東洋平和의 萬歲를 三唱하고자 하니 特히 聽許있기 바란다고
申請하였으나[111]

말하자면, 안중근에게 동양평화는 죽는 그 순간까지도 놓칠 수 없는
절대적인 과제였던 것이다. 한국에는 많은 독립운동가들이 있었지만 안
중근처럼 한국의 운명과 동양의 운명을 동일시 할 뿐만 아니라, 관념의
한계를 넘어 실천적으로 동양평화를 구현하려고 한 독립운동가는 드물
것이다.

이러한 측면에서 안중근의 동양평화론의 특징을 엿볼 수 있다. 물론
안중근이 동양평화를 '삶의 화두'로 삼은 배경에는 당시의 시대적 조류
도 있지만, 그 무엇보다 그의 종교에 대한 태도에서 비롯되었다고 할 수
있다. 요컨대, 그는 천주교 신자로서 그가 믿는 천주의 명령 즉 '天命'을
한국의 독립과 동양의 평화유지라고 확신하면서 이를 실천하기 위한 구
체적인 방법론으로써 동양평화론을 제시하였던 것이다.[112] 이러한 맥락
에서 한국의 독립을 천명이라고 전제한 안중근의 동양평화론은 종교성
을 바탕으로 한 '先獨立論'에 무게를 두고 있다는 면에서 의미가 있는
것이다. 주지하다시피, 당시 많은 계몽운동계열의 인사들이 先실력양성
後獨立論에 매몰되어 일제의 침략에 효과적으로 대응하지 못한 것이 사
실이다. 반면에 안중근은 일제의 본질을 인식하면서 계몽운동에 머물지
않고 무력투쟁으로 전환할 수 있었다. 이는 안중근의 종교적 현실인식과
깊은 관계가 있는 것으로 보인다.

그러므로 안중근에게 있어 동양평화론은 관념적 목표가 아니라, 종교
성을 기반으로 한 절대성을 함축하고 있는 신의 명령이다. 그렇기 때문
에 현실에서 동양평화의 구현을 방해하는 역천행위자는 제거의 대상이
된다는 의미인 것이다. 이러한 맥락에서 안중근은 이등처단의 정당성을

---

111) 국편,「報告書」『한국독립운동사』자료6, 515쪽.
112) 신운용,「안중근의거의 사상적 배경」, 55쪽.

내세울 수 있었으며, 한·청·일 삼국의 국왕이 로마 교황을 만나 동양
평화 유지를 맹세하라고 주장하였던 것이다.

② 물질문명(사회진화론)에 대해 경고를 하고 있다.

한국 근대 지식인들은 물질문명을 발전시키는 것이 한국의 독립을 유
지하는 길로 보는 경향이 강하였다. 이러한 맥락에서 일본의 대한 정책
이 한국의 물질문명을 향상시키는데 있어 긍정적으로 작용하고 있다고
본 세력도 출현하였다는 것은 주지하는 바이다. 물론 이러한 경향을 촉
진한 것은 사회진화론이었음은 두말할 필요가 없는 것이다.[113]

그러나 안중근은 『동양평화론』 서문에서 물질문명에 대한 경고를 함
으로써[114] 사회진화론의 허상을 예리하게 지적하고 있는 것은 시사하는
바가 크다고 하지 않을 수 없다. 때문에 안중근은 물질문명이 지배하는
세계보다 도덕이 지배하는 시대를 이상세계로 보았던 것이다.[115]

---

113) 이러한 맥락에서 현광호는 '안중근이 사회진화론에 입각하여 강자인 백인종이
　　 약자인 황인종을 침략하고 있다고 인식하고 있으며 노일전쟁에 대한 안중근의
　　 인식도 이에 근거하고 있다'고 주장하고 있다(현광호, 「안중근의 동양평화론과
　　 그 성격」, 176쪽).
114) 안중근은 문명개화의 부정적인 측면에 대해 다음과 같이 경고하고 있다. 즉,
　　 "지금 세계는 東西로 나뉘어져 있고 인종도 각각 달라 서로 경쟁하고 있다. 일
　　 상생활에 있어서의 利器연구같은 것을 보더라도 농업이 상업보다 대단하며 새
　　 발명인 電氣砲, 飛行船, 浸水艇은 모두 사람을 상하게 하고 物을 해치는 기계
　　 이다. 청년들을 훈련하여 전쟁터로 몰아넣어 수많은 귀중한 생령들을 犧牲처럼
　　 버리고 피가 냇물을 이루고 고기가 질펀히 널려짐이 날마다 그치질 않는다. 삶
　　 을 좋아하고 죽음을 싫어하는 것은 모든 사람의 상정이거늘 밝은 세계에 이 무
　　 슨 광경이란 말인가. 말과 생각이 이에 미치면 뼈가 시리고 마음이 서늘해진
　　 다"(『동아일보』 1979년 9월 19일자, 「安重根의사 東洋平和論」).
115) 안중근의사숭모회, 『안중근의사자서전』, 54쪽.

③ 구체적이고 실천적이다.

외세의 침략에 대한 대응논리는 시대상황에 따라 일정한 변화의 양상을 보이고 있다. 따라서 삼국동맹론 내지 동양평화론도 역사적 변화의 궤적을 형성하였다. 안중근의 동양평화론은 이러한 일제의 침략에 대한 대응논리 변화의 궤도 위에서 형성된 것이다. 게다가 그의 동양평화론은 전시기에 논의 되어오던 삼국공영론·삼국동맹론 등의 담론을 통합하면서 그 실천방법을 구체적으로 제시하였다는데서 의의가 있다. 요컨대, 한국에서 동양평화론이라고 볼 수 있는 대부분의 이론이 당위론적 입장에서 同種同文인 황인종을 백인종의 침략으로부터 보호하기 위해 단결해야 한다는 주장에 머물고 있다. 그에 반해 안중근의 동양평화론은 구체적인 실천방법론을 제시하고 있다는 것이다. 말하자면 안중근은 동양의 문제를 해결하기 위해 경제적으로는 공동의 은행을 설립하고, 군사적으로는 공동의 군대를 소유하며 문화적으로는 상대국가의 언어를 익혀야 한다는 동양평화론을 제시하였다. 무엇보다 안중근이 天命인 동양평화를 실천하기 위한 기초 작업으로써 逆天행위를 한 이등을 제거하였다는데서 그의 실천성을 엿볼 수 있다.

이등이 한국인의 독립에 대한 열망과 자신감을 상실케 하는데 대해, 안중근은 정면으로 대응논리를 구사하였다. 그것은 이등의 논리를 내세워, 문명개화를 이룩할 없는 한국을 일본이 대신 하여 유지 발전시키고 있다는 구연검찰관의 주장을 안중근이 전면적으로 반박하는 것으로 나타났다.116)

이처럼 동양평화론이 본격적으로 반침략 논리로 등장한 시기는 1904년 2월 한일의정서 체결로 촉발되어 1904년 10월 제1차 한일협약 이후 절정에 이르렀던 것으로 보인다. 이러한 측면에서 안중근의 동양평화론은 바로 안중근의 증언에서도 알 수 있듯이117) 이 시기에 형성된 것으로

---

116) 국편, 「被告人 安應七 第八回 訊問調書」『한국독립운동사』 자료6, 233~246쪽.

보인다. 따라서 이 시기 반침략 논리의 특징인 '民族'이라는 개념과 『皇城新聞』에서 주장한 '동양평화론'이 안중근의 동양평화론에 반영되어 나타나고 있는 것으로 볼 수 있다.

④ 개방적이다.

일본의 아시아주의 또는 이등의 극동평화론은 일본이 한국을 비롯한 동양 각국을 식민지로 삼아야 동양의 평화가 보장된다는 허구적 · 독선적 · 국수적 논리에 지나지 않다고 평할 수 있다. 그러나 안중근은 평등한 국제관계와 독립을 전제로 동양문제를 해결하기 위해 공동으로 대응하자는 이론을 제시하였다. 그것도 서구인의 지지를 받을 수 있는 구조를 창출함으로써 어느 세력도 동양평화를 위협하지 못하도록 하자는 '열린' 동양평화론을 안중근은 주장하고 있는 것이다. 때문에 안중근은 일본인이 반드시 안중근의 날을 외칠 것이라고 확신하였던 것이다.[118]

또한 안중근의 동양평화론은 일제에게 침략정책의 수정을 촉구하면서 동양평화에 기여할 수 있는 방법을 제시하였다는 면에서 일본 전체를 적대시한 이론이 아니라는 점을 지적해 둘 필요가 있다. 이러한 면에서 안중근은 "내가 伊藤公爵을 죽인 것은 伊藤이 있으면 東洋의 平和를 어지럽게 하고 韓日間을 疏隔시키므로 韓國의 義兵中將의 資格으로 誅殺하였던 것이다."[119]라고 하여 일본과 한국의 사이를 좁히기 위해 방해물인 이등을 제거하였다는 주장을 하였던 것이다. 따라서 안중근의 동양평화론은 일본의 아시아주의처럼 국수적 침략이론이 아니라 적국인 일본마저 품고 나가는 개방적 이론이라는 점에서 그 특징을 엿볼 수 있다.

---

117) 국편, 「被告人 訊問調書 被告人 安應七」, 『한국독립운동사』 자료6, 5~6쪽.
118) 안중근의사숭모회, 『안중근의사자서전』, 203쪽.
119) 국편, 「第五回公判始末書」, 『한국독립운동사』 자료6, 395~396쪽.

⑤ 평화 지향적이다.

일본의 아시아주의가 동양침략을 전제로 하였다면 안중근의 동양평화론은 아시아주의를 견제하기 위한 대항논리로 존재하였으며 평화지향성을 바탕으로 하고 있다. 때문에 박은식은 그의 『안중근전』에서 안중근에 대해 평하기를

　　大國의 평화가 파괴 된 것은 실로 이토 히로부미(伊藤博文)가 침략주의를 실시하였기 때문이다. 중근은 세계의 평화를 위하여 이토를 평화의 公敵으로, 그 괴수로 여기고 그를 없애 버리지 않으면 화를 면치 못하리라 여겼기에 자기의 목숨을 던져 세계의 평화를 이룩하는 것을 무상의 행복으로 생각하였다. 主義가 상반되니 기필코 같이 살아 있을 수 없으며 결국 이런 사건이 발생하게 된 것이다. 이렇게 논할 진대 세계로 시야를 넓히고 평화의 대표자를 자임한 안중근의 거사를 어찌 한국의 원수만을 갚기 위한 일이라 할 수 있으랴.[120]

라고 하였다. 요컨대 박은식은 안중근을 대표적인 '평화주의자'로 평가하였던 것이다. 이러한 맥락에서 안중근에게 '평화'라는 것은 곧 '天命'으로 거부할 수 없는 숙명인 것이었다.[121] 따라서 천주의 명인 동양평화를 사수하기 위해 자신을 희생시킬 수밖에 없었을 것이다.

⑥ 현재적이다.

유럽은 하나로 통합되는 과정에 놓여 있고, 미주는 역내 협력을 강화하며 세계의 변화에 대응하고 있다. 그럼에도 동아시아는 아직도 평화정착을 위한 어떠한 보장책도 마련하지 못하고 있는 가운데 오히려 역사인식 문제로 야기된 지역적 불안정성이 강화되는 경향마저 보이고 있다.

---

120) 白巖 朴殷植 著, 李東源 譯, 『불멸의 민족혼 安重根』, 한국일보사, 1994년 3월, 53쪽.
121) 신운용, 「안중근의거의 사상적 배경」, 55쪽.

하지만 한·중·일은 세계사의 변화를 선도하기 위해서는 무엇보다 역내 안정전망을 갖추어야 한다는 당위성론이 지속적으로 주창되어 왔다.[122] 문제는 어떠한 논리로 역내평화정착과 경제관계의 강화를 이룩하느냐 하는데 있다. 이러할 시 안중근의 동양평화론은 현재의 한·중·일간의 문제를 해결하기 위한 원천적 이론임은 의심의 여지가 없을 것이다. 따라서 안중근의 동양평화론은 환경·군사·경제·문화 등 역내문제를 해결하기 위한 이론을 창출하는데 기본적 구조를 제시하고 있다는 점에서 '현재적'이라고 하겠다.

5. 맺음말

이상에서 살펴본 바를 다음과 같이 정리하는 것으로 맺음말을 대신하고 한다.

(1) 일제의 침략논리와 이등박문의 '극동평화론' 실체

이등의 극동평화론은 일제의 대외침략 논리인 아시아주의의 연장선에서 이루어진 것으로 국수적 침략성을 특징으로 하고 있다고 하겠다. 결국 이등의 극동평화론의 본질은 일제의 침략을 평화로 위장하면서 한국침략을 정당화하기 위한 위장술에 지나지 않는 것이라고 하겠다.

---

122) 김유혁, 「안중근 동양평화론과 신동북아경제권 전개의 이념」『21세기와 동양평화론』, 국가보훈처·광복회, 1996년 2월 ; 김영호, 「안중근의 동양평화론과 동북아 경제에 통합론」『2000년』, 2005년 1월호, 현대사회문화연구소, 2005년 1월 ; 이태준, 「동양평화론: '국제주의자' 안중근의 이루지 못한 꿈, 동북아의 수평적 연대: 안중근과 신동북아시대」『말』 통권 217호, 2004년 7월.

(2) 안중근 동양평화론의 형성배경

안중근의 동양평화론은 무엇보다 한국의 독립과 동양평화유지라는 천명의 구체적 실천방법이라는 것이 지적되어야 할 것이다. 이러한 바탕 위에 당시 서양, 특히 일제와 노국의 침략이라는 구조 속에서 생겨난 '삼국공영론'·'삼국동맹론'에 일정한 영향을 받으면서 당시의 민족에 대한 관심과 열정 속에서 안중근의 동양평화론이 탄생되었다고 볼 수 있다.

(3) 안중근의 동양평화론의 내용과 특징은 다음과 같이 정리할 수 있다.

동양평화론의 체제는 序文·前鑑·現狀·伏線·問答으로 구성되어 있다. 안중근은 『동양평화론』의 서술 목적을 그 서문에서 서양의 침략을 동양의 단결로 물리치기 위한 방법을 강구하기 위한 것이라고 밝히고 있다. 전감에서는 동양평화가 유지되지 못하는 원인을 일제의 침략정책 때문이라고 지적하였다. 현상·복선·문답을 완성하지 못하였기 때문에 그 내용을 정확히 알 수 없다. 추정컨대, 현상에서는 일본의 한국을 비롯한 아시아 침략 실태를 기록하였을 것이다. 필시 이는 이등처단 15개조에서 안중근이 지적한 내용으로 되었을 것으로 보인다. 복선에서 안중근이 언급하려고한 것은 1910년 2월 14일 평석 고등법원장과의 면담을 하였을 때 나눈 대화내용일 것으로 보인다. 즉, 일본이 세계 각국의 신용을 얻는 일, 일본의 재정적 어려움을 극복할 수 있는 방법, 일본의 약점을 보안하는 방안이었을 것이다. 대체로 본문에서 지적하였듯이, 복선의 내용이 동양평화론의 핵심으로 보인다. 그리고 안중근은 문답에서 동양평화론의 당위성을 구연 검찰관과 같은 일본인을 등장시켜 설복시킨다는 내용을 담으려 하였을 것이다.

안중근이 제시한 동양평화론의 특징은 종교적 절대성을 근거로 하면서 물질문명(사회진화론)의 위험성을 경고하는데 있는 것으로 구체적이고 실천적이며, 개방적이고 평화 지향적이면서도 현재적이라고 할 수 있을 것이다.

결론적으로 일제의 아시아주의의 연장선에서 주장되던 이등의 극동 평화론은 일제의 침략성을 평화로 호도하기 위한 위장전술에 불과하였다. 반면에 안중근의 동양평화론은 한편으로는 서양의 침략에 직면하고 있고 다른 한편으로는 일제의 침탈을 막아내야 하는 이중구조 속에서 천주교의 평화사상에 바탕을 두면서 1910년까지 논의되던 반침략이론이자 평화이론을 종합하여 발전시킨 결정체라고 할 수 있다.

참 고 문 헌

안중근의사숭모회, 『안중근의사자서전』, 1979.

최이권 편역, 『애국애정 안중근 의사』, 법경출판사, 1990.

『皇城新聞』

『滿洲日日新聞』

『대한매일신보』

『漢城週報』

『조선일보사』, 1979년 9월 2일자～6일자 「安義士의 故鄕 淸溪洞」(1)～(4).

金 九, 『金九自敍傳 白凡逸志』(백범학술원 총서①), 나남출판사, 2002.

국가보훈처·광복회, 『21세기와 동양평화론』, 1996.

국가보훈처, 『아주제일의협 안중근』 ①, ②, ③, 1995.

국사편찬위원, 『한국독립운동사』 자료6, 1976.

국사편찬위원, 『한국독립운동사』 자료7, 1977.

일본외교사료관, 『伊藤公爵滿洲視察一件』(문서번호: 4.2.5, 245-4)

박창희 편저, 『사료국사』, 한국외국어대학교 출판부, 1982년 3월.

윤병석 편역, 『安重根傳記全集』, 국가보훈처, 1999.

日本外務省 編纂, 『日本外交年表竝主要文書』 上, 原書房, 1965년 11월 25일,
　　65쪽.

竹內 好 編集·解說, 『アジア主義』(現代日本思想大系 9), 筑摩書房, 1963년 8월.

홍순호, 「安重根의 『東洋平和論』」 『교회사연구』 제9집, 한국교회사연구소, 1994.

김호일, 「舊韓末 安重根의 ‘東洋平和論’ 연구」 『중앙사론』 제10·11합집, 1998
　　년 12월, 55쪽.

김옥희, 「안중근의 자주독립사상과 동양평화사상」 『安重根과 東洋平和』(안중근
　　의사순국 제87주년기념국제학술회의), 순국선열기념재단, 1997.

최기영, 「안중근의 『동양평화론』」 『한국근대계몽사상연구』, 일조각, 2003년 7월.

김현철, 「개화기 한국인의 대외인식과 ‘동양평화구상’」 『평화연구』 제11권, 고려
　　대학교 평화연구소, 2002년 12월.

현광호, 「안중근의 동양평화론과 그 성격」 『아세아연구』 제46권, 고려대학교아
　　세아문제연구소, 2003년 10월.

김흥수, 「안중근의 생애와 동양평화론」 『論文集』, 空軍士官學校, 2002년 7월.

김길룡, 「동양평화론에 나타난 안중근 의사의 미래지향 정신」 『순국』 통권139호, 순국선열 유족회, 2002년 8월.

윤병석, 「안중근 의사의 하얼빈 의거와 '동양평화론'」(1)・(2) 『순국』 통권166・7호, 순국선열유족회, 2004년 11월 1일・12월 1일.

신운용, 「안중근 의거의 사상적 배경」 『안중근의 신앙과 사상』(안중근의사의거 96주년기념학술대), 안중근의사기념사업회, 2005년 10월.

김유혁, 「안중근 동양평화론과 신동북아경제권 전개의 이념」 『21세기와 동양평화론』, 국가보훈처・광복회, 1996년 2월 28일.

김영호, 「안중근의 동양평화론과 동북아 경제에 통합론」 『2000년』, 2005년 1월호, 현대사회문화연구소.

이태준, 「동양평화론: '국제주의자' 안중근의 이루지 못한 꿈, 동북아의 수평적 연대: 안중근과 신동북아시대」 『말』 통권 217호, 2004년 7월.

필자소개 (집필순)

신운용	안중근의사기념사업회 책임연구원
오영섭	연세대학교 연구교수
이동언	한국독립운동사연구소 책임연구원
황종렬	미래사목연구소 복음화연구위원장
윤병석	인하대학교 명예교수
강동국	나고야대학
김현철	동북아역사재단
박영준	국방대학교

안중근 의거 100주년 기념연구논문집 1

안중근과 그 시대

초판 인쇄 ‖ 2009년 3월 16일
초판 발행 ‖ 2009년 3월 23일

엮은이 ‖ 안중근의사기념사업회 편
펴낸이 ‖ 한정희
펴낸곳 ‖ 경인문화사
출판등록 ‖ 1973년 11월 8일 제10-18호
편집 ‖ 신학태 김하림 한정주 문영주 이지선
영업 ‖ 이화표   관리 ‖ 하재일 양현주

주소 ‖ 서울특별시 마포구 마포동 324-3
전화 ‖ 02-718-4831   팩스 ‖ 02-703-9711
홈페이지 ‖ www.kyunginp.co.kr / 한국학서적.kr
이메일 ‖ kyunginp@chol.com

ISBN 978-89-499-0636-2   93910
값 35,000원